Herderbücherei

Band 1271

Über den Autor

Dr. jur. Hermann Avenarius, geboren 1938, ist o. Professor für Recht und Verwaltung am Deutschen Institut für Internationale Pädagogische Forschung in Frankfurt am Main. Schwerpunkte seiner wissenschaftlichen Arbeit sind Bildungsrecht und international vergleichende Verwaltungsforschung.

Aus seinen Veröffentlichungen:

Steuersystem und Steuerverwaltung in Indonesien, 1976 (gemeinsam mit Dieter Oberndörfer und Dietrich Lerche);

Hochschulen und Reformgesetzgebung. Zur Anpassung der Länderhochschulgesetze an das Hochschulrahmengesetz, 1979;

Öffentliche Verwaltung und Fortbildung in Kenia, 1980;

Gesetzesvorbehalt und Privatschulrecht. Zur Akzessorietät und Gleichwertigkeit privater Ersatzschulen im Verhältnis zum öffentlichen Schulwesen, 1980;

Informationszugang – Forschungsfinanzierung – Publikationsfreiheit. Rechtsfragen im Verhältnis zwischen pädagogischer Forschung und Staat, 1980;

Indonesische Studenten in Deutschland. Strukturen und Determinanten der Reintegration, 1983 (gemeinsam mit Rolf Vente);

Schulrechtskunde von Heckel/Seipp. Neubearbeitung der 6. Auflage, 1985.

Hermann Avenarius

Kleines Rechtswörterbuch

800 Definitions- und Erläuterungsartikel
mit zahlreichen Verweisstichwörtern
Ausführliches Register

Herderbücherei

Diese Veröffentlichung ist eine überarbeitete Ausgabe des
zuerst in der Herderbücherei unter dem gleichen Titel
erschienenen Bandes 890.

Buchumschlag: Werner Bleyer

Redaktionsschluß: 15. Februar 1985

Aus dem Vorwort zur ersten Auflage

Das „Kleine Rechtswörterbuch" soll dem Benutzer die wichtigsten Rechtsbegriffe erläutern und ihm eine Orientierungshilfe zum Verständnis der Rechtsordnung der Bundesrepublik Deutschland geben. Es wendet sich an den Juristen, der sich rasch über ein ihm weniger vertrautes Rechtsgebiet informieren möchte, an den juristischen Anfänger, der als Student unbekannten Boden betritt, und darüber hinaus an jeden, der sich in einer ihn fremd anmutenden Welt juristischen Denkens und juristischer Begriffe zurechtfinden muß. Ich habe mich bemüht, so verständlich wie möglich zu formulieren. Zahlreiche Beispiele dienen dazu, abstrakte Aussagen zu veranschaulichen.

Es liegt in der Natur eines *kleinen* Rechtswörterbuchs, daß es nicht die ganze Fülle des Rechts zu umfassen vermag. Doch hoffe ich, daß es alle wirklich bedeutsamen Probleme behandelt. Die wichtigsten Begriffe sind als Stichwörter aufgeführt. Der Leser, der dort nicht fündig wird, sollte im Ergänzungsregister nach der gesuchten Bezeichnung und einem Verweis auf die einschlägige Textstelle Ausschau halten.

Vorwort zur zweiten Auflage

In den wenigen Jahren seit dem Erscheinen der ersten Auflage (1981) haben gesellschaftliche, politische und technische Veränderungen unübersehbare Spuren in Rechtsetzung und Rechtsprechung hinterlassen. Man braucht nur, in willkürlicher Auswahl, die Bereiche Sozialversicherung, Ehescheidung, Rundfunk, Datenschutz, Kriegsdienstverweigerung, Mietrecht, Umweltschutz zu nennen, um den Wandel zu verdeutlichen. Daher mußte das „Kleine Rechtswörterbuch", sollte es weiterhin als verläßliche Orientierungshilfe dienen, aktualisiert werden. Nicht wenige Artikel waren umzuschreiben, einige wurden neu aufgenommen, andere, die mir entbehrlich erschienen, konnten wegfallen.

Meine Sekretärin Frau Isolde Baumbusch zeichnete sich bei der Niederschrift des Manuskripts durch Akkuratesse und große Einsatzbereitschaft aus. Dafür danke ich ihr.

Frankfurt am Main, Februar 1985 *Hermann Avenarius*

Abkürzungen

Abs.	Absatz
AbzG	Gesetz betr. die Abzahlungsgeschäfte
a. F.	alte Fassung
AFG	Arbeitsförderungsgesetz
AG	Aktiengesellschaft
AGB	Allgemeine Geschäftsbedingungen
AGBG	Gesetz zur Regelung des Rechts der Allgemeinen Geschäftsbedingungen
AktG	Aktiengesetz
AO	Abgabenordnung
AOK	Allgemeine Ortskrankenkasse
ArbGG	Arbeitsgerichtsgesetz
AuslG	Ausländergesetz
AVG	Angestelltenversicherungsgesetz
AZO	Arbeitszeitordnung
BAFöG	Bundesausbildungsförderungsgesetz
BAT	Bundesangestelltentarifvertrag
BBankG	Gesetz über die Deutsche Bundesbank
BBauG	Bundesbaugesetz
BBesG	Bundesbesoldungsgesetz
BBG	Bundesbeamtengesetz
BBiG	Berufsbildungsgesetz
BDSG	Bundesdatenschutzgesetz
bestr.	bestritten
BetrVG	Betriebsverfassungsgesetz
BeurkG	Beurkundungsgesetz
BGB	Bürgerliches Gesetzbuch
BGH	Bundesgerichtshof
BPersVG	Bundespersonalvertretungsgesetz
BHO	Bundeshaushaltsordnung
BRAO	Bundesrechtsanwaltsordnung
BRRG	Beamtenrechtsrahmengesetz
BSeuchenG	Bundes-Seuchengesetz
BSHG	Bundessozialhilfegesetz
BVerfG	Bundesverfassungsgericht
BVerfGG	Gesetz über das Bundesverfassungsgericht
BVerwG	Bundesverwaltungsgericht

BWahlG	Bundeswahlgesetz
BZRG	Bundeszentralregistergesetz
DDR	Deutsche Demokratische Republik
DRiG	Deutsches Richtergesetz
EG	Europäische Gemeinschaften
EGBGB	Einführungsgesetz zum Bürgerlichen Gesetzbuch
EGGVG	Einführungsgesetz zum Gerichtsverfassungsgesetz
EGStGB	Einführungsgesetz zum Strafgesetzbuch
EheG	Ehegesetz
EntlG	Gesetz zur Entlastung der Gerichte in der Verwaltungs- und Finanzgerichtsbarkeit
ErbbauVO	Verordnung über das Erbbaurecht
ErbStG	Erbschaftsteuer- und Schenkungsteuergesetz
EWG	Europäische Wirtschaftsgemeinschaft
FGO	Finanzgerichtsordnung
GebrMG	Gebrauchsmustergesetz
GenG	Gesetz betreffend die Erwerbs- und Wirtschaftsgenossenschaften
GewO	Gewerbeordnung
GewStG	Gewerbesteuergesetz
GG	Grundgesetz
GmbH	Gesellschaft mit beschränkter Haftung
GmbHG	Gesetz betreffend die Gesellschaften mit beschränkter Haftung
GVG	Gerichtsverfassungsgesetz
GWB	Gesetz gegen Wettbewerbsbeschränkungen
h.A.	herrschende Ansicht
HGB	Handelsgesetzbuch
h.L.	herrschende Lehre
HRG	Hochschulrahmengesetz
i.d.F.	in der Fassung
i.d.R.	in der Regel
i.e.	im einzelnen
i.e.S.	im engeren Sinne
i.S.	im Sinne
i.V.m.	in Verbindung mit
i.w.S.	im weiteren Sinne
JGG	Jugendgerichtsgesetz
Jh.	Jahrhundert
JÖSchG	Gesetz zum Schutze der Jugend in der Öffentlichkeit
JWG	Gesetz für Jugendwohlfahrt

Kfz.	Kraftfahrzeug
KG	Kommanditgesellschaft
KO	Konkursordnung
KStG	Körperschaftsteuergesetz
Lj.	Lebensjahr
MHRG	Gesetz zur Regelung der Miethöhe
MitbestG	Gesetz über die Mitbestimmung der Arbeitnehmer
MRRG	Melderechtsrahmengesetz
OHG	Offene Handelsgesellschaft
OLG	Oberlandesgericht
OVG	Oberverwaltungsgericht
OWiG	Gesetz über Ordnungswidrigkeiten
ParteiG	Parteiengesetz
PatG	Patentgesetz
PostG	Gesetz über das Postwesen
PStG	Personenstandsgesetz
RBerG	Rechtsberatungsgesetz
Rspr.	Rechtsprechung
RsprEinG	Gesetz zur Wahrung der Einheitlichkeit der Rechtspre-chung der obersten Gerichtshöfe des Bundes
RuStAG	Reichs- und Staatsangehörigkeitsgesetz
RVO	Reichsversicherungsordnung
SchwbG	Schwerbehindertengesetz
SG	Soldatengesetz
SGB 1	Sozialgesetzbuch I. Buch (Allgemeiner Teil)
SGB 2	Sozialgesetzbuch II. Buch (Sozialversicherung)
SGG	Sozialgerichtsgesetz
StGB	Strafgesetzbuch
StPO	Strafprozeßordnung
str.	streitig
StVG	Straßenverkehrsgesetz
StVO	Straßenverkehrs-Ordnung
UrhG	Urheberrechtsgesetz
UStG	Umsatzsteuergesetz
UWG	Gesetz gegen den unlauteren Wettbewerb
VerlG	Gesetz über das Verlagsrecht
VerschG	Verschollenheitsgesetz
VGH	Verwaltungsgerichtshof
VStG	Vermögensteuergesetz

VVG	Gesetz über den Versicherungsvertrag
VwGO	Verwaltungsgerichtsordnung
VwVfG	Verwaltungsverfahrensgesetz
VwVG	Verwaltungsvollstreckungsgesetz
VwZG	Verwaltungszustellungsgesetz
WDO	Wehrdisziplinarordnung
WG	Wechselgesetz
WiStG	Wirtschaftsstrafgesetz
WKSchG	Wohnraumkündigungsschutzgesetz
WPflG	Wehrpflichtgesetz
WRV	Weimarer Reichsverfassung
WZG	Warenzeichengesetz
ZPO	Zivilprozeßordnung
ZVG	Gesetz über die Zwangsversteigerung und die Zwangsverwaltung

A

Abfallbeseitigung → Umweltrecht

Abfindung ist die – zumeist in Geld zu erbringende – Gegenleistung für einen Rechtsverzicht (z. B. Erbverzicht). Bedeutsam u. a. im Arbeitsrecht, wo sie zumeist dazu dient, den Arbeitnehmer zur vertraglichen Auflösung eines nicht oder nur unter erschwerten Voraussetzungen kündbaren Arbeitsverhältnisses zu veranlassen. Abfindungen wegen einer vom Arbeitgeber veranlaßten oder gerichtlich ausgesprochenen Auflösung des Arbeitsverhältnisses sind bis zu 24000 DM steuerfrei; für ältere Arbeitnehmer (ab 50 bzw. 55 Jahren) bei mindestens 15- bzw. 20jährigem Arbeitsverhältnis erhöht sich der Höchstbetrag auf 30000 bzw. 36000 DM (§ 3 Nr. 9 EStG).

Abgaben sind Geldleistungen, die von einem öfftl.-rechtl. Gemeinwesen (insbes. Staat, Gemeinde) aufgrund gesetzlicher Regelung erhoben werden. Zu unterscheiden sind Steuern, Gebühren, Beiträge u. Sonderabgaben. *Steuern* sind einmalige oder laufende A., welche ohne bestimmte Gegenleistung allen auferlegt werden, bei denen der Tatbestand zutrifft, an den das Gesetz die Leistungspflicht knüpft (→ Steuerrecht); Abgaben, deren Rückzahlung von vornherein vorgesehen ist (sog. Zwangsanleihen), sind keine Steuern. *Gebühren* sind A., die als Gegenleistung für eine bestimmte Inanspruchnahme der Verwaltung erhoben werden. Gebühren für die Vornahme von Amtshandlungen (z. B. Erteilung einer Bauerlaubnis) nennt man Verwaltungsgebühren; Gebühren für die Benutzung einer öfftl. Einrichtung (z. B. Krankenhaus) heißen Benutzungsgebühren. Zwischen der Höhe der Gebühr u. dem Wert der besonderen Verwaltungsleistung muß ein angemessenes Verhältnis bestehen (Äquivalenzprinzip); dabei darf das Gebührenaufkommen insgesamt den Verwaltungsaufwand nicht überschreiten (Kostendeckungsprinzip). *Beiträge* sind A., die zur vollen oder teilweisen Deckung des Aufwands einer öfftl. Einrichtung von denen erhoben werden, denen die Herstellung oder der Bestand der Einrichtung objektiv besondere Vorteile gewährt (z. B. Erschließungsbeiträge). Die Höhe des Beitrags ist nach den Vorteilen zu bemessen. *Sonderabgaben* werden zweckgebunden zur Finanzierung besonderer wirtschafts- oder sozialpolitischer

Aufgaben nicht der Allgemeinheit der Bürger, sondern bestimmten Gruppen auferlegt (z. B. Ausgleichsabgabe der Arbeitgeber für Nichtbeschäftigung von Schwerbehinderten nach dem Schwerbehindertengesetz).

Sonderabgaben sind verfassungsrechtlich nur dann zulässig, wenn die jeweilige Gruppe homogen, also durch eine rechtlich oder tatsächlich vorgegebene gemeinsame Interessenlage gekennzeichnet ist u. eine besondere Sachnähe zu dem mit der Abgabeerhebung verfolgten Zweck aufweist; das Aufkommen aus der Sonderabgabe muß im Interesse der Gruppe der Abgabepflichtigen, also „gruppennützig" verwendet werden. Die durch Gesetz von 1982 eingeführte Investitionshilfeabgabe, die die Besserverdienenden mit einer unverzinslich rückzahlbaren Abgabe zur Förderung des Wohnungsbaus belastete, wurde vom BVerfG im November 1984 u. a. deshalb für verfassungswidrig erklärt, weil sie nicht die Voraussetzungen einer Sonderabgabe erfüllte: Die zur Zwangsanleihe Verpflichteten bildeten weder eine homogene Gruppe – sie waren nur durch die Höhe des Einkommens verbunden –, noch bestand eine besondere Sachnähe zwischen dem Kreis der Abgabepflichtigen u. dem Zweck der Förderung des Wohnungsbaus; auch erwuchsen ihnen aus der Wohnungsbauförderung keine besonderen Vorteile.

Abgabeordnung → Steuerrecht.

Abgeordnete sind Mitglieder eines → Parlaments. Sie werden in der repräsentativen → Demokratie vom Volk in allgemeiner, unmittelbarer, freier, gleicher u. geheimer Wahl gewählt, sind Vertreter des ganzen Volkes, an Aufträge u. Weisungen nicht gebunden u. nur ihrem Gewissen unterworfen (Grundsatz des *freien Mandats,* vgl. Art. 38 I GG). Sie genießen → Indemnität u. → Immunität. → auch Fraktion. Umstritten ist in jüngster Zeit vor allem, ob das von den GRÜNEN eingeführte Verfahren der sog. *Rotation* (der auf Beschluß der Parteigremien von sämtlichen oder doch den meisten Mitgliedern der Fraktion erklärte Mandatsverzicht zugunsten der in Wartestellung befindlichen „Nachrücker") mit dem Grundsatz des freien Mandats vereinbar ist. → auch imperatives Mandat.

Die Rechtsverhältnisse der Mitglieder des → Bundestages sind im A.gesetz v. 18. 2. 1977 geregelt. Sie erhalten eine Entschädigung *(„Diäten");* scheiden sie aus dem Bundestag aus, steht ihnen mit Vollendung des 65. Lebensjahres u. nach 6jähriger Parlamentszugehörigkeit eine Altersentschädigung zu. Vergleichbare Regelungen bestehen in den Ländern für Landtagsabgeordnete. Für die A. des Bundestages gelten die „Verhaltensregeln für Mitglieder des Deutschen Bundestages" (Anlage 1 zur Geschäftsordnung des Bundestages). Danach hat jeder A. seinen Beruf einschließlich der

Stellen, für die er beruflich tätig ist, genau anzugeben. Er darf kein Rechtsverhältnis eingehen, das ihm Bezüge verschafft, die er, ohne die danach geschuldeten Dienste zu leisten, nur deshalb erhält, weil von ihm in Hinblick auf sein Mandat erwartet wird, daß er im Bundestag die Interessen des Zahlenden vertreten u. nach Möglichkeit durchsetzen wird. Dem Präsidium des Bundestages ist jede vergütete Nebentätigkeit anzuzeigen; anzeigepflichtig sind grundsätzlich auch Verträge mit Verbänden, Firmen usw. über Beratung, Vertretung oder ähnliche Tätigkeiten. Jeder A. muß über alle Spenden, die ihm als Kandidaten für eine Bundestagswahl oder als Mitglied des Bundestages für seine politische Tätigkeit zur Verfügung gestellt werden, gesondert Rechnung führen. Wer beruflich oder auf Honorarbasis mit einer Angelegenheit beschäftigt ist, die in einem Bundestagsausschuß zur Beratung ansteht, hat als Mitglied dieses Ausschusses vor der Beratung seine Interessenverknüpfung offenzulegen. Einmütig getroffene Feststellungen des Präsidiums über Verstöße eines A. gegen die Verhaltensregeln können veröffentlicht werden; andere Sanktionen sind nicht vorgesehen. Seit Aufdeckung der sog. Flick-Affäre ist die Frage laut geworden, ob der gegenwärtige Verhaltenskodex ausreicht, um die Unabhängigkeit der A. zu gewährleisten. In diesem Zusammenhang ist die Forderung nach dem „gläsernen A." (Publizitätspflicht hinsichtlich seiner gesamten Einkommens- u. Vermögensverhältnisse) erhoben worden, über deren Vorzüge u. Nachteile kontroverse Auffassungen bestehen. → auch Lobby.

Abhandenkommen. Abhanden gekommen ist eine Sache, wenn der unmittelbare Besitzer den Besitz ohne seinen Willen, z. B. durch Diebstahl oder Unachtsamkeit, verliert. → gutgläubiger Erwerb.

Abhören → Brief-, Post- und Fernmeldegeheimnis.

Abkommen (internationales) → Völkerrecht.

Abschiebung von Ausländern → Ausländerrecht.

Absicht ist eine besondere Form des direkten → Vorsatzes, u. zwar der auf den Erfolg einer bestimmten Handlung gerichtete Wille. Wichtig im Strafrecht, wo der Begriff A. häufig durch die Wendung „um … zu" umschrieben wird (z. B. § 253 StGB, → Erpressung).

Absolute Rechte (Gegensatz: → relative Rechte) sind → subjektive Rechte einer Person, die im → Privatrecht gegenüber jedermann wirken. Sie können sich auf eine Person (z. B. → elterliches Sorgerecht), eine Sache (z. B. dingliche Rechte wie das Eigentum) oder ein Recht (z. B. Nießbrauch an einem Gesellschaftsanteil) bezie-

hen. Wer vorsätzlich oder fahrlässig ein absolutes Recht verletzt
u. dadurch einen Schaden verursacht, begeht eine → unerlaubte
Handlung u. muß → Schadenersatz leisten.

Abstammung ist die Herkunft eines Kindes von bestimmten Eltern. Durch die A. wird der → Personenstand, d. h. die Zugehörigkeit zu einer bestimmten Familie, vermittelt. Das BGB unterscheidet zwischen ehelicher u. nichtehelicher A. (→ eheliches
Kind, → nichteheliches Kind, → Verwandtschaft). Bei nichtehelichen Kindern wird im gerichtlichen Verfahren der Vaterschaftsfeststellung zum Beweis der Vaterschaft eines bestimmten Mannes vielfach auf sog. *Abstammungsgutachten* (z. B. Blutgruppen-
gutachten, erbbiologische Gutachten) zurückgegriffen.

Abstraktes Rechtsgeschäft → Rechtsgeschäft.

Abtreibung → Schwangerschaftsabbruch.

Abtretung (Zession, §§ 398 ff. BGB). Ein schuldrechtlicher → Anspruch (Forderung) kann vom bisherigen Gläubiger (Zedenten)
durch Vertrag an einen neuen Gläubiger (Zessionar) übertragen
werden. Die A., grundsätzlich formlos gültig, ist eine abstrakte
→ Verfügung über die Forderung u. deshalb unabhängig vom Bestand des kausalen Rechtsgeschäfts (z. B. Abrede zur Sicherung
eines Kredits) wirksam. Die Forderung muß bestimmt oder doch
bestimmbar sein; das gilt insbes. für die A. künftiger oder bedingter Forderungen (Vorausabtretung). Wird dieselbe Forderung
mehrfach abgetreten, so hat die erste A. Vorrang. Der Grundsatz
der Priorität findet vor allem dann Anwendung, wenn sämtliche
künftigen Forderungen einerseits im Wege der Globalzession an
die kreditgewährende Bank, andererseits aufgrund verlängerten
→ Eigentumsvorbehalts an den Warenlieferanten abgetreten worden sind. – Eine Forderung kann nur abgetreten werden, soweit
sie auch pfändbar ist (→ Pfändung). Sie kann nicht abgetreten
werden, wenn sich der Inhalt der Leistung durch die A. ändern
würde (z. B. persönliche Dienstleistung) oder wenn die A. durch
Vereinbarung mit dem Schuldner ausgeschlossen wurde. – Die A.
bewirkt, daß der neue Gläubiger an die Stelle des bisherigen
Gläubigers tritt; zugleich gehen die Nebenrechte (z. B. Pfand-
rechte, Hypotheken) auf ihn über. Auch die fiduziarische (treuhänderische) A. hat eine Vollrechtsübertragung auf den neuen
Gläubiger zur Folge; der Zessionar unterliegt jedoch im Innenverhältnis zum Zedenten insoweit Beschränkungen, als er dessen
Interessen zu wahren hat. Keine A. ist die Einziehungsermächtigung (→ Ermächtigung), bei der der Ermächtigende Gläubiger
der Forderung bleibt. – Das Gesetz schützt den Schuldner, der
auf die Zession keinen Einfluß hat, davor, daß ihm aus der A.

Nachteile erwachsen. Er kann dem Zessionar (auch dem gutgläubigen!) alle Einreden und Einwendungen entgegenhalten, die z.Z. der A. gegenüber dem Zedenten bestanden, u. mit früheren Forderungen gegen den alten Gläubiger auch dem neuen Gläubiger gegenüber aufrechnen (→ Aufrechnung). Der neue Gläubiger muß alle Rechtshandlungen, die der Schuldner in Unkenntnis der A. gegenüber dem alten Gläubiger vornimmt (z.B. Erfüllung), gegen sich gelten lassen. – Die Bestimmungen über die rechtsgeschäftliche Forderungsabtretung gelten entsprechend für den gesetzlichen Forderungsübergang (z.B. bei der → Bürgschaft). Sie finden im übrigen auf die Übertragung anderer Rechte (z.B. erbrechtliche Ansprüche) entsprechende Anwendung, sofern die A. in diesen Fällen überhaupt zulässig ist (z.B. nicht bei höchstpersönlichen Rechten) u. soweit keine Sonderregelungen bestehen (wie z.B. vielfach im → Sachenrecht).

Abzahlungsgeschäft ist der → Kauf einer beweglichen Sache, bei dem der Kaufpreis in Teilzahlungen (Raten) entrichtet werden soll. Es unterliegt den Sonderregelungen des Abzahlungsgesetzes, das den Schutz des Käufers bezweckt. Danach bedarf das A. der Schriftform; die Urkunde muß insbesondere Barzahlungspreis, Betrag, Zahl u. Fälligkeit der einzelnen Teilzahlungen u. effektiven Jahreszins enthalten. Eine Abschrift der Urkunde ist dem Käufer auszuhändigen. Dieser kann seine Kauferklärung binnen 1 Woche schriftlich widerrufen; im Versandhandel tritt an die Stelle des Widerrufs zumeist ein Rückgaberecht. Der Verkäufer muß den Käufer über sein Widerrufs- bzw. Rückgaberecht in deutlicher Form schriftlich belehren; erst damit beginnt die einwöchige Frist zu laufen. Hat sich der Verkäufer das Recht vorbehalten, wegen Nichterfüllung der dem Käufer obliegenden Verpflichtungen (z.B. bei → Verzug) vom Vertrag zurückzutreten, ist im Fall des → Rücktritts jeder Teil verpflichtet, dem anderen Teil die empfangenen Leistungen Zug um Zug zurückzugewähren. Als Ausübung des Rücktrittsrechts gilt auch die Rücknahme der Sache, z.B. aufgrund eines → Eigentumsvorbehalts oder im Wege der → Zwangsvollstreckung. Über die Rückgewährpflicht hinaus hat der Käufer die infolge des Vertrags gemachten Aufwendungen (z.B. Versandkosten) zu ersetzen u. für die von ihm zu vertretenden Beschädigungen der Sache Ersatz zu leisten; außerdem muß er die Überlassung des Gebrauchs oder der Benutzung i.d.R. mit dem üblichen Mietwert vergüten. Sofern sich der Käufer zur Zahlung einer unverhältnismäßig hohen → Vertragsstrafe verpflichtet hat, kann das Gericht sie auf Antrag auf die angemessene Summe herabsetzen. Eine Verfallklausel – derzufolge bei Verzug des Käufers die gesamte Restschuld fällig wird – kann rechtsgültig nur für den Fall getroffen werden, daß der Käufer mit wenigstens 10% des Kaufpreises u. mindestens 2 aufeinander folgenden Raten ganz oder teilweise im Verzug ist. Gerichtsstand für alle Klagen aus einem A. ist der Wohnsitz des Käufers. – Die Vorschriften des AbzG finden auch auf Rechtsgeschäfte Anwendung, die darauf abzielen, die Zwecke eines A. in anderer Rechtsform zu erreichen. Daher gelten die Regelungen über Schriftform, Widerrufsrecht, Rücktrittsfolgen u. Gerichtsstand auch dann, wenn eine Bank zwischengeschaltet wird, die den Kaufpreis vorstreckt u. sich das auf diese Weise gewährte Darlehen vom Käufer in Raten zurückzahlen läßt. Bei einem derartigen Finanzierungsgeschäft – wie es häufig beim Kauf eines Autos gehandhabt wird – stellt sich die Frage, ob der Käufer die ihm nach dem BGB zustehenden Einwendungen (z.B. Gewährleistungsrechte) auch der Bank entgegensetzen kann. Das ist zu bejahen, sofern zwischen den rechtlich selbständigen Verträgen des Kaufs u. des Darlehens eine wirtschaftliche Einheit besteht, falls also keiner der beiden Verträge ohne den anderen geschlossen worden wäre (z.B. bei dauernder Geschäftsbeziehung zwischen Finanzierungsbank u. Verkäufer). – Die dem Schutz des Käufers dienenden Regelungen des AbzG sind zwingendes Recht, können daher vertraglich nicht abbedungen werden. Sie sind allerdings nicht anzuwenden, wenn der Käufer als → Kaufmann in das → Handelsregister eingetragen ist.

Adoption → Annahme als Kind.

Aktiengesellschaft (AG) ist eine Gesellschaft mit eigener Rechtspersönlichkeit, für deren Verbindlichkeiten den Gläubigern nur das Gesellschaftsvermögen haftet u. die ein in Aktien zerlegtes Grundkapital hat. Sie ist → Kapitalgesellschaft. Als körperschaftlich organisierte → juristische Person entspricht sie in ihrer rechtlichen Grundstruktur dem rechtsfähigen → Verein (→ Gesellschaftsrecht). Das Recht der AG ist im AktG geregelt. Die AG ist kraft Gesetzes → Handelsgesellschaft (§ 3 AktG, § 6 HGB) und unterliegt daher den handelsrechtlichen Vorschriften. Die Rechtsform der AG herrscht bei den Großunternehmen der Wirtschaft vor.
Die *Gründung* der AG, an der mindestens 5 Gründer beteiligt sein müssen, geht schrittweise vor sich (§§ 23 ff. AktG): Feststellung der Satzung in notarieller Form, Übernahme der Aktien durch die Gründer (Mindestnennbetrag des Grundkapitals 100 000 DM), Bestellung des ersten Aufsichtsrats u. Vorstands, Einzahlung der Aktien (mindestens ¼ des Nennbetrags), Anmeldung zur Eintragung ins Handelsregister. Mit der Eintragung entsteht die AG als juristische Person.
Die *Aktionäre* erwerben die Mitgliedschaft in der AG durch Übernahme von Aktien im Gründungsstadium oder durch Er-

werb einer Aktie von einem bisherigen Aktionär (→ Wertpapierrecht). Wichtigste Mitgliedschaftsrechte sind das Stimmrecht in der Hauptversammlung u. das Recht auf einen Anteil am Reingewinn (Dividende).

Organe der AG sind Vorstand, Aufsichtsrat u. Hauptversammlung. Der *Vorstand* (§§ 76 ff. AktG) führt die Geschäfte im Innenverhältnis u. vertritt die AG nach außen. Besteht der Vorstand wie meist aus mehreren Personen, so gilt der Grundsatz der Gesamtgeschäftsführung u. -vertretung. Die Vorstandsmitglieder werden vom Aufsichtsrat auf höchstens 5 Jahre, mit der Möglichkeit der Amtszeitverlängerung, bestellt. Ein Vorstandsmitglied kann aus wichtigem Grund vorzeitig abberufen werden. Der *Aufsichtsrat* (§§ 95 ff. AktG) setzt sich aus mindestens 3, höchstens 21 Mitgliedern zusammen. Soweit die AG der → Mitbestimmung unterliegt, gehören ihm neben Aktionärsvertretern auch Vertreter der Arbeitnehmer an. Der Aufsichtsrat hat im wesentlichen zwei Funktionen: Bestellung u. Abberufung des Vorstands sowie Überwachung der Geschäftsführung des Vorstands. Die *Hauptversammlung* (§§ 118 ff. AktG) ist das Organ, in dem die Aktionäre ihre Rechte in den Angelegenheiten der AG ausüben. Sie wird einmal jährlich in den ersten 8 Monaten des Geschäftsjahres einberufen u. beschließt insbes. über die Bestellung der Aktionärsvertreter im Aufsichtsrat, die Verwendung des Bilanzgewinns, die Entlastung der Mitglieder von Vorstand und Aufsichtsrat, die Bestellung des Abschlußprüfers, Satzungsänderungen, Kapitalerhöhungen u. -herabsetzungen, Auflösung der AG. Beschlüsse der Hauptversammlung werden grundsätzlich – soweit die Satzung nicht strengere Voraussetzungen vorsieht – mit einfacher Mehrheit der abgegebenen Stimmen gefaßt; für bestimmte wichtige Beschlüsse – z. B. Satzungsänderung, Auflösung – schreibt das Gesetz ¾-Mehrheit vor. Das Stimmrecht wird nicht nach Köpfen, sondern nach Aktiennennbeträgen ausgeübt. Die Beschlüsse sind notariell zu beurkunden. Ist ein Beschluß fehlerhaft, kann jeder Aktionär, der Vorstand, jedes Mitglied des Vorstands u. des Aufsichtsrats Anfechtungsklage erheben (§§ 243 ff. AktG). Das der Klage stattgebende Urteil führt rückwirkend die Nichtigkeit des Beschlusses herbei. Weist ein Beschluß einen besonders nachhaltigen Rechtsverstoß auf (s. im einzelnen § 241 AktG), ist er von Anfang an nichtig. Die Nichtigkeit kann von jedermann geltend gemacht werden. Sie wird jedoch durch Eintragung des Beschlusses in das Handelsregister geheilt, sofern nicht binnen 3 Jahren Klage auf Feststellung der Nichtigkeit erhoben wird (§ 242 AktG).

Die AG wird aus einem der in §§ 262, 396 AktG genannten Gründen (z. B. Beschluß der Hauptversammlung) aufgelöst. Die Auflösung führt zur Abwicklung (Liquidation) der Gesellschaft. Die AG verwandelt sich in eine Abwicklungsgesellschaft, die bis zum Abschluß der Liquidation zum Zweck der Vollbeendung fortbesteht (§§ 264 ff. AktG).

Aktivlegitimation bedeutet, daß dem Kläger das mit der → Klage geltend gemachte Recht gegen den Beklagten zusteht. Der A. entspricht auf seiten des Beklagten die *Passivlegitimation.* Fehlt die A. (u. damit zugleich die Passivlegitimation), wird die Klage als unbegründet abgewiesen.

Alkoholverbot (Jugendliche). Nach dem Gesetz zum Schutz der Jugend in der Öffentlichkeit (→ Jugendschutz) darf Kindern u. Jugendlichen in Gaststätten u. Verkaufsstellen kein Branntwein (auch keine überwiegend branntweinhaltigen Genußmittel) verabreicht werden. Andere alkoholische Getränke dürfen Kindern nicht, Jugendlichen unter 16 Jahren nur in Gegenwart eines Erziehungsberechtigten ausgeschenkt werden.

Allgemeine Geschäftsbedingungen (AGB) sind alle für eine Vielzahl von Verträgen vorformulierten Vertragsbedingungen, die eine Vertragspartei (der Verwender) der anderen Vertragspartei bei Abschluß eines Vertrages stellt. Dabei ist es gleichgültig, ob sie einen gesonderten Bestandteil des Vertrags bilden oder in den Vertragstext eingearbeitet sind, welchen Umfang sie haben, in welcher Schriftart sie verfaßt sind u. welche Form der Vertrag hat. AGB spielen in einem von Massenproduktion u. Massenkonsum geprägten Wirtschaftsleben eine überaus wichtige Rolle: u. a. bei Verträgen der öfftl. Betriebe, der Banken u. Versicherungen, beim Kauf standardisierter Waren (Autos, Kühlschränke, Waschmaschinen usw.). Der Grundsatz der → Privatautonomie wird dadurch erheblich eingeschränkt. Damit der Verwender sein wirtschaftliches Übergewicht u. seinen juristischen Informationsvorsprung durch das zumeist „Kleingedruckte" nicht einseitig zu Lasten des Kunden ausnutzt, schützt das AGB-Gesetz von 1976 den Verbraucher vor dem Diktat der machtstärkeren Partei. Das Gesetz gelangt aber nur zur Anwendung, falls es sich tatsächlich um AGB handelt, also nicht, soweit die Vertragsbedingungen im einzelnen ausgehandelt werden (§ 1 II).
Wichtigste Vorschriften des AGBG: AGB werden, sofern es sich nicht um behördlich genehmigte Geschäftsbedingungen von Beförderungsunternehmen, Bausparkassen, Versicherungen u. Kapitalanlagegesellschaften handelt, nach § 2 nur dann Vertragsbestandteil, wenn der Kunde mit ihrer Geltung einverstanden ist. Das setzt voraus, daß der Verwender bei Vertragsabschluß ausdrücklich auf sie hinweist (bei Massenverträgen, z. B. mit Lottoannahmestellen oder durch Automatenbenutzung, genügt deutlich sichtbarer Aushang) u. dem Verbraucher die Möglichkeit verschafft, in zumutbarer Weise von ihnen Kenntnis zu nehmen.

AGB-Klauseln, die nach den Umständen so ungewöhnlich sind, daß der Kunde nicht mit ihnen zu rechnen braucht, sind unwirksam (§ 3). Stehen AGB im Widerspruch zu individuellen Vertragsabreden, haben letztere den Vorrang (§ 4). Zweifel bei der Auslegung von AGB gehen zu Lasten des Verwenders (§ 5). Bestimmungen in AGB sind nach § 9 unwirksam, sofern sie den Verbraucher entgegen den Geboten von → Treu und Glauben unangemessen benachteiligen. Die Generalklausel des § 9 ist durch den in §§ 10, 11 enthaltenen Katalog verbotener Klauseln konkretisiert. Einige Beispiele für Klauselverbote: unangemessene Höhe von Nutzungsvergütung oder Aufwendungsersatz bei Rücktritt oder Kündigung, Schadensersatzpauschale oberhalb üblicher Schadenshöhe, Haftungsausschluß oder -begrenzung auch bei grob fahrlässigem Verhalten des Verwenders, Ausschluß von → Gewährleistungsrechten (Verweisung auf Ansprüche gegen Dritte genügt nicht; Beschränkung auf Nachbesserung nur wirksam, wenn bei deren Fehlschlagen Herabsetzung der Vergütung oder Rückgängigmachung des Vertrages vorbehalten bleibt), Ausschluß des Schadensersatzanspruchs wegen Fehlens zugesicherter Eigenschaften. Sind AGB danach ganz oder teilweise ungültig, so bleibt der Vertrag im übrigen wirksam; die ungültige Bestimmung wird durch die einschlägige gesetzliche Regelung (z. B. des BGB) ersetzt.

Im Interesse einer breiten wirksamen Kontrolle räumt das AGBG Verbraucher- und Wirtschaftsverbänden, Industrie- u. Handelskammern sowie Handwerkskammern die Befugnis ein, die Verwender von unwirksamen AGB auf Unterlassung, die Empfehler solcher AGB auch auf Widerruf in Anspruch zu nehmen. Für diese Verbandsklage ausschließlich zuständig ist das Landgericht, in dessen Bezirk der Verwender (Empfehler) seine gewerbliche Niederlassung, hilfsweise seinen Wohnsitz hat (§§ 13, 14).

Klagen u. rechtskräftige Urteile werden in einem vom → Bundeskartellamt geführten Register erfaßt; über eine Eintragung ist jedermann auf Antrag Auskunft zu erteilen (§ 20). Das AGBG findet keine Anwendung bei Verträgen auf den Gebieten des Arbeits-, Erb-, Familien- u. Gesellschaftsrechts (§ 23 I). §§ 23 II u. 24 enthalten weitere Beschränkungen des sachlichen u. persönlichen Geltungsbereichs des Gesetzes.

Allgemeine Verwaltung → Verwaltung, öffentliche.

Altersstufen. Die Rechtsstellung des jungen Menschen verändert sich mit steigendem Alter. Seine Rechte, aber auch seine Pflichten nehmen zu. Die folgende Übersicht umfaßt die in ihren rechtlichen Auswirkungen wichtigsten A.:

Altersstufe	Rechtliche Auswirkungen
Vollendung der Geburt	Beginn der → Rechtsfähigkeit Beginn der → Parteifähigkeit
Vollendung des 7. Lj.	Beginn der beschränkten → Geschäftsfähigkeit; Beginn der bedingten → Deliktsfähigkeit
Vollendung des 12. Lj.	Beschränkte → Religionsmündigkeit
Vollendung des 14. Lj.	Religionsmündigkeit
	Bedingte → Strafmündigkeit
Vollendung des 16. Lj.	Beschränkte → Testierfähigkeit
	Beginn der Eidesfähigkeit
	Möglichkeit der → Ehemündigkeitserklärung
	Pflicht zum Besitz eines → Personalausweises
Vollendung des 17. Lj.	Beendigung der Möglichkeit zur Gewährung freiwilliger → Erziehungshilfe
	Beendigung der Möglichkeit zur Einweisung in → Fürsorgeerziehung
Vollendung des 18. Lj.	Eintritt der Volljährigkeit. Folgen: volle Geschäftsfähigkeit, volle Deliktsfähigkeit
	Aktives u. passives Wahlrecht zum Bundestag (u. zu den Länderparlamenten)
	Unbedingte Strafmündigkeit
	Volle Testierfähigkeit
	→ Prozeßfähigkeit
	Ehemündigkeit
	Beginn der Wehrpflicht
Vollendung des 21. Lj.	Abgrenzung von → Heranwachsenden u. → Erwachsenen im Strafrecht

Auch für den älteren Menschen treten zu bestimmten Zeitpunkten rechtlich bedeutsame Änderungen ein. → Beamte u. → Richter werden i. d. R. mit 65 Jahren in den Ruhestand versetzt (eine Ausnahme gilt für Richter auf Lebenszeit an den obersten Gerichtshöfen des Bundes, die erst mit Vollendung des 68. Lj. pensioniert werden) u. können im allgemeinen mit 63 Jahren auf Antrag vorzeitig in den Ruhestand versetzt werden. In der → Rentenversicherung ist i. d. R. die Vollendung des 65. Lj. Voraussetzung für die Gewährung von Altersruhegeld.

Altersversorgung → Sozialversicherung.

Amnestie ist ein allgemeiner staatlicher Gnadenerweis für eine unbestimmte Zahl rechtskräftig verhängter, noch nicht oder noch nicht ganz vollstreckter Strafen, durch den die Rechtsfolgen der Straftat für den betroffenen Täterkreis beseitigt werden. (Demgegenüber bezeichnet man den Gnadenerweis im Einzelfall als → Begnadigung.) Die A. bedarf eines förmlichen → Gesetzes. Sie erfaßt bestimmte Straftaten, die vor einem bestimmten Stichtag liegen u. zumeist eine bestimmte Strafhöhe nicht überschreiten. Sollen durch den Gnadenerweis zugleich anhängige, also noch nicht rechtskräftig abgeschlossene Verfahren niedergeschlagen werden (Abolition), wird ein Straffreiheitsgesetz erlassen.

Amt (öffentliches) → Behörde.

Amtsbetrieb bedeutet, daß das Gericht das Verfahren von Amts wegen durchführt u. daß eine besondere Mitwirkung der Prozeßbeteiligten nicht erforderlich ist. Gegensatz des A. ist der auf dem Grundsatz der Parteiherrschaft beruhende *Parteibetrieb*. Im → Strafprozeß gilt seit jeher der A., der sich aber auch in anderen Verfahrensordnungen mehr u. mehr durchgesetzt hat. Selbst in dem traditionell vom Parteibetrieb geprägten → Zivilprozeß gewinnt der A. zunehmende Bedeutung. Auch Urteile werden dort nicht mehr auf Betreiben der Parteien, sondern von Amts wegen zugestellt (§ 317 ZPO).

Amtsgeheimnis → Dienstgeheimnis.

Amtsgericht ordentliche Gerichtsbarkeit; → Zivilprozeß; → Strafprozeß.

Amtshaftung ist die Haftung des Staates oder einer anderen → juristischen Person des öfftl. Rechts (z. B. Gemeinde, Ortskrankenkasse) für schadensersatzpflichtiges Verhalten eines Bediensteten. 1. Verletzt dieser bei *hoheitlichem Handeln* – dazu gehören i. d. R. auch Tätigkeiten im Bereich der Daseinsvorsorge – eine ihm gegenüber einem Dritten obliegende Amtspflicht, so haftet an seiner Stelle der Staat oder die juristische Person für den daraus entstehenden Schaden (Art. 34 GG, § 839 BGB). Die A. ist jedoch mehrfach beschränkt: Bei fahrlässigem Verhalten des Bediensteten haftet der Staat nur subsidiär, d. h. nur insoweit, als der Geschädigte nicht auf sonstige Weise Ersatz erlangen kann. A. für die Fehlentscheidung eines Richters im gerichtlichen Verfahren setzt strafbare Pflichtverletzung (Rechtsbeugung, Bestechlichkeit) voraus. Die A. entfällt völlig, wenn der Geschädigte es schuldhaft versäumt hat, den Schaden durch Einlegung eines Rechtsbehelfs (z. B. Dienstaufsichtsbeschwerde) abzuwenden. – Diese Haftungsbeschränkungen sollten im Zuge einer *Reform des Staatshaftungsrechts* beseitigt werden, so daß die öffentliche Hand verschuldensunabhängig für sämtliche Rechtsverletzungen, auch für das Versagen technischer Einrichtungen (z. B. Ampelanlagen), und unter Wegfall der geltenden Subsidiaritätsklausel hätte einstehen müssen. Das diesen Grundsätzen entsprechende vom Bundestag im Februar 1981 verabschiedete Staatshaftungsgesetz ist im Oktober 1982 vom BVerfG wegen fehlender → Gesetzgebungskompetenz des Bundes für nichtig erklärt worden. Infolgedessen sind die bislang geltenden Vorschriften über die A. weiterhin anwendbar.

2. Begeht ein Bediensteter im *privatrechtlichen Geschäftskreis* seines Dienstherrn eine schadensersatzpflichtige Handlung, greifen die für die Haftung juristischer Personen maßgeblichen Vorschriften ein.

3. Die persönliche Haftung des Bediensteten – bei einem Beamten nach § 839 BGB, bei einem Angestellten nach §§ 823 ff. BGB (→ unerlaubte Handlung) – ist aufgrund der sie verdrängenden A. in den meisten Fällen bedeutungslos. Der Staat kann aber bei dem Bediensteten → *Rückgriff* nehmen, bei hoheitlichem Handeln jedoch nur im Fall vorsätzlichen oder grob fahrlässigen Verhaltens (§ 46 BRRG, § 78 BBG, § 14 BAT u. a.).

Amtshilfe ist die Vornahme einer Amtshandlung durch eine Verwaltungsbehörde – oder durch ein Gericht im Rahmen seiner verwaltenden Tätigkeit – auf Ersuchen einer anderen Behörde. Nach Art. 35 I GG leisten sich alle Behörden des Bundes u. der Länder gegenseitig A. Eine Behörde kann um A. insbesondere dann ersuchen, wenn sie aus rechtlichen oder tatsächlichen Gründen die Amtshandlung nicht selbst vornehmen kann, wenn sie Daten, Urkunden oder sonstige Beweismittel benötigt, über die sie selbst nicht verfügt, oder wenn sie die Amtshandlung nur mit wesentlich größerem Aufwand als die ersuchte Behörde vornehmen kann. A. braucht nicht geleistet zu werden, wenn die ersuchte Behörde aus rechtlichen Gründen dazu außerstande ist, wenn sie durch die Hilfeleistung dem Bund oder einem Land erheblichen Schaden zufügte oder wenn durch die A. geheimhaltungsbedürftige Vorgänge offenbart würden (s. im einzelnen §§ 4 ff. VwVfG). Umstritten ist, ob die Ämter für → Verfassungsschutz, die keine polizeilichen Exekutivbefugnisse besitzen, sich im Wege der A. Informationen beschaffen dürfen, die eine Polizeibehörde (z. B.

Bundesgrenzschutz) bei der Anwendung polizeilicher Befugnisse gewonnen hat.

Amtspflichtverletzung → Amtshaftung.

Analogie → Rechtsnorm.

Anfechtung. Im Privatrecht kann eine → Willenserklärung wegen → Irrtums sowie wegen → arglistiger Täuschung oder widerrechtlicher → Drohung angefochten werden (§§ 119 ff. BGB). Die A., die durch Erklärung gegenüber dem Anfechtungsgegner (z. B. Vertragspartner) erfolgt, bewirkt, daß das Rechtsgeschäft als von Anfang an → nichtig anzusehen ist (§ 142 BGB). Das Anfechtungsrecht ist ein → Gestaltungsrecht. Die Irrtumsanfechtung muß unverzüglich nach Kenntnis des Anfechtungsgrundes, die A. wegen Täuschung oder Drohung innerhalb eines Jahres erfolgen. Nach Ablauf von 30 Jahren seit Abgabe der Willenserklärung ist eine A. in jedem Fall ausgeschlossen. Der Irrtumsanfechtende hat demjenigen, der auf die Gültigkeit des Rechtsgeschäfts vertrauen durfte, den durch die A. entstehenden Schaden zu ersetzen; der Ersatzberechtigte kann allerdings der Höhe nach nicht mehr verlangen, als ihm bei Wirksamkeit des Rechtsgeschäfts zugestanden hätte. Von der A. nach den §§ 119 ff. BGB sind die *Konkursanfechtung* (§§ 29 ff. KO) u. die *Gläubigeranfechtung* nach dem Anfechtungsgesetz zu unterscheiden. Sie dienen dazu, den Gläubigern den Zugriff auf veräußerte Gegenstände des in Vermögensverfall geratenen Schuldners zu sichern. Eine besondere Art der A. ist auch die A. der → Ehelichkeit eines Kindes (§§ 1593 ff. BGB).

Anfechtungsklage → Klage; → verwaltungsgerichtliches Verfahren.

Angehörige. Der Begriff des A. ist nicht einheitlich geregelt. Er ist jedenfalls weiter als der Kreis der durch Ehe u. Verwandtschaft miteinander verbundenen Personen. Gem. § 11 StGB zählen zu den A. im strafrechtlichen Sinne auch der Verlobte sowie Pflegeeltern u. Pflegekinder.

Angestelltenerfindung → Arbeitnehmererfindung.

Angestelltenversicherung → Sozialversicherung.

Angestellter. Der Begriff des A. ist gesetzlich nicht definiert. Nach Rspr. u. Rechtslehre fallen darunter diejenigen → Arbeitnehmer, die, im Unterschied zum Arbeiter, überwiegend geistige Arbeit leisten. Hierzu rechnen z. B. die Arbeitnehmer, die kaufmännische oder Bürotätigkeiten wahrnehmen. Zwar zeichnet sich eine Angleichung in der Rechtsstellung von A. u. Arbeitern ab. Doch bestehen z. T. noch abweichende Regelungen. Das gilt für die Kündigungsfristen (§ 622 I BGB sowie Angestelltenkündigungsschutzgesetz von 1926), für die Lohnfortzahlung im Krankheitsfall (§ 616 II BGB, § 63 HBG) sowie für die Vertretung im Betriebsrat (getrennte Wahl von Angestellten u. Arbeitern, § 10 I BetrVG) u. im Aufsichtsrat der mitbestimmten Unternehmen (§ 15 I MitbestG, → Mitbestimmung). Die Rechtsstellung der → *leitenden Angestellten* ist teilweise besonders geregelt.

Anklage → Strafprozeß; → Klage.

Annahme als Kind (Adoption) ist die Begründung eines nicht auf leiblicher Abstammung beruhenden Eltern-Kind-Verhältnisses. Das seit 1977 geltende neue Adoptionsrecht hat weitreichende Änderungen des früheren Rechtszustands bewirkt. Das Gesetz unterscheidet die A. Minderjähriger u. die A. Volljähriger. 1. Die *Annahme eines Minderjährigen* (§§ 1741 ff. BGB) ist zulässig, wenn sie dem Wohl des Kindes dient u. zu erwarten ist, daß zwischen dem Annehmenden u. dem Kind ein Eltern-Kind-Verhältnis entsteht. Als Adoptiveltern kommen z. B. ein Ehepaar (mit oder ohne Kinder) in Betracht, das ein Kind gemeinschaftlich annimmt (Voraussetzung: ein Ehegatte muß mindestens 25 Jahre, der andere mindestens 21 Jahre alt sein), aber auch eine nichtverheiratete Person, z. B. die nichteheliche Mutter oder der nichteheliche Vater (Alterserfordernis: bei letzterem 21, im übrigen 25 Jahre). Über die A. entscheidet das → Vormundschaftsgericht auf Antrag des Annehmenden durch unanfechtbaren Beschluß. Zur A. ist die Einwilligung des Kindes erforderlich. Ist es noch keine 14 Jahre alt, erteilt der gesetzliche Vertreter (z. B. Vormund) die Einwilligung, ansonsten das Kind selbst mit Zustimmung des gesetzlichen Vertreters. Außerdem ist die Einwilligung der natürlichen Eltern (bei ehelichem Kind beider Elternteile, bei nichtehelichem Kind der Mutter) notwendig. Die Elterneinwilligung kann frühestens 8 Wochen nach Geburt des Kindes erteilt werden. Sie ist auch dann wirksam, wenn ihnen die Adoptiveltern nicht bekannt sind (Inkognitoadoption). Durch die A. erlangt das Kind die Rechtsstellung eines → ehelichen Kindes des Annehmenden, wird daher auch mit dessen Verwandten verwandt. Es erhält Familiennamen, Staatsangehörigkeit u. Wohnsitz des Annehmenden. Bisherige Verwandtschaftsverhältnisse erlöschen. 2. Die *Annahme eines Volljährigen* (§§ 1767 ff. BGB) ist immer dann möglich, wenn sie sittlich gerechtfertigt ist, insbesondere bei schon bestehendem Eltern-Kind-Verhältnis (z. B. → Pflegekind). Sie wird vom Vormundschaftsgericht auf Antrag des Annehmenden u. des Anzunehmenden ausgesprochen. Die A. eines Volljährigen begründet kein Rechtsverhältnis zu den Verwandten des Annehmenden, wohl aber zwischen dem Annehmenden u. den Abkömmlingen des Angenommen. Der Adoptierte erhält den Namen des Annehmenden, nicht jedoch dessen Staatsangehörigkeit. Seine verwandtschaftlichen Beziehungen zu den leiblichen Verwandten bleiben bestehen; doch ist der Annehmende primär zum Unterhalt verpflichtet.

Anscheinsbeweis (Beweis des ersten Anscheins, prima-facie-Beweis) → Beweis.

Anschluß- und Benutzungszwang. Die Gemeinden (→ Kommunalrecht) können bei öffentlichem Bedürfnis durch Satzung für die Grundstücke ihres Gebiets den Anschluß an Wasserleitung, Kanalisation, Straßenreinigung, Fernheizung u. ähnliche, der Volksgesundheit dienende Einrichtungen *(Anschlußzwang)* u. die Benutzung dieser Einrichtungen u. der Schlachthöfe *(Benutzungszwang)* vorschreiben. Die Satzung kann Ausnahmen vom A.- u. B. zulassen. Sie kann den Zwang auf bestimmte Teile des Gemeindegebiets u. auf bestimmte Gruppen von Grundstücken oder Personen beschränken.

Ansichtssendung. Wer sich eine Sache, die er kaufen möchte, zur Ansicht zusenden läßt, schließt i.d.R. einen aufschiebend bedingten Kaufvertrag (Kauf auf Probe, §§ 495, 496 BGB). Der Vertrag kommt zustande, wenn der Empfänger die Sache billigt. Er muß dem Versender innerhalb der vereinbarten oder einer vom Versender bestimmten Frist mitteilen, ob er einverstanden ist oder nicht; Schweigen gilt als Billigung. Während der ihm eingeräumten Überlegungsfrist ist der Empfänger zur sorgfältigen Aufbewahrung verpflichtet. Bei Nichtgefallen hat er die Sache auf seine Kosten zurückzusenden. – Von der A. zu unterscheiden ist die Zusendung *unbestellter Waren.* Sie ist als → Antrag auf Abschluß eines Kaufvertrags auszulegen. Das Schweigen darauf bedeutet – sofern nicht bereits eine ständige Geschäftsbeziehung vorliegt – keine Annahme, auch dann nicht, wenn der Versender erklärt, der Vertrag gelte bei Ausbleiben einer binnen bestimmter Frist erwarteten Antwort als geschlossen. Der Empfänger ist, selbst bei Beifügung von Rückporto, nicht zur Rücksendung verpflichtet; er haftet wie ein unentgeltlicher Verwahrer nur für die → Sorgfalt in eigenen Angelegenheiten (§§ 690, 277 BGB).

Anspruch ist das → subjektive Recht, von einem anderen ein Tun oder Unterlassen zu verlangen (§ 194 I BGB). Unter Tun versteht man jede beliebige Handlung (z.B. Abgabe einer Willenserklärung, Zahlung des Kaufpreises); Unterlassen meint jedes Nichthandeln (z.B. Nichtbetreten einer Wohnung), insbes. auch das

Dulden. Ein A. beruht entweder auf einem →Schuldverhältnis (z. B. Kaufvertrag) oder auf einem →absoluten Recht (z. B. Eigentum). Schuldrechtliche A. werden als *Forderungen* bezeichnet. Der A. kann durch →Klage durchgesetzt werden. Er unterliegt grundsätzlich der →Verjährung.

Anstalt des öffentlichen Rechts ist eine zur Wahrnehmung öfftl. Aufgaben eingerichtete gesonderte Organisation, bei der dem Träger (Staat oder sonstige →juristische Person des öfftl. Rechts) dauernd ein maßgebender Einfluß erhalten bleibt. Die A. d. ö. R. unterscheidet sich von der öfftl.-rechtl. →Körperschaft dadurch, daß sie keine Mitglieder, sondern allenfalls Benutzer hat, von der öfftl.-rechtl. →Stiftung dadurch, daß sich der Einfluß des Trägers nicht, wie üblich, auf den Errichtungsakt beschränkt. Die bestehenden A. d. ö. R. lassen sich nicht immer ohne Schwierigkeiten der vorgegebenen Begriffsbestimmung einordnen. So sind z. B. die Bundesbank u. die öfftl.-rechtl. Rundfunkanstalten, wiewohl A. d. ö. R., bei der Erfüllung ihrer Aufgaben unabhängig; sie unterliegen nur der Rechtsaufsicht des Staates. – Es gibt *rechtsfähige A.*, die als juristische Personen des öfftl. Rechts über das Recht der Selbstverwaltung u. eigene Satzungsgewalt (→Autonomie) verfügen (z. B. Bundesanstalt für Arbeit, Bundesbank, Rundfunkanstalten), *teilrechtsfähige A.*, die nur Dritten, nicht aber dem Träger gegenüber vermögensrechtlich verselbständigt (ausgegliedert) sind (z. B. Bundesbahn), u. *nichtrechtsfähige A.*, die zwar organisatorisch, nicht aber rechtlich verselbständigt sind (z. B. Schulen, kommunale Versorgungsbetriebe, Strafanstalten). – Wie andere juristische Personen des öfftl. Rechts kann auch eine rechtsfähige A. d. ö. R. nur durch Gesetz oder auf Grund eines Gesetzes errichtet, verändert oder aufgelöst werden.
Die Beziehungen zwischen (nutzbarer) A. (z. B. Badeanstalt einer Gemeinde) u. ihren Benutzern werden entweder öfftl.-rechtlich durch die Benutzungsordnung oder privatrechtlich durch – meist mittels schlüssigen Verhaltens begründeten – Vertrag geregelt. Nicht selten beruht die Zulassung zur Anstaltsnutzung auf öfftl. Recht (durch →Verwaltungsakt), während das Leistungsverhältnis selbst privatrechtlich ausgestaltet ist. Bei manchen A. unterliegen die Benutzer einem Sonderstatus, der ihnen im Unterschied zum allgemeinen Status des Staatsbürgers besondere Pflichten aufgibt (z. B. Schule, Strafanstalt). Dieser Sonderstatus, herkömmlich in der Rechtsfigur des →besonderen Gewaltverhältnisses erfaßt, ermächtigt die A. jedoch nicht zu Eingriffen in die →Grundrechte; vielmehr bedarf es dazu einer gesetzlichen Grundlage (→Gesetzesvorbehalt).

Anstiftung (§ 26 StGB) ist wie die →Beihilfe →Teilnahme an der →Straftat eines anderen. Anstifter ist, wer vorsätzlich einen ande-

26

ren zu dessen vorsätzlich begangener rechtswidriger Tat bestimmt hat. Dabei bereitet die Abgrenzung zum → mittelbaren Täter gelegentlich Schwierigkeiten. Der Anstifter wird wie der Täter bestraft. Der → Versuch der unmittelbaren oder mittelbaren A. zu einem Verbrechen ist gleichfalls strafbar; doch ist die Strafe nach § 49 StGB zu mildern (§ 30 StGB). – Der Anstifter einer → unerlaubten Handlung steht einem Mittäter gleich.

Antrag bedeutet im *Privatrecht* das Angebot zum Abschluß eines → Vertrages. Durch die Annahme des A. kommt der Vertrag zustande. Im *Verwaltungsrecht* zielt der an eine Behörde gerichtete A. auf den Erlaß eines den Antragsteller begünstigenden Verwaltungsaktes (z. B. Bauerlaubnis). Im *Prozeßrecht* wird das Gericht durch den A. eines Prozeßbeteiligten (z. B. eine Klage) aufgefordert, eine bestimmte Entscheidung zu erlassen.

Anwalt → Rechtsanwalt.

Anzeigepflicht ist die gesetzliche Pflicht, eine Behörde über eine gegenwärtige oder künftige Tatsache zu informieren. So muß z. B. derjenige, der ein stehendes Gewerbe aufnimmt, eine Zweigniederlassung oder Zweigstelle eröffnet, dies dem Gewerbeaufsichtsamt anzeigen (§ 14 GewO). A. gibt es darüber hinaus u. a. im Baurecht, im Steuerrecht u. bei Massenentlassungen im Arbeitsrecht (→ Kündigungsschutz). Eine Pflicht zur Anzeige von Straftaten (→ Strafanzeige) besteht für Privatpersonen grundsätzlich nicht (→ aber Nichtanzeige geplanter Straftaten).

Arbeiter sind alle → Arbeitnehmer, die nicht Angestellte sind. Sie verrichten im Unterschied zu diesen vorwiegend körperliche Arbeit. Die Abgrenzung zwischen A. und Angestellten verliert jedoch mehr und mehr ihren sachlichen Grund, da sich die Tätigkeitsformen weitgehend ähnlich werden: Die körperliche Arbeit ist einerseits leichter, andererseits anspruchsvoller geworden; umgekehrt geht der Büroarbeit der Angestellten infolge ihrer Mechanisierung das Merkmal geistiger Tätigkeit zunehmend verloren. Auch im geltenden Recht zeichnet sich eine Angleichung beider Gruppen ab: so zuerst durch das Lohnfortzahlungsgesetz von 1969 mit Annäherung der Arbeiter an §§ 616 II BGB, 63 HGB (Lohnfortzahlung im Krankheitsfall für die Dauer von 6 Wochen); sodann durch das 1. Arbeitsrechtsbereinigungsgesetz, gleichfalls von 1969 (Fortfall besonderer Gründe zur fristlosen Entlassung, nunmehr allgemein § 626 BGB maßgebend; Erhöhung der Kündigungsfristen für Arbeiter entsprechend der Dauer der Betriebszugehörigkeit in § 622 II BGB). Trotzdem ist der Unterschied zwischen A. u. Angestellten nicht völlig gegenstandslos geworden. Während die Angestellten i. d. R. monatsbezogen vergütet werden, wird der Lohn der A. stundenbezogen oder nach dem Leistungsgrad (Akkord) gewährt. Der A. unterliegt weiterhin kürzeren Kündigungsfristen. Auch in der Lohnfortzahlung bestehen noch wenn auch geringfügige Abweichungen gegenüber der Rechtsstellung der Angestellten. Die Tarifvertragsparteien halten ihrerseits in den Tarifverträgen an der Unterscheidung zwischen A. u. Angestellten fest.

Arbeitnehmer ist, wer aufgrund eines privatrechtlichen Vertrages im Dienst eines anderen zur Arbeit verpflichtet ist. Keine A. sind → Beamte u. → Richter: Sie leisten zwar Arbeit im Dienste eines anderen, aber nicht aufgrund eines privatrechtlichen Vertrages, sondern aufgrund eines öfftl.-rechtl. Dienst- u. Treueverhältnisses; für sie gelten die besonderen Regelungen des Beamten- bzw. Richterrechts. Ebensowenig sind die Freiberufler (Rechtsanwälte, Ärzte u. a.) A.: Sie arbeiten zwar für einen anderen, aber nicht im Dienst eines anderen; sie sind im Unterschied zu den A. nicht persönlich abhängig, sondern selbstständig. Dagegen zählen die → leitenden Angestellten trotz weitgehender Selbstständigkeit ihrer Tätigkeit zu den A.; sie nehmen jedoch eine Sonderstellung ein. Den A. werden in verschiedenen Beziehungen diejenigen gleichgestellt, die wegen ihrer wirtschaftlichen Unselbständigkeit als arbeitnehmerähnliche Personen anzusehen sind (z. B. → Heimarbeiter). „Freie Mitarbeiter" bei Rundfunk, Fernsehen u. Zeitungen oder bei anderen Einrichtungen können je nach der Ausgestaltung der Mitarbeit A., arbeitnehmerähnliche Personen oder Selbständige sein. Die A. gliedern sich in die Gruppen der → Arbeiter u. der → Angestellten. Nach dieser begrifflichen Unterscheidung, die auf das Angestelltenversicherungsgesetz von 1924 zurückgeht, leistet der Angestellte überwiegend geistige, der Arbeiter überwiegend körperliche Arbeit. Da beide Tätigkeitsformen sich zunehmend angleichen (Mechanisierung der Büroarbeit einerseits, wachsende intellektuelle Anforderungen an den Industriearbeiter andererseits), schleifen sich die Gegensätze in der sozialen Realität mehr u. mehr ab. Dem trägt auch die rechtliche Entwicklung der letzten Jahre weitgehend Rechnung. Die Einteilung ist allerdings noch nicht gegenstandslos geworden.

Arbeitnehmererfindung. Nach dem Patentgesetz werden zum → Patent angemeldete Erfindungen dadurch geschützt, daß allein der Patentinhaber berechtigt ist, die patentierte Erfindung gewerblich zu benutzen. Entsprechendes gilt nach dem → Gebrauchsmustergesetz für kleinere technische Erfindungen. Da weitaus die meisten Erfindungen von Arbeitnehmern (einschließlich Beamten u. Soldaten) gemacht werden, bedarf es eines Interessenausgleichs zwischen dem Arbeitnehmer, der die geistig-schöpferische Leistung erbracht, u. dem Arbeitgeber, der die Betriebsmittel bereitgestellt hat. Diesen Interessenausgleich sucht das Gesetz über Arbeitnehmererfindungen von 1957 herbeizuführen. – *Diensterfindungen* hat der Arbeitnehmer dem Arbeitgeber zu melden. Dieser kann die Erfindung in Anspruch nehmen; die durch die Erfindung entstandenen Persönlichkeitsrechte – z. B. das Recht, als Erfinder genannt zu werden – bleiben dem Arbeitnehmer jedoch erhalten. Die Erfindung wird frei, wenn der Arbeitgeber sie nicht in Anspruch nimmt oder wenn er sie ausdrücklich freigibt. Nimmt er sie in Anspruch, ist er verpflichtet, sie zur Erteilung eines Schutzrechts (Patent, Gebrauchsmuster) anzumelden u. dem Arbeitnehmer eine angemessene Vergütung zu zahlen. Die Höhe der Vergütung wird durch Vereinbarung zwischen Arbeitgeber und Arbeitnehmer bestimmt. Kommt kein Vertrag zustande, setzt der Arbeitgeber die Vergütung einseitig fest. Ist der Arbeitnehmer damit nicht einverstanden, kann er ein Schiedsverfahren in Gang setzen. Bleibt dieses erfolglos, ist der Weg zu den ordentlichen Gerichten eröffnet. – *Technische Verbesserungsvorschläge* (Vorschläge für nicht patent- oder gebrauchsmusterfähige technische Neuerungen), die im Zusammenhang mit der betrieblichen Tätigkeit stehen, muß der Arbeitnehmer dem Arbeitgeber zur Verfügung stellen; er erhält dafür eine Vergütung, deren Höhe sich nach den für die Diensterfindungen geltenden Bestimmungen richtet.

Arbeitnehmerüberlassung → Leiharbeitsverhältnis.

Arbeitsamt → Arbeitsverwaltung.

Arbeitsförderungsgesetz. Das AFG von 1969 regelt die Hauptaufgaben der Bundesanstalt für Arbeit (→ Arbeitsverwaltung). Es zielt auf Maßnahmen, die im Rahmen der Sozial- und Wirtschaftspolitik der Bundesregierung einen hohen Beschäftigungsstand bewirken, die Beschäftigungsstruktur verbessern u. damit zugleich das Wachstum der Wirtschaft fördern (§ 1 AFG). Im Unterschied zu seinem Vorgänger, dem Gesetz über Arbeitsvermittlung u. Arbeitslosenversicherung, greift das AFG also nicht erst ein, wenn Arbeitslosigkeit eingetreten ist; vielmehr sucht es diese nach Möglichkeit vorbeugend zu verhindern. Zu den Leistungen nach dem AFG gehören: → Arbeitsvermittlung u. → Berufsberatung, Förderung der beruflichen Bildung, der Arbeitsaufnahme u. der beruflichen Eingliederung Behinderter, Erhaltung und Schaffung von Arbeitsplätzen (durch Kurzarbeitergeld, Schlechtwettergeld u. Winterbauförderung) sowie Arbeitslosengeld u. Arbeitslosenhilfe (→ Sozialversicherung).

Arbeitsgerichtsbarkeit. Der A. sind nach dem Arbeitsgerichtsgesetz alle privatrechtlichen Streitigkeiten aus → Arbeitsverträgen u.

→ Tarifverträgen zugewiesen. Darüber hinaus ist sie zuständig für betriebsverfassungsrechtliche Streitigkeiten u. für Streitigkeiten über die im Mitbestimmungsgesetz 1976 u. im Betriebsverfassungsgesetz 1952 geregelte Wahl von Arbeitnehmervertretern in den Aufsichtsrat (→ Mitbestimmung). Organe der dreistufig aufgebauten A. sind die Arbeitsgerichte, die Landesarbeitsgerichte u. das Bundesarbeitsgericht. Den Gerichten gehören neben Berufsrichtern ehrenamtliche Richter, je zur Hälfte aus den Kreisen der Arbeitnehmer u. der Arbeitgeber, an. Für das arbeitsgerichtliche *Verfahren* gelten im allg. die Vorschriften der ZPO entsprechend (→ Zivilprozeß). Doch gibt es einige Besonderheiten, die der Beschleunigung u. Vereinfachung dienen. Vorab wird eine gütliche Einigung angestrebt (Güteverhandlung). Die Parteien können den Rechtsstreit vor dem Arbeitsgericht selbst führen. Sie können sich aber auch durch einen Rechtsanwalt oder durch einen Vertreter ihrer Gewerkschaft bzw. Arbeitgebervereinigung vertreten lassen. Vor den Landesarbeitsgerichten ist diese Vertretung vorgeschrieben. Vor dem Bundesarbeitsgericht herrscht Anwaltszwang.

Arbeitskampf. Im Rahmen der aus der → Koalitionsfreiheit (Art. 9 III GG) abzuleitenden → Tarifautonomie haben die Tarifvertragsparteien unter bestimmten Voraussetzungen das Recht, ihre tariflichen Auseinandersetzungen mit den Mitteln des Arbeitskampfes – Streik u. Aussperrung, ggf. auch → Boykott – zu betreiben. Das Arbeitskampfrecht ist nicht gesetzlich geregelt, sondern durch die Rechtsprechung des Bundesarbeitsgerichts, also durch Richterrecht, entwickelt worden.
Streik ist die gemeinsame u. planmäßige Arbeitsniederlegung durch eine größere Anzahl von → Arbeitnehmern zur Erreichung eines bestimmten Ziels. Er erfüllt zwar nach h. L. als Eingriff in den eingerichteten u. ausgeübten Gewerbebetrieb der betroffenen Arbeitgeber den Tatbestand einer → unerlaubten Handlung, ist aber sozial adäquat u. daher rechtmäßig, wenn er von einer → Gewerkschaft geführt wird („wilde" Streiks sind unzulässig), wenn er sich gegen einen Arbeitgeber oder Arbeitgeberverband richtet („politische" Streiks sind nicht erlaubt), wenn er die kollektive Regelung von Arbeitsbedingungen, die Gegenstand eines → Tarifvertrags sein können, bezweckt (ein Streik zur Erzwingung einer → Betriebsvereinbarung ist rechtswidrig), wenn er die tarifliche → Friedenspflicht wahrt, wenn er nicht gegen das Prinzip der fairen Kampfführung verstößt (Gewaltdrohungen u. Gewaltanwendungen sind unzulässig) u. wenn er nur als letztes Mittel („ultima ratio") zur Durchsetzung der gewerkschaftlichen Forderungen eingesetzt wird. Aus dem ultima-ratio-Prinzip folgt, daß eine A.maßnahme auch nach Ablauf der vertraglich vereinbarten Friedenspflicht erst dann ergriffen werden darf, wenn alle Verständi-

gungsmöglichkeiten ausgeschöpft sind; es darf daher nicht zu früh gestreikt werden. Dieser Grundsatz verbietet jedoch nicht kurze und zeitlich befristete *Warnstreiks,* zu denen die Gewerkschaft während laufender Tarifverhandlungen im Zuge der „neuen Beweglichkeit" aufruft. – Der rechtmäßige Streik führt nicht zur Auflösung, sondern nur zur Suspendierung des → Arbeitsverhältnisses, so daß die Pflicht des Arbeitnehmers zur Arbeitsleistung sowie sein Anspruch auf Beschäftigung u. Vergütung nur für die Dauer des Streiks entfallen. – Den → Beamten steht das Streikrecht nicht zu.

Unter *Aussperrung* versteht man den zielgerichteten, planmäßigen Ausschluß einer größeren Anzahl Arbeitnehmer von der Arbeit durch einen oder mehrere Arbeitgeber. Die Aussperrung ist nur zur Abwehr eines Streiks zulässig (Abwehraussperrung im Gegensatz zur rechtswidrigen Angriffsaussperrung). Sie muß sich am Verhältnismäßigkeitsprinzip orientieren. Das bedeutet z. B., daß sie grundsätzlich die Grenzen des Tarifgebiets, in dem gestreikt wird, nicht überschreiten darf. Im übrigen darf die Aussperrung nicht unter Schonung der „Nichtorganisierten" auf Mitglieder der streikenden Gewerkschaft beschränkt werden. Auch die Aussperrung hat i. d. R. nicht die Auflösung, sondern nur die Suspendierung des Arbeitsverhältnisses zur Folge.

Werden Arbeitskampfmittel rechtswidrig eingesetzt, so machen sich die Tarifvertragsparteien u. ihre Funktionäre u. U. wegen unerlaubter Handlung nach §§ 823 I, II, 826 BGB schadensersatzpflichtig.

Arbeitslosengeld → Sozialversicherung.

Arbeitslosenhilfe → Sozialversicherung.

Arbeitslosenversicherung → Sozialversicherung.

Arbeitsplatzschutz. Das Arbeitsplatzschutzgesetz regelt die Auswirkungen der Einberufung eines Arbeitnehmers zum Wehrdienst auf das → Arbeitsverhältnis. Der Arbeitsplatz bleibt dem Arbeitnehmer erhalten; das Arbeitsverhältnis ruht. Darüber hinaus unterliegt der Arbeitnehmer einem besonderen Kündigungsschutz. Der Arbeitgeber darf das Arbeitsverhältnis während der Dauer des Wehrdienstes nicht ordentlich kündigen; er ist ferner gehindert, es vor oder nach dem Wehrdienst aus Anlaß des Wehrdienstes zu kündigen. Eine gleichwohl ausgesprochene Kündigung ist nach § 134 BGB wegen Verstoßes gegen ein gesetzliches Verbot unwirksam. Die Unwirksamkeit kann jederzeit geltend gemacht werden. Dagegen wird das Recht zur außerordentlichen Kündigung durch die Einberufung zum Wehrdienst nicht berührt. Der Arbeitgeber kann also auch nach der Einberufung aus einem wichtigen Grund, den er erst später erfahren hat, kündigen; die Einberufung selbst stellt grundsätzlich keinen wichtigen Grund dar (→ Kündigungsschutz). Wer sich nach Ableistung des Grundwehrdienstes um Einstellung in den → öffentlichen Dienst bewirbt (z. B. als Lehramtskandidat), hat Vorrang vor anderen Bewerbern gleicher Eignung; haben sich die Anforderungen an die fachliche Eignung während der wehrdienstbedingten Verzögerung der Bewerbung erhöht, sind die vorher maßgeblichen Anforderungen zugrunde zu legen. Das Arbeitsplatzschutzgesetz gilt entsprechend für die zum Zivildienst einberufenen → Kriegsdienstverweigerer.

Arbeitsrecht. Das A. ist das Sonderrecht der unselbständig Arbeitenden (→ Arbeitnehmer). Zwar erfaßt es auch die Rechtsstellung des Arbeitgebers; dieser wird aber vom Arbeitsrecht nur in einem Teil seiner in erster Linie auf unternehmerische Zwecke gerichteten Tätigkeit betroffen. Die → Beamten und → Richter sind nicht Arbeitnehmer im Sinne des Arbeitsrechts; sie unterliegen den besonderen Regeln des Beamtenrechts bzw. Richterrechts. Allerdings gibt es Tendenzen, die ein einheitliches Recht des öffentlichen Dienstes auf arbeitsrechtlicher Grundlage anstreben, das für Arbeiter, Angestellte u. Beamte in gleicher Weise gelten soll. Das A. ergreift sämtliche rechtlichen Beziehungen des Arbeitnehmers, die mit seiner Stellung als Arbeitnehmer zusammenhängen. Dazu zählen alle rechtlichen Regelungen, die gerade deshalb gelten, weil die unmittelbar oder mittelbar beteiligten Personen Arbeitnehmer sind. Hierunter fallen die rechtlichen Beziehungen des Arbeitnehmers zum Arbeitgeber (→ Arbeitsverhältnis), die rechtlichen Beziehungen der Arbeitnehmer zum Staat (→ Arbeitsschutzrecht, → Arbeitsgerichtsbarkeit), ferner Rechtsstellung u. rechtliche Beziehungen der Gewerkschaften u. Arbeitgeberverbände sowie ihrer Mitglieder (kollektives Arbeitsrecht). Da das A. somit einerseits das Verhältnis zwischen Privatpersonen (Arbeitnehmer u. Arbeitgeber), andererseits das zwischen Privatpersonen u. Staat regelt, enthält es sowohl privatrechtliche als auch öfftl.-rechtl. Elemente. Das A. geht aus von den privatrechtlichen Grundvorstellungen der Vertragsfreiheit u. des freien Arbeitsmarktes, die jedem die freie Wahl des Arbeitsplatzes u. dem Arbeitgeber die freie Auswahl der Arbeitnehmer gestatten. Es besteht kein Zwang zum Vertragsabschluß (→ Kontrahierungszwang). Die beiderseitige Freiheit beruht auf den Grundrechten der freien Persönlichkeitsentfaltung (Art. 2 I GG) u. der freien Berufswahl (Art. 12 GG). Wären aber für die Rechtsstellung des Arbeitnehmers allein die liberalen Grundsätze des Privatrechts maßgeblich, könnte er wegen seiner persönlichen u. wirtschaftlichen Abhängigkeit vom Arbeitgeber leicht in die Gefahr der Ausbeutung geraten. Dem sucht das Arbeitsrecht dadurch zu begegnen, daß es Regelungen zum Schutz des Arbeitnehmers (insbes. → Kündigungsschutz, → Lohnfortzahlung im Krankheitsfall, → Unfallversicherung, → Urlaub, → Arbeitszeitbegrenzung, → Mutterschutz, → Jugendschutz) bereithält u. die Parteien des Arbeitsmarkts als Gewerkschaften u. Arbeitgeberverbände kollektiv organisiert (vgl. Art. 9 III GG, → Tarifautonomie, → Arbeitskampf). Durch das Mitbestimmungsgesetz aus dem Jahre 1976 wird die Stellung der Arbeitnehmer in den Unternehmen zusätzlich gestärkt (→ Mitbestimmung). Das geltende A. ist, anders als das bürgerliche Recht oder das Strafrecht, nicht in einem Arbeitsgesetzbuch kodifiziert; seine Rechtsquellen sind – Folge der geschichtlichen Entwicklung – auf viele Gesetze und sonstige Rechtsvorschriften verstreut. Neben den traditionellen Vorschriften des BGB über den Dienstvertrag, des HGB über die Handlungsgehilfen u. Handelsvertreter u. der Gewerbeordnung über die gewerblichen Arbeiter gibt es zahlreiche Einzelgesetze, die den Arbeitsvertrag, die Kündigung, den Urlaub, die Lohnfortzahlung, den Tarifvertrag, die Betriebsverfassung, das Verfahren vor den Arbeitsgerichten usw. regeln. Ein einheitliches Gesetzbuch der Arbeit ist allerdings geplant; zu den Vorbereitungen gehört das Erste Arbeitsrechtsbereinigungsgesetz von 1969, das vor allem das Kündigungsrecht vereinheitlicht hat. Weite Teile des A. sind gesetzlich noch nicht geregelt u. beruhen statt dessen auf gerichtlichen Entscheidungen; das gilt insbesondere für das von der Rspr. aus Art. 9 III GG entwickelte Recht der arbeitsrechtlichen Koalitionen. A. schlägt sich nicht zuletzt nieder in den Vereinbarungen der Tarifpartner u. der betrieblichen Partner, die in → Tarifverträgen u. → Betriebsvereinbarungen autonomes Recht setzen.

Arbeitsschutz. Das Recht des A. dient dazu, den Arbeitnehmer vor den Gefahren des Arbeitslebens zu schützen. Es ist öfftl. Recht u. umfaßt alle Normen, die dem Arbeitgeber öfftl.-rechtl. Pflichten auferlegen, um die von der Arbeit ausgehenden Gefahren für den Arbeitnehmer zu beseitigen oder zu vermindern. Das Arbeitsschutzrecht ist unabdingbar u. gilt auch bei Unwirksamkeit des Arbeitsvertrages. Die Vorschriften des A. sind Schutzgesetze i. S. des § 823 II BGB u. lösen bei schuldhafter Verletzung Schadenersatzansprüche aus (→ unerlaubte Handlung). Verstöße sind im übrigen mit Strafen oder Bußgeldern bedroht. Die Einhaltung der A.-Regelungen wird in erster Linie von den Gewerbeaufsichtsämtern überwacht. Nach dem Inhalt des A. sind Betriebsschutz u. Arbeitszeitschutz zu unterscheiden. Durch die Vorschriften zum *Betriebsschutz* soll der Arbeitgeber vor den Gefahren geschützt werden, die ihm aus den technischen Einrichtungen des Betriebs und der Produktion drohen (Verordnung über Arbeitsstätten, Verordnung über gefährliche Arbeitsstoffe

u. a.). Der Arbeitszeitschutz beugt Überanstrengungen der Arbeitnehmer u. vorzeitigem Verschleiß der Arbeitskraft vor (Höchstarbeitszeiten, Verbot der Sonn- u. Feiertagsarbeit). Zum A. i. w. S. rechnet auch der → *Kündigungsschutz*. Für bestimmte Gruppen von Arbeitnehmern bestehen Sonderregelungen: z. B. →Jugendarbeitsschutz, → Mutterschutz. →auch Heimarbeiter.

Arbeitsverhältnis. Das A. ist das Rechtsverhältnis zwischen → Arbeitnehmer u. Arbeitgeber, das durch den → Arbeitsvertrag begründet wird. Der Inhalt des A. wird zunächst durch den Arbeitsvertrag, im übrigen durch Gesetze u. Kollektivvereinbarungen (→ Tarifvertrag, → Betriebsvereinbarung) bestimmt. Aufgrund des A. ist der Arbeitnehmer zur Arbeitsleistung, der Arbeitgeber zur Zahlung des Arbeitsentgelts verpflichtet. Hinzu kommen gegenseitige Pflichten der Rücksichtnahme: die Treue- und Gehorsamspflicht des Arbeitnehmers, die Fürsorge- und die Gleichbehandlungspflicht des Arbeitgebers. Das Arbeitsverhältnis endet, sofern es befristet ist, durch Zeitablauf, im übrigen durch Aufhebungsvertrag, Kündigung oder durch Tod des Arbeitnehmers. Geht ein Betrieb oder Betriebsteil durch Rechtsgeschäft auf einen anderen Inhaber über *(Betriebsübergang),* bleibt das A. bestehen (§ 613a BGB). Der neue Betriebsinhaber tritt in die Rechte und Pflichten aus dem A. ein. Der bisherige Arbeitgeber verliert alle Rechte aus dem A.; für die bis zum Betriebsübergang entstandenen Pflichten haftet er dem Arbeitnehmer als → Gesamtschuldner. Die *Kündigung* kann als ordentliche oder als außerordentliche Kündigung ausgesprochen werden. Die *ordentliche Kündigung* ist nur unter Wahrung bestimmter in § 622 BGB geregelter Fristen zulässig. Danach kann das A. eines *Angestellten* beiderseits nur unter Einhaltung einer Frist von 6 Wochen zum Abschluß eines Kalendervierteljahres gekündigt werden; die Frist verlängert sich nach dem Angestelltenkündigungsschutzgesetz von 1926 zugunsten des Angestellten bei einer Beschäftigungszeit von 5 (8, 10, 12) Jahren auf 3 (4, 5, 6) Monate zum Quartalsschluß; dabei werden allerdings Dienstjahre vor Vollendung des 25. Lj. nicht berücksichtigt. Das A. eines *Arbeiters* kann unter Einhaltung einer Frist von 2 Wochen gekündigt werden. Hat der Arbeiter demselben Betrieb oder Unternehmen mehr als 5 (10) Jahre angehört, darf der Arbeitgeber nur mit mindestens 1 (2) Monaten Frist zum Ende eines Monats, bei 20jähriger Betriebszugehörigkeit nur mit 3monatiger Frist zum Quartalsende kündigen; auch hier werden Beschäftigungszeiten vor dem 25. Lj. nicht mitgerechnet (vgl. BVerfG v. 16. 11. 1982 zu § 622 II 2 BGB). Kürzere Fristen können durch Tarifvertrag, längere Fristen sowohl tarifvertraglich als auch einzelvertraglich vereinbart werden. Für die Kündigung durch den Arbeitnehmer darf jedoch einzelvertraglich keine längere Frist als für die Kündigung durch den Arbeitgeber vorgesehen werden.

Die Kündigung kann gem. § 626 I BGB als *außerordentliche Kündigung* fristlos erklärt werden, wenn ein wichtiger Grund gegeben ist: sofern also Tatsachen vorliegen, die dem Kündigenden die Fortsetzung des A. unzumutbar machen. Das trifft vor allem dann zu, wenn der andere Vertragspartner seine Pflichten gröblich verletzt hat. Bei einer kurzen ordentlichen Kündigungsfrist wird es allerdings meist zumutbar sein, statt der fristlosen die ordentliche Kündigung auszusprechen. → Arbeitsvertrag; → Kündigungsschutz.

Arbeitsvermittlung ist die Tätigkeit, die darauf gerichtet ist, Arbeitsuchende mit Arbeitgebern zur Begründung eines → Arbeitsverhältnisses (einschließlich Heimarbeitsverhältnis) zusammenzuführen. Es besteht grundsätzlich ein *Arbeitsvermittlungsmonopol* zugunsten der Bundesanstalt für Arbeit u. der ihr nachgeordneten Arbeitsämter, das diese unentgeltlich u. unparteiisch wahrnehmen müssen. Für die überörtliche A. hat die Bundesanstalt für Arbeit bestimmte Zentralstellen eingerichtet. Als A. gelten auch Herausgabe, Vertrieb u. Aushang von Listen über Stellenangebote u. -gesuche, ferner die Bekanntgabe von Stellenangeboten u. -gesuchen in Rundfunk u. Fernsehen. Die Veröffentlichung von Stellenanzeigen in Zeitungen u. anderen periodisch erscheinenden Druckschriften wird dadurch jedoch nicht eingeschränkt (§§ 13 ff. AFG).

Arbeitsvertrag. Durch den A. verpflichtet sich der → Arbeitnehmer, gegen Entgelt für den → Arbeitgeber unter dessen Leitung u. Anweisung Arbeit zu leisten. Im A. verwirklichen sich zwar die Grundrechte der freien Wahl des Arbeitsplatzes durch den Arbeitnehmer (Art. 12 GG) u. der freien Wahl der Mitarbeiter durch den Unternehmer (Art. 2 I, 14 GG). Die Vertragsfreiheit ist aber durch arbeitsrechtliche Gesetze und Kollektivvereinbarungen (→ Tarifverträge, → Betriebsvereinbarung) erheblich eingeschränkt. Die Regeln des BGB über den → Dienstvertrag (§§ 611 ff.) sind daher nur begrenzt anwendbar. Schon der Abschluß des A., durch den das → Arbeitsverhältnis begründet wird, ist nicht völlig frei, da Betriebsverfassungsgesetz und Personalvertretungsgesetze die Zustimmung des Betriebsrates (Personalrates) zur Einstellung des Mitarbeiters zwingend vorschreiben (→ Mitbestimmung). Auf den Inhalt des A. wirken Gesetze, Tarifverträge u. Betriebsvereinbarungen ein, die die Rechtsposition des Arbeitnehmers stärken (→ Lohnfortzahlung im Krankheitsfall, → Urlaub, → Arbeitszeit, Höhe des Arbeitsentgelts, Kündigungsfristen u. a.); diese Regelungen dürfen einzelvertraglich nur zugunsten des Arbeitnehmers abbedungen werden. Die Beendigung des A. durch Kündigung seitens des Arbeitgebers ist durch Kündigungsschutzvorschriften, vor allem nach dem Kündigungsschutzgesetz (→ Kündigungsschutz) nur unter engen Voraussetzungen zulässig u. bedarf im übrigen der Beteiligung des Betriebsrates (Personalrates). Der A. ist grundsätzlich formfrei. Nichtigkeit oder Anfechtung wirken, sofern die Arbeit bereits aufgenommen worden ist, grundsätzlich nur für die Zukunft.

Arbeitsverwaltung. Die Aufgaben der Arbeitsförderung (→ Arbeitsvermittlung, → Arbeitslosenversicherung, → Arbeitslosenhilfe, → Berufsberatung, Förderung der beruflichen Bildung u. a.) verlangen vom Staat eine Vielzahl von Maßnahmen. Das hat zum Aufbau einer besonderen Behördenorganisation, der A., geführt: Arbeitsämter, Landesarbeitsämter, Bundesanstalt für Arbeit in Nürnberg. Oberste Arbeitsbehörde im Bund ist das Bundesministerium für Arbeit u. Sozialordnung; in den Ländern das jeweilige Landesarbeitsministerium. Aufgaben u. Aufbau der Bundesanstalt für Arbeit u. der nachgeordneten 9 Landesarbeitsämter u. 146 Arbeitsämter sind im → Arbeitsförderungsgesetz geregelt; sie werden weitgehend aus dem Beitragsaufkommen der Arbeitslosenversicherung finanziert. Über die genannten Aufgaben hinaus ist der A. außerdem die Zahlung von → Kindergeld u. Konkursausfallgeld übertragen. – In der Organisation der A. schlägt sich der Grundsatz der Selbstverwaltung nieder. Bei der Bundesanstalt für Arbeit u. den ihr nachgeordneten Instanzen bestehen Verwaltungsausschüsse, die paritätisch von Arbeitnehmer- u. Arbeitgebervertretern beschickt werden. Außerhalb der A. gibt es verschiedene Behörden, die arbeitsrechtliche Einzelaufgaben wahrnehmen, z. B. die für weite Bereiche des → Arbeitsschutzes zuständigen Gewerbeaufsichtsämter.

Arbeitszeit ist die Zeit vom Beginn bis zum Ende der täglichen Arbeit ohne Berücksichtigung der Ruhepausen. Sie ist in Gesetzen, Tarifverträgen u. Betriebsvereinbarungen, weniger in Einzelarbeitsverträgen geregelt. Die gesetzlichen Bestimmungen (z. B. die Arbeitszeitordnung v. 1938) dienen als öfftl.-rechtl. Normen dem Schutz des Arbeitnehmers vor Überanstrengung u. Arbeitskräfteverschleiß (→ Arbeitsschutz). Die AZO legt eine regelmäßige Höchstdauer von 8 Stunden A. je Werktag fest. Der Arbeitgeber kann diese Höchstdauer an 30 Tagen im Jahr um 2 Stunden bis zu maximal 10 Stunden verlängern. Im übrigen ist ein Überschreiten der regelmäßigen gesetzlichen A. nur durch Tarifvertrag oder mit Erlaubnis des Gewerbeaufsichtsamts zulässig. Wird die Höchstdauer erlaubtermaßen (z. B. aufgrund tarifvertraglicher Normen) überschritten, so handelt es sich um Mehrarbeit, die um 25% höher zu vergüten ist. Besondere A.vorschriften sind im Jugendarbeitsschutzgesetz, im Mutterschutzgesetz u. im Ladenschlußgesetz getroffen. Die AZO hat angesichts der für die Arbeitnehmer erheblich günstigeren tarifvertraglichen Regelungen hinsichtlich Wochenarbeitszeit (teilweise unter 40 Stunden mit der

Möglichkeit flexibler Arbeitszeitgestaltung) u. hinsichtlich → Überstunden praktisch kaum noch Bedeutung. Das von der Bundesregierung geplante Arbeitszeitgesetz, das die AZO ersetzen soll, zielt darauf ab, den Tarifvertragsparteien u. unter bestimmten Voraussetzungen auch den Betriebspartnern im Interesse eines effektiven Arbeitszeitschutzes mehr Befugnisse u. mehr Verantwortung als bisher zu übertragen. Zur A. für Jugendliche → Jugendschutz. – Im Rahmen der Gesetze und Kollektivvereinbarungen kann der Arbeitgeber kraft seines Direktionsrechts Beginn u. Ende der tägl. A., einschl. der Pausen (z. B. auch gleitende A.), u. die Verteilung der A. auf die einzelnen Werktage festlegen; er muß dabei aber das Mitbestimmungsrecht des Betriebsrates (Personalrates) beachten. – Kurzarbeit kann der Arbeitgeber nur mit Zustimmung des Betriebsrates einführen; auch in Betrieben, die keinen Betriebsrat haben, darf er sie nicht einseitig, sondern nur aufgrund tarifvertraglicher oder arbeitsvertraglicher Regelungen anordnen.

Arglistige Täuschung. Wer zur Abgabe einer → Willenserklärung durch a. T. bestimmt worden ist, kann die Erklärung anfechten (§ 123 BGB, → Anfechtung). Die a. T., die ein Dritter verübt hat, braucht sich der Vertragspartner des Getäuschten dagegen nur dann zurechnen zu lassen, wenn er sie kannte oder fahrlässig nicht kannte; ansonsten ist die Anfechtung ausgeschlossen. *Täuschung* ist, wie beim Betrug, das Hervorrufen oder Aufrechterhalten eines Irrtums entweder durch Vorspiegelung falscher oder durch Unterdrückung wahrer Tatsachen trotz Aufklärungspflicht. *Arglistig* ist die Täuschung, wenn der Täuschende mit dem → Vorsatz handelt, die Willenserklärung des anderen zu beeinflussen; bedingter Vorsatz genügt. Bereicherungsabsicht des Täuschenden ist ebensowenig wie Vermögensschädigung des Getäuschten erforderlich.

argumentum e contrario (Umkehrschluß) → Rechtsnorm.

Armenrecht → Prozeßkostenhilfe; → auch Rechtsberatung.

Arrest (§§ 916 ff. ZPO) ist eine vorläufige gerichtliche Anordnung zur Sicherung der künftigen → Zwangsvollstreckung wegen einer Geldforderung. Die ZPO unterscheidet den *dinglichen A.* (in das Vermögen des Schuldners) u. den nur hilfsweise zulässigen – u. praktisch äußerst seltenen – *persönlichen A.* (durch Haft oder sonstige Freiheitsbeschränkung). Der A. setzt einen Anspruch u. die Wahrscheinlichkeit, daß ohne A. die Vollstreckung des Anspruchs gefährdet werde (*Arrestgrund*), voraus. Anspruch u. Arrestgrund sind → glaubhaft zu machen, brauchen also nicht bewiesen zu werden. Der A. wird durch *Arrestbefehl* angeordnet;

dieser muß die Lösungssumme festsetzen, durch deren Hinterlegung der Schuldner die Vollziehung des A. abwenden kann. Der Arrestbefehl ergeht nach mündlicher Verhandlung durch Urteil, ansonsten durch Beschluß. Gegen das Arresturteil gibt es das → Rechtsmittel der Berufung; gegen den Arrestbeschluß ist der unbefristete → Rechtsbehelf des Widerspruchs zulässig, der zur mündlichen Verhandlung mit bestätigendem, abänderndem oder aufhebendem Urteil führt. Die *Vollziehung* des A. – sie muß binnen 1 Monats erfolgen – darf nur der Sicherung, nicht der Befriedigung des Gläubigers dienen. Vollziehungsmittel sind bei beweglichem Vermögen die → Pfändung u. bei unbeweglichem Vermögen die Eintragung einer Arresthypothek als Sicherungshypothek (→ Hypothek).

Arztrecht. Der Arzt dient der Gesundheit des einzelnen u. der Allgemeinheit. Zur Ausübung seiner Tätigkeit, die kein Gewerbe, sondern ein freier Beruf ist, bedarf er der Approbation. Diese wird erteilt, wenn der Antragsteller Deutscher, sonstiger EG-Inländer oder heimatloser Ausländer ist, sich nicht eines ärztlicher Würde u. Zuverlässigkeit widersprechenden Verhaltens schuldig gemacht hat, frei von körperlichen u. geistigen Gebrechen ist u. nach einem mindestens 6jährigen Medizinstudium, einschließlich einer 8–12monatigen praktischen Ausbildung im Krankenhaus, die ärztliche Prüfung bestanden hat (§§ 1 ff. Bundesärzteordnung). Vergütungen für ärztliche Leistungen richten sich nach der Gebührenordnung für Ärzte (GOÄ). Die Höhe der einzelnen Gebühren bemißt sich nach dem Ein- bis Dreieinhalbfachen des darin festgelegten Gebührensatzes.
Aufgrund des Behandlungsvertrages muß der Arzt bei der Behandlung des Patienten die erforderlichen medizinischen Standards einhalten. Maßstab ist diejenige Sorgfalt, die ein erfahrener u. verantwortungsbewußter Arzt zu wahren pflegt. Die Wahl der Behandlungsmethoden ist primär Sache des Arztes. Wenn es mehrere gleich erfolgversprechende u. übliche Behandlungsmethoden gibt, braucht er dem Patienten nicht alle medizinischen Möglichkeiten darzulegen u. seine Wahl ihm gegenüber zu begründen. Eine *Aufklärungspflicht* besteht aber insoweit, als jeweils unterschiedliche Risiken für den Patienten auftreten können; hier muß der Kranke darüber befinden, auf welches er sich einlassen will. Ärztliche Aufklärung ist auch dann geboten, wenn der Patient von dem Ergebnis der Beratung wichtige Entscheidungen für seine weitere Lebensführung abhängig macht. Verletzt der Arzt seine Sorgfaltspflicht, muß er bzw. der Krankenhausträger für den Behandlungsfehler → Schadensersatz leisten. Ein Arzt, der von einer schwangeren Frau beauftragt wird, der Gefahr einer schweren Schädigung der Leibesfrucht durch Röteln-Infektion nachzugehen, u. der diese Gefahr schuldhaft nicht erkennt – mit der Folge,

daß die Mutter von der Möglichkeit des eugenisch indizierten → Schwangerschaftsabbruchs absieht –, haftet den Eltern des behindert zur Welt gekommenen Kindes – nicht dem Kind selbst – auf Schadensersatz für die durch die Behandlung bedingten Mehraufwendungen (BGH v. 18. 1. 1983). Auch bei „fehlgeschlagenem" Schwangerschaftsabbruch kommt eine Schadensersatzpflicht des Arztes in Betracht (BGH v. 27. 1. 1984). Die *Beweislast* (→ Beweis) in Schadensersatzprozessen wird von den Gerichten ähnlich gehandhabt wie bei der → Produzentenhaftung: Im Unterschied zum Arzt, der das Metier, in dem der Behandlungsfehler entstand, beherrscht, befindet sich der geschädigte Patient in praktisch nicht behebbarer Beweisnot; es wäre unbillig, ihn in dieser zu belassen. Der Arzt ist verpflichtet, über die Behandlung *Aufzeichnungen* zu machen. Der Patient hat aufgrund des Behandlungsvertrages *Anspruch auf Einsicht in die Krankenunterlagen,* allerdings nur, soweit sie Aufzeichnungen über naturwissenschaftlich-objektivierbare Befunde u. Behandlungsfakten enthalten; ein Anspruch auf Einsicht in individuelle Notizen des Arztes, etwa über persönliche Eindrücke bei Gesprächen, besteht mit Rücksicht auf das Persönlichkeitsrecht des Arztes nicht (deshalb i. d. R. kein Einsichtsrecht in Krankenunterlagen bei psychiatrischer Behandlung). Den Arzt trifft eine *Schweigepflicht.* Der Zugang Dritter zum Arztgeheimnis ist nur mit Einwilligung des Patienten statthaft. Die Schweigepflicht gilt auch über den Tod des Kranken hinaus. Der Arzt darf sein Wissen nur dann preisgeben, wenn sich dadurch ernste Gefahren für Leib oder Leben des Patienten oder anderer abwenden lassen; eine Offenbarungs*pflicht* besteht auch in diesen Fällen nicht.

Asylrecht. Nach Art. 16 II 2 GG genießen politisch Verfolgte Asyl. Dieses Grundrecht unterliegt keinem Gesetzesvorbehalt; es kann daher gesetzlich nicht eingeschränkt werden. Das A. ist durch das Asylverfahrensgesetz v. 16. 7. 1982 mit Änderung v. 11. 7. 1984 näher geregelt; die Vorschriften sollen angesichts einer immer noch steigenden Anzahl von Asylbewerbern vor allem das Verwaltungs- u. Gerichtsverfahren *beschleunigen.* Das Gesetz gilt für Ausländer, die Schutz als politisch Verfolgte beantragen u. nicht bereits in einem anderen Staat Schutz gefunden haben. Asylberechtigte genießen die Rechtsstellung nach der *Genfer Konvention über die Rechtsstellung der Flüchtlinge* v. 28. 7. 1951. Über Asylanträge entscheidet das *Bundesamt für die Anerkennung ausländischer Flüchtlinge* in Zirndorf (Bayern). Der Ausländer muß den Antrag bei der Ausländerbehörde (→ Ausländerrecht) stellen; er muß dort persönlich erscheinen u. darlegen, warum er im Herkunftsland politische Verfolgung befürchtet. Die Ausländerbehörde leitet den Antrag dem Bundesamt zu. Dieses klärt den Sachverhalt u. erhebt die erforderlichen Beweise; auch hier ist grundsätzlich vorgesehen, daß der Ausländer persönlich anzuhören ist. War der Ausländer einer Ladung zum persönlichen Erscheinen vor der Ausländerbehörde nicht gefolgt, so entscheidet das Bundesamt nach Lage der Akten; dabei ist auch die Nichtmitwirkung des Antragstellers zu würdigen. Bei unanfechtbarer *Anerkennung als Asylberechtigter* erhält der Ausländer von der Ausländerbehörde eine unbefristete Aufenthaltserlaubnis. Lehnt das Bundesamt den Antrag ab, wird die Entscheidung dem Ausländer über die Ausländerbehörde zugestellt. Diese fordert ihn sodann unverzüglich zur Ausreise auf, setzt ihm eine Ausreisefrist und droht ihm für den Fall, daß er nicht fristgemäß ausreist, die *Abschiebung* an. Gegen die ablehnende Entscheidung des Bundesamtes u. gegen die aufenthaltsbeendenden Maßnahmen der Ausländerbehörde findet ein Widerspruch (→ Widerspruchsverfahren) nicht statt; eine Anfechtung ist nur im Wege der Klage vor dem Verwaltungsgericht (→ verwaltungsgerichtliches Verfahren) zulässig. Klagt der Ausländer sowohl gegen die Entscheidung des Bundesamtes als auch gegen die der Ausländerbehörde, sind die Klagebegehren in einer Klage zu verfolgen; über sie wird in einem gemeinsamen Verfahren verhandelt u. entschieden. Der Rechtsstreit kann in einfach gelagerten Fällen dem Einzelrichter zur Entscheidung übertragen werden. Die Anfechtungsklage hat aufschiebende Wirkung. Berufung gegen das Urteil des Verwaltungsgerichts ist nur statthaft, wenn sie von diesem – oder auf Nichtzulassungsbeschwerde vom OVG – ausnahmsweise zugelassen wird. Besondere Regelungen gelten für Asylanträge, die vom Bundesamt als *offensichtlich unbegründet* abgelehnt worden sind, u. für *unbeachtliche Gesuche*. Offensichtlich unbegründet sind Anträge, die eine politische Verfolgung des Ausländers von vornherein nicht erkennen lassen (z. B. sog. Scheinasylanten); unbeachtlich ist ein Asylantrag, wenn der Ausländer bereits in einem anderen Staat Schutz vor Verfolgung gefunden hat oder wenn er nach vorausgegangener unanfechtbarer Ablehnung seines Gesuchs einen Folgeantrag stellt, ohne daß sich die Voraussetzungen zu seinen Gunsten geändert haben. In diesen Fällen ist der Ausländer zur unverzüglichen Ausreise verpflichtet; die Ausländerbehörde droht ihm die Abschiebung unter Fristsetzung an. Die Möglichkeit des Widerspruchs entfällt; eine Anfechtungsklage hat keine aufschiebende Wirkung. Allerdings kann der Ausländer binnen Wochenfrist beim Verwaltungsgericht Antrag auf Anordnung der aufschiebenden Wirkung stellen; gegen einen ablehnenden Beschluß ist Beschwerde beim OVG möglich. Die Abschiebung wird bis zum Ablauf dieser Frist und bei Antragstellung bis zur unanfechtbaren Entscheidung ausgesetzt. Während des Asylverfahrens ist dem Ausländer der *Aufenthalt* im Bezirk der Ausländerbehörde gestattet. Die Aufenthaltsgestattung kann räumlich beschränkt u. mit Auflagen versehen werden; der Ausländer kann insbesondere verpflichtet werden, in einer bestimmten Gemeinde oder in einer bestimmten Unterkunft (auch Gemeinschaftsunterkunft) zu wohnen. Das Gesetz sieht darüber hinaus eine *Verteilung der Antragsteller auf die verschiedenen Bundesländer* nach einem bestimmten Quotenschlüssel vor.

Atlantikcharta ist das am 14. 8. 1941 auf dem Kriegsschiff „Potomac" im Nordatlantik von US-Präsident Roosevelt u. vom britischen Premierminister Churchill aufgestellte Programm für eine neue internationale Ordnung. Die A. gilt als Vorläufer der Charta der Vereinten Nationen (→ UNO).

Atomrecht ist das Recht der friedlichen Nutzung der Kernenergie. Es ist im Atomgesetz und den darauf beruhenden Rechtsverordnungen (insbes. der Atomrechtlichen Verfahrensverordnung) geregelt. Die Entscheidung des Gesetzgebers für die friedliche Nutzung der Kernenergie ist mit dem GG vereinbar. Das AtG will die Erforschung, Entwicklung u. Nutzung der Kernenergie zu friedlichen Zwecken fördern, Leben, Gesundheit u. Sachgüter vor den Gefahren der Kernenergie schützen u. ggf. verursachte Schäden ausgleichen, eine Gefährdung der inneren u. äußeren Sicherheit der Bundesrepublik durch Kernenergie verhindern u. die Erfüllung internationaler Verpflichtungen der Bundesrepublik auf dem Gebiet der Kernenergie u. des Strahlenschutzes gewährleisten (§ 1). Einfuhr und Ausfuhr, Beförderung u. private Aufbewahrung von Kernbrennstoffen sind genehmigungspflichtig (§§ 2 ff. AtG). Von besonderer Bedeutung ist § 7 AtG. Danach bedürfen die Errichtung u. der Betrieb eines Kernkraftwerks sowie eine spätere wesentliche Änderung der Genehmigung. Diese darf, von sonstigen Voraussetzungen abgesehen, nur erteilt werden, wenn die nach dem Stand von Wissenschaft u. Technik erforderliche Schadensvorsorge getroffen ist. Die Frage, ob der Gesetzgeber mit dieser Anknüpfung an den Stand von Wissenschaft u. Technik seine ihm durch das Demokratie- u. Rechtsstaatsgebot aufgegebene Verantwortung für die wesentlichen Entscheidungen in zureichender Weise wahrgenommen hat, ist vom BVerfG in seinem Kalkar-Beschluß v. 8. 8. 1978 bejaht worden. Allerdings kann das Parlament gehalten sein, bei neuen, gegenwärtig nicht vorhersehbaren Entwicklungen (z. B. in der Entsorgungsfrage) die atomrechtlichen Vorschriften zu revidieren. Entsteht infolge der Kernenergienutzung ein Schaden an Leben, Körper oder Sachen, so haftet der Verursacher auch ohne → Verschulden im Rahmen bestimmter Haftungshöchstgrenzen (§§ 25 ff. AtG). Die Ersatzpflicht tritt nicht ein, wenn das schadenstiftende Ereignis auch bei Anwendung jeder nach den Umständen gebotenen Sorgfalt nicht zu vermeiden war u. weder auf einem Fehler in der Beschaffenheit der Schutzvorrichtungen noch auf einem Versagen ihrer Verrichtungen beruht.

Atomwaffensperrvertrag ist der 1968 geschlossene völkerrechtliche Vertrag (→ Völkerrecht) über die Nichtverbreitung von Kernwaffen. Die Kernwaffenstaaten verpflichteten sich darin, Atomwaffen u. ä. nicht an andere Staaten weiterzugeben u. diese in der Herstellung solcher Waffen nicht zu unterstützen. Umgekehrt verpflichteten sich Nichtkernwaffenstaaten, Kernwaffen weder zu erwerben noch herzustellen; zu diesem Zweck haben sie sich internationaler Kontrolle unterworfen, die indes die friedliche Nutzung der Kernenergie nicht beeinträchtigen darf. Die Bundesrepublik ist dem A. 1973 beigetreten, hat dabei jedoch Vorbehalte geltend gemacht, die sich auf ihre Zugehörigkeit zur NATO, ihr Verhältnis zur DDR u. auf die Freiheit von Forschung u. Lehre für friedliche Zwecke beziehen.

Aufenthalt, gewöhnlicher ist dort, wo sich jemand – ohne einen → Wohnsitz zu begründen – nicht nur vorübergehend niederläßt. Der g. A. ist u. U. bedeutsam für den → Gerichtsstand im Zivil- u. Strafprozeß (§§ 20, 620 ZPO, § 8 II StPO).

Aufgebot ist eine öffentliche gerichtliche Aufforderung zur Anmeldung von Rechten mit der Wirkung, daß bei nicht fristgemäßer Anmeldung ein Rechtsnachteil eintritt (§ 946 ZPO). Das Aufgebotsverfahren, das den Erlaß des A. u. die Verwirklichung des darin angedrohten Rechtsnachteils durch Ausschlußurteil zum Gegenstand hat, findet nur in den gesetzlich vorgesehenen Fällen statt (z. B. zur Kraftloserklärung verloren gegangener Inhaberaktien). Im → Eherecht soll der Eheschließung ein A. vorausgehen, das der Standesbeamte auf Antrag der Verlobten erläßt. Dieses A., das eine Woche lang öffentlich ausgehängt wird, dient dazu, den Standesbeamten über ihm bislang unbekannt gebliebene Eheverbote in Kenntnis zu setzen.

Auflassung ist die zur Übertragung des Eigentums an einem Grundstück nach § 873 BGB erforderliche Einigung des Veräußerers und des Erwerbers (→ Grundstücksrecht). Sie muß bei gleichzeitiger (nicht notwendig persönlicher) Anwesenheit beider Teile vor einer zuständigen Stelle (Notar) erklärt werden; eine A., die unter einer Bedingung oder einer Zeitbestimmung erfolgt, ist unwirksam (§ 925 BGB). Zur Eigentumsübertragung ist zusätzlich Eintragung der Rechtsänderung in das Grundbuch erforderlich. Die A. kann durch eine → Vormerkung gesichert werden.

Aufopferungsanspruch → Enteignung.

Aufrechnung. Ein → Schuldverhältnis kann statt durch Erfüllung auch durch A. zum Erlöschen gebracht werden (§§ 387 ff. BGB). A. ist die wechselseitige Tilgung zweier sich gegenüberstehender

Forderungen durch Verrechnung. Sie erfolgt durch einseitige Erklärung. *Voraussetzungen* der A.: a) *Gegenseitigkeit* der Forderungen. Der Schuldner der einen Forderung muß Gläubiger der anderen Forderung sein. b) *Gleichartigkeit* der Forderungen. Sie ist insbesondere bei Geldforderungen zu bejahen. c) *Fälligkeit*. Die Forderung des aufrechnenden Schuldners muß fällig u. voll wirksam, darf also z. B. nicht einredebehaftet sein; demgegenüber braucht die Forderung des Gläubigers nur erfüllbar – also weder fällig noch voll wirksam – zu sein. Daher kann der Schuldner zwar gegen, nicht aber mit einer verjährten Forderung aufrechnen; wenn allerdings seine bereits verjährte Forderung zu einem Zeitpunkt, in dem sie noch nicht verjährt war, der Forderung des Gläubigers aufrechenbar gegenüberstand, ist A. zulässig. d) *Kein gesetzlicher oder vertraglicher Ausschluß* der A. Unwirksam ist deshalb etwa die A. gegen eine Forderung aus vorsätzlich begangener unerlaubter Handlung (§ 393 BGB). – *Wirkung* der A.: Soweit die gegenseitigen Forderungen sich decken, gelten sie als in dem Zeitpunkt erloschen, in dem sie aufrechenbar gegenüberstanden. Das Schuldverhältnis erlischt also rückwirkend, was z. B. bedeutet, daß ein inzwischen eingetretener → Verzug nachträglich entfällt. – Die A., eine einseitige empfangsbedürftige → Willenserklärung, ist als → Gestaltungsrecht unwiderruflich u. bedingungsfeindlich. Wird sie im gerichtlichen Verfahren erklärt, hat sie eine Doppelnatur: sowohl Rechtsgeschäft als auch Prozeßhandlung. Dort kann sie auch hilfsweise – für den Fall, daß andere Verteidigungsmittel, z. B. Bestreiten des gegnerischen Anspruchs, nicht durchgreifen – erklärt werden; bei dieser Eventualaufrechnung liegt keine echte, sondern eine bloße Rechtsbedingung vor, da die A. nur von dem für ihre Wirksamkeit notwendigen Bestehen der Gläubigerforderung abhängig gemacht wird. – Neben der einseitigen Aufrechnungserklärung kommt auch die – im Gesetz nicht geregelte – A. durch Vertrag in Betracht.

Aufsicht bedeutet im *Verwaltungsrecht* die Kontrolle des Verwaltungshandelns eines unterstaatlichen Verwaltungsträgers (z. B. einer Gemeinde) oder einer nachgeordneten Behörde durch die zuständige Aufsichtsbehörde. Zu unterscheiden sind Rechtsaufsicht, Fachaufsicht u. Dienstaufsicht. Die *Rechtsaufsicht* als schwächste Form der A. ist darauf beschränkt, das Handeln einer mit dem Recht der Selbstverwaltung ausgestatteten → juristischen Personen des öfftl. Rechts auf seine Rechtmäßigkeit zu überprüfen (z. B. Kommunalaufsicht, → Kommunalrecht). – Mit der *Fachaufsicht* kann die Aufsichtsbehörde nicht nur die Rechtmäßigkeit, sondern auch die Zweckmäßigkeit der Maßnahmen einer nachgeordneten Behörde überwachen u. ihr in diesem Rahmen Weisungen erteilen. Soweit ein unterstaatlicher Verwaltungsträger (z. B. eine kommunale Gebietskörperschaft) im übertragenen Wirkungskreis staatliche Auftragsangelegenheiten wahrnimmt, unterliegt er gleichfalls der Fachaufsicht. – Die *Dienstaufsicht* ist demgegenüber eine allgemeine Behördenaufsicht über nachgeordnete Verwaltungsstellen desselben Ressorts; dabei handelt es sich im wesentlichen um Personalaufsicht. So untersteht z. B. der Regierungspräsident mit seiner Behörde der Dienstaufsicht des Innenministers, während er je nach den zu erledigenden Aufgaben der Fachaufsicht des fachlich zuständigen Ministers unterworfen ist (etwa in schulischen Angelegenheiten der Aufsicht des Kultusministers, in Verkehrssachen des Verkehrsministers, im polizeilichen Bereich des Innenministers). – Neben der verwaltungsrechtlichen gibt es auch eine *staatsrechtliche* A. im Bund-Länder-Verhältnis. Führen die Länder wie im Regelfall Bundesgesetze als eigene Angelegenheiten aus, so handeln sie selbstständig u. sind nur der Rechtsaufsicht des Bundes ausgesetzt (Art. 83, 84 GG). Ist ihnen hingegen die Ausführung von Bundesgesetzen als Auftragsangelegenheit übertragen, so sind die obersten Bundesbehörden weisungsbefugt; die Bundesaufsicht erstreckt sich dann auch auf die Zweckmäßigkeit der Ausführung (Art. 85 GG).

Aufsichtspflichtverletzung →unerlaubte Handlung; →Körperverletzung.

Auftrag (§§ 662 ff. BGB) ist ein → Vertrag, durch den sich der Beauftragte verpflichtet, ein ihm vom Auftraggeber übertragenes Geschäft für diesen unentgeltlich zu besorgen. Vom →Dienst- u. →Werkvertrag unterscheidet sich der A. als Gefälligkeitsvertrag durch seine Unentgeltlichkeit, vom bloßen Gefälligkeitsverhältnis (z. B. Mitnahme im Auto) durch den rechtlichen Bindungswillen. Vielfach wird dem Beauftragten im Zusammenhang mit dem A. eine → *Vollmacht* erteilt. Zwischen beiden Rechtsgeschäften ist jedoch streng zu unterscheiden: Der A. betrifft das Innenverhältnis zwischen Auftraggeber u. Beauftragtem. Die Vollmacht bezieht sich ausschließlich auf das Außenverhältnis; sie berechtigt den Beauftragten, im Namen des Auftraggebers zu handeln. – Der Beauftragte wird in fremdem Interesse tätig. Die von ihm zu besorgenden Geschäfte können verschiedener Art sein: →Rechtsgeschäfte (z. B. Vermögensanlage), →Rechtshandlungen (z. B. Mahnung eines Schuldners) oder tatsächliche Handlungen (z. B. Nachhilfeunterricht, Autoreparatur); es kommt nur darauf an, daß sie unentgeltlich erbracht werden. Der Begriff der Geschäfte erfaßt somit sämtliche Tätigkeiten, die im Fall ihrer Entgeltlichkeit einem Dienst-, Werk- oder →Geschäftsbesorgungsvertrag unterlägen. – Der A. bedarf keiner Form. Der Beauftragte hat den A. grundsätzlich in Person auszuführen, ist an die Weisungen des Auftraggebers gebunden – sofern dieser nicht bei Kenntnis der Sachlage die Abweichung billigen würde –, unterliegt einer Auskunfts- u. Rechenschaftspflicht u. muß alles, was er zur Ausführung des Auftrags erhält u. was er aus der Geschäftsführung erlangt, herausgeben. Obwohl der A. ein Gefälligkeitsvertrag ist, gibt es für den Beauftragten – anders als für den Schenker, Verleiher u. unentgeltlichen Verwahrer – keine Haftungserleichterung. Er muß daher mangels abweichender Vereinbarung bei Nicht- oder Schlechtausführung des A. u. bei Verletzung sonstiger Pflichten auch für leichte Fahrlässigkeit einstehen (§ 276 BGB, →Verschulden). Der Auftraggeber ist verpflichtet, dem Beauftragten für Aufwendungen, die dieser für erforderlich halten durfte – dazu rechnen auch die bei der Ausführung des A. entstandenen Schäden –, Ersatz zu leisten. – Der A. *endet* durch Zeitablauf (sofern für seine Ausführung eine bestimmte Zeit vereinbart war) oder durch Zweckerreichung. Er kann im übrigen vom Auftraggeber jederzeit widerrufen, vom Beauftragten jederzeit gekündigt werden. Der Tod des Beauftragten läßt im Zweifel den A. erlöschen; durch den Tod des Auftraggebers wird hingegen der A. im Zweifel nicht beendet. Mit dem Erlöschen des A. erlischt auch die ggf. erteilte Vollmacht (§ 168 S. 1 BGB).

Auftragsangelegenheiten der Gemeinden →Kommunalrecht.

Ausbildungsförderung. Das Bundesausbildungsförderungsgesetz (BAFöG) gewährt demjenigen, dem die für seinen Lebensunterhalt u. seine Ausbildung erforderlichen Mittel anderweitig nicht zur Verfügung stehen, einen Rechtsanspruch auf individuelle A. Anspruchsberechtigt sind Deutsche u. bestimmte Ausländer (z. B. EG-Bürger). Der Kreis der Leistungsberechtigten ist in den letzten Jahren schrittweise eingegrenzt worden. Er beschränkt sich im wesentlichen auf *Schüler* von weiterführenden allgemeinbildenden Schulen ab Klasse 10 u. von bestimmten beruflichen Vollzeitschulen, die wegen der Entfernung der Ausbildungsstätte vom Elternhaus nicht zu Hause wohnen können, auf *Auszubildende im Zweiten Bildungsweg* (Abendhauptschulen, -realschulen, -gymnasien u. Kollegs) sowie auf *Studenten* an Hochschulen (§ 68 II BAFöG). Bei Studenten ist die A. auf Darlehen umgestellt worden; einem Studenten, der nach dem Ergebnis der Abschlußprüfung zu den ersten 30% der Geförderten gehört, die die Prüfung in demselben Kalenderjahr abgeschlossen haben, werden auf Antrag 25% des nach dem 31. 12. 1983 gewährten Darlehens erlassen. A. setzt Eignung des Auszubildenden voraus; diese wird angenommen, wenn die Leistungen erwarten lassen, daß er das Ausbildungsziel erreicht. Die A. wird für den Lebensunterhalt u. die Ausbildung gewährt. Auf diesen Bedarf (er ist z. B. für nicht bei ihren Eltern wohnende Hochschulstudenten auf z. Z. 690 DM monatlich festgesetzt) sind Einkommen u. Vermögen des Auszubildenden, seines Ehegatten u. seiner Eltern unter Berücksichtigung verschiedener Freibeträge anzurechnen. Die A. wird für die Dauer der Ausbildung geleistet; dabei ist grundsätzlich die für die Ausbildung vorgesehene Förderungshöchstdauer einzuhalten. Für die Entscheidung über die A. sind die bei den Landkreisen u. kreisfreien Städten (bzw. bei den Hochschulen oder Studentenwerken) bestehenden Ämter für A. zuständig. Rechtsstreitigkeiten gehören vor das → Verwaltungsgericht. – Die meisten Bundesländer sind dazu übergegangen, durch eigene A.gesetze bedürftige Schüler, die nach dem BAFöG nicht mehr gefördert werden, in begrenztem Umfang zu unterstützen. – Berufliche Aus- u. Fortbildung sowie Umschulung werden von der Bundesanstalt für Arbeit nach dem → *Arbeitsförderungsgesetz* gefördert. – Die Bundesanstalt für Arbeit gewährt arbeitslosen Jugendlichen unter 22 Jahren nach Richtlinien des Bundesarbeitsministers Bildungsbeihilfen zur Erleichterung der beruflichen Eingliederung (Bildungsbeihilfengesetz v. 3. 6. 1982).

Ausbildungsstätte. Nach Art. 12 I GG haben alle Deutschen das → Grundrecht, Beruf, Arbeitsplatz u. A. frei zu wählen. Das Recht der freien Wahl der A. hat vor allem im Zusammenhang mit den Beschränkungen des Hochschulzugangs *(Numerus clausus)* aktuelle Bedeutung erlangt. Nach der Rspr. des Bundesverfassungsgerichts (insbes. Numerus-clausus-Urteil v. 18. 7. 1972) ergibt sich aus Art. 12 I GG i. V. m. dem → Gleichheitssatz u. dem → Sozialstaatsprinzip für jeden hochschulreifen Bewerber (z. B. Abiturienten) ein Anspruch auf Zulassung zum Hochschulstudium seiner Wahl. Dieses Recht besteht jedoch nicht unbegrenzt. Es kann nach den für die Beschränkung der → Berufsfreiheit maßgeblichen Grundsätzen eingeschränkt werden. Absolute Zulassungsbeschränkungen für Studienanfänger sind aber nur zulässig, wenn sie in den Grenzen des unbedingt Erforderlichen unter erschöpfender Nutzung der vorhandenen Ausbildungskapazitäten angeordnet werden und wenn Auswahl u. Verteilung der Bewerber nach sachgerechten Kriterien mit einer Chance für jeden an sich hochschulreifen Bewerber u. unter möglichster Berücksichtigung der individuellen Wahl des Ausbildungsortes erfolgen. Die wesentlichen Entscheidungen über die Voraussetzungen absoluter Zulassungsbeschränkungen u. über die anzuwendenden Auswahlkriterien hat der Gesetzgeber selbst zu treffen. Maßgeblich sind nunmehr die §§ 27 ff. des Hochschulrahmengesetzes vom 21. 1. 1976 u. der auf der Grundlage des § 72 II HRG am 11. 7. 1978 geschlossene Staatsvertrag der Länder über die Vergabe von Studienplätzen. In den zulassungsbeschränkten Fächern wird ein allgemeines Auswahlverfahren durchgeführt, bei dem die Studienplätze nach Abzug von bestimmten Sonderquoten (soziale Härtefälle, Ausländer u. a.) im Verhältnis 60:40 nach Qualifikation (Abiturnote) u. Wartezeit vergeben werden. In den *medizinischen*

Fächern bleiben 10% der Studienplätze den Notenbesten des jeweiligen Bundeslandes vorbehalten; je Semester werden weitere 1200 Studienplätze unter Berücksichtigung der Ergebnisse eines Testverfahrens (Teilnahme freiwillig) vergeben; die übrigen Studienplätze werden aufgrund eines leistungsgesteuerten Losverfahrens zugewiesen. Über die Vergabe von Studienplätzen entscheidet die *Zentralstelle für die Vergabe von Studienplätzen (ZVS)* in Dortmund. – Ein Gesetzentwurf des Bundesrates von 1984 sieht vor, daß die Studienplätze in den medizinischen Fächern vom Wintersemester 1986/87 an in einem mehrgleisigen Verfahren vergeben werden, u. zwar 45% über eine Kombination von Abiturnote u. Test, 10% für die Testbesten, 15% auf der Grundlage eines Auswahlgesprächs an den einzelnen Hochschulen u. 20% nach einer qualifizierten Wartezeit.

Ausbildungsverhältnis → Berufsausbildung.

Auskunft, behördliche. 1. Die Behörden sind verpflichtet, dem Beteiligten in einem Verwaltungsverfahren, z. B. dem Adressaten eines → Verwaltungsaktes, die erforderliche A. über seine Rechte und Pflichten zu erteilen (§ 25 VwVfG). Die A. selbst ist kein Verwaltungsakt u. erzeugt i. d. R. keine Bindung der Behörde; eine falsche A. kann aber u. U. Schadenersatz wegen → Amtspflichtverletzung zur Folge haben. Demgegenüber begründet die in schriftlicher Form erteilte *Zusicherung* (Zusage) die Selbstverpflichtung der Verwaltung, einen bestimmten Verwaltungsakt später zu erlassen oder zu unterlassen (§ 38 VwVfG).
2. A. aus dem *Strafregister* → Bundeszentralregister.

Auskunftspflicht. 1. *Im öfftl. Recht* können A. von Privatpersonen gegenüber Behörden nur durch Gesetz begründet werden (z. B. gegenüber dem Finanzamt, → Steuerrecht). Zur A. von Behörden → Auskunft. 2. Im *Privatrecht* sind in verschiedenen Fällen A. bestimmt, z. B. des Verkäufers gegenüber dem Käufer über die rechtlichen Verhältnisse des Kaufgegenstandes (§ 444 BGB), des Beauftragten gegenüber dem Auftraggeber über den Stand des Geschäfts (§ 666 BGB) oder des Ehegatten nach Beendigung der → Zugewinngemeinschaft über den Bestand seines Endvermögens (§ 1379 BGB). Darüber hinaus gibt es nach → Treu u. Glauben eine A., wenn der Berechtigte in entschuldbarer Weise über Bestehen oder Umfang seines Rechts im ungewissen ist u. der Verpflichtete die zur Beseitigung der Ungewißheit erforderliche Auskunft unschwer geben kann.

Ausländerrecht ist die Gesamtheit der → Rechtsnormen, die die Einreise, den Aufenthalt u. die Betätigung von Ausländern regeln. Ausländer ist jeder, der weder die deutsche Staatsangehörigkeit besitzt noch als Flüchtling oder Vertriebener deutscher Volkszugehörigkeit oder als dessen Ehegatte oder Abkömmling im Reichsgebiet mit den Grenzen vom 31. 12. 1937 Aufnahme gefunden hat (§ 1 II AuslG, Art. 116 I GG). Ausländer, die in die Bundesrepublik einreisen u. sich darin aufhalten wollen, bedürfen der *Aufenthaltserlaubnis* (AE). Diese darf erteilt werden, wenn die Anwesenheit des Ausländers Belange der Bundesrepublik nicht beeinträchtigt (§ 2 I AuslG). Die Ausländerbehörde muß demnach zunächst prüfen, ob im Blick auf den konkreten Einzelfall öfftl. „Belange" beeinträchtigt werden; ist diese Frage zu verneinen, hat sie nach pflichtgemäßem → Ermessen über die Erteilung der AE zu entscheiden. Politisch wie rechtlich umstritten ist die Einschränkung des Familiennachzugs (Wartezeit für Ehegatten, Herabsetzung des Zuzugsalters der Kinder). Nach dem Urteil des BVerwG v. 18. 9. 1984 verstoßen Verwaltungsvorschriften, die aus einwanderungspolitischen Erwägungen den Nachzug von Ehegatten erst 3 Jahre nach der Eheschließung gestatten, nicht gegen Art. 6 I GG (Schutz von Ehe u. Familie); die Anwendung solcher Wartezeitregelungen hält sich im Rahmen des den Ausländerbehörden durch § 2 I AuslG bei der Erteilung der AE eingeräumten Ermessens. Die AE ist grundsätzlich vor der Einreise in der Form des Sichtvermerks (Visum) einzuholen. Staatsangehörige zahlreicher in einer besonderen Liste aufgeführten Staaten, die sich nicht länger als 3 Monate in der Bundesrepublik aufhalten u. keine Erwerbstätigkeit ausüben wollen, bedürfen keiner AE. Sofern eine AE erforderlich ist (z. B. bei längerfristig geplantem Aufenthalt oder bei beabsichtigter Erwerbstätigkeit), wird sie i. d. R. auf 1 Jahr befristet u. anschließend um jeweils 2 Jahre verlängert. Sie kann mit Auflagen (z. B. „Erwerbstätigkeit nicht gestattet") oder Bedingungen (z. B. „AE erlischt bei Beendigung des Arbeitsverhältnisses") versehen u. räumlich beschränkt werden (§ 7 AuslG). Nach 5jährigem ununterbrochenem rechtmäßigem Aufenthalt ist ausländischen Arbeitnehmern auf Antrag eine unbefristete AE zu erteilen, wenn sie eine besondere Arbeitserlaubnis nach § 2 der Arbeitserlaubnisverordnung besitzen (s. u.), sich auf einfache Art in deutscher Sprache mündlich verständigen können, über eine angemessene Wohnung verfügen u. ihre hier lebenden schulpflichtigen Kinder zur Schule schicken. Ausländer, die sich seit mindestens 5 Jahren – in der Behördenpraxis: seit 8 Jahren – rechtmäßig in der Bundesrepublik aufhalten u. sich in das wirtschaftliche u. soziale Leben eingefügt haben, kann auf Antrag eine *Aufenthaltsberechtigung* erteilt werden (§ 8 AuslG). Diese ist räumlich u. zeitlich unbeschränkt; sie kann zwar mit Auflagen, nicht jedoch mit Bedingungen versehen werden. Die Aufenthaltsberechtigung verleiht eine vergleichsweise gefestigte Rechtsstellung. Der Inhaber dieser Bescheinigung kann z. B. nur *ausgewiesen* werden, wenn er die → freiheitliche demokratische Grundordnung oder die Sicherheit der Bundesrepublik gefährdet oder wenn er wegen einer Straftat verurteilt worden ist, während ansonsten bereits die Beeinträchtigung erheblicher Belange der Bundesrepublik (z. B. Verstoß gegen steuerrechtliche Vorschriften, Gefährdung der öfftl. Gesundheit oder Sittlichkeit) als Ausweisungsgrund ausreicht (§§ 10, 11 AuslG). Ein Ausländer, der ausgewiesen ist oder sich unerlaubt aufhält, hat die Bundesrepublik unverzüglich zu *verlassen* (§ 12 AuslG). Er ist *abzuschieben,* wenn seine freiwillige Ausreise nicht gesichert oder ihre Überwachung mit Rücksicht auf die öfftl. Sicherheit oder Ordnung erforderlich ist (§ 13 AuslG). Doch darf er nicht in einen Staat abgeschoben werden, in dem sein Leben oder seine Freiheit aus rassischen, religiösen, politischen oder sozialen Gründen bedroht ist (§ 14 AuslG). Ausländerrechtliche Maßnahmen werden im Inland durch die Ausländerbehörden, d. h. die Behörden der inneren Verwaltung auf Kreisebene (Landkreis, kreisfreie Stadt), getroffen; für Paß- u. Sichtvermerksangelegenheiten im Ausland sind die diplomatischen und konsularischen Vertretungen der Bundesrepublik zuständig (§ 20 AuslG).

Ausländische Arbeitnehmer bedürfen neben der AE oder der Aufenthaltsberechtigung einer vom Arbeitsamt zu erteilenden *Arbeitserlaubnis* (§ 19 AFG i. V. m. den Vorschriften der Arbeitserlaubnisverordnung). Die allgemeine Arbeitserlaubnis kann nach Lage u. Entwicklung des Arbeitsmarktes beschränkt (für eine bestimmte berufliche Tätigkeit in einem bestimmten Betrieb) oder unbeschränkt auf die Dauer von längstens 2 Jahren gewährt werden (§ 1 AEVO). Die besondere Arbeitserlaubnis ist unabhängig von der Lage u. Entwicklung des Arbeitsmarktes u. ohne Beschränkung zu erteilen, wenn der Arbeitnehmer in den letzten 5 Jahren ununterbrochen eine unselbständige Tätigkeit rechtmäßig ausgeübt hat, mit einem in der Bundesrepublik lebenden Deutschen verheiratet ist oder sich als anerkannter Asylberechtigter bzw. Flüchtling rechtmäßig in der Bundesrepublik aufhält (§ 2 AEVO). Die besondere Arbeitserlaubnis wird auf 5 Jahre befristet; nach 8jährigem rechtmäßigen Aufenthalt ist sie unbefristet zu gewähren (§ 4 AEVO).

Bestimmte Ausländer sind *privilegiert.* So findet das Ausländergesetz auf Diplomaten, Konsuln u. ä. keine Anwendung (§ 49 I AuslG). Aufgrund zwischenstaatlicher Abkommen benötigen Geschäftspersonal u. Bedienstete konsularischer Vertretungen sowie zugehörige Familienmitglieder keine AE (§ 49 II AuslG). Vergünstigungen gelten für heimatlose Ausländer, für anerkannte Asylberechtigte (→ Asylrecht) u. insbesondere für Angehörige der Mitgliedstaaten der → Europäischen Gemeinschaften. Die sog. Gemeinschaftsinländer bedürfen zwar einer AE, nicht jedoch einer Arbeitserlaubnis. Die AE wird auf Antrag erteilt, wenn der Antragsteller in einem Arbeitsverhältnis steht. Infolgedessen genießen die Gemeinschaftsinländer volle Freizügigkeit auf dem Arbeitsmarkt (→ i. e. das Gesetz über Einreise u. Aufenthalt von Staatsangehörigen der Mitgliedstaaten der EWG von 1969).

Auslieferung ist die Überführung eines Menschen in den Bereich fremder Hoheitsgewalt. Nach Art. 16 II 1 GG darf kein Deutscher an das Ausland ausgeliefert werden. Das grundrechtlich gewährleistete Auslieferungsverbot schützt nicht nur vor einer A. zum Zweck der Strafverfolgung, sondern vor jeder Überstellung an das Ausland, z. B. auch zum Zweck der Zeugenvernehmung. Art. 16 II 1 GG untersagt auch die *Durchlieferung* eines Deutschen von einem ausländischen Staat in einen anderen ausländischen Staat durch das Gebiet der Bundesrepublik, nicht jedoch die *Rücklieferung* eines Deutschen ins Ausland. Die A. von Ausländern ist dagegen grundsätzlich zulässig. Für sie sind in erster Linie die mit anderen Staaten geschlossenen Auslieferungsverträge maßgeblich. Zu nennen sind insbes. das Europäische Auslieferungsabkommen von 1957 u. das Europäische Übereinkommen über die Rechtshilfe in Strafsachen von 1959, die beide am 1. 1. 1977 in Kraft getreten sind. Das innerstaatliche A.recht ist diesen Abkommen durch das Gesetz über die internationale Rechtshilfe in Strafsachen v. 23. 12. 1982 angepaßt worden. Danach darf ein Ausländer nicht ausgeliefert werden, wenn ihm im ersuchenden Staat für die vorgeworfene Handlung die Todesstrafe droht. Die A. ist ferner unzulässig wegen einer politischen oder wegen einer damit zusammenhängenden Tat (Ausnahmen bei Mord, Völkermord u. Totschlag). Nicht ausgeliefert wird ferner, wenn die Tat nach deutschem Recht mit einer Freiheitsstrafe von weniger als 1 Jahr bedroht ist. Eine A. zur Strafvollstreckung, also nach bereits ausgesprochener Verurteilung, kommt nur in Betracht, wenn die freiheitsentziehende Sanktion mindestens 4 Jahre beträgt. A. setzt *Gegenseitigkeit* voraus, d. h. die Gewähr, daß der ersuchende Staat einem vergleichbaren deutschen Ersuchen entsprechen würde. Im übrigen muß der Grundsatz der *Spezialität* gewahrt sein. Dieser bedeutet, daß der ersuchende Staat die Strafverfolgung auf die Tat beschränkt, deretwegen ausgeliefert wird. Die A. darf nur bewilligt werden, wenn das zuständige OLG sie für zulässig erklärt hat. Politisch Verfolgte, die einen Asylantrag gestellt haben oder als Asylberechtigte anerkannt sind (→ Asylrecht), können wegen einer nichtpolitischen Straftat ausgeliefert werden (vgl. § 18 S. 2 Asylverfahrensgesetz). Doch muß wegen Art. 16 II 2 GG gewährleistet sein, daß dem Ausländer im konkreten Fall keine politische Verfolgung droht (z. B. durch Repressalien oder Folter während der Untersuchungshaft). Das Gericht muß daher bei der Entscheidung über das Auslieferungsbegehren prüfen, ob nach den Umständen des Einzelfalls die Gefahr politischer Verfolgung besteht (BVerfG v. 23. 2. 1983). Das Gesetz regelt darüber hinaus das Verfahren der A., insbes. die Voraussetzungen der A.haft. – Die Überstellung eines Deutschen in das Gebiet der DDR zum Zweck der Strafverfolgung bezeichnet man als *Zulieferung* (nicht A., da die DDR kein Ausland ist); sie darf nur genehmigt werden, wenn das gerichtliche Verfahren, die mögliche Strafe u. ihr Vollzug mit rechtsstaatlichen Grundsätzen in Einklang stehen (dazu i. e. das Gesetz über die innerdeutsche Rechts- u. Amtshilfe in Strafsachen vom 2. 5. 1953).

Auslobung (§§ 657 ff. BGB) ist ein einseitiges, durch öffentliche Bekanntmachung (z. B. Zeitungsinserat) erklärtes Versprechen, durch das sich jemand verpflichtet, für die Vornahme einer Handlung (z. B. Wiederbeschaffung einer verlorenen Sache, Aufdeckung einer Straftat) eine Belohnung zu entrichten. Die Belohnung ist demjenigen zu gewähren, der die Handlung – gleichgültig, ob in Kenntnis oder Unkenntnis der A. – vorgenommen hat. Die A. kann nur bis zur Vornahme der Handlung widerrufen werden. Haben mehrere unabhängig voneinander gehandelt, so gebührt die Belohnung dem, der zuerst tätig wurde; haben sie zusammengewirkt, ist sie zu teilen. Eine besondere Art der A. ist das → Preisausschreiben.

Aussperrung → Arbeitskampf.

Auswärtige Angelegenheiten sind die Beziehungen der Bundesrepublik zu ausländischen Staaten und zu internationalen Organisationen. Die Pflege der auswärtigen Beziehungen ist Sache des Bundes (Art. 32 GG), dem auf diesem Gebiet zugleich die ausschließliche → Gesetzgebungskompetenz zugewiesen ist (Art. 73 Nr. 1 GG). Der Bund wird völkerrechtlich durch den → Bundespräsidenten vertreten, der auch die Verträge mit ausländischen Staaten abschließt. Völkerrechtliche Verträge, die die politischen Beziehungen des Bundes regeln oder sich auf Gegenstände der Bundesgesetzgebung beziehen, bedürfen der Zustimmung der zuständigen gesetzgebenden Körperschaften in Form eines Gesetzes; sie werden dadurch in innerstaatliches Recht transformiert (Art. 59 GG).

Auswanderung ist das Verlassen des Staatsgebiets mit dem Ziel, die bisherige → Staatsangehörigkeit aufzugeben u. eine neue – die des Einwanderungslandes – anzunehmen. Art. 11 GG, der allen Deutschen die Freizügigkeit *innerhalb* des ganzen Bundesgebiets gewährleistet, enthält kein Grundrecht der Auswanderungs- u. Ausreisefreiheit. Doch ist das Auswanderungsrecht als Ausfluß der allgemeinen Handlungsfreiheit (Art. 2 I GG) auch grundrechtlich geschützt, insoweit aber an die verfassungsmäßige Ordnung, d.h. jede formell u. materiell verfassungsmäßige Rechtsnorm – wie z.B. die Vorschriften des Paßgesetzes (→ Paßwesen) –, gebunden.

Auszubildender → Berufsausbildung.

Automatenmißbrauch → Betrug.

Autonomie (griech.: Selbstgesetzgebung) ist die → juristischen Personen des öfftl. Rechts gesetzlich verliehene Befugnis, im Rahmen der ihnen eingeräumten Selbstverwaltung ihre Angelegenheiten durch den Erlaß von Rechtsnormen (→ Satzungen) selbst zu regeln. Von besonderer Bedeutung ist die A. der Gemeinden und Gemeindeverbände, die verfassungsrechtlich durch Art. 28 II GG gewährleistet ist (→ Kommunalrecht).

B

BAFöG (Bundesausbildungsförderungsgesetz) → Ausbildungsförderung.

Bagatellstrafsachen (Bagatelldelikte). Im Ermittlungsverfahren des → Strafprozesses ist die Staatsanwaltschaft aufgrund des → Legalitätsprinzips grundsätzlich zur Verfolgung aller ihr bekannt gewordenen Straftaten verpflichtet. Bei B. weicht dieser Grundsatz jedoch dem → Opportunitätsprinzip, das es der Staatsanwaltschaft gestattet, von der Strafverfolgung mit Zustimmung des Gerichts abzusehen (§§ 153 ff. StPO), so z. B. bei einem Vergehen dann, wenn die Schuld des Täters gering ist und kein öfftl. Interesse an der Strafverfolgung besteht.

Bankgeheimnis. Das B. verpflichtet u. berechtigt die Bank, ihre Beziehungen zu einem Kunden, insbes. dessen Kontostand, gegenüber Dritten geheimzuhalten. Es ist eine vertragliche Nebenpflicht, die sich auch ohne besondere Vereinbarung nach den Grundsätzen von → Treu und Glauben aus dem Bankvertrag ergibt. Der schuldhafte Verstoß gegen das B. begründet auf seiten des geschädigten Kunden einen Schadensersatzanspruch wegen → positiver Vertragsverletzung, ist aber nicht strafbar. Umstritten ist, unter welchen Voraussetzungen die Kreditinstitute zur Erteilung von *Bankauskünften* berechtigt sind. Einschränkungen ergeben sich insbes. unter datenschutzrechtlichen Gesichtspunkten (→ Datenschutz). Nach § 3 BDSG ist die Übermittlung personenbezogener Kundendaten, soweit sie nicht durch Rechtsvorschrift erlaubt ist, nur zulässig, wenn der Betroffene schriftlich eingewilligt hat. Eine formularmäßig erteilte Einwilligung – z. B. in die Weitergabe der Daten an die Bankauskunftei Schufa – reicht nur dann aus, wenn das Formular einen besonderen Hinweis auf die für die Erteilung von Bankauskünften erforderliche Einverständniserklärung enthält. Regelungen in den → Allgemeinen Geschäftsbedingungen der Bank, wonach sie zu Bankauskünften berechtigt sei, genügen den Anforderungen nicht. Das B. schützt nicht vor Durchsuchung u. Beschlagnahme der Bankunterlagen, wenn gegen den Bankkunden strafrechtlich ermittelt wird. Die Finanzbehörden sind zwar nicht gesetzlich, wohl aber durch Verwaltungsvorschriften (sog. Bankenerlaß) gehalten, bei der Besteuerung einer Bank grundsätzlich keine Auskünfte über Konten zu fordern u. die ihnen zur Kenntnis gelangten Informationen gegenüber dem Bankkunden nicht zu verwerten. Das B. berechtigt die Bankbediensteten im Zivilprozeß, nicht aber im Strafprozeß zur Zeugnisverweigerung (§ 383 I Nr. 5 ZPO einerseits, §§ 53 StPO andererseits). Bei Tod des Kontoinhabers besteht eine Meldepflicht der Bank gegenüber dem Finanzamt (§ 33 ErbStG).

Banknoten sind von der zuständigen Notenbank ausgegebene Geldscheine, die auf einen runden Betrag von Währungseinheiten lauten. In der Bundesrepublik hat die *Bundesbank* das ausschließliche Recht, Banknoten auszugeben; bei Noten, die auf kleinere Beträge als 10 DM lauten, bedarf sie des Einvernehmens der Bundesregierung. Die B. sind das einzige unbeschränkte gesetzliche Zahlungsmittel (§ 14 I BBankG). Eine Einlösungspflicht in Gold oder Metallgeld besteht nicht. – Die Fälschung von Banknoten ist durch § 146 StGB unter Strafe gestellt (→ Geld- und Wertzeichenfälschung).

Barkauf → Kauf.

Baurecht ist die Gesamtheit der öfftl.-rechtl. → Rechtsnormen, die sich auf die bauliche Nutzung von Grund und Boden beziehen. Zwar herrscht im B. der *Grundsatz der Baufreiheit,* der vor allem auf der verfassungsrechtlichen Eigentumsgarantie (→ Eigentum) beruht; doch unterliegt die Baufreiheit wie das Eigentum selbst der Sozialbindung und ist durch gesetzliche Regelungen im Interesse der Allgemeinheit vielfach eingeschränkt. Nur so lassen sich städtebaulicher Wildwuchs u. Landschaftszersiedelung mit ihren verhängnisvollen Auswirkungen für das Zusammenleben der Menschen u. die Umwelt vermeiden. Das B. umfaßt das Recht der örtlichen und überörtlichen Bauplanung mit den ihrer Umsetzung dienenden Maßnahmen sowie das Bauordnungsrecht, das die Beschaffenheit u. Gestaltung von Bauvorhaben regelt.
1. Das *Bauplanungsrecht* ergibt sich in erster Linie aus den Vorschriften des Bundesbaugesetzes (BBauG). Danach muß sich die Bebauung eines Grundstücks in die örtliche Bauleitplanung einfügen und sich insbes. dem als Gemeindesatzung erlassenen Bebauungsplan, der die rechtsverbindlichen Festsetzungen für die städtebauliche Ordnung trifft, anpassen (§§ 1 ff. BBauG). Die Gemeinde kann vor Verabschiedung eines Bebauungsplans eine Veränderungssperre beschließen, um planwidrige Bauvorhaben von vornherein zu unterbinden (§§ 14 ff. BBauG). Ihr steht ein gesetzliches → Vorkaufsrecht beim Kauf von Grundstücken zu, die im Geltungsbereich eines erlassenen oder beabsichtigten Bebauungsplans liegen (§§ 24 ff. BBauG). Sie kann solche Grundstücke zum Zweck der Erschließung oder Neugestaltung eines Gebiets

umlegen u. auf diese Weise erreichen, daß nach Lage, Form u. Größe für die bauliche oder sonstige Nutzung zweckmäßig gestaltete Grundstücke entstehen (§§ 45 ff. BBauG). Unter bestimmten Voraussetzungen, insbes. um ein Grundstück entsprechend den Festsetzungen des Bebauungsplans zu nutzen, ist eine → Enteignung zulässig (§§ 85 ff. BBauG). Die Erschließung der Grundstücke durch Straßen, Wege u. Plätze, Grünanlagen, Kinderspielplätze usw. ist Aufgabe der Gemeinde; sie ist aber berechtigt, zur Deckung des anderweitig nicht gedeckten Erschließungsaufwands (bis höchstens 90%) von den Anliegern Erschließungsbeiträge (→ Abgaben) zu erheben (§§ 123 ff. BBauG). Ansonsten gilt: Bauvorhaben innerhalb eines Bebauungsplans sind i. d. R. zulässig, wenn sie dessen Festsetzungen nicht widersprechen und ihre Erschließung gesichert ist (§ 30 BBauG). Fehlt ein Bebauungsplan, so kann ein Grundstück, das innerhalb der im Zusammenhang bebauten Ortsteile liegt, bebaut werden, falls sich das Bauvorhaben in die Eigenart der näheren Umgebung einfügt, die Erschließung gesichert ist und sonstige öfftl. Belange (insbes. gesunde Wohn- u. Arbeitsverhältnisse, Wahrung des Ortsbildes) nicht entgegenstehen (§ 34 BBauG). Bauvorhaben außerhalb eines Bebauungsplans und außerhalb der im Zusammenhang bebauten Ortsteile sind nur ausnahmsweise zulässig (§ 35 BBauG). – Noch weitergehende Beschränkungen der Baufreiheit ermöglicht das *Städtebauförderungsgesetz* mit seinen Vorschriften über die Vorbereitung, Durchführung und Finanzierung städtebaulicher Sanierungs- und Entwicklungsmaßnahmen.

2. Das *Bauordnungsrecht* ist vor allem in den *Landesbauordnungen* geregelt. Sie enthalten detaillierte Bestimmungen zur Sicherheit der baulichen Anlagen (Beschaffenheit des Baugrundstücks, der Baustoffe und des Baus selbst). Bauvorhaben sind so zu entwerfen, anzuordnen, zu errichten, zu ändern u. zu unterhalten, daß die öfftl. Sicherheit oder Ordnung, insbes. Leben u. Gesundheit, nicht gefährdet wird. Darüber hinaus haben die Bauüberwachungsbehörden Verunstaltungen u. Beeinträchtigungen der Umgebung zu verhindern. – Stehen einem Vorhaben öfftl.-rechtl. Vorschriften nicht entgegen, hat der Bauherr einen Anspruch auf Baugenehmigung (→ Erlaubnis, → Nachbarrecht). Die örtliche Bauüberwachung einschl. der Erteilung der Baugenehmigung ist staatliche Angelegenheit, die von den Ordnungsbehörden (untere Bauaufsichtsbehörden) der Landkreise und kreisfreien Städte wahrgenommen wird (→ Kommunalrecht).

Beamtenrecht → öffentlicher Dienst.

Bedingung (§§ 158 ff. BGB) ist ein zukünftiges ungewisses Ereignis, von dem die Wirkungen eines Rechtsgeschäftes abhängig gemacht werden (z. B. Anstellungsvertrag unter der Bedingung, daß Angestellter in bestimmter Frist Examen besteht). Eine B. liegt auch dann vor, wenn der Eintritt des Ereignisses auf dem freien Willen eines Beteiligten beruht (sog. Potestativbedingung, z. B. Kauf auf Probe, § 495 BGB). Von einer *aufschiebenden B.* spricht man, wenn die Wirkung des Rechtsgeschäfts erst mit Eintritt der Bedingung entsteht (z. B. Eigentumsübergang auf den Käufer erst bei vollständiger Zahlung des Kaufpreises, sog. → Eigentumsvorbehalt). Eine *auflösende B.* liegt vor, wenn bei ihrem Eintritt das zunächst wirksame Rechtsgeschäft seine Wirksamkeit verliert (z. B. der dem studierenden Neffen gewährte Monatswechsel soll bei Examensabschluß entfallen). Der unter einer aufschiebenden B. Berechtigte (z. B. der Käufer unter Eigentumsvorbehalt) hat ein *Anwartschaftsrecht;* er kann von dem anderen Teil Schadensersatz verlangen, wenn dieser während der Schwebezeit das von der B. abhängige Recht schuldhaft vereitelt oder beeinträchtigt. Wer unter aufschiebender B. über einen Gegenstand verfügt hat, ist in seiner Verfügungsmacht eingeschränkt: Jede weitere Verfügung ist insoweit unwirksam, als sie die Rechtsstellung des Anwärters beeinträchtigt; eine Zwischenverfügung ist jedoch voll wirksam, wenn der Rechtserwerber gutgläubig ist. (→ gutgläubiger Erwerb). Wird der Eintritt der Bedingung wider → Treu u. Glauben von dem dadurch Benachteiligten verhindert oder von dem dadurch Begünstigten herbeigeführt, so gilt die Bedingung im einen Fall als eingetreten, im anderen Fall als nicht erfolgt.

Befangenheit. Wenn in einem gerichtlichen Verfahren ein Grund vorliegt, der geeignet ist, Mißtrauen gegen die Unparteilichkeit eines Richters zu rechtfertigen, so kann dieser wegen Besorgnis der B. abgelehnt werden. Gleiches gilt, wenn ein Richter wegen enger persönlicher Beziehungen zu der Rechtssache (z. B. Verwandtschaft mit einer Partei) kraft Gesetzes von der Ausübung des Richteramtes ausgeschlossen ist. Über das Ablehnungsgesuch entscheidet das Gericht ohne Mitwirkung des abgelehnten Richters. Vgl. i. e. §§ 41 ff. ZPO, §§ 22 ff. StPO., §§ 54 ff. VwGO.

Beförderungsvertrag ist ein → Werkvertrag über die Beförderung von Personen oder Sachen. Für die meisten Beförderungsarten gelten einschränkende gesetzliche Regelungen, so vor allem nach dem Personenbeförderungsgesetz, der Eisenbahn-Verkehrs-Ordnung u. dem Güterkraftverkehrsgesetz. – Das *Personenbeförderungsgesetz* von 1961 regelt die entgeltliche oder geschäftsmäßige Beförderung von Personen mit Straßenbahn, Obussen u. Kraftfahrzeugen im Linien- oder Gelegenheitsverkehr. Es begründet für den Beförderungsunternehmer eine Genehmigungs-, Betriebs- u. Beförderungspflicht. Beförderungsentgelte u. -bedingungen für Straßenbahnen u. Obussen bedürfen der Genehmigung, für

Kraftfahrzeuge werden sie amtlich festgesetzt. Sofern die öfftl. Verkehrsinteressen es erfordern, kann die Genehmigungsbehörde dem Unternehmer im Rahmen des Zumutbaren auferlegen, den von ihm betriebenen Verkehr zu erweitern oder zu ändern. – Die *Eisenbahn-Verkehrs-Ordnung* von 1938, die für alle Eisenbahnen des öfftl. Verkehrs gilt, enthält eingehende Vorschriften über die Beförderung von Personen u. Gütern (Beförderungspflicht), die Aufstellung von Tarifen für Beförderungsentgelte usw. – Das *Güterkraftverkehrsgesetz* i. d. F. von 1975 erfaßt die Beförderung von Gütern für andere mit Kraftfahrzeugen. Dabei wird zwischen Güternahverkehr (Umkreis von 50 km) u. Güterfernverkehr unterschieden. Das Gesetz strebt die Angleichung der Wettbewerbsbedingungen der Verkehrsträger im Interesse bester Verkehrsbedienung an. Der Güterfernverkehr ist genehmigungspflichtig; für den Güternahverkehr besteht eine Erlaubnispflicht. Die Beförderungsentgelte müssen mit den von Tarifkommissionen festgesetzten Tarifen übereinstimmen. Der Bundesverkehrsminister setzt Höchstzahlen der Kraftfahrzeuge für den Güterfernverkehr fest.

Beglaubigung. In verschiedenen Fällen ist *öfftl. B.* vorgeschrieben (z. B. bei Anmeldungen zum Vereins- und zum Handelsregister, → Formvorschriften). Dazu ist nach § 129 BGB erforderlich, daß die Erklärung schriftlich abgefaßt u. die Unterschrift des Erklärenden von einem → Notar als echt, d. h. als Unterschrift des Unterzeichnenden, bezeugt wird. – Durch eine *amtliche B.* wird bestätigt, daß die Abschrift (Kopie) einer Urkunde mit dem Original übereinstimmt. Jede Behörde ist befugt, Abschriften von Urkunden, die sie selbst ausgestellt hat, zu beglaubigen. Im übrigen sind die durch Rechtsverordnung der Bundes- bzw. der Landesregierung bestimmten Behörden berechtigt, Abschriften zu beglaubigen, wenn die Urschrift von einer Behörde ausgestellt ist oder die Abschrift zur Vorlage bei einer Behörde benötigt wird. Diese Behörden können auch die Echtheit von Unterschriften beglaubigen, wenn das unterzeichnete Schriftstück zur Vorlage bei einer Behörde benötigt wird u. keine öfftl. B. vorgeschrieben ist (§§ 33, 34 VwVfG).

Begnadigung ist ein Gnadenerweis, durch den der Staat im Einzelfall eine rechtskräftig erkannte Strafe ganz oder teilweise erläßt, umwandelt oder ihre Vollstreckung aussetzt. (Einen allgemeinen Gnadenerweis in einer unbestimmten Anzahl von Fällen bezeichnet man demgegenüber als → Amnestie.) Das Recht zur B. steht im Bund dem Bundespräsidenten zu (Art. 60 II GG), in den Ländern zumeist dem Ministerpräsidenten, der es übertragen kann. Die B. bedeutet einen verfassungsrechtlich vorgesehenen Eingriff der Exekutive in die rechtsprechende Gewalt; sie unterliegt daher nicht der gerichtlichen Nachprüfung.

Behörde. Eine B. ist eine in den Organismus der Staatsverwaltung (oder einer sonstigen →juristischen Person des öfftl. Rechts) eingeordnete organisatorische Einheit von Personen u. sächlichen Mitteln, die – mit einer gewissen Selbständigkeit ausgestattet – dazu berufen ist, unter öfftl. Autorität für die Erreichung der Zwecke des Staates oder von ihm geförderter Zwecke tätig zu sein. Durch die B. als handelndes Organ wird der Staat oder ein sonstiger Träger öfftl. Verwaltung nach außen vertreten. Staatsbehörden (z. B. Ministerien) gliedern sich zumeist in Abteilungen, diese wiederum in Referate. Innerhalb der Behördenhierarchie wird zwischen obersten, oberen, mittleren u. unteren B. unterschieden (→Verwaltung, öffentliche). Die B. ist vom *Amt* zu unterscheiden, das die Amtsstelle oder den Dienstposten eines Bediensteten u. damit dessen institutionell bestimmten konkreten Aufgaben- u. Pflichtenkreis bezeichnet. Allerdings dient das Wort „Amt" nicht selten dazu, eine Behörde (z. B. Auswärtiges Amt, Bundeskanzleramt, Landratsamt) oder, vor allem in der Kommunalverwaltung, die Abteilung einer Behörde (Ordnungsamt, Sozialamt) zu benennen.

Beihilfe ist wie die →Anstiftung →Teilnahme an der →Straftat eines anderen. Als Gehilfe wird bestraft, wer vorsätzlich einem anderen zu dessen vorsätzlich begangener rechtswidriger Tat physisch oder psychisch Hilfe geleistet hat (§ 27 StGB). Im Gegensatz zum Mittäter, der die Tat als eigene begehen will, geht es dem Gehilfen darum, eine fremde Tat zu fördern. Ist die Haupttat bereits vollendet, so kommt nicht B., sondern Begünstigung (§ 257 StGB), Strafvereitelung (§ 258 StGB) oder Hehlerei (§ 259 StGB) in Betracht. Die Strafe für den Gehilfen richtet sich nach der Strafdrohung für den Täter, ist jedoch gem. § 49 I StGB zu mildern. – Bei einer →unerlaubten Handlung steht der Gehilfe dem Mittäter gleich.

Bekenntnisfreiheit →Religionsfreiheit.

Beleidigung (§§ 185 ff. StGB) ist Ehrverletzung durch Kundgabe der Nichtachtung oder Mißachtung; an der Kundgabe fehlt es bei Äußerungen im engsten Familienkreis. Ehre ist der „gute Ruf" eines Menschen u. zugleich dessen Anspruch, nicht „unter seinem Wert" behandelt zu werden. Beleidigungsfähig sind natürlich Personen, öfftl. Einrichtungen, ferner Personengesamtheiten, die eine anerkannte gesellschaftliche Funktion erfüllen (z. B. eine Aktiengesellschaft, ein Sportverein). Die *Kollektivbeleidigung,* durch die die Ehre einer sozialen Gruppe herabgesetzt wird („alle Unternehmer sind Ausbeuter"), ist keine B. des Kollektivs, sondern der ihm angehörenden Einzelpersonen.
Zu unterscheiden sind folgende Beleidigungsdelikte: a) *Einfache*

B. (§ 185 StGB) ist die Äußerung negativer Tatsachen gegenüber dem Beleidigten sowie die Kundgabe negativer Werturteile gegenüber dem Beleidigten selbst oder gegenüber Dritten. Die einfache B. wird mit Freiheitsstrafen bis zu 1 Jahr oder mit Geldstrafe, die tätliche B. mit Freiheitsstrafe bis zu 2 Jahren oder mit Geldstrafe geahndet. b) *Üble Nachrede* (§ 186 StGB) besteht in ehrenrührigen Tatsachenbehauptungen gegenüber Dritten. Dabei kommt es nicht darauf an, ob die Tatsachen unwahr sind; es genügt, daß sie nicht bewiesen werden können. Handelt es sich bei der behaupteten Tatsache um eine Straftat, ist der Wahrheitsbeweis einerseits ausgeschlosen, wenn der Beleidigte rechtskräftig freigesprochen, andererseits erbracht, wenn der Beleidigte rechtskräftig verurteilt worden ist. Im übrigen kann auch eine wahre – und deshalb den Tatbestand der üblen Nachrede nicht verwirklichende – Tatsachenbehauptung wegen der Form der Äußerung oder wegen der Umstände, unter denen sie geschieht, als *Formalbeleidigung* nach § 185 StGB bestraft werden (z. B. Anzeige in der Zeitung, daß A., der erwiesenermaßen gestohlen hat, ein Dieb sei). Die üble Nachrede ist mit Freiheitsstrafe bis zu 1 Jahr oder mit Geldstrafe, bei öffentlicher Begehung (auch durch publizistische Verbreitung) mit Freiheitsstrafe bis zu 2 Jahren oder mit Geldstrafe bedroht). c) *Verleumdung* (§ 187 StGB) liegt vor, wenn der Täter gegenüber einem Dritten unwahre Tatsachen, die ehrenrührig oder kreditgefährdend sind, wider besseres Wissen behauptet. Die Strafe ist Freiheitsstrafe bis zu 2 Jahren oder Geldstrafe, bei öfftl. Begehung (auch in einer Versammlung oder durch publizistische Verbreitung) Freiheitsstrafe bis zu 5 Jahren oder Geldstrafe. d) Mit höherer Freiheitsstrafe ist öfftl., in einer Versammlung oder publizistisch geäußerte üble Nachrede oder Verleumdung gegen einen *Politiker* bedroht, die aus Beweggründen begangen wird, die mit der öfftl. Stellung des Beleidigten zusammenhängen, und die geeignet ist, sein öfftl. Wirken erheblich zu erschweren (§ 187a StGB). Die *Verunglimpfung des Andenkens Verstorbener* (§ 189 StGB) wird mit Freiheitsstrafe bis zu 2 Jahren, wahlweise mit Geldstrafe bestraft.

Die Rechtswidrigkeit der B. entfällt bei tadelnden Urteilen über wissenschaftliche, künstlerische oder gewerbliche Leistungen, bei Äußerungen zur Verteidigung von Rechten, bei Vorhaltungen und Rügen der Vorgesetzten gegen ihre Untergebenen, bei dienstlichen Anzeigen o. ä; rechtmäßig sind außerdem beleidigende Äußerungen zur *Wahrnehmung berechtigter Interessen* (§ 193 StGB). Der letztgenannte Rechtfertigungsgrund setzt voraus, daß, zumindest mittelbar, eigene Interessen verfolgt werden, daß Tatsachenbehauptungen gewissenhaft auf ihren Wahrheitsgehalt geprüft werden und daß die Äußerung das unter den gegebenen Umständen gebotene Mittel der Interessenwahrnehmung ist. Pressemeldungen beleidigenden Charakters sind privilegiert, wenn das Interesse der Presse, die Öffentlichkeit zu unterrichten, höher zu bewerten ist, als das Interesse des Beleidigten, von öffentlichen Herabsetzungen verschont zu bleiben; die Zeitung ist jedoch gehalten, die verbreiteten Tatsachen auf ihren Wahrheitsgehalt zu recherchieren.

Die B. wird nur auf → Strafantrag verfolgt (s. im einzelnen § 194 StGB). Wird eine B. auf der Stelle erwidert, kann der Richter beide Beleidiger oder einen von ihnen für straffrei erklären (§ 199 StGB).

Beliehener Unternehmer (Beliehener). Die Wahrnehmung von Aufgaben öfftl. → Verwaltung ist grundsätzlich Sache der staatlichen → Behörden u. der unterstaatlichen → juristischen Personen des öfftl. Rechts. Um aber private Initiative, Sachkenntnis u. Erfahrung zu nutzen u. zugleich die öfftl. Verwaltung zu entlasten, überträgt der Staat auf bestimmten Gebieten natürlichen oder juristischen Personen des Privatrechts die Ausübung hoheitlicher Befugnisse. Die Beleihung darf nur durch Gesetz oder auf Grund eines Gesetzes erfolgen; sie begründet ein öfftl.-rechtl. Auftrags- und Treuhandverhältnis. B. U. sind z. B. die nicht-beamteten Notare, die öfftl. bestellten Vermessungsingenieure, die in den Technischen Überwachungsvereinen (TÜV) zusammengefaßten amtlich anerkannten Sachverständigen bei der Prüfung von Kraftfahrzeugen u. bei der Abnahme von Führerscheinprüfungen, die anerkannten privaten Ersatzschulen bei der Erteilung von Berechtigungen.

Bereicherung → ungerechtfertigte Bereicherung.

Berufsausbildung. Die B. vollzieht sich, von Sonderformen abgesehen, im *„dualen System"* von Betrieb u, Berufsschule. Die Auszubildenden erhalten demnach eine B. im Betrieb u. besuchen während der Ausbildungsphase zugleich die Berufsschule. Die *betriebliche B.* richtet sich nach dem vom Bund 1969 verabschiedeten Berufsbildungsgesetz; die *schulische B.* ist Sache der Länder (→ Kulturhoheit) u. in deren Schulgesetzen geregelt (→ Schulrecht).

Das BBiG gilt einheitlich für alle Berufs- und Wirtschaftszweige mit Ausnahme des öfftl. Dienstes u. der Seeschiffahrt. Die B. hat eine breit angelegte berufliche Grundbildung u. die notwendigen fachlichen Kenntnisse u. Fertigkeiten für eine qualifizierte berufliche Tätigkeit zu vermitteln (§ 1 BBiG). Das *Berufsausbildungsverhältnis,* das ein besonders ausgestaltetes → Arbeitsverhältnis ist, wird durch Vertrag zwischen dem Ausbildenden (früher: Lehrherrn) u. dem Auszubildenden (früher: Lehrling) begründet (§ 3 BBiG). Der Ausbildende ist verpflichtet, dafür zu sorgen, daß dem Auszubildenden die erforderlichen Fertigkeiten u. Kenntnisse vermittelt werden (§ 6 BBiG). Er hat ihm eine angemessene monatliche Vergütung zu zahlen, die mit fortschreitender B., mindestens jährlich, ansteigt (§ 10 BBiG). Bei unverschuldeter Krankheit des Auszubildenden ist die Vergütung auf die Dauer von 6 Wochen weiterzuzahlen (§ 12 BBiG). Den Auszubildenden trifft vor allem die Pflicht, sich um den Erwerb der erforderlichen Fertigkeiten u. Kenntnisse zu bemühen. Er muß die ihm im Rahmen der B. aufgetragenen Verrichtungen sorgfältig ausführen u. den ihm erteilten Weisungen Folge leisten (§ 9 BBiG). Das Ausbildungsverhältnis beginnt mit der Probezeit (mindestens 1, höchstens 3 Monate, § 13 BBiG). Während der Probezeit kann es ohne Angabe von Gründen fristlos gekündigt werden, danach nur fristlos aus wichtigem Grund oder vom Auszubildenden mit einer Frist von 4 Wochen, wenn er die B. aufgeben oder sich einer anderen B. unterziehen will (§ 15 BBiG). Die Kündigung muß schriftlich u. nach der Probezeit unter Angabe der Kündigungsgründe erfolgen. Eine Kündigung aus wichtigem Grund ist unwirksam, wenn der Kündigende die maßgeblichen Tatsachen länger als 2 Wochen kannte. Im übrigen endet das Ausbildungsverhältnis mit dem Bestehen der Abschlußprüfung (Facharbeiter- oder Gesellenbrief) oder mit dem Ablauf der vereinbarten Ausbildungszeit; besteht der Auszubildende die Prüfung nicht, so setzt es sich auf sein Verlangen bis zur nächstmöglichen Wiederholungsprüfung, höchstens aber um 1 Jahr fort (§ 14 BBiG). Bei Beendigung des Ausbildungsverhältnisses ist ein → Zeugnis nach § 8 BBiG auszustellen.

Die *Berufsschule* ist eine Pflichtschule. Sie ist von allen Jugendlichen bis zum 18. Lebensjahr zu besuchen, die sich nach Abschluß der Vollzeitschulpflicht einer beruflichen Erstausbildung unterziehen oder in einem Arbeitsverhältnis stehen. I. d. R. dauert der Besuch der Berufsschule 3 Jahre. Neben der betrieblichen B. werden in der Berufsschule wöchentlich 6–12 Stunden Unterricht erteilt. Die Berufsschule schließt ohne besondere Prüfung mit einem Abschlußzeugnis ab, das in Verbindung mit dem Prüfungszeugnis über die erfolgreich beendete betriebliche B. den Eintritt in eine Fachschule ermöglicht. Der erfolgreiche Abschluß der Berufsschule durch Jugendliche, die die Hauptschule ohne Abschluß verlassen haben, wird als Hauptschulabschluß anerkannt. Da im dualen System der B. die Koordinierung von betrieblicher u. schulischer Ausbildung notwendig ist, einigten sich die Bundesregierung u. die Kultusminister der Länder 1972 auf ein Verfahren, das der Abstimmung von Ausbildungsordnungen (für die betriebliche B.) u. Rahmenlehrplänen (für die schulische B.) dient.

In zunehmendem Maße wird die Möglichkeit eröffnet, das erste Jahr der B. als *Berufsgrundbildungsjahr* zu absolvieren, und zwar entweder in vollzeitschulischer Form an der Berufsschule *(Berufs-*

grundschuljahr) oder in kooperativer Form in Betrieb u. Berufsschule. Das Berufsgrundbildungsjahr, das auf die Ausbildungszeit
voll angerechnet wird u. dem sich die Stufe der Fachbildung anschließt, zielt darauf ab, allgemeine fachtheoretische und fach-
praktische Lerninhalte auf dem Gebiet des Berufsfeldes zu
vermitteln. In den meisten Bundesländern besteht für Jugendliche
ohne Ausbildungsplatz die Möglichkeit, verschiedentlich sogar
die Pflicht zum Besuch eines 1jährigen Vollzeitschuljahres an der
Berufsschule.

Berufsbeamtentum → öffentlicher Dienst.

Berufsberatung ist die Erteilung von Rat u. Auskunft an Jugendliche u. Erwachsene in allen Fragen der Berufswahl u. des beruflichen Fortkommens. Sie darf, wie auch die → Arbeitsvermittlung,
grundsätzlich nur von der Bundesanstalt für Arbeit (→ Arbeitsverwaltung) betrieben werden (§§ 25–32 AFG).

Berufsfreiheit. Art. 12 I GG gewährleistet allen Deutschen das
→ Grundrecht, Beruf, Arbeitsplatz u. Ausbildungsstätte frei zu
wählen (Satz 1). Die Berufsausübung kann durch Gesetz oder
aufgrund eines Gesetzes geregelt werden (Satz 2). „Beruf" ist jede
erlaubte, auf Dauer angelegte Betätigung, die der Schaffung und
Erhaltung einer Lebensgrundlage dient, also nicht nur der selbständig ausgeübte Beruf, sondern auch die abhängige Arbeit.
Schwierigkeiten wirft die Frage auf, wie weit die Regelungsbefugnis des Gesetzgebers hinsichtlich der B. reicht. Der Wortlaut des
Art. 12 I GG könnte darauf hindeuten, daß Eingriffe nur bei der
Berufs*ausübung* zulässig seien, während die Berufs*wahl* gesetzlicher Regelung schlechthin entzogen sei. Da sich jedoch Berufswahl u. Berufsausübung überschneiden (z. B. bedeutet die Aufnahme einer Berufstätigkeit sowohl den Anfang der Berufsausübung als auch die Verwirklichung der Berufswahl), widerspräche eine Auslegung der Vorschrift, die dem Gesetzgeber jeden
Eingriff in die Freiheit der Berufswahl verwehren wollte, der Einheitlichkeit des verfassungsrechtlich geschützten Lebensbereichs,
dem ein *einheitliches Grundrecht der B.* zugeordnet ist. Eine sich
primär als Berufsausübungsregelung darstellende gesetzliche Bestimmung ist vielmehr grundsätzlich auch dann zulässig, wenn sie
mittelbar auf die Freiheit der Berufswahl zurückwirkt. Doch ist
stets zu beachten, daß die Regelungsbefugnis nur um der Berufsausübung willen gegeben ist und nur im Hinblick auf diese auch
in die Freiheit der Berufswahl eingreifen darf. Auf dieser Grundlage hat das Bundesverfassungsgericht seine *„Stufentheorie"* entwickelt. Danach ist der Gesetzgeber um so freier, je mehr es sich
um reine Ausübungsregelung handelt, um so begrenzter, je mehr
die Regelung auch die Berufswahl berührt. Das Grundrecht soll

die Freiheit des Individuums schützen, der Regelungsvorbehalt ausreichenden Schutz der Gemeinschaftsinteressen sicherstellen. Aus der Notwendigkeit, beiden Forderungen gerecht zu werden, ergibt sich für das Eingreifen des Gesetzgebers ein Gebot der Differenzierung. Die Freiheit der Berufsausübung kann er beschränken, soweit vernünftige Erwägungen des Gemeinwohls es zweckmäßig erscheinen lassen; der Grundrechtsschutz beschränkt sich insoweit auf die Abwehr in sich verfassungswidriger, z. B. übermäßig belastender u. nicht zumutbarer Auflagen. Hingegen ist eine Regelung, die die Aufnahme einer Berufstätigkeit von der Einhaltung bestimmter Voraussetzungen abhängig macht u. damit die Freiheit der Berufswahl beschränkt, nur dann gerechtfertigt, wenn der Schutz besonders wichtiger Gemeinschaftsgüter es zwingend erfordert. Dabei ist zwischen *subjektiven Zulassungsvoraussetzungen,* die auf die persönliche Qualifikation abheben, *u. objektiven Voraussetzungen,* auf die der einzelne keinen Einfluß hat, zu unterscheiden. Für die subjektiven Voraussetzungen (insbes. Vor- und Ausbildung) gilt das Verhältnismäßigkeitsprinzip in dem Sinn, daß sie zu dem angestrebten Zweck der ordnungsmäßigen Erfüllung der Berufstätigkeit nicht außer Verhältnis stehen dürfen. An den Nachweis der Notwendigkeit objektiver Zulassungsvoraussetzungen (so insbes. bei Beschränkung des Zugangs zu bestimmten Berufen wegen Fehlens eines öfftl. Bedürfnisses) sind besonders strenge Anforderungen zu stellen; im allgemeinen wird nur die Abwehr nachweisbarer oder höchstwahrscheinlicher schwerer Gefahren für ein überragend wichtiges Gemeinschaftsgut diese Maßnahme rechtfertigen können. Der Gesetzgeber muß Regelungen nach Art. 12 I GG stets auf der „Stufe" vornehmen, die den geringsten Eingriff in die Freiheit der Berufswahl mit sich bringt; die nächste „Stufe" darf er erst dann betreten, wenn mit hoher Wahrscheinlichkeit dargetan werden kann, daß die befürchteten Gefahren mit Mitteln der vorausgehenden „Stufe" nicht wirksam bekämpft werden können.
Die B. wird ergänzt durch ein *Verbot des Arbeitszwangs* (Art. 12 II GG). Von diesem Verbot ausgenommen ist eine herkömmliche allgemeine, für alle gleiche öffentliche Dienstleistungspflicht (z. B. die gelegentlich noch üblichen gemeindlichen Hand- u. Spanndienste). *Zwangsarbeit* ist nach Art. 12 III GG nur bei einer gerichtlich angeordneten Freiheitsentziehung zulässig. In Notstandsfällen (→ Notstandsverfassung) eröffnet Art. 12a III–VI GG die Möglichkeit weiterer Beschränkungen der B.

Berufsverbot ist das zeitweilige oder dauernde Verbot, einen bestimmten Beruf auszuüben. Es setzt eine schwerwiegende schuldhafte Verletzung von Berufspflichten voraus. Bei den freien Berufen (z. B. Ärzte, Rechtsanwälte) sind für die Verhängung des B. die Berufs- bzw. Ehrengerichte zuständig. Im Strafrecht kommt das B. unter bestimmten Voraussetzungen als eine →Maßregel der Besserung und Sicherung in Betracht (§ 70 StGB). Die beamtenrechtliche Verfassungstreuepflicht ist kein B., sondern ein auf der Grundlage des Art. 33 V GG durch die Beamtengesetze gefordertes Eignungsmerkmal (→öfftl. Dienst, →Extremisten im öfftl. Dienst).

Berufung →Rechtsmittel.

Beschluß ist im *gerichtlichen Verfahren* eine Entscheidung des Gerichts, die im Rang unter dem →Urteil steht und zumeist prozeßleitender Natur ist. Der B. erfordert im allgemeinen geringere Förmlichkeiten als das Urteil. Er ist i. d. R. mit der →Beschwerde anfechtbar. – Im *Privatrecht,* vor allem im →Gesellschaftsrecht, ist B. der Willensakt eines aus mehreren Personen gebildeten Organs (z. B. der Mitgliederversammlung eines →Vereins).

Beschwerde →Rechtsmittel.

Besitz (§§ 854 ff. BGB) ist die tatsächliche Gewalt einer Person über eine Sache. Er ist vom →Eigentum als dem umfassenden Herrschafts*recht* streng zu unterscheiden. So erlangt z. B. der Dieb durch den Diebstahl zwar B., nicht aber Eigentum. In der Praxis fallen freilich B. und Eigentum vielfach in einer Person zusammen. Aus diesem Lebenssachverhalt leitet das Gesetz die Vermutung ab, daß der Besitzer einer beweglichen Sache zugleich Eigentümer sei; das gilt jedoch, abgesehen von Geld und Inhaberpapieren, nicht bei abhanden gekommenen Sachen (§ 1006 BGB). Häufig ist der B. Voraussetzung für den Erwerb dinglicher Rechte (z. B. bei der →Übereignung). Der B., der übertragen und vererbt werden kann, ist in mehrfacher Hinsicht rechtlich geschützt. So darf sich der Besitzer verbotener Eigenmacht mit Gewalt erwehren. Handelt es sich um eine bewegliche Sache, darf er sie dem auf frischer Tat betroffenen oder verfolgten Täter mit Gewalt wieder abnehmen; handelt es sich um ein Grundstück, darf er sich des B. durch sofortige Entsetzung des Täters wieder bemächtigen (§§ 858 ff. BGB). Weiter gehen indes die Selbsthilferechte nicht. Ist eine sofortige Reaktion nicht möglich, bleibt dem Besitzer nur der Rechtsweg: Er kann auf Wiedereinräumung des B., auf Herausgabe der Sache wegen →ungerechtfertigter Bereicherung, auf Schadensersatz wegen →unerlaubter Handlung, ggf. auch auf →Unterlassung klagen. – Es gibt mehrere Arten des B. (Eigen- u. Fremdbesitz, Allein- u. Mitbesitz u. a.). Am wichtigsten ist die Unterscheidung zwischen *unmittelbarem u. mittelbarem B.,* je nachdem ob der Besitzer die Sachherrschaft unmittelbar oder durch einen Besitzmittler ausübt (§ 868 BGB). So ist etwa der Mieter unmittelbarer, der Vermieter mittelbarer Besitzer. Für den mittelbaren B. ist stets ein konkretes zeitlich begrenztes Rechtsverhältnis (sog. *Besitzkonstitut*), wie z. B. Miete, erforderlich. Kein Besitzer ist der *Besitzdiener,* der die tatsächliche Gewalt aufgrund eines sozialen Abhängigkeitsverhältnisses ausübt (z. B. Ladenangestellter). – Wer eine Sache besitzt, ohne dem Eigentümer gegenüber zum B. berechtigt zu sein, muß sie herausgeben. War er beim Erwerb des B. hinsichtlich seines Besitzrechtes nicht in gutem Glauben (grob fahrlässige Unkenntnis genügt) oder erfährt er später von dem Rechtsmangel, unterliegt er einer verschärften Haftung: Für Verlust, Zerstörung oder Beschädigung der Sache muß er Schadensersatz leisten, er hat die gezogenen Nutzungen herauszugeben u. kann nur Ersatz der notwendigen Verwendungen verlangen (§§ 990, 987, 989, 994 II BGB). Der Dieb haftet darüber hinaus wegen der Eigentumsverletzung aus →unerlaubter Handlung (§ 992 BGB).

Besonderes Gewaltverhältnis. Das b. G. begründet eine engere Beziehung des einzelnen zum Staat u. einen besonderen, über die allgemeinen Rechte und Pflichten des Staatsbürgers hinausgehenden Status (z. B. die Verhältnisse des Strafgefangenen, des Soldaten, des Beamten oder des Schülers einer öffentlichen Schule). Die herkömmliche Staatslehre betrachtete das b. G. als einen weitgehend rechtsfreien Raum, in dem – anders als im allgemeinen Gewaltverhältnis, dem jeder Staatsbürger unterliegt – Eingriffe in die →Grundrechte auch ohne gesetzliche Ermächtigung zulässig waren. Nach heute herrschender, vom Bundesverfassungsgericht gestützter Auffassung darf die staatliche Verwaltung nicht mehr unter Rückgriff auf die Rechtsfigur des b. G. ohne gesetzliche Grundlage in die Grundrechte des gewaltunterworfenen Bürgers eingreifen. Der →Gesetzesvorbehalt gelangt daher auch im b. G. zur Anwendung.

Bestechung. Wegen B. wird nach § 334 StGB bestraft, wer einem Amtsträger oder einem für den öfftl. Dienst besonders Verpflichteten einen Vorteil (nicht nur Geld) als Gegenleistung für eine vorgenommene oder künftige Dienstpflichtverletzung anbietet, verspricht oder gewährt. Die Tat ist schon vollendet, wenn der Bestechende den Beamten zu einer künftigen Pflichtverletzung oder auch zu einer durch den Vorteil beeinflußten Ermessensentscheidung zu bestimmen versucht. Die Regelstrafe ist Freiheitsstrafe von 3 Monaten bis zu 5 Jahren. Der (aktiven) B. entspricht auf seiten des Amtsträgers die *Bestechlichkeit* (passive B.), die darin liegt, daß er für eine Pflichtverletzung einen Vorteil fordert, sich versprechen läßt oder annimmt (§ 332 StGB). Die Handlung ist vollendet, wenn der Beamte sich bereit gezeigt hat, pflichtwidrig zu handeln oder sich bei einer Ermessensentscheidung durch den Vorteil beeinflussen zu lassen. Die Tat ist mit Freiheitsstrafe von 6 Monaten bis zu 5 Jahren bedroht. – Darüber hinaus wird auch bei pflichtgemäßem Verhalten des Beamten die Verknüpfung von Amtshandlung u. Gegenleistung strafrechtlich geahndet. Deshalb wird wegen *Vorteilsgewährung* (§ 333 StGB) mit Freiheitsstrafe bis zu 2 Jahren oder mit Geldstrafe bestraft, wer dem Beamten Vorteile anbietet, verspricht oder gewährt, damit er eine in seinem Ermessen stehende künftige Maßnahme trifft oder unterläßt. Ebenso macht sich der Beamte wegen *Vorteilsannahme* (§ 331 StGB) strafbar, der für eine ansonsten korrekte Diensthandlung Vorteile fordert, sich versprechen läßt oder annimmt. In den Fällen der Vorteilsannahme u. -gewährung ist die Rechtswidrigkeit ausgeschlossen, sofern die zuständige Behörde ihre Genehmigung – auch nachträglich auf unverzügliche Anzeige des Empfängers – erteilt; das gilt jedoch nicht für den Beamten, der einen Vorteil gefordert hat. – Die Vorschriften der §§ 331 bis 334 StGB sehen hinsichtlich der richterlichen Handlungen eines Richters oder Schiedsrichters höhere Strafen vor.

Betäubungsmittel. Nach dem Betäubungsmittelgesetz vom 28. 7. 1981 bedarf der Verkehr mit den in den Anlagen I bis III des Gesetzes aufgeführten B. (z. B. Heroin, Kokain, Haschisch) der Erlaubnis des Bundesgesundheitsamts (§ 3). Erlaubnispflichtig sind u. a. Anbau, Herstellung, Erwerb, Handel, Einfuhr, Ausfuhr, Abgabe, Veräußerung u. jedes sonstige In-den-Verkehr-Bringen. Bestimmte Ausnahmen gelten für Apotheken, Ärzte u. für den Erwerb aufgrund ärztlicher Verschreibung (§ 4). Die beantragte Erlaubnis ist u. a. zu versagen, wenn die für die Einhaltung der betäubungsmittelrechtlichen Vorschriften erforderliche Sachkenntnis oder Zuverlässigkeit nicht gewährleistet ist (§ 5 ff.). Die Erlaubnis ist auf den jeweils notwendigen Umfang zu beschränken; sie kann befristet erteilt, mit Bedingungen u. mit Auflagen verbunden werden (§ 9). Dem Schutz vor Mißbrauch dienen darüber hinaus strenge Vorschriften, die den Umgang mit B. regeln (§§ 11 ff.). Der Betäubungsmittelverkehr wird vom Bundesgesundheitsamt überwacht (§§ 19 ff.). Nicht erlaubter Verkehr mit B. u. andere im einzelnen aufgeführten Verstöße gegen das Betäubungsmittelgesetz sind strafbar (§§ 29 ff.): Freiheitsstrafe bis zu 4 Jahren oder Geldstrafe, in besonders schweren Fällen (z. B. gewerbsmäßiger Handel, Verabreichung von B. durch Erwachsene an Minderjährige) Freiheitsstrafe nicht unter 1 Jahr, bei organisiertem Drogenhandel u. a. Freiheitsstrafe nicht unter 2 Jahren. Hat sich der Täter B. lediglich zum Eigenverbrauch verschafft, kann das Gericht, sofern kein besonders schwerer Fall vorliegt, von einer Bestrafung absehen. Absehen von Strafe oder Strafmilderung kommt auch dann in Betracht, wenn der Täter durch freiwillige Offenbarung seines Wissens den Tatbeitrag von Mittätern u. Teilnehmern aufdeckt oder die Verhinderung geplanter Strafta-

ten ermöglicht. Leichtere Verstöße gegen das Betäubungsmittelgesetz werden als → Ordnungswidrigkeiten geahndet (§ 32).
Im Hinblick auf drogenabhängige Straftäter hat das Betäubungsmittelgesetz den sonst geltenden Strafzwang durch den Grundsatz „Therapie statt Strafe" ersetzt, indem es unter bestimmten Voraussetzungen die Möglichkeit eröffnet, die Strafvollstreckung zurückzustellen bzw. von der Anklageerhebung abzusehen, wenn sich der Süchtige einer therapeutischen Behandlung unterzieht (i. e. §§ 35 ff.).

Betrieb ist eine organisatorische Einheit, durch die ein Unternehmer mit materiellen u. immateriellen Mitteln unter Einsatz menschlicher Arbeitskraft unmittelbar bestimmte arbeitstechnische Zwecke (z. B. Herstellung von Gütern, Bereitstellung von Dienstleistungen) verfolgt. Als Gegenbegriff zum B. ist das *Unternehmen* eine organisatorische Einheit, mit der ein Unternehmer entferntere wirtschaftliche oder ideelle Zwecke anstrebt. Das Unternehmen bedient sich des B. Der B. ist Anknüpfungspunkt für eine Vielzahl arbeitsrechtlicher Regelungen; demgegenüber ist das Unternehmen ein vorwiegend im Wirtschaftsrecht verwendeter Begriff. Somit sind B. u. Unternehmen zwei verschiedene Seiten derselben Sache. Der Unterscheidung zwischen B. u. Unternehmen entspricht die zwischen Arbeitgeber u. Unternehmer. Die begriffliche Differenzierung wird allerdings weder im Arbeitsrecht noch im Wirtschaftsrecht streng durchgehalten.

Betriebsvereinbarung ist ein schriftlicher Vertrag zwischen Arbeitgeber u. Betriebsrat (§ 77 BetrVG, → Mitbestimmung). Er kann, wie der → Tarifvertrag, einen schuldrechtlichen Teil zur Festlegung der wechselseitigen Rechte u. Pflichten der Vertragsparteien (z. B. Arbeitsfreistellung der Betriebsratsmitglieder) sowie einen normativen Teil zur Regelung der Arbeitsverhältnisse der dem Betrieb angehörenden Arbeitnehmer (z. B. Arbeitszeit) enthalten. B. können sich nur auf Angelegenheiten beziehen, die zu den Aufgaben des Betriebsrates gehören. Arbeitsentgelte u. sonstige Arbeitsbedingungen, die durch Tarifvertrag geregelt sind oder üblicherweise geregelt werden, können nur dann Gegenstand einer B. sein, wenn ein Tarifvertrag ausdrücklich dazu ermächtigt. Der Abschluß einer B. kann, im Unterschied zum Tarifvertrag, nicht durch → Streik erzwungen werden.

Betriebsverfassung → Mitbestimmung.

Betrug (§ 263 StGB) begeht, wer in der Absicht, sich oder einem Dritten einen rechtswidrigen Vermögensvorteil zu verschaffen, das Vermögen eines anderen dadurch beschädigt, daß er durch Vorspiegelung falscher oder durch Entstellung oder Unterdrükkung wahrer Tatsachen einen Irrtum erregt oder erhält. Die Strafe ist Freiheitsstrafe bis zu 5 Jahren oder Geldstrafe. Der Versuch ist strafbar. In besonders schweren Fällen (nicht bei geringwertigem Vermögensschaden) verwirkt der Täter Freiheitsstrafe von 1 Jahr bis zu 10 Jahren. B. gegen Angehörige, den Vormund oder eine mit dem Täter in häuslicher Gemeinschaft lebende Person, ebenso grundsätzlich der Bagatellbetrug, werden nur auf → Strafantrag verfolgt.

Der Tatbestand des B. setzt im einzelnen voraus: a) *Täuschungshandlung*. Sie kann sich nur auf Tatsachen (nicht etwa auf Werturteile, wie z. B. bei reklamehafter Anpreisung) beziehen und besteht darin, daß der Täter unwahre Behauptungen aufstellt, einen Sachverhalt durch Zusätze oder Verzerrungen nicht korrekt wiedergibt oder die gebotene Aufklärung unterläßt. b) *Irrtumserregung*. Die Täuschungshandlung muß beim zu Täuschenden einen Irrtum hervorrufen oder aufrechterhalten. Das ist zu verneinen, wenn der andere sich überhaupt keine Gedanken macht (z. B. bei Vorlage eines Sparbuchs durch den Nichtberechtigten, sofern der Bankbeamte an den Inhaber zahlen will, ohne Wert auf die Nachprüfung seiner Legitimation zu legen). c) *Vermögensverfügung*. Aufgrund des Irrtums muß der Getäuschte eine Handlung vornehmen, die bei ihm selbst oder bei einem Dritten unmittelbar eine Vermögensminderung bewirkt. Auf eine Verfügung im rechtsgeschäftlichen Sinn (→ Verfügung) kommt es nicht an; so ist → Geschäftsfähigkeit des Verfügenden nicht erforderlich. d) *Vermögensschaden*. Der Tatbestand des B. ist nur dann erfüllt, wenn infolge der Verfügung das Vermögen als Summe der geldwerten Güter einer Person im Wert verringert ist. Ob dem Geschädigten das Vermögen rechtlich zusteht, ist belanglos; B. kann also auch gegenüber einem Dieb oder Hehler begangen werden. Die Wertminderung des Vermögens ist nach objektiven Maßstäben zu bestimmen; doch sind dabei die persönlichen Umstände des Betroffenen mitzuberücksichtigen. So kann z. B. die einem geistig völlig uninteressierten Menschen aufgeschwätzte Bezugsverpflichtung für ein Großlexikon einen Vermögensschaden bedeuten. Auch die konkrete *Vermögensgefährdung* stellt bereits einen Vermögensschaden dar (z. B. Abtretung einer wegen Zahlungsunfähigkeit des Schuldners wertlosen Forderung zur Sicherung eines Darlehens). – Die Tatbestandshandlung der Vermögensschädigung als Abschluß der Kausalkette Täuschung-Irrtumserregung-Vermögensverfügung ist B., wenn der Täter sich von der *Absicht* leiten läßt, sich oder einem Dritten einen *rechtswidrigen Vermögensvorteil* zu verschaffen. Rechtswidrige Bereicherungsabsicht ist zu verneinen, sofern der Täter oder der begünstigte Dritte einen Anspruch auf den Vermögensvorteil hat. Durch § 265a StGB gesondert unter Strafe gestellt ist das unentgeltliche *Erschleichen von Leistungen* in den Fällen, wo Betrug wegen Fehlens eines Getäuschten ausscheidet. Hierher gehört die Erschleichung einer Automatenleistung (z. B. Fernsprechautomat, Geldautomat), einer Beförderungsleistung („Schwarzfahrer") oder des Zutritts zu einer Veranstaltung oder Einrichtung (z. B. Vorbeimogeln an der Museumskasse). Die Strafe ist Freiheitsstrafe bis zu 1 Jahr oder Geldstrafe. Der Versuch ist strafbar. § 265a StGB greift nicht ein, wenn der Täter sich bereits wegen Betrugs strafbar macht (z. B. Schwarzfahrer täuscht den kontrollierenden Schaffner). Die unbefugte Entnahme von Waren aus einem Automaten ist ohnehin als → Diebstahl zu bestrafen.

Versicherungsbetrug (§ 265 StGB) begeht, wer eine gegen Feuersgefahr versicherte Sache in betrügerischer Absicht in Brand setzt. Der Täter will sich oder einem anderen die Versicherungssumme verschaffen. Die Tat, die i. d. R. mit Freiheitsstrafe von 1 Jahr bis zu 10 Jahren bestraft wird, ist bereits mit der Inbrandsetzung beendet. Bei der späteren Geltendmachung der Versicherungssumme handelt es sich nach der Rechtsprechung um einen in → Tatmehrheit begangenen selbständigen Betrug.

§ 264 StGB stellt den *Subventionsbetrug* unter Strafe (Freiheitsstrafe bis zu 5 Jahren oder Geldstrafe, in besonders schweren Fällen Freiheitsstrafe von 6 Monaten bis zu 10 Jahren). Die Vorschrift gelangt zur Anwendung, wenn der Täter dem Subventionsgeber über subventionserhebliche Tatsachen für sich oder einen anderen unrichtige oder unvollständige Angaben macht, die für ihn oder den anderen vorteilhaft sind, wenn er entgegen den Vergabevorschriften subventionserhebliche Tatsachen verschweigt oder wenn er falsche Bescheinigungen über eine Subventionsberechtigung oder über subventionserhebliche Tatsachen gebraucht. Der Subventionsbetrug ist nicht nur bei vorsätzlicher, sondern auch bei leichtfertiger Begehung strafbar.

Wegen *Kreditbetrugs* (§ 265b StGB) wird mit Freiheitsstrafe bis zu 3 Jahren oder mit Geldstrafe bestraft, wer im Zusammenhang mit dem Antrag auf Gewährung, Belassung oder Veränderung der Bedingungen eines Kredits o. ä. seine wirtschaftlichen Verhältnisse in entscheidungserheblichen Punkten besser darstellt, als sie tatsächlich sind: sei es, daß der Antragsteller unrichtige oder unvollständige Unterlagen (z. B. Bilanzen, Gewinn- und Verlustrechnungen) vorlegt, daß er schriftlich unrichtige oder unvollständige Angaben macht oder daß er bei der Vorlage der Unterlagen oder Angaben inzwischen eingetretene Verschlechterungen der wirtschaftlichen Verhältnisse nicht mitteilt. Die Vorschrift ist nur anzuwenden, wenn auf Kreditnehmer- u. auf Kreditgeberseite kaufmännisch geführte Betriebe oder entsprechende Unternehmen beteiligt sind; doch genügt es, daß der Kreditnehmer einen solchen Betrieb oder ein solches Unternehmen vortäuscht.

Sowohl beim Kredit- als auch beim Subventionsbetrug ist die Tat mit der Täuschungshandlung vollendet. Es kommt also – anders als beim B. – nicht darauf an, ob der Kredit- oder Subventionsgeber tatsächlich einem Irrtum erlegen oder ob das Geld ausgezahlt worden ist; allerdings ist →Tateinheit mit Betrug möglich. In beiden Fällen bleibt der Täter straffrei, wenn er nach der Tat freiwillig die Auszahlung verhindert.

Bewährungshelfer (§§ 56d StGB). Das Gericht unterstellt den verurteilten Straftäter, dessen Strafe zur Bewährung ausgesetzt wird (→Strafaussetzung), der Aufsicht und Leitung eines B., wenn dies angezeigt ist, um ihn von Straftaten abzuhalten (i.d.R. dann, wenn die Strafe bei einem Verurteilten unter 27 Jahren mehr als 9 Monate beträgt). Wird →Jugendstrafe zur Bewährung ausgesetzt, ist stets Bewährungshilfe anzuordnen (§ 24 JGG). Der B. steht dem Verurteilten helfend u. betreuend zur Seite, überwacht die Erfüllung der diesem erteilten Auflagen u. Weisungen u. berichtet dem Gericht in bestimmten Zeitabständen über seine Lebensführung.

Bewegliche Sachen →Sachen.

Beweis. Der Inhalt einer gerichtlichen Entscheidung über die erhobene →Klage hängt wesentlich von den festgestellten Tatsachen ab. In dem von der →Verhandlungsmaxime geprägten →Zivilprozeß ist es Sache der Parteien, Tatsachen u. Beweismittel vorzubringen; in den von der →Untersuchungsmaxime beherrschten Verfahrensarten (insbesondere →Strafprozeß u. →verwaltungsgerichtliches Verfahren) gehört es zur Aufgabe des Gerichts, den Sachverhalt von Amts wegen aufzuklären. Ist unklar, ob eine entscheidungserhebliche Tatsache wahr ist oder nicht (im Zivilprozeß z.B. dann, wenn der Beklagte die anspruchsbegründenden Behauptungen des Klägers bestreitet), ordnet das Gericht durch Beweisbeschluß *Beweiserhebung* an. Diese setzt voraus, daß die Tatsache *beweiserheblich*, d.h. für die Entscheidung maßgeblich, u. daß sie *beweisbedürftig*, also z.B. nicht offenkundig ist. Die Beweisanordnung ergeht i.d.R. auf Antrag einer Partei; doch kann das Gericht im Verfahren mit Untersuchungsmaxime die Beweisaufnahme auch ohne Antrag von Amts wegen anordnen. Bestimmte Arten der Beweiserhebung sind *verboten* und dürfen *nicht verwertet* werden. Das gilt im Strafprozeß ausdrücklich für unzulässige Vernehmungsmethoden (§ 136a III StPO). Die Beweisaufnahme ist prinzipiell Bestandteil der mündlichen Verhandlung vor dem erkennenden Gericht. Für sie gelten daher der →Mündlichkeits- u. der →Öffentlichkeitsgrundsatz. Als *Beweismittel* sehen die Verfahrensordnungen vor: den Augenscheinsbeweis, den Zeugenbeweis, den Sachverständigenbeweis u. den Urkundenbeweis. Darüber hinaus kennt die ZPO den Beweis durch Parteivernehmung, die StPO den Beweis durch Vernehmung des

Beschuldigten. Beim *Augenscheinsbeweis* verschafft sich der Richter selbst einen Eindruck durch unmittelbare Sinneswahrnehmung (z. B. mittels Besichtigung des Unfallorts). Im Fall des *Zeugenbeweises* berichtet ein Dritter dem Gericht über seine Sinneswahrnehmung (z. B. darüber, ob er den des besonders schweren Diebstahls beschuldigten Angeklagten beim Einbruch beobachtet hat). Die Pflicht des Zeugen zur Aussage entfällt, wenn ihm ein Zeugnis- oder Aussageverweigerungsrecht zusteht. Das Recht zur *Zeugnisverweigerung* beruht auf persönlichen Bindungen zur Partei bzw. zum Angeklagten (Verwandtschaft, Ehe, Verlöbnis) oder auf beruflichen Gründen (Seelsorger, Journalist). Das Recht zur *Aussageverweigerung* trägt dem Umstand Rechnung, daß der Zeuge durch die Aussage keine Nachteile (z. B. strafrechtliche Verfolgung) erleiden soll. Im Zivilprozeß u. im verwaltungsgerichtlichen Verfahren werden Zeugen beeidigt, wenn das Gericht es für notwendig hält u. die Parteien (Beteiligten) auf die Beeidigung nicht verzichten; im Strafprozeß sind die Zeugen grundsätzlich zu vereidigen. Der *Sachverständigenbeweis* dient dazu, dem Gericht die zur Feststellung von Tatsachen benötigte Sachkunde zu vermitteln (z. B. Vorlage eines psychiatrischen Gutachtens zur Frage, ob der Angeklagte bei der Begehung der Tat wegen krankhafter seelischer Störung schuldunfähig war). Wer sich als Zeuge zu konkreten Tatsachen äußert, deren Wahrnehmung ein besonderes Fachwissen erfordert, ist *sachverständiger Zeuge* (z. B. der Arzt, der über die dem Verletzten zugefügten Wunden berichtet). *Urkundenbeweis* ist der durch den Inhalt einer → Urkunde geführte Beweis (z. B. Quittung, durch die der Beklagte beweist, daß er die geltend gemachte Forderung bereits erfüllt hat). Das Gericht prüft den B. nach dem *Grundsatz der freien Beweiswürdigung.* Es entscheidet also nicht nach schematischen Beweisregeln, sondern nach der eigenen Überzeugung, wobei es jedoch nicht willkürlich vorgehen darf, sondern an die logischen u. naturwissenschaftlichen Gesetze sowie an die Regeln der Lebenserfahrung gebunden ist. Der Beweis ist erbracht, wenn das Gericht die zu beweisende Tatsache mit *an Sicherheit grenzender Wahrscheinlichkeit* für wahr erachtet. Gelingt der Beweis nicht, so geht die Entscheidung zum Nachteil dessen aus, der die *Beweislast* trägt (→ non liquet). Die Beweislast trifft grundsätzlich die Partei, für die sich aus der zu beweisenden Tatsache eine günstige Rechtsfolge ergibt. So trägt der Kläger im Zivilprozeß die Beweislast für die anspruchsbegründenden, der Beklagte für die anspruchshindernden Tatsachen. Diese Beweislastverteilung gilt auch im Verfahren mit Untersuchungsmaxime (z. B. verwaltungsgerichtliches Verfahren). Eine Ausnahme bildet jedoch der Strafprozeß, in dem sich verbleibende Zweifel an der Schuld des Angeklagten nach dem Prinzip des → „in dubio pro reo" stets zu dessen Gunsten auswirken. Die Grundregel der Beweislastverteilung kann durch gesetzliche Vorschriften durchbrochen sein *(Umkehr der Beweislast)*. Von besonderer Bedeutung sind in diesem Zusammenhang die gesetzlichen *Vermutungen,* die entweder von der Existenz einer bestimmten Tatsache (Tatsachenvermutung) oder eines bestimmten subjektiven Rechts (Rechtsvermutung) ausgehen. So stellt z. B. § 1153 II BGB eine Tatsachenvermutung auf: Ist das Pfand wieder in den Besitz des Eigentümers oder Verpfänders gelangt, so wird vermutet, daß der Pfandgläubiger es ihm – mit der Folge des Erlöschens des → Pfandrechts – zurückgegeben hat. Aus § 891 BGB ergibt sich eine Rechtsvermutung: Zugunsten desjenigen, für den im Grundbuch ein Recht eingetragen ist, wird vermutet, daß ihm das Recht zusteht. Gesetzliche Vermutungen, die häufig in Wendungen wie „es sei denn" enthalten sind (z. B. §§ 405–407, 932 BGB), sind i. d. R. widerlegbar. In bestimmten Fällen werden an den Wahrscheinlichkeitsgrad der zu beweisenden Tatsache weniger strenge Anforderungen gestellt. Ist z. B. im Zivilprozeß streitig, ob durch eine Rechtsverletzung ein Schaden entstanden und wie hoch er ist, kann das Gericht nach freier Überzeugung in Würdigung aller Umstände unabhängig von der Beweislast entscheiden (§ 287 I ZPO). Unter bestimmten Voraussetzungen kommt der beweisbelasteten Partei eine Beweiserleichterung auch durch den *Anscheinsbeweis* (prima-facie-Beweis) zugute: Sie braucht dann nicht den vollen Beweis zu erbringen, sondern kann sich auf einen typischen Geschehensablauf berufen, bei dem von einer feststehenden Ursache auf ein bestimmtes Ereignis oder umgekehrt von einem feststehenden Ereignis auf eine bestimmte Ursache geschlossen wird. Vom Anscheinsbeweis ist der *Indizienbeweis* zu unterscheiden. Er beruht zwar auf Tatsachen, die den zu beweisenden Vorgang nicht unmittelbar, sondern nur mittelbar – durch Anzeichen, „Indizien" – beweisen (z. B. Blutspuren des Opfers auf der Kleidung des Angeklagten); doch ist im Gegensatz zum Anscheinsbeweis erforderlich, daß das Indiz voll, d. h. mit an Sicherheit grenzender Wahrscheinlichkeit bewiesen wird. Stützt sich ein Strafurteil auf Indizien, so sollen diese in den Gründen angegeben werden.

Bewertungsgesetz → Steuerrecht.

Bildungsrecht i. e. S. ist die Gesamtheit der → Rechtsnormen, die das Bildungswesen (insbes. Kindergarten, Schule, Berufsausbildung, Hochschule, Erwachsenenbildung) regeln. Legt man einen umfassenden, nicht an bestimmte Institutionen gebundenen Bildungsbegriff zugrunde, so erweitert sich zugleich die Reichweite des B. unter Einbeziehung des Rechts der Informations- und Unterhaltungsmedien, der hochschulfreien Forschung, der Kultur- und Kunstpflege und verwandter Rechtsgebiete. Im einzelnen → Schulrecht, → Hochschulrecht, → Berufsausbildung.

Billigkeit ist die gerechte Berücksichtigung der Umstände des Einzelfalls bei der Rechtsanwendung. Sie kommt insbesondere zur Geltung bei der Strafzumessung, bei der Billigkeitshaftung des Deliktsunfähigen (§ 829 BGB, → Deliktsfähigkeit) u. bei den „offenen" Begriffen der → Generalklauseln (wie z. B. → Treu u. Glauben, → gute Sitten). Ihre Grenze findet die B. an dem im Rechtsstaatsprinzip wurzelnden Gebot der → Rechtssicherheit.

Bodenrecht → Grundstücksrecht.

bona fides → guter Glaube. → auch gutgläubiger Erwerb.

Boykott. Der Begriff geht zurück auf einen irischen Gutsverwalter dieses Namens, der Ende der 70er Jahre des 19. Jh. Kleinpächter ausbeutete u. daraufhin diesen geächtet wurde. Der B. zielt darauf ab, den Boykottierten zu einem bestimmten Verhalten zu zwingen, indem ihm Waren und/oder Dienstleistungen vorenthalten werden. Für die Rechtmäßigkeit eines B. als Mittel des → Arbeitskampfes gelten die gleichen Kriterien wie bei Streik u. Aussperrung. Ein B. im wirtschaftlichen Konkurrenzkampf kann nach § 1 UWG, §§ 823 I, 826 BGB Schadensersatzansprüche auslösen u. nach § 15 UWG strafbar sein (→ Wettbewerbsrecht). Im → Völkerrecht wird der B. gelegentlich, freilich meist mit geringem Erfolg, als Sanktionsinstrument gegen einen oder mehrere Staaten eingesetzt.

Brandstiftung. Wegen B. wird nach § 308 StGB mit Freiheitsstrafe von 1 bis zu 10 Jahren (in minder schweren Fällen 6 Monate bis 5 Jahre) bestraft, wer bestimmte fremde Sachen – u. zwar Gebäude, Schiffe, Hütten, Bergwerke, Magazine, Vorräte von Waren, von landwirtschaftlichen Erzeugnissen oder von Bau- oder Brennmaterialien, Früchte auf dem Feld, Waldungen oder Torfmoore – vorsätzlich in Brand setzt. Zündet der Täter eigene Sachen dieser Art an, macht er sich strafbar, sofern das Feuer auf entsprechende fremde Gegenstände oder auf ein von Menschen benutztes Gebäude i. S. des § 306 StGB übergreifen kann. Die B. ist vollendet, wenn die angezündete Sache nach der Entfernung des Zündstoffs von selbst weiterbrennt. – Richtet sich die Tat gegen ein zu gottesdienstlichen Versammlungen bestimmtes Gebäude oder gegen ein Gebäude, ein Schiff oder eine Hütte, die zur Wohnung von Menschen dienen (wobei es keine Rolle spielt, ob sich zur Tatzeit Menschen darin aufhalten) oder gegen eine Räumlichkeit, die zeitweise zum Aufenthalt von Menschen dient u. in der sich zur Tatzeit üblicherweise Menschen aufhalten (z. B. Warenhaus während der Öffnungszeit), so handelt es sich um eine mit Freiheitsstrafe nicht unter 1 Jahr belegte *schwere B.* (§ 306 StGB). Diese wird nach § 307 StGB als *besonders schwere B.* mit lebenslanger Freiheitsstrafe oder mit Freiheitsstrafe nicht unter 10 Jahren geahndet, wenn der Brand den Tod eines Menschen in den Räumlichkeiten verursacht hat, wenn der Täter die schwere B. zu Mord, Raub, räuberischem Diebstahl oder räuberischer Erpressung ausnützen will oder wenn er, um das Löschen zu verhindern oder zu erschweren, Löschgeräte entfernt oder unbrauchbar gemacht hat. – *Fahrlässige B.* (§ 309 StGB) wird mit Freiheitsstrafe bis zu 3 Jahren oder mit Geldstrafe bestraft; hat sie den Tod eines Menschen zur Folge, ist die Strafe Freiheitsstrafe bis zu 5 Jahren oder Geldstrafe. § 310 StGB eröffnet dem Täter einen persönlichen Strafaufhebungsgrund durch *tätige Reue:* Hat er das Feuer gelöscht, bevor der Brand von anderen entdeckt wurde u. bevor er sich über den Anzündungsort hinaus verbreitet hat, wird er nicht wegen B. (wohl aber wegen einer mit der Tat begangenen Sachbeschädigung) bestraft. Umgekehrt ist bei bestimmten besonders gefährdeten Anlagen (z.B. Benzinlager) oder Nutzflächen (z.B. leicht entzündbarer Wald) schon das Herbeiführen einer konkreten Brandgefahr strafbar (s.i.e. § 310a StGB).

Brief-, Post- u. Fernmeldegeheimnis. Art. 10 I GG erklärt das Briefgeheimnis sowie das Post- u. Fernmeldegeheimnis für unverletzlich. Die dadurch gewährleisteten → Grundrechte geben jedermann (also nicht nur Deutschen) ein Abwehrrecht gegen das unbefugte Eindringen der öfftl. Gewalt in den privaten Nachrichtenverkehr. Durch die 1968 erfolgte Änderung des Art. 10 GG u. das dazu ergangene *Abhörgesetz* (G 10) ist den Verfassungsschutzbehörden, dem Sicherheitsamt der Bundeswehr u. dem Bundesnachrichtendienst das Recht eingeräumt worden, aus Gründen des Staatsschutzes den Postverkehr zu überwachen u. Telefongespräche abzuhören, wenn der Verdacht besteht, daß jemand ein Verbrechen des → Hoch- oder → Landesverrats oder eine andere schwere Straftat gegen die → freiheitliche demokratische Grundordnung, den Bestand der Bundesrepublik oder die Sicherheit der Truppen der Verbündeten begangen hat oder plant. Die Überwachungsmaßnahme kann sich sowohl gegen den Verdächtigen als auch gegen Dritte richten. Die Beschränkungsmaßnahme wird vom Bundes- oder Landesinnenminister angeordnet u. ist auf höchstens 3 Monate mit der Möglichkeit der Verlängerung zu befristen. Beschränkungsmaßnahmen sind dem Betroffenen erst nach ihrer Einstellung mitzuteilen u. nur dann, wenn eine Gefährdung des Überwachungszweckes ausgeschlossen werden kann. Erst nach dieser Mitteilung steht dem Betroffenen der → Rechtsweg offen, der ansonsten ausgeschlossen ist. Die Kontrolle der Beschränkungsmaßnahmen ist insoweit nicht den Gerichten, sondern dem Parlament übertragen. Der Bundesinnenminister muß in halbjährlichen Abständen einem Ausschuß aus 5 Bundestagsabgeordneten über die Durchführung des Abhörgesetzes berichten. Außerdem hat er die von ihm verfügten einzelnen Maßnahmen monatlich einer von dem Abgeordnetenausschuß bestellten unabhängigen Dreierkommission zur Prüfung zu unterbreiten. Hält die Kommission, deren Vorsitzender die Befähigung zum Richteramt besitzen muß, eine Maßnahme für unzulässig oder nicht notwendig, ist sie unverzüglich aufzuheben. In den Bundesländern ist die parlamentarische Kontrolle durch Landesgesetze entsprechend geregelt.

Im Ermittlungsverfahren des → *Strafprozesses* kann der Telefonverkehr überwacht werden, wenn jemand der Beteiligung an einem der o. b. Staatsschutzdelikte, an einem Kapitalverbrechen oder an einer sonstigen gefährlichen Straftat (Geldfälschung, Raub, Erpressung u. a.) verdächtig ist; die Überwachung darf nur durch den Richter, bei Gefahr im Verzug auch durch die Staatsanwaltschaft angeordnet werden; die Anordnung der Staatsanwaltschaft tritt außer Kraft, wenn sie nicht binnen 3 Tagen vom Richter bestätigt wird. Die Betroffenen sind von den Maßnahmen zu unterrichten, sobald das ohne Gefährdung des Untersuchungszwecks geschehen kann (s. i. e. §§ 100a ff. StPO). Nach § 99 StPO ist unter bestimmten Voraussetzungen die Beschlagnahme der Korrespondenz des Beschuldigten zulässig (richterliche Anordnung erforderlich, bei Gefahr im Verzug auch Anordnung durch die Staatsanwaltschaft mit der Notwendigkeit richterlicher Bestätigung).

Weitere Beschränkungen des Brief- u. Postgeheimnisses ergeben sich aus dem 1961 erlassenen *Gesetz zur Überwachung strafrechtlicher u. anderer Verbringungsverbote,* das die Kontrolle aller in die Bundesrepublik gelangenden Sendungen ermöglicht, die einen staatsgefährdenden, gegen ein Strafgesetz verstoßenden Inhalt haben (s. insbes. § 86 StGB). Verfassungsrechtlich problematisch ist dieses Gesetz insoweit, als es Zollbeamten die Befugnis zum Öffnen verdächtiger Briefe erteilt u. keine Verpflichtung zur nachträglichen Unterrichtung des Betroffenen (mit der Möglichkeit, den Rechtsweg zu beschreiten) vorsieht.

Budgetrecht ist die dem → Parlament (Bundestag, Landtag) vorbehaltene Befugnis, den Haushaltsplan des Staates (→ Haushaltsrecht) in Einnahmen u. Ausgaben verbindlich festzustellen. Das B. ist eines der ältesten u. wichtigsten Vorrechte des Parlaments, durch das es maßgeblichen Einfluß auf die Gestaltung der staatlichen Aktivitäten erlangt.

Bürgerinitiativen → Demonstration.

Bürgerliches Gesetzbuch (BGB) → Privatrecht.

Bürgerliches Recht → Privatrecht.

Bürgerrechte → Menschenrechte.

Bürgschaft (§§ 765ff. BGB) ist ein einseitig verpflichtender → Vertrag, durch den sich der Bürge gegenüber dem Gläubiger verpflichtet, für die Erfüllung der Verbindlichkeit eines Dritten (des Hauptschuldners) einzustehen. Die Bürgschaftserklärung muß schriftlich erteilt werden; dieses Formerfordernis entfällt bei der B. eines Vollkaufmanns, wenn sie für diesen ein Handelsgeschäft ist (§§ 350, 351 HGB). Die Bürgschaftsschuld ist vom Bestand der Hauptschuld abhängig (sog. *Akzessorietät*). Der Bürge kann die dem Hauptschuldner zustehenden → Einreden (z. B. → Verjährung, → Stundung) geltend machen, u. zwar auch dann, wenn der Hauptschuldner auf sie verzichtet hat. Er kann ferner die Befriedigung des Gläubigers verweigern, solange der Hauptschuldner zur → Anfechtung, zur → Aufrechnung oder zur Ausübung eines sonstigen → Gestaltungsrechts (z. B. → Rücktritt vom Vertrag) befugt ist. Der Bürge hat außerdem ein Leistungsverweigerungsrecht, solange der Gläubiger nicht erfolglos die → Zwangsvollstreckung gegen den Hauptschuldner versucht oder ein ggf. bestehendes Pfandrecht verwertet hat. Diese *Einrede der Vorausklage* steht dem kaufmännischen Bürgen nicht zu. Sie ist im übrigen ausgeschlossen, wenn der Bürge auf sie verzichtet hat, insbes. wenn er sich als Selbstschuldner verbürgt hat, wenn die Rechtsverfolgung gegen den Hauptschuldner infolge Wohnungswechsels wesentlich erschwert ist, wenn über dessen Vermögen der → Konkurs eröffnet ist oder wenn sich abzeichnet, daß die Zwangsvollstreckung erfolglos sein wird. Soweit der Bürge den Gläubiger befriedigt, geht dessen Forderung gegen den Hauptschuldner auf ihn über *(gesetzlicher Forderungsübergang);* meist besteht daneben noch ein Anspruch aus dem Rechtsverhältnis zwischen Bürge u. Hauptschuldner (z. B. → Auftrag).
Besondere Fälle der B. sind die Mitbürgschaft, die Nachbürgschaft, die Rückbürgschaft u. die Ausfallbürgschaft. *Mitbürgschaft:* Mehrere Bürgen verbürgen sich für dieselbe Verbindlichkeit; sie haften als Gesamtschuldner (§ 769 BGB). *Nachbürgschaft:* Der Nachbürge steht dem Gläubiger dafür ein, daß der Bürge seine Verpflichtung erfüllt; die zu sichernde Schuld ist also die Bürgschaftsschuld. *Rückbürgschaft:* Der Bürge kann sich für den Fall der Inanspruchnahme bei einem weiteren Bürgen (dem Rückbürgen) absichern; leistet der Bürge an den Gläubiger, steht ihm ein Rückgriffsrecht gegen den Rückbürgen zu. *Ausfallbürgschaft:* Der Ausfallbürge haftet nur, wenn der Gläubiger beweist, daß er trotz Zwangsvollstreckung beim Hauptschuldner ganz oder teilweise ausgefallen ist.

Bundesbehörden → Bundesverwaltung.

Bundesgerichte → Gerichtsbarkeit.

Bundesgrenzschutz ist eine in → Bundesverwaltung geführte u. dem Bundesinnenminister unterstehende Polizei des Bundes, der insbes. der grenzpolizeiliche Schutz des Bundesgebietes (z. B. Paßkontrolle) obliegt. Er kann darüber hinaus unter bestimmten Voraussetzungen zur Aufrechterhaltung oder Wiederherstellung der öffentlichen Sicherheit oder Ordnung in einem Bundesland, zur Abwehr einer drohenden Gefahr für den Bestand oder die freiheitliche demokratische Grundordnung des Bundes oder eines Landes oder im Fall einer Naturkatastrophe eingesetzt werden (Art. 35 II, III, 91 GG). Außerdem übernimmt der B. den Objektschutz von Bundesorganen u. Bundesministerien. Das Nähere ist auf der Grundlage des Art. 87 I 2 GG im Bundesgrenzschutzgesetz geregelt.

Bundeskanzler → Bundesregierung

Bundeskartellamt. Das B., eine dem Bundeswirtschaftsminister unterstehende selbständige Bundesoberbehörde (→ Bundesverwaltung) mit Sitz in Berlin, übt die Wirtschaftsaufsicht zur Sicherung des marktwirtschaftlichen Wettbewerbs aus. Seine Aufgaben u. Organisation sind im Gesetz gegen Wettbewerbsbeschränkungen geregelt (→ Wettbewerbsrecht). Entscheidungen werden in einem förmlichen Verfahren von Beschlußabteilungen – je ein Vorsitzender und 2 Beisitzer – getroffen. Das B. kann Ermittlungen durchführen u. dabei alle erforderlichen Beweise, auch im Wege der Beschlagnahme, erheben. Es ist ferner befugt, → Ordnungswidrigkeiten mit Geldbußen zu ahnden.

Bundeskriminalamt. Das B. in Wiesbaden ist eine in → Bundesverwaltung geführte u. dem Bundesinnenminister unterstehende Polizeibehörde. Seine Errichtung beruht auf Art. 87 I 2, 73 Nr. 10 GG; insoweit ist die grundsätzliche polizeiliche Zuständigkeit der Länder durchbrochen. Das B. dient der Zusammenarbeit von Bund u. Ländern zur Bekämpfung bestimmter länderübergreifender Verbrechen. Es sammelt Nachrichten u. wertet sie aus, entwickelt kriminalpolizeiliche Methoden u. sichert die internationale polizeiliche Zusammenarbeit (Interpol). Bei der Strafverfolgung des international organisierten Verbrechens u. von Straftaten gegen das Leben oder die Freiheit von Mitgliedern der Verfassungsorgane handelt es in eigener Verantwortung. Das B. wird darüber hinaus auf Ersuchen der zuständigen Landesbehörde, auf Ersuchen des Generalbundesanwalts (bei der Verfolgung von Staatsschutzdelikten) sowie ferner dann tätig, wenn es der Bundesinnenminister aus schwerwiegenden Gründen anordnet. Aufgaben u. Organisation des B. sind im Gesetz über die Errichtung des B. geregelt.

Bundesländer. Der → Bundesstaat der Bundesrepublik Deutschland ist in 11 Länder gegliedert: Baden-Württemberg, Freistaat Bayern, Berlin (West), Freie Hansestadt Bremen, Freie und Hansestadt Hamburg, Hessen, Niedersachsen, Nordrhein-Westfalen, Rheinland-Pfalz, Saarland u. Schleswig-Holstein.

Eine Sonderstellung nimmt Berlin (West) ein. Nach dem Genehmigungsschreiben der Militärgouverneure zum → Grundgesetz vom 12. 5. 1949 darf Berlin keine abstimmungsberechtigte Mitgliedschaft im Bundestag oder Bundesrat erhalten u. auch nicht durch den Bund „regiert" werden; diese Vorbehalte der Westmächte sind durch den → Deutschlandvertrag aufrechterhalten geblieben. Daraus ergibt sich: Die organisatorische Einbeziehung der Stadt in die Bundesrepublik ist suspendiert. Doch gilt das GG in Berlin jedenfalls insoweit, als es Grundrechtsnormen enthält. Berliner Abgeordnete im Bundestag werden nicht direkt vom Volk, sondern vom Abgeordnetenhaus gewählt; sie haben im Bundestag ebensowenig Stimmrecht wie die Berliner Vertreter im Bundesrat. Bundesgesetze finden keine unmittelbare Anwendung in Berlin; sie müssen vom Abgeordnetenhaus besonders in Kraft gesetzt werden.

Bundesminister → **Bundesregierung**

Bundesnachrichtendienst (BND). Der B. dient der geheimen Nachrichtenbeschaffung aus dem Ausland. Seine Errichtung beruht nicht auf Gesetz, sondern auf einem Organisationsakt der Bundesregierung. Er untersteht unmittelbar dem Bundeskanzleramt.

Bundespräsident. Der B. (Art. 54-61 GG) ist das Staatsoberhaupt der Bundesrepublik. Er wird von der Bundesversammlung (den Mitgliedern des → Bundestages u. einer gleichen Zahl von Mitgliedern, die von den → Landtagen gewählt werden) auf die Dauer von 5 Jahren gewählt. Anschließende Wiederwahl ist nur einmal zulässig. Seine Aufgaben sind u. a.: die völkerrechtliche Vertretung des Bundes, die Ausfertigung u. Verkündung der Bundesgesetze (→ Gesetzgebungsverfahren), die Mitwirkung bei der Regierungsbildung (Art. 63, 64 GG), die Auflösung des Bundestages in den Fällen des Art. 63 IV u. 68 I GG, die Ernennung u. Entlassung der Bundesrichter, Bundesbeamten, Offiziere u. Unteroffiziere, die Ausübung des Begnadigungsrechts. Die Anordnungen u. Verfügungen des B. bedürfen zu ihrer Gültigkeit der Gegenzeichnung durch den Bundeskanzler oder den zuständigen Bundesminister; diese übernehmen dadurch für den Akt des B. die politische Verantwortung gegenüber dem Parlament. Der B. selbst kann nur im Wege der Präsidentenanklage vor dem Bundesverfassungsgericht zur Rechenschaft gezogen werden.

Bundesrat. Durch den B. (Art. 50-53 GG) wirken die Länder bei der Gesetzgebung und Verwaltung des Bundes mit. Der B. ist aber kein Länder-, sondern wie der → Bundestag ein oberstes Bundesorgan. Er besteht aus weisungsgebundenen Mitgliedern der Landesregierungen, die von letzteren bestellt und abberufen werden; sie können sich durch andere Mitglieder ihrer Regierungen vertreten lassen. Jedes Land hat mindestens 3 Stimmen; Länder mit mehr als 2 Mio. Einwohnern haben 4, Länder mit mehr als 6 Mio. Einwohnern haben 5 Stimmen. Demgemäß entfallen z. Z. auf Baden-Württemberg, Bayern, Niedersachsen und Nordrhein-Westfalen je 5 Stimmen; auf Berlin (dessen Vertreter aber bei Beschlüssen mit Außenwirkung nur beratende Stimme haben), Hessen, Rheinland-Pfalz u. Schleswig-Holstein je 4 Stimmen; auf Bremen, Hamburg und das Saarland je 3 Stimmen. Jedes Land kann so viele Mitglieder entsenden, wie es Stimmen hat. Die Stimmen eines Landes können nur einheitlich u. nur durch anwesende Mitglieder oder deren Vertreter abgegeben werden. Der B. faßt seine Beschlüsse mit mindestens der Mehrheit seiner Stimmen. Organe des B. sind der auf ein Jahr in turnusmäßigem Wechsel gewählte Präsident, dessen Stellvertreter u. die Ausschüsse (denen auch andere Mitglieder oder Beauftragte der Landesregierungen angehören können). Der B. gibt sich eine Geschäftsordnung. Die große politische Bedeutung des B. zeigt sich darin, daß er mit zunehmendem Einfluß an der Gesetzgebung des Bundes beteiligt ist. Die meisten Gesetze bedürfen heute seiner Zustimmung; im übrigen kann er Einspruch gegen die vom Bundestag beschlossenen Gesetze einlegen (→ Gesetzgebungsverfahren). Darüber hinaus ist bei zahlreichen → Rechtsverordnungen der Bundesregierung oder eines Bundesministers seine Zustimmung erforderlich (Art. 80 II GG); Gleiches gilt für bestimmte Verwaltungsvorschriften des Bundes (Art. 84 II, 85 II, 108 VII GG). Der B. wählt die Hälfte der Mitglieder des → Bundesverfassungsgerichts (Art. 94 I GG).

Bundesrecht u. Landesrecht → Bundesstaat.

Bundesregierung. Die aus dem *Bundeskanzler* und den *Bundesministern* bestehende B. (Art. 62–69 GG) ist das mit der Staatsleitung betraute Verfassungsorgan der Bundesrepublik, das an der Spitze der vollziehenden Gewalt (Exekutive) steht. Sie leitet die gesamte innere und äußere Politik. Darüber hinaus nimmt sie vor allem folgende Aufgaben wahr: Einbringung von Gesetzesvorlagen gem. Art. 76 I GG (→ Gesetzgebungsverfahren), Erlaß von → Rechtsverordnungen nach Art. 80 GG, Aufsicht über die Ausführung der Bundesgesetze durch die Länder (Art. 84 III GG). Für die Arbeitsweise der B. sind drei sich teilweise überschneidende Grundsätze maßgeblich: Der Bundeskanzler bestimmt als

Regierungschef die Richtlinien der Politik *(Kanzlerprinzip);* innerhalb dieser Richtlinien leitet jeder Bundesminister seinen Geschäftsbereich selbständig u. eigenverantwortlich *(Ressortprinzip);* über Meinungsverschiedenheiten zwischen den Bundesministern entscheidet die B. *(Kollegialprinzip).* Die starke Stellung des Bundeskanzlers beruht nicht nur auf seiner Richtlinienkompetenz, sondern auch auf dem Umstand, daß nur er vom → Bundestag gewählt wird, während die Bundesminister auf seinen Vorschlag vom Bundespräsidenten zu ernennen u. zu entlassen sind. Bundeskanzler u. Bundesminister sind dem Parlament verantwortlich. Doch kann der Bundestag einen einzelnen Bundesminister nicht zum Rücktritt zwingen, den Bundeskanzler – u. damit die gesamte Bundesregierung – nur dadurch, daß er einen Nachfolger wählt („konstruktives Mißtrauensvotum").

Bundesrepublik Deutschland. Die Bundesrepublik Deutschland wurde durch das → Grundgesetz vom 23. 5. 1949 auf dem Gebiet der 3 westlichen Besatzungszonen errichtet. Sie besteht als → Bundesstaat aus den Ländern Baden-Württemberg, Bayern, Bremen, Hamburg, Hessen, Niedersachsen, Nordrhein-Westfalen, Rheinland-Pfalz, Saarland u. Schleswig-Holstein; Berlin (West), das aufgrund der Vorbehalte der Westmächte nicht vom Bund regiert werden darf u. deshalb kein konstitutiver Bestandteil der Bundesrepublik ist, hat einen Sonderstatus inne (→ Bundesländer). Die Bundesrepublik ist ein demokratischer u. sozialer → Rechtsstaat (→ Demokratie, → Sozialstaat). – Sehr umstritten ist die Frage, in welchem Verhältnis die Bundesrepublik zum *Deutschen Reich* steht. Nach h. M. hat das Deutsche Reich den Zusammenbruch von 1945 überdauert. Die Bundesrepublik ist – so das Bundesverfassungsgericht im Urteil zum → Grundlagenvertrag – auf ihrem Gebiet mit dem Deutschen Reich identisch. Sie beschränkt staatsrechtlich ihre Hoheitsgewalt auf den Geltungsbereich des Grundgesetzes, bleibt aber verpflichtet, jeden Deutschen (also auch einen DDR-Bürger), wann immer er in ihren Schutzbereich gelangt, als Deutschen zu behandeln u. ihm den Schutz ihrer Gerichte und der Grundrechtsgarantien zu gewähren (→ Staatsangehörigkeit). Für Deutschland als Ganzes gelten die Rechte u. Verantwortlichkeiten der 4 Siegermächte fort. Die → DDR als zweiter Staat in Deutschland kann daher im Verhältnis zur Bundesrepublik weder als Inland betrachtet (dem widerspräche die Beschränkung der Hoheitsgewalt der Bundesrepublik auf den Geltungsbereich des Grundgesetzes) noch als Ausland angesehen werden (das ließe sich mit dem Fortbestehen des Deutschen Reiches, mit dem die Bundesrepublik teilidentisch ist, nicht vereinbaren). Die Bundesrepublik erkennt daher die DDR nur staatsrechtlich, nicht völkerrechtlich an. Nach der von der DDR u. den kommunistischen Ländern vertretenen *Zwei-Staa-*

ten-Theorie existiert das Deutsche Reich nicht mehr; es bestehen vielmehr, abgesehen von West-Berlin als besonderem völkerrechtlichen Gebilde, zwei deutsche Staaten, die völkerrechtlich gleichwertig u. im Verhältnis zueinander Ausland sind.

Bundesstaat. Die bundesstaatliche Ordnung bildet gemeinsam mit → Demokratie, → Rechtsstaat u. → Sozialstaat eines der wesentlichen Strukturmerkmale der staatlichen Ordnung der Bundesrepublik (Art. 20 I GG). Das Grundgesetz mißt dem bundesstaatlichen Prinzip dadurch noch erhöhten Rang zu, daß es in Art. 79 III die Gliederung des Bundes in Länder u. die grundsätzliche Mitwirkung der Länder bei der Gesetzgebung einer Verfassungsänderung entzieht. Die Bundesrepublik Deutschland ist ein zweigliedriger B., wobei der Bund als der aus dem Zusammenschluß der Länder entstandene Gesamtstaat den Ländern als Gliedstaaten gegenübertritt. Die Länder sind also nicht bloße Selbstverwaltungskörperschaften; sie verfügen über Staatsqualität, die ihnen einen politischen Gestaltungsraum sichert. Ihre Staatsgewalt umfaßt die Gesetzgebung, die vollziehende Gewalt u. die Rechtsprechung; sie haben demzufolge ein Parlament (zumeist „Landtag"), eine Regierung und Gerichte (sämtliche Gerichte außer den im allgemeinen als Revisionsinstanzen fungierenden Bundesgerichten). Gem. Art. 30 GG ist die Ausübung staatlicher Befugnisse und die Erfüllung staatlicher Aufgaben Sache der Länder, soweit das GG keine andere Regelung trifft oder zuläßt. Das GG stellt somit eine Zuständigkeitsvermutung zugunsten der Länder auf. Diese Grundsatzentscheidung wird für die einzelnen staatlichen Hauptfunktionen wieder aufgegriffen und zugleich stark differenziert· für die Gesetzgebung in Art. 70 ff. GG, für die Exekutive in Art. 83 ff. GG und für die Rechtsprechung in Art. 92 ff. GG. Dabei zeigt sich, daß dem Bund im wesentlichen die → Gesetzgebungskompetenz, den Ländern die Verwaltungskompetenz zugewiesen ist. Im übrigen ist der Bund für die Angelegenheiten zuständig, die die Interessen von Bund und Ländern als Gesamtheit berühren (z. B. auswärtige Beziehungen, Art. 32 GG). Insgesamt läßt sich eine Tendenz zu Vereinheitlichung und Zentralisierung beobachten; dem Bund sind im Laufe der Jahre immer mehr Kompetenzen, vor allem auf dem Gebiet der Gesetzgebung, zugewachsen. Diesem Autonomieverlust der Länder steht ihr wachsender Einfluß auf die Bundesgesetzgebung, den sie durch den → Bundesrat ausüben, gegenüber. Die starke Stellung des Bundesrates schlägt sich vor allem darin nieder, daß die meisten (Bundes-)Gesetze seiner Zustimmung bedürfen (Art. 84 I, 104a ff. GG). Das den Ländern noch verbliebene Eigengewicht entfaltet sich vor allem in der Kulturpolitik (Schulen, Hochschulen), in der Ausgestaltung der kommunalen Selbstverwaltung u. in der Polizei- und Ordnungsverwaltung, wobei aber auch auf diesen Gebieten ein unitarisierender Trend unübersehbar ist. Das vom Bund im Rahmen seiner Zuständigkeit erlassene Recht geht dem der Länder vor: „Bundesrecht bricht Landesrecht" (Art. 31 GG). Dies gilt unabhängig von der Normqualität: Eine → Rechtsverordnung des Bundes setzt daher auch die kollidierende Landesverfassungsbestimmung außer Kraft. Doch bleiben Bestimmungen der Landesverfassungen insoweit in Kraft, als sie in Übereinstimmung mit dem Grundgesetz Grundrechte gewährleisten (Art. 142 GG). Der B. bedarf zu seiner Funktionsfähigkeit eines Mindestmaßes an Übereinstimmung in den Verfassungsstrukturen des Gesamtstaates u. seiner Glieder. Dieses *Homogenitätsprinzip* hat in Art. 28 I GG seinen Ausdruck gefunden: Die verfassungsmäßige Ordnung in den Ländern muß den Grundsätzen des republikanischen, demokratischen u. sozialen Rechtsstaates im Sinne des GG entsprechen. Bund u. Länder, aber auch die Länder untereinander haben in ihren wechselseitigen Beziehungen das Gebot der *Bundestreue* zu achten, das sich unmittelbar aus dem bundesstaatlichen Prinzip ergibt. Sie sind zu Rücksichtnahme u. Kooperation verpflichtet; der Egoismus von Bund u. Ländern wird dadurch in Grenzen gehalten. Manche Aufgaben, die im B. zu erfüllen sind, können nicht reinlich nach Bundes- oder Landeskompetenzen geschieden werden; sie lassen sich nur im Rahmen eines kooperativen → Föderalismus bewältigen. Hier sind insbesondere die im Rahmen der Großen Finanzverfassungsreform 1969 ins GG eingeführten → Gemeinschaftsaufgaben (Art. 91a, 91b) zu nennen.

Bundestag. Der Deutsche B. (Art. 38–49 GG), der aus den vom Volk gewählten Abgeordneten besteht, ist die Volksvertretung (das → Parlament) der Bundesrepublik u. damit das oberste Organ der politischen Willensbildung. Er wird auf 4 Jahre gewählt. Nach Art. 38 GG und dem Bundeswahlgesetz werden die Abgeordneten des B. in allgemeiner, unmittelbarer, freier, gleicher u. geheimer Wahl nach den Grundsätzen einer mit Persönlichkeitswahl verbundenen Verhältniswahl gewählt (→ Wahlrecht). Wahlberechtigt ist grundsätzlich jeder Deutsche, der mindestens 18 Jahre alt ist u. seit wenigstens 3 Monaten im Bundesgebiet wohnt oder dauernden Aufenthalt hat. Wählbar ist jeder Wahlberechtigte, der volljährig u. seit mindestens 1 Jahr Deutscher ist. Dem B. gehören 518 Abgeordnete an. 248 werden in den Wahlkreisen und dieselbe Anzahl über Landeslisten gewählt; hinzu kommen 22 Berliner Abgeordnete, die nicht direkt, sondern vom Berliner Abgeordnetenhaus gewählt werden u. nur beratende Stimme haben. Die Abgeordneten des B. sind Vertreter des ganzen Volkes, an Aufträge und Weisungen nicht gebunden u. nur ihrem Gewissen unterworfen. Deshalb kann der Verstoß gegen den sog. Fraktionszwang zwar mit dem Ausschluß aus Partei u.

Fraktion geahndet werden; die Niederlegung des Mandats darf indessen nicht erzwungen werden. Die Abgeordneten genießen → Indemnität u. → Immunität. Aufgaben des B. sind vor allem die Beschlußfassung über die Bundesgesetze (→ Gesetzgebungsverfahren), die Beteiligung an der Regierungsbildung durch die Wahl des Bundeskanzlers (Art. 63 GG) sowie die Kontrolle der Regierung durch Anfragen u. Untersuchungsausschüsse, die Feststellung des Haushaltsplans u. die Entgegennahme der Rechnungslegung. Der B. wählt außerdem die Hälfte der Mitglieder des Bundesverfassungsgerichts u. ist gemäß Art. 95 II GG durch den Richterwahlausschuß mittelbar an der Berufung der Richter der obersten Bundesgerichte beteiligt. Der B. wählt seinen Präsidenten u. dessen Stellvertreter (die gemeinsam das Präsidium bilden) sowie die Schriftführer. Organe sind außerdem der Ältestenrat u. die Ausschüsse. Der B. gibt sich eine Geschäftsordnung. Seine Verhandlungen sind grundsätzlich öffentlich. Er beschließt mit der Mehrheit der abgegebenen Stimmen, soweit das GG keine qualifizierte Mehrheit vorschreibt.

Bundestreue → Bundesstaat.

Bundesverfassungsgericht. Das B. mit Sitz in Karlsruhe ist ein allen übrigen Verfassungsorganen gegenüber selbständiger u. unabhängiger Gerichtshof des Bundes u. zugleich eines der obersten Verfassungsorgane der Bundesrepublik. Zuständigkeiten, Zusammensetzung u. Verfahren sind im Gesetz über das B. (BVerfGG) geregelt. Das B. gliedert sich in 2 Senate mit je 8 Richtern. Es besteht aus Bundesrichtern u. anderen Mitgliedern; 3 Mitglieder jedes Senats werden aus der Zahl der Richter an den obersten Gerichtshöfen des Bundes gewählt (§ 2). Die Bundesverfassungsrichter müssen das 40. Lj. vollendet haben, das passive Wahlrecht zum Bundestag u. die Befähigung zum Richteramt besitzen. Sie dürfen weder dem Bundestag, dem Bundesrat, der Bundesregierung noch entsprechenden Organen der Bundesländer angehören (§ 3). Ihre Amtszeit dauert 12 Jahre, längstens bis zur Altersgrenze von 68 Jahren (§ 4). Sie werden je zur Hälfte vom Bundestag u. vom Bundesrat gewählt, u. zwar vom Bundesrat in unmittelbarer Wahl, vom Bundestag in mittelbarer Wahl durch einen nach den Grundsätzen der Verhältniswahl aus 12 Mitgliedern des Bundestages gebildeten Wahlmännerausschuß; in beiden Gremien ist zur Wahl ⅔-Mehrheit erforderlich (§§ 5 ff.) – Die Kompetenzen des B. sind in § 13 abschließend aufgezählt. Bedeutsam sind vor allem seine Zuständigkeiten zur Entscheidung über die Verfassungswidrigkeit von → Parteien, über verfassungsrechtliche Streitigkeiten zwischen Bund u. Ländern, zwischen verschiedenen Ländern u. zwischen obersten Bundesorganen, über die Vereinbarkeit von Bundesrecht u. Landesrecht mit dem Grundgesetz

u. von Landesrecht mit Bundesrecht (→ Normenkontrolle) u. über → Verfassungsbeschwerden. Die Entscheidungen des B. binden die übrigen Verfassungsorgane des Bundes u. der Länder sowie alle Gerichte u. Behörden (§ 31).

Bundesverwaltung. Grundsätzlich ist die öfftl. → Verwaltung, auch soweit es die Ausführung von Bundesgesetzen betrifft, Sache der Länder (Art. 30, 83 GG, → Bundesstaat). Demgegenüber stellt die bundeseigene Verwaltung die vom GG für bestimmte Sachgebiete vorgeschriebene oder zugelassene Ausnahme dar. Es handelt sich dabei im wesentlichen um den Auswärtigen Dienst, um → Bundeswehr u. → Bundesgrenzschutz, um das → Bundeskriminalamt u. das Bundesamt für → Verfassungsschutz, um Bundesbank, Bundespost und Bundesbahn, um Wasserstraßen u. Luftverkehr (Art. 87, 87 b, 87 d, 88, 89 GG). Es gibt oberste Bundesbehörden (Ministerien), obere Bundesbehörden (die, wie z. B. das → Bundeskartellamt, einer obersten Bundesbehörde, hier dem Bundeswirtschaftschaftsminister, unterstehen) u. bundesunmittelbare, aber selbständige Körperschaften u. Anstalten des öfftl. Rechts (z. B. Bundesanstalt für Arbeit). Auf Gebieten, auf denen ihm die Gesetzgebungszuständigkeit eingeräumt ist, kann der Bund selbständige Bundesoberbehörden sowie Körperschaften u. Anstalten des öfftl. Rechts durch Gesetz errichten. Die Bundesregierung erläßt für die B. die allgemeinen → Verwaltungsvorschriften u. regelt die Einrichtung der Behörden.

Bundeswehr. Die B. ist die Verteidigungsorganisation der Bundesrepublik. Sie besteht aus den → Streitkräften (Art. 87 a GG), die mit Heer, Luftwaffe u. Marine den militärischen Teil der B. bilden, u. der Bundeswehrverwaltung (Art. 87 b GG), in der die zivile Verwaltung der Bundeswehr (Territoriale Bundeswehrverwaltung u. Rüstungsbereich) zusammengefaßt ist. An der Spitze der B. steht der Bundesminister der Verteidigung. Das in § 66 des Soldatengesetzes vorgesehene Organisationsgesetz wurde noch nicht erlassen; doch müssen sich die Grundzüge der Organisation der Streitkräfte aus dem Haushaltsplan ergeben (Art. 87 a I 2 GG). → Wehrrecht.

Bundeszentralregister ist das in Berlin geführte zentrale Register, in das insbes. rechtskräftige strafgerichtliche Verurteilungen eingetragen werden (§§ 3 ff. BZRG). Es untersteht dem Generalbundesanwalt beim BGH. Jeder Person, die das 14. Lj. vollendet hat, wird auf Antrag ein *Führungszeugnis* über den sie betreffenden Inhalt des B. erteilt. Der Antrag ist bei der Meldebehörde zu stellen (§§ 28 ff. BZRG). → Straftilgung.

Bußgeldverfahren → Ordnungswidrigkeiten.

C

case law (Fallrecht) → common law.

Charta der Vereinten Nationen → UNO.

clausula rebus sic stantibus (Klausel der gleichbleibenden Verhältnisse). Nach dem älteren gemeinen Recht enthielt jeder Vertrag auch ohne besondere Abrede die c.r.s.s. Demnach entfiel die Vertragsbindung, wenn eine grundlegende Änderung der für den Vertragsabschluß maßgebenden Umstände eintrat. Das geltende Recht berücksichtigt eine Änderung der wesentlichen Vertragsvoraussetzungen nach dem Grundsatz des Wegfalls der → Geschäftsgrundlage. Für öfftl.-rechtl. Verträge gilt § 40 VwVfG (→ Vertrag a. E.)

common law (gemeines Recht). Das auf jahrhundertelangem Gerichtsgebrauch beruhende c.l. bildet traditionell den Hauptbestandteil des englischen Rechts. Die in konkreten Fällen getroffenen Urteile haben für die Entscheidung gleichgelagerter Fälle durch rangniedrigere Gerichte bindende Wirkung (sog. *case law*). Die zunehmende staatliche Steuerung der gesellschaftlichen Entwicklung hat aber dazu geführt, daß auch im englischen Rechtssystem das Gesetzesrecht in Form der statutes mehr u. mehr an Bedeutung gewinnt.

contra legem = gegen das Gesetz.

Copyright (Vervielfältigungsrecht) ist im anglo-amerikanischen Recht das → Urheberrecht an einem veröffentlichten Werk, das mit der Eintragung in ein C.-Register wirksam wird. In den Vertragsstaaten des Genfer Welturheberrechtsabkommens von 1952 ermöglicht der im Impressum einer Veröffentlichung unter Hinweis auf den Inhaber des Urheber- oder Verlagsrechts mit Angabe des Erscheinungsjahres angebrachte C.-Vermerk (©) die Inanspruchnahme von Rechtsschutz gegen Verletzungen des Vervielfältigungs- und Verbreitungsrechts.

corpus delicti (Gegenstand des Delikts) ist das Beweisstück, durch das der Straftäter überführt ist.

culpa in contrahendo → Verschulden beim Vertragsschluß.

D

DAG → Gewerkschaften.

Darlehen (§§ 607 ff. BGB). Wer Geld oder andere vertretbare → Sachen als D. empfangen hat (Darlehensnehmer), ist verpflichtet, dem Darlehensgeber das Empfangene in Sachen von gleicher Art, Güte u. Menge zurückzuerstatten. Im Wirtschaftsleben wird für ein D. (Kredit) stets ein Entgelt vereinbart, und zwar in Form von *Zinsen,* darüber hinaus häufig auch durch einen Abschlag von der auszuzahlenden Darlehenssumme (*Disagio, Damnum*). Haben die Parteien versäumt, sich über die Zinshöhe zu verständigen, sind 4% jährlich zu entrichten (§ 246 BGB). Sofern der Darlehensnehmer als Entgelt Gewinnanteile entrichtet, liegt ein sog. Beteiligungsdarlehen (*partiarisches D.*) vor, bei dem die Abgrenzung zur → stillen Gesellschaft nicht selten Schwierigkeiten bereitet. Die Rückerstattung eines D. ist mangels anderweitiger Vereinbarung mit der Kündigung durch den Gläubiger oder durch den Schuldner fällig. Die Kündigungsfrist beträgt bei einem Kredit von mehr als 300 DM 3 Monate, sonst 1 Monat. Ein Darlehensversprechen kann nach § 610 BGB widerrufen werden, wenn in den Vermögensverhältnissen des Darlehensnehmers eine wesentliche Verschlechterung eintritt.
Ist der Rückerstattungsanspruch durch die Person des Darlehensnehmers (oder auch eines Bürgen oder Mitschuldners) gesichert, spricht man von einem *Personalkredit.* Läßt sich der Darlehensgeber zusätzlich dingliche Sicherheiten (z. B. → Pfandrecht, → Hypothek, → Grundschuld) einräumen, bezeichnet man das D. als *Realkredit.*

Daseinsvorsorge → Verwaltung (Leistungsverwaltung).

Datenschutz. Das → *Persönlichkeitsrecht* umfaßt die Befugnis des einzelnen, grundsätzlich selbst über die Preisgabe u. Verwendung seiner persönlichen Daten zu bestimmen (sog. *Recht auf informationelle Selbstbestimmung*). Dieses Recht erhält angesichts der Entwicklung der automatischen Datenverarbeitung (DV), die es ermöglicht, persönliche Daten unbegrenzt zu speichern, zu verknüpfen u. in Sekundenschnelle abzurufen, höchste Aktualität. Das Recht auf informationelle Selbstbestimmung ist jedoch nicht schrankenlos gewährleistet. Der Bürger muß Einschränkungen im überwiegenden Allgemeininteresse hinnehmen. Dazu sind allerdings gesetzliche Regelungen erforderlich, aus denen sich Voraussetzungen u. Umfang der Beschränkungen in einer für ihn erkennbaren Weise ergeben; sie müssen den Grundsatz der Verhältnismäßigkeit wahren sowie organisatorische u. verfahrensmäßige Vorkehrungen gegen die Gefahr der Verletzung des Persönlichkeitsrechts aufweisen. Ein gesetzlicher Zwang zur Abgabe personenbezogener Daten, die in individualisierter, nicht anonymisierter Form erhoben u. verarbeitet werden (z. B. Steuererklärung), setzt voraus, daß der Gesetzgeber den Verwendungszweck bereichsspezifisch u. präzise bestimmt u. daß die Angaben für diesen Zweck geeignet u. erforderlich sind; die DV ist auf den gesetzlich vorgesehenen Zweck begrenzt. Bei der Datenerhebung für statistische Zwecke (z. B. → *Volkszählung*), die sich für eine am Sozialstaatsprinzip orientierte Politik als unentbehrlich erweist, kann eine enge u. konkrete Zweckbindung der Daten nicht verlangt werden; es müssen aber Vorkehrungen getroffen werden, die ihre Anonymisierung sichern. Sollen diese Angaben zugleich für den Verwaltungsvollzug, also in nicht anonymisierter Form, genutzt werden, muß der Gesetzgeber präzise festlegen, zu welchem konkreten Zweck welche Behörden die Daten verwenden. Diese Voraussetzungen waren beim Volkszählungsgesetz 1983 nach dem Urteil des BVerfG v. 15. 12. 1983 insoweit nicht erfüllt, als einzelne Vorschriften, so insbes. die Regelung über den sog. Melderegisterabgleich, die Verwendung der Daten durch Verwaltungsbehörden für nichtstatistische Aufgaben ohne konkrete Zweckbindung ermöglichten. Die übrigen Bestimmungen des Volkszählungsgesetzes hat das BVerfG im wesentlichen für verfassungsrechtlich zulässig erklärt.

Dem D. dienen zahlreiche Vorschriften, z. B. die Bestimmungen der → Abgabenordnung über das Steuergeheimnis oder die des → Sozialgesetzbuchs über das Sozialgeheimnis. Übergreifende Bedeutung kommt dem *Bundesdatenschutzgesetz* (BDSG) zu. Außerdem sind die *Datenschutzgesetze der Bundesländer* zu beachten. Danach ist es Aufgabe des D., die schutzwürdigen Belange des einzelnen Menschen bei der DV zu wahren. Schutzgegenstand sind die *personenbezogenen Daten,* also Einzelangaben über persönliche oder sachliche Verhältnisse einer bestimmten oder bestimmbaren natürlichen (nicht einer juristischen) Person, die in Dateien verarbeitet werden. DV umfaßt das Speichern, Übermitteln, Verändern u. Löschen von Daten im automatischen oder manuellen Verfahren. Dateien sind Informationssammlungen, die sich umordnen lassen; dazu gehören z. B. Karteien, im Computer gespeicherte Daten, nicht jedoch Akten. Zulässig ist die DV stets, wenn der Betroffene schriftlich eingewilligt hat. Im übrigen muß sie durch das jeweilige Datenschutzgesetz oder eine andere Rechtsvorschrift erlaubt sein. Das BDSG unterscheidet hierbei zwischen DV der (Bundes-)Behörden, DV nicht-öffentlicher Stellen für eigene Zwecke (z. B. Lieferanten- u. Kundenkartei eines Kaufmanns, Patientenkartei eines Arztes) sowie geschäftsmäßiger DV nicht-öffentlicher Stellen für fremde Zwecke (z. B. Detekteien, Auskunfteien). Es legt für diese 3 Bereiche in abgestufter Form fest, unter welchen Voraussetzungen die Verarbeitung personenbezogener Daten erlaubt ist. Für die Zulässigkeit der Speicherung u. Übermittlung von personenbezogenen Daten in der öfftl. Verwaltung gilt im wesentlichen der Grundsatz, daß sie zur rechtmäßigen Erfüllung der in die Zuständigkeit der Behörde fallenden Aufgaben erforderlich sind. Darüber, was rechtmäßig u. erforderlich ist, flammt vor allem hinsichtlich der Polizei- u. Verfassungsschutzbehörden immer wieder Streit auf. Nicht-öfftl. Stellen dürfen Daten für eigene Zwecke im Rahmen eines Vertragsverhältnisses oder vertragsähnlichen Vertrauensverhältnisses speichern u. übermitteln. Bei geschäftsmäßiger DV für fremde Zwecke ist die Speicherung von Daten erlaubt, wenn keine Beeinträchtigung schutzwürdiger Belange des Betroffenen zu befürchten ist; für die Datenübermittlung wird nur verlangt, daß der Empfänger ein berechtigtes Interesse an ihrer Kenntnis glaubhaft dargelegt hat. Die Datenschutzgesetze verpflichten die bei der DV beschäftigten Personen zur Wahrung des Datengeheimnisses. Sie räumen dem Betroffenen ein Recht auf (gebührenpflichtige) Auskunft ein. Er kann verlangen, daß unrichtige Daten berichtigt, nicht beweisbare Daten gesperrt u. unzulässig gespeicherte Daten gelöscht werden. Behörden u. geschäftsmäßig in der DV tätige private Stellen müssen Art u. Struktur ihrer Datensammlungen publizieren bzw. zu einem Register anmelden. *Datenschutzbeauftragte* des Bundes u. der Länder (in Rheinland-Pfalz die Datenschutzkommission des Landtags) kontrollieren die Einhaltung der datenschutzrechtlichen Vorschriften in der öfftl. Verwaltung. Private Stellen unterliegen einer behördlichen Aufsicht. Die Datenschutzgesetze regeln, wie der D. technisch u. organisatorisch zu handhaben ist. Verstöße gegen datenschutzrechtliche Vorschriften werden strafrechtlich oder als → Ordnungswidrigkeiten geahndet.

Dauerschuldverhältnis ist ein → Schuldverhältnis, das nicht auf eine einmalige Leistung, sondern auf dauerndes Verhalten oder auf wiederkehrende, sich über einen längeren Zeitraum erstreckende Leistungen gerichtet ist (z. B. → Miete, → Dienstvertrag, → Gesellschaft). Das D. erfordert ein hohes Maß an gegenseitigem Vertrauen u. verpflichtet zu verstärkter wechselseitiger Rücksichtnahme. Aus der Natur des D. folgt, daß es keinen → Rücktritt mit Rückgewähr der bereits ausgetauschten Leistungen, sondern nur eine → Kündigung mit Wirkung für die Zukunft (ex nunc) zuläßt. Die Kündigung kann i. d. R. bei Vorliegen eines wichtigen Grundes erklärt werden.

de facto = nach der Tatsachenlage, tatsächlich.

de iure = von Rechts wegen.

de lege ferenda = gemäß einem noch zu erlassenden Recht. Gemeint ist eine für wünschenswert erachtete Rechtslage, die den gegenwärtigen als unbefriedigend empfundenen Rechtszustand ablösen soll.

de lega lata = nach geltendem Recht.

Deliktsfähigkeit. 1. Im *Zivilrecht* setzt eine zum Schadensersatz verpflichtende → unerlaubte Handlung i. d. R. → Verschulden voraus. Schuldhaft kann nur handeln, wer deliktsfähig (zurechnungsfähig) ist. Ähnlich wie die → Geschäftsfähigkeit entwickelt sich die D. des Menschen in 3 Etappen (§ 828 BGB). a) Bis zur Vollendung des 7. Lebensjahres ist das Kind *deliktsunfähig.* Ebensowenig ist derjenige, der im Zustand der nicht selbstverschuldeten Bewußtlosigkeit oder in einem die freie Willensbestimmung ausschließenden Zustand krankhafter Störung der Geistestätigkeit gehandelt hat, für den Schaden verantwortlich (§ 827 BGB). Der deliktsunfähige Schädiger kann aber unter den Voraussetzungen des § 829 BGB aus Billigkeitsgründen zum Schadensersatz herangezogen werden. b) Ein Minderjähriger ab 7 Jahren – Gleiches gilt für einen Taubstummen – ist deliktsfähig, wenn er im Zeitpunkt der schädigenden Handlung die zur Erkenntnis seiner Verantwortlichkeit erforderliche Einsicht hat (*bedingte Deliktsfähigkeit*). Diese Einsicht setzt einen geistigen Entwicklungsstand voraus, der es dem Jugendlichen ermöglicht, das Unrecht seiner Handlung gegenüber den Mitmenschen u. zugleich die Verpflichtung zu erkennen, in irgendeiner Weise für die Folgen seiner Handlung selbst einstehen zu müssen. c) Mit der Vollendung des 18. Lebensjahres beginnt die *volle Deliktsfähigkeit.* Wer also als Volljähriger schuldhaft, d. h. vorsätzlich oder fahrlässig, eine unerlaubte Handlung begeht, ist zum Schadensersatz verpflichtet. 2. Im *Strafrecht* ist D. gleichbedeutend mit → Strafmündigkeit.

Demokratie (griech.: Volksherrschaft) bildet zusammen mit dem → Rechtsstaats-, → Sozialstaats- u. → Bundesstaatsgrundsatz die tragenden Strukturprinzipien der staatlichen Ordnung der Bundesrepublik (Art. 20 I und II, Art. 28 GG). Der Bedeutungsgehalt dieses Begriffs läßt sich angesichts der keineswegs übereinstimmenden demokratietheoretischen Aussagen nicht abstrakt erschließen. Die rechtliche Würdigung muß deshalb das konkrete im Grundgesetz angelegte demokratische Prinzip zugrunde legen. Alle Staatsgewalt geht vom Volke aus (Volkssouveränität,

Art. 20 II 1 GG). Die unmittelbare politische Willensbildung des Volkes vollzieht sich in Wahlen und Abstimmungen (Art. 20 II 2 GG). Abstimmungen in Form des Volksbegehrens u. Volksentscheids sind allerdings, anders als in der Weimarer Reichsverfassung, vom GG nur für den Fall einer → Neugliederung des Bundesgebietes zugelassen (Art. 29 GG) u. damit auf Bundesebene faktisch bedeutungslos; demgegenüber sehen die Verfassungen einiger Länder, z. B. Nordrhein-Westfalens, Volksbegehren u. Volksentscheid als Ausprägungen der unmittelbaren politischen Willensbildung vor. Ansonsten steht die Ausübung der Staatsgewalt besonderen Organen der → Gesetzgebung, der → vollziehenden Gewalt u. der → Rechtsprechung zu (Art. 20 II 2 GG). Das GG hat sich also nicht für die unmittelbare Demokratie plebiszitären oder rätedemokratischen Zuschnitts, sondern für die repräsentative, parlamentarische Demokratie entschieden. Nicht die Identität von Regierenden u. Regierten, sondern die Ableitung staatlicher Herrschaftsausübung vom Volk (Legitimation) ist Kennzeichen der vom GG konstituierten demokratischen Ordnung. In Bund, Ländern u. Gemeinden müssen Volksvertretungen (→ Parlamente) bestehen, die durch allgemeine, unmittelbare, freie, gleiche u. geheime Wahlen bestimmt werden; in den Kommunen kann an die Stelle einer gewählten Körperschaft die aus allen Wahlbürgern gebildete Gemeindeversammlung treten (Art. 38 I, 28 I GG). Die Wahlen sind in regelmäßigen, im voraus festgelegten Abständen durchzuführen. Das Parlament ist das einzige unmittelbar vom Volk gewählte Verfassungsorgan. Das bedeutet zwar nicht, daß ihm ein Entscheidungsmonopol in *allen* grundlegenden Angelegenheiten zufiele; wohl aber ist es für alle *wesentlichen* Fragen zuständig, die einer Regelung durch → Rechtsnormen bedürfen. Das Parlament ist außerdem maßgeblich an der Regierungsbildung beteiligt (z. B. Wahl des Bundeskanzlers durch den Bundestag); ihm obliegt darüber hinaus die Kontrolle der Regierung. Es verfügt ferner über das → Budgetrecht. – Die demokratische Ordnung des GG ist durch das Mehrheitsprinzip geprägt. Nicht *das* Volk, sondern die Mehrheit des Volkes entscheidet. Der Schutz der Minderheit wird vor allem dadurch gesichert, daß ihr stets die Chance erhalten bleibt, die Mehrheit bei der nächsten Wahl abzulösen. Zur Gewährleistung der Möglichkeit des demokratischen Wechsels ist die Existenz konkurrierender politischer Kräfte unerläßlich. Dazu bedarf es insbesondere des freien Wettbewerbs verschiedener → Parteien u. der Offenheit des politischen Prozesses. Unter diesem Gesichtspunkt kommt den in Art. 21 I GG verankerten Grundsätzen des Mehrparteiensystems, der freien Parteigründung u. der Chancengleichheit der Parteien, aber auch der Informations- u. Pressefreiheit (→ Meinungsfreiheit, Art. 5 I GG), der → Versammlungs- u. → Vereinigungsfreiheit (Art. 8, 9 GG) wesentliche Bedeutung für die Verwirklichung des demokratischen Prinzips zu. Gerade die Massenmedien (Zeitungen, Rundfunk, Fernsehen) ermöglichen Öffentlichkeit der Herrschaftsausübung, fördern durch Kritik die Meinungs- u. Urteilsbildung u. sichern die permanente Kontrolle politischer Macht. Die demokratische Ordnung des GG erschöpft sich nicht in Verfahrensregelungen für die politische Willensbildung; sie ist nicht wertfrei und inhaltslos. Das demokratische Prinzip selbst ist unantastbar (Art. 79 III GG): Die D. kann sich deshalb nicht im „demokratischen" Verfahren selbst auflösen. Darüber hinaus ist zu beachten, daß sie mit den Grundsätzen des Rechtsstaats, des Sozialstaats u. des Bundesstaats untrennbar verbunden ist. Vor allem die freiheitliche Komponente ist stets mitzubedenken („freiheitliche demokratische Grundordnung"). Von daher verbietet sich eine Verabsolutierung des Demokratiegebots, die sich über die anderen verfassungsrechtlichen Strukturprinzipien hinwegsetzt. Die grundgesetzliche D. beschränkt sich in ihrer Reichweite auf Staat u. Kommunen (Art. 20 I, 28 I GG). Sie ist auf das Gemeinwesen als solches bezogen. Die Forderung nach Anwendung des Demokratieprinzips auf staatliche Subsysteme u. gesellschaftliche Organisationen läßt sich deshalb aus dem GG nicht herleiten. Das bedeutet nicht, daß eine Demokratisierung öffentlicher Institutionen von vornherein unzulässig wäre. Doch muß sie einerseits (z. B. in Schulen u. Hochschulen) bei der Zumessung von Mitbestimmungs- oder Partizipationsrechten die Gebote funktionaler Differenzierung berücksichtigen und darf andererseits die demokratische Willensbildung des Gemeinwesens insgesamt (Art. 20 II 1 GG: „*Alle* Staatsgewalt geht vom Volke aus.") nicht unterlaufen.

Demonstration. D. sind zu einem alltäglichen Erscheinungsbild, zum bevorzugten Ausdrucksmittel politischer Minderheiten (Bürgerinitiativen für Umweltschutz, Pazifisten, Frauenbewegung usw.) geworden. So lästig u. störend sie für viele auch sein mögen: D. bilden einen wichtigen Bestandteil der offenen demokratischen Auseinandersetzung u. geben engagierten Bürgern die Möglichkeit, ihre politischen Überzeugungen auch außerhalb von Wahlen u. ohne unmittelbaren Zugang zu den Medien öffentlich werden zu lassen. – Das Recht zu demonstrieren ist durch die Grundrechte der → Meinungsfreiheit u. der → Versammlungsfreiheit geschützt. Wer jedoch an einer gewaltsamen Demonstration teilnimmt, kann sich wegen *Landfriedensbruchs* (§ 125 StGB) strafbar machen. Landfriedensbruch liegt vor, wenn aus einer Menschenmenge in einer die öfftl. Sicherheit gefährdenden Weise mit vereinten Kräften Gewalttätigkeiten gegen Menschen oder Sachen begangen oder Menschen mit einer Gewalttätigkeit bedroht werden. Bestraft wird, wer sich an den Gewalttätigkeiten oder Bedrohungen beteiligt oder die Menschenmenge zu solchen

Handlungen aufreizt, also nicht der in der Menge stehende Neugierige. Dieser kann aber wegen der → Ordnungswidrigkeit der *unerlaubten Ansammlung* (§ 113 OWiG) mit einer Geldbuße bis zu 1000 DM belangt werden, u. zwar dann, wenn er sich einer öfftl. Ansammlung anschließt oder sich nicht aus ihr entfernt, obwohl ein Hoheitsträger die Menge dreimal rechtmäßig aufgefordert hat auseinanderzugehen. Der Landfriedensbruch wird in besonders schweren Fällen, z. B. bei Mitführen einer Schußwaffe oder einer sonstigen einsatzbereiten Waffe, bei Gewalttätigkeiten mit Gefahr des Todes oder schwerer Körperverletzung, bei Plünderung oder schwerer Sachbeschädigung, mit höherer Strafe geahndet (125a StGB). – Nach einem Gesetzentwurf der Bundesregierung von 1983 zur Änderung des § 125 StGB sollen künftig auch diejenigen Personen strafrechtlich belangt werden können, die beim Ausbruch von Gewalttätigkeiten oder Bedrohungen in einer Menschenmenge eine polizeiliche Aufforderung zum Auseinandergehen mißachten; Ausnahmen von der Strafbarkeit sind für Personen vorgesehen, die aus beruflichen Gründen in der Menge verbleiben (z. B. Ärzte, Journalisten) oder in erkennbarer Weise mäßigend auf die Gewalttäter einwirken.

Für *Demonstrationsschäden* (z. B. eingeschlagenes Schaufenster) haften die Teilnehmer an der D. nach §§ 823, 830 BGB wegen gemeinschaftlich begangener → unerlaubter Handlung als Gesamtschuldner, sofern sie die schadensverursachenden Ausschreitungen zumindest billigend in Kauf genommen haben. Teilnehmer an einer Großdemonstration, die nicht zu den „Rädelsführern" gehören, haften indessen nicht für sämtliche dabei auftretenden Körperverletzungen u. Sachbeschädigungen, sondern nur für die Folgen von Gewalttaten, die in ihrem Aktionsbereich ausgebrochen sind u. zu denen sie einen deutlichen Tatbeitrag als Mittäter oder Gehilfen geleistet haben. Eine Ausdehnung der zivilrechtlichen Haftung für die bei einer Großdemonstration angerichteten Schäden auf „passiv" bleibende Sympathisanten wäre verfassungswidrig, weil sie die Ausübung des Demonstrationsrechtes mit einem unkalkulierbaren und untragbaren Risiko verbände und somit das Grundrecht der Versammlungsfreiheit unzulässig beschränkte (BGH v. 24. 1. 1984).

Im übrigen gewährt das als Landesrecht weitergeltende *Tumultschädengesetz* von 1920 dem Geschädigten bei einem durch „innere Unruhen" verursachten Schaden unter bestimmten engen Voraussetzungen einen Ausgleichsanspruch gegen das jeweilige Bundesland.

Denkmalschutz. Aufgabe des D. ist es, die Kulturdenkmäler als Quellen u. Zeugnisse menschlicher Geschichte u. Entwicklung zu schützen u. zu erhalten. Der D. ist durch Landesgesetze geregelt; er hat aufgrund des 1980 verabschiedeten Gesetzes zur Berücksichtigung des D. im Bundesrecht auch Eingang in verschiedene Bundesgesetze (z. B. Bundesnaturschutzgesetz, Raumordnungsgesetz, Bundesfernstraßengesetz) gefunden. Kulturdenkmäler werden in ein Denkmalbuch eingetragen. Der Eigentümer eines solchen Denkmals ist verpflichtet, es im Rahmen des Zumutbaren instandzuhalten u. pfleglich zu behandeln. Er erhält zu diesem Zweck Zuschüsse, jedoch ohne Rechtsanspruch u. nur nach Maßgabe der verfügbaren Haushaltsmittel. Kommt er seinen Verpflichtungen nicht nach, kann die Denkmalschutzbehörde ggf. die erforderlichen Maßnahmen selbst treffen. Der Eigentümer bedarf darüber hinaus für alle Maßnahmen, die das Erscheinungsbild des Kulturdenkmals verändern oder beeinträchtigen, einer Genehmigung, die nur dann erteilt werden soll, wenn überwiegende Belange des Gemeinwohls nicht entgegenstehen. Bußgeldvorschriften verleihen den gesetzlichen Verpflichtungen zusätzlich Nachdruck. Unter bestimmten Voraussetzungen kann ein Kulturdenkmal enteignet werden. Falls eine sonstige denkmalschützende Maßnahme enteignende Wirkung auslöst, also über die zulässige Sozialbindung des Eigentums hinausgeht (z. B. Nichtgenehmigung der für die wirtschaftliche Nutzung eines unter D. stehenden Gebäudes erforderlichen baulichen Änderung), steht dem Eigentümer eine angemessene Entschädigung in Geld zu (→ Enteignung).

Depot. Als D. bezeichnet man die im Depotgesetz geregelte → Verwahrung bestimmter Wertpapiere (z. B. Aktien) durch eine Bank. Der Verwahrer ist verpflichtet, die Wertpapiere unter äußerlich erkennbarer Bezeichnung des Hinterlegers gesondert von anderen Beständen aufzubewahren. Er ist berechtigt, die Wertpapiere unter seinem Namen einem anderen Verwahrer zur Verwahrung anzuvertrauen. Mit Ermächtigung des Hinterlegers darf er sie auch in Sammelverwahrung nehmen. In diesem Fall entsteht für die bisherigen Eigentümer → Miteigentum an den zum Sammelbestand des Verwahrers gehörenden Wertpapieren derselben Art; der Hinterleger kann nicht die von ihm eingelieferten Stücke zurückfordern, sondern hat nur einen Anspruch auf Herausgabe einer entsprechenden Anzahl von Wertpapieren aus dem Sammelbestand. Wird der Verwahrer zur Tauschverwahrung ermächtigt, ist er befugt, die bei ihm hinterlegten Wertpapiere durch Wertpapiere derselben Art zu ersetzen.

Deutsche Demokratische Republik (DDR) ist der auf dem Gebiet der früheren sowjetischen Besatzungszone 1949, nach Gründung der Bundesrepublik, errichtete zweite deutsche Staat. Nach Art. 1 ihrer Verfassung vom 9. 4. 1968 in der geänderten Fassung vom 7. 10. 1974 ist die DDR ein *„sozialistischer Staat der Arbeiter und Bauern"* (bis 1974: „sozialistischer Staat deutscher Nation") mit

(Ost-)Berlin als Hauptstadt. Während die DDR in Übereinstimmung mit den übrigen Staaten des Warschauer Pakts Ost-Berlin als integrierenden Bestandteil ihres Hoheitsgebietes betrachtet, halten Bundesrepublik und Westmächte am Fortbestand der Vier-Mächte-Verantwortung für ganz Berlin fest. Abschnitt I der Verfassung regelt die Grundlagen der sozialistischen Gesellschafts- u. Staatsordnung. Alle politische Macht wird von den Werktätigen durch demokratisch gewählte Volksvertretungen ausgeübt (Art. 2, 5). Abschnitt II („Bürger u. Gemeinschaften in der sozialistischen Gesellschaft") gewährleistet *„sozialistische Gesetzlichkeit" u. Rechtssicherheit* (Art. 19). Die Verfassung verbürgt die meisten klassischen liberalen Grundrechte, darüber hinaus auch soziale Grundrechte wie Recht auf Arbeit (Art. 24) u. gleiches Recht auf Bildung (Art. 25), nicht jedoch die Berufsfreiheit, das Streikrecht u. die Ausreisefreiheit (die nach dem Grundgesetz Bestandteil der allgemeinen Handlungsfreiheit des Art. 2 I ist). Neben dem in Art. 11 gewährleisteten persönlichen Eigentum, dessen Gebrauch den Interessen der Gesellschaft nicht zuwiderlaufen darf (Art. 11), gibt es ein sozialistisches Eigentum als gesamtgesellschaftliches Volkseigentum, als genossenschaftliches Gemeineigentum werktätiger Kollektive u. als Eigentum gesellschaftlicher Organisationen der Bürger; das sozialistische Eigentum zu schützen und zu mehren, ist Pflicht des sozialistischen Staates u. seiner Bürger (Art. 10). Industriebetriebe u. a. sind Volkseigentum; Privateigentum daran ist unzulässig (Art. 12). Die auf überwiegend persönlicher Arbeit beruhenden kleinen Handwerks- u. anderen Gewerbebetriebe sind auf gesetzlicher Grundlage tätig; in der Wahrnehmung ihrer Verantwortung für die sozialistische Gesellschaft werden sie vom Staat gefördert (Art. 14). Abschnitt III der Verfassung behandelt Aufbau und System der staatlichen Leitung. Dabei fällt auf, daß die Organe der vollziehenden u. der rechtsprechenden Gewalt unmittelbar von der gesetzgebenden Gewalt abhängig sind; eine →Gewaltenteilung im herkömmlichen rechtsstaatlichen Sinne ist nicht vorgesehen. Die *Volkskammer* mit 500 Abgeordneten, die für 5 Jahre in freier, allgemeiner, gleicher u. geheimer Wahl gewählt werden, ist das oberste staatliche Machtorgan (Art. 48). Sie wählt die Mitglieder des Staatsrates und des Ministerrates, den Vorsitzenden des Nationalen Verteidigungsrates, die Richter des Obersten Gerichts und den Generalstaatsanwalt. Die Gewählten können jederzeit abberufen werden (Art. 50). Der Staatsrat ist Organ der Volkskammer; er vertritt die DDR völkerrechtlich (Art. 66). Der *Ministerrat* ist als Organ der Volkskammer die Regierung der DDR (Art. 76). In den 14 Bezirken, in den Kreisen, Städten, Stadtbezirken, Gemeinden und Gemeindeverbänden bestehen *örtliche Volksvertretungen* als gewählte Organe der Staatsmacht, die wiederum zur Wahrnehmung ihrer Verwantwortung einen Rat u.

Kommissionen wählen (Art. 81, 83). Abschnitt IV der Verfassung („Sozialistische Gesetzlichkeit u. Rechtspflege") geht von dem Prinzip aus, daß die sozialistische Gesellschaft, die politische Macht des werktätigen Volkes, ihre Staats- u. Rechtsordnung die grundlegende Garantie für die Einhaltung u. die Verwirklichung der Verfassung im Geiste der Gerechtigkeit, Gleichheit, Brüderlichkeit u. Menschlichkeit sind (Art. 86). Die Bürger u. ihre Gemeinschaften sind in die Rechtspflege einzubeziehen (Art. 87). Diese dient der Durchführung der sozialistischen Gesetzlichkeit, dem Schutz u. der Entwicklung der DDR u. ihrer Staats- u. Gesellschaftsordnung; sie schützt die Freiheit, das friedliche Leben, die Rechte u. die Würde der Menschen (Art. 90). Die Rechtsprechung wird durch das Oberste Gericht, die Bezirksgerichte, die Kreisgerichte u. die gesellschaftlichen Gerichte ausgeübt (Art. 92). Das *Oberste Gericht* ist der Volkskammer, in der sitzungsfreien Zeit dem Staatsrat verantwortlich u. untersteht der Aufsicht des Staatsrates (Art. 93, 74). Es leitet die Rechtspflege u. sichert die einheitliche Rechtsanwendung durch alle Gerichte. Richter kann nur sein, wer dem Volk u. seinem sozialistischen Staat treu ergeben ist (Art. 94). Alle Richter, Schöffen u. Mitglieder der gesellschaftlichen Gerichte werden durch die Volksvertretungen oder unmittelbar durch die Bürger gewählt. Sie sind rechenschaftspflichtig u. können wegen Verfassungs- oder Gesetzesverstoßes oder wegen sonstiger gröblicher Pflichtverletzung von ihren Wählern abberufen werden (Art. 95). Richterliche Unabhängigkeit ist demnach nicht gewährleistet. Zur Sicherung der sozialistischen Gesellschafts- u. Staatsordnung u. der Rechte der Bürger wacht die vom Generalstaatsanwalt geleitete Staatsanwaltschaft über die strikte Einhaltung der sozialistischen Gesetzlichkeit. Der *Generalstaatsanwalt* ist der Volkskammer bzw. dem Staatsrat verantwortlich u. untersteht der Aufsicht des Staatsrates (Art. 97, 98, 74). Unter den Schlußbestimmungen des Abschnitts V ist Art. 106 bemerkenswert, der eine Verfassungsänderung ohne qualifizierte Mehrheit ermöglicht.
Zu den rechtlichen Beziehungen zwischen Bundesrepublik u. DDR, zur Frage des Fortbestandes des Deutschen Reiches → Bundesrepublik Deutschland; → auch Grundlagenvertrag.

Deutschlandvertrag (Generalvertrag) ist der Vertrag zwischen der Bundesrepublik Deutschland und den Drei Mächten (Frankreich, Großbritannien, USA) vom 26. 5. 1952 i. d. F. des Pariser Protokolls über die Beendigung des Besatzungsregimes in der Bundesrepublik Deutschland vom 23. 10. 1954. Mit dem Inkrafttreten des D. am 5. 5. 1955 endete das Besatzungsregime. Das Besatzungsstatut wurde aufgehoben, die Alliierte Hohe Kommission u. die Dienststellen der Landeskommissare wurden aufgelöst. Dadurch erhielt die Bundesrepublik grundsätzlich die volle Souveränität. Ihre Staatsgewalt ist allerdings weiterhin insoweit beschränkt, als sich die drei Westmächte ihre Rechte u. Pflichten in bezug auf Berlin u. auf Deutschland als Ganzes, einschließlich der Wiedervereinigung u. einer friedensvertraglichen Regelung, vorbehalten haben. Die den Westmächten im D. vorbehaltenen Rechte hinsichtlich des Schutzes u. der Sicherheit der in der Bundesrepublik stationierten Streitkräfte sind infolge der am 24.6. 1968 verabschiedeten → Notstandsverfassung u. des Gesetzes zur Beschränkung des → Brief-, Post- u. Fernmeldegeheimnisses vom 13.8. 1968 erloschen. Zwar bleiben ausländische Truppen nach wie vor in der Bundesrepublik stationiert, auch können deutsche Behörden zu deren Schutz den Post- u. Fernmeldeverkehr überwachen. Die Sonderstellung der ausländischen Streitkräfte beruht jedoch nicht mehr auf Besatzungsrecht, sondern auf vertraglicher Vereinbarung zwischen der Bundesrepublik u. den Entsendestaaten.

DGB → Gewerkschaften.

Diebstahl (§ 242 StGB) ist die Wegnahme einer fremden beweglichen Sache in der Absicht, sie sich rechtswidrig zuzueignen. Die Tat ist mit Freiheitsstrafe bis zu 5 Jahren oder mit Geldstrafe bedroht. Der → Versuch ist strafbar.
Gegenstand des D. kann nur eine *fremde* bewegliche Sache sein; eigene Sachen kann man nicht stehlen. *Wegnahme* ist der Bruch fremden u. die Begründung eigenen Gewahrsams; dabei ist unter Gewahrsam ein rein tatsächliches Herrschaftsverhältnis zu verstehen. Der D. ist auf *Zueignung* gerichtet; der Dieb will sich also eine eigentümerähnliche Stellung verschaffen (zu bejahen, wenn er die Sache später weiterveräußern, zu verneinen, sofern er sie sofort zerstören will). Dazu bedarf es nicht notwendig der Zueignung der Sache selbst, es genügt die Zueignung des in ihr verkörperten Wertes. Daher liegt z. B. D. vor, wenn jemand ein Sparbuch wegnimmt, das er dem Inhaber nach Abheben des Geldes zurückgeben will. Die Zueignung muß *rechtswidrig* sein. Die Rechtswidrigkeit entfällt etwa, wenn der Täter einen fälligen Anspruch auf Übereignung der Sache hat.
In besonders schweren Fällen wird der D. nach § 243 StGB mit Freiheitsstrafe von 3 Monaten bis zu 10 Jahren bestraft. Die Vorschrift enthält 6 Regelbeispiele besonders schwerer Fälle (Einbruchs- oder Nachschlüsseldiebstahl, D. aus verschlossenem Behältnis, gewerbsmäßiger D., Kirchendiebstahl, gemeinschädlicher D., D. unter Ausnutzung der Hilflosigkeit eines anderen); doch kann auch ein von diesen Regelbeispielen nicht erfaßter D. unter die erhöhte Strafdrohung fallen. Häufigste Begehungsform ist der *Einbruchs- oder Nachschlüsseldiebstahl* (§ 243 I Nr. 1 StGB): Der Täter verschafft sich Zugang zu einem Gebäude oder einem an-

deren umschlossenen Raum (z. B. Wohnung, Dienstzimmer), indem er einbricht, einsteigt oder mit einem falschen Schlüssel oder einem sonstigen nicht zur ordnungsmäßigen Öffnung bestimmten Werkzeug eindringt; oder der Dieb hält sich zur Ausführung der Tat in dem Raum verborgen (z. B. der Täter läßt sich bei Geschäftsschluß im Warenhaus einschließen, um ungestört Beute zu machen). *Waffendiebstahl* und *Bandendiebstahl* sind nach § 244 StGB mit höherer Strafe (6 Monate bis zu 10 Jahren) bedroht. D. gegen einen Angehörigen, den Vormund oder eine mit dem Täter in häuslicher Gemeinschaft lebende Person wird nur auf → Strafantrag verfolgt (§ 247 StGB). Gleiches gilt für den D. geringwertiger Sachen, sofern nicht die Staatsanwaltschaft wegen besonderen öfftl. Interesses von Amts wegen einschreitet (§ 248 a StGB).

Dienstaufsicht → Aufsicht.

Dienstaufsichtsbeschwerde ist ein formloser → Rechtsbehelf, durch den der betroffene Bürger die mit der Dienstaufsicht (→ Aufsicht) betraute Behörde dazu veranlassen will, das Handeln eines Bediensteten zu überprüfen u. ggf. im Interesse des Bürgers zu korrigieren. Die D. kann gem. Art. 17 GG (→ Petitionsrecht) von jedermann erhoben werden, sie ist an keine Frist gebunden. Die Aufsichtsbehörde ist verpflichtet, die D. entgegenzunehmen, sie sachlich zu prüfen u. zu bescheiden; sie braucht jedoch ihre ablehnende Entscheidung nicht zu begründen.

Dienstbarkeiten sind beschränkte → dingliche Rechte. Das BGB unterscheidet zwischen Grunddienstbarkeit, beschränkter persönlicher D. u. Nießbrauch. Während die beiden erstgenannten Rechte nur an einem Grundstück bestellt werden können (→ Grundstücksrecht), kann mit dem Nießbrauch jeder Gegenstand (bewegliche Sache, Grundstück u. Recht) belastet werden. *Grunddienstbarkeit* (§§ 1018 ff. BGB) ist die Belastung eines Grundstücks in der Weise, daß der jeweilige Eigentümer eines anderen Grundstücks das dienende Grundstück in einzelnen Beziehungen benutzen darf, daß auf diesem bestimmte Handlungen nicht vorgenommen werden dürfen oder daß die Ausübung bestimmter Nachbarrechte ausgeschlossen ist (z. B. Einräumung eines Wegerechts, Bebauungsverbot, Duldung von Immissionen). Die *beschränkte persönliche D.* (§§ 1090 ff. BGB) entspricht inhaltlich der Grunddienstbarkeit, doch kommt als Berechtigter nicht der jeweilige Eigentümer eines anderen Grundstücks, sondern nur eine bestimmte Person in Betracht. Ein Unterfall der beschränkten persönlichen D. ist das dingliche Wohnungsrecht. Der *Nießbrauch* (§§ 1030 ff. BGB) ist das Recht, sämtliche Nutzungen des belasteten Gegenstandes zu ziehen, wobei allerdings einzelne

Nutzungen ausgeschlossen werden können. Es handelt sich, wie bei der beschränkten persönlichen D., um ein höchstpersönliches, d. h. nicht übertragbares u. vererbliches Recht; doch kann die Ausübung des Rechts einem anderen überlassen werden.

Diensteid. Der → Beamte hat einen D. zu leisten, der eine Verpflichtung auf das Grundgesetz enthalten muß (§ 40 I BRRG). Durch den D. bekräftigt er den Willen, seine Amtspflichten gewissenhaft zu erfüllen, insbes. Verfassung u. Gesetze zu befolgen u. Gerechtigkeit gegen jedermann zu üben. Entsprechendes gilt für den Richtereid (§ 38 DRiG). Berufssoldaten u. Soldaten auf Zeit verpflichten sich durch den D., der Bundesrepublik treu zu dienen u. das Recht u. die Freiheit des deutschen Volkes zu verteidigen (§ 9 SG). Der Wortlaut der Eidesformel darf die Glaubens- u. Gewissensfreiheit nicht beeinträchtigen; daher kann der Eid auch ohne die Worte „so wahr mir Gott helfe" geleistet werden. Bei Angestellten des öfftl. Dienstes, bei Soldaten, die Grundwehrdienst leisten, u. wahlweise bei den – in Ausnahmefällen berufenen – nichtdeutschen Beamten tritt an die Stelle des D. das *Gelöbnis.*

Dienstgeheimnis (Amtsgeheimnis). Dem D. unterliegen behördliche Angelegenheiten, deren Geheimhaltung durch Gesetz oder dienstliche Anordnung vorgeschrieben oder ihrer Natur nach erforderlich ist. Beamte sind zur Amtsverschwiegenheit verpflichtet (→ öffentlicher Dienst). Sie dürfen ohne Genehmigung des Dienstvorgesetzten über die dienstlichen Angelegenheiten weder gerichtlich noch außergerichtlich aussagen oder Erklärungen abgeben; die Genehmigung zur Zeugenaussage darf allerdings nur versagt werden, wenn die Aussage dem Wohl des Bundes oder eines Landes Nachteile bereiten oder die Erfüllung öfftl. Aufgaben erheblich beeinträchtigen würde (vgl. § 62 BBG). Die Verletzung des D. ist durch §§ 353 b, 353 c StGB mit Strafe bedroht.

Dienst nach Vorschrift ist eine Form des → Streiks, der darin besteht, daß die Arbeitnehmer den Betrieb durch übergenaue Befolgung der Vorschriften zum Erliegen bringen. Beamte, denen das Streikrecht nicht zusteht, dürfen sich an einem D. n. V. nicht beteiligen (→ öffentlicher Dienst).

Dienstvertrag (§§ 611 ff. BGB) ist ein gegenseitiger schuldrechtlicher Vertrag, durch den sich der Dienstverpflichtete zur Leistung der versprochenen Dienste, der Dienstberechtigte zur Gewährung der vereinbarten Vergütung verpflichtet. Eine Vergütung gilt als stillschweigend vereinbart, wenn die Dienstleistung den Umständen nach nur gegen Entgelt zu erwarten ist. Haben die Parteien versäumt, die Höhe der Vergütung festzusetzen, gilt die taxmäßige Entlohnung (z.B. nach der einschlägigen Gebührenordnung), sonst die ortsübliche Vergütung als vereinbart (§ 612 BGB). Der D. begründet ein *Dienstverhältnis* als → Dauerschuldverhältnis. Im Gegensatz zum → Werkvertrag kommt es beim D. nicht auf einen bestimmten Erfolg, das Arbeitsergebnis, an; vielmehr wird die Arbeitsleistung als solche geschuldet. Ein D. ist demnach z.B. der Behandlungsvertrag mit dem Arzt; demgegenüber ist der Architektenvertrag ein Werkvertrag. Ein Unterfall des D. ist der → *Arbeitsvertrag,* dessen Besonderheit darin besteht, daß der Dienstverpflichtete als → Arbeitnehmer abhängige Arbeit zu verrichten hat. Für den Arbeitsvertrag gelten arbeitsrechtliche Spezialregelungen, die die Vorschriften über den D. weitgehend verdrängen (→ Arbeitsverhältnis). Die §§ 611 ff. BGB finden keine Anwendung auf öfftl.-rechtl. Dienstverhältnisse wie das des → Beamten oder des → Richters.

Der Dienstverpflichtete hat die Dienste im Zweifel persönlich zu leisten, der Anspruch auf die Dienste ist im Zweifel nicht übertragbar (§ 613 BGB); eine Ausnahme gilt bei → Arbeitsverhältnissen für den Fall des Betriebsübergangs. Wenn der Dienstberechtigte mit der Annahme der Dienste in → Verzug gerät, kann der Dienstverpflichtete trotz Untätigkeit die vereinbarte Vergütung verlangen, ohne zur Nachleistung verpflichtet zu sein. Er muß sich allerdings ersparte Aufwendungen oder anderweitigen Erwerb anrechnen lassen (§ 615 BGB). Wird die Dienstleistung eines Arbeitnehmers infolge eines Umstands unmöglich, den weder er noch der Arbeitgeber zu vertreten hat, so kommt es nach der sog. *Sphärentheorie* für Bestehen oder Nichtbestehen des Vergütungsanspruchs darauf an, ob die Betriebsstörung auf die Sphäre des Arbeitgebers oder der Arbeitnehmer zurückzuführen ist. Das Betriebsrisiko (bei Ausfall von Strom, Heizung, Material, Maschinen usw.) trägt grundsätzlich der Arbeitgeber; er ist in solchen Fällen auch ohne Arbeitsleistung zur Entlohnung verpflichtet. Dagegen entfällt i.d.R. die Vergütungspflicht, falls die Betriebsstörung auf die Arbeitnehmersphäre zurückgeht, insbes. bei Streik innerhalb oder außerhalb des Betriebs. – Dem Dienstverpflichteten bleibt die Vergütung auch dann erhalten, wenn er für eine verhältnismäßig nicht erhebliche Zeit durch persönliche Gründe unverschuldet an der Dienstleistung verhindert wird (§ 616 BGB). Beruht die Verhinderung eines Arbeitnehmers auf Krankheit, so hat er für 6 Wochen Anspruch auf → Lohnfortzahlung.

Das Dienstverhältnis *endet* durch Zeitablauf, Zweckerreichung, Tod des Dienstverpflichteten, Aufhebungsvertrag oder durch → Kündigung. Eine *ordentliche Kündigung* ist allein bei unbefristeten Dienstverhältnissen u. nur unter Wahrung bestimmter Kündigungsfristen zulässig (§§ 620 II, 621, 622 BGB). Dabei ist zwischen Arbeitsverhältnissen u. sonstigen Dienstverhältnissen zu unterscheiden. Bei einem Dienstverhältnis, das kein Arbeitsverhältnis ist, richtet sich die Kündigungsfrist nach der für die Vergütung maßgeblichen Zahlungsweise (Tagesvergütung: Kündigung für den Ablauf des nächsten Tages, Wochenvergütung: spätestens am ersten Werktag einer Woche für den Ablauf des folgenden Sonnabends, Monatsvergütung: spätestens am 15. d. M. für den Ablauf des Kalendermonats); ist die Vergütung nicht nach Zeitabschnitten bemessen, kann die Kündigung grundsätzlich jederzeit erfolgen. Bei Arbeitsverhältnissen gelten abweichende Kündigungsfristen (→ Arbeitsverhältnis); zugleich sind die Bestimmungen über den → Kündigungsschutz zu beachten. Mit der fristlosen *außerordentlichen Kündigung* kann sowohl ein befristetes als auch ein unbefristetes Dienstverhältnis aufgelöst werden. Sie ist jedoch nur bei Vorliegen eines wichtigen Grundes zulässig (§ 626 BGB). – Nach Kündigung des Dienstverhältnisses hat der Dienstberechtigte dem Dienstverpflichteten auf Verlangen angemessene Zeit zur Stellensuche zu gewähren (§ 629 BGB). Bei Beendigung des Dienstverhältnisses kann der Dienstverpflichtete ein schriftliches → Zeugnis verlangen (§ 630 BGB).

Dingliches Recht → Sachenrecht.

Direkte Steuern → Steuerrecht.

Diskontierung → Wechsel.

Diskriminierungsverbot → Gleichberechtigung; → Wettbewerbsrecht.

Dispositionsmaxime (Verfügungsgrundsatz) bedeutet, daß die Parteien Inhalt u. Ablauf des gerichtlichen Verfahrens bestimmen (durch Klage, Klagerücknahme, Anerkenntnis, Vergleich, Rechtsmittel usw.). Die D. gilt in allen Verfahrensarten mit Ausnahme des Strafprozesses. Besondere Bedeutung hat sie im → Zivilprozeß. Der → Strafprozeß ist dagegen von der *Offizialmaxime* geprägt. Danach steht die Herrschaft über Einleitung u. Beendigung des Verfahrens einer staatlichen Behörde, nämlich der Staatsanwaltschaft, zu.

Dispositives Recht (nachgiebiges Recht) → Recht.

Dissens. Ein → Vertrag kommt nur bei übereinstimmenden Willenserklärungen zustande. Sind sich die Parteien nicht über alle – auch unwesentlichen – Punkte einig, ist der Vertrag im Zweifel nicht geschlossen (§ 154 BGB, *offener D.*). Glauben die Parteien hingegen, sich vollständig einig zu sein, obwohl in Wirklichkeit ein Einigungsmangel vorliegt (*versteckter D.*), so ist zu unterscheiden: Betrifft der Einigungsmangel einen unwesentlichen Punkt, so ist der Vertrag im übrigen wirksam; handelt es sich indes um einen wesentlichen Punkt, kommt ein Vertrag nicht zustande (§ 155 BGB). – Vom D. zu unterscheiden ist die Falschbezeichnung (falsa demonstratio): Ergibt die Auslegung der Willenserklärungen, daß die Parteien gleichwohl denselben Vertragsgegenstand meinen, so ist die unrichtige Benennung unbeachtlich (z. B. falsche Bezeichnung einer bestimmten Parzelle im Grundstückskaufvertrag).

dolus eventualis (bedingter Vorsatz) → Verschulden; → Schuld.

Doppelbesteuerung → Steuerrecht.

Drittschadensliquidation → Schadensersatz.

Drittschuldner → Pfändung.

Drittwirkung der Grundrechte → Grundrechte.

Drogensucht → Rauschgift.

Drohung ist Ausübung psychischen Zwangs. Im *Privatrecht* kann derjenige, der zur Abgabe einer Willenserklärung widerrechtlich durch D. bestimmt worden ist, die Erklärung → anfechten (§ 123 BGB), im *Strafrecht* ist D. Tatbestandsmerkmal zahlreicher Delikte. Dort verbindet sie sich meist mit dem Inaussichtstellen eines empfindlichen Übels (z. B. → Nötigung, → Erpressung) oder gegenwärtiger Gefahr für Leib oder Leben (z. B. → Vergewaltigung, → Raub).

E

Eheähnliche Gemeinschaft („freie Ehe", „Ehe ohne Trauschein")
ist das auf Dauer angelegte Zusammenleben von Mann und Frau
ohne Ehe (→ Eherecht). Wiewohl sie in der sozialen Realität zunehmend Verbreitung findet, ist die e. G. als solche gesetzlich
nicht geregelt. Nur das Sozialrecht berücksichtigt sie, allerdings
eher beiläufig u. keineswegs zu ihrem Vorteil: Nach § 122 BSHG
dürfen Personen, die in einer e. G. leben, bei der Berechnung der
→ Sozialhilfe nicht besser als Ehegatten gestellt werden. Die Vorschriften des BGB über Ehe u. Familie sind auf die e. G. nicht anwendbar. Allenfalls kommen die Bestimmungen über das → Verlöbnis in Betracht, aber nur dann, wenn sich die Partner die Ehe
versprochen haben – was in den meisten Fällen gerade nicht gewollt ist. Demnach bestehen keine wechselseitigen → Unterhaltspflichten. Stirbt ein Partner, bleibt der überlebende Teil von der
gesetzlichen → Erbfolge ausgeschlossen. Ein gemeinschaftliches
Kind ist nichtehelich (→ nichteheliches Kind); die → elterliche
Sorge steht daher allein der Mutter zu. Trennen sich die Partner
– was jederzeit formlos durch einseitigen Widerruf möglich ist –,
bereitet nicht selten die vermögensrechtliche Auseinandersetzung
Schwierigkeiten. Die Regeln über den im Fall der Ehescheidung
vorzunehmenden Zugewinnausgleich (→ Gütergemeinschaft) gelten weder unmittelbar noch analog. Da die e. G. von der Rspr.
nicht als → Gesellschaft anerkannt ist, finden auch die Vorschriften des BGB über deren Auflösung keine Anwendung. Soweit jedoch größere Vermögenswerte (z. B. Haus) gemeinsam angeschafft
worden sind, können diese Gegenstände nach gesellschaftsrechtlichen Bestimmungen aufgeteilt werden. Im übrigen gehören jedem
Partner die von ihm in die e. G. eingebrachten oder ausschließlich
von ihm bezahlten Sachen. Eine Rückforderung gemeinsam ver-
brauchten Geldes – etwa unter dem Gesichtspunkt der → ungerecht-
fertigten Bereicherung – ist dagegen nicht möglich.

Ehefähigkeit (§§ 1 ff. lff. EheG) ist die Fähigkeit, eine Ehe zu
schließen. Sie setzt Volljährigkeit (sog. *Ehemündigkeit*) voraus;
allerdings kann das → Vormundschaftsgericht von diesem Erfordernis befreien, wenn der minderjährige Antragsteller das 16. Lj.
vollendet hat u. sein künftiger Ehegatte volljährig ist. Eheunfähig
ist, wer geschäftsunfähig ist (→ Geschäftsfähigkeit); eine trotz-

dem geschlossene Ehe kann für nichtig erklärt werden. Der beschränkt Geschäftsfähige (z. B. ein Minderjähriger) bedarf zur Eheschließung der Einwilligung des → gesetzlichen Vertreters, also im allg. beider Eltern; wird sie ohne triftige Gründe verweigert, kann sie vom Vormundschaftsgericht ersetzt werden.

Eheliches Kind (§§ 1591 ff. BGB). Das e. K. untersteht der → elterlichen Sorge beider durch die Ehe miteinander verbundenen Elternteile; darin unterscheidet es sich vom → nichtehelichen Kind, für das allein die Mutter die elterliche Sorge hat. Das e. K. erhält den Ehenamen seiner Eltern (§ 1616 BGB). Ein Kind ist ehelich, wenn es während der Ehe (oder innerhalb von 302 Tagen nach ihrer Auflösung) geboren ist. Die Ehelichkeit setzt also nicht voraus, daß es während der Ehe gezeugt wurde, wohl aber, daß die Eheleute innerhalb der → *Empfängniszeit* (d. h. zwischen dem 181. und dem 302. vor der Geburt) Geschlechtsverkehr hatten. Das während der Ehe geborene Kind gilt selbst dann als ehelich, wenn es offenbar unmöglich ist, daß es vom Ehemann abstammt (z. B. weil dieser nicht zeugungsfähig ist). Die Nichtehelichkeit kann nämlich erst geltend gemacht werden, wenn sie in einem besonderen gerichtlichen Verfahren aufgrund einer *Ehelichkeitsanfechtung* durch rechtskräftiges Urteil festgestellt wurde (§§ 640 ff. ZPO). Zur Anfechtung sind allein der Mann und das Kind (also nicht die Mutter) berechtigt. Für den Anfechtungsprozeß gelten bestimmte Regeln über die Verteilung der Beweislast (→ Beweis). So wird gesetzlich vermutet, daß der Ehemann bei einem während der Ehe geborenen Kind der Frau innerhalb der Empfängniszeit beigewohnt hat; der die Ehelichkeit Anfechtende muß demnach beweisen, daß der Mann in diesem Zeitraum keinen Geschlechtsverkehr mit der Mutter hatte. War das Kind vor der Ehe gezeugt, gilt diese Vermutung in einem von dem Mann angestrengten Anfechtungsprozeß nicht; hier muß das Kind beweisen, daß der Mann der Frau während der Empfängniszeit beigewohnt hat. Ist es offenbar unmöglich, daß das Kind vom Ehemann abstammt, trägt die Partei, die sich im Anfechtungsprozeß auf die Ehelichkeit beruft, die Beweislast dafür, daß das Kind dennoch vom Ehemann gezeugt wurde.

Ehemündigkeit → Ehefähigkeit.

Eherecht. Das E. ist teils im 4. Buch des BGB, teils im Ehegesetz geregelt. Die Vorschriften des BGB sind dem Gleichberechtigungsgebot des Art. 3 II GG zunächst durch das Gleichberechtigungsgesetz von 1957 angenähert u. ihm schließlich durch das Erste Gesetz zur Reform des Ehe- u. Familienrechts vom 14. 6. 1976 (in Kraft seit 1. 7. 1977) voll angepaßt worden. – Die Ehe ist die grundsätzlich auf *Lebenszeit* bestimmte Lebensgemeinschaft zwi-

schen Mann und Frau. Sie wird dadurch geschlossen, daß die
→ Verlobten vor dem Standesbeamten persönlich u. bei gleichzeitiger Anwesenheit erklären, die Ehe miteinander eingehen zu
wollen (obligatorische Zivilehe). Nur in Ausnahmefällen kann
eine Ehe wegen eines unheilbaren Mangels (z. B. Doppelehe) *für
nichtig erklärt* oder wegen bestimmter Willensmängel bei der Eheschließung (z. B. Irrtum über wesentliche persönliche – geistige
oder körperliche – Eigenschaften des Ehepartners) *aufgehoben*
werden. Stets bedarf es dazu eines gerichtlichen Gestaltungsurteils. Eine vorzeitige Beendigung der grundsätzlich auf Lebensdauer eingegangenen Ehe ist im übrigen nur im Wege der → *Ehescheidung* möglich. Durch die Ehe sind die Ehegatten zu einer die
gesamten persönlichen u. vermögensrechtlichen Beziehungen zueinander umfassenden *ehelichen Lebensgemeinschaft* verpflichtet
(§ 1353 I BGB). Diese ist in Ausprägung des Gleichberechtigungsgebots durch den Grundsatz der Partnerschaft gekennzeichnet. Eheliche Lebensgemeinschaft bedeutet Geschlechts- u. häusliche Gemeinschaft, Einvernehmen über die das eheliche Zusammenleben betreffenden Entscheidungen sowie gegenseitigen Beistand, aber auch wechselseitige Rücksichtnahme. Von Bedeutung
sind insbes. folgende Rechtswirkungen: Die Ehegatten führen einen *gemeinsamen Familiennamen* (Ehenamen, § 1355 BGB). Sie
können bei der Eheschließung durch Erklärung gegenüber dem
Standesbeamten entweder den Geburtsnamen des Mannes oder
den der Frau zum Ehenamen bestimmen; treffen sie keine Bestimmung, ist der Geburtsname des Mannes Ehename. Der Ehegatte, dessen Geburtsname nicht Ehename wird, kann durch Erklärung gegenüber dem Standesbeamten dem Ehenamen seinen
Geburtsnamen oder den zur Zeit der Eheschließung geführten
Namen voranstellen. Die Ehegatten regeln die *Haushaltsführung
einvernehmlich;* beide sind zur *Erwerbstätigkeit* berechtigt
(§ 1356 BGB). Damit ist das frühere Leitbild der Hausfrauenehe
aufgegeben. Mann und Frau sind einander verpflichtet, durch
ihre Arbeit (dazu rechnet grundsätzlich auch die Haushaltsführung) u. mit ihrem Vermögen die *Familie angemessen zu unterhalten* (§ 1360 BGB). Da das BGB eine bestimmte Funktionenteilung
in der Ehe nicht mehr vorsieht, ist nach neuem Recht jeder Ehegatte befugt, → Rechtsgeschäfte zur angemessenen Deckung des
Lebensbedarfs der Familie mit Wirkung auch für den anderen
Ehegatten zu besorgen; durch solche Geschäfte werden grundsätzlich beide Ehegatten berechtigt u. verpflichtet (sog. *Schlüsselgewalt,* § 1357 BGB). Die Ehegatten leben im gesetzlichen → *Güterstand der Zugewinngemeinschaft,* wenn sie nicht durch Ehevertrag etwas anderes vereinbaren.

Ehescheidung. Die Ehe wird zwar grundsätzlich auf Lebenszeit
geschlossen (→ Eherecht). Sie kann aber unter bestimmten Vor-

aussetzungen durch das → *Familiengericht* geschieden werden. Das Recht der E. ist durch das am 1. 7. 1977 in Kraft getretene Erste Gesetz zur Reform des Ehe- und Familienrechts umfassend geändert worden. Das frühere Verschuldensprinzip – E. grundsätzlich nur wegen Verschuldens, wobei als Scheidungsgründe Ehebruch oder andere schwere Eheverfehlungen in Betracht kamen – wurde durch das *Zerrüttungsprinzip* ersetzt (§§ 1565ff. BGB). Eine Ehe kann nunmehr geschieden werden, wenn sie *gescheitert* ist, d. h., wenn die Lebensgemeinschaft der Ehegatten nicht mehr besteht und ihre Wiederherstellung nicht zu erwarten ist. Der die Scheidung beantragende Ehegatte muß das Scheitern der ehel. Lebensgemeinschaft beweisen. Dieser Beweis wird ihm durch *Zerrüttungsvermutungen* erleichtert. Danach wird unwiderleglich vermutet, daß die Ehe gescheitert ist, wenn die Ehegatten seit 3 Jahren getrennt leben, wenn also keine häusliche Gemeinschaft besteht u. ein Ehegatte sie erkennbar nicht herstellen will, weil er die ehel. Gemeinschaft ablehnt; im Falle einvernehmlicher E. begründet bereits einjährige Trennung die Zerrüttungsvermutung. Bei einer Trennungszeit von weniger als einem Jahr kann eine an sich gescheiterte Ehe – deren Zerrüttung bewiesen ist – nur geschieden werden, sofern ihre Fortsetzung für den Antragsteller aus Gründen, die in der Person des anderen Ehegatten liegen, eine unzumutbare Härte bedeutete; auf diese Weise soll einem rechtsmißbräuchlichen Verhalten des scheidungswilligen Ehegatten, der die Ehe selbst zerrüttet hat, vorgebeugt werden. Im übrigen ist das Gericht gehalten, das Scheidungsverfahren auszusetzen, falls nach seiner Überzeugung Aussicht auf Fortsetzung der Ehe besteht (z. B. durch Inanspruchnahme einer Eheberatungsstelle); die Aussetzung darf aber nicht länger als 1 Jahr, bei mehr als 3jähriger Trennung nicht länger als 6 Monate dauern. Das Gesetz sieht darüber hinaus *Härteklauseln* vor, die es ermöglichen, auch eine gescheiterte Ehe für einen begrenzten Zeitraum aufrechtzuerhalten: Die E. soll unterbleiben, wenn entweder die Aufrechterhaltung der Ehe im Interesse der minderjährigen Kinder aus besonderen Gründen ausnahmsweise notwendig ist oder wenn die E. für den scheidungsunwilligen Ehegatten aufgrund außergewöhnlicher Umstände (z. B. schwere Krankheit) eine so große Härte darstellte, daß die Aufrechterhaltung der Ehe ausnahmsweise geboten erscheint. Diese Härteklauseln sind jedoch nicht mehr anwendbar, sofern die Ehegatten länger als 5 Jahre getrennt leben. Die starre – auch extreme Situationen nicht berücksichtigende – 5-Jahres-Frist (§ 1568 II BGB) ist nach dem Beschluß des BVerfG v. 21. 10. 1980 mit Art. 6 I GG (Schutz von Ehe u. Familie) nicht vereinbar; das Gericht hat den Gesetzgeber aufgefordert, eine Regelung zu treffen, die es ausschließt, daß nach Ablauf einer 5jährigen Trennungsfrist ausnahmslos geschieden werden muß. Die Bundesregierung hat 1984 einen Gesetzentwurf zur Änderung des Scheidungsrechts eingebracht, der die Befristung der Härteklausel entfallen läßt.

Für das Scheidungsverfahren ist das Familiengericht zuständig. Es verhandelt u. entscheidet nicht nur über den Scheidungsantrag, sondern – grundsätzlich gleichzeitig – auch über die regelungsbedürftigen *Scheidungsfolgen*. Die E. wird im Regelfall erst ausgesprochen, wenn Klarheit über die elterliche Sorge für die gemeinschaftlichen Kinder, die Unterhaltspflicht zwischen den Ehegatten, den Versorgungsausgleich u. die güterrechtliche Auseinandersetzung besteht. Hierbei gilt im wesentlichen folgendes: Hinsichtlich der *elterlichen Sorge* hat das Familiengericht die Regelung zu treffen, die dem Wohl des Kindes am besten entspricht (§ 1671 BGB). Von einem übereinstimmenden Vorschlag der Eltern soll es nur im Interesse des Kindeswohls abweichen. Grundsätzlich ist die elterliche Sorge einem Elternteil allein zu übertragen. – Das neue *Unterhaltsrecht* (§§ 1569 ff. BGB) geht vom Prinzip der Eigenverantwortung der Geschiedenen aus. Besteht aber eine ehebedingte wirtschaftliche Abhängigkeit, so ist der andere Ehegatte unterhaltspflichtig. Daher kann ein Geschiedener Unterhalt verlangen, solange und soweit von ihm wegen Pflege oder Erziehung eines gemeinschaftlichen Kindes, wegen Alters, Krankheit oder sonstiger Gebrechen eine Erwerbstätigkeit nicht zu erwarten ist. Ein Unterhaltsanspruch besteht auch dann, wenn er nach der Scheidung keine seinen persönlichen u. den ehelichen Lebensverhältnissen entsprechenden Erwerbstätigkeit finden kann, wenn er eine infolge der Ehe nicht begonnene oder abgebrochene Ausbildung aufnimmt oder wenn von ihm aus sonstigen Gründen eine Erwerbstätigkeit nicht erwartet werden kann u. die Versagung des Unterhalts grob unbillig wäre. Umgekehrt ist zu beachten, daß der schuldunabhängige Unterhaltsanspruch auf Grenzen stößt. Gemäß der Härteklausel des § 1579 I BGB ist er bei grober Unbilligkeit herabzusetzen oder zu versagen, etwa weil der Berechtigte seine Bedürftigkeit mutwillig herbeigeführt hat. Nach dem Gesetzentwurf der Bundesregierung entfällt der Unterhaltsanspruch auch dann, wenn dem Berechtigten ein offensichtlich schwerwiegendes, eindeutig bei ihm liegendes Fehlverhalten gegen den Verpflichteten oder einen nahen Angehörigen des Verpflichteten zur Last fällt. Der frühere § 1579 II BGB schloß die Anwendung der Härteklausel aus, sofern der Berechtigte ein gemeinschaftliches Kind zu pflegen oder zu erziehen hatte. Diese Vorschrift ist vom BVerfG für verfassungswidrig erklärt worden (Urteil v. 14. 7. 1981). Der Gesetzentwurf der Bundesregierung sieht nur noch vor, daß bei der Anwendung der Härteklausel auch die Belange des vom Berechtigten betreuten gemeinschaftlichen Kindes zu berücksichtigen sind. Die Höhe des Unterhalts bestimmt sich nach dem gemeinsamen Lebensstandard zur Zeit der

Ehe. – Durch die Eherechtsreform wurde darüber hinaus der sog. *Versorgungsausgleich* eingeführt (§§ 1587 ff. BGB). Die dazu ergangenen überaus komplizierten Vorschriften lassen sich in der Formel zusammenfassen, daß im Fall der E. die während der Ehe erworbenen Anwartschaften auf Alters- u. Invaliditätsversorgung (einschl. Beamtenpension u. privater Lebensversicherung) zwischen den geschiedenen Eheleuten ausgeglichen werden. Derjenige, dem die werthöheren Anwartschaften zustehen, ist zum Ausgleich in Höhe der Hälfte des Wertunterschiedes verpflichtet. Hat z. B. während der Ehe der Mann eine Rentenanwartschaft von monatlich 400 DM, die Frau eine solche von 200 DM erworben, so wird die Anwartschaft des Mannes auf 300 DM reduziert, die der Frau auf denselben Betrag erhöht. Der Ausgleich ist grundsätzlich durch Übertragung des abgespaltenen Teils der Rentenanwartschaft zu vollziehen *(Rentensplitting)*. Wenn das, wie im Fall der Ehefrau eines Beamten, nicht möglich ist, wird die Frau in der gesetzlichen Rentenversicherung nachversichert u. die Pensionsanwartschaft des Mannes entsprechend gekürzt („Quasi-Splitting"). Kann ein Ausgleich weder auf die eine noch auf die andere Weise bewirkt werden (Beispiel: der Ausgleichspflichtige ist in einer privaten Lebensversicherung versichert), so hatte der Verpflichtete ursprünglich zugunsten des anderen Ehegatten Beiträge an die Rentenversicherung zu entrichten u. dadurch eine Rentenanwartschaft zu begründen (§ 1587 b BGB a. F.). Statt dessen ermöglicht nunmehr das Gesetz zur Regelung von Härten im Versorgungsausgleich v. 21. 2. 1983 bargeldlose Ausgleichsformen innerhalb privatrechtlicher oder öfftl.-rechtlicher Versorgungssysteme. Für bestimmte Härtefälle (z. B. Tod des Berechtigten vor Eintritt des Versorgungsfalles) schreibt das Gesetz vor, daß die durch den Versorgungsausgleich bewirkte Kürzung der Versorgung des Ausgleichsverpflichteten rückgängig zu machen ist. – Zur *güterrechtlichen Auseinandersetzung* → Güterstand.

Ehrenamt ist ein öffentliches Amt, das der Inhaber unentgeltlich neben seinem bürgerlichen Beruf ausübt. Der Amtsträger erhält nur die Auslagen u. den Verdienstausfall erstattet. Ein E. haben inne: Ehrenbeamte (z. B. Wahlkonsul) u. ehrenamtliche Richter (z. B. Schöffen).

Ehrenschutz → Persönlichkeitsrecht.

Eid, eidesstattliche Versicherung. Der Eid ist das ernste, feierliche Gelöbnis, das entweder die Gewißheit über eine Tatsache verschaffen (*assertorischer E.*) oder die Erfüllung eines Versprechens sichern soll (*promissorischer E.*). Einen assertorischen E. leisten Zeugen und Sachverständige im gerichtlichen Verfahren (Voraussetzung ist *Eidesmündigkeit,* die grundsätzlich mit Vollendung des 16. Lj. eintritt, §§ 393 ZPO, 60 StPO). Demgegenüber sind der Amtseid eines Verfassungsorgans (z. B. des Bundespräsidenten, Art. 56 GG) u. der →Diensteid des Beamten (z. B. § 58 BBG) assertorische E. Zu unterscheiden sind die *Eidesformel,* die den eigentlichen E. bildet („ich schwöre"), und die *Eidesnorm,* die die Aussage bzw. das Versprechen enthält. Der E. kann mit oder ohne religiöse Beteuerungsform („so wahr mir Gott helfe") geleistet werden (z. B. Art. 56 GG, §§ 58 BBG, 481 ZPO, 66c StPO). Der Gesetzgeber hat darüber hinaus für einen Zeugen oder Sachverständigen, der angibt, daß er aus Glaubens- oder Gewissensgründen keinen E. leisten wolle, die Möglichkeit der *eidesgleichen Bekräftigung* eingeführt (§§ 484 ZPO, 66d StPO). Die beschworene Falschaussage kann als →Meineid oder fahrlässiger Falscheid bestraft werden. Die *eidesstattliche Versicherung,* von geringerem Gewicht als der E., dient in den durch Gesetz oder Rechtsverordnung bestimmten oder zugelassenen Fällen dazu, eine Tatsachenbehauptung vor Gericht oder Behörde glaubhaft zu machen (vgl. insbesondere § 294 ZPO, § 27 VwVfG). Im Zivilprozeß hat sie vor allem im Eilverfahren des →Arrests u. der →einstweiligen Verfügung Bedeutung, ferner – an Stelle des früheren *Offenbarungseids* – zur Bekräftigung der Richtigkeit eines vom Schuldner vorgelegten Vermögensverzeichnisses nach erfolglos verlaufener →Zwangsvollstreckung wegen Geldforderungen in sein bewegliches Vermögen (§ 807 ZPO). Zur Strafbarkeit der falschen e. V. →Meineid.

Eigentum i. S. des →Sachenrechts ist das umfassende Herrschaftsrecht über eine Sache. Das vom liberal-individualistischen Grundsatz der →Privatautonomie geprägte BGB räumt dem Eigentümer die Befugnis ein, mit der Sache nach Belieben zu verfahren und andere von jeder Einwirkung auszuschließen; doch ist die absolute Herrschaftsmacht insoweit eingegrenzt, als Gesetz oder Rechte Dritter entgegenstehen (§ 903 BGB). So unterliegt etwa der Grundeigentümer den sich aus dem →Nachbarrecht ergebenden Beschränkungen. Das E., das vom →Besitz streng zu unterscheiden ist, kann auf verschiedene Weise erworben werden, z. B. durch →Erbfolge, Zuschlag in der →Zwangsversteigerung, →Ersitzung, →Enteignung. Am geläufigsten ist der rechtsgeschäftliche Erwerb durch →Übereignung. Neben dem Alleineigentum gibt es →Miteigentum u. Gesamthandseigentum (→Gemeinschaft).
Durch Art. 14 GG ist das Privateigentum verfassungsrechtlich garantiert. Der Eigentumsbegriff des GG geht allerdings über den des Sachenrechts hinaus. Er umfaßt nicht nur das Sacheigentum, sondern jedes vermögenswerte Recht (z. B. Forderungen, Wertpapiere, Gesellschaftsanteile). Im modernen →Sozialstaat schließt die Eigentumsgarantie grundsätzlich auch subjektive öfftl.

Rechte ein. Diese sind insoweit geschützt, als sie dem Inhaber eine der Eigentümerposition entsprechende Rechtsstellung verschaffen, insbes. dann, wenn sie auf eigener Leistung beruhen (z. B. Gehaltsanspruch des Beamten, Renten). Art. 14 I 1 GG gewährleistet das E. als → Grundrecht. Es sichert dem Eigentümer dadurch einen Freiheitsraum im vermögensrechtlichen Bereich. Darüber hinaus schützt es das E. durch eine → Institutsgarantie als tragenden Bestandteil der Rechtsordnung vor Beseitigung und Aushöhlung. Zugleich unterwirft aber die Verfassung das E. der *Sozialbindung;* sein Gebrauch soll auch dem Wohl der Allgemeinheit dienen (Art. 14 II GG). Dabei kommt dem Gesetzgeber die Aufgabe zu, Inhalt und Schranken des E. zu bestimmen (Art. 14 1 II GG). Seiner Gestaltungsfreiheit sind um so engere Grenzen gezogen, je mehr Eigentumsnutzung u. -verfügung innerhalb der Eigentümersphäre verbleiben. Steht das Eigentumsobjekt hingegen in einem sozialen Bezug u. einer sozialen Funktion, ist der Spielraum des Gesetzgebers verhältnismäßig weit. Daher verstoßen z. B. Vorschriften des → Baurechts, des Natur-, Landschafts- u. Umweltschutzes (→ Umweltrecht) oder des sozialen Mietrechts (→ Miete), die den Grundeigentümer in seiner Verfügungsgewalt beschränken, nicht gegen die Eigentumsgarantie. Auch die Begrenzung des Unternehmenseigentums durch die → Mitbestimmung nach dem Mitbestimmungsgesetz 1976 hält sich im Rahmen zulässiger Inhalts- u. Schrankenbestimmung.

Eigentumsvorbehalt. Hat sich der Verkäufer einer beweglichen Sache das Eigentum bis zur Zahlung des Kaufpreises vorbehalten, so ist im Zweifel anzunehmen, daß die → Übereignung unter der aufschiebenden → Bedingung vollständiger Kaufpreiszahlung erfolgt u. daß der Verkäufer zum → Rücktritt vom Vertrag berechtigt ist, wenn der Käufer mit der Zahlung in → Verzug kommt (§ 455 BGB, → Kauf). Der E. ist von großer Bedeutung bei den → Abzahlungsgeschäften und spielt außerdem im Geschäftsverkehr zwischen den verschiedenen Verarbeitungs- und Handelsstufen eine wichtige Rolle.

Mit Bedingungseintritt – der vollständigen Kaufpreiszahlung – wird der Käufer automatisch Volleigentümer. Bis dahin steht ihm ein *Anwartschaftsrecht* zu, das wie das Eigentum übertragbar und vererblich ist. Überträgt der Vorbehaltskäufer unter Aufdeckung des E. sein Anwartschaftsrecht an einen Dritten, so geht das Eigentum bei Bedingungseintritt unmittelbar vom Vorbehaltsverkäufer auf den Dritten über; es findet also kein Durchgangserwerb statt. Folge: Hatte ein Gläubiger des Vorbehaltskäufers die Sache bei diesem gepfändet, entsteht bei Bedingungseintritt kein wirksames Pfandrecht, sofern er nicht auch das Anwartschaftsrecht hatte pfänden lassen (→ Pfändung). Wenn der Vorbehaltskäufer – vertragswidrig – die Sache selbst an einen gutgläubigen

Dritten übereignet, erwirbt dieser unter den Voraussetzungen der §§ 932 ff. BGB volles Eigentum (→ gutgläubiger Erwerb), so daß der E. erlischt. Um das zu verhindern, pflegen Verkäufer eines unter E. verkauften Kfz. den Kfz.-Brief einzubehalten. Besondere Arten des E. sind der erweiterte und der verlängerte E. Der *erweiterte E.* sichert nicht nur die Kaufpreisforderung, sondern sämtliche Forderungen aus der Geschäftsverbindung. Beim *verlängerten E.* ist der Vorbehaltskäufer zur Veräußerung oder Verarbeitung der Sache befugt; als Ersatz für den dadurch erlöschenden E. überträgt er von vornherein die aus der Veräußerung entstehende Forderung bzw. das neue Arbeitsprodukt sicherungshalber an den Vorbehaltsverkäufer. Kollidiert die Sicherungsabtretung der künftigen Forderung mit einer – gleichfalls zu Sicherungszwecken vorgenommenen – Globalzession an eine Bank, gebührt nach dem Grundsatz der Priorität dem Erstzessionar der Vorrang (→ Abtretung).

Einbruchsdiebstahl → Diebstahl.

Einbürgerung ist der Erwerb der → Staatsangehörigkeit durch staatlichen Hoheitsakt. Frühere deutsche Staatsangehörige, denen die Staatsangehörigkeit während der NS-Zeit aus politischen, rassischen oder religiösen Gründen entzogen worden ist, u. ihre Angehörigen haben gem. Art. 116 II 1 GG einen verfassungsrechtlich verbürgten Anspruch auf E. Nach Ansicht des Bundesverfassungsgerichts sind diese Ausbürgerungsakte nichtig, so daß Art. 116 II 1 GG nur die Bedeutung hat, ausgebürgerten Deutschen die deutsche Staatsangehörigkeit nicht gegen ihren Willen aufzudrängen. Im übrigen ist die E. nach §§ 8 ff. RuStAG in das Ermessen der Einbürgerungsbehörde gestellt: Ein Ausländer, der sich im Inland niedergelassen hat, kann auf Antrag eingebürgert werden, wenn er geschäftsfähig ist, einen unbescholtenen Lebenswandel geführt hat sowie über ausreichendes Unterkommen u. eine gesicherte Existenzgrundlage verfügt (§ 8); in der Praxis wird nach den Einbürgerungsrichtlinien ein 10jähriger ununterbrochener Aufenthalt vorausgesetzt. Der Ehegatte eines Deutschen soll – sofern nicht erhebliche Belange der Bundesrepublik entgegenstehen – unter den Voraussetzungen des § 8 eingebürgert werden, wenn er die bisherige Staatsangehörigkeit verliert oder aufgibt u. wenn gewährleistet ist, daß er sich in die deutschen Lebensverhältnisse einordnet (§ 9).

Eingetragener Verein (e. V.) → Verein.

Eingriffsverwaltung → Verwaltung.

Einheitswert → Steuerrecht.

Einkommensteuer → Steuerrecht.

Einlassung ist im Zivilprozeß die Verhandlung des Beklagten zu dem mit der → Klage geltend gemachten Anspruch (Verhandlung zur Hauptsache). An die E. knüpfen sich wichtige prozessuale Folgen: Der Beklagte kann sich z. B. nicht mehr auf die Unzuständigkeit des Gerichts berufen (§ 39 ZPO); seine Einwilligung in eine Klageänderung wird fingiert (§ 267 ZPO); eine Klagerücknahme ist nur noch mit seiner Zustimmung zulässig (§ 269 ZPO). Bei Unterbleiben der E. kann ein → Versäumnisurteil ergehen (§§ 333, 331 ZPO). *Einlassungsfrist* ist der Zeitraum zwischen der Zustellung der Klageschrift u. dem Termin zur mündlichen Verhandlung; sie beträgt im Regelfall mindestens 2 Wochen (§ 274 III ZPO).

Einmanngesellschaft. Bei der → Personengesellschaft hat die Reduzierung der Mitgliederzahl auf nur eine Person zwangsläufig das Ende der Gesellschaft zur Folge. Erwirbt dagegen der Gesellschafter einer → Kapitalgesellschaft sämtliche Gesellschaftsanteile (z. B. sämtliche Aktien einer AG oder sämtliche Geschäftsanteile einer GmbH), wird die Existenz der Gesellschaft, die ihre Grundlage im Gesellschaftsvermögen hat, davon nicht berührt. Es gibt zwar keine Personenvereinigung mehr, aber der in den Gesellschaftsanteilen (z. B. Aktien) verkörperte objektive Bestand der Mitgliedschaften u. die juristische Person der Gesellschaft bleiben erhalten. Nach § 1 des zum 1. 1. 1981 novellierten GmbH-Gesetzes kann eine GmbH sogar von vornherein als E. gegründet werden.

Einrede. 1. Im Privatrecht ist E. das subjektive Recht, die Erfüllung eines Anspruchs zu verweigern. Der Anspruch bleibt zwar bestehen, wird aber in seiner Durchsetzung gehemmt. Man unterscheidet nach der Dauer ihrer Wirkung *aufschiebende* (dilatorische) E., z. B. → Stundung, u. *zerstörende* (peremptorische) E., z. B. → Verjährung. Während also die E. den Anspruch als solchen unberührt läßt u. nur ein Leistungsverweigerungsrecht begründet, wird durch eine *Einwendung* entweder die Entstehung des Anspruchs von vornherein gehindert (z. B. wegen Nichtigkeit des Vertrages) oder der ursprünglich bestehende Anspruch vernichtet (z. B. infolge Erfüllung des Anspruchs). Im Zivilprozeß werden Einwendungen von Amts wegen, E. dagegen nur dann berücksichtigt, wenn sich der Beklagte ausdrücklich auf sie beruft. 2. Die ZPO verwendet demgegenüber eine andere Terminologie. Sie versteht unter E. jede Tatsachenbehauptung des Beklagten, die sich nicht darauf beschränkt, die klagebegründenden Behauptungen einfach zu leugnen. Die prozessuale E. umfaßt sowohl die materiell-rechtlichen E. u. Einwendungen (s. o. unter 1) als auch prozeßhindernde E. (z. B. Rüge der Unzuständigkeit des Gerichts).

Einseitiges Rechtsgeschäft → Rechtsgeschäft; → Geschäftsfähigkeit.

Einspruch. Im *gerichtlichen Verfahren* ist der E. ein → Rechtsbehelf, der zur Überprüfung der angefochtenen Entscheidung in derselben Instanz führt. Der E. ist im *Zivilprozeß* vorgesehen gegen das → Versäumnisurteil und gegen den auf der Grundlage des Mahnbescheids (→ Mahnverfahren) erlassenen Vollstreckungsbescheid (§§ 338, 700 ZPO). Er ist schriftlich innerhalb von 2 Wochen einzulegen. Im *Strafprozeß* kann der Beschuldigte gegen den → Strafbefehl binnen 1 Woche schriftlich oder zu Protokoll der Geschäftsstelle E. einlegen (§ 409 StPO). Im *Verwaltungsverfahren* gibt es gegen Verwaltungsakte grundsätzlich nur noch den außergerichtlichen Rechtsbehelf des Widerspruchs (→ Widerspruchsverfahren) statt des früher üblichen E.; doch können im *Besteuerungsverfahren* Bescheide der Finanzbehörden mit dem E. angegriffen werden, über den die Behörde, die den Verwaltungsakt erlassen hat, entscheidet (→ Steuerrecht). Im *Ordnungsverfahren* (→ Ordnungswidrigkeiten) löst der E. gegen den Bußgeldbescheid – innerhalb 1 Woche nach Zustellung schriftlich oder zu Protokoll bei der Verwaltungsbehörde – ein gerichtliches Verfahren aus (§ 67 OWiG).

Einstweilige Anordnung ist eine vorläufig gerichtliche Maßnahme, die vor Erlaß der endgültigen Entscheidung zum Schutz eines Betroffenen ergeht. Sie ist in verschiedenen Verfahrensarten üblich, z. B. im Verfahren vor dem Bundesverfassungsgericht (§ 32 BVerfGG) oder im Verfahren vor dem Familiengericht in Ehesachen (§ 620 ZPO). Besondere Bedeutung hat die e. A. im → *verwaltungsgerichtlichen Verfahren* erlangt, wo sie weitgehend der → einstweiligen Verfügung des Zivilprozesses entspricht. Das Gericht kann auf Antrag, auch schon vor Klageerhebung, durch e. A. entweder die Aufrechterhaltung eines Zustands anordnen, wenn die Gefahr besteht, daß durch dessen Änderung die Verwirklichung eines Rechts des Antragstellers vereitelt oder erschwert wird; es kann aber auch einen vorläufigen Zustand einstweilen regeln, wenn das nötig erscheint, um drohende Gewalt oder wesentliche Nachteile zu verhindern. Die e. A. darf grundsätzlich die endgültige Entscheidung nicht vorwegnehmen. Sie kommt nicht in Betracht, wenn die Aussetzung der Vollziehung eines Verwaltungsaktes nach § 80 VwGO erreicht werden kann (→ Widerspruchsverfahren). Der Antrag auf Erlaß einer e. A. muß die ihn begründenden Tatsachen → glaubhaft machen. Der Beschluß kann ohne mündliche Verhandlung ergehen. Gegen ihn gibt es das → Rechtsmittel der Beschwerde (Art. 2 § 3 EntlG).

Einstweilige Verfügung (§§ 935 ff. ZPO). Die e. V. ist eine vorläufige gerichtliche Anordnung im Zivilprozeß, die die Durchsetzung eines nicht auf Geld gerichteten Anspruchs sichern soll (bei Geldforderungen kommt nur der → Arrest in Betracht) oder dazu bestimmt ist, in einem streitigen Rechtsverhältnis einen einstweiligen Friedenszustand herbeizuführen. Sie setzt einen Anspruch u. einen Verfügungsgrund voraus; beide brauchen nicht bewiesen, sondern nur → glaubhaft gemacht zu werden. Ein Verfügungsgrund ist gegeben, wenn ohne e. V. die Durchsetzung des Anspruchs gefährdet wäre bzw. wenn die e. V. zur Erhaltung des Rechtsfriedens nötig erscheint. Auf die e. V., die grundsätzlich nicht der Befriedigung, sondern nur der Sicherung des Gläubigers dienen darf, sind im übrigen die Arrestvorschriften entsprechend anzuwenden.

Eintragung ist die Aufnahme eines rechtserheblichen Vorgangs in ein öfftl. Register. Sie ermöglicht die Erteilung einschlägiger Auskünfte an Behörden oder die Allgemeinheit und dient vielfach der Sicherheit des Rechtsverkehrs. So sind strafgerichtliche Verurteilungen in das → Bundeszentralregister, Verkehrsverstöße in das → Verkehrszentralregister einzutragen; ein → Kaufmann ist verpflichtet, seine Firma zur E. in das → Handelsregister anzumelden. Bestimmte Rechtsgeschäfte bedürfen zu ihrer Wirksamkeit der E. Das gilt insbesondere für eine Verfügung über Grundstücksrechte; die Rechtsänderung tritt erst mit ihrer E. in das Grundbuch ein (→ Grundstücksrecht).

Einwendung → Einrede.

Einwilligung des Verletzten ist ein Rechtfertigungsgrund, der die → Rechtswidrigkeit eines an sich gegebenen Rechtsverstoßes (z. B. einer unerlaubten oder einer mit Strafe bedrohten Handlung) entfallen läßt. Das setzt allerdings voraus, daß der Einwilligende über das verletzte Rechtsgut überhaupt verfügen durfte (deshalb z. B. keine rechtfertigende E. in die → Tötung, da sogar Tötung auf Verlangen nach § 216 StGB strafbar ist). Darüber hinaus ist erforderlich, daß die E. im Augenblick der Tat vorliegt (nachträgliche Zustimmung bewirkt keine Rechtfertigung), daß sie – ausdrücklich oder stillschweigend – erklärt wird (durch Teilnahme am sportlichen Wettkampf wird zugleich die E. in die für die Sportart typischen Körperverletzungen, auch infolge leichter Fouls, bekundet), daß der Einwilligende generell die gebotene Urteilsfähigkeit besitzt (denkbar bei Minderjährigen, nicht bei Kindern) und im Einzelfall, vor allem bei schwierigen Sachverhalten, die Bedeutung der E. erkennt (daher grundsätzlich ärztliche Aufklärungspflicht bei gefährlichen Operationen, → Arztrecht). Im übrigen darf die Tat, in die eingewilligt wird, nicht gegen die → guten Sitten verstoßen (vgl. § 226 a StGB). Ist der Betroffene, z. B. wegen Bewußtlosigkeit, außerstande, in die Rechtsgutverletzung einzuwilligen, kann diese trotzdem unter dem Gesichtspunkt der vermuteten E. nach den Regeln der → Geschäftsführung ohne Auftrag gerechtfertigt sein.

Eisenbahnbetriebshaftung. Wird bei dem Betrieb einer Schienenbahn (also auch Straßenbahn) oder Schwebebahn ein Mensch getötet, körperlich verletzt oder eine Sache beschädigt, so ist der Betriebsunternehmer schadenersatzpflichtig. Die E. ist → Gefährdungshaftung. Sie entfällt, wenn der Unfall durch → höhere Gewalt verursacht ist. Bei einer Straßenbahn ist die Haftung ausgeschlossen, wenn der Unfall durch ein unabwendbares Ereignis verursacht ist, das weder auf einem Fehler in der Beschaffenheit der Fahrzeuge oder Anlagen der Schienenbahn noch auf einem Versagen ihrer Vorrichtungen beruht (§ 1 Haftpflichtgesetz). Mitverschulden des Geschädigten ist nach § 254 BGB zu berücksichtigen (§ 4 HPflG). Die Schadensersatzpflicht umfaßt im Fall der Tötung die Kosten versuchter Heilung, des Verdienstausfalls während der Krankheit sowie die Beerdigungkosten, ferner Rente für Unterhaltsberechtigte (§ 5 HPflG). Bei Körperverletzung sind Heilungskosten sowie Erwerbsunfähigkeits- bzw. -minderungsrente zu zahlen (§§ 6, 8 HPflG). Die Jahresrente beträgt höchstens 36 000 DM (§ 9 HPflG). Weitergehende Ansprüche nach anderen gesetzlichen Vorschriften (z. B. aus → unerlaubter Handlung) bleiben unberührt (§ 12 HPflG). Das Haftpflichtgesetz regelt im übrigen auch die Haftung des Inhabers einer Energieanlage (z. B. Elektrizitäts-, Gaswerk) u. sonstiger Betriebsunternehmer (Bergwerk, Steinbruch u. a.).

Eisenbahn-Verkehrs-Ordnung → Beförderungsvertrag.

Elterliche Sorge (§§ 1626 ff. BGB) ist der Inbegriff der Rechte und Pflichten der Eltern gegenüber ihren minderjährigen Kindern. Sie umfaßt die Personensorge und die Vermögenssorge für das Kind sowie dessen Vertretung. Die Eltern haben die e. S. in eigener Verantwortung u. im gegenseitigen Einvernehmen auszuüben. Bei Meinungsverschiedenheiten müssen sie versuchen, sich zu einigen. Sind sie außerstande, in einer wichtigen Angelegenheit Einvernehmen zu erzielen, so kann das → Vormundschaftsgericht die Entscheidungsbefugnis in dem konkreten Fall auf Antrag einem Elternteil übertragen. Die *Personensorge* dient dem leiblichen, seelischen und geistigen Wohl des Kindes. Dazu gehören die Pflege, Erziehung u. Beaufsichtigung des Kindes wie auch die Befugnis, seinen Aufenthalt zu bestimmen. Die Eltern können über den Umgang des Kindes entscheiden u. es von jedem herausverlangen, der es ihnen widerrechtlich vorenthält. Die *Vermö-*

genssorge betrifft die finanziellen Interessen des Kindes. Da Kinder heute nur selten eigenes Vermögen besitzen, sind die dafür maßgeblichen Vorschriften im allgemeinen nur von geringer praktischer Bedeutung. Es geht hier insbesondere darum, daß die Eltern das dem Kind gehörende Geld nach den Grundsätzen einer wirtschaftlichen Vermögensverwaltung (also i. d. R. verzinslich) anlegen, daß sie unter bestimmten Voraussetzungen (z. B. bei Schenkungen oder Zuwendungen von Todes wegen an das Kind im Wert von mehr als 10 000 DM) dem → Vormundschaftsgericht ein Vermögensverzeichnis einreichen u. daß wichtige Rechtsgeschäfte des Kindes (z. B. Grundstücks- u. Gesellschaftsverträge) der Genehmigung des Vormundschaftsgerichts bedürfen. Als → gesetzliche Vertreter *vertreten* die Eltern das geschäftsunfähige oder in der → Geschäftsfähigkeit beschränkte Kind im Rechtsverkehr. → Willenserklärungen in seinem Namen müssen sie gemeinschaftlich abgeben; ist jedoch eine Willenserklärung dem Kind gegenüber abzugeben, so genügt die Abgabe gegenüber einem Elternteil. – Das Recht der e. S. ist mit Wirkung vom 1. 1. 1980 durch das Gesetz zur Neuregelung der e. S. vom 18. 7. 1979 weitgehend umgestaltet worden. Das Reformgesetz hat nicht nur zu einem Begriffsaustausch („elterliche Sorge" statt der früheren „elterlichen Gewalt") geführt, sondern an die Stelle des zuvor eher patriarchalisch geprägten Leitbilds der Familie die Zielvorstellung der *partnerschaftlichen Familie* gerückt und die *staatlichen Einwirkungsmöglichkeiten verstärkt.* Die Eltern haben demgemäß der zunehmenden Selbständigkeit des Kindes Rechnung zu tragen; soweit es nach seinem Entwicklungsstand angezeigt ist, sind sie verpflichtet, Fragen der e. S. mit ihm zu besprechen u. Einvernehmen anzustreben. Entwürdigende Erziehungsmaßnahmen, z. B. unangemessene Körperstrafen, sind unzulässig. Wird das körperliche, geistige oder seelische Wohl des Kindes durch Mißbrauch des Sorgerechts, durch Vernachlässigung des Kindes, durch unverschuldetes Versagen der Eltern (im Gegensatz zur früheren Rechtslage ist also Verschulden nicht erforderlich) oder durch das Verhalten eines Dritten gefährdet, so kann das Vormundschaftsgericht bei anhaltendem Erziehungsunvermögen der Eltern die erforderlichen Maßnahmen treffen (z. B. ganze oder teilweise Entziehung der e. S., Anordnung der anderweitigen Unterbringung des Kindes, Bestellung eines → Vormunds oder → Pflegers). Die Eltern müssen in Ausbildungs- u. Berufsfragen insbes. auf Eignung u. Neigung des Kindes Rücksicht nehmen; sie sollen in Zweifelsfällen den Rat eines Lehrers oder einer anderen geeigneten Person einholen. Setzen sich die Eltern offensichtlich über Eignung u. Neigung des Kindes hinweg u. ist infolgedessen eine nachhaltige u. schwere Beeinträchtigung seiner Entwicklung zu befürchten, kann das Vormundschaftsgericht eingreifen u. ggf. die erforderlichen Erklärungen der Eltern

(z. B. Einwilligung in den Abschluß eines Lehrvertrages) ersetzen. Die Eltern können ihr Kind nur noch mit Zustimmung des Vormundschaftsgerichts in einer Heilanstalt o. ä. unterbringen.

Eltern-Kind-Verhältnis → elterliche Sorge.

Elternrecht. Das E. ist durch Art. 6 II GG gewährleistet. Danach sind Pflege u. Erziehung der Kinder das natürliche Recht der Eltern u. die zuvörderst ihnen obliegende Pflicht; über ihre Betätigung wacht die staatliche Gemeinschaft. Gegen den Willen der Erziehungsberechtigten dürfen Kinder nur aufgrund eines Gesetzes von der Familie getrennt werden, wenn die Erziehungsberechtigten versagen oder wenn die Kinder aus anderen Gründen zu verwahrlosen drohen (Art. 6 III GG). Das E. u. sein Verhältnis zum staatlichen Wächteramt sind vor allem in den Vorschriften des BGB über die → elterliche Sorge gesetzlich konkretisiert. Im Rahmen der staatlichen Schulerziehung können die Eltern kraft des E. frei darüber bestimmen, welche weiterführende Schule das Kind bei entsprechender Eignung besuchen soll (→ Schulrecht).

Empfängniszeit ist gem. § 1592 BGB die Zeit vom 181. bis zum 302. Tag vor der Geburt des Kindes. Wird ein Kind während der Ehe oder bis zum 302. Tag nach ihrer Auflösung geboren, so ist es ehelich, wenn der Ehemann der Mutter innerhalb der E. beigewohnt hat; im Prozeß der Ehelichkeitsanfechtung wird die Beiwohnung vermutet (§ 1591 BGB, → eheliches Kind). Bei einem → nichtehelichen Kind wird im gerichtlichen Verfahren der Vaterschaftsfeststellung vermutet, daß der Mann, der mit der Mutter während der E. Geschlechtsverkehr hatte, das Kind gezeugt hat (§ 1600o II BGB).

Empfangsbekenntnis. Der Gläubiger hat dem Schuldner auf dessen Verlangen den Empfang der Leistung durch ein schriftliches E. (*Quittung*) zu bestätigen (§ 368 BGB). Die Quittung erbringt den – widerlegbaren – → Beweis des Empfangs der Leistung. Der Überbringer einer Quittung gilt als ermächtigt, die Leistung entgegenzunehmen, sofern dem Schuldner nicht gegenteilige Umstände bekannt sind. – Ein schriftliches E. dient darüber hinaus oft als Nachweis einer → Zustellung (z. B. der Zustellung von Anwalt zu Anwalt im Zivilprozeß, § 198 II ZPO; der Zustellung durch die Behörde gem. §§ 5, 10 ff. VwZG).

Enteignung (Art. 14 III GG) ist ein entschädigungspflichtiger staatlicher Hoheitsakt, der zwangsweise in das Eigentum oder andere vermögenswerte Rechte von einzelnen oder Gruppen eingreift u. ihnen dadurch unter Verletzung des Gleichheitssatzes im öfftl. Interesse ein *Sonderopfer* auferlegt. Eine E. ist nur zum

Wohl der Allgemeinheit zulässig. Sie darf nur durch Gesetz oder aufgrund eines Gesetzes erfolgen, das Art u. Ausmaß der *Entschädigung* – unter gerechter Abwägung der Interessen der Allgemeinheit u. der Beteiligten – regelt. Die entschädigungspflichtige E. ist von der entschädigungslos hinzunehmenden → *Sozialbindung des Eigentums* abzugrenzen, bei der der Gesetzgeber die Rechtsträger unterschiedslos u. einheitlich in der Ausübung ihrer Rechte beschränkt. Eine E. setzt nicht die Entziehung des Eigentums oder vermögenswerten Gutes voraus; sie ist vielmehr schon dann gegeben, wenn dessen funktionsgerechte Verwendung verhindert wird (z. B. bei Beeinträchtigungen gewerbetreibender Straßenanlieger durch einen U-Bahn-Bau, die nach Art u. Zeitdauer das zumutbare Maß überschreiten). Nach einem Beschluß des BVerfG v. 15. 7. 1981 kann der Betroffene jedoch bei einer E. eine Entschädigung nur einklagen, wenn für diese eine gesetzliche Anspruchsgrundlage vorhanden ist; fehlt sie, muß er sich vor dem Verwaltungsgericht zunächst um die Aufhebung des Eingriffsaktes bemühen. – Fehlt dem Eingriff die gesetzliche Grundlage oder ist er sonst rechtswidrig, handelt es sich um einen *enteignungsgleichen Eingriff,* für den wie bei einer E. Entschädigung zu leisten ist. – Wegen hoheitlicher Eingriffe in nicht vermögenswerte Rechte (z. B. Impfschäden) steht dem Betroffenen ein sog. *Aufopferungsanspruch* zum Ausgleich der dadurch verursachten materiellen Nachteile zu. – Entschädigungsforderungen wegen E., enteignungsgleichen Eingriffs oder Aufopferung sind vor den → ordentlichen Gerichten geltend zu machen (Art. 14 III 4 GG, § 40 II VwGO).

Enteignungsgleicher Eingriff → Enteignung.

Entgangener Gewinn → Schadensersatz.

Entkriminalisierung des Strafrechts ist das Bemühen, die Sanktionen des → Strafrechts auf wirklich kriminelles Unrecht zu beschränken. Das 2. Strafrechtsreformgesetz von 1969 hat im Zuge dieser Bestrebungen die frühere Straftatenkategorie der *Übertretungen* abgeschafft und sie i. d. R. zu → *Ordnungswidrigkeiten* herabgestuft. Seitdem kennt das StGB nur noch die Zweiteilung der Straftaten in Verbrechen u. Vergehen.

Entmündigung. Wer wegen Geisteskrankheit oder Geistesschwäche seine Angelegenheiten insgesamt nicht zu besorgen vermag, kann entmündigt werden. Gleiches gilt für den, der durch Verschwendung sich oder seine Familie der Gefahr des Notstands aussetzt. Ein Trunk- oder Rauschgiftsüchtiger kann entmündigt werden, wenn er seine Angelegenheiten nicht zu besorgen vermag, seine Familie in Not bringt oder die Sicherheit anderer ge-

fährdet (§ 6 BGB). Die E. hat bei einem Geisteskranken völlige
Geschäftsunfähigkeit zur Folge, in den übrigen Fällen bewirkt sie
beschränkte → Geschäftsfähigkeit wie bei einem Minderjährigen
über 7 Jahre (§§ 104 Nr. 3, 114 BGB). Die E. erfolgt durch Beschluß des Amtsgerichts auf Antrag des Ehegatten, eines Verwandten, des personensorgeberechtigten → gesetzlichen Vertreters oder – nur bei E. wegen Geisteskrankheit oder Geistesschwäche – des → Staatsanwalts (§§ 645 ff. ZPO). Das – nichtöffentliche
– Verfahren unterliegt der → Untersuchungsmaxime. Einem Volljährigen, der entmündigt ist, ist vom → Vormundschaftsgericht
zur Wahrnehmung seiner Rechte ein → *Vormund* von Amts wegen
zu bestellen; ist die E. beantragt, aber noch nicht rechtskräftig
ausgesprochen, so kann zur Abwendung erheblicher Gefährdung
der Person oder des Vermögens des Volljährigen *vorläufige Vormundschaft* angeordnet werden (§§ 1896, 1906 BGB).

Entschädigung → Schadensersatz; → Enteignung.

Erbbaurecht ist ein beschränktes dingliches Recht an einem
Grundstück (→ Grundstücksrecht). Es belastet das Grundstück in
der Weise, daß dem Erbbauberechtigten das vererbliche u. veräu-
ßerliche Recht zusteht, auf oder unter der Oberfläche des Grundstücks ein Bauwerk zu errichten (§ 1 ErbbauVO). Das E. wird
i. d. R. für eine bestimmte Zeit (75 oder 99 Jahre) bestellt. Ist, wie
üblich, ein Erbbauzins vereinbart, so kann bei Wohngebäuden
eine vertraglich zugelassene Zinserhöhung nur im Rahmen der
Änderung der allgemeinen wirtschaftlichen Verhältnisse u. nur in
dreijährigen Abständen vereinbart werden. Erlischt das E. (z. B.
durch Zeitablauf), geht das Bauwerk in das Eigentum des Grund-
stückeigentümers über. Dieser hat mangels anderweitiger Vereinbarung dem Erbbauberechtigten eine Entschädigung für das Bauwerk zu leisten. Das E., für das ein gesondertes Grundbuchblatt
(das Erbbaugrundbuch) angelegt wird, wird weitgehend wie ein
Grundstück behandelt. Es kann daher z. B. mit einer → Hypothek
oder → Grundschuld belastet werden.

Erbfolge → Erbrecht.

Erbrecht ist einerseits die Gesamtheit der → Rechtsnormen, durch
die Vermögensrechte u. -pflichten aus Anlaß des Todes einer Person auf eine andere Person übergehen, andererseits die Summe
der Berechtigungen des Erben, der in die Rechte u. Pflichten des
Erblassers eintritt. Art. 14 I GG gewährleistet durch ein → Grundrecht die subjektive Rechtsstellung des Erben u. sichert darüber
hinaus durch eine → Institutsgarantie den Kernbestand des durch
die Rechtsnormen gebildeten Rechtsinstituts. – Grundprinzip des
überwiegend im 5. Buch des BGB (§§ 1922 ff.) geregelten E. ist

die *Universalsukzession* (Gesamtrechtsnachfolge). Die Erbschaft (der Nachlaß) geht mit dem Tod des Erblassers (Erbfall) als Ganzes auf den (oder die) Erben über. Das Gesetz ermöglicht die *gewillkürte Erbfolge* durch Testament oder Erbvertrag. Fehlt eine letztwillige Verfügung, so tritt *gesetzliche Erbfolge* (§§ 1924 ff. BGB) ein. Dabei werden die gesetzlichen Erben in Ordnungen (sog. *Parentelen*) eingeteilt. Gesetzliche Erben der 1. Ordnung sind die Abkömmlinge des Erblassers, 2. Ordnung die Eltern des Erblassers u. deren Abkömmlinge, 3. Ordnung die Großeltern u. deren Abkömmlinge usw. Ein Verwandter ist nicht zur Erbfolge berufen, solange ein Verwandter einer vorhergehenden Parentel vorhanden ist. Der überlebende Ehegatte des Erblassers ist neben Verwandten der 1. Ordnung zu ¼, neben Verwandten der 2. Ordnung oder Großeltern zu ½ gesetzlicher Erbe. Er erhält den gesamten Nachlaß, wenn weder Verwandte 1. oder 2. Ordnung noch Großeltern vorhanden sind. Bei einem Ehegatten, der mit dem Erblasser im gesetzlichen Güterstand der Zugewinngemeinschaft lebt, erhöht sich der gesetzliche Erbteil um ¼ des Nachlasses (→ Güterstand). Darüber hinaus stehen dem überlebenden Ehegatten die zum ehelichen Haushalt gehörenden Gegenstände (der sog. Voraus) zu. – Bei der *gewillkürten Erbfolge* bildet das *Testament* (§§ 2064 ff. BGB) den Regelfall der letztwilligen Verfügung. Für die Errichtung eines Testaments, die nur persönlich erfolgen kann u. → Testierfähigkeit voraussetzt, gelten aus Beweisgründen strenge Formvorschriften (§§ 2229 ff. BGB). Das *öffentl. Testament* wird zur Niederschrift des Notars (Ausnahme: das sog. Nottestament, §§ 2249, 2250 BGB) errichtet, u. zwar entweder durch mündliche Erklärung oder durch Übergabe einer Schrift. Das in gleicher Weise gültige *private Testament* muß von Anfang bis Ende eigenhändig (handschriftlich) geschrieben u. unterschrieben sein; es soll Orts- u. Datumsangabe, die Unterschrift soll Vor- und Familiennamen enthalten. Widerruf eines Testaments ist jederzeit möglich: durch neues Testament, beim öfftl. Testament auch durch Rücknahme, beim privaten Testament auch durch bewußte Vernichtung der Testamentsurkunde oder entsprechende Kenntlichmachung des Aufhebungswillens. Ehegatten können ein *gemeinschaftliches Testament* errichten (§§ 2265 ff. BGB); zur Errichtung in privater Form genügt es, wenn der eine Ehegatte das Testament in der vorgeschriebenen Weise eigenhändig abfaßt u. der andere die gemeinschaftliche Erklärung mitunterschreibt. Einseitiger Widerruf des gemeinschaftlichen Testaments kommt nur unter erschwerten Voraussetzungen in Betracht. – Der *Erbvertrag* (§§ 2274 ff. BGB) unterscheidet sich dadurch vom Testament, daß die letztwillige Verfügung in vertragsgemäßer Form, meist mit dem künftigen Erben als Vertragspartner, erfolgt. Der Erbvertrag kann nur vor dem Notar geschlossen werden. Die Verfügung kann einseitig oder in vertragsmäßig bindender Form getroffen werden; im ersten Fall ist die Aufhebung durch einseitigen Widerruf, ansonsten grundsätzlich nur im Wege des Aufhebungsvertrages möglich. – Durch letztwillige Verfügung (gleich ob Testament oder Erbvertrag) kann der Eblasser einen Erben in der Weise einsetzen, daß dieser erst Erbe wird, nachdem zunächst ein anderer Erbe geworden ist (§§ 2100 ff. BGB, z. B. erst die Ehefrau, danach die gemeinschaftlichen Kinder). Der so berufene *Vorerbe* wird mit dem Erbfall Erbe u. kann grundsätzlich – wenn auch mit gewissen Einschränkungen zum Schutz des Nacherben – über die zur Erbschaft gehörenden Gegenstände verfügen. Nach dem Eintritt der Nacherbfolge (zu einem vom Erblasser bestimmten Zeitpunkt) hat der *Nacherbe* Anspruch auf Herausgabe des Nachlasses. – Hinterläßt der Erblasser mehrere Erben, wird der Nachlaß gemeinschaftliches Vermögen der Miterben (§§ 2032 ff. BGB). Die *Erbengemeinschaft* ist eine *Gesamthandsgemeinschaft* (→ Gemeinschaft). Jeder Miterbe kann über seinen Anteil am Nachlaß verfügen (notarielle Beurkundung erforderlich), nicht jedoch über seinen Anteil an den einzelnen Nachlaßgegenständen; zu deren Veräußerung bedarf es vielmehr einer gemeinschaftlichen Verfügung sämtlicher Miterben. Jeder Miterbe kann grundsätzlich jederzeit die Auseinandersetzung der Erbengemeinschaft verlangen. In diesem Fall wird der Nachlaß – sofern eine anderweitige Regelung nicht zustande kommt – nach Berichtigung der Nachlaßverbindlichkeiten unter den Erben im Verhältnis ihrer Erbteile aufgeteilt. – Der Erbe erhält auf Antrag vom Nachlaßgericht einen *Erbschein* (§§ 2353 ff. BGB), der – wie das → Grundbuch – mit Richtigkeitsvermutung u. öfftl. Glauben ausgestattet ist (→ guter Glaube). – Ein durch letztwillige Verfügung übergangener gesetzlicher Erbe kann von dem Erben den *Pflichtteil* in Höhe der Hälfte des Wertes des gesetzlichen Erbteils verlangen (§§ 2303 ff. BGB). Pflichtteilsberechtigt sind jedoch nur die Abkömmlinge u. der überlebende Ehegatte, die Eltern des Erblassers nur, wenn keine Abkömmlinge vorhanden sind. – Die letztwillige Verfügung dient in erster Linie der Regelung der Erbfolge. Sie kann aber auch ein *Vermächtnis* zuwenden (einen Vermögensvorteil in Form eines schuldrechtlichen Anspruchs gegen den Erben, §§ 1939, 2147 ff. BGB) oder eine *Auflage* enthalten (die Verpflichtung des Erben zu einer Leistung, ohne daß einem Dritten ein Recht auf die Leistung zufällt, z. B. Grabpflege, §§ 1940, 2192 ff. BGB). – Sofern der Erbe die Erbschaft nicht binnen einer bestimmten Frist ausschlägt, haftet er unbeschränkt, also auch mit seinem sonstigen Vermögen, für die *Nachlaßverbindlichkeiten* (§§ 1967 ff. BGB). Zu diesen rechnen u. a. die vom Erblasser herrührenden Schulden, Pflichtteilsansprüche u. Vermächtnisse, Erbschaftsteuer u. Beerdigungskosten. Der Erbe kann aber die Haftung auf den Nachlaß beschränken, so daß die Nachlaßgläubiger für ihre Forderungen nur die Erbschaft in Anspruch nehmen können. – Dem Erblasser steht es frei, durch letztwillige Verfügung einen *Testamentsvollstrecker* zu ernennen (§§ 2197 ff. BGB). Dieser hat die Anordnungen des Erblassers auszuführen, den Nachlaß zu verwalten u. ggf. die Auseinandersetzung unter Miterben herbeizuführen. Der Testamentsvollstrecker ist nicht → gesetzlicher Vertreter des Erben, sondern Träger eines Amtes. Er allein, nicht der Erbe, kann über Nachlaßgegenstände verfügen (nicht unentgeltlich) u. Rechte für den Nachlaß geltend machen.

Erbschein → Erbrecht.

Erbvertrag → Erbrecht.

Erfinderrecht → Arbeitnehmererfindung; → Patent; → Gebrauchsmuster.

Erfolgshaftung → Verschulden; → Zufall.

Erfüllungsgehilfe → Verschulden.

Erinnerung ist ein → Rechtsbehelf, der vor allem gegen Entscheidungen u. Maßnahmen des → Rechtspflegers, des → Urkundsbeamten u. des → Gerichtsvollziehers gesetzlich vorgesehen ist. Die E. führt zur Entscheidung durch das Gericht, dem der Beamte angehört; die Sache bleibt somit, anders als bei der Beschwerde (→ Rechtsmittel), in derselben Instanz. Der Rechtspfleger kann i. d. R. der Erinnerung selbst abhelfen.

Erklärung der Menschenrechte → UNO.

Erlaß. 1. Im *Verwaltungsrecht* ist E. eine Regelung, durch die eine übergeordnete Behörde einer oder mehreren nachgeordneten Behörden allgemeine Anweisungen für den internen Dienstbetrieb erteilt. E. sind → Verwaltungsvorschriften. – 2. Im *Schuldrecht* ist E. ein → Vertrag zwischen Gläubiger und Schuldner, durch den der Gläubiger auf die Forderung verzichtet (einseitiger Forderungsverzicht ist unwirksam); der E. führt zum Erlöschen des → Schuldverhältnisses (§ 397 I BGB). Dem E. steht es gleich, wenn der Gläubiger durch Vertrag mit dem Schuldner anerkennt, daß das Schuldverhältnis nicht besteht (negatives Schuldanerkenntnis, § 397 II BGB).

Erlaubnis (behördliche), häufig auch Genehmigung genannt, ist ein auf Antrag erlassener → Verwaltungsakt, durch den die Behörde eine bestimmte Tätigkeit des Betroffenen für rechtmäßig erklärt (z. B. Bauerlaubnis). Sie ist eine Unbedenklichkeitsbescheinigung des Inhalts, daß dem Vorhaben öfftl.-rechtl. Gründe nicht entgegenstehen. Man unterscheidet die *gebundene E.*, die bei Vorliegen der gesetzlichen Voraussetzungen erteilt werden muß, und die *freie E.*, deren Erteilung der Gesetzgeber in das → Ermessen der Behörde gestellt hat. Wird durch eine E. ein subjektives öfftl. Recht (→ subjektives Recht) begründet, bezeichnet man sie als *Konzession* (z. B. bei Privatkrankenanstalten nach § 30 GewO). – Während die E. i. e. S. nur die formelle Voraussetzung für die rechtmäßige Ausübung einer generell gebilligten Tätigkeit schafft, hebt eine *Ausnahmebewilligung* (Dispens) ein generelles gesetzliches Verbot im Einzelfall auf. Eine Ausnahmebewilligung ist nur aufgrund gesetzlicher Ermächtigung zulässig; sie darf nur dann erteilt werden, wenn besondere Gründe das Interesse an der Aufrechterhaltung des Verbots überwiegen.

Ermächtigung ist im Privatrecht ein Unterfall der Einwilligung in die Verfügung eines Nichtberechtigten (§ 185 BGB, → Zustimmung). Sie begründet für den Ermächtigten die Befugnis, ein fremdes Recht im eigenen Namen geltend zu machen, z. B. eine Forderung einzuziehen *(Einziehungsermächtigung)*. Eine Klagebefugnis des Ermächtigten im Zivilprozeß (sog. *Prozeßstandschaft*) besteht nur dann, wenn dieser ein eigenes schutzwürdiges Interesse an der gerichtlichen Geltendmachung der Forderung hat.

Ermessen. Um der öffentlichen → Verwaltung ein flexibles, situationsadäquates und damit möglichst gerechtes Vorgehen zu ermöglichen, verzichtet der Gesetzgeber vielfach darauf, ihr zwingend vorzuschreiben, wie sie sich im konkreten Einzelfall zu verhalten hat (gebundene Verwaltung), und räumt ihr stattdessen einen Spielraum zu eigener Entscheidung ein. Das E. ermächtigt die Behörde, bei Vorliegen der im Tatbestand der → Rechtsnorm bezeichneten Voraussetzungen die ihr zweckmäßig und geeignet erscheinende Rechtsfolge zu setzen. Der Verwaltung bleibt es überlassen zu entscheiden, entweder ob sie überhaupt tätig werden *(Entschließungsermessen)* oder welche von mehreren zulässigen Maßnahmen sie ergreifen will *(Auswahlermessen)*. Die Gesetze benutzen dazu teils ausdrücklich das Wort „Ermessen", teils verwenden sie Bezeichnungen wie „kann", „darf", „ist berechtigt", „ist befugt". In seiner schwächsten Form wird E. durch Soll-Vorschriften gewährt; hier kann die Verwaltung nur in Ausnahmesituationen von der Verwirklichung der gesetzlich vorgesehenen Rechtsfolge absehen.

Das ihr eingeräumte E. stellt es der Behörde nicht frei, nach Belieben oder gar nach Willkür zu handeln; sie muß das E. vielmehr als „pflichtgemäßes Ermessen" entsprechend dem Zweck der Ermächtigung ausüben und die gesetzlichen Grenzen des E. einhalten (§ 40 VwVfG). Tut sie das nicht, begeht sie einen *Ermessens-fehler,* der die Rechtswidrigkeit der Maßnahme zur Folge hat (§ 114 VwGO). Ermessensfehler können darin bestehen, daß die Verwaltung den ihr gesetzlich gezogenen Rahmen des E. nicht beachtet *(Ermessensüberschreitung),* daß sie ein ihr gewährtes E. nicht ausübt, etwa deshalb, weil sie sich irrtümlich für gebunden hält *(Ermessensunterschreitung* oder *Ermessensmangel)* oder daß sie sich von unsachlichen oder zweckwidrigen Erwägungen leiten läßt, z. B. durch Verstoß gegen den → Gleichheitssatz oder gegen das → Übermaßverbot *(Ermessensmißbrauch).* Das Gleichheitsgebot wird vor allem dann verletzt, wenn die Behörde in Widerspruch zur bisher gleichmäßig geübten Praxis oder zu ermessensteuernden Verwaltungsvorschriften einen gleich gelagerten Fall nunmehr ohne sachlichen Grund abweichend entscheidet (→ *Selbstbindung der Verwaltung).*

Der Bürger hat grundsätzlich keinen Anspruch darauf, daß die Behörde ihr E. in bestimmter Weise ausübt. Wenn aber die ermächtigende Rechtsnorm zwar nicht ausschließlich, aber auch seinen Interessen zu dienen bestimmt ist (z. B. bei Vorschriften zur Erhaltung der öffentlichen Sicherheit und Ordnung), kann er verlangen, daß über seinen Antrag ermessensfehlerfrei entschieden wird.

In Einzelfällen vermag sich dieser Anspruch zu einem Anspruch auf eine bestimmte Maßnahme zu verdichten, wenn nur diese als ermessensfehlerfrei und damit als allein rechtmäßig in Betracht kommt *(Ermessensschrumpfung auf Null).* Das E. ist vom → unbestimmten Rechtsbegriff zu unterscheiden.

Ermittlungsverfahren → Strafprozeß.

Erpressung (§ 253 StGB) begeht, wer einen anderen rechtswidrig mit Gewalt oder durch Drohung mit einem empfindlichen Übel zu einer Handlung, Duldung oder Unterlassung nötigt und dadurch dem Vermögen des Genötigten oder eines anderen Nachteil zufügt, um sich oder einen Dritten zu Unrecht zu bereichern. Die Tat wird mit Freiheitsstrafe bis zu 5 Jahren oder mit Geldstrafe, in besonders schweren Fällen mit Freiheitsstrafe nicht unter 1 Jahr bestraft; der Versuch ist strafbar. Die E. hat mit dem → Betrug einerseits die Vermögensbeschädigung, andererseits die rechtswidrige Bereicherungsabsicht gemeinsam; der Unterschied zwischen beiden Delikten zeigt sich darin, daß der Betrüger durch Täuschung zum Ziel kommen will, während der Erpresser Zwang anwendet. Die E. ist rechtswidrig begangen, wenn die Anwendung der Gewalt oder die Androhung des Übels zu dem angestrebten Zweck als verwerflich anzusehen ist (keine E. daher der zur Durchsetzung verbesserter Arbeitsbedingungen geführte legale → Streik). – Richtet sich die vom Erpresser verübte Gewalt gegen eine Person oder beinhalten die von ihm geäußerten Drohungen gegenwärtige Leibes- oder Lebensgefahr, liegt eine *räuberische Erpressung* (§ 255 StGB) vor. Vom → Raub, mit dem sie in den Nötigungsmitteln übereinstimmt, unterscheidet sich die räuberische E. durch das äußere Erscheinungsbild: Der Räuber nimmt weg, der Erpresser läßt sich geben. Im übrigen steht auf räuberischer E. die gleiche Strafdrohung wie auf Raub (grundsätzlich Freiheitsstrafe nicht unter 1 Jahr).

Erregung öffentlichen Ärgernisses (§ 183 a StGB). Wegen E. ö. Ä. wird mit Freiheitsstrafe bis zu 1 Jahr oder mit Geldstrafe bestraft, wer öffentlich → sexuelle Handlungen vornimmt und dadurch absichtlich oder wissentlich ein Ärgernis erregt. Öffentlich ist die Handlung, wenn sie von unbestimmt vielen Personen wahrgenommen werden kann. Wenigstens ein Beobachter muß tatsächlich Anstoß genommen haben. – § 183 a StGB wird durch die an engere Voraussetzungen geknüpfte Vorschrift des § 183 StGB (Belästigung einer Person durch die von einem Mann begangene *exhibitionistische Handlung*) verdrängt. Anders als bei der E. ö. Ä. braucht diese Tat nicht öffentlich begangen zu sein; sie wird im übrigen nur auf → Strafantrag verfolgt.

Ersatzdienstpflicht. Der anerkannte Kriegsdienstverweigerer muß statt des Wehrdienstes einen *Zivildienst* außerhalb der Bundeswehr leisten. → Kriegsdienstverweigerung.

Ersitzung bedeutet, daß derjenige, der eine bewegliche Sache 10 Jahre lang gutgläubig als ihm gehörig besessen hat (→ Besitz), kraft Gesetzes das Eigentum erwirbt (§§ 937 ff. BGB). Die E. eines Grundstücks setzt voraus, daß der Erwerber für die Dauer von 30 Jahren fälschlich als Eigentümer im → Grundbuch eingetragen ist und während dieser Zeit das Grundstück im Eigenbesitz gehabt hat (sog. Buchersitzung, § 900 BGB); auf Gutgläubigkeit kommt es hierbei nicht an.

Ertragsteuern → Steuerrecht.

Erwachsener ist nach der Terminologie des Jugendstrafrechts der Mensch von der Vollendung des 21. Lebensjahres an. Während beim straffällig gewordenen → Heranwachsenden unter bestimmten Voraussetzungen die Anwendung des Jugendstrafrechts möglich ist (→ Strafmündigkeit), unterliegt der E. stets den Vorschriften des allgemeinen Strafrechts nach dem StGB.

Erziehungshilfe ist die durch die → Jugendbehörden gewährte Unterstüzung bei der Erziehung. Sie ist als Erziehungsbeistandschaft oder als freiwillige Erziehungshilfe möglich. Für einen Minderjährigen, dessen leibliche, geistige oder seelische Entwicklung gefährdet oder geschädigt ist, hat das Jugendamt auf Antrag der Personensorgeberechtigten (→ elterliche Sorge), hilfsweise auf Anordnung des → Vormundschaftsgerichts (oder des Jugendgerichts in einem Strafverfahren) einen *Erziehungsbeistand* zu bestellen, wenn dies zur Abwendung der Gefahr oder zur Beseitigung eines Schadens geboten und ausreichend ist (§§ 55 ff. JWG). Der Erziehungsbeistand unterstützt die Eltern oder den Vormund bei der Erziehung, steht dem Minderjährigen mit Rat und Hilfe zur Seite und berät ihn auch bei der Verwendung seines Arbeitsverdienstes. Die *freiwillige E.* (§§ 62 ff. JWG) dient bei einem Minderjährigen, der das 17. Lebensjahr noch nicht vollendet hat und dessen leibliche, geistige oder seelische Entwicklung gefährdet oder geschädigt ist, der Unterstützung der Personensorgeberechtigten, wenn Erziehungsbeistandschaft nicht ausreicht. Freiwillige E. wird wie die → Fürsorgeerziehung auf Veranlassung des Landesjugendamtes üblicherweise in einer geeigneten Familie oder in einem Heim durchgeführt. Sie unterscheidet sich von der Fürsorgeerziehung dadurch, daß die Eltern bereit sein müssen, die E. aktiv zu fördern. Die freiwillige E. endet mit der Volljährigkeit des Minderjährigen. Sie ist bei Erreichung des Erziehungszwecks oder auf Antrag eines Personensorgeberechtigten aufzuheben.

Erziehungsmaßregeln sind Maßnahmen, die das Jugendgericht im Jugendstrafverfahren bei straffällig gewordenen → Jugendlichen anstelle von → Zuchtmitteln oder → Jugendstrafe anordnen kann, wenn die Tat als Folge von Erziehungsmängeln anzusehen ist (§§ 9 ff. JGG). E. sind die Erteilung von Weisungen zur Regelung der Lebensführung (der Richter kann einen Jugendlichen z. B. anweisen, eine Lehr- oder Arbeitsstelle anzunehmen, den Umgang mit bestimmten Personen oder den Besuch von Gaststätten zu unterlassen) u. die Anordnung von Erziehungsbeistandschaft (→ Erziehungshilfe) oder → Fürsorgeerziehung nach den Vorschriften des JWG.

Europäische Gemeinschaften (EG) ist der Sammelbegriff für die Europäische Wirtschaftsgemeinschaft (EWG), die Europäische Atomgemeinschaft (EURATOM) u. die Europäische Gemeinschaft für Kohle u. Stahl (Montanunion). Mitglieder der EG waren zunächst die Bundesrepublik, Belgien, Frankreich, Italien, Luxemburg u. die Niederlande. 1973 traten Großbritannien, Dänemark u. Irland bei. Seit Anfang 1981 ist auch Griechenland Mitglied. Künftig sollen auch Spanien und Portugal in die EG aufgenommen werden; doch stoßen die Beitrittsverhandlungen auf erhebliche Schwierigkeiten. Durch die Zugehörigkeit zu den EG verwirklicht die Bundesrepublik die Möglichkeit, Hoheitsrechte gem. Art. 24 GG auf zwischenstaatliche Einrichtungen zu übertragen. – Als wichtigste Gemeinschaft hat die *EWG,* die wie

125

EURATOM auf die *Römischen Verträge* von 1957 zurückgeht, die Aufgabe, die Wirtschaftsgebiete der Vertragstaaten zu einem *Gemeinsamen Markt* zusammenzuführen. Der Verwirklichung des Gemeinsamen Marktes dienen u. a. die Beseitigung der Zoll- u. Handelsschranken zwischen den Mitgliedstaaten u. die Errichtung einheitlicher Außenzolltarife, die Gewährleistung von Arbeitnehmerfreizügigkeit u. Niederlassungsfreiheit, die Errichtung eines gemeinsamen Agrarmarktes (dessen Problematik darin liegt, daß er aufgrund von Abnahme- u. Preisgarantien zur Produktion kostspieliger Überschüsse [z. B. „Butterberg"] führt), die Anpassung u. Vereinheitlichung von Rechtsvorschriften. – Die EURATOM bezweckt die Zusammenarbeit der Mitgliedstaaten bei der friedlichen Nutzung der Atomenergie. – Die *Montanunion,* die bereits 1951 auf der Grundlage des sog. Schuman-Plans errichtet wurde, strebt einen gemeinsamen Markt für Kohle, Erz, Schrott u. Stahl an. – Für die 3 Gemeinschaften bestehen folgende *gemeinsame Organe:* Der *Ministerrat,* der aus Regierungsvertretern (Ministern) der Mitgliedstaaten gebildet ist, besitzt die wesentlichen Entscheidungsbefugnisse, vor allem auf dem Gebiet der Rechtsetzung. Für seine Beschlüsse ist, sofern nur ein Minister eine Angelegenheit zu einer für sein Land lebenswichtigen Frage erklärt, Einstimmigkeit erforderlich; auf diese Weise können an sich zulässige Mehrheitsbeschlüsse verhindert werden. Die *Europäische Kommission* in Brüssel besteht aus 13 Mitgliedern, die von den Regierungen auf 4 Jahre in wechselseitigem Einvernehmen ernannt werden; dabei dürfen nicht mehr als 2 Kommissare dieselbe Staatsangehörigkeit besitzen. Die Kommission ist vorwiegend verwaltend tätig, wirkt aber auch bei der Rechtsetzung mit. Ihre Beschlüsse werden mit Stimmenmehrheit gefaßt. Im Bereich der EWG kann der Ministerrat grundsätzlich nur auf Vorschlag der Kommission entscheiden; will er davon abweichen, so ist ein einstimmiger Beschluß erforderlich. Das *Europäische Parlament* (Versammlung der Europäischen Gemeinschaften), das aus 434 Abgeordneten besteht, die aufgrund nationaler Wahlgesetze für 5 Jahre unmittelbar gewählt werden, kann zwar über alle Angelegenheiten der Europäischen Gemeinschaften beraten, entscheidet über den Haushalt u. hat Kontrollbefugnisse gegenüber der Kommission; über weitergehende, insbes. rechtsetzende Befugnisse verfügt es dagegen gegenwärtig noch nicht. Dem *Europäischen Gerichtshof* in Luxemburg gehören 11 von den Regierungen der Mitgliedstaaten auf jeweils 6 Jahre ernannte Richter an. Der Gerichtshof sichert die Wahrung des Rechts bei der Auslegung u. Anwendung der Verträge sowie der zu ihrer Durchführung ergangenen Verordnungen u. entscheidet in Streitigkeiten zwischen den Mitgliedstaaten oder zwischen diesen und den Organen der Gemeinschaft. Er kann vom Ministerrat, von der Kommission, von einem Mitgliedstaat oder von einzelnen EG-Bürgern angerufen werden u. wird im übrigen auf Vorlage nationaler Gerichte tätig.

Das Besondere u. Neuartige der EG besteht darin, daß sie einen *supranationalen Charakter* aufweisen. Sie üben eine gegenüber der Staatsgewalt der Mitgliedstaaten selbständige u. unabhängige öffentliche Gewalt aus. Die Bundesrepublik hat insoweit ihre Hoheitsrechte auf die EG übertragen (Art. 24 I GG). Die von den Gemeinschaftsorganen im Rahmen ihrer Kompetenzen erlassenen Rechtsvorschriften gelten daher unmittelbar in sämtlichen Mitgliedstaaten; im Unterschied zu völkerrechtlichen Normen bedürfen sie zu ihrer Wirksamkeit nicht erst der Umsetzung in innerstaatliches Recht. Dabei hat das Gemeinschaftsrecht grundsätzlich Vorrang vor dem nationalen Recht; doch kommt ihm, solange es keinen parlamentarisch beschlossenen Grundrechtskatalog enthält, kein Vorrang vor den Grundrechten des Grundgesetzes zu.

Europäische Konvention zum Schutze der Menschenrechte u. Grundfreiheiten vom 4. 11. 1950 ist eine von allen 18 Mitgliedsländern des → *Europarates* unterzeichnetes Abkommen, durch das sich die Staaten verpflichten, jedermann das Recht auf Leben, auf Schutz vor Folter, Sklaverei u. Zwangsarbeit, auf persönliche Freiheit u. Sicherheit, auf rechtliches Gehör, auf Achtung des Privat- u. Familienlebens, der Wohnung u. des Briefverkehrs, auf Gedanken-, Gewissens- u. Religionsfreiheit, auf freie Meinungsäußerung u. a. zu gewährleisten. Die in der E. K. zugesicherten Rechte gelten in der Bundesrepublik kraft Ratifikationsgesetzes als innerstaatliches Recht, aber nur im Rang eines einfachen Bundesgesetzes; ihnen kommt neben den Grundrechten des GG praktisch keine besondere Bedeutung zu. Über die Einhaltung der von den Unterzeichnerstaaten eingegangenen Verpflichtungen wachen die *Europäische Kommission für Menschenrechte* u. der *Europäische Gerichtshof für Menschenrechte*. Bei Verletzung eines in der E. K. gewährleisteten Rechts kann die Kommission von jedem Vertragstaat angerufen werden (Staatenbeschwerde). Auch ein in seinen Rechten verletzter Bürger kann sich – nach Erschöpfung des innerstaatlichen Rechtsweges – an sie wenden, sofern der Staat, gegen den sich die Menschenrechtsbeschwerde richtet, die Zuständigkeit der Kommission anerkannt hat (Individualbeschwerde). Erklärt die Kommission die Beschwerde für zulässig u. vermag sie keine gütliche Regelung des Streitfalls zu erzielen, so legt sie dem Ministerkomitee des Europarates u. den beteiligten Staaten ihre Stellungnahme vor. Innerhalb einer bestimmten Frist kann sodann die Kommission selbst oder einer der beteiligten Staaten den Gerichtshof anrufen; der einzelne Bürger ist hierzu nicht befugt. Der Gerichtshof entscheidet, ob eine Verletzung der Konvention vorliegt.

Europäischer Markt ist der Gemeinsame Markt im Rahmen der Europäischen Wirtschaftsgemeinschaft (→ Europäische Gemeinschaften).

Europäische Sozialcharta vom 11. 10. 1961 ist ein Abkommen der Mitgliedstaaten des → *Europarates,* das jedermann das Recht auf eine frei gewählte Arbeit, gerechten Arbeitslohn, gesunde Arbeitsbedingungen, soziale Sicherheit u. Fürsorge u. andere soziale Rechte gewährleisten soll. Die E.S. ist durch zahlreiche Vorbehalte der Vertragstaaten in ihrer Wirkung stark beschränkt.

Europäisches Parlament → Europäische Gemeinschaften.

Europarat ist ein Zusammenschluß von 18 (west-)europäischen Staaten, der nach seinem am 5. 5. 1949 in London unterzeichneten Statut eine engere Vereinigung zwischen den Mitgliedstaaten herstellen will mit dem Ziel, die gemeinsamen europäischen Ideale zu fördern und dem wirtschaftlichen und sozialen Zusammenschluß der Mitglieder zu dienen. Der E. bildet eine wichtige Klammer zwischen den Mitgliedstaaten der EG und den übrigen westeuropäischen Demokratien. Repräsentatives Organ des E. ist die jährlich 2- bis 3mal in Straßburg zusammentretende *Parlamentarische Versammlung.* Sie besteht aus 147 Abgeordneten, die von den Parlamenten der Mitgliedstaaten aus ihrer Mitte entsprechend den dort herrschenden Fraktionsstärken entsandt werden. Die Parlamentarische Versammlung beschließt Empfehlungen, über deren Weitergabe an die Regierungen das aus den Außenministern der Mitgliedstaaten gebildete *Ministerkomitee* einstimmig zu entscheiden hat. Aufgrund der Vorarbeiten u. Empfehlungen der Organe des E. sind zahlreiche europäische Abkommen (Konventionen) zustande gekommen, die zur Rechtsvereinheitlichung (z.B. auf dem Gebiet des Patentrechts) u. zur Erleichterung des innereuropäischen Austausches auf sozialem, kulturellem u. technischem Gebiet (z.B. Europäisches Jugendwerk) beitragen. Wichtigstes Abkommen ist die → Europäische Konvention zum Schutze der Menschenrechte u. Grundfreiheiten; bedeutsam ist ferner die → Europäische Sozialcharta.

Euthanasie (Sterbehilfe) ist als Tötungsdelikt strafbar. Die → Rechtswidrigkeit entfällt auch dann nicht, wenn der Schwerkranke die → Tötung ausdrücklich u. ernsthaft gefordert hat. So ist z.B. der Arzt, der ein schmerzlinderndes lebensverkürzendes Mittel verabreicht, grundsätzlich wegen Tötung auf Verlangen (§ 216 StGB) zu bestrafen. Von dieser aktiven Sterbehilfe ist das Sterbenlassen zu unterscheiden. Der Arzt, der bei einem qualvoll leidenden todkranken Patienten auf den Einsatz lebensverlängernder Medikamente oder Apparate verzichtet, handelt i.d.R. nicht rechtswidrig. – Keine E., sondern Mord war die vom Nationalsozialismus betriebene „Vernichtung lebensunwerten Lebens".

Evangelisches Kirchenrecht → Kirchenrecht.

Exekutive = → vollziehende Gewalt.

ex lege = kraft Gesetzes.

ex nunc = von jetzt an.

ex officio = → von Amts wegen.

Exterritorialität (von ex terra = außerhalb des Landes) ist ein völkerrechtlicher Begriff (→ Völkerrecht), der die Unverletzlichkeit der Räumlichkeiten einer diplomatischen Mission (einschließlich der Privaträume der Diplomaten) bezeichnet. Hoheitspersonen des Empfangsstaates dürfen diese nur mit Zustimmung des Missionschefs betreten. Die E. gehört zu den traditionellen, nunmehr in der Wiener Diplomatenkonvention von 1961 geregelten Privilegien des Diplomaten. Wichtigstes Privileg ist die Immunität von der Strafgerichtsbarkeit u. weitgehend von der Zivil- u. Verwaltungsgerichtsbarkeit des Empfangsstaates. Ausgenommen sind lediglich dingliche Klagen in das unbewegliche Vermögen u. Klagen in Erbschaftsangelegenheiten. Die Immunität von der Gerichtsbarkeit entbindet den Diplomaten nicht von der Pflicht, die Rechtsvorschriften des Empfangsstaates zu beachten. Die E. erstreckt sich auch auf Repräsentanten anderer Staaten und deren Begleitung, die sich auf amtliche Einladung der Bundesrepublik im Bundesgebiet aufhalten („lex Honecker").

Extremisten im öffentlichen Dienst. Nach Art. 33 V GG und den diese Vorschrift konkretisierenden Beamtengesetzen des Bundes u. der Länder sind die Beamten verpflichtet, jederzeit für die → freiheitliche demokratische Grundordnung einzutreten. Auf Grund tarifrechtlicher Bestimmungen (z. B. BAT) trifft die Angestellten u. Arbeiter des öfftl. Dienstes eine ähnliche, wenn auch nicht so weitgehende Loyalitätspflicht. Das führt zu der heftig umstrittenen Frage, ob Mitglieder einer verfassungsfeindlichen, aber nicht verbotenen Partei im öfftl. Dienst beschäftigt werden dürfen. Das Bundesverfassungsgericht erachtet die Zugehörigkeit zu einer solchen Partei einerseits nur als einen Teil des Verhaltens, das für die Beurteilung der Persönlichkeit eines Beamtenanwärters erheblich sein kann, verlangt aber andererseits, daß der Beamte sich wegen seiner politischen Treuepflicht eindeutig von Gruppen u. Bestrebungen distanziert, die diesen Staat, seine verfassungsmäßigen Organe u. die geltende Verfassungsordnung angreifen, bekämpfen u. diffamieren. Nach dem vom Bundeskanzler u. von den Ministerpräsidenten der Bundesländer 1972 beschlossenen sog. *Radikalenerlaß* rechtfertigen begründete Zweifel an der Verfassungstreue eines Bewerbers für den öfftl. Dienst – dazu genügt die Mitgliedschaft in einer verfassungsfeindlichen Partei – die Ablehnung seiner Einstellung. Dieser Beschluß hatte zur Folge, daß die Einstellungsbehörden bei dem zuständigen → Verfassungsschutzamt durch eine sog. Regelanfrage Auskünfte über die politische Zuverlässigkeit der Bewerber einholten. Der Radikalenerlaß wird heute nur noch in den von CDU u. CSU regierten Ländern angewendet. Demgegenüber hatte die seinerzeit von SPD und FDP getragene Bundesregierung am 17. 1. 1979 neue „Grundsätze für die Prüfung der Verfassungstreue" verabschiedet, die die SPD-geführten Länder weitgehend übernommen haben; sie sind im Bund auch nach der Regierungsübernahme durch die Koalition aus CDU/CSU u. FDP im Oktober 1982 nicht geändert worden. Danach dürfen Anfragen bei der Verfassungsschutzbehörde nicht mehr routinemäßig, sondern nur dann erfolgen, wenn tatsächliche Anhaltspunkte darauf hindeuten, daß ein Bewerber nicht die Gewähr der Verfassungstreue bietet. Der Einstellungsbehörde dürfen nur einschlägige u. gerichtsverwertbare Tatsachen mitgeteilt werden. Sie muß dem Bewerber ihre Bedenken schriftlich mitteilen u. ihm Gelegenheit zur Äußerung – auf Wunsch auch in Form eines Anhörungsgesprächs, bei dem er sich eines Rechtsbeistandes bedienen kann – geben.

ex tunc = von damals an.

F

Fachaufsicht → Aufsicht.

Factoringvertrag ist ein → Vertrag, bei dem der Factor (z. B. ein Kreditinstitut) sich die Forderungen seines Kunden → abtreten läßt u. diesem den Gegenwert der Forderungen nach Abzug von Provisionen und Spesen vergütet; der Factor übernimmt die Beitreibung der Forderungen. Beim *echten F.* trägt der Factor das Risiko der Uneinbringlichkeit der Forderungen. Beim *unechten F.* werden die Forderungen nur erfüllungshalber (→ Schuldverhältnis) abgetreten; der Kunde haftet nicht nur für den Rechtsbestand der übertragenen Forderungen (§ 437 BGB), sondern auch für die Zahlungsfähigkeit des Schuldners.

Fälschung technischer Aufzeichnungen → technische Aufzeichnungen.

Fälschung von Banknoten → Geld- und Wertzeichenfälschung.

Fahrerflucht. Wegen *unerlaubten Entfernens vom Unfallort* wird nach § 142 StGB ein Unfallbeteiligter bestraft, der nach einem Verkehrsunfall vorsätzlich nicht wartet, bis die übrigen Unfallbeteiligten u. die Geschädigten seine Person, sein Fahrzeug u. die Art seiner Beteiligung (zur Sicherung ihrer zivilrechtlichen Ansprüche) festgestellt haben. *Unfall* ist ein plötzliches Ereignis im Straßenverkehr, das einen Personen- oder nicht völlig belanglosen Sachschaden zur Folge hat. Das *Sichentfernen* vom Unfallort ist strafbar, wenn der Unfallbeteiligte den übrigen Unfallbeteiligten u. den Geschädigten nicht zuvor ermöglicht hat, ihre Feststellungen zu treffen, oder wenn er nicht zumindest eine angemessene Zeit auf mögliche Feststellungsinteressenten gewartet hat. Wer sich berechtigt (z. B. wegen Transports eines Schwerverletzten) oder entschuldigt (z. B. infolge eines Schocks) von der Unfallstelle entfernt, oder wer vergeblich gewartet hat, ist gleichwohl strafbar, sofern er die Feststellungen nicht unverzüglich nachträglich ermöglicht. Dazu genügt es, daß er dem Geschädigten oder einer nahe gelegenen Polizeidienststelle seine Unfallbeteiligung, Anschrift, seinen Aufenthalt sowie Kennzeichen u. Standort seines Fahrzeugs mitteilt u. dieses für eine ihm zumutbare Zeit zur Verfügung hält. Doch darf er in diesem Fall die Feststellungen nicht absichtlich vereiteln (z. B. durch Veränderungen am Fahrzeug).

Fahrerlaubnis. Wer auf öffentlichen Straßen ein Kraftfahrzeug mit einer durch die Bauart bestimmten Höchstgeschwindigkeit von mehr als 6 km/h führen will, bedarf grundsätzlich der Erlaubnis der Verwaltungsbehörde. Die F. ist durch einen Führerschein nachzuweisen, den der Fahrer bei sich tragen u. zuständigen Personen (z. B. Polizei) auf Verlangen zur Prüfung aushändigen muß (§ 4 StVZO).

Wird jemand wegen einer → Straftat, die er bei oder im Zusammenhang mit dem Führen eines Kfz. oder unter Verletzung der Pflichten eines Kraftfahrers begangen hat, verurteilt oder nur mangels Schuldfähigkeit nicht verurteilt, so ordnet das Gericht die *Entziehung der F.* als → Maßregel der Besserung u. Sicherung an, wenn sich aus der Tat ergibt, daß er zum Führen von Kfz. ungeeignet ist (§ 69 StGB). Bei bestimmten Delikten – so in der Praxis vor allem bei → Trunkenheit im Verkehr – ist die fehlende Eignung i. d. R. anzunehmen, so daß in diesen Fällen die Entziehung der F., selbst wenn sie unverhältnismäßig erscheint, zwingend geboten ist. Die F. erlischt mit der → Rechtskraft des Urteils; der Führerschein wird im Urteil eingezogen. Das Gericht bestimmt, daß für die Dauer von mindestens 6 Monaten u. höchstens 5 Jahren keine neue F. erteilt werden darf (§ 69a StGB). Ergibt sich Grund zu der Annahme, daß der Täter zum Führen von Kfz. nicht mehr ungeeignet ist, kann der Richter die Sperre vorzeitig – nicht vor Ablauf von 6 Monaten – aufheben. – Gem. § 111a StPO ist die *vorläufige Entziehung der F.* durch richterlichen Beschluß zulässig, wenn dringende Gründe für die Annahme sprechen, daß die F. nach § 69 StGB entzogen wird. Die vorläufige Entziehung wirkt zugleich als Anordnung der Beschlagnahme des Führerscheins bzw. als Bestätigung der Führerscheinbeschlagnahme durch die Polizei (vgl. §§ 94, 97 II StPO). Die vorläufige Entziehung der F. ist aufzuheben, wenn ihr Grund weggefallen ist (z. B. weil kein Tatverdacht mehr besteht) oder wenn das Strafgericht im Urteil die F. nicht entzieht. Ein beschlagnahmter Führerschein ist dem Beschuldigten zurückzugeben, sofern der Richter im Ermittlungsverfahren die vorläufige Entziehung der F. ablehnt oder aufhebt oder wenn das Gericht im Urteil die F. nicht entzieht. – Die Entziehung der F. kommt auch außerhalb eines Strafverfahrens in Betracht: Nach § 4 StVG *muß* die zuständige Behörde die F. entziehen, wenn sich der Betroffene, z. B. wegen hohen Alters, als ungeeignet zum Führen von Kfz. erweist. → auch Fahrverbot.

Fahrlässigkeit → Verschulden; → Schuld.

Fahrverbot ist eine Nebenstrafe, die das Gericht nach § 44 StGB neben Freiheitsstrafe oder Geldstrafe verhängen kann, wenn jemand wegen einer Straftat, die er bei oder im Zusammenhang mit dem Führen eines Kraftfahrzeugs begangen hat, verurteilt wird. Bei einer Veurteilung wegen alkoholbedingter Fahruntauglichkeit in Form der Straßenverkehrsgefährdung nach § 315c StGB (→ Verkehrsdelikte) oder der → Trunkenheit im Verkehr nach § 316 StGB ist i.d.R. ein F. anzuordnen, sofern ausnahmsweise die an sich gebotene Entziehung der → Fahrerlaubnis unterbleibt. Das F. ist auf die Dauer von 1 bis zu 3 Monaten auszusprechen; für diesen Zeitraum ist der Führerschein amtlich zu verwahren. – Ein F. kann nach § 25 StVG auch wegen einer → Ordnungswidrigkeit im Straßenverkehr angeordnet werden. Wird gegen den Betroffenen, der die Pflichten eines Kraftfahrzeugführers grob und beharrlich verletzt hat, gem. § 24 StVG eine Geldbuße festgesetzt, so kann die Verwaltungsbehörde oder das Gericht ein F. verhängen, das jedoch in diesem Fall nicht den Charakter einer Nebenstrafe hat, sondern einen erzieherischen Zweck verfolgt. Er ist i.d.R. anzuordnen, wenn ein Kraftfahrer mit 0,8‰ oder mehr Blutalkoholgehalt gefahren ist.

Faktischer Vertrag → Vertrag.

falsa demonstratio → Dissens.

Familiengericht ist eine Abteilung des Amtsgerichts, die für Familiensachen (insbes. Ehescheidung u. ihre Folgeregelungen wie Unterhalt, Versorgungsausgleich, Personensorge für das Kind) zuständig ist (§ 23b GVG). Es kann durch Rechtsverordnung der Landesregierung als gemeinsames F. für mehrere Amtsgerichtsbezirke errichtet werden (§ 23c GVG). → auch Zivilprozeß; → ordentl. Gerichtsbarkeit.

Familienrecht ist die Gesamtheit der → Rechtsnormen, die die Rechtsverhältnisse der durch Ehe, Verwandtschaft oder Vormundschaft verbundenen Personen zum Gegenstand haben. Es ist im wesentlichen im 4. Buch des BGB, ergänzt durch das Ehegesetz, geregelt. Danach gliedert es sich in → Eherecht (Ehe und → Ehescheidung), Verwandtschaftsrecht (insbes. → elterliche Sorge) und → Vormundschaftsrecht. Auch das Grundgesetz wirkt auf das F. ein u. hat zu zahlreichen Änderungen der Gesetzgebung geführt. Von Bedeutung ist vor allem Art. 6 GG, der Ehe u. Familie unter den besonderen Schutz der staatlichen Ordnung stellt, die Erziehung den Eltern zuweist (→ Elternrecht) u. die Gleichstellung der → nichtehelichen mit den → ehelichen Kindern vorschreibt. Die → Gleichberechtigung von Mann u. Frau (Art. 3 II GG) gilt auch für die Rechtsbeziehungen der Ehegatten in der Familie.

Fehlerhafter Verwaltungsakt ist ein rechtswidriger → Verwaltungsakt.

Fernmeldegeheimnis → Brief-, Post- und Fernmeldegeheimnis.

Festnahme (§§ 127 ff. StPO). Jedermann hat das Recht, eine Person, die auf frischer (Straf-)Tat betroffen oder verfolgt wird, vorläufig festzunehmen, wenn sie fluchtverdächtig ist oder ihre → Personalien nicht sofort festgestellt werden können. Die Befugnisse der Staatsanwaltschaft u. der Polizeibeamten gehen weiter: Sie sind bei Gefahr im Verzug auch dann zur vorläufigen F. berechtigt, wenn die Voraussetzungen eines → Haftbefehls oder eines Unterbringungsbefehls (→ Unterbringung) vorliegen. Der Festgenommene ist spätestens am nächsten Tag dem Richter vorzuführen. Dieser ordnet, wenn er die Festnahme nicht (mehr) für gerechtfertigt hält, die Freilassung an; andernfalls erläßt er einen Haftbefehl oder Unterbringungsbefehl. → auch Freiheit des Menschen.

Feststellungsklage → Klage; → verwaltungsgerichtliches Verfahren.

Feuerbestattung → Leichen- und Bestattungswesen.

Finanzamt → Steuerrecht.

Finanzgerichtsbarkeit → Steuerrecht.

Finanzverfassung ist die in Art. 104a bis 108 GG geregelte Ordnung der finanziellen Beziehungen zwischen Bund u. Ländern, einschließlich der Gemeinden u. Gemeindeverbände. Sie enthält Regelungen über die Verteilung der Ausgabenlasten, der Steuergesetzgebungskompetenzen, der Steuererträge u. der Zuständigkeiten auf dem Gebiet der Finanzverwaltung u. Finanzgerichtsbarkeit. – Bund u. Länder tragen grundsätzlich gesondert die *Ausgaben,* die sich aus der Wahrnehmung ihrer Aufgaben ergeben (Art. 104a GG). Handeln die Länder im Auftrag des Bundes, trägt dieser die damit verbundenen Ausgaben. Bundesgesetze, die Geldleistungen gewähren (z. B. Wohngeldgesetz, Bundesausbildungsförderungsgesetz), können bestimmen, daß die Geldleistungen ganz oder teilweise vom Bund getragen werden. Darüber hinaus kann der Bund den Ländern durch Gesetz Finanzhilfen für besonders bedeutsame Investitionen der Länder u. Gemeinden zur Sicherung des gesamtwirtschaftlichen Gleichgewichts, zum Ausgleich unterschiedlicher Wirtschaftskraft im Bundesgebiet oder zur wirtschaftlichen Wachstumsförderung gewähren. – Auf dem Gebiet der *Gesetzgebung* (Art. 105 GG) ist der Bund ausschließlich für Zölle u. Finanzmonopole zuständig; er hat die konkurrierende Gesetzgebung über alle übrigen Steuern, wenn ihm das Aufkommen ganz oder teilweise zusteht oder wenn ein Bedürfnis nach bundeseinheitlicher Regelung unter den Voraussetzungen des Art. 72 II GG besteht (→ Gesetzgebungskompetenz). Die Länder haben die Befugnis zur Gesetzgebung über die örtlichen Verbrauch- u. Aufwandsteuern. – Hinsichtlich der *Verteilung der Steuererträge* ergibt sich folgendes (Art. 106, 107 GG): Das Aufkommen aus der Einkommen-, Körperschaft- u. Umsatzsteuer, die insgesamt mehr als ⅔ des gesamten Steueraufkommens ausmachen (→ Steuerrecht), steht Bund u. Ländern gemeinsam zu (Gemeinschaftsteuern). An den Erträgen aus der Einkommensteuer, an der die Gemeinden vorweg einen Anteil erhalten, u. der Körperschaftsteuer sind Bund u. Länder je zur Hälfte beteiligt. Die Anteile von Bund u. Ländern an der Umsatzsteuer sind durch zustimmungsbedürftiges Bundesgesetz zu regeln (z. Z. 66,5% Bund, 33,5% Länder). Der Ertrag der Finanzmonopole u. das Aufkommen der übrigen Steuern werden nach einzelnen Steuern getrennt Bund u. Ländern zugewiesen. Zugleich trägt das GG für eine ausreichende u. gleichmäßige Finanzausstattung der Gemeinden Sorge. Bei der Verteilung der Landessteuern u. der Länderanteile an den Gemeinschaftsteuern unter den Ländern geht das GG vom Prinzip des örtlichen Aufkommens aus, sieht aber zum Ausgleich der unterschiedlichen Finanzkraft der Länder einen horizontalen *Finanzausgleich* zwischen den Ländern u. einen vertikalen Finanzausgleich zwischen Bund und Ländern im Wege der Ergänzungszuweisungen vor. – Die Steuern werden entweder von Bundes- oder von Landesfinanzbehörden *verwaltet* (Art. 108 GG). Die Bundesfinanzbehörden sind zuständig für Zölle, Finanzmonopole, bundesgesetzlich geregelte Verbrauchsteuern u. Abgaben im Rahmen der Europäischen Gemeinschaften. Für alle übrigen Steuern sind die Landesfinanzbehörden verantwortlich; die Leiter ihrer Mittelbehörden (Oberfinanzdirektionen) sind im Einvernehmen mit der Bundesregierung zu bestellen. Nach dem Finanzverwaltungsgesetz, das den Aufbau der Finanzbehörden regelt, sind die Oberfinanzdirektionen als Mittelbehörden der Landesfinanzverwaltung zugleich Mittelbehörden der Bundesfinanzverwaltung; deren Präsidenten sind üblicherweise in Personalunion Bundes- u. Landesbeamte. – Die *Finanzgerichtsbarkeit* ist gem. Art 108 VI GG durch die Finanzgerichtsordnung bundesgesetzlich geregelt.

Finderlohn → Fund.

Firma (§§ 17 ff. HGB), in der Umgangssprache gleichbedeutend mit dem Unternehmen selbst, ist rechtlich nichts anderes als der *Name,* unter dem der → Kaufmann (und zwar der Vollkaufmann) im Handel seine Geschäfte betreibt und die Unterschrift abgibt; der Kaufmann kann unter seiner F. klagen und verklagt werden. Die F. ist wie jeder andere Name rechtlich geschützt (→ Namensrecht). Man unterscheidet mehrere Arten der F.: die *Einzelfirma* ist die F. eines Einzelkaufmanns, die *Gesellschaftsfirma* die einer → Handelsgesellschaft; die *Personenfirma* wird aus dem Namen des Inhabers gebildet (so bei Einzelkaufmann, OHG, KG), die *Sachfirma* dem Gegenstand des Unternehmens entlehnt (so bei der AG, üblicherweise auch bei der GmbH). Für die Führung der F. gelten die Grundsätze der *Firmenwahrheit* (die F. muß der wirklichen Sachlage entsprechen und darf keine täuschenden Zusätze enthalten), der *Firmeneinheit* (für ein Unternehmen darf nur eine einzige F. verwendet werden), der *Firmenausschließlichkeit* (die F. hat sich deutlich von F. anderer Unternehmen an demselben Ort zu unterscheiden) und der *Firmenöffentlichkeit* (die F. ist im → Handelsregister einzutragen). Der Erwerber eines Unternehmens kann die F. mit ausdrücklicher Einwilligung des bisherigen Inhabers fortführen. Die F. erlischt, wenn das Handelsgewerbe eingestellt wird oder keinen in kaufmännischer Weise eingerichteten Geschäftsbetrieb mehr erfordert.

Föderalismus bezeichnet ein politisches Grundprinzip, demzufolge sich Einzelstaaten unter Wahrung ihrer Staatlichkeit zu einem Bund zusammenschließen. Dabei kann es sich um einen Staatenbund oder um einen Bundesstaat handeln. Der *Staatenbund* ist ein völkerrechtliches Vertragsverhältnis zwischen Staaten, die dadurch in ihrer Staatlichkeit u. in ihrer umfassenden Staatsgewalt nicht betroffen werden. Es wird lediglich ein begrenzter Kreis von Aufgaben von einem gemeinsamen Organ des Bundes wahrgenommen. Der Staatenbund selbst ist nicht → Staat; er verfügt deshalb auch über keine Gesetzgebungsbefugnisse gegenüber den ihm angehörenden Staaten. Staatenbund war z. B. der Deutsche Bund von 1815 bis 1866. Der → *Bundesstaat* ist eine durch die Verfassung des Gesamtstaates geformte staatsrechtliche Verbindung von Staaten in der Weise, daß die Teilnehmer des Bundes als Gliedstaaten Staaten bleiben, aber auch der Bund selbst Staatlichkeit besitzt. Die Bundesrepublik Deutschland ist demgemäß ein Bundesstaat (vgl. Art. 20 I GG). Staatenbund u. Bundesstaat steht der Einheitsstaat gegenüber, in dem es nur *eine* staatliche Gewalt u. Organisation gibt (z. B. Frankreich). Er beruht auf dem – dem F. entgegengesetzten – politischen Grundprinzip des Unitarismus oder Zentralismus.

Formelles Recht → Recht.

Formularverträge sind für eine Vielzahl von Verwendungsfällen vorformulierte schriftliche Vertragstexte, die nur in einzelnen

Punkten (Namen der Vertragsparteien, genaue Bezeichnung des Vertragsgegenstandes, Höhe der Vergügung u. ä.) der Ausfüllung durch individuelle Abrede bedürfen. Ein typischer F. ist z. B. das Mietvertragsformular des Haus- u. Grundbesitzervereins. F. sind → Allgemeine Geschäftsbedingungen u. unterliegen daher den für diese geltenden Einschränkungen.

Formvorschriften. im Privatrecht herrscht zwar grundsätzlich *Formfreiheit,* doch gelten für eine Vielzahl von wichtigeren Rechtsgeschäften F. Diese sollen den Abschluß u. Inhalt des Geschäfts beweisen u. dienen zumeist auch dazu, vor übereilter Abgabe einer Willensklärung zu schützen. Gelegentlich sollen F. auch eine wirksame behördliche Kontrolle gewährleisten. Der Formzwang kann nicht nur auf Gesetz, sondern auch auf dem Willen der Beteiligten beruhen (z. B. Klausel im Mietvertrag, wonach mündliche Nebenabreden nur bei schriftlicher Bestätigung wirksam werden). Gesetzlich vorgeschriebene Formen sind → Schriftform, öfftl. → Beglaubigung u. → notarielle Beurkundung, wobei letztere die vorgenannten Formen ersetzt. Daneben gibt es für bestimmte Rechtsgeschäfte besondere F., so vor allem für die Eheschließung (→ Eherecht) u. die Testamentserrichtung (→ Erbrecht). – Der Verstoß gegen eine F. führt grundsätzlich zur Nichtigkeit der formbedürftigen Erklärung (§ 125 S. 1 BGB) u. damit i. d. R. nach § 139 BGB zur Nichtigkeit des gesamten Rechtsgeschäfts. Gleiches gilt im Zweifel auch bei Verletzung der gewillkürten Form, § 125 S. 2 BGB. Doch gibt es Ausnahmen. So kann z. B. der Formmangel der fehlenden notariellen Beurkundung eines Grundstückskaufvertrags oder eines Schenkungsversprechens durch Erfüllung geheilt werden (§§ 313 S. 2, 518 II BGB); der ohne die vorgeschriebene Schriftform auf länger als 1 Jahr vereinbarte Mietvertrag ist nicht nichtig, sondern gilt als für unbestimmte Zeit geschlossen (§ 566 BGB). Im übrigen kann die Berufung einer Partei auf den Formmangel mit → Treu u. Glauben unvereinbar u. deshalb unbeachtlich sein (z. B. wenn der, der die Formnichtigkeit geltend macht, die Einhaltung der Form arglistig verhindert hat); das setzt allerdings voraus, daß die Nichtigkeitsfolge für die andere Partei schlechthin untragbar wäre.

Fortgesetzte Handlung → Tatmehrheit, Tateinheit.

Fraktion ist der Zusammenschluß von → Abgeordneten eines → Parlaments, die i. d. R. derselben Partei angehören. Aufgaben u. Rechte der F. sind in den Geschäftsordnungen der Parlamente geregelt. F. müssen eine Mindeststärke aufweisen (im Bundestag 26 Abgeordnete). Ihnen stehen bestimmte Rechte zu (Gesetzesinitiativen, Anträge, Große Anfragen u. a.); die Zusammensetzung des Ältestenrates und der Ausschüsse sowie die Regelung des Vorsitzes in den Ausschüssen ist im Verhältnis der Stärke der einzelnen F. vorzunehmen. Die Verpflichtung eines Abgeordneten, sein Abstimmungsverhalten an den von der Fraktion gefaßten Mehrheitsbeschlüssen auszurichten *(Fraktionszwang)*, ist trotz Art. 38 I GG zulässig. Ein Verstoß gegen den Fraktionszwang kann mit dem Ausschluß aus Fraktion u. Partei, er darf aber nicht mit unmittelbarem oder mittelbarem Zwang zur Niederlegung des Mandats geahndet werden.

Frauenarbeitsschutz. Für weibliche Arbeitnehmer bestehen neben dem allgemeinen → Arbeitsschutz zusätzliche Schutzvorschriften. Gem. § 16 AZO ist die Beschäftigung von Frauen in Bergwerken u. Gruben sowohl unter Tage als auch bei Förderung, Transport u. Verladung über Tage, ferner in Kokereien u. bei der Beförderung von Roh- und Werkstoffen am Bau verboten. Darüber hinaus gelten nach §§ 17 ff. AZO besondere Bestimmungen hinsichtlich des Arbeitszeitschutzes (Höchstarbeitszeit, Ruhepausen, keine Nachtarbeit). Die Regelung in den Hausarbeitstagsgesetzen der Länder, wonach weiblichen, nicht aber männlichen Arbeitnehmern im eigenen Hausstand in bestimmten Abständen Anspruch auf Freizeit (i. d. R. 1 Arbeitstag je Monat) zur Erledigung häuslicher Arbeiten zusteht, ist mit der grundgesetzlichen Garantie der → Gleichberechtigung von Mann und Frau nicht vereinbar (BVerfG v. 13. 11. 1979). Der Entwurf der Bundesregierung zum Arbeitszeitgesetz von 1984 (→ Arbeitszeit) sieht die Aufhebung der Hausarbeitstagsgesetze vor. Einem besonderen Arbeitsschutz unterliegen schwangere Frauen u. Wöchnerinnen (→ Mutterschutz).

Freies Mandat → Abgeordnete.

Freiheit des Menschen. Die menschliche Freiheit ist durch Art. 2 GG als → Grundrecht in drei Erscheinungsformen gewährleistet: Recht auf freie Entfaltung der Persönlichkeit (Abs. 1) und Recht auf Leben u. körperliche Unversehrtheit sowie Freiheit der Person (Abs. 2).
1. *Freie Entfaltung der Persönlichkeit* bedeutet Handlungsfreiheit im umfassenden Sinn. Sie beschränkt sich nicht auf den Kernbereich der Persönlichkeit, sondern schließt die gesamte Lebensführung ein. Jeder kann tun u. lassen, was er will. Daher schützt Art. 2 I GG auch die freie wirtschaftliche Betätigung u. die freie Verwertung der Arbeitskraft. Die Entfaltungsfreiheit umfaßt zugleich den Anspruch, durch die Staatsgewalt nicht mit einem Nachteil belastet zu werden (z. B. Steuer), der nicht in der verfassungsmäßigen Ordnung begründet ist. Aus Art. 2 I i. V. m.

Art. 1 I GG leitet die Rspr. des BGH ein *allgemeines → Persönlichkeitsrecht* ab, das sich nicht nur gegen den Staat richtet, sondern auch im Privatrechtsverkehr gegenüber jedermann gilt. Die
Weite des Schutzbereichs der Entfaltungsfreiheit rechtfertigt aber
keine Ellbogenfreiheit; die Freiheit ist nur insoweit gewährleistet,
als nicht die Rechte anderer verletzt werden und nicht gegen die
verfassungsmäßige Ordnung oder das Sittengesetz verstoßen
wird. Dabei meint „verfassungsmäßige Ordnung" nicht nur die
elementaren Verfassungsgrundsätze, sondern alle formell und
materiell verfassungsmäßigen Rechtsnormen.
2. *Recht auf Leben und körperliche Unversehrtheit* heißt, daß dem
Staat die Verfügung über das Leben (auch das keimende Leben)
und den Körper des Menschen entzogen ist. Dieses Recht erschöpft sich nicht in einem Verbot staatlicher Eingriffe. Es verpflichtet den Staat darüber hinaus, das Leben zu schützen u. zu
fördern, es insbes. vor rechtswidrigen Eingriffen anderer zu bewahren. Aus diesem Grunde hat das Bundesverfassungsgericht
die nach dem 5. Strafrechtsreformgesetz von 1974 in § 218 StGB
vorgesehene Fristenlösung (Straffreiheit des → Schwangerschaftsabbruchs in den ersten 12 Wochen nach der Empfängnis) für verfassungswidrig erklärt. Daran zeigt sich, daß der Gesetzesvorbehalt in Art. 2 II 3 GG, wonach in das Grundrecht auf Leben und
körperliche Unversehrtheit (nur) aufgrund eines Gesetzes eingegriffen werden darf, keine unbegrenzten Eingriffe zuläßt.
3. Das Grundrecht der *Freiheit der Person* gewährleistet die körperliche Bewegungsfreiheit, die durch Festnahme, Verhaftung
o. ä. nicht entzogen werden darf. Zwar kann auch in dieses Recht
aufgrund eines Gesetzes eingegriffen werden (Art. 2 II 3 GG).
Doch ergeben sich aus Art. 104 GG zusätzliche rechtsstaatliche
Garantien. Danach kann die Freiheit der Person nur aufgrund eines förmlichen Gesetzes und nur unter Beachtung der darin vorgeschriebenen Formen beschränkt werden. Festgehaltene Personen dürfen weder seelisch noch körperlich mißhandelt werden.
Über die Zulässigkeit und Fortdauer einer Freiheitsentziehung
hat nur der Richter zu entscheiden. Sofern die Freiheitsentziehung nicht auf richterlicher Anordnung beruht, ist unverzüglich
eine richterliche Entscheidung herbeizuführen. Die Polizei darf
aus eigener Machtvollkommenheit niemanden länger als bis zum
Ende des Tages nach dem Ergreifen in eigenem Gewahrsam halten. Wer wegen des Verdachts einer Straftat vorläufig festgenom-
men wird, muß spätestens am Tag nach der Festnahme dem
Richter vorgeführt werden. Dieser hat ihm die Gründe der Festnahme mitzuteilen, ihn zu vernehmen u. ihm Gelegenheit zu Einwendungen zu geben. Der Richter muß unverzüglich entweder einen schriftlichen Haftbefehl erlassen oder die Freilassung anordnen. Von jeder richterlichen Entscheidung über die Anordnung
oder Fortdauer einer Freiheitsentziehung ist unverzüglich ein An-

gehöriger oder eine Vertrauensperson des Festgehaltenen zu informieren.

Freiheitliche demokratische Grundordnung. In der Entscheidung des Grundgesetzes für die f. d. G. (der Begriff wird an mehreren Stellen verwendet, u. a. in Art. 18, 21 II) verkörpert sich die Absage an ein relativistisches Demokratieverständnis, wie es der Weimarer Verfassung zugrunde lag, u. die Hinwendung zur wehrhaften, abwehrbereiten, zur „streitbaren Demokratie". Das Bundesverfassungsgericht definiert die f. d. G. als eine Ordnung, „die unter Ausschluß jeglicher Gewalt- und Willkürherrschaft eine rechtsstaatliche Herrschaftsordnung auf der Grundlage der Selbstbestimmung des Volkes nach dem Willen der jeweiligen Mehrheit und der Freiheit und Gleichheit darstellt. Zu den grundlegenden Prinzipien dieser Ordnung sind mindestens zu rechnen: die Achtung vor den im Grundgesetz konkretisierten Menschenrechten, vor allem vor dem Recht der Persönlichkeit auf Leben u. freie Entfaltung, die Volkssouveränität, die Gewaltenteilung, die Verantwortlichkeit der Regierung, die Gesetzmäßigkeit der Verwaltung, die Unabhängigkeit der Gerichte, das Mehrparteienprinzip u. die Chancengleichheit für alle politischen Parteien mit dem Recht auf verfassungsmäßige Bildung u. Ausübung einer Opposition". Dem Prinzip der f. d. G. kommt besondere Bedeutung für den präventiven → Verfassungsschutz zu. Wer die Meinungsfreiheit, die Lehrfreiheit, die Versammlungs- oder Vereinigungsfreiheit, das Brief-, Post- und Fernmeldegeheimnis, das Eigentum oder das Asylrecht zum Kampf gegen die f. d. G. mißbraucht, verwirkt gem. Art. 18 GG diese Grundrechte; die Verwirkung u. ihr Ausmaß können aber nur durch das BVerfG ausgesprochen werden. Nach Art. 21 II GG sind → Parteien, die nach ihren Zielen oder nach dem Verhalten ihrer Anhänger darauf ausgehen, die f. d. G. zu beeinträchtigen oder zu beseitigen oder den Bestand der Bundesrepublik zu gefährden, *verfassungswidrig;* über die Frage der Verfassungswidrigkeit entscheidet wiederum allein das Bundesverfassungsgericht. (Verboten wurden 1952 die SRP, 1956 die KPD.) Das Prinzip der f. d. G. dient zugleich als das von der Verfassung geforderte (Art. 33 I GG) u. durch die Beamtengesetze konkretisierte Kriterium für die Loyalität der Beamten; nur derjenige kann Beamter sein, der die Gewähr bietet, jederzeit für die f. d. G. einzutreten. → Extremisten im öfftl. Dienst.

Freiheitsstrafe → Strafrecht.

Freiwillige Gerichtsbarkeit ist wie die streitige Gerichtsbarkeit Teil der zur → ordentlichen Gerichtsbarkeit gehörenden Zivilgerichtsbarkeit. Ihr im Gesetz über die Angelegenheiten der f. G.

(FGG) geregeltes Verfahren ist – der vorwiegend rechtsgestaltenden Funktion der f. G. in Vormundschafts-, Nachlaß-u. Registersachen usw. entsprechend – weitgehend durch → Amtsbetrieb u. → Untersuchungsmaxime bestimmt. Darin unterscheidet es sich vom → Zivilprozeß nach der ZPO, der vom Grundsatz der Parteiherrschaft u. von der Verhandlungsmaxime beherrscht ist. Entscheidungen der f. G. ergehen nicht durch Urteil, sondern durch Beschluß oder Verfügung; es gibt keine Parteien, sondern Beteiligte. Die Verhandlung ist nicht öffentlich. Erstinstanzliche Entscheidungen des Amtsgerichts können mit der Beschwerde (einfache oder sofortige Beschwerde), Entscheidungen des Beschwerdegerichts mit der weiteren Beschwerde angefochten werden.

Freizeichnungsklauseln dienen im Rechtsverkehr dazu, eine sonst kraft Gesetzes eintretende Bindung auszuschließen. Wer ein Vertragsangebot mit dem Zusatz „freibleibend", „ohne obligo" o. ä. versieht, ist an seine Offerte nicht gebunden (§ 145 BGB, → Vertrag). Meist dürfte in solchen Fällen das Angebot als Aufforderung zur Abgabe einer Offerte auszulegen sein. Durch eine vertragliche F. kann die Haftung des Schuldners (→ Verschulden) beschränkt werden. Dabei kann nur die Verantwortlichkeit für Fahrlässigkeit (auch grobe Fahrlässigkeit), nicht dagegen die für Vorsatz ausgeschlossen werden (§ 276 II BGB); wirksam ist allerdings ein Haftungsausschluß für vorsätzliches Handeln des Erfüllungsgehilfen (§ 278 S. 2 i. V. m. § 276 II BGB). F. in → Allg. Geschäftsbedingungen sind nur begrenzt zulässig; so ist z. B. ein formularmäßiger Haftungsausschluß für grobe Fahrlässigkeit in jedem Fall – auch hinsichtlich der Haftung für den Erfüllungsgehilfen – unwirksam (§ 11 Nr. 7 AGBG).

Fremdenrecht → Ausländerrecht.

Friedenspflicht → Tarifvertrag.

Friedensvertrag ist ein völkerrechtlicher Vertrag (→ Völkerrecht), durch den der Kriegszustand zwischen 2 oder mehreren Staaten beendet wird. Er ist zu unterscheiden vom *Waffenstillstand,* der nicht eine Beendigung, sondern nur eine Unterbrechung des Krieges (oft im Vorgriff auf einen F.) bewirkt.

Frist ist ein bestimmter oder bestimmbarer Zeitraum, dessen Überschreiten für den, der die F. wahren muß, Rechtsnachteile zur Folge hat. Fristen beruhen auf Gesetz, Hoheitsakt (z. B. richterlicher Anordnung) oder Vertrag. Sie sind entweder Ausschluß- oder Verjährungsfristen. *Ausschlußfrist* bedeutet, daß eine Handlung (z. B. Anfechtung einer Willenserklärung) nach Fristablauf nicht mehr vorgenommen werden kann (vgl. etwa §§ 121 II, 124 I

BGB). *Verjährungsfrist* besagt, daß der Schuldner nach Vollendung der → Verjährung berechtigt ist, die Leistung zu verweigern (§ 222 BGB). Die Vorschriften des BGB über die Berechnung von F. (§§ 187 ff.) finden im gesamten Privatrecht Anwendung, darüber hinaus im öffentlichen Recht, insbes. im Prozeßrecht (vgl. § 222 ZPO) und im Verwaltungsverfahrensrecht (§ 31VwVfG). Danach gilt im wesentlichen folgendes: Für den Beginn der F. wird der Anfangstag grundsätzlich nicht mitgerechnet. (Ausnahme: Berechnung des Lebensalters: Wer am Monatsersten geboren ist, vollendet das Lebensjahr mit Ablauf des vorausgegangenen Monats.) Eine nach Tagen bestimmte F. endet mit dem Ablauf des letzten Tages der F. Eine nach Wochen, Monaten oder Jahren bemessene F. endet mit dem Ablauf des Tages, der durch seine Benennung oder Zahl dem Anfangstag entspricht; so läuft z. B. eine einwöchige F., deren Anfangstag ein Montag ist, um Mitternacht des darauffolgenden Montags aus. Fällt der letzte Tag einer F. für die Abgabe einer Willenserklärung oder für die Bewirkung einer Leistung auf einen Sonntag, gesetzlichen Feiertag oder Sonnabend, so endet die F. am nächsten Werktag.

Führungszeugnis → Bundeszentralregister.

Fürsorgeerziehung (§§ 64 ff. JWG). Für einen noch nicht 17 Jahre alten Minderjährigen, der zu verwahrlosen droht oder verwahrlost ist, veranlaßt das Landesjugendamt auf Anordnung des → Vormundschaftsgerichts (oder des Jugendgerichts in einem Strafverfahren) F. (vgl. Jugendhilfe). Sie wird in einer geeigneten Familie oder in einem Heim durchgeführt. F. darf nur angeordnet werden, wenn andere → Erziehungshilfen (Erziehungsbeistandschaft, freiwillige Erziehungshilfe) nicht ausreichen. Die Anordnung der F. bewirkt, daß die Eltern die → elterliche Sorge insoweit nicht ausüben können, als es der Zweck der F. gebietet. Für alle → Rechtsgeschäfte, welche ein Arbeits- oder Ausbildungsverhältnis des Minderjährigen betreffen, gilt das Landesjugendamt als → gesetzlicher Vertreter. Es ist befugt, den Arbeitsverdienst des Minderjährigen für ihn zu verwalten. Das Landesjugendamt bestimmt den Aufenthalt des Minderjährigen; die Grundrechte der Freiheit der Person und der Freizügigkeit sind insoweit eingeschränkt. Die F. endet mit der Volljährigkeit oder durch Aufhebung, wenn der Erziehungszweck erreicht ist.

Fund (§§ 965 ff. BGB). Finder ist, wer eine verlorene (d. h. besitzlose, nicht dagegen herrenlose) Sache nach Entdeckung in Besitz nimmt. Der F. ist ein Realakt (→ Rechtshandlung), so daß → Geschäftsfähigkeit des Finders nicht erforderlich ist. Der Finder muß den F. dem Empfangsberechtigten (Verlierer, Eigentümer), hilfsweise der zuständigen Behörde („Fundbüro") unverzüglich anzeigen. Er ist zur Verwahrung der Sache u. auf Verlangen der Behörde zur Ablieferung verpflichtet. Wird die Sache beschädigt, braucht er nur Vorsatz u. grobe Fahrlässigkeit zu vertreten. Dem Finder steht ein Anspruch auf Aufwendungsersatz zu (z. B. für Fütterung eines Tieres). Er kann vom Empfangsberechtigten einen *Finderlohn* verlangen: bei einem Wert der Sache bis zu 1000 DM 5%, darüber hinaus 3%, bei Tieren 3%. Mit Ablauf von 6 Monaten seit Anzeige des F. bei der Behörde erwirbt der Finder das Eigentum an der Sache, sofern sich vorher kein Empfangsberechtigter gemeldet hat. Besonderheiten gelten für den F. in einer öfftl. Behörde oder Verkehrsanstalt: unverzügliche Ablieferungspflicht des Finders, kein Eigentumserwerb, Finderlohn in halber Höhe nur bei Sachen im Wert von mindestens DM 100.

G

Garantenstellung → Strafrecht; → Selbstmord.

Garantievertrag ist ein im Gesetz nicht geregelter → Vertrag, durch den jemand einem anderen verspricht, für einen bestimmten Erfolg, insbes. das Ausbleiben eines Risikos, einzustehen. Sofern der G. eine Forderung des Gläubigers gegen einen Dritten (z. B. der Bank gegen den Darlehnsnehmer) absichern soll, unterscheidet er sich von der → Bürgschaft dadurch, daß er eine selbständige, von der Hauptschuld unabhängige Verpflichtung begründet. Ein typischer G. wird z. B. mittels *Scheckkarte* begründet. Die Bank garantiert jedem Schecknehmer, → (Euro-)Schecks des Ausstellers bis zur Höhe von 400 DM unter bestimmten Voraussetzungen (u. a. Angabe der Scheckkarten-Nr. auf der Rückseite des vorgedruckten Euroschecks) einzulösen. – Wird bei einem → Kauf eine Eigenschaft der verkauften Sache „garantiert", handelt es sich nicht um einen G., sondern um eine kaufvertragliche Nebenabrede, durch die der Verkäufer die Gewährleistung für eine zugesicherte Eigenschaft übernimmt.

Gastwirtshaftung (§§ 701 ff. BGB). Ein Gastwirt, der gewerbsmäßig Fremde zur Beherbergung aufnimmt (also nicht der Schank- oder Speisewirt), haftet für den Schaden, der durch Verlust, Zerstörung oder Beschädigung von Sachen entsteht, die ein im Betrieb des Gastwirts aufgenommener Gast eingebracht hat. Die Ersatzpflicht erstreckt sich nicht auf Fahrzeuge (selbst wenn sie in der Hotelgarage untergestellt worden sind), auf darin belassene Sachen u. auf lebende Tiere. Die G. ist Gefährdungshaftung, setzt also kein → Verschulden voraus. Sie entfällt aber, wenn der Schaden durch den Gast oder eine Begleitperson, durch die Beschaffenheit der Sache oder durch → höhere Gewalt verursacht wird. Ist der Gastwirt schadenersatzpflichtig, haftet er nur bis zu einem Betrag, der dem Hundertfachen des Übernachtungspreises entspricht, jedoch mindestens bis zu 1000 DM, höchstens bis zu 6000 DM (bei Geld, Wertsachen u. Kostbarkeiten bis zu 1500 DM). Die Haftung ist unbeschränkt, wenn der Gastwirt (oder sein Personal) den Schaden schuldhaft herbeigeführt hat oder wenn es sich um eingebrachte Sachen handelt, deren Aufbewahrung er übernommen hat – dazu ist er bei Geld, Wertpapieren, Kostbarkeiten u. anderen Wertsachen verpflichtet – oder entgegen dieser Verpflichtung abgelehnt hat. Der Wirt kann seine Haftung nicht einseitig (etwa durch Anschlag) ausschließen. Sie kann ihm aber vom Gast im voraus durch separaten schriftlichen Erlaßvertrag erlassen werden, allerdings nur, soweit sie die o.b. Höchstbeträge überschreitet. Der Erlaßvertrag ist unwirksam, falls Gastwirt oder Personal den Schaden vorsätzlich oder grob fahrlässig verursachen oder sofern der Schaden an Sachen eingetreten ist, deren Aufbewahrung der Gastwirt pflichtwidrig abgelehnt hat.

Gebietskörperschaft → Körperschaft.

Gebrauchsmuster. Arbeitsgeräte (z. B. Werkzeug) oder Gebrauchsgegenstände (z. B. Spielzeug), auch Teile davon, werden insoweit als G. geschützt, als sie dem Arbeits- oder Gebrauchszweck durch eine neue Gestaltung, Anordnung oder Vorrichtung dienen sollen (§ 1 GebrMG). Das G. verkörpert im Unterschied zum → Patent nur eine kleinere technische Erfindung. G. werden vom Patentamt in die Gebrauchsmusterrolle eingetragen und im Patentblatt bekannt gemacht (§ 3 GebrMG). Die Eintragung hat die Wirkung, daß allein dem Inhaber das Recht zusteht, gewerbsmäßig das Muster nachzubilden, die durch Nachbildung hervorgebrachten Gegenstände in Verkehr zu bringen, feilzuhalten oder zu gebrauchen (§ 5 GebrMG). Er kann dieses Recht beschränkt oder unbeschränkt durch → Lizenzvertrag auf andere übertragen (§ 13 GebrMG). Der Gebrauchsmusterschutz dauert 3 Jahre mit der Möglichkeit der Verlängerung auf 6 Jahre (§ 14 GebrMG). Wer ein G. widerrechtlich verletzt, kann auf Unterlassung, bei schuldhaftem Handeln auch auf Schadensersatz in Anspruch genommen werden (§ 15 GebrMG). Das Gesetz sieht außerdem eine strafrechtliche Ahndung für vorsätzliche Verstöße vor (§ 16 GebrMG).

Gebührenpflichtige Verwarnung ist eine bei geringfügigen → Ordnungswidrigkeiten erteilte → Verwarnung, mit der zugleich ein Verwarnungsgeld von 2 bis 20 DM erhoben wird (§§ 56 ff. OWiG).

Gefährdungshaftung → Verschulden.

Gefälligkeitsfahrt. Darunter versteht man die unentgeltliche Mitnahme eines anderen im Kfz. Erleidet der mitfahrende Insasse bei einem Verkehrsunfall einen Schaden, stehen ihm vertragliche Schadensersatzansprüche nicht zu. Zwischen Fahrer u. Mitfahrer besteht nur ein Gefälligkeitsverhältnis, mangels rechtlichen Bindungswillens jedoch keine vertragliche Beziehung. Auch aus Gefährdungshaftung (→ Kraftfahrzeughaftung) kann der Geschädigte keine Ansprüche herleiten; diese kommen nach § 8a StVG nur bei entgeltlicher, geschäftsmäßiger Personenbeförderung in Betracht. Demnach bleibt er auf eine Schadensersatzforderung aus → unerlaubter Handlung beschränkt. Die Haftung des Fahrers ist dabei nicht schon wegen des Gefälligkeitscharakters der Mitnahme gemildert; er muß also grundsätzlich auch für leichte Fahrlässigkeit einstehen. Eine stillschweigende Haftungsbegrenzung wird von der Rechtsprechung nur in Ausnahmefällen bejaht. Möglich ist dagegen ein schriftlicher Haftungsverzicht des Beifahrers, der die Verantwortlichkeit für vorsätzliches Handeln des Fahrers allerdings nicht ausschließen kann (§ 276 II BGB). Minderjährige bedürfen zu einer solchen Erklärung der Einwilligung des gesetzlichen Vertreters. – Ist der Fahrer fahruntüchtig (z. B. infolge Alkoholgenusses oder Übermüdung) u. ist dem Teilnehmer der G. dieser Umstand bekannt oder erkennbar, liegt eine vorwerfbare Selbstgefährdung vor. Der Beifahrer muß sich seine Mitverantwortung entsprechend § 254 BGB anrechnen lassen, u. U. mit der Folge, daß die Haftung des Fahrers völlig entfällt (sog. *Handeln auf eigene Gefahr*). Bei einem Minderjährigen kommt es in derartigen Situationen darauf an, ob u. wieweit er die erforderliche Einsichtsfähigkeit besitzt (→ Deliktsfähigkeit).

Gefahrtragung. Treten in einem → Schuldverhältnis Leistungshindernisse auf, die weder vom Schuldner noch vom Gläubiger zu vertreten sind, so wird der Schuldner von seiner Leistungspflicht nach § 275 BGB befreit, verliert beim gegenseitigen → Vertrag aber gem. § 323 BGB zugleich den Anspruch auf die Gegenleistung (→ Unmöglichkeit der Leistung). In einem solchen Fall trägt also der Gläubiger die *„Leistungsgefahr"*, der Schuldner die *„Vergütungsgefahr"* (oft auch als *„Preisgefahr"* bezeichnet). Für die Frage, wer die Vergütungsgefahr zu tragen hat, kommt es entscheidend auf den Zeitpunkt des *Gefahrübergangs* an (beim → Kauf grundsätzlich mit der Übergabe der Sache, beim → Werkvertrag i. d. R. mit der Abnahme des Werkes).

Gegendarstellung. Wer durch eine in einem periodischen Druckwerk (Zeitung, Zeitschrift) aufgestellte Tatsachenbehauptung betroffen ist, hat nach den Pressegesetzen der Bundesländer gegen den verantwortlichen Redakteur (u. den Verleger) einen Anspruch auf G. Der Zweck der G. besteht darin, dem Betroffenen die Möglichkeit zu geben, den Tatsachenablauf aus seiner Sicht zu schildern; ein Wahrheitsbeweis ist daher nicht erforderlich. Die Pflicht zum Abdruck der G. besteht allerdings nur, wenn u. soweit der Betroffene ein berechtigtes Interesse an der Veröffentlichung hat u. wenn die G. ihrem Umfang nach angemessen ist. Die G., die schriftlich abzufassen u. zu unterzeichnen ist, muß unverzüglich eingereicht werden; eine gesetzliche Frist von nur 2

Wochen ist jedoch zu kurz bemessen und daher verfassungswidrig (BVerfG v. 8. 2. 1983). Die G. hat sich auf tatsächliche Angaben zu beschränken u. darf keinen strafbaren Inhalt (z. B. Beleidigung) haben. Der Abdruck der G. muß in der nächstfolgenden Nummer, im gleichen Teil des Druckwerks u. mit gleicher Schrift wie der beanstandete Text ohne Einschaltungen u. Weglassungen erfolgen. Er ist kostenfrei, soweit nicht der Umfang des beanstandeten Textes überschritten wird. Der Anspruch auf G. kann durch → Klage, ggf. auch im Wege der → einstweiligen Verfügung durchgesetzt werden.

Gegenseitiger Vertrag → Vertrag.

Gehaltspfändung (Pfändung von Arbeitseinkommen) ist ein Unterfall der Pfändung von Geldforderungen; dabei sind die Pfändungsschutzvorschriften der §§ 850 ff. ZPO zu beachten. → Pfändung.

Geheimsphäre → Persönlichkeitsrecht.

Gehilfe → Beihilfe; → unerlaubte Handlung.

Geistiges Eigentum → Immaterialgüterrecht.

Geldbuße → Ordnungswidrigkeiten.

Geldstrafe → Strafrecht.

Geld- und Wertzeichenfälschung (§§ 146–152 StGB). Geschützte Rechtsgüter sind in- und ausländisches Geld, ihm gleichgestellt die durch Druck und Papierart gegen Nachahmung besonders gesicherten Wertpapiere (z. B. Reiseschecks) sowie in- und ausländische amtliche Wertzeichen (z. B. Briefmarken). Geldfälschung (§ 146 StGB) ist mit Freiheitsstrafe nicht unter 2 Jahren, Wertzeichenfälschung (§ 148 StGB) mit Freiheitsstrafe bis zu 5 Jahren oder Geldstrafe bedroht. Die Tathandlung ist in 3 Formen möglich: a) Nachmachen von Geld oder Wertzeichen oder deren Verfälschen auf einen höheren Wert in der Absicht, sie als echt in Verkehr zu bringen; b) Sichverschaffen falschen Geldes oder falscher Wertzeichen in gleicher Absicht; c) Inverkehrbringen falschen Geldes bzw. Verwenden, Feilhalten oder Inverkehrbringen falscher Wertzeichen. Wer Falschgeld, das ihm untergeschoben wurde, als echt in Verkehr bringt, wird mit Rücksicht darauf, daß er den aufgrund seiner Gutgläubigkeit erlittenen Schaden nur weitergibt, nach § 147 StGB milder bestraft. Eine Strafmilderung gilt nach § 148 II StGB auch für den Täter, der bereits verwendete Wertzeichen, an denen das Entwertungszeichen beseitigt worden ist, als gültig verwendet oder in Verkehr bringt (z. B. erneutes Benutzen einer Briefmarke nach Entfernung des Poststempels). § 149 StGB stellt bestimmte Vorbereitungshandlungen der G.- u. W. (z. B. Herstellen, Beschaffen oder Verwahren von Drucksätzen, Papier u. ä.) gesondert unter Strafe. Ist eine Straftat der G.- u. W. begangen worden, unterliegen das Falschgeld, die falschen oder entwerteten Wertzeichen u. die Fälschungsmittel der Einziehung (§ 150 StGB).

GEMA → Urheberrecht.

Gemeinde → Kommunalrecht.

Gemeingebrauch → Straßenrecht; → Wasserrecht.

Gemeinnützigkeit. Körperschaften, Personenvereinigungen u. Vermögensmassen, die nach ihrer Verfassung u. der tatsächlichen Geschäftsführung ausschließlich u. unmittelbar gemeinnützige, mildtätige oder kirchliche Zwecke verfolgen, sind von der Körperschaftsteuer (§ 5 I Ziff. 9 KStG), der Gewerbesteuer (§ 3 Ziff. 6 GewStG) u. der Vermögensteuer (§ 3 I Ziff. 12 VStG) befreit; ihre Leistungen unterliegen bei der Umsatzsteuer dem ermäßigten Steuersatz von 7% (§ 12 II Nr. 8 UStG). *Spenden* u. *Mitgliedsbeiträge* zur Förderung gemeinnütziger Zwecke sind im Rahmen bestimmter Höchstgrenzen als Sonderausgaben bei der Einkommensteuer abzugsfähig (§ 10 b I EStG). Die Anerkennung der G. ist vor allem für → eingetragene Vereine bedeutsam. – Eine Körperschaft verfolgt gemeinnützige Zwecke, wenn ihre Tätigkeit darauf gerichtet ist, die Allgemeinheit auf materiellem, geistigem oder sittlichem Gebiet selbstlos zu fördern (z. B. Wissenschaft u. Forschung, Wohlfahrtswesen, Sport). Über die Anerkennung der G. entscheidet das Finanzamt (vgl. im einzelnen §§ 51–68, insbes. § 52 AO 1977). Wegen der früher nur in erheblich begrenztem Umfang möglichen steuerlichen Abzugsfähigkeit von Parteispenden (→ Parteienfinanzierung) war es in der Vergangenheit vielfach üblich, Zuwendungen an Parteien über gemeinnützige Vereinigungen zur Förderung staatspolitischer Zwecke umzuleiten, die sich als „Spendenwaschanlagen" betätigten. Mit diesem rechtswidrigen Verfahren sollte erreicht werden, daß die Spenden als Sonderausgaben bei der Einkommen- oder Körperschaftsteuer abgesetzt werden konnten.

Gemeinschaft. Bilden mehrere Personen eine Vermögensgemeinschaft, so kommen, sieht man vom Sonderfall der → juristischen Person ab, im wesentlichen zwei Rechtsinstitute in Betracht: die Gesamthandsgemeinschaft u. die Gemeinschaft nach Bruchteilen.
1. *Gesamthandsgemeinschaften* (Gg.) sind nur die bürgerlich-

rechtliche Gesellschaft (§§ 718 ff. BGB) u. damit kraft Verweisung auch der nichtrechtsfähige Verein, die OHG u. die KG (§ 54 BGB, § 105 II, 161 II HGB), die eheliche Gütergemeinschaft u. die fortgesetzte Gütergemeinschaft (§§ 1416 ff., 1485 ff. BGB) sowie die Erbengemeinschaft (§§ 2032 ff. BGB). Das Vermögen der Gg. steht den Beteiligten nicht anteilig, sondern „zur gesamten Hand" zu. Alle Gesamthänder sind daher gemeinschaftlich Eigentümer der zum Gesamthandsvermögen gehörenden Sachen u. gemeinschaftlich Gläubiger der Gesamthandsforderungen. Für Schulden der Gg. haften sie gemeinschaftlich mit dem Gesamthandsvermögen; daneben besteht i. d. R. noch eine persönliche → gesamtschuldnerische Haftung jedes Beteiligten mit dem eigenen Vermögen. Der Gesamthänder kann über seinen (fiktiven) Anteil an den einzelnen Vermögensgegenständen nicht verfügen; auch eine Verfügung über seinen Gesamthandsanteil als solchen ist nur ausnahmsweise zulässig, u. zwar bei der Erbengemeinschaft sowie aufgrund entsprechender Vereinbarung bei der Gesellschaft.

2. In der *Bruchteilsgemeinschaft* (Bg.) steht jedem Teilhaber ein ziffernmäßig bestimmter, im Zweifel gleich großer ideeller Anteil an dem gemeinsamen Recht zu (§§ 741 ff. BGB). Wichtigster Fall der Bg. ist das → Miteigentum, für das zusätzlich die Sonderregelungen der §§ 1008 ff. BGB gelten. Bei der Bg. kann der einzelne Teilhaber über seinen Anteil grundsätzlich frei verfügen, über den gemeinschaftlichen Gegenstand selbst jedoch nur gemeinsam mit den übrigen Beteiligten. Die Verwaltung ist den Teilhabern in ihrer Gesamtheit zugewiesen; der einzelne ist aber berechtigt, notwendige Erhaltungsmaßnahmen auch ohne Zustimmung der anderen zu treffen. Ein Teilhaber kann im übrigen jederzeit die Aufhebung der Bg. – grundsätzlich durch Teilung, hilfsweise durch Verkauf u. Teilung des Erlöses – verlangen.

Gemeinschaftsaufgaben. Im → Bundesstaat der Bundesrepublik Deutschland ist die Erfüllung staatlicher Aufgaben grundsätzlich Sache der Länder (Art. 30 GG). Auf einigen Gebieten (Ausbau u. Neubau von Hochschulen, Verbesserung der regionalen Wirtschaftsstruktur, Verbesserung der Agrarstruktur u. des Küstenschutzes) ermöglicht Art. 91a GG die Mitwirkung des Bundes bei der Erfüllung der Länderaufgaben. Das setzt voraus, daß die einzelnen Aufgaben für die Gesamtheit der Bundesrepublik bedeutsam sind u. daß die Mitwirkung des Bundes zur Verbesserung der Lebensverhältnisse erforderlich ist. Die nähere Bestimmung der G., die allgemeinen Grundsätze für ihre Erfüllung, das Verfahren u. die Einrichtungen für eine gemeinsame Rahmenplanung sind durch Bundesgesetz, das der Zustimmung des Bundesrates bedarf (→ Gesetzgebungsverfahren), zu regeln. Entsprechende Gesetze sind seit 1969 erlassen worden. Ein Vorhaben darf nur mit

Zustimmung des betroffenen Landes in die Rahmenplanung aufgenommen werden. Der Bund trägt i. d. R. die Hälfte der Kosten. Zu den G. i. w. S. rechnen gem. Art. 91b GG auch Bildungsplanung u. Forschungsförderung. Das Zusammenwirken wird hier jedoch nicht durch Gesetz, sondern durch Bund-Länder-Vereinbarungen geregelt. Diese haben zur Errichtung der Bund-Länder-Kommission für Bildungsplanung u. Forschungsförderung geführt, die 1973 mit der Verabschiedung des Bildungsgesamtplans hervorgetreten ist.

Gemischter Vertrag → Vertrag.

Genehmigung ist im *Privatrecht* die nachträglich erteilte → Zustimmung zu dem von einem anderen abgeschlossenen schwebend unwirksamen Rechtsgeschäft; die Erteilung der G. wirkt auf den Zeitpunkt der Vornahme des Rechtsgeschäfts zurück, macht es also von Anfang an (ex tunc) wirksam. Im *Verwaltungsrecht* ist G. vielfach gleichbedeutend mit → Erlaubnis (z. B. Baugenehmigung), meint verschiedentlich aber auch die nachträgliche Zustimmung einer übergeordneten Behörde zum Verwaltungshandeln einer nachgeordneten Behörde oder juristischen Person (z. B. Genehmigung einer Gemeindesatzung im Rahmen der staatlichen Kommunalaufsicht).

Generalklauseln sind → Rechtsnormen, die den eine Rechtsfolge auslösenden Tatbestand nicht kasuistisch, sondern in allgemein gehaltener Formulierung umschreiben. Sie zeichnen sich durch wohltuende Kürze aus, ermöglichen dank ihrer Allgemeinheit eine flexible Rechtsanwendung, bergen aber andererseits die Gefahr einer gewissen Rechtsunsicherheit in sich. G. sind z. B. die Rechtsnormen, die auf einen Verstoß gegen die → „guten Sitten" (§§ 138, 826 BGB) oder gegen → „Treu u. Glauben" (§ 242 BGB) abstellen. Eine typische G. ist etwa § 1 UWG: „Wer im geschäftlichen Verkehre zu Zwecken des Wettbewerbes Handlungen vornimmt, die gegen die guten Sitten verstoßen, kann auf Unterlassung u. Schadensersatz in Anspruch genommen werden." Gegenbeispiel für eine kasuistische Regelung ist § 3 desselben Gesetzes: „Wer im geschäftlichen Verkehr zu Zwecken des Wettbewerbs über geschäftliche Verhältnisse, insbesondere über die Beschaffenheit, den Ursprung, die Herstellungsart oder die Preisbemessung einzelner Waren oder gewerblicher Leistungen oder des gesamten Angebots, über Preislisten, über die Art des Bezugs oder die Bezugsquelle von Waren, über den Besitz von Auszeichnungen, über den Anlaß oder den Zweck des Verkaufs oder über die Menge der Vorräte irreführende Angaben macht, kann auf Unterlassung der Angaben in Anspruch genommen werden."

Generalprävention → Strafrecht.

Genfer Konventionen → Völkerrecht.

Genossenschaft ist eine Gesellschaft, die die Förderung des Erwerbs oder der Wirtschaft ihrer Mitglieder mittels genossenschaftlichen Geschäftsbetriebs bezweckt u. die in das Genossenschaftsregister eingetragen ist (§ 1 GenG, z. B. Kreditgenossenschaften wie Raiffeisenkassen, Volksbanken). Als körperschaftlich organisierte → juristische Person entspricht die G. in ihrer rechtlichen Struktur dem rechtsfähigen → Verein (→ Gesellschaftsrecht). Die G. ist ohne Rücksicht auf die Art ihres Betriebs kraft Gesetzes → Kaufmann, jedoch keine → Handelsgesellschaft, da sie keinen Erwerb anstrebt. Für ihre Verbindlichkeiten haftet den Gläubigern nur das Genossenschaftsvermögen. Das Statut muß aber eine Bestimmung darüber enthalten, ob die Genossen im Fall des → Konkurses der G. Nachschüsse zur Konkursmasse unbeschränkt, beschränkt auf eine bestimmte Haftungssumme oder überhaupt nicht zu leisten haben. – Die *Entstehung* der G. entspricht im wesentlichen der des eingetragenen Vereins. Die *Mitgliedschaft* wird durch Teilnahme an der Gründung oder durch späteren Beitritt erworben. Sie endet durch Tod, Austritt oder Ausschluß. Jeder Genosse ist mit einem Geschäftsguthaben an der Genossenschaft beteiligt, dessen Höchstgrenze der sog. Geschäftsanteil bildet. Mitgliedschaftsrechte sind vor allem das Stimmrecht in der Generalversammlung, der Anspruch auf einen Anteil am Reingewinn u. die Befugnis zur Benutzung genossenschaftlicher Einrichtungen. Zu den Mitgliedschaftspflichten gehört insbes. die Beitragspflicht. *Organe* der G. sind, ähnlich wie bei der Aktiengesellschaft, Vorstand, Aufsichtsrat u. Generalversammlung. Alle drei Organe müssen, anders als bei der AG, grundsätzlich aus Genossen bestehen. Wird die G. *aufgelöst* (z. B. durch Beschluß der Generalversammlung mit ¾-Mehrheit), findet eine Auseinandersetzung (Liquidation) statt, bis zu deren Abschluß die G. als Abwicklungsgesellschaft fortbesteht.

Gerechtigkeit. Für ein positivistisch nicht verkürztes Rechtsverständnis bildet die G. das oberste, unabhängig von staatlicher Setzung geltende Ziel des → Rechts. Sie ist ein soziales Ordnungs- u. Verteilungsprinzip, das nach der klassischen, schon in der Antike geläufigen Formel darauf abzielt, *jedem das Seine* zu gewähren (suum cuique tribuere). Seit Aristoteles unterscheidet man zwischen der ausgleichenden oder Tausch-G. (iustitia commutativa), die im Verhältnis der einzelnen zueinander gilt, u. der austeilenden G. (iustitia distributiva), die die Rechte u. Pflichten der einzelnen gegenüber der Gemeinschaft betrifft. Zur *ausgleichenden G*. gehört, daß man die Sachwerte bezahlt, die man empfangen, die Verträge einhält, die man geschlossen hat, daß man Ersatz leistet für Schäden, die man angerichtet hat. Zur *austeilenden G.* gehört, daß die Gemeinschaft jedem das ihm Zustehende gibt, etwa in Form der Fürsorgeleistung bei Bedürftigkeit, auch in Form der angemessenen Strafe, wenn gegen die Rechtsordnung verstoßen wurde. Umgekehrt verlangt die austeilende G. von jedermann, daß er der staatlichen Gemeinschaft das Ihre gibt, indem er seine Steuern zahlt, seine staatsbürgerlichen Pflichten erfüllt u. den Staat tätig mitgestaltet. Die Schwierigkeit liegt jedoch darin, diese sehr allgemeinen Postulate mit konkreten Inhalten zu füllen. Hier stellt sich eine Aufgabe, die nicht ein für allemal, sondern jeweils nur für eine bestimmte geschichtliche Situation gelöst werden kann. Die Frage nach der G. drängt sich immer dann mit besonderer Schärfe und Aktualität auf, wenn das Recht dem verbreiteten Rechtsempfinden der Menschen widerspricht, wenn es als „ungerecht" erlitten wird. Daran zeigt sich, daß die G. vor allem als korrigierender Maßstab auf Rechtsetzung u. Rechtsanwendung einwirken kann.

Gerichtsbarkeit ist ein Sammelbegriff für die Organe der →rechtsprechenden Gewalt u. bezeichnet zugleich die Tätigkeit dieser Organe. Die G. steht allein dem Staat zu (Rechtsprechungsmonopol). Sie umfaßt *sachlich* die eigentliche Rechtsprechungstätigkeit, aber auch die sie ergänzenden u. unterstützenden Funktionen (z. B. Vernehmung von Zeugen u. Sachverständigen, Vollstreckung gerichtlicher Entscheidungen), somit nach herkömmlichem Verständnis auch die Ermittlungstätigkeit der Staatsanwaltschaft u. der als Hilfsorgan der Staatsanwaltschaft tätigen Polizei. Sie ist *räumlich* auf das Staatsgebiet beschränkt. Ihr *persönlicher* Umfang erstreckt sich grundsätzlich auf alle Personen, die sich im Staatsgebiet aufhalten, also auch auf Ausländer (Ausnahme: Exterritoriale). Die G. ist in mehrere Zweige gegliedert: die Verfassungsgerichtsbarkeit, die ordentliche G. (sie umfaßt Zivil- und Strafgerichtsbarkeit), die Verwaltungs-, Arbeits-, Sozial- u. Finanzgerichtsbarkeit, ferner die Patentgerichtsbarkeit, die Disziplingerichtsbarkeit, die Wehrdienstgerichtsbarkeit u. die Berufs-(Ehren-)Gerichtsbarkeit (für die Angehörigen bestimmter Berufe, z. B. Rechtsanwälte, Notare, Ärzte, Steuerberater und Wirtschaftsprüfer). Nach dem bundesstaatlichen Prinzip (→Bundesstaat) der Bundesrepublik ist die G. zwischen Bund u. Ländern aufgeteilt (Art. 92 GG). Die Gerichte des Bundes sind in Art. 92, 95, 96 GG abschließend aufgezählt: das Bundesverfassungsgericht, ferner – als oberste Gerichtshöfe für die Gebiete der ordentlichen, der Verwaltungs-, Finanz-, Arbeits- u. Sozialgerichtsbarkeit – der Bundesgerichtshof, das Bundesverwaltungsgericht, der Bundesfinanzhof, das Bundesarbeitsgericht u. das Bundessozialgericht. Hinzu kommen das Bundespatentgericht, die – bislang noch nicht errichteten

– Wehrstrafgerichte u. die Bundesgerichte für Disziplinar- u. Beschwerdeverfahren im öfftl. Dienst. Alle anderen Gerichte sind Gerichte der Länder. → auch Richter.

Gerichtskosten sind die für die Tätigkeit der Gerichte in einem gerichtliche Verfahren zu zahlenden Gebühren u. Auslagen. Sie werden in der freiwilligen Gerichtsbarkeit nach der Kostenordnung, in den meisten übrigen Verfahrensarten nach dem Gerichtskostengesetz erhoben.

Gerichtsstand ist die örtliche Zuständigkeit des erstinstanzlichen Gerichts. Im → *Zivilprozeß* kann der Kläger den Beklagten vor dem Gericht des *allgemeinen G.* (Wohnsitz des Schuldners) verklagen. Er kann aber auch vor das Gericht eines *besonderen G.* ziehen (z. B. G. des Erfüllungsortes bei Streitigkeiten aus Vertrag, G. der unerlaubten Handlung). Sofern dagegen ein *ausschließlicher G.* begründet ist (z. B. in Grundstückstreitigkeiten u. Mietsachen das Gericht, in dessen Bezirk das Grundstück bzw. der Wohnraum liegt), steht dem Kläger kein Wahlrecht zu; er muß vor diesem Gericht klagen (§§ 12 ff. ZPO).

Gerichtsverfassung. Unter diesen Begriff fallen Aufbau, Funktionen u. Zuständigkeiten der Gerichte u. der im Rahmen der → Gerichtsbarkeit tätigen Rechtspflegeorgane (dazu zählen außer den Richtern u. a. Rechtspfleger, Staatsanwälte, Rechtsanwälte), ferner die wichtigsten Grundsatze für die Ausübung der Rechtsprechung (z. B. richterliche Unabhängigkeit, Art. 97 GG). Die G. ist im wesentlichen durch Art. 92–104 GG u. das Gerichtsverfassungsgesetz von 1877 geregelt. Weitere Vorschriften ergeben sich insbes. aus dem Deutschen Richtergesetz von 1961, dem Rechtspflegergesetz von 1869, der Bundesrechtsanwaltsordnung von 1959 u. den verschiedenen Prozeßordnungen (z. B. ZPO, StPO).

Gerichtsvollzieher ist ein Beamter des mittleren Dienstes, der mit den Zustellungen, Ladungen u. Vollstreckungen zu betrauen ist. Seine wichtigste Aufgabe liegt auf dem Gebiet der → Zwangsvollstreckung. Die Rechtsstellung des G. ist durch die landesrechtlichen Gerichtsvollzieherordnungen geregelt. Er ist i. d. R. ein selbständiger Beamter mit eigenem Bezirk, der zusätzlich zu seinen Dienstbezügen Gebühren erhält. Der G. untersteht der Dienstaufsicht des Gerichts.

Gesamtschuld (§§ 421 ff. BGB). Das Wesen der G. besteht darin, daß bei einer Mehrheit von → Schuldnern jeder zur ganzen Leistung verpflichtet ist, der → Gläubiger sie aber nur einmal fordern kann. Die G. vermittelt dem Gläubiger somit erhöhte Sicherheit. Es bleibt ihm freigestellt, bei wem er die Forderung einzieht; er kann sie vor allem auch dann realisieren, wenn einer der Schuldner (z. B. wegen Zahlungsunfähigkeit) ausfällt. Leistet ein Schuldner, so erlischt die Schuld auch der übrigen (§ 422 BGB). Im Verhältnis zueinander sind die Gesamtschuldner zur Ausgleichung – u. zwar, falls nichts anderes bestimmt ist, zu gleichen Teilen – verpflichtet. Soweit ein Schuldner den Gläubiger befriedigt, geht dessen Forderung gegen die übrigen Schuldner zusammen mit den Nebenrechten in Höhe des Ausgleichsanspruchs auf ihn über (§§ 426, 412, 401 BGB). G. setzt voraus, daß die mehreren Verpflichtungen einen inneren Zusammenhang i. S. einer Zweckgemeinschaft aufweisen. Die Zweckgemeinschaft kann gewollt sein, z. B. durch entsprechende vertragliche Verpflichtung (§ 427 BGB), sie kann aber auch auf objektiven Umständen, so insbesondere auf Gesetz, beruhen (z. B. bei mehreren → Bürgen, § 769 BGB; bei mehreren Tätern einer → unerlaubten Handlung, § 840 BGB). Geht es um den Ausgleich eines Schadens, so besteht zwischen allen Beteiligten, die für den Schaden verantwortlich sind, eine Zweckgemeinschaft u. damit ein Gesamtschuldverhältnis. Beispiel: Wird ein Kind bei einem Verkehrsunfall verletzt, haften nebeneinander als Gesamtschuldner: der Kfz.-Halter nach § 7 StVG, der Autofahrer nach § 18 StVG und ggf. die Mutter wegen Verletzung ihrer sich aus der Personensorge ergebenden Aufsichtspflicht. Nimmt das Kind den Kfz.-Halter in Anspruch, kann dieser von den übrigen Beteiligten nach Maßgabe ihres ursächlichen Beitrags zum Unfall Ausgleich verlangen.

Geschäftsbedingungen, Allgemeine → Allgemeine Geschäftsbedingungen.

Geschäftsbesorgungsvertrag. Auf einen → Dienstvertrag oder → Werkvertrag, der eine Geschäftsbesorgung zum Gegenstand hat, finden nach § 675 BGB weitgehend die Vorschriften über den → Auftrag entsprechende Anwendung. Es gelten demnach u. a. die Bestimmungen über Auskunfts- u. Rechenschaftspflicht, über die Pflicht zur Herausgabe des aus der Geschäftsbesorgung Erlangten u. über den Aufwendungsersatz. Der Kreis der durch § 675 BGB erfaßten Geschäfte ist jedoch enger als beim Auftrag. Dazu rechnen nur selbständige Tätigkeiten wirtschaftlicher Art (z. B. Mandat des Rechtsanwalts, Bankvertrag, Baubetreuungsvertrag, Vermögensverwaltung). Der G. ist im Gegensatz zum Auftrag entgeltlicher Natur.

Geschäftsbetrieb → Kaufmann.

Geschäftsfähigkeit ist als Unterfall der → Handlungsfähigkeit die Fähigkeit, → Rechtsgeschäfte durch eigenes Handeln wirksam vorzunehmen. Die G. des Menschen entwickelt sich in 3 Etappen. 1. Bis zur Vollendung des 7. Lebensjahres ist das Kind *geschäftsunfähig*; die → gesetzlichen Vertreter (Eltern, Vormund) handeln für das Kind. Geschäftsunfähig ist auch, wer wegen Geisteskrankheit → entmündigt ist oder sich in einem die freie Willensbestimmung nicht nur vorübergehend ausschließenden Zustand krankhafter Störung der Geistestätigkeit befindet (§ 104 BGB). 2. Vom 7. Lebensjahr bis zum Eintritt der Volljährigkeit (Vollendung des 18. Lebensjahres) ist der junge Mensch *beschränkt geschäftsfähig* (§§ 106 ff. BGB). Die von ihm abgeschlossenen Verträge bedürfen zu ihrer Wirksamkeit der vorherigen Zustimmung (Einwilligung) des → gesetzlichen Vertreters (z. B. beider Eltern). Ein ohne Einwilligung eingegangener Vertrag ist *schwebend unwirksam*; er wird aber durch nachträgliche Zustimmung (Genehmigung) des gesetzlichen Vertreters von Anfang an wirksam. Ohne dessen Zustimmung abgeschlossene Verträge gelten auch dann als von Anfang an wirksam, wenn der Minderjährige sie mit Mitteln erfüllt, die ihm zu diesem Zweck oder zu freier Verfügung überlassen waren (§ 110 BGB, sog. Taschengeldparagraph). Zur Wirksamkeit einseitiger Rechtsgeschäfte (z. B. Kündigung) ist stets die vorherige Zustimmung des gesetzlichen Vertreters erforderlich. Doch bedarf der Minderjährige für ein Rechtsgeschäft, durch das er lediglich einen *rechtlichen* Vorteil erlangt (z. B. Annahme einer Schenkung, mit der weder Auflagen noch Belastungen verbunden sind), nicht der Zustimmung. Wenn der gesetzliche Vertreter den Minderjährigen ermächtigt, in ein → Arbeitsverhältnis einzutreten (sog. Arbeitsmündigkeit), oder wenn er ihn mit Genehmigung des → Vormundschaftsgerichts zum selbständigen Betrieb eines Erwerbsgeschäfts ermächtigt (sog. Unternehmerfähigkeit), dann ist dieser für die sich aus dem Arbeitsverhältnis oder dem Geschäftsbetrieb ergebenden Rechtsgeschäfte unbeschränkt geschäftsfähig. Wer wegen Geistesschwäche, Verschwendung, Trunksucht oder Rauschgiftsucht → entmündigt oder unter vorläufige Vormundschaft gestellt ist, ist wie ein über 7 Jahre alter Minderjähriger nur beschränkt geschäftsfähig (§ 114 BGB). 3. Mit der Volljährigkeit wird der Heranwachsende *voll geschäftsfähig*. – Die Vorschriften über Geschäftsunfähigkeit und beschränkte G. sind zwingend; wer irrtümlich G. des Vertragspartners annimmt, genießt keinen Gutglaubensschutz.

Geschäftsführung ohne Auftrag (GoA, §§ 677 ff. BGB) liegt vor, wenn jemand ein Geschäft für einen anderen besorgt, ohne von ihm beauftragt oder ihm gegenüber sonst – durch Vertrag oder Gesetz – dazu berechtigt zu sein. Unter den Begriff „Geschäft" fallen wie beim → Auftrag alle möglichen Tätigkeiten: Rechtsgeschäfte ebenso wie Rechtshandlungen u. tatsächliche Handlungen. Voraussetzung der GoA ist, daß der Geschäftsführer die Initiative objektiv im Interesse eines anderen u. zugleich subjektiv mit dem Bewußtsein u. Willen, für den anderen zu handeln, ergreift. Bei objektiv fremden Geschäften wird der Fremdgeschäftsführungswille vermutet (z. B. Nachbarin versorgt die von der Mutter allein gelassenen Kinder). Bei anderen Geschäften muß diese Absicht irgendwie äußerlich hervortreten (z. B. jemand, der persönlich kein Interesse an Philatelie hat, ersteht preisgünstig eine seltene Briefmarke für einen mit ihm befreundeten passionierten Sammler). Die GoA ist nicht deshalb ausgeschlossen, weil der Geschäftsführer zugleich eigene Interessen oder Verpflichtungen wahrnimmt. (Wer z. B. den Arzt zu seinem von einem Kfz. angefahrenen Kind ruft, handelt aufgrund seiner → Personensorgepflicht, besorgt daneben aber auch ein Geschäft für den Kfz.-Fahrer, der den Unfall verursacht hat.) Unerheblich ist, ob der Geschäftsherr dem Geschäftsführer bekannt ist oder nicht. Vielfach werden durch eine GoA Geschäfte mehrerer Personen geführt. So handelt z. B. der Arzt, der das bewußtlose Verkehrsunfallopfer behandelt, für den verantwortlichen Autofahrer, für den Verletzten, für den Unterhaltsverpflichteten, evtl. auch für die Krankenkasse. Wer im Rahmen einer GoA tätig wird, hat das Geschäft so zu führen, wie es das Interesse des Geschäftsherrn mit Rücksicht auf dessen wirklichen oder mutmaßlichen Willen erfordert (§ 677 BGB). Steht die Übernahme der Geschäftsführung mit diesem Willen erkennbar in Widerspruch, ist der Geschäftsführer zum Ersatz sämtlichen Schadens, auch des Zufallsschadens, verpflichtet (§ 678 BGB). Das gilt jedoch nach § 679 BGB nicht, wenn durch die GoA im öfftl. Interesse eine rechtliche oder sittliche Pflicht des Geschäftsherrn wahrgenommen wird (z. B. Rettung bei Selbstmordversuch) oder wenn eine gesetzliche Unterhaltspflicht erfüllt wird (z. B. Arzt, der gegen den ausdrücklichen Willen der Eltern das schwerkranke Kind behandelt). – Der Geschäftsführer muß die Übernahme der GoA dem Geschäftsherrn möglichst bald anzeigen u. ist wie ein Beauftragter zu Auskunft u. Rechenschaft sowie zur Herausgabe des Erlangten verpflichtet (§§ 681 i. V. m. 666 bis 668 BGB). Er haftet für jedes Verschulden, also auch für leichte Fahrlässigkeit. Handelt er aber zur Abwehr einer dem Geschäftsherrn drohenden Gefahr, hat er nur Vorsatz u. grobe Fahrlässigkeit zu vertreten (§ 680 BGB). Für seine Aufwendungen, auch für die (z. B. bei einem Lebensrettungsversuch) erlittenen Schäden, kann er Ersatz verlangen (§ 683 BGB). – Die Vorschriften über die GoA finden keine Anwendung, wenn jemand ein objektiv fremdes Geschäft in der irrigen Meinung, es sei sein eigenes, besorgt (§ 687 I BGB). Behandelt dagegen jemand ein fremdes Geschäft als sein eigenes, obwohl er weiß, daß er dazu nicht berechtigt ist, so soll er daraus keine Vorteile ziehen; § 687 II BGB verpflichtet ihn daher zu Auskunft u. Rechenschaft sowie zur Herausgabe des Erlangten.

Geschäftsgrundlage sind Vorstellungen der Vertragsparteien über das Vorhandensein oder den künftigen Eintritt wesentlicher Umstände, die zwar nicht Vertragsinhalt (z. B. in Form einer Bedingung) geworden, andererseits aber auch nicht bloßes Motiv (z. B. Kauf von Wertpapieren in Erwartung günstiger Kursentwicklung) geblieben sind. Fehlt die G. von Anfang an (z. B. bei beiderseitigem Irrtum über eine wesentliche Voraussetzung des Vertrages) oder fällt sie später weg (z. B. bei einer schwerwiegenden, auf unvorhersehbaren Ereignissen beruhenden Störung des Verhältnisses von Leistung u. Gegenleistung) u. ist dem Schuldner das Festhalten am Vertrag nach → Treu u. Glauben nicht zumutbar, so kann er Anpassung des Vertrags an die veränderten Verhältnisse, u. U. auch die völlige Lösung vom Vertrag verlangen. Der Grundsatz des Fehlens bzw. Wegfalls der G. ist im Privatrecht – von einigen Einzelausprägungen abgesehen (z. B. § 610 BGB) – nicht gesetzlich geregelt, sondern durch die Rechtsprechung entwickelt worden. Dagegen hat er sich hinsichtlich öfftl.-rechtl. Verträge in § 40 VwVfG niedergeschlagen (→ Vertrag a. E.).

Geschenke → Schenkung. Ein → Beamter darf, auch nach Beendigung des Beamtenverhältnisses, Belohnungen oder Geschenke in bezug auf sein Amt nur mit Zustimmung seines gegenwärtigen oder letzten Dienstherrn annehmen (§ 43 BRRG). Sofern ein Beamter für die Vornahme einer Diensthandlung G. fordert, sich versprechen läßt oder annimmt, macht er sich wegen Vorteilsannahme, ggf. auch wegen Bestechlichkeit strafbar (→ Bestechung).

Geschmacksmuster sind (flächige) Muster oder (räumliche) Modelle, die als neue u. eigentümliche Vorbilder für gewerbliche Erzeugnisse dienen (z. B. Tapetenmuster, Besteck). Anders als das → Gebrauchsmuster zielt das G. nicht auf den Arbeits- oder Gebrauchszweck, sondern auf die ästhetische Wirkung des Gegenstandes ab. Das Recht, ein G. ganz oder teilweise nachzubilden u. die Nachbildung zu verbreiten, steht ausschließlich dem Urheber zu (§§ 1, 5 GeschmMG). Als Urheber gilt auch der Unternehmer, der das G. in seinem Auftrag oder für seine Rechnung von einem Arbeitnehmer anfertigen läßt (§ 2 GeschmMG). Das Geschmacksmusterrecht ist vererblich, es kann beschränkt oder unbeschränkt durch Vertrag auf andere übertragen werden (§ 3 GeschmMG). Der Geschmacksmusterschutz beträgt nach Wahl des Urhebers 1 bis 3 Jahre; die Schutzdauer kann bis auf höchstens 15 Jahre verlängert werden (§ 8 GeschmMG). Das G. wird in das beim Amtsgericht geführte Musterregister eingetragen (§ 9 GeschmMG). Wer ein G. verletzt, kann zivilrechtlich auf Beseitigung, Unterlassung und Schadensersatz in Anspruch genommen sowie strafrechtlich verfolgt werden (§§ 14, 14a GeschmMG).

Gesellschaft des bürgerlichen Rechts (§§ 705 ff. BGB) ist eine durch Vertrag begründete nichtrechtsfähige Personenvereinigung zur Förderung eines von den Gesellschaftern gemeinsam verfolgten Zwecks. Es kann sich um einen beliebigen Zweck handeln, gleichgültig ob er dauerhaft oder nur vorübergehend ist. So gibt es G. der unterschiedlichsten Art: Anwaltssozietäten ebenso wie Tippgemeinschaften im Lotto, Kartelle oder auch Mitfahrgemeinschaften. Ist der Zweck der G. dagegen auf den Betrieb eines Handelsgewerbes unter gemeinsamer → Firma gerichtet, kommt nur die Sonderform der → offenen Handelsgesellschaft, ggf. auch der → Kommanditgesellschaft in Betracht (→ Gesellschaftsrecht).

Der *Gesellschaftsvertrag* ist ein gemeinschaftsbegründender schuldrechtlicher Vertrag, auf den die Regeln über den gegenseitigen → Vertrag nur sehr eingeschränkt angewendet werden können. Der Vertrag bedarf grundsätzlich keiner Form; Ausnahmen gelten für formbedürftige Leistungsversprechen (z. B. bei Einbringung eines Grundstücks, § 313 BGB). Mängel des Vertragsabschlusses, die sonst bei einem Rechtsgeschäft Nichtigkeit oder Anfechtbarkeit zur Folge haben (z. B. Geschäftsunfähigkeit, Sittenwidrigkeit, Formverstoß, Irrtum), lassen die Wirksamkeit eines schon zur Ausführung gelangten Gesellschaftsvertrages unberührt. In diesem Fall ist nur eine → Kündigung mit Wirkung für die Zukunft möglich. Die Gesellschafter sind *verpflichtet*, ihre Beiträge zu leisten, brauchen jedoch nachträglich weder ihren Beitrag zu erhöhen noch Verluste auszugleichen. Aufgrund der ihnen obliegenden Treuepflicht haben sie die Interessen der G. wahrzunehmen u. alles zu unterlassen, was diese Interessen schädigt. Bei der Erfüllung der Pflichten gegenüber der G. braucht jeder Gesellschafter nur für die Sorgfalt einzustehen, die er in eigenen Angelegenheiten anzuwenden pflegt. Die wichtigsten *Rechte* der Gesellschafter sind der Anspruch auf den Gewinn u. auf das Auseinandersetzungsguthaben.

Die *Geschäftsführung* (Innenverhältnis) steht grundsätzlich allen Gesellschaftern gemeinschaftlich zu, so daß für jedes Geschäft die Zustimmung sämtlicher Gesellschafter erforderlich ist. Doch können durch Gesellschaftsvertrag auch abweichende Regelungen getroffen werden: z. B. Beschlußfassung durch Stimmenmehrheit, Übertragung der Geschäftsführung auf einen oder mehrere Gesellschafter unter Ausschluß der übrigen Mitglieder. Die *Vertretungsmacht* (Außenverhältnis) deckt sich im Zweifel mit der Geschäftsführungsbefugnis; mangels anderweitiger vertraglicher Vereinbarung besteht also Gesamtvertretung.

Das *Gesellschaftsvermögen* steht allen Gesellschaftern zur gesamten Hand zu (→ Gemeinschaft). Es ist somit ein Sondervermögen, was zur Folge hat, daß für den Übergang eines Vermögensgegenstandes aus dem Privatvermögen eines Gesellschafters in das Gesellschaftsvermögen oder umgekehrt eine Übereignung notwendig ist (bei einem Grundstück also Auflassung u. Eintragung ins Grundbuch). Für *Gesellschaftsschulden*, die auf → Rechtsgeschäft beruhen, haften alle Gesellschafter als → Gesamtschuldner, und zwar mit dem ganzen – also auch dem privaten – Vermögen. Doch kann, anders als bei der OHG, mit dem Gläubiger vereinbart werden, daß die Haftung auf das Gesellschaftsvermögen beschränkt bleiben soll. Will ein Gläubiger in das Gesellschaftsvermögen vollstrecken, bedarf er eines → Vollstreckungstitels gegen alle Gesellschafter. Für → unerlaubte Handlungen eines geschäftsführenden Gesellschafters haften die übrigen Mitglieder nach § 831 BGB mit der Möglichkeit des Entlastungsbeweises.

Das *Ausscheiden eines Gesellschafters* – insbesondere durch dessen Kündigung, Tod oder Konkurs – führt grundsätzlich zur Auflösung der G. Es kann aber im Gesellschaftsvertrag bestimmt werden, daß die G. unter den übrigen Gesellschaftern fortgesetzt werden soll; in diesem Fall wächst der Gesellschaftsanteil des ausscheidenden Gesellschafters den übrigen Mitgliedern zu. Ein freiwilliges Ausscheiden eines Gesellschafters ist im übrigen nur möglich, wenn es im Gesellschaftsvertrag vorgesehen ist oder wenn die übrigen Mitglieder ihr Einverständnis erklären. Durch Beschluß aller anderen Gesellschafter kann ein Mitglied bei Vorliegen eines wichtigen Grundes auch zwangsweise ausgeschlossen werden, sofern der Gesellschaftsvertrag für den Fall der Kündigung das Fortbestehen der G. anordnet. Die Übertragung des Gesellschaftsanteils an einen anderen – auch im Wege der Erbfolge – ist nur mit Zustimmung der anderen Gesellschafter, die bereits im Gesellschaftsvertrag erklärt sein kann, zulässig. Für die Aufnahme eines zusätzlichen Gesellschafters bedarf es eines Aufnahmevertrages zwischen ihm u. sämtlichen alten Gesellschaftern.

Die *Auflösung* der G. kann aus verschiedenen Gründen eintreten: so insbesondere Kündigung (auch durch den Gläubiger eines Gesellschafters, wenn dieser dessen Anteil am Gesellschaftsvermögen aufgrund eines nicht nur vorläufig vollstreckbaren Titels gepfändet hat), ferner Tod u. Konkurs eines Gesellschafters, Beschluß der Gesellschafter, Zeitablauf, Erreichen oder Unmöglichwerden des Gesellschaftszwecks. Die aufgelöste G. besteht als Abwicklungsgesellschaft zum Zweck ihrer Auseinandersetzung (Liquidation) weiter. Soweit die Gesellschafter nichts anderes vereinbart haben, wird die Liquidation schrittweise wie folgt durchgeführt: Rückgabe der nur zum Gebrauch überlassenen Gegenstände an die Gesellschafter, Tilgung der Schulden, Rückerstattung der Einlagen, Aufteilung des Restes unter die Gesellschafter nach dem Verhältnis ihrer Gewinnanteile. Reicht das Gesellschaftsvermögen zur Schuldenbegleichung u. zur Rückerstattung der Einlagen nicht aus, müssen die Gesellschafter den

Fehlbetrag nach dem Verhältnis ihrer Verlustanteile aufbringen. Erst mit dem Abschluß der Liquidation ist die G. erloschen.

Gesellschaft mit beschränkter Haftung (GmbH) ist eine (rechtsfähige) → Kapitalgesellschaft, deren Gesellschafter mit Einlagen auf das in Stammeinlagen zerlegte Stammkapital beteiligt sind, ohne persönlich für die Gesellschaftsschulden zu haften. Sie ist wie der rechtsfähige → Verein eine körperschaftlich organisierte → juristische Person (→ Gesellschaftsrecht). Als → Handelsgesellschaft (§ 13 III GmbHG, § 6 HGB) unterliegt sie im Rechtsverkehr den handelsrechtlichen Vorschriften. Da sie die von zahlreichen kleineren u. mittleren Unternehmen bevorzugte Rechtsform bildet, kommt ihr erhebliche praktische Bedeutung zu.
Die *Gründung* der GmbH ist auch als → Einmanngesellschaft zulässig. Der in notarieller Form abzuschließende *Gesellschaftsvertrag* (Satzung) bedarf eines bestimmten Mindestinhalts (§§ 2, 3 GmbHG). Die Firma muß den Zusatz „mit beschränkter Haftung" enthalten (§ 4 GmbHG). Das *Stammkapital* beträgt mindestens 50.000 DM, die Stammeinlage jedes Gesellschafters mindestens 500 DM. Sacheinlagen sind zwar zulässig, doch gelten für ihre Bewertung strenge Anforderungen (§ 5 GmbHG). Die GmbH entsteht erst erst mit der Eintragung im → Handelsregister (§§ 7ff. GmbHG). Wird schon vorher im Namen der Gesellschaft gehandelt, haften die Handelnden persönlich als → Gesamtschuldner (§ 11 GmbHG). Jeder Gesellschafter verfügt über einen *Geschäftsanteil*, der sich nach dem Betrag der von ihm übernommenen Stammeinlage bestimmt. Die Veräußerung des Geschäftsanteils bedarf der notariellen Form (§§ 14ff. GmbHG). Für jeden Gesellschafter besteht die Pflicht zur Leistung der Stammeinlage (§ 19 GmbHG). Leistet ein Gesellschafter seine Einlage nicht, haben die übrigen den Fehlbetrag nach dem Verhältnis ihrer Geschäftsanteile aufzubringen (§ 24 GmbHG). Bei entsprechender satzungsrechtlicher Regelung können die Gesellschafter durch Beschluß zu Nachschüssen, d.h. zu weiteren Einzahlungen über den Betrag der Stammeinlage hinaus, verpflichtet werden (§§ 26, 27 GmbHG).
Organe der GmbH sind der oder die Geschäftsführer sowie die Gesamtheit der Gesellschafter. Darüber hinaus kann der Gesellschaftsvertrag einen Aufsichtsrat vorsehen. Die *Geschäftsführer*, die durch Satzung oder durch Beschluß der Gesellschafter bestellt werden, führen im Innenverhältnis die Geschäfte der GmbH u. vertreten sie nach außen. Ihre Vertretungsmacht kann gegenüber Dritten nicht beschränkt werden (§§ 6, 35ff. GmbHG). Die über weitreichende Befugnisse verfügende *Gesamtheit der Gesellschafter* beschließt i.d.R. in einer Gesellschafterversammlung, wobei die Abstimmung nach Geschäftsanteilen – je 100 DM 1 Stimme – erfolgt (§§ 46ff. GmbHG). Satzungsändernde Be-

schlüsse bedürfen einer ¾-Mehrheit u. obendrein der notariellen Beurkundung. Wird ein *Aufsichtsrat* bestellt, finden die einschlägigen Vorschriften des AktG entsprechende Anwendung. Die Bildung eines Aufsichtsrats unter Beteiligung von Arbeitnehmervertretern ist durch → mitbestimmungsrechtliche Regelungen zwingend vorgeschrieben: für eine GmbH mit mehr als 500 Arbeitnehmern nach §§ 77, 76 Betriebsverfassungsgesetz 1952, für eine GmbH der Montanindustrie nach §§ 3 ff. Montan-Mitbestimmungsgesetz, im übrigen für sämtliche GmbH mit mehr als 2000 Arbeitnehmern nach dem Mitbestimmungsgesetz 1976.

Wird die GmbH aus einem der in § 60 GmbHG genannten Gründe (z. B. Beschluß der Gesellschafter mit ¾-Mehrheit) aufgelöst, besteht sie bis zur Beendigung der Auseinandersetzung (Liquidation) als Liquidationsgesellschaft fort (§§ 65 ff. GmbHG).

Gesellschaftsrecht ist das Recht der privatrechtlichen Personenvereinigungen, die zur Erreichung eines bestimmten gemeinsamen Zwecks durch Rechtsgeschäft (Gesellschaftsvertrag) begründet werden. Grundformen der Gesellschaft sind der → Verein (§§ 21 ff. BGB) u. die → Gesellschaft des bürgerlichen Rechts (§§ 705 ff. BGB). Es gibt verschiedene – in Sondergesetzen geregelte – Ausprägungen dieser beiden Grundtypen. Zu nennen sind vor allem: die → offene Handelsgesellschaft, die → Kommanditgesellschaft, die → stille Gesellschaft, die → Aktiengesellschaft, die → Gesellschaft mit beschränkter Haftung u. die eingetragene → Genossenschaft. Während Verein u. bürgerlich-rechtliche Gesellschaft beliebigen Zwecken dienen können, verfolgen die letztgenannten Personenvereinigungen, mit Ausnahme der Genossenschaft, Erwerbszwecke, sind daher als Erwerbsgesellschaften zu bezeichnen.

Gesellschaften lassen sich insbes. danach unterscheiden, ob es sich um Personenvereinigungen mit oder ohne → *Rechtsfähigkeit* handelt. Bei den rechtsfähigen Gesellschaften ist die von den einzelnen Mitgliedern losgelöste Organisation selbst Rechtsträger (so z. B. der Verein, die AG, die GmbH, die eingetragene Genossenschaft). Dagegen entsteht bei den nichtrechtsfähigen Personenvereinigungen kein neues Rechtssubjekt; vielmehr bleiben die einzelnen Mitglieder Rechtsträger (so die bürgerlich-rechtliche Gesellschaft, die OHG, die KG). Die Unterscheidung ist vor allem für die Zuordnung des Gesellschaftsvermögens u. für die Schuldenhaftung bedeutsam. Das Vermögen der *nichtrechtsfähigen Gesellschaft* steht grundsätzlich den Gesellschaftern als Gemeinschaft zur gesamten Hand (→ Gemeinschaft) zu. Die Mitglieder können nicht über ihren Anteil an den einzelnen Vermögensgegenständen, sondern nur gemeinsam über die Gegenstände selbst verfügen (§ 719 BGB). Auch eine Verfügung über den Anteil am Gesellschaftsvermögen (Geschäftsanteil) ist i. d. R. ausgeschlossen, kann aber durch Vereinbarung (z. B. im Gesellschaftsvertrag) in der Weise zugelassen werden, daß der Anteil zusammen mit der Mitgliedschaft auf einen Dritten übertragen wird. Für Schulden der Gesellschaft haftet nicht nur das Gesellschaftsvermögen; alle Gesellschafter haften darüber hinaus als Gesamtschuldner, u. zwar mit ihrem gesamten – also auch dem privaten – Vermögen. Allerdings kann im Fall der bürgerlich-rechtlichen Gesellschaft mit den Gläubigern eine Haftungsbeschränkung auf das Gesellschaftsvermögen vereinbart werden. Handelt es sich um eine *rechtsfähige Gesellschaft,* so steht das Vermögen der juristischen Person als solcher zu. Die Gesellschafter haben weder einen Anteil an den einzelnen Vermögensgegenständen noch am Gesamtvermögen, sondern nur Ansprüche gegen die Gesellschaft. Für Gesellschaftsschulden hat ausschließlich die juristische Person einzustehen; sie haftet allein mit dem Gesellschaftsvermögen. Ein Zugriff der Gläubiger auf das Privatvermögen der Gesellschafter ist ausgeschlossen. Dem Gegensatz zwischen nichtrechtsfähiger u. rechtsfähier Personenvereinigung entspricht bei den Erwerbsgesellschaften weitgehend die Unterscheidung zwischen *Personen- u. Kapitalgesellschaft.* Die Personengesellschaft beruht auf den Persönlichkeiten der einzelnen Gesellschafter, auf ihrer persönlichen Mitarbeit, Geschäftsführung u. Haftung. Daher ist eine Übertragung oder Vererbung der Mitgliedschaft grundsätzlich nur mit Zustimmung der übrigen Gesellschafter zulässig. Bei der Kapitalgesellschaft steht hingegen die bloße Kapitalbeteiligung im Vordergrund. Die Persönlichkeiten der einzelnen Gesellschafter sind unerheblich; deshalb können die Kapitalanteile i. d. R. frei veräußert werden. Auf persönliche Mitarbeit der Gesellschafter kommt es nicht an. Ebensowenig gibt es eine persönliche Haftung. Die Geschäftsführung ist besonderen Organen übertragen.

Für die Personengesellschaften ihrerseits ist die Unterscheidung zwischen *Innen- und Außengesellschaft* wichtig. Zum Innenverhältnis rechnen die Beziehungen der Gesellschafter zueinander (Geschäftsführung), das Außenverhältnis wird durch die Beziehungen der Gesellschaft zu Dritten bestimmt (Vertretung). So können einem Gesellschafter für die Vertretung der Gesellschaft nach außen weiterreichende Befugnisse eingeräumt sein, als sie ihm im Innenverhältnis zustehen, z. B. dann, wenn ein Gesellschafter über unbeschränkte Vertretungsmacht verfügt, aber für den Abschluß bestimmter Rechtsgeschäfte intern an die Zustimmung der Mitgesellschafter gebunden ist. Es gibt Gesellschaften, die reine Innengesellschaften sind, in denen also die Beteiligten nur das Innenverhältnis gesellschaftsrechtlichen Regeln unterworfen haben, nach außen indessen nicht gemeinschaftlich auftreten. Typisches Beispiel ist die → stille Gesellschaft, bei der sich ein Kapitalgeber an dem Handelsgewerbe eines Kaufmanns beteilgt, während nach außen allein der tätige Gesellschafter in Erscheinung tritt u. das Unternehmen unter seinem Namen betreibt. Auch die bürgerlich-rechtliche Gesellschaft kann als reine Innengesellschaft aufgezogen werden. Dagegen sind Handelsgesellschaften wie die OHG u. die KG, die unter gemeinsamer → Firma auftreten, stets auch Außengesellschaften.

Gesetz. Zu unterscheiden sind G. im materiellen und G. im formellen Sinn. *G. im formellen Sinn* ist jeder im verfassungsmäßigen → Gesetzgebungsverfahren vom → Parlament verabschiedete Willensakt. Es gibt einfache und verfassungsändernde G.; letztere bedürfen nach dem Grundgesetz einer qualifizierten Mehrheit. Unter bundesstaatlichen Gesichtspunkten ist zwischen Bundes- und Landesgesetzen zu differenzieren, je nachdem ob sie von den Gesetzgebungsorganen des Bundes oder eines Landes erlassen worden sind. *G. im materiellen Sinn* ist jede (generell-abstrakte) → Rechtsnorm, d. h. jede hoheitliche Anordnung, die sich an eine unbestimmte Vielzahl von Personen (generell) zur Regelung einer unbestimmten Vielzahl von Fällen (abstrakt) wendet. Die meisten formellen G. sind zugleich G. im materiellen Sinn; es gibt aber auch G., die diese Eigenschaft nicht aufweisen, so z. B. der Haushaltsplan. Das G. im materiellen Sinn umfaßt begrifflich auch → Rechtsverordnungen und → Satzungen der juristischen Personen des öffentlichen Rechts, die → Tarifverträge in ihrem normativen Teil, außerdem die Normen des → Gewohnheitsrechts, nicht dagegen → Verwaltungsvorschriften, die unmittelbar nur im Innenbereich der Verwaltung als Regelungen zur Anweisung nachgeordneter Behörden gelten.

Gesetzesvorbehalt. Mehreren vom Grundgesetz und von den Landesverfassungen gewährleisteten → Grundrechten sind dadurch Grenzen gezogen, daß ihnen ein G. beigefügt ist, durch den der Gesetzgeber zu einer Einschränkung der grundrechtlich garantierten Freiheit ermächtigt wird (z. B. Art. 2 II, 10 II, 11 II GG). Je nach der Fassung des G. kann die Begrenzung des Grundrechts *durch das Gesetz selbst* oder durch einen Akt der vollziehenden oder rechtsprechenden Gewalt *aufgrund des Gesetzes* erfolgen. Das grundrechtseinschränkende Gesetz darf kein Einzelfallgesetz sein; es muß das eingeschränkte Grundrecht unter Angabe des Artikels nennen. Das Grundrecht darf dabei nicht in seinem Wesensgehalt angetastet werden (Art. 19 I, II GG). Auch in einem sog. → besonderen Gewaltverhältnis (z. B. Strafanstalt) sind Einschränkungen grundrechtlicher Freiheit dem Gesetzgeber vorbehalten. Soweit Grundrechtsbestimmungen keinen G. aufweisen (z. B. Art. 4 GG, → Religionsfreiheit), ist es dem Gesetzgeber zwar gestattet, das Grundrecht zu begrenzen, dies aber nur insoweit, als sich die Schranken aus der Verfassung selbst ergeben. – Im übrigen ergibt sich aus dem → Rechtsstaats- und dem → Demokratieprinzip ganz allgemein ein G. im Sinne eines *Parlamentsvorbehalts*. Danach ist der Gesetzgeber verpflichtet, die wesentlichen politischen Entscheidungen – soweit sie nicht durch die Verfassung der Regierung zugewiesen sind – selbst zu treffen. Das gilt insbes. dort, wo die der staatlichen Gestaltung offenliegende Rechtssphäre im Bereich der Grundrechtsausübung berührt wird.

Gesetzgebende Gewalt (Legislative) ist die staatliche Tätigkeit, die in der gewaltengeteilten repräsentativen → Demokratie dem → Parlament zusteht. Wichtigste Aufgabe der g. G. ist der Erlaß von Gesetzen im formellen Sinn (→ Gesetz). → auch Gewaltenteilung; → Gesetzgebungsverfahren.

Gesetzgebungskompetenz ist im → Bundesstaat die zwischen dem Bund als Gesamtstaat u. den Ländern als Gliedstaaten aufgeteilte Zuständigkeit für den Erlaß von → Gesetzen im formellen Sinn. In der Bundesrepublik ist nach Art. 70 GG die Gesetzgebung Sache der Länder, soweit das GG sie nicht dem Bund zuspricht. Tatsächlich liegt das Schwergewicht der Gesetzgebung aber beim Bund, da ihm die wichtigsten Sachgebiete als ausschließliche, als konkurrierende oder als Rahmengesetzgebung zugewiesen sind. Im Bereich der *ausschließlichen Gesetzgebung* des Bundes (z. B. auswärtige Angelegenheiten und Verteidigung, Währung, Post- und Fernmeldewesen) haben die Länder die G. nur, wenn und soweit sie hierzu in einem Bundesgesetz ausdrücklich ermächtigt worden sind (Art. 71, 73 GG). – Im Bereich der *konkurrierenden Gesetzgebung* (z. B. bürgerliches Recht, Strafrecht, Gerichtsverfassung und gerichtliches Verfahren, Vereins- u. Versammlungsrecht, Sozialhilfe, Recht der Wirtschaft, friedliche Nutzung der Kernenergie, Arbeitsrecht u. Sozialversicherung, Beamtenbesoldung u. -versorgung) steht den Ländern die G. nur zu, solange u. soweit der Bund von seinem Gesetzgebungsrecht keinen Gebrauch macht; der Bund wiederum hat in diesem Bereich das Gesetzgebungsrecht, soweit ein Bedürfnis nach bundesgesetzlicher Regelung besteht, weil 1. eine Angelegenheit durch die Gesetzgebung einzelner Länder nicht wirksam geregelt werden kann, 2. die Regelung einer Angelegenheit durch ein Landesgesetz die Interessen anderer Länder oder der Gesamtheit beeinträchtigen könnte oder 3. die Wahrung der Rechts- und Wirtschaftseinheit, insbes. die Wahrung der Einheitlichkeit der Lebensverhältnisse über das Gebiet eines Landes hinaus sie erfordert (Art. 72, 74, 74a GG). – Unter den letztgenannten Voraussetzungen hat der Bund gem. Art. 75 GG auf einigen Gebieten die Befugnis zur *Rahmengesetzgebung* (z. B. über die Rechtsverhältnisse der öffentlichen Bediensteten, die allgemeinen Grundsätze des Hochschulwesens, die allgemeinen Rechtsverhältnisse der Presse u. des Films, Bodenverteilung, Raumordnung u. Wasserhaushalt, Melde- u. Ausweiswesen). Die Rahmengesetzgebung ist dadurch charakterisiert, daß der Bund auf den betreffenden Gebieten nur solche Gesetze erlassen darf, die nicht für sich allein bestehen können, sondern darauf angelegt sind, durch Landesgesetze ausgefüllt zu werden. Solange der Bund im Bereich der Rahmengesetzgebung nicht tätig wird, bleibt die G. der Länder unbeschränkt erhalten.

Gesetzgebungsverfahren ist das in der Verfassung geregelte Verfahren zum Erlaß eines förmlichen → Gesetzes. Im demokratischen Rechtsstaat der Bundesrepublik steht die Gesetzgebung ausschließlich dem → Parlament zu. Bundesgesetze kommen gem. Art. 76–78 GG wie folgt zustande: Gesetzesvorlagen werden beim → Bundestag durch die → Bundesregierung, den → Bundesrat oder durch eine Abgeordnetengruppe des Bundestages (die mindestens Fraktionsstärke haben muß) eingebracht *(Gesetzesinitiative)*. Vorlagen der Bundesregierung werden zunächst dem Bundesrat zugeleitet, der sich binnen 6 Wochen dazu äußern kann. Vorlagen des Bundesrates werden durch Vermittlung der Bundesregierung eingebracht. Die Bundesgesetze werden vom Bundestag in dreifacher Lesung beraten (nach der ersten Lesung wird der Entwurf i. d. R. an einen oder mehrere Ausschüsse überwiesen) und durch die Schlußabstimmung beschlossen. Danach wird der Bundesrat eingeschaltet. Dieser kann vor seiner Entscheidung die Einberufung des aus Mitgliedern des Bundestages und des Bundesrates bestehenden → *Vermittlungsausschusses* verlangen; bei Gesetzen, die nach dem GG der Zustimmung des Bundesrates bedürfen (Zustimmungsgesetze), können auch Bundestag und Bundesregierung den Vermittlungsausschuß anrufen. Gelingt es dem Vermittlungsausschuß, eine Kompromißlösung zwischen den gegensätzlichen Auffassungen von Bundestag und Bundesrat zu finden, so muß der Bundestag über dessen Änderungsvorschlag erneut Beschluß fassen. Ist zu einem Gesetz die Zustimmung des Bundesrates nicht erforderlich, kann der Bundesrat, wenn die Bemühungen des Vermittlungsausschusses erfolglos geblieben sind oder wenn der Bundestag auf einen Änderungsvorschlag des Vermittlungsausschusses erneut Beschluß gefaßt hat, gegen das Gesetz innerhalb von 2 Wochen Einspruch einlegen; der Bundestag kann diesen Einspruch mit den in Art. 77 IV GG vorgeschriebenen Mehrheiten zurückweisen. Zustimmungsgesetzen kann der Bundesrat nach Beendigung des Verfahrens vor dem Vermittlungsausschuß die Zustimmung versagen; damit ist das Gesetz endgültig gescheitert. Ein vom Bundestag beschlossenes *Gesetz kommt zustande,* wenn der Bundesrat zustimmt, wenn er den Vermittlungsausschuß nicht anruft, wenn er nicht fristgerecht Einspruch einlegt oder den Einspruch zurücknimmt oder wenn sein Einspruch vom Bundestag überstimmt wird. Ein in dem beschriebenen Verfahren zustande gekommenes Gesetz wird vom → Bundespräsidenten nach Gegenzeichnung durch den → Bundeskanzler oder den zuständigen Bundesminister *ausgefertigt* (Art. 82 I GG). Durch die Ausfertigung wird bezeugt, daß der in der Gesetzesurkunde enthaltene Text wörtlich mit dem übereinstimmt, was der Bundestag beschlossen hat, und daß die für das Gesetzgebungsverfahren maßgebenden Vorschriften des Grundgesetzes eingehalten worden sind. Streitig ist, ob dem Bundespräsidenten über das formelle Prüfungsrecht hinaus auch die Befugnis zusteht, das Gesetz auf seine inhaltliche Übereinstimmung mit der Verfassung (materielles Prüfungsrecht) zu überprüfen. Das Gesetz wird schließlich durch den Bundespräsidenten im Bundesgesetzblatt *verkündet*. Gesetze, denen der Bundesrat zugestimmt hat, werden mit der Eingangsformel verkündet: „Der Bundestag hat mit Zustimmung des Bundesrates das folgende Gesetz beschlossen." Andere Gesetze werden mit der Schlußformel verkündet: „Die verfassungsmäßigen Rechte des Bundesrates sind gewahrt." Jedes Gesetz soll den Zeitpunkt des *Inkrafttretens* bestimmen; fehlt eine solche Bestimmung, so tritt es am 14. Tag nach Ablauf des Tages in Kraft, an dem das Bundesgesetzblatt ausgegeben worden ist (Art. 82 II GG).

Gesetzlicher Richter. Art. 101 I GG bestimmt, daß Ausnahmegerichte unzulässig sind u. niemand seinem g. R. entzogen werden darf. Dadurch soll einer Manipulation der → rechtsprechenden Gewalt vorgebeugt werden. Es muß von vornherein aufgrund Gesetzes oder Geschäftsverteilungsplans so eindeutig wie möglich feststehen, welches Gericht u. welcher Richter in einer Sache entscheiden. Demnach ist es verboten, daß im Hinblick auf einen oder mehrere konkrete Fälle ein Gericht errichtet oder die Zusammensetzung des Gerichts verändert wird (Ausnahmegericht). Zulässig ist dagegen die Bildung von *Sondergerichten*, z. B. Schifffahrtsgerichten, deren Zuständigkeit für bestimmte Sachgebiete allgemein festgelegt ist (Art. 102 II GG).

Gesetzlicher Vertreter. Wer geschäftsunfähig oder in seiner → Geschäftsfähigkeit beschränkt ist, kann nicht selbständig → Rechtsgeschäfte vornehmen. Er bedarf eines g. V., der in seinem Namen handelt (notwendig bei Geschäftsunfähigkeit) oder bei beschränkter Geschäftsfähigkeit seiner → Willenserklärung zustimmt. G. V. sind z. B. die Eltern für das minderjährige Kind (→ elterliche Sorge), der → Vormund für das Mündel, der vertretungsberechtigte Gesellschafter für die → Personengesellschaft. Kein g. V. ist das Organ einer → juristischen Person (z. B. Vorstand eines eingetragenen Vereins); es handelt nicht für eine fremde Person, sondern ist Glied der durch das Organ selbst handelnden juristischen Person.

Gesetzmäßigkeit der Verwaltung ist eines der wichtigsten Merkmale des →Rechtsstaates. Nach Art. 20 III GG ist die vollziehende Gewalt wie die Rechtsprechung an Gesetz u. Recht gebunden. Der Grundsatz der G. d. V. bedeutet zweierlei: Die öffentliche Verwaltung darf bei ihrem Handeln nicht gegen geltendes Recht, insbesondere gegen Verfassung u. Gesetze, verstoßen (→ *Vorrang des Gesetzes*). Außerdem darf sie in die Rechts- u. Freiheitssphäre des einzelnen nur auf Grund eines Gesetzes oder einer darauf beruhenden Rechtsverordnung oder öffentlich-rechtlichen Satzung eingreifen *(Vorbehalt des Gesetzes)*. Zum Vorbehalt des Gesetzes im Bereich der Leistungsverwaltung → Verwaltung.

Gestaltungsrechte sind → subjektive Rechte, deren Ausübung einseitig u. unmittelbar ein Rechtsverhältnis verändert oder aufhebt (z. B. Anfechtung, Kündigung, Rücktritt, Aufrechnung). Sie sind bedingungsfeindlich (→ Bedingung); ihre Ausübung – i. d. R. durch formlose → Willenserklärung – ist grundsätzlich unwiderruflich.

Gesundheitsschutz. Aufgabe des (öffentlichen) G. ist es, den der Gesundheit der Bevölkerung drohenden Gefahren entgegenzuwirken, insbes. übertragbare Krankheiten zu verhüten u. zu bekämpfen. Der G. ist dem von einem Amtsarzt geleiteten *Gesundheitsamt* übertragen; hierbei handelt es sich um eine für das Gebiet eines Landkreises oder einer kreisfreien Stadt zuständige, meist staatliche Behörde. Nach dem (Reichs-)Gesetz über die Vereinheitlichung des Gesundheitswesens von 1934 obliegen dem Gesundheitsamt die Durchführung der ärztlichen Aufgaben der sog. Gesundheitspolizei, der gesundheitlichen Volksbelehrung, der Schulgesundheitspflege, der Mütter- u. Kinderberatung, der Fürsorge für Tuberkulöse, Geschlechtskranke, körperlich Behinderte, Sieche u. Süchtige sowie die ärztliche Mitwirkung bei Maßnahmen zur Förderung der Körperpflege u. der Leibesübungen. Das Gesundheitsamt hat außerdem Krankenhäuser, Schulen, Waisenhäuser, Kindergärten u. ähnliche Einrichtungen gesundheitlich zu überwachen. Aufgaben des Gesundheitsamts sind in verschiedenen Sondergesetzen (z. B. Bundesseuchengesetz, Gesetz zur Bekämpfung der Geschlechtskrankheiten, Arzneimittelgesetz, Lebensmittelgesetz) näher geregelt.

Gewährleistung ist die gesetzliche Verpflichtung des Schuldners (z. B. des Verkäufers, des Vermieters), dafür einzustehen, daß die dem Gläubiger übergebene Sache nicht mit Fehlern behaftet ist, die ihre Gebrauchstauglichkeit aufheben oder erheblich mindern, daß sie die zugesicherten Eigenschaften hat u. daß sie keine Rechtsmängel aufweist. → Kauf, → Miete, → Werkvertrag, → Schenkung.

Gewaltenteilung. Der vor allem von Montesquieu entwickelte Grundsatz der G. bedeutet im → Rechtsstaat die Teilung der staatlichen Funktionen (gesetzgebende, vollziehende u. rechtsprechende Gewalt), ihre Zuweisung an verschiedene staatliche Organe *(Gewaltentrennung)* u. die wechselseitige Hemmung u. Kontrolle dieser Gewalten *(Gewaltenbalancierung).* Die G. soll die Macht des Staates bändigen u. auf diese Weise die grundrechtlich gewährleistete Freiheit der Bürger organisatorisch sichern. Die G. dient zugleich dazu, den staatlichen Aufbau zu ordnen u. übersichtlich zu gestalten. Im → Bundesstaat äußert sich der Grundsatz der G. zusätzlich darin, daß die Staatsgewalt auf den Gesamtstaat und die Gliedstaaten aufgeteilt ist. Zwar ist das rechtsstaatliche Gewaltenteilungsprinzip im Grundgesetz nicht rein verwirklicht. So stehen z. B. nicht nur der gesetzgebenden, sondern auch der vollziehenden Gewalt rechtsetzende Funktionen zu (→ Rechtsverordnung); der Grundsatz der Gewaltentrennung ist u. a. dadurch durchbrochen, daß ein Abgeordneter (als Mitglied der Legislative) zugleich Minister (u. damit Mitglied der Exekutive) sein kann. Ist demzufolge der Verfassungsaufbau der Bundesrepublik nicht durch eine absolute Teilung u. Trennung der Gewalten geprägt, so hält das GG (vgl. Art. 1 III, 20 II 2, 20 III) doch an der herkömmlichen Aufgliederung der drei Gewalten u. ihrer gegenseitigen Kontrolle u. Mäßigung fest. Allerdings läßt sich nicht übersehen, daß das klassische Prinzip der G. die modernen Entwicklungen in der Verfassungs- u. politischen Machtstruktur nur unzulänglich aufzufangen vermag. So ist an die Stelle des ursprünglichen Gegensatzes zwischen demokratisch gewählter Legislative u. monarchischer Exekutive das Gegenüber von Regierung u. parlamentarischer Regierungsmehrheit einerseits, parlamentarischer Opposition andererseits getreten. Die Strukturierung der staatlichen Organisation nach Legislative, Exekutive u. Judikative berücksichtigt im übrigen kaum die Gegebenheiten der parteienstaatlichen Massendemokratie u. des Verbandseinflusses.

Gewaltentrennung → Gewaltenteilung.

Gewerbebetrieb → Kaufmann.

Gewerbefreiheit. *Gewerbe* ist jede auf Dauer angelegte, gesetzlich erlaubte, selbständige, gewinnorientierte Tätigkeit mit Ausnahme der Urproduktion (z. B. Land- u. Forstwirtschaft) u. der freien Berufe (z. B. Ärzte, Rechtsanwälte). Nach dem Grundsatz der G. sind der Betrieb u. die Fortführung eines Gewerbes jedermann gestattet (§ 1 Gewerbeordnung). Die Befugnis zum selbständigen Betrieb eines stehenden Gewerbes begreift das Recht in sich, in beliebiger Zahl Gesellen, Gehilfen, Arbeiter jeder Art und Auszubildende anzunehmen (§ 41 GewO). Doch steht die G. unter dem Vorbehalt abweichender bundesgesetzlicher Regelungen, insbes. in der Gewerbeordnung selbst. Diese macht die Aufnahme eines Gewerbes in verschiedenen Fällen zum Schutz der Allgemeinheit von einer *Gewerbeerlaubnis* abhängig, die nur unter bestimmten Voraussetzungen erteilt wird. Die Zulassungsbedingungen können sich auf die sachlichen Grundlagen des Betriebs (technische Anlagen, finanzielle Mittel, Räumlichkeiten), auf die Persönlichkeit des Bewerbers (Befähigung, Zuverlässigkeit) oder auf beides beziehen. Einer Gewerbeerlaubnis bedürfen z. B. Betreiber von Spielsalons (§§ 33 c ff. GewO), Pfandleiher (§ 34 GewO), Inhaber eines Bewachungsgewerbes (§ 34 a GewO), Versteigerer (§ 34 b GewO), Makler, Bauträger u. Baubetreuer (§ 34 c GewO). Gesetzliche Beschränkungen der G. sind aber stets nur in den durch Art. 12 I GG gezogenen Grenzen zulässig (→ Berufsfreiheit).

Gewerbesteuer → Steuerrecht.

Gewerkschaften. Die rechtliche u. politische Bedeutung der G. beruht vor allem darauf, daß sie als Arbeitnehmerorganisationen an der kollektiven Gestaltung der Arbeitsbedingungen durch → Tarifverträge beteiligt sind (→ Koalitionsfreiheit, → Tarifautonomie, → Arbeitskampf). Nach dem 2. Weltkrieg haben sich die G. im Rahmen des *Deutschen Gewerkschaftsbundes (DGB)* als *Industriegewerkschaften* etabliert. Gemäß diesem Industrieverbandsprinzip ist jede G. für alle in einem Industriezweig Beschäftigten ungeachtet des Berufs und der arbeitsrechtlichen Stellung der → Arbeitnehmer (Arbeiter/Angestellte) zuständig. Die frühere Zersplitterung der Gewerkschaftsbewegung wurde im DGB auch dadurch weitgehend beseitigt, daß anstelle sozialistischer u. christlicher Richtungsgewerkschaften nunmehr *Einheitsgewerkschaften* mit weltanschaulicher Neutralität u. parteipolitischer Unabhängigkeit gegründet wurden. An die Tradition der Richtungsgewerkschaft knüpft demgegenüber der *Christliche Gewerkschaftsbund (CGB)* an, der allerdings bislang keinen größeren Einfluß gewinnen konnte. Neben den im DGB zusammengefaßten 17 Einzelgewerkschaften (IG Metall; IG Chemie, Papier, Keramik; IG Bergbau u. Energie; IG Bau, Steine, Erden; Gewerkschaft Öffentliche Dienste, Transport u. Verkehr u. a.) gibt es die *Deutsche Angestelltengewerkschaft (DAG),* zu deren Mitgliedern Angestellte aus allen Bereichen von Wirtschaft u.

Verwaltung gehören. – Mit der Verbandsmacht der G. kontrastiert in eigentümlicher Weise der Umstand, daß sie vielfach die Rechtsform des →nichtrechtsfähigen Vereins haben.

Gewissensfreiheit. Art. 4 I GG gewährleistet neben und in engem Zusammenhang mit der →Religionsfreiheit die Freiheit des Gewissens. Das Grundgesetz respektiert die sittliche Autonomie des einzelnen. Was er für richtig, was er für falsch hält, bleibt seiner Entscheidung überlassen. Dabei spielt es keine Rolle, ob er sein Urteil aus einer religiös-weltanschaulichen Überzeugung ableitet oder nicht; Art. 4 GG schützt sowohl das religiös fundierte als auch das von einer Weltanschauung unabhängige Gewissen. Die G. umfaßt nicht nur die Freiheit der inneren Gewissensentscheidung, sondern auch die Freiheit, diese Entscheidung nach außen zu bekunden u. ihr gemäß zu handeln. Das →Grundrecht der G. ist vorbehaltlos garantiert, kann also gesetzlich nicht begrenzt werden. Seine Schranken ergeben sich allein aus dem Grundgesetz, was etwa bedeutet, daß die Berufung auf das Gewissen nicht dazu dienen darf, verfassungsrechtlich geschützte Rechtsgüter wie Leben, Gesundheit oder Freiheit anderer zu verletzen. Die große Bedeutung, die das GG der G. beimißt, wird daraus ersichtlich, daß es in Art. 4 III das Grundrecht gewährleistet, aus Gewissensgründen den Kriegsdienst mit der Waffe zu verweigern (→Kriegsdienstverweigerung).

Gewohnheitsrecht ist ungeschriebenes →Recht, das durch langjährige tatsächliche Übung, die von der Rechtsüberzeugung der Beteiligten getragen ist, entsteht. Seine Geltung endet durch staatlich gesetztes Recht (→Gesetz) oder durch Bildung ihm entgegengesetzten neuen G. Da der moderne Staat immer mehr Lebensbereiche erfaßt und diese mit den von ihm gesetzten Rechtsnormen in zunehmender Intensität reguliert, verliert das G. praktisch an Bedeutung.

Gewohnheitsverbrecher →Hangtäter.

Gläubiger →Schuldverhältnis.

Glaubensfreiheit →Religionsfreiheit.

Glaubhaftmachung ist eine Beweisführung, die dem Gericht oder der Behörde den Eindruck der überwiegenden Wahrscheinlichkeit der behaupteten Tatsache vermitteln soll; sie reicht nicht aus, den vollen →Beweis zu erbringen. Die G. ist nur in den gesetzlich vorgesehenen Fällen zulässig (z. B. im Eilverfahren des →Arrests und der →einstweiligen Verfügung). Für die G. können alle Beweismittel, auch die eidesstattliche Versicherung (→Eid), herangezogen werden; doch ist die Beweisaufnahme nur statthaft, wenn sie sofort erfolgen kann (§ 294 ZPO).

Gleichbehandlung. Der allgemeine Gleichheitssatz des Art. 3 I GG gilt unmittelbar nur im Verhältnis zwischen Bürger u. Staat, insbes. im Verwaltungsrecht (→Ermessen). Er wirkt sich als Pflicht zur G. aber mittelbar auch im Gesellschafts- u. im Arbeitsrecht aus. Im → *Gesellschaftsrecht* darf kein Gesellschafter ohne seine Zustimmung schlechter als die übrigen Gesellschafter gestellt werden. Im → *Arbeitsrecht* bedeutet G., daß der Arbeitgeber seine Arbeitnehmer bei der Gestaltung der Arbeitsbedingungen u. der Gewährung von Vergünstigungen (Gratifikationen) grundsätzlich gleichbehandeln muß. → auch Gleichberechtigung.

Gleichberechtigung. Art. 3 II GG garantiert als Unterfall des allgemeinen Gleichheitssatzes die G. von Mann u. Frau. Zur Umsetzung dieser verfassungsrechtlichen Bestimmung hat das Gleichberechtigungsgesetz von 1957 zahlreiche zivilrechtliche Vorschriften, vor allem auf dem Gebiet des → Familienrechts, neu geregelt. Art. 3 II GG schließt andererseits gesetzliche Regelungen nicht aus, die im Hinblick auf die objektiven biologischen oder funktionalen (arbeitsteiligen) Unterschiede nach der Natur des jeweiligen Lebensverhältnisses nur für Männer oder nur für Frauen gelten. Die G. gilt auch im → Arbeitsrecht für die Tarifpartner sowie für Arbeitgeber u. Betriebsrat (§ 75 BetrVG); sie wirkt auch ansonsten über die → Gleichbehandlungspflicht des Arbeitgebers auf die Gestaltung der Arbeitsbedingungen u. die Gewährung von Vergünstigungen (→Gratifikationen) ein; das gilt auch für übertarifliche Leistungen. Dem Arbeitgeber ist jede Benachteiligung eines Arbeitnehmers wegen seines Geschlechts untersagt. So dürfen z. B. Stellen nicht nur für Männer oder nur für Frauen ausgeschrieben werden. Das Benachteiligungsverbot ist durch eine Beweislastregelung zugunsten des Arbeitnehmers gesichert. Wenn er im Streitfall Tatsachen glaubhaft macht, die eine Diskriminierung wegen des Geschlechts vermuten lassen, so trägt der Arbeitgeber die Beweislast dafür, daß andere Gründe für die Entscheidung ausschlaggebend waren oder daß das Geschlecht unverzichtbare Voraussetzung für die auszuübende Tätigkeit ist (§§ 611a, 611b BGB). Ist ein Arbeitsverhältnis wegen eines vom Arbeitgeber zu vertretenden Verstoßes gegen das Benachteiligungsverbot nicht begründet worden, so ist er dem abgewiesenen Bewerber zum Ersatz des → Vertrauensschadens verpflichtet (§ 611a II BGB). Für diesen Schadensersatzanspruch – der allerdings i. d. R. nur geringfügige Größenordnungen annehmen dürfte (Aufwendungen für Fotokopien, Porto usw.) – genügt nicht die vom Arbeitgeber zu entkräftende Vermutung einer geschlechtsspezifischen Diskriminierung; vielmehr muß der Bewerber beweisen, daß gerade er bei Unterbleiben der Benachteiligung eingestellt worden wäre.

Gleichheit. Die G. ist in Art. 3 GG als → Grundrecht gewährleistet. Alle Menschen sind vor dem Gesetz gleich (Abs. 1). Männer und Frauen sind gleichberechtigt (Abs. 2, → Gleichberechtigung). Niemand darf wegen seines Geschlechtes, seiner Abstammung, Rasse, Sprache, Heimat u. Herkunft, wegen seines Glaubens, seiner religiösen oder politischen Anschauungen benachteiligt oder bevorzugt werden (Abs. 3). Ausprägungen des Gleichheitsprinzips finden sich in anderen Bestimmungen des Grundgesetzes, so z.B. in Art. 33 I-III, der die staatsbürgerliche G. garantiert (→ staatsbürgerliche Rechte u. Pflichten), in Art. 38 I, 28 I 2, die die Wahlgleichheit vorschreiben (→ Wahlrecht), u. in Art. 101 I 1, wonach Ausnahmegerichte verboten sind. Der Gleichheitssatz bindet gem. Art. 1 III GG Gesetzgebung, vollziehende Gewalt u. Rechtsprechung als unmittelbar geltendes Recht. Er bedeutet daher nicht nur Rechtsanwendungs-, sondern auch Rechtsetzungsgleichheit. Für den *Gesetzgeber* ergibt sich daraus ein *Willkürverbot*. Er hat Gleiches gleich, Ungleiches entsprechend seiner Eigenart ungleich zu behandeln. Die G. ist aber nur dann verletzt, wenn sich ein vernünftiger, sachlich einleuchtender Grund für eine gesetzliche Differenzierung nicht finden läßt. Dem Gesetzgeber bleibt demnach ein weiter politischer Gestaltungsspielraum erhalten, der nur bei evident unsachlichen Regelungen überschritten wird. Im Hinblick auf die *vollziehende Gewalt* besagt der Gleichheitssatz, daß die Verwaltung ein ihr eingeräumtes → Ermessen fehlerfrei ausüben muß. Sie hat es pflichtgemäß wahrzunehmen, darf also von einer Ermessensvorschrift nicht in einer dem Zweck der Regelung widersprechenden Weise Gebrauch machen. Bei gleichförmiger, rechtmäßiger Ermessenshandhabung über längere Zeit löst das Gleichheitsgebot eine → Selbstbindung der Verwaltung aus. Doch verstößt es nicht gegen die G., wenn verschiedene Behörden eine gesetzliche Bestimmung unterschiedlich auslegen. Auch die *Rechtsprechung* ist durch den Gleichheitssatz nicht auf eine uniforme Judikatur festgelegt. Eine Gerichtsentscheidung verletzt die G. im übrigen nicht schon wegen fehlerhafter Rechtsanwendung oder wegen Verfahrensverstoßes, sondern erst dann, wenn sie auf offenkundig sachfremden Erwägungen beruht, also willkürlich ist.

Gleitklauseln → Wertsicherungsklauseln.

Gnade ist ganzer oder teilweiser Verzicht des Staates auf die Wahrnehmung seiner Strafgewalt („Gnade vor Recht"). Gnadenerweise können individuell durch → Begnadigung oder generell durch → Amnestie gewährt werden.

good will ist der innere – den Sachwert übersteigende – Wert eines kaufmännischen Unternehmens oder einer freiberuflichen Praxis. Dazu rechnen insbes. das Ansehen, das das Unternehmen genießt, der Kundenstamm bzw. die Klientel sowie die Geschäftsverbindungen. Als geldwertes Vermögen wird der g. w. im allgemeinen nur bei Veräußerung des Unternehmens u. bei erb- u. güterrechtlicher Auseinandersetzung realisiert.

Gratifikation ist eine Vergütung, die aus besonderem Anlaß (z. B. Weihnachten, Urlaub, Dienstjubiläum) zusätzlich zum sonstigen Arbeitsentgelt gezahlt wird. Auf freiwillig geleistete G. besteht kein Rechtsanspruch; der Arbeitgeber bestimmt die Höhe der G., doch muß er den Grundsatz der → Gleichbehandlung beachten. Eine Verpflichtung des Arbeitgebers zur Zahlung von G. kann auf → Arbeitsvertrag, → Betriebsvereinbarung oder → Tarifvertrag beruhen; sie kann sich außer aus dem Gleichbehandlungsgrundsatz auch aus betrieblicher Übung (bei mindestens 3maliger Zahlung ohne den Vorbehalt der Freiwilligkeit) ergeben. Rückzahlungsklauseln für den Fall der Kündigung des Arbeitsverhältnisses durch den Arbeitnehmer sind nur beschränkt zulässig.

Grobe Fahrlässigkeit → Verschulden.

Grober Unfug war früher eine nach § 360 I Nr. 11 StGB a. F. strafbare Übertretung. Sie ist seit dem 2. Strafrechtsreformgesetz von 1969 nur noch eine → Ordnungswidrigkeit und erfaßt gem. § 118 OWiG Handlungen, die geeignet sind, die öfftl. Ordnung unmittelbar zu gefährden oder zu beeinträchtigen (z. B. Aufstellen einer Parkbank auf dem Gehweg zur Behinderung der Passanten).

Grundbuch ist ein öffentliches Register, das über Grundstücke u. Rechte an Grundstücken Auskunft gibt. Es wird vom *Grundbuchamt,* einer Abteilung des Amtsgerichts, geführt. Das formelle Grundbuchrecht ist in der Grundbuchordnung i. d. F. von 1937 geregelt. I. d. R. erhält jedes Grundstück ein besonderes Grundbuchblatt (§ 3 GBO). Dieses gliedert sich in Bestandsverzeichnis (katasteramtliche Bezeichnung), Abteilung I (Eigentumsverhältnisse), Abteilung II (sämtliche dinglichen Belastungen mit Ausnahme der Grundpfandrechte) u. Abteilung III (Grundpfandrechte = Hypotheken, Grundschulden, Rentenschulden). Jeder, der ein berechtigtes Interesse darlegt, kann Einsicht in das G. verlangen (§ 12 GBO). Eine rechtsgeschäftliche Rechtsänderung wird nur mit Eintragung im G. wirksam. Auf diese Weise spiegelt das G. die tatsächliche Rechtslage wieder. Es begründet deshalb die Vermutung für seine Richtigkeit u. Vollständigkeit (§ 891 BGB) u. genießt somit öffentlichen Glauben: Sein Inhalt gilt zugunsten eines rechtsgeschäftlichen Erwerbers als richtig, sofern nicht ein Widerspruch gegen die Richtigkeit eingetragen oder die

Unrichtigkeit dem Erwerber bekannt ist (§ 892 BGB). Zur Eintragung, die einen Antrag voraussetzt, genügt grundsätzlich die einseitige Bewilligung des Betroffenen (§§ 13, 19 GBO). Nur bei Auflassung eines Grundstücks sowie im Fall der Bestellung, Änderung oder Übertragung eines Erbbaurechts ist dem Grundbuchamt zusätzlich die Einigung der Parteien nachzuweisen. Der Rang eines beschränkten dinglichen Rechts am Grundstück bestimmt sich nach der Reihenfolge der Eintragungen oder, wenn die Rechte in verschiedenen Abteilungen eingetragen sind, nach dem Tag der Eintragung (§ 879 BGB). Zur Sicherung des Anspruchs auf eine Rechtsänderung kann eine → Vormerkung, gegen die Unrichtigkeit des G. kann zur Vermeidung → gutgläubigen Erwerbs ein Widerspruch eingetragen werden (§§ 873, 879 BGB).

Grundeigentum ist das → Eigentum an einem Grundstück. Es erstreckt sich auf den Raum über der Oberfläche u. auf den Erdkörper unter der Oberfläche; doch kann der Eigentümer Einwirkungen nicht verbieten, die in solcher Höhe oder Tiefe vorgenommen werden, daß er an der Ausschließung kein Interesse hat (§ 905 BGB). Das G. kann auf verschiedenem Wege erworben werden: durch rechtsgeschäftliche Übertragung, → Erbfolge, → Ersitzung, Zuschlag in der → Zwangsversteigerung u. a. In der Praxis am bedeutsamsten ist der rechtsgeschäftliche Erwerb durch Einigung (→ Auflassung) und Eintragung im → Grundbuch (§§ 873, 925 BGB, → Grundstücksrecht). Das G. unterliegt aufgrund seiner Sozialgebundenheit (Art. 14 II GG) zahlreichen öfftl.-recht. Beschränkungen, insbes. durch die planungsrechtlichen Vorschriften des BBauG (→ Baurecht).

Grunderwerbsteuer. Der G. unterliegt der Erwerb inländischer Grundstücke. Das Grunderwerbsteuergesetz des Bundes v. 17. 12. 1982, in Kraft getreten am 1. 1. 1983, hat das bislang durch Ländergesetze geregelte, stark zersplitterte G.recht vereinheitlicht. Der Steuersatz beträgt nunmehr 2% statt zuvor 7%. Zugleich wurden die früher möglichen zahlreichen Steuerbefreiungen abgebaut; sie sind nur noch für wenige Ausnahmefälle vorgesehen: bei einem Grundstückserwerb bis zu 5000 DM; ferner bei Erwerb von Todes wegen oder durch Schenkung, zur Teilung des Nachlasses unter Miterben, durch Verwandte in gerader Linie, durch Ehegatten, durch Geschiedene im Rahmen der Vermögensauseinandersetzung u. a. Bei käuflich erworbenen Grundstücken entsteht die Steuerpflicht mit Abschluß des Kaufvertrags, nicht erst mit dem Eigentumsübergang. Steuerschuldner sind Veräußerer u. Erwerber als → Gesamtschuldner. Die G. bemißt sich nach dem Wert der Gegenleistung (z. B. Kaufpreis), hilfsweise nach dem Wert des Grundstücks.

Grundgesetz (GG). Das Grundgesetz für die Bundesrepublik Deutschland vom 23. 5. 1949 – es wurde am 8. 5. 1949 vom Parlamentarischen Rat beschlossen – ist die → Verfassung der Bundesrepublik. Der statt der üblichen Bezeichnung „Verfassung" gewählte Begriff „Grundgesetz" sollte im Hinblick auf das geteilte Deutschland das Provisorische des Verfassungswerks zum Ausdruck bringen. Folgerichtig heißt es in Art. 146 GG: „Dieses Grundgesetz verliert seine Gültigkeit an dem Tage, an dem eine Verfassung in Kraft tritt, die von dem deutschen Volke in freier Entscheidung beschlossen worden ist." Das GG gilt in Berlin (West) nur beschränkt (→ Bundesländer). Die sonstigen Vorbehalte der westlichen Besatzungsmächte, die die Militärgouverneure in ihrem Genehmigungsschreiben zum GG vom 12. 5. 1949 erklärt hatten, sind später weitgehend abgelöst worden (→ Deutschlandvertrag). Der Aufbau des GG rückt die → Grundrechte an den Anfang (Abschnitt I mit den Art. 1–19). Es folgt Abschnitt II (Art. 20–37) mit den Vorschriften über die Strukturprinzipien der verfassungsmäßigen Ordnung (→ Bundesrat, → Demokratie, → Rechtsstaat, → Sozialstaat), insbes. über das Verhältnis von Bund u. Ländern. Die Abschnitte III–IV (Art. 38–69) befassen sich mit den obersten Bundesorganen: → Bundestag, → Bundesrat, Gemeinsamer Ausschuß (→ Verteidigungsfall), → Bundespräsident und → Bundesregierung. Abschnitt VII (Art. 70–82) regelt die Gesetzgebung des Bundes, Abschnitt VIII (Art. 83 91) die Ausführung der Bundesgesetze u. die Bundesverwaltung, Abschnitt VIIIa (Art. 91a und 91b) die → Gemeinschaftsausgaben, Abschnitt IX (Art. 92–104) die → Rechtsprechung. Im Abschnitt X (Art. 104a–115) sind die Vorschriften über → Finanzverfassung und → Haushaltsrecht zusammengefaßt. Abschnitt Xa regelt den → Verteidigungsfall. Abschnitt XI enthält Übergangs- und Schlußbestimmungen. Eine Änderung des GG bedarf der Zustimmung von ⅔ der Mitglieder des Bundestages u. ⅔ der Stimmen des Bundesrates; sie ist unzulässig, wenn dadurch die Gliederung des Bundes in Länder, die grundsätzliche Mitwirkung der Länder bei der Gesetzgebung oder die in den Artikeln 1 u. 20 niedergelegten Grundsätze berührt werden (Art. 79 GG).

Grundlagenvertrag (Grundvertrag). Der am 21. 12. 1972 unterzeichnete Vertrag über die Grundlagen der Beziehungen zwischen der Bundesrepublik Deutschland u. der Deutschen Demokratischen Republik ist als wesentlicher Bestandteil der neuen Ost- u. Deutschlandpolitik darauf gerichtet, das Verhältnis zwischen den beiden deutschen Staaten zu normalisieren. Bundesrepublik u. DDR erstreben danach gutnachbarliche Beziehungen auf der Grundlage der Gleichberechtigung, der Achtung der Unabhängigkeit, Selbständigkeit u. territorialen Integrität, des Selbstbestimmungsrechts, der Wahrung der Menschenrechte u.

der Nichtdiskriminierung entsprechend den Prinzipien der → Charta der Vereinten Nationen. Beide Seiten verpflichten sich, ihre Streitfragen ausschließlich mit friedlichen Mitteln u. unter Verzicht auf Gewaltandrohung u. Gewaltanwendung zu lösen, u. bekräftigen die Unverletzlichkeit der zwischen ihnen bestehenden Grenze. Sie gehen davon aus, daß keiner der beiden Staaten den anderen international vertreten oder in seinem Namen handeln kann. Sie verpflichten sich ferner, bei Wahrung der eigenen Sicherheit friedliche Beziehungen zwischen den europäischen Staaten zu fördern u. zu den internationalen Bemühungen um Truppen- u. Rüstungsverminderung sowie um Rüstungsbegrenzung u. Abrüstung beizutragen. Bundesrepublik u. DDR lassen sich von dem Grundsatz leiten, daß die Hoheitsgewalt jedes der beiden Staaten sich auf sein Staatsgebiet beschränkt; sie respektieren die wechselseitige Unabhängigkeit u. Selbständigkeit in den inneren u. äußeren Angelegenheiten. Beide Seiten erklären schließlich ihre Bereitschaft, praktische u. humanitäre Fragen zu regeln u. auf verschiedenen Gebieten zusammenzuarbeiten. Der G. schuf die Voraussetzung für die Errichtung Ständiger Vertretungen in Bonn u. Ost- Berlin; bei der Unterzeichnung des Vertrages ist beiderseits erklärt worden, daß die Ständige Vertretung der Bundesrepublik in der DDR die Interessen von West-Berlin in Übereinstimmung mit dem Vier-Mächte-Abkommen über Berlin vom 3. 9. 1971 wahrnimmt. Da die Bundesrepublik die DDR nicht völkerrechtlich, sondern nur staatsrechtlich als zweiten deutschen Staat anerkannt hat, handelt es sich bei den Vertretungen nicht um Botschaften. Die „Westverträge" der Bundesrepublik, ihre Zugehörigkeit zur NATO u. zu den Europäischen Gemeinschaften, wie auch die Eingliederung der DDR in den Warschauer Pakt, insbesondere aber die Vier-Mächte-Vereinbarungen über Deutschland als Ganzes werden durch den G. nicht berührt. In ihrem der Gegenseite unmittelbar vor Unterzeichnung des G. zugestellten Brief zur Deutschen Einheit hat die Bundesregierung zum Ausdruck gebracht, daß der Vertrag nicht in Widerspruch steht „zu dem politischen Ziel der Bundesrepublik Deutschland, auf einen Zustand des Friedens in Europa hinzuwirken, in dem das deutsche Volk in freier Selbstbestimmung seine Einheit wiedererlangt". Die Bundesrepublik hat außerdem bei der Unterzeichnung eine Erklärung zu Protokoll gegeben, wonach Staatsangehörigkeitsfragen durch den Vertrag nicht geregelt worden sind. – Das von der Bayerischen Staatsregierung im Wege des → Normenkontrollverfahrens angerufene Bundesverfassungsgericht hat durch Urteil vom 31.7.1973 festgestellt, daß der G. mit dem Grundgesetz vereinbar ist u. weder gegen das in der Präambel des GG enthaltene Wiedervereinigungsgebot noch gegen das Selbstbestimmungsrecht des deutschen Volkes verstößt. Es sei Sache der politischen Organe, darüber zu entscheiden, mit welchen Mitteln sie das verfassungsrechtlich verpflichtende Ziel der Wiedervereinigung zu verwirklichen suchten. Doch könne die DDR nicht als Ausland angesehen werden. Die Bundesrepublik sei weiterhin verpflichtet, DDR-Bürger, die in ihren Schutzbereich gelangten, als Deutsche wie jeden Bürger der Bundesrepublik zu behandeln (→ Staatsangehörigkeit).

Grundrechte sind verfassungsrechtlich gewährleistete → subjektive Rechte, die als Freiheitsrechte die individuelle Freiheitssphäre vor dem Zugriff der Staatsmacht schützen oder als Gleichheitsrechte rechtliche Gleichheit sichern. Sie sind Ausfluß der in Art. 1 I GG zum obersten Rechsprinzip erhobenen → Menschenwürde u. binden Gesetzgebung, vollziehende Gewalt u. Rechtsprechung als unmittelbar geltendes Recht (Art. 1 III GG). Jedem, der durch die vollziehende Gewalt in seinen (Grund-)Rechten verletzt wird, steht der → Rechtsweg offen (Art. 19 IV GG); er kann darüber hinaus wegen einer Grundrechtsverletzung – gleichgültig, ob sie von der vollziehenden Gewalt, der Gesetzgebung oder der Rechtsprechung ausgeht – → Verfassungsbeschwerde beim Bundesverfassungsgericht einlegen (Art. 93 I Nr. 4a GG, §§ 90ff. BVerfGG). Das Grundgesetz gewährleistet in den Art. 1–19 u.a. die allgemeine individuelle → Freiheit, die → Gleichheit, die → Religions- u. → Gewissensfreiheit, die → Meinungsfreiheit, die → Versammlungsfreiheit, die → Vereinigungsfreiheit, das → Brief-, Post- u. Fernmeldegeheimnis, die → Berufsfreiheit, die Unverletzlichkeit der → Wohnung, das → Eigentum u. das → Erbrecht, Schutz vor Ausbürgerung (→ Staatsangehörigkeit) u. → Auslieferung, das → Asylrecht u. das → Petitionsrecht; außerhalb dieses Grundrechtskatalogs u.a. das → Widerstandsrecht (Art. 20 IV), den Anspruch auf den → gesetzlichen Richter (Art. 101 I 2) u. auf → rechtliches Gehör (Art. 103 I). Soweit die Landesverfassungen G. in Übereinstimmung mit dem GG gewährleisten, bleiben diese in Kraft (Art. 142 GG, → Bundesstaat). Es gibt überstaatliche (vorstaatliche) G., die, wie z.B. der Gleichheitssatz, unabhängig von staatlicher Gewährleistung gelten, u. staatliche G., die, wie etwa Eigentum u. Erbrecht, ihre Existenz verfassungsrechtlicher Normierung verdanken. Man unterscheidet zwischen G. als → Menschen- u. als Bürgerrechten, je nachdem ob sie jedermann oder nur den Deutschen zustehen. Die G. sind in erster Linie *Abwehrrechte* des einzelnen gegen den Staat. Zugleich verkörpern sich in ihnen *objektiv-rechtliche Grundentscheidungen,* durch die alles staatliche Handeln gebunden ist. So ergibt sich z.B. aus Art. 2 II 1 GG („Jeder Mensch hat das Recht auf Leben und körperliche Unversehrtheit.") nicht nur ein Abwehranspruch des einzelnen gegen staatliche Maßnahmen, die sein Leben bedrohen oder seine körperliche Integrität beeinträchtigen, sondern zugleich eine objektiv-rechtliche Verpflichtung aller staatlichen Gewalt, das Leben – auch gegen Gefährdungen von dritter Seite – zu schützen. Das Grundgesetz enthält *keine sozialen G.,* wie z. B. Recht auf Arbeit oder Recht auf Wohnung. Doch ist der Gesetzgeber aufgrund des → Sozialstaatsgebots verpflichtet, die sozialen Voraussetzungen zu schaffen, die eine Inanspruchnahme der G. überhaupt erst ermöglichen. Je stärker der moderne Staat sich der sozialen Sicherung u. kulturellen Förderung der Bürger zuwendet, desto mehr ist die grundrechtliche Freiheitssicherung vor dem Staat durch die grundrechtliche Verbürgung der Teilhabe an staatlichen Leistungen zu ergänzen. Solche *Teilhaberrechte* bestehen indes nur dem Grunde nach u. unter dem Vorbehalt des Möglichen im Sinne dessen, was der einzelne vernünftigerweise von der Gesellschaft verlangen kann. Sie gewähren – von extremen Ausnahmesituationen abgesehen – keine einklagbaren Ansprüche auf bestimmte staatliche Leistungen. Es bleibt der politischen Gestaltungsfreiheit des Gesetzgebers überlassen, *wie* er das Sozialstaatsprinzip in konkrete grundrechtssichernde Aktion umsetzt. Im übrigen beeinflussen die G. auch das *Verfahren,* in dem staatliche Maßnahmen ergehen; in ihrer verfahrensgestaltenden Wirkung beugen sie einer Verletzung der durch sie geschützten Rechtsgüter vor. Umstritten ist, ob die G. ausschließlich gegen die öfftl. Gewalt gerichtet sind oder ob sie auch im Privatrechtsverkehr zum Schutz der individuellen Freiheit vor den Gefahren u. dem Mißbrauch gesellschaftlicher Macht gelten (sog. *Drittwirkung der Grundrechte*). Zur Sicherung der → Koalitionsfreiheit ist eine Drittwirkung ausdrücklich angeordnet (Art. 9 III 2 GG). Im übrigen wirken die G. über die wertausfüllungsfähigen u. wertausfüllungsbedürftigen → Generalklauseln auf die Privatrechtsordnung ein. Man kann heute davon ausgehen, daß die Wahrung der Menschenwürde u. die freie Entfaltung der Persönlichkeit (→ Persönlichkeitsrecht), die Glaubens- u. Gewissensfreiheit sowie die Meinungs- u. Informationsfreiheit auch im Rechtsverkehr zwischen Privaten zu beachten sind. Die G. sind *nicht schrankenlos* garantiert. Grenzen sind ihnen von vornherein dort gezogen, wo sie mit einem → Gesetzesvorbehalt versehen sind, durch den der Gesetzgeber ermächtigt wird, die Gewährleistung einzuschränken (z. B. Art. 9 II GG); das Gesetz muß allerdings dem Grundsatz der → Verhältnismäßigkeit entsprechen u. darf den grundrechtlichen Wesensgehalt in keinem Fall antasten. Für die vorbehaltlos gewährleisteten G. ergeben sich Grenzen aus der Verfassung selbst. So darf z. B. die Wissenschaftsfreiheit nicht auf Kosten des Lebens u. der Gesundheit anderer, die Religionsfreiheit nicht zu Lasten der Menschenwürde in Anspruch genommen werden. Wenn der Gesetzgeber in diesen Fällen Schranken zieht, so darf er nicht mehr tun, als die verfassungsimmanenten Grenzen verdeutlichend zu umschreiben. Der Mißbrauch bestimmter G. kann ihre → Verwirkung zur Folge haben.

Grundrechtsmündigkeit. Jeder Mensch, also auch der → Minder-jährige, ist Träger von → Grundrechten, d. h. *grundrechtsfähig*. Eine davon zu trennende Frage ist, ob Kinder u. Jugendliche Grundrechte, z. B. in der Schule, selbständig geltend machen kön-nen, ob sie also *grundrechtsmündig* sind, oder ob sie darauf ange-wiesen bleiben, daß die Eltern für sie handeln. Das Grundgesetz kennt eine – etwa der → Geschäftsfähigkeit im Privatrecht ver-gleichbare – G. nicht. Daher kann auch der junge Mensch, jeden-falls soweit er die erforderliche Einsichtsfähigkeit besitzt, die Grundrechte ohne fremde Hilfe in Anspruch nehmen. Grenzen ergeben sich aus dem Erziehungsrecht der Eltern (Art. 6 II GG, → Elternrecht), denen gegenüber sich der Jugendliche auf Grund-rechte nicht berufen kann.

Grundschuld (§§ 1191 ff. BGB) ist ein beschränktes dingliches Recht an einem Grundstück (→ Grundstücksrecht). Sie belastet es in der Weise, daß an den Grundschuldgläubiger eine bestimmte Geldsumme aus dem Grundstück zu zahlen ist. Anders als die → Hypothek ist die G. nicht vom Bestand einer zu sichernden Forderung abhängig. Entsteht die Forderung nicht oder fällt sie später weg, wird die G. daher nicht zur Eigentümergrundschuld; sie bleibt vielmehr Fremdgrundschuld. Diese Unabhängigkeit der G. von der Forderung erleichtert dem Gläubiger die Rechtsver-folgung. Deshalb wird sie heute weit mehr als die Hypothek zur Sicherung einer Darlehensforderung verwendet. Zwischen Grundeigentümer und Gläubiger wird in aller Regel eine Verein-barung über den Sicherungszweck getroffen. Sofern die zu si-chernde Forderung noch nicht entstanden ist, kann der Eigentü-mer gegen den Verwertungsanspruch aus der G. nach § 320 BGB die Einrede des nichterfüllten Vertrages erheben. Falls die Forde-rung endgültig getilgt ist, kann er aufgrund der Sicherungsabrede, ggf. auch aus → ungerechtfertigter Bereicherung die Rückgewähr der G. – sie wird dann *Eigentümergrundschuld* – oder ihre → Lö-schung verlangen. Ist die G., wie üblich, als *Briefgrundschuld* bestellt, wird sie wie die Briefhypothek durch schriftliche Abtre-tungserklärung u. Übergabe des Briefes übertragen. Einer Eintra-gung des neuen Gläubigers im → Grundbuch bedarf es dabei nicht. Im Unterschied zur Hypothek kann die G. von vornherein als (Brief-)Eigentümergrundschuld bestellt und sodann beliebig für Kreditsicherungszwecke eingesetzt werden.
Die *Verwertung der G.* geschieht durch freiwillige Befriedigung des Gläubigers seitens des Eigentümers – allerdings nur dann, wenn dieser auf die G., nicht, wenn er auf die Forderung zahlt –, andernfalls durch → Zwangsversteigerung oder → Zwangsverwal-tung.

Grundstückskaufvertrag → Kauf, → notarielle Beurkundung.

Grundstücksrecht im objektiven Sinne ist die Gesamtheit der die Rechtsverhältnisse an Grundstücken regelnden → Rechtsnormen. G. im subjektiven Sinne meint das an einem Grundstück bestehende subjektive dingliche Recht. Dabei ist wie bei beweglichen Sachen zwischen dem → Eigentum als umfassendem dinglichen Herrschaftsrecht u. den das Eigentum belastenden Rechten zu unterscheiden (→ Sachenrecht). Die beschränkten dinglichen Grundstücksrechte lassen sich in drei Gruppen einteilen: *Nutzungsrechte* (Grunddienstbarkeit, beschränkte persönliche → Dienstbarkeit, → Nießbrauch, → Erbbaurecht), *Verwertungsrechte* (→ Reallast sowie → Hypothek, → Grundschuld, → Rentenschuld) u. *Erwerbsrechte* (dingliches → Vorkaufsrecht). Zur rechtsgeschäftlichen Übertragung, Belastung oder Änderung eines Grundstücksrechts ist nach §§ 873, 877 BGB die Einigung des Berechtigten u. des anderen Teils wowie die Eintragung der Rechtsänderung im → Grundbuch erforderlich. Die Einigung ist als dingliches Rechtsgeschäft von dem zugrunde liegenden schuldrechtlichen Verpflichtungsgeschäft streng zu unterscheiden. Zur Aufhebung eines beschränkten dinglichen Rechts genügt grundsätzlich die Aufgabeerklärung des Berechtigten und die → Löschung des Rechts im Grundbuch. – Auf das traditionell privatrechtlich geprägte G. wirken zunehmend öfftl.-rechtl. Vorschriften, insbes. im Interesse der Bauleitplanung nach dem BBauG (→ Baurecht), ein.

Güterstand (Ehe). Die vermögensrechtlichen Beziehungen der Ehegatten werden durch den für sie maßgeblichen G. bestimmt. Sofern Mann u. Frau nichts anderes vereinbaren, leben sie im gesetzlichen G. der Zugewinngemeinschaft. Sie können sich aber statt dessen durch notariell zu beurkundenden *Ehevertrag* für den G. der Gütertrennung oder den der Gütergemeinschaft entscheiden.

1. *Zugewinngemeinschaft* (§§ 1363 ff. BGB). Sowohl das bei Eheschließung vorhandene als auch das später erworbene Vermögen bleiben getrennt. Jeder Ehegatte verwaltet sein Vermögen selbständig. Doch kann der eine nur mit Einwilligung des anderen Ehegatten über sein Vermögen als Ganzes verfügen; bereits die Verpflichtung zu einem solchen Verfügungsgeschäft ist mangels dieser Einwilligung unwirksam. Dadurch soll sichergestellt werden, daß die wirtschaftliche Grundlage der Familie erhalten bleibt. Im Fall der Scheidung wird der sog. Zugewinn (Differenz zwischen End- u. Anfangsvermögen eines Ehegatten) ausgeglichen. Übersteigt der Zugewinn des einen den des anderen Ehegatten, steht letzterem die Hälfte des Überschusses als Ausgleichsforderung zu. Beim Tod eines Ehegatten wird ohne Rück-

sicht darauf, ob tatsächlich ein Zugewinn erzielt worden ist, ein fiktiver Zugewinn dadurch ausgeglichen, daß sich der gesetzliche Erbteil des überlebenden Ehegatten um ¼ der Erbschaft erhöht. Neben den Kindern erhält er also ½, bei kinderlos gebliebener Ehe neben Eltern u. deren Abkömmlingen u. neben Großeltern ¾ des Nachlasses als gesetzlichen Erbteil. Ist der überlebende Ehegatte von der gesetzlichen Erbfolge ausgeschlossen u. steht ihm auch kein Vermächtnis zu, so hat er ein Wahlrecht: Er kann entweder den nach Maßgabe des erhöhten Erbteils vergrößerten → Pflichtteil (großer Pflichtteil) oder den normalen Zugewinnausgleich zusammen mit dem nicht erhöhten Pflichtteil (kleiner Pflichtteil) verlangen.

2. *Gütertrennung* (§ 1414 BGB). Schließen die Ehegatten den gesetzlichen G. der Zugewinngemeinschaft (oder auch nur den Zugewinn- oder Versorgungsausgleich) aus oder heben sie ihn auf, so tritt Gütertrennung ein, falls sich aus dem Ehevertrag nichts anderes ergibt. Die Gütertrennung hat zur Folge, daß jeder Ehegatte sein Vermögen für sich behält u. allein verwaltet. Vermögensrechtlich stehen sich die Ehepartner wie Unverheiratete gegenüber. Ein während der Ehe erworbener Zugewinn wird weder bei Scheidung noch beim Tod eines Ehegatten ausgeglichen.

3. *Gütergemeinschaft* (§§ 1415ff. BGB): Wenn die Ehegatten durch Ehevertrag Gütergemeinschaft vereinbaren, werden das Vermögen des Mannes u. das der Frau gemeinschaftliches Vermögen (Gesamtgut) beider Ehegatten. Sie verwalten das Gesamtgut gemeinschaftlich, falls sie im Ehevertrag nicht etwas anderes bestimmt haben. Vom Gesamtgut sind nur das Sondergut u. das Vorbehaltsgut ausgeschlossen. Sondergut sind die Vermögensgegenstände, die nicht durch Rechtsgeschäft übertragen werden können (z. B. unpfändbare Gehalts- u. Unterhaltsansprüche, Anteil an einer offenen Handelsgesellschaft). Vorbehaltsgut sind die Gegenstände, die ein Ehegatte mit der Auflage erbt oder geschenkt bekommt, daß der Erwerb Vorbehaltsgut sein soll. Bei Beendigung der Gütergemeinschaft, z. B. durch Scheidung, wird das Gesamtgut nach Abzug der Verbindlichkeiten hälftig geteilt. Stirbt ein Ehegatte, gehört dessen Anteil am Gesamtgut zum Nachlaß; zur Vermeidung einer sofortigen Erbauseinandersetzung kann im Ehevertrag vereinbart werden, daß die Gütergemeinschaft zwischen dem überlebenden Ehegatten u. den gemeinschaftlichen Abkömmlingen fortgesetzt wird.

Güteverfahren, Güteverhandlung. Nach § 279 ZPO soll das Gericht in jeder Lage des zivilprozessualen Verfahrens auf eine gütliche Beilegung des Rechtsstreits oder einzelner Streitpunkte bedacht sein. Diese Vorschrift findet in den Verfahren vor den Gerichten der übrigen Gerichtsbarkeiten entsprechende Anwendung. (Im Strafprozeß gibt es statt dessen das → Sühneverfahren.)

Im arbeitsgerichtlichen Verfahren *muß* der Vorsitzende in einem förmlichen Güteverfahren zu Beginn der mündlichen Verhandlung auf eine gütliche Einigung zwischen den Parteien hinwirken (§ 54 ArbGG). Das erfolgreich durchgeführte Güteverfahren endet zumeist in einem → Vergleich.

Guter Glaube ist das Vertrauen darauf, daß die tatsächliche Rechtslage dem äußeren *Rechtsschein* entspricht. Dieses Vertrauen wird im rechtsgeschäftlichen Verkehr in unterschiedlichem Maße geschützt. Von besonderer Bedeutung ist der g. G. beim Erwerb des Eigentums u. anderer dinglicher Rechte (→ *gutgläubiger Erwerb*). Im → *Erbrecht* wird das Vertrauen in die Richtigkeit des *Erbscheins* geschützt: Wer von demjenigen, der im Erbschein als Erbe bezeichnet ist, einen Erbschaftsgegenstand erwirbt, kann auf seinen g. G. bauen; der Erwerb ist auch dann wirksam, wenn der Erbschein unrichtig ist, es sei denn, daß der Erwerber die Unrichtigkeit kennt (s. i. e. §§ 2365–2368 BGB). Dem Vertrauen in die Vertretungsmacht des Geschäftspartners wird in den Fällen der *Duldungs- u. Anscheinsvollmacht* Rechnung getragen (→ Vollmacht). Dagegen mißt die Rechtsordnung dem g. G. an die → *Geschäftsfähigkeit* des anderen Teils keine Bedeutung bei. Ebensowenig gibt es beim Erwerb einer *Forderung* Gutglaubensschutz (→ Abtretung). Besonderheiten gelten für den g. G. hinsichtlich des → *Handelsregisters*.

Gute Sitten. Darunter versteht die Rechtsprechung das Anstandsgefühl aller billig u. gerecht Denkenden, also nicht Sittlichkeit i. S. einer ethischen Verhaltensnorm, sondern die in der Gesellschaft oder den beteiligten Kreisen vorherrschende Rechts- und Sozialmoral. Ein sittenwidriges, insbesondere ein wucherisches Rechtsgeschäft ist nichtig (§ 138 BGB). Die aufgrund eines solchen Geschäfts erbrachte Leistung kann wegen → ungerechtfertigter Bereicherung zurückgefordert werden, es sei denn, daß auch der Leistende sittenwidrig gehandelt hat (§ 817 S. 2 BGB). Wer in einer gegen die g. S. verstoßenden Weise einen anderen vorsätzlich schädigt, begeht eine zum Schadensersatz verpflichtende → unerlaubte Handlung (§ 826 BGB).

Gutgläubiger Erwerb. 1. *G. E. beweglicher Sachen* (§§ 932 ff. BGB). Gehört eine durch Einigung u. Übergabe nach § 929 BGB übereignete Sache (→ Übereignung) nicht dem Veräußerer, so wird der Erwerber Eigentümer, wenn er zum Zeitpunkt der Übergabe hinsichtlich des Eigentums des Veräußerers in gutem Glauben ist. Guter Glaube ist zu verneinen, wenn dem Erwerber bekannt oder infolge grober Fahrlässigkeit unbekannt ist, daß die Sache nicht dem Veräußerer gehört. Auch bei der Übereignung nach § 930 BGB (Vereinbarung eines Besitzmittlungsverhältnisses) und nach

§ 931 BGB (Abtretung des Herausgabeanspruchs) erlangt der gutgläubige Erwerber Eigentum, jedoch erst dann, wenn der Veräußerer den Besitz der Sache aufgibt. Die gesetzliche Regelung des g. E. beruht auf dem durch den Besitz erzeugten *Rechtsschein:* Wer vom Besitzer erwirbt, darf darauf vertrauen, daß er vom Eigentümer erwirbt. Hat jedoch der ursprüngliche Eigentümer den Besitz an der Sache nicht freiwillig aufgegeben, sondern gegen seinen Willen verloren, entscheidet das Gesetz den Interessenkonflikt zwischen Alteigentümer und Erwerber zugunsten des ersteren: Nach § 935 BGB ist g. E. von abhanden gekommenen Sachen (→ Abhandenkommen) nicht möglich, es sei denn, daß es sich um Geld, Inhaberpapiere oder öffentlich versteigerte Sachen handelt. Erwirbt jemand eine mit dem Recht eines Dritten (→ Pfandrecht; → Nießbrauch) belastete Sache, so erlischt die Belastung, falls der Erwerber hinsichtlich der Lastenfreiheit gutgläubig ist (§ 936 BGB). Die Vorschriften über den g. E. finden beim Erwerb eines Nießbrauchs und eines Pfandrechts weitgehend entsprechende Anwendung (§§ 1032 S. 2, 1207, 1208 BGB).

2. *G. E. von Grundstücksrechten.* Zugunsten dessen, der ein Recht an einem Grundstück (z. B. Eigentum, → Hypothek, → Grundschuld) oder ein Recht an einem solchen Recht (z. B. Pfandrecht an einer Hypothek) durch Rechtsgeschäft erwirbt (→ Grundstücksrecht), gilt der Inhalt des Grundbuchs als richtig, sofern nicht ein Widerspruch gegen die Richtigkeit eingetragen oder die Unrichtigkeit dem Erwerber bekannt ist; der für die Kenntnis maßgebende Zeitpunkt ist i. d. R. der Moment, in dem der Eintragungsantrag gestellt wird (§ 892 BGB). Das Grundbuch vermittelt kraft seines *öffentlichen Glaubens* einen noch weitergehenden Rechtsschein als der Besitz an einer beweglichen Sache; selbst grob fahrlässige Unkenntnis schadet dem Erwerber nicht. Der Gutglaubensschutz gilt nach § 893 BGB entsprechend, wenn an den im Grundbuch eingetragenen Nichtberechtigten eine Leistung bewirkt wird (z. B. Tilgung der Hypothek oder Grundschuld) oder wenn zwischen diesem und einem gutgläubigen Dritten eine sonstige rechtsgeschäftliche Verfügung vorgenommen wird (z. B. Bewilligung einer → Vormerkung durch den eingetragenen Nichteigentümer).

H

Haager Konventionen → Völkerrecht.

Haftbefehl. Im → Strafprozeß ist der H. die schriftliche Anordnung der *Untersuchungshaft* durch einen Richter (§§ 112 ff. StPO). Er darf nur bei dringendem Tatverdacht, bei Vorliegen eines Haftgrundes und unter Wahrung des Grundsatzes der Verhältnismäßigkeit erlassen werden. Ein Haftgrund besteht bei Flucht, Fluchtgefahr oder → Verdunkelungsgefahr; für bestimmte Delikte genügt Wiederholungsgefahr. Bei einzelnen besonders schweren Straftaten, insbes. Verbrechen wider das Leben, reicht dringender Tatverdacht aus. Das Verhältnismäßigkeitsprinzip äußert sich darin, daß bei Straftaten, die nur mit Freiheitsstrafe bis zu 6 Monaten oder mit geringer Geldstrafe bedroht sind, ein H. nur ausnahmsweise ergehen darf. Der H. ist dem Beschuldigten bei der Verhaftung bekanntzugeben; ein Angehöriger oder eine Vertrauensperson ist von der Verhaftung zu informieren. Wird der Beschuldigte aufgrund des H. ergriffen, ist er unverzüglich dem zuständigen Richter vorzuführen, der ihn spätestens am nächsten Tag zu vernehmen hat. Sofern die Haft aufrechterhalten wird, muß der Beschuldigte über das Recht der Beschwerde u. andere Rechtsbehelfe (insbes. den jederzeit zulässigen Antrag auf Haftprüfung) belehrt werden. Der Richter hat den Vollzug der Haft auszusetzen, wenn weniger einschneidende Maßnahmen den Zweck der Untersuchungshaft zu erreichen vermögen. Der H. ist aufzuheben, wenn seine Voraussetzungen nicht mehr vorliegen (z. B. bei freisprechendem Urteil).

Haftpflicht ist Verpflichtung zum → Schadensersatz. Sie setzt grundsätzlich → Verschulden voraus. In bestimmten gesetzlich geregelten Fällen (z. B. → Kraftfahrzeughaftung, → Eisenbahnbetriebshaftung, → Gastwirtshaftung) besteht eine verschuldensunabhängige → Gefährdungshaftung.

Haftung. Der Begriff hat im BGB verschiedene Bedeutungen. Häufig meint er das Verpflichtetsein des Schuldners, sein Einstehenmüssen für eine Schuld. Ist etwa davon die Rede, daß der Schuldner auf Schadensersatz *„haftet"*, heißt das nichts anderes, als daß er Schadensersatz *„schuldet"*. Darüber hinaus kann der

Begriff zum Ausdruck bringen, daß der Schuldner mit seinem Vermögen der → Zwangsvollstreckung des Gläubigers unterworfen ist. Er haftet dann *für* eine von ihm zu erfüllende Schuld. Die H. des Schuldners erstreckt sich auf sein gesamtes pfändbares Vermögen; sie kann aber unter bestimmten Voraussetzungen auch beschränkt sein, so z. B. bei der auf den Nachlaß beschränkten Erbenhaftung (→ Erbrecht). Es gibt Verbindlichkeiten, für die der Schuldner nicht zu haften braucht, so z. B. die auf → Spiel oder → Wette beruhenden sog. unvollkommenen Verbindlichkeiten (Naturalobligationen). Im allgemeinen setzt H. eine eigene Verbindlichkeit des Schuldners voraus. Ausnahmsweise ist jedoch H. für fremde Schuld möglich, u. zwar bei den dinglichen Verwertungsrechten (z. B. → Pfandrecht, → Hypothek), wenn der Eigentümer der verpfändeten Sache nicht mit dem Schuldner der Forderung identisch ist. Grundsätzlich wird nur für schuldhaftes Handeln gehaftet. Es gibt aber auch H. ohne Verschulden, insbes. in Form der → Gefährdungshaftung.

Handelsgeschäfte sind → Rechtsgeschäfte eines → Kaufmanns, die zum Betrieb seines Handelsgewerbes gehören (§ 343 HGB). Es besteht eine gesetzliche Vermutung, daß die von einem Kaufmann vorgenommenen Rechtsgeschäfte H. sind. H. sind formfrei. Sie können auch stillschweigend abgeschlossen werden (→ Schweigen im Rechtsverkehr). An die Sorgfaltspflicht des an einem H. beteiligten Kaufmanns werden erhöhte Anforderungen gestellt: Es gilt nicht wie sonst die im Verkehr erforderliche Sorgfalt, sondern die Sorgfalt eines ordentlichen Kaufmanns (§ 347 HGB). Die Vorschriften über H. sind auch bei einem einseitigen H., bei dem nur ein Teil Kaufmann ist, grundsätzlich für beide Vertragsparteien anzuwenden (§ 345 HGB). Wichtigstes H. ist der → Handelskauf.

Handelsgesellschaften sind Gesellschaften (→ Gesellschaftsrecht), die ein Handelsgewerbe i. S. der §§ 1–3 HGB betreiben u. infolgedessen Kaufleute (→ Kaufmann) sind (so u. a. die → offene Handelsgesellschaft u. die → Kommanditgesellschaft, die → Aktiengesellschaft u. die → Gesellschaft mit beschränkter Haftung). OHG u. KG müssen kraft Gesetzes ein Handelsgewerbe führen; AG u. GmbH, die schon aufgrund ihrer Rechtsform Kaufleute sind, haben zumindest im Regelfall ein Handelsgewerbe.

Handelskauf (§§ 373 ff. BGB) ist ein Kaufvertrag, den ein → Kaufmann im Rahmen seines Handelsgewerbes abschließt. Er unterscheidet sich vom bürgerlich-rechtlichen → Kauf dadurch, daß er im Interesse des Handelsverkehrs auf zügige Abwicklung der beiderseitigen Rechtsbeziehungen gerichtet ist. Wichtigste Besonderheit: Der Käufer hat beim *beiderseitigen* H. – wenn also beide

Vertragsparteien Kaufleute sind – die Ware → unverzüglich nach Ablieferung zu untersuchen. Weist sie einen Mangel auf, stimmt die gelieferte mit der vereinbarten Warenmenge nicht überein oder ist eine ganz andere Ware geliefert worden, muß er das dem Verkäufer unverzüglich anzeigen (Mängelrüge). Andernfalls gilt die Ware als genehmigt; d.h., der Käufer kann wegen der bei der Untersuchung erkennbaren Abweichungen keine Gewährleistungs- bzw. Erfüllungsansprüche geltend machen (§§ 377, 378 HGB).

Handelsrecht umfaßt die Gesamtheit der für Kaufleute (→ Kaufmann) geltenden → Rechtsnormen des → Privatrechts. Es ist insbesondere im Handelsgesetzbuch (HGB) mit mehreren Nebengesetzen u. Verordnungen geregelt. Zum H. i.w.S. zählen darüber hinaus das → Gesellschaftsrecht, das → Wertpapierrecht, das Bank- u. Börsenrecht sowie das Recht des gewerblichen Rechtsschutzes (→ Patent, → Gebrauchsmuster, → Geschmacksmuster, → Warenzeichen).
Das HGB, das aus dem Jahre 1897 stammt u. zugleich mit dem BGB am 1. 1. 1900 in Kraft getreten ist, geht als kaufmännisches Sonderrecht den Vorschriften des BGB vor. Soweit es jedoch spezieller Regelungen ermangelt, sind die BGB-Bestimmungen ergänzend anzuwenden. Daneben spielen in der Praxis Handelsbrauch u. Handelsgewohnheitsrecht, aber auch internationale Vereinbarungen eine nicht unerhebliche Rolle. – Im Handelsverkehr unter Kaufleuten gelten andere Erwartungen u. Notwendigkeiten als im allgemeinen bürgerlichen Recht. Die Haftung ist verschärft, die Sorgfaltspflichten sind erhöht, die Verjährungsfristen verkürzt, das Vertrauen in den Rechtsschein wird besonders geschützt. Doch läßt sich nicht übersehen, daß das seit 1900 vielfach geänderte HGB an Bedeutung verloren hat. Das Recht der Handlungsgehilfen ist unter dem Einfluß des → Arbeitsrechts neu gestaltet, das Recht der Handlungslehrlinge durch das Berufsbildungsgesetz (→ Berufsausbildung) abgelöst worden. Die Entwicklung des Vertragsrechts (→ Formularverträge, → Allgemeine Geschäftsbedingungen) läßt die Vorschriften des HGB nur noch hilfsweise gelten. Das Aktienrecht ist unter Aufhebung der entsprechenden Bestimmungen des HGB in einem eigenen Gesetz geregelt worden (→ Aktiengesellschaft). Der prinzipiellen Wettbewerbsfreiheit des liberal konzipierten HGB haben die gesetzlichen Wettbewerbsbeschränkungen sowie die wirtschaftslenkenden Maßnahmen auf nationaler und europäischer Ebene Zügel angelegt.

Handelsregister ist ein öffentliches Verzeichnis, das über die Rechtsverhältnisse eines → Kaufmanns Auskunft gibt. Die für die Führung des H. maßgeblichen Vorschriften ergeben sich aus dem

HGB (§§ 8 ff.), dem FGG (§ 125 ff.) und der Handelsregisterverfügung von 1937. Das H. , das aus 2 Abteilungen besteht – Abteilung A für Einzelkaufleute und Personengesellschaften (z. B. OHG), Abteilung B für Kapitalgesellschaften (z. B. AG, GmbH) –, wird vom → Registergericht geführt. Die Eintragungen sind im Bundesanzeiger und in einem weiteren Blatt – i. d. R. der örtlichen Zeitung – bekanntzumachen. Die im H. einzutragenden Tatsachen sind im HGB erschöpfend geregelt. So ist z. B. jeder Vollkaufmann verpflichtet, seine → Firma sowie Erteilung und Widerruf einer Prokura zur Eintragung ins H. anzumelden (§§ 29, 53 HGB). Die meisten Eintragungen haben nur deklaratorischen (klarstellenden) Charakter; z. B. tritt die Kaufmannseigenschaft des Vollkaufmanns nach § 1 II HGB bereits kraft Gesetzes und nicht erst mit der Registereintragung ein. Nur ausnahmsweise haben Eintragungen konstitutive (begründende) Wirkung, so z. B. bei den Soll- und Kannkaufleuten. Ist eine einzutragende Tatsache (z. B. das Erlöschen einer Prokura) nicht eingetragen oder zwar eingetragen, aber nicht bekanntgemacht worden, kann sie einem Dritten nur entgegengehalten werden, wenn dieser sie kannte (§ 15 I HGB, sog. negative Publizität). Umgekehrt muß der Dritte eine eingetragene u. ordnungsgemäß bekanntgemachte Tatsache grundsätzlich gegen sich gelten lassen (§ 15 II HGB, positive Publizität). Bei unrichtiger Bekanntmachung einer eintragungspflichtigen Tatsache kann sich ein Dritter auf die bekanntgemachte Tatsache berufen, sofern er nicht die Unrichtigkeit kannte (§ 15 III HGB).

Handlungsfähigkeit ist die Fähigkeit, rechtlich bedeutsame Handlungen vorzunehmen, insbesondere Rechte zu erwerben u. Pflichten zu begründen. Sie ist von der → Rechtsfähigkeit als der jedem Menschen und den → juristischen Personen gegebenen Fähigkeit, Träger von Rechten u. Pflichten zu sein, zu unterscheiden. Die H. beruht auf je nach Rechtsgebiet unterschiedlichen Voraussetzungen. Sie umfaßt u. a. die → Geschäftsfähigkeit, → Deliktsfähigkeit, → Ehefähigkeit, → Testierfähigkeit. Fehlt einem Menschen die H., bedarf er eines → gesetzlichen Vertreters. Juristische Personen sind durch ihre Organe handlungsfähig.

Handlungsvollmacht → Prokura.

Handwerksordnung. Die HandwO i. d. F. von 1965 regelt die Rechtsverhältnisse des Handwerks. Unter Handwerk versteht man die selbständige gewerbliche Tätigkeit auf dem Gebiet der Be- und Verarbeitung von Stoffen, die durch Einzelfertigung der Befriedigung individueller Bedürfnisse dient u. auf der persönlich-fachlichen Mitarbeit des Unternehmers beruht. Die HandwO findet auf einen handwerksmäßig geführten Betrieb aber nur dann Anwendung, wenn er zu einem in der Anlage A dieses Gesetzes aufgeführten Gewerbe gehört. Die Handwerksordnung enthält u. a. Vorschriften über die Berechtigung zum selbständigen Betrieb eines Handwerks, über die Berufsausbildung im Handwerk, über die Gesellen- u. Meisterprüfung, über die Organisation des Handwerks in Handwerksinnungen u. Handwerkskammern. Die selbständigen Handwerksmeister sind in die *Handwerksrolle* einzutragen (§ 6). Die Organisation des Handwerks zeichnet sich durch den Grundsatz der *Selbstverwaltung* aus. *Handwerksinnungen* (§§ 52ff.) sind freiwillige Zusammenschlüsse selbständiger Handwerker des gleichen oder verwandter Handwerke zur Förderung der gemeinsamen Interessen ihrer Mitglieder. Die Innung ist eine → Körperschaft des öffentlichen Rechts. *Handwerkskammern* (§§ 90ff.) dienen der Interessenvertretung des Handwerks. Sie sind gleichfalls Körperschaften des öfftl. Rechts, doch besteht im Kammerbezirk kraft Gesetzes eine Pflichtmitgliedschaft für die selbständigen Handwerker u. die Inhaber handwerksähnlicher Betriebe sowie für die Gesellen u. Lehrlinge dieser Gewerbetreibenden. Die Handwerkskammer wird von der obersten Landesbehörde errichtet, die auch die Satzung erläßt. Zu ihren Aufgaben zählen insbes. die Führung der Handwerksrolle, die Regelung der Berufsaus- und -fortbildung u. des Prüfungswesens.

Hangtäter ist ein Straftäter, der schon mehrfach straffällig geworden ist u. der infolge eines Hanges zu erheblichen Straftaten, namentlich zu solchen, durch welche die Opfer seelisch oder körperlich schwer geschädigt werden oder durch die schwerer wirtschaftlicher Schaden angerichtet wird, für die Allgemeinheit gefährlich ist. Wird ein Täter wegen einer vorsätzlichen Straftat zu zeitiger → Freiheitsstrafe von mindestens 2 Jahren verurteilt, so ist nach § 66 StGB daneben die → Unterbringung in der Sicherungsverwahrung anzuordnen, wenn er wegen früher begangener vorsätzlicher Straftaten schon zweimal zu einer Freiheitsstrafe von jeweils mindestens 1 Jahr verurteilt worden ist und wegen dieser Taten mindestens 2 Jahre Freiheitsstrafe verbüßt oder sich im Vollzug einer freiheitsentziehenden → Maßregel der Besserung u. Sicherung befunden hat. Anders als beim gefährlichen *Gewohnheitsverbrecher* nach altem Recht (bis zum 1. Strafrechtsreformgesetz von 1969) setzt die Anordnung der Sicherungsverwahrung beim Hangtäter keine Strafschärfung voraus.

Hausfriedensbruch (§ 123 StGB) ist die Verletzung des *Hausrechts* an der Wohnung, den Geschäftsräumen, dem befriedeten Besitztum (z. B. eingezäunter Garten) oder an abgeschlossenen zum öffentlichen Dienst oder Verkehr bestimmten Räumen (z. B. Straßenbahn). Zum „befriedeten Besitztum" gehören i. d. R. auch leerstehende oder zum Abbruch bestimmte Häuser; *Hausbesetzungen* erfüllen daher den Tatbestand des H. Die Tathandlung besteht im widerrechtlichen Eindringen oder im unbefugten Verweilen trotz Aufforderung des Berechtigten, sich zu entfernen (einmalige Aufforderung genügt). Das Hausrecht steht dem Eigentümer, aber auch dem sonst Berechtigten (z. B. Mieter) zu; die Ausübung des Hausrechts kann einem anderen (z. B. einem Angestellten) übertragen werden. Der H., der nur auf → Strafantrag verfolgt wird, ist mit Freiheitsstrafe bis zu 1 Jahr oder mit Geldstrafe bedroht. – *Schwerer H.* nach § 124 StGB (Freiheitsstrafe bis zu 2 Jahren oder Geldstrafe) liegt vor, wenn sich eine Menschenmenge öffentlich zusammenrottet u. in der Absicht, Gewalttätigkeiten gegen Personen oder Sachen mit vereinten Kräften zu begehen, in die dem Hausrecht unterliegenden Räumlichkeiten widerrechtlich eindringt. Bestraft wird jeder, der an der Zusammenrottung u. am Eindringen teilnimmt, mag er auch selbst keine Gewalttätigkeiten begehen u. in die Räume nicht hineingelangen.

Haushaltsrecht ist die Gesamtheit der die Haushaltswirtschaft des Bundes, der Länder, der Gemeinden u. der sonstigen → juristischen Personen des öfftl. Rechts regelnden → Rechtsnormen. Dabei handelt es sich insbes. um Art. 109–115 GG u. entsprechende Bestimmungen der Landesverfassungen sowie um Bundeshaushaltsordnung u. Landeshaushaltsordnungen. Zwar sind Bund u. Länder in ihrer Haushaltswirtschaft selbständig u. voneinander unabhängig; doch haben die Länder ihr H. seit der Großen Finanzreform von 1969 u. dem damals erlassenen Haushaltsgrundsätzegesetz den bundesrechtlichen Vorschriften angepaßt, so daß das gesamte öfftl. Haushaltswesen nunmehr weitgehend vereinheitlicht ist. Grundbegriff des H. ist der *Haushaltsplan*. Er wird durch Gesetz festgestellt (→ Budgetrecht) u. enthält alle im Haushaltsjahr zu erwartenden Einnahmen, voraussichtlich zu leistenden Ausgaben u. voraussichtlich benötigten Verpflichtungsermächtigungen. Ohne Ansatz im Haushaltsplan dürfen grundsätzlich keine Ausgaben geleistet u. keine Verpflichtungen eingegangen werden. Überplanmäßige Ausgaben (d. h. Mehrausgaben gegenüber den bewilligten Ansätzen) u. außerplanmäßige Ausgaben (d. h. Ausgaben, die im Haushaltsplan nicht vorgesehen sind) sind nur mit Einwilligung des Finanzministers zulässig; sie darf nur im Fall eines unvorhergesehenen u. unabweisbaren Bedürfnisses erteilt werden. Einige wichtige haushaltsrechtliche *Grundsätze:* Sämtliche Einnahmen u. Ausgaben, die im Haushaltsjahr fällig werden, sind in einem einzigen Haushaltsplan zu veranschlagen *(Einheit u. Vollständigkeit des Haushalts).* Der Haushaltsplan ist in Einnahmen u. Ausgaben *auszugleichen.* Er gilt jeweils nur für ein Kalenderjahr (Jährlichkeit). Über die im Haushaltsplan veranschlagten Mittel darf erst nach seiner Verabschiedung verfügt werden; ist der Haushaltsplan nicht vor Jahresbeginn festgestellt worden, gelten die Ansätze des vorausgehenden Haushaltsplans *(Vorherigkeit)*. Die bewilligten Mittel dürfen nur für den angegebenen Zweck verwendet werden, soweit nicht eine Deckungsfähigkeit der Ausgabenbewilligung zugelassen ist *(sachliche Spezialität)*. Sie dürfen nur bis zum Ende des Haushaltsjahres in Anspruch genommen werden, soweit sie nicht, wie insbesondere bei Ausgaben für Investitionen, von vornherein übertragbar oder ausnahmsweise für übertragbar erklärt worden sind *(zeitliche Spezialität)*. Der Haushaltsplan muß übersichtlich u. durchsichtig sein *(Haushaltsklarheit)* u. in der Veranschlagung der Ansätze der tatsächlichen Entwicklung nahekommen *(Haushaltswahrheit)*. Bei der Aufstellung u. Ausführung des Haushaltsplan sind die Grundsätze der *Wirtschaftlichkeit u. Sparsamkeit* zu beachten.

Hausrecht → Hausfriedensbruch.

Haustürgeschäfte sind Vertragsschlüsse an der Haus- oder Wohnungstür, aber auch auf der Straße, am Arbeitsplatz, auf sog. Kaffeefahrten u. dgl. Das dabei auftretende Überraschungsmoment u. die kurze Überlegungsfrist benachteiligen den Kunden. Nach einem Gesetzentwurf des Bundesrates vom November 1984 sollen diese Nachteile durch ein befristetes Widerrufsrecht nach dem Muster des Abzahlungsgesetzes (→ Abzahlungsgeschäft) ausgeglichen werden. Wie beim Abzahlungsgeschäft ist für Klagen aus H. der Wohnsitz des Kunden als ausschließlicher Gerichtsstand vorgesehen.

Hehlerei (§ 259 StGB) begeht, wer eine Sache, die ein anderer durch Diebstahl oder ein sonstiges Vermögensdelikt erlangt hat, ankauft oder sonst sich oder einem Dritten verschafft, sie absetzt oder absetzen hilft, um sich oder einen Dritten zu bereichern. Es muß sich um die rechtswidrige (nicht notwendigerweise schuldhafte) Vortat *eines anderen* handeln. Daher ist z. B. H. des Diebes an der von ihm gestohlenen Sache nicht denkbar. Doch können Anstifter u. Gehilfen der Vortat H. hinsichtlich der Gegenstände begehen, die ein anderer Teilnehmer an der Vortat erlangt hat. Der Täter muß wissen, daß die Sache irgendwie durch eine rechtswidrige Straftat erlangt ist; bedingter Vorsatz genügt. § 259 StGB wendet sich nach der sog. Perpetuierungstheorie gegen die Aufrechterhaltung der durch die Vortat geschaffenen rechtswidrigen Vermögenslage. Sie erfaßt deshalb nicht die sog. Ersatzhehlerei, die sich auf den Erlös aus der Verwertung einer durch die Vortat erlangten Sache bezieht; etwas anderes gilt selbstverständlich, wenn der Erlös selbst durch erneutes Vermögensdelikt erlangt wurde (somit H. an dem durch den Verkauf gestohlener

Waren betrügerisch erzielten Entgelt). Die Strafe ist Freiheitsstrafe bis zu 5 Jahren oder Geldstrafe, im Fall gewerbsmäßiger H.
(§ 260 StGB) Freiheitsstrafe von 1 Monat bis zu 10 Jahren. Der
Versuch ist stets strafbar. Die H. gegen nahestehende Personen,
grundsätzlich auch die H. an geringwertigen Sachen wird nur auf
→ Strafantrag verfolgt.
Für Altmetallhändler gilt eine Sonderregelung: Bei ihnen ist H.
an unedlen Metallen auch dann strafbar, wenn sie die Herkunft
aus einer rechtswidrigen Straftat fahrlässig nicht erkannten (§ 18
des Gesetzes über den Verkehr mit unedlen Metallen).

Heimarbeit ist gewerbliche Arbeit, die der Beschäftigte in seiner
eigenen Wohnung oder Betriebsstätte unmittelbar oder mittelbar
im Auftrag eines Gewerbetreibenden leistet, wobei er dem Auftraggeber die Verwertung der Arbeitsergebnisse überläßt. Heimarbeiter sind mangels persönlicher Abhängigkeit keine → Arbeitnehmer. Als arbeitnehmerähnliche Personen werden sie jedoch in
verschiedener Hinsicht wie Arbeitnehmer behandelt. Das gilt u. a.
für die → Lohnfortzahlung im Krankheitsfall, den → Urlaubsan-
spruch, den → Jugendarbeitsschutz u. den → Mutterschutz. Im übrigen unterliegen sie einem begrenzten Arbeitsschutz nach dem
Heimarbeitsgesetz (HAG): *Arbeitszeitschutz:* Der Auftraggeber
hat unnötige Zeitversäumnis bei der Ausgabe der Stoffe u. der
Abnahme der Produkte zu vermeiden u. die Arbeitsmenge auf
alle Heimarbeiter gleichmäßig zu verteilen. *Entgeltschutz:* Ent-
gelte u. sonstige Vertragsbedingungen werden durch → Tarifvertrag zwischen Gewerkschaften u. Auftraggebern, hilfsweise durch
paritätisch besetzte Heimarbeitsausschüsse festgesetzt. *Kündigungsschutz:* Das HAG schreibt Kündigungsfristen vor, die bei
mehr als 4wöchiger Beschäftigung zwei Wochen betragen u. bei
länger dauernder Beschäftigung ansteigen. Die staatliche Überwachung der H. durch die Arbeitsbehörden der Länder wird mittels weiterer Schutzvorschriften erleichtert. Der Auftraggeber ist
danach verpflichtet, Listen der von ihm beschäftigten Heimarbeiter zu führen, die erstmalige Ausgabe von H. anzuzeigen, Entgelt-
verzeichnisse u. sonstige Vertragsbedingungen offen auszulegen
und Entgeltbücher oder -zettel zu führen.

Heiratsvermittlung (Ehevermittlung). Der Ehemaklervertrag mit
einem Eheanbahnungsinstitut zielt auf den entgeltlichen Nachweis oder die entgeltliche Vermittlung eines Ehepartners (§ 656
BGB). Das Versprechen des heiratswilligen Auftraggebers, eine
Vergütung zu zahlen, begründet indes keinen klagbaren Anspruch, auch dann nicht, wenn er zum Zweck der Erfüllung seines Versprechens eine zusätzliche Verbindlichkeit, etwa in Form
eines → Schuldanerkenntnisses, eingegangen ist. Hat er jedoch
die Vergütung gezahlt, scheidet eine Rückforderung unter Beru-

fung auf das Nichtbestehen der Verbindlichkeit aus. Aus diesem Grund verlangen die Eheanbahnungsinstitute i. d. R. einen Vorschuß.

Heranwachsender ist nach der Terminologie des →Jugendstrafrechts der →Volljährige bis zur Vollendung des 21. Lebensjahres. Gem. § 105 JGG können auf einen straffällig gewordenen H. unter bestimmten Voraussetzungen die Vorschriften des Jugendstrafrechts angewendet werden. →Strafmündigkeit.

Hinterbliebenenrente →Sozialversicherung; →Witwenrente.

Hinterlegung (§§ 372 ff. BGB). Ein →Schuldverhältnis erlischt i. d. R. dadurch, daß der Schuldner die Leistung an den Gläubiger bewirkt. Ist der Gläubiger jedoch im →Verzug der Annahme oder befindet sich der Schuldner in unverschuldeter Ungewißheit über die Person des Gläubigers, so kann der Schuldner Geld, Wertpapiere u. sonstige Urkunden sowie Kostbarkeiten beim Amtsgericht als öffentlicher Hinterlegungsstelle hinterlegen. Nicht hinterlegungsfähige (z. B. verderbliche) Sachen kann er im Falle des Gläubigerverzugs öffentlich versteigern lassen u. sodann den Erlös hinterlegen. Der Schuldner ist berechtigt, die hinterlegte Sache zurückzunehmen. Verzichtet er hingegen auf das Rücknahmerecht oder erklärt der Gläubiger gegenüber der Hinterlegungsstelle die Annahme der hinterlegten Sache, hat die H. schuldbefreiende Wirkung, so daß das Schuldverhältnis erlischt; ansonsten kann der Schuldner den Gläubiger auf die hinterlegte Sache verweisen. Zwischen Schuldner und Hinterlegungsstelle besteht ein in der *Hinterlegungsordnung* geregeltes öfftl.-rechtl. Verwahrungsverhältnis.

Hochschulrecht ist die Gesamtheit der →Rechtsnormen, die die Rechtsverhältnisse der Hochschulen regeln. Das Hochschulwesen unterliegt der →Kulturhoheit der Länder; doch steht dem Bund nach Art. 75 Nr. 1 a GG das Recht zu, Rahmenvorschriften über die allgemeinen Grundsätze des Hochschulwesens zu erlassen (→Gesetzgebungskompetenz). Von dieser Möglichkeit hat der Bund durch das *Hochschulrahmengesetz* von 1976 Gebrauch gemacht, auf dessen Grundlage die Länder ihre Hochschulgesetze erlassen bzw. novelliert haben. Hochschulen (wissenschaftliche Hochschulen, insbes. Universitäten, Kunsthochschulen, Pädagogische Hochschulen, Fachhochschulen, Gesamthochschulen) sind →Körperschaften des öfftl. Rechts u. zugleich staatliche Einrichtungen; sie haben das Recht der Selbstverwaltung u. geben sich eine Grundordnung (§ 58 HRG). Die Hochschulen dienen entsprechend ihrer Aufgabenstellung der Pflege u. Entwicklung der Wissenschaft u. Künste durch Forschung, Lehre u. Studium, bereiten auf berufliche Tätigkeiten vor, fördern den wissenschaftlichen Nachwuchs u. wirken in der Weiterbildung mit (§ 2 HRG). Mitglieder der Hochschule sind die dort hauptberuflich tätigen Angehörigen des öfftl. Dienstes u. die eingeschriebenen Studenten (§ 36 HRG). Jeder Deutsche ist bei entsprechender Qualifikation (Abitur) zu dem von ihm gewählten Hochschulstudium berechtigt; Zulassungsbeschränkungen sind nur gerechtfertigt, wenn es zur Aufrechterhaltung der Wahrnehmung der Hochschulaufgaben unbedingt erforderlich ist (§§ 27 ff. HRG, → Ausbildungsstätte). Das hauptberuflich tätige wissenschaftliche (u. künstlerische) Personal der Hochschule besteht aus den Professoren (die vom Wissenschaftsminister auf Vorschlag der Hochschule berufen werden), den Hochschulassistenten (wissenschaftlicher Nachwuchs), den wissenschaftlichen Mitarbeitern u. wissenschaftliche Dienstleistende) sowie den Lehrkräften für besondere Aufgaben (§§ 42 ff. HRG). Für die Vertretung in den Hochschulgremien bilden die Professoren, die Studenten, die wissenschaftlichen Mitarbeiter u. die sonstigen Mitarbeiter je eine Gruppe; in Angelegenheiten, die Forschung, Lehre oder Berufung von Professoren berühren, verfügen die Professoren über die absolute Mehrheit der Stimmen (§ 38 HRG). Die Vertreter der Mitgliedergruppen werden in freier, gleicher u. geheimer Wahl gewählt (§ 39 HRG). – Die *Freiheit von Forschung u. Lehre* (Art. 5 III GG) u. die *Freiheit des Studiums* sind gewährleistet (§ 3 HRG). Die individuelle Wissenschaftsfreiheit muß aber den Erfordernissen des Lehr- und Forschungsbetriebs Rechnung tragen (§§ 12, 23 HRG). Andererseits ergibt sich aus der Wissenschaftsfreiheit eine objektiv-rechtliche Verpflichtung von Staat u. Hochschule, dafür Sorge zu tragen, daß die Hochschulmitglieder diese Grundrechte tatsächlich wahrnehmen können (§ 3 I HRG). Für die Ausgestaltung der Studiengänge u. der Abschlüsse sind Studien- u. Prüfungsordnungen maßgebend. Die Hochschulen sind verpflichtet, im Zusammenwirken mit den staatlichen Stellen Inhalte u. Formen des Studiums unter Berücksichtigung des Stands von Wissenschaft u. Kunst, der Bedürfnisse der Praxis u. der Veränderungen in der Berufswelt weiterzuentwickeln (*Studienreform*, §§ 8 ff. HRG). I. d. R. werden die Hochschulen von einem *Präsidenten* geleitet (§ 62 HRG). Als zentrale Kollegialorgane bestehen das Konzil u., für die Entscheidung in akademischen Angelegenheiten, der Senat (§ 63 HRG). Der *Fachbereich* ist die organisatorische Grundeinheit der Hochschule (§ 64 HRG). Für Aufgaben von Forschung u. Lehre können wissenschaftliche Einrichtungen u. Betriebseinheiten (Institute) gebildet werden (§ 66 HRG). Nach Art. 91a I Nr. 1 GG gehören Ausbau und Neubau von Hochschulen zu den von Bund u. Ländern wahrzunehmenden → Gemeinschaftsaufgaben.

Hochverrat. Wer es unternimmt, mit Gewalt oder durch Drohung mit Gewalt den Bestand der Bundesrepublik zu beeinträchtigen oder die auf dem Grundgesetz beruhende verfassungsmäßige Ordnung zu ändern, wird nach § 81 StGB wegen *H. gegen den Bund* mit lebenslanger Freiheitsstrafe oder mit Freiheitsstrafe nicht unter 10 Jahren (in minder schweren Fällen 1 bis 10 Jahre) bestraft. Nach § 82 StGB begeht *H. gegen ein Land,* wer es unternimmt, mit Gewalt oder durch Drohung mit Gewalt das Territorium eines Landes zu beeinträchtigen oder die auf der Landesverfassung beruhende verfassungsmäßige Ordnung zu ändern; die Freiheitsstrafe beträgt 1 bis 10 Jahre, in minder schweren Fällen 6 Monate bis zu 5 Jahren. Bei diesen Unternehmensdelikten ist der →Versuch der Vollendung gleichgestellt (§ 11 I Ziff. 6 StGB). § 83 StGB bedroht darüber hinaus bereits die bloße →Vorbereitungshandlung mit Strafe. Unter bestimmten Voraussetzungen kann das Gericht für den Fall →tätiger Reue die Strafe mildern oder von einer Bestrafung absehen (§ 83 a StGB).

Höchstpersönliche Rechte sind →subjektive Rechte, die so eng an die Person des Berechtigten gebunden sind, daß sie weder übertragen noch vererbt werden können (z. B. Mitgliedschaftsrechte in →Verein und →Gesellschaft, →Nießbrauch, grundsätzlich auch der Anspruch auf →Schmerzensgeld).

Höhere Gewalt ist ein von außen kommendes außergewöhnliches Ereignis, das auch durch äußerste Sorgfalt des Betroffenen nicht verhindert werden kann. In den meisten Fällen der Haftung ohne Verschulden (→Gefährdungshaftung) ist die Ersatzpflicht ausgeschlossen, wenn der Schaden durch h. G. verursacht wurde (z. B. →Gastwirtshaftung, →Eisenbahnbetriebshaftung). Dagegen müssen der Schuldner im →Verzug u. der Dieb grundsätzlich auch für die Folgen h. G. einstehen (§§ 287, 848 BGB).

Hoheitsrechte. In den H. äußert sich die staatliche Herrschaftsmacht *(Souveränität).* Hierzu rechnen insbes. die Funktionen der Rechtsetzung, der Verwaltung u. der Rechtsprechung (gesetzgebende, vollziehende u. rechtsprechende Gewalt). Art. 24 I GG ermächtigt den Bund, H. durch Gesetz auf zwischenstaatliche Einrichtungen (z. B. die →Europäischen Gemeinschaften) zu übertragen.

Hoheitsverwaltung (hoheitliche Verwaltung) →Verwaltung.

Homosexualität ist zwischen Frauen (lesbische Liebe) ausnahmslos, zwischen Männern grundsätzlich straflos. Strafbar macht sich aber nach § 175 StGB ein Mann über 18 Jahre, der an einem Mann unter 18 Jahren →sexuelle Handlungen vornimmt oder von diesem an sich vornehmen läßt. Die Strafe ist Freiheitsstrafe bis zu 5 Jahren oder Geldstrafe; doch kann das Gericht von einer Bestrafung absehen, wenn der Täter zur Tatzeit noch nicht 21 Jahre alt war oder wenn das Unrecht der Tat angesichts des Verhaltens des jüngeren Partners (Strichjunge) gering ist.

d'Hondtsches System ist das von dem Belgier d'Hondt entwickelte Höchstzahlverfahren zur Berechnung der Sitzverteilung auf die → Fraktionen in einem nach den Grundsätzen der Verhältniswahl (→ Wahlrecht) gewählten → Parlament. Die für die Parteien abgegebenen Stimmen werden nacheinander durch die Zahlen 1, 2, 3 usw. geteilt; die verfügbaren Mandate werden sodann in der Reihenfolge der jeweils höchsten Zahlen den konkurrierenden Parteien zugewiesen. Das d'H. S. begünstigt die größeren Parteien. Kleinere Parteien räumen dem *System Hare-Niemeyer* den Vorzug ein, weil es eine Sitzverteilung ermöglicht, die den auf die einzelnen Listen entfallenden Stimmen exakter entspricht. Nach diesem Verfahren, das künftig bei der Bundestagswahl anstelle des d'H. S. auf die Verteilung der Mandate nach Länderlisten Anwendung findet, wird die Gesamtzahl der Sitze mit der Stimmenzahl der einzelnen Partei multipliziert und durch die Gesamtzahl der Stimmen aller Parteien dividiert; daraus ergibt sich die Zahl der auf die Partei entfallenden Mandate.

Hypothek (§§ 1113 ff. BGB) ist ein beschränktes dingliches Recht an einem Grundstück (→ Grundstücksrecht). Sie belastet es in der Weise, daß an den Hypothekengläubiger eine bestimmte Geldsumme zur Befriedigung wegen einer ihm zustehenden Forderung aus dem Grundstück zu zahlen ist. Die H ist demnach ein (Grund-)Pfandrecht für eine Forderung. Der Gläubiger kann sich aus dem Grundstück nur insoweit befriedigen, als ihm die hypothekarisch gesicherte Forderung tatsächlich zusteht. Gläubiger der H. u. Gläubiger der Forderung müssen deshalb identisch sein, nicht jedoch der haftende Grundstückseigentümer u. der Schuldner der Forderung. Da die H. von der Forderung abhängig *("akzessorisch")* ist, kann sie nur mit der Forderung übertragen werden. Andererseits geht mit der → Abtretung einer Forderung ohne weiteres auch die H. über. H. u. Forderung verhalten sich wie siamesische Zwillinge zueinander: „Die Forderung kann nicht ohne die Hypothek, die Hypothek kann nicht ohne die Forderung übertragen werden" (§ 1153 II BGB). Die H. dient im allgemeinen der dinglichen Sicherung eines zur Baufinanzierung gewährten → Darlehens. Wird sie, wie üblich, vor Kreditauszahlung in das Grundbuch eingetragen, ist zwar das Grundpfandrecht wirksam bestellt, doch steht es zunächst nicht dem Gläubiger, sondern dem Grundstückseigentümer zu. Diese *Eigentümerhypothek* wird kraft Gesetzes zur *Eigentümergrundschuld* (§§ 1163,

1177 BGB, →Grundschuld). Mit der sich schrittweise vollziehenden Darlehensvalutierung wandelt sich die Eigentümergrundschuld nach u. nach in eine H. für den kreditgewährenden Gläubiger um. Nach voller Auszahlung ist die H. in ganzer Höhe entstanden u. die Eigentümergrundschuld weggefallen. Genau der umgekehrte Vorgang setzt ein, wenn der Schuldner den Kredit tilgt. In Höhe der von ihm geleisteten Tilgungsbeträge entsteht erneut eine Eigentümergrundschuld. – Wird, wie im Regelfall, über die H. ein *Hypothekenbrief* erteilt, erwirbt der Gläubiger sie nicht schon mit Einigung u. Eintragung im Grundbuch, sondern erst mit der Aushändigung des Briefes (§ 1177 BGB). Für die Übertragung dieser *Briefhypothek* an einen neuen Gläubiger (z. B. von der vorfinanzierenden Bank auf die Bausparkasse) genügen eine Abtretungsvereinbarung mit schriftlicher Abtretungserklärung u. die Übergabe des Briefes. Die Übertragung findet somit außerhalb des Grundbuchs statt. Die Briefhypothek hat daher gegenüber der *Buchhypothek* den Vorzug größerer Mobilität. – Das BGB unterscheidet im übrigen zwischen Verkehrs- u. Sicherungshypothek. Bei der den Regelfall bildenden *Verkehrshypothek* – nur über sie kann ein Hypothekenbrief ausgestellt werden – wird vermutet, daß dem Gläubiger Forderung u. H. in der im Grundbuch eingetragenen Höhe zustehen. Bei der *Sicherungshypothek* hingegen muß der Gläubiger Bestand u. Höhe der Forderung beweisen (§ 1184 BGB). Eine Unterart der Sicherungshypothek ist die *Höchstbetragshypothek* (§ 1190 BGB). Hier steht die Forderung der Höhe nach nicht fest; deshalb wird im Grundbuch nur ein Höchstbetrag eingetragen, bis zu dem das Grundstück haften soll (z. B. für Kredite im Kontokorrentverkehr). Auch die *Zwangshypothek,* die nach § 866 ZPO im Wege der →Zwangsvollstreckung in das unbewegliche Vermögen eingetragen wird, ist eine Sicherungshypothek. – Die *Verwertung der H.* geschieht durch freiwillige Befriedigung des Gläubigers seitens des Grundeigentümers (§ 1142 BGB), andernfalls durch →Zwangsversteigerung oder →Zwangsverwaltung.

I

Ideeller Schaden ist ein Schaden, der kein Vermögensschaden ist (z. B. Ehrverletzung). → Schadensersatz.

Immaterialgüterrecht. Als I. bezeichnet man einerseits das → subjektive Recht an einem unkörperlichen Gut („geistiges Eigentum"), andererseits – im objektiven Sinn – die Gesamtheit der für diese subjektiven Rechte u. ihre Ausübung maßgeblichen → Rechtsnormen. Hierzu zählen insbes. das → Urheberrecht, das → Patentrecht sowie das → Gebrauchs- und → Geschmacksmusterrecht. Gegenstand des I. im objektiven Sinn ist der Schutz der individuellen Leistung, die deren Schöpfer – sei es im kulturellen, sei es im gewerblich-technischen Bereich – vollbracht hat; ihm sollen die Früchte seiner Tätigkeit gesichert werden. Die Leistung des Urhebers oder Erfinders, die sich etwa in einem literarischen Werk oder in einem Patent verkörpert, wird als → absolutes Recht geschützt. Allerdings wird der Schutz nur auf begrenzte Zeit gewährt.

Immissionsschutz → Umweltrecht.

Immobilien (unbewegliche Sachen) → Sachen.

Immunität. Durch die I. wird die Freiheit des → Abgeordneten von Strafverfolgung u. jeder anderen Beeinträchtigung seiner persönlichen Freiheit gewährleistet. Wegen einer mit Strafe bedrohten Handlung darf ein Abgeordneter nur mit Genehmigung des → Parlaments zur Verantwortung gezogen oder verhaftet werden; eine Ausnahme gilt bei sofortiger oder alsbaldiger Festnahme (vgl. Art. 46 II, III GG). Der ursprüngliche Zweck der I., den Abgeordneten vor willkürlichen Verhaftungen u. Behinderungen durch die monarchische Exekutive zu schützen, ist entfallen; die I. ist aber auch heute noch gerechtfertigt, weil sie Funktionsfähigkeit u. Ansehen des Parlaments sichert. Es handelt sich somit weniger um ein Privileg des einzelnen Abgeordneten als um ein Vorrecht des Parlaments. Dem entspricht es, daß nur das Parlament berechtigt ist, über die I. zu verfügen. Der Abgeordnete selbst kann weder auf sie verzichten noch verlangen, daß das Parlament sie aufhebt oder nicht aufhebt. Von der I. ist die → Indemnität zu unterscheiden.

Imperatives Mandat bedeutet, daß der zum Mitglied eines Be-
schlußorgans (z. B. → Parlament) Gewählte in seinem Abstimmungsverhalten an Weisungen der Wählerschaft gebunden ist.
Das i. M. kennzeichnet die *Rätedemokratie,* in der die Selbstregie-
rung des Volkes („Identität von Regierenden und Regierten") angestrebt wird. In ihr werden Räte gewählt, die die gesetzgebende
und vollziehende Gewalt in sich vereinigen, sich nach den Auf-
trägen des Volkes richten müssen u. ebenso wie die Beamten u.
Richter jederzeit abberufen werden können. In der repräsentativen → Demokratie des GG ist das Parlament in seinen Entscheidungen rechtlich frei. Die → Abgeordneten sind an Aufträge u.
Weisungen nicht gebunden u. nur ihrem Gewissen unterworfen
(vgl. Art. 38 I 2 GG u. die entsprechenden Bestimmungen der Landesverfassungen sowie die für sonstige öfftl.-rechtl. Beschlußkör-
perschaften, z. B. Gemeinderat, Hochschulsenat, geltenden Regelungen). Deshalb kann der Verstoß gegen den sog. Fraktionszwang zwar mit dem Ausschluß aus der Partei geahndet werden;
die Niederlegung des Mandats darf indessen nicht erzwungen
werden.

Impfzwang. Nach §§ 14 ff. BSeuchenG i. d. F. von 1979 sind von
den Gesundheitsämtern auf Weisung der obersten Landesgesund-
heitsbehörden unentgeltliche Schutzimpfungen gegen übertragbare Krankheiten durchzuführen. Durch Rechtsverordnung des
Bundes kann I. angeordnet werden, wenn eine übertragbare
Krankheit in bösartiger Form auftritt oder mit ihrer epidemischen
Verbreitung zu rechnen ist. – Der frühere I. gegen Pocken besteht
seit dem 1. 7. 1983 nicht mehr (Gesetz zur Aufhebung des Gesetzes
über die Pockenschutzimpfung v. 24. 11. 1982).

Indemnität. Die I. schützt den → Abgeordneten dagegen, wegen
Äußerungen im → Parlament oder in einem seiner Ausschüsse gerichtlich oder dienstlich verfolgt oder sonstwie außerhalb des
Parlaments – auch nach Beendigung des Mandats – zur Verantwortung gezogen zu werden; eine Ausnahme gilt für verleumderi-
sche Beleidigungen (vgl. Art. 46 I. GG). Die I. bewahrt den Abgeordneten vor hoheitlichen Maßnahmen, die ihn in der Wahrnehmung seiner verfassungsmäßigen Aufgaben beeinträchtigen. Weder kann der Abgeordnete auf sie verzichten, noch kann das Parlament über sie verfügen. Von der I. ist die → Immunität zu unterscheiden.

Indirekte Steuern → Steuerrecht.

Indizienbeweis → Beweis.

in dubio pro reo (im Zweifel für den Angeklagten) ist ein unge-schriebener im → Strafprozeß zu beachtender Grundsatz. Verblei-ben dem Gericht nach seiner freien, aus dem Inbegriff der Ver-handlung geschöpften Überzeugung vom Tathergang Zweifel an der Schuld des Angeklagten, so wirken sie sich zu dessen Gun-sten aus. Der Angeklagte ist freizusprechen oder ggf. nach einer milderen Strafvorschrift, deren Anwendbarkeit keinem Zweifel ausgesetzt ist, zu bestrafen.

Informationelle Selbstbestimmung → Datenschutz.

Informationsfreiheit → Meinungsfreiheit.

Inkompatibilität ist die Unvereinbarkeit der gleichzeitigen Aus-übung öffentlicher Funktionen, die verschiedenen staatlichen Ge-walten zugeordnet sind, durch dieselbe Person. Ihr Zweck ist die Vermeidung von Machtkonzentration u. Interessen-(Funktions-) konflikten. Die I. ist vor allem Ausfluß des Grundsatzes der → Ge-waltenteilung. Da aber das Gewaltenteilungsprinzip weder im GG noch in den Landesverfassungen strikt eingehalten ist, lassen sich daraus keine eindeutigen Schlüsse auf die Reichweite der I. herleiten. Am strengsten ist die I. bei den → Richtern gewahrt: Sie dürfen nicht zugleich Aufgaben der gesetzgebenden oder der vollziehenden Gewalt erfüllen (§ 4 I DRiG, s. auch Art. 94 I 3 GG für die Bundesverfassungsrichter). Im übrigen besteht I. u. a. für den → Bundespräsidenten, der weder dem → Bundestag noch einer gesetzgebenden Körperschaft des Bundes oder eines Landes angehören darf (Art. 55 I GG); für → Bundeskanzler u. → Bundesminister, denen die Ausübung eines anderen besoldeten Amts untersagt ist (Art. 66 GG); für die Mitglieder des Bundesta-ges, die nicht Mitglieder des → Bundesrates sein dürfen (§§ 2 I Geschäftsordnung des Bundesrates); für die in ein Parlament ge-wählten Beamten, Richter, Soldaten u. Angestellten des öffentli-chen Dienstes, deren Rechte u. Pflichten aus dem Dienstverhält-nis für die Dauer der Parlamentszugehörigkeit ruhen (Abgeord-netengesetz des Bundes u. entsprechende Gesetze der Länder). Dagegen wird die Kompatibilität von Ministeramt u. Abgeordne-tenmandat trotz der damit verbundenen Schwächung der parla-mentarischen Regierungskontrolle für zulässig gehalten (Ausnah-men: Bremen u. Hamburg, wo Senatoren nicht Abgeordnete sein dürfen).

Innerer Notstand liegt vor bei Naturkatastrophen u. besonders schweren Unglücksfällen sowie bei drohender Gefahr für den Be-stand oder die → freiheitliche demokratische Grundordnung des Bundes oder eines Landes.
1. Im Fall von *Naturkatastrophen oder besonders schweren Un-*

glücksfällen kann ein Land Polizeikräfte anderer Länder, Kräfte u. Einrichtungen anderer Verwaltungen sowie des → Bundesgrenzschutzes u. der → Streitkräfte anfordern. Reicht die Gefährdung über das Gebiet eines Landes hinaus, kann die → Bundesregierung, soweit erforderlich, den Landesregierungen die Weisung erteilen, Polizeikräfte anderen Ländern zur Verfügung zu stellen, sowie Einheiten des Bundesgrenzschutzes u. der Streitkräfte zur Unterstützung der Polizeikräfte einsetzen. Diese Maßnahmen der Bundesregierung sind auf Verlangen des → Bundesrates, im übrigen unverzüglich nach Beseitigung der Gefahr aufzuheben (Art. 35 II u. III GG).

2. Zur Abwehr einer *drohenden Gefahr für den Bestand oder die freiheitliche demokratische Grundordnung* des Bundes oder eines Landes kann ein Bundesland Polizeikräfte anderer Länder sowie Kräfte u. Einrichtungen anderer Verwaltungen u. des Bundesgrenzschutzes anfordern (Art. 91 I GG). Ist das Land, in dem die Gefahr droht, nicht selbst zur Gefahrenbekämpfung bereit oder in der Lage, so kann die Bundesregierung die Polizei in diesem Land u. die Polizeikräfte anderer Länder ihren Weisungen unterstellen sowie Einheiten des Bundesgrenzschutzes einsetzen; sie hat die Maßnahmen nach Beseitigung der Gefahr, im übrigen jederzeit auf Verlangen des Bundesrates aufzuheben (Art. 91 II 1 u. 2 GG). Reichen Polizeikräfte u. Bundesgrenzschutz zur Gefahrenabwehr nicht aus, kann die Bundesregierung Streitkräfte beim Schutz ziviler Objekte u. bei der Bekämpfung organisierter u. militärisch bewaffneter Aufständischer einsetzen; der Einsatz ist einzustellen, wenn Bundestag oder Bundesrat es verlangen (Art. 87a IV GG). Sofern die Gefahr über das Gebiet eines Landes hinausgeht, kann die Bundesregierung notfalls den Landesregierungen Weisungen erteilen (Art. 91 II 3 GG).

Innere Verwaltung ist der Bereich der öffentlichen → Verwaltung, der von der Zuständigkeit des Innenministers als oberster Behörde umfaßt wird. Zu den Aufgaben der i. V. (vor allem auf Landesebene) gehören u. a.: Kommunalangelegenheiten, öfftl. Sicherheit u. Ordnung, Ausländerrecht, Bau- u. Straßenrecht, Wasserschutz, Naturschutz, Gesundheits- u. Veterinärwesen, Sozialhilfe. Einige dieser Kompetenzen (z. B. Straßenrecht, Gesundheits- u. Veterinärwesen, Sozialhilfe) sind im Bund, aber auch in verschiedenen Ländern besonderen Ressorts (Verkehrs-, Gesundheits-, Arbeitsminister) übertragen.

Institutionelle Garantie, Institutsgarantie. Die → Grundrechte als subjektive Rechte werden im GG durch verschiedene objektive Gewährleistungen von Einrichtungen ergänzt. Soweit es sich dabei um öfftl.-rechtl. Einrichtungen handelt (z. B. kommunale Selbstverwaltung nach Art. 28 II, Berufsbeamtentum nach Art. 33

V GG), spricht man von *institutionellen Garantien*. Demgegenüber bezeichnet man die Verbürgungen privatrechtlicher Einrichtungen (z. B. Ehe u. Familie gem. Art. 6, Privatschule gem. Art. 7, Eigentum u. Erbrecht gem. Art. 14 GG) als *Institutsgarantien*. Diese Gewährleistungen sichern den Bestand der Einrichtungen. Sie stehen zwar nicht ihrer Veränderung, wohl aber ihrer Aushöhlung u. Beseitigung durch den Gesetzgeber entgegen.

Insolvenzrecht. Das I. umfaßt die → Rechtsnormen, die das Verfahren der anteiligen Befriedigung der Gläubiger eines zahlungsunfähigen (insolventen) Schuldners regeln, insbes. → Konkurs- u. → Vergleichsverfahren. Im geltenden I. bleibt der Gesichtspunkt der Reorganisation insolventer Unternehmen zum Zweck der Wiederherstellung u. Steigerung ihrer Ertragskraft unberücksichtigt. Dieser Mangel soll durch eine umfassende Reform des I. behoben werden.

Intimsphäre → Persönlichkeitsrecht.

Irrtum. 1. Das → *Privatrecht* mißt dem I. in verschiedenen Zusammenhängen Bedeutung zu. Es schützt z. B., vor allem im Sachenrecht, den → gutgläubigen Erwerb vom Nichtberechtigten u. läßt im Rahmen der Verschuldenshaftung bei Vorliegen eines I. den Vorsatz entfallen (→ Verschulden). Speziell geregelt sind Voraussetzungen u. Folgen des I. beim Abschluß eines → Rechtsgeschäfts. Wer sich bei Abgabe einer → Willenserklärung in tatsächlicher Hinsicht irrt, kann die Erklärung nach §§ 119, 120 BGB anfechten (→ Anfechtung), ist allerdings dem gutgläubigen Erklärungsempfänger zum Schadensersatz verpflichtet (§ 122 BGB). Folgende Irrtumsfälle berechtigen zur Anfechtung: a) *Erklärungsirrtum*: Der Erklärende wollte eine Erklärung dieses Inhalts überhaupt nicht abgeben (z. B. er verspricht oder verschreibt sich). b) *Übermittlungsirrtum*: Die Willenserklärung wird durch die übermittelnde Person oder Institution (z. B. Post) falsch übermittelt. c) *Inhaltsirrtum*: Die Erklärung entspricht zwar in ihrer äußeren Form dem Willen des Erklärenden, doch hat er in Wirklichkeit etwas anderes gemeint. Der Inhaltsirrtum kann sich auf den Gegenstand des Rechtsgeschäfts (z. B. Vermieter sagt Leihe, meint aber Miete) oder auf die Person des Erklärungsgegners (z. B. Verwechslung von Personen bei Namensgleichheit) beziehen. Kein Inhaltsirrtum und daher unbeachtlich ist der *Motivirrtum*; wer z. B. Wertpapiere in der Erwartung einer Kurssteigerung kauft, kann den Kauf nicht deshalb anfechten, weil er die Börsentendenzen falsch eingeschätzt hat. d) *Eigenschaftsirrtum*: Der Erklärende irrt sich über wesentliche Eigenschaften der Person (z. B. Kreditwürdigkeit des Darlehensnehmers) oder der Sache (z. B. Echtheit eines Kunstwerks). Zu den wesentlichen Ei-

genschaften einer Sache zählt aber nicht ihr Wert als solcher. –
Das Anfechtungsrecht wegen Eigenschaftsirrtum ist beim → Kauf
ausgeschlossen, soweit die Regelungen der §§ 459 ff. BGB über
Gewährleistung für Sachmängel eingreifen. – Die Vorschriften
der §§ 119, 120 BGB sind bei beiderseitigem I. nicht anwendbar
(versteckter → Dissens, falsa demonstratio). Zum beiderseitigen I.
über die Geschäftsgrundlage s. dort. – Für die Irrtumsanfechtung
im → *Erbrecht* gelten besondere, weniger strenge Anforderungen.
Wer durch eine irrtümlich getroffene letztwillige Verfügung benachteiligt ist, kann diese nicht nur unter den Voraussetzungen
des § 119 BGB, sondern auch dann anfechten, wenn der Erblasser einem *Motivirrtum* erlegen ist, d. h. zu seiner Verfügung durch
die irrige Annahme oder Erwartung des Eintritts oder Nichtein-
tritts eines Umstandes bestimmt worden ist (§§ 2078 ff., s. insbesondere § 2079 BGB). Bei einem Erbvertrag ist auch der Erblasser selbst zur Anfechtung berechtigt (§§ 2281 ff. BGB).
2. Zum Irrtum im *Strafrecht* → Schuld.

ius cogens ist zwingendes Recht (Gegensatz: ius dispositivum =
nachgiebiges Recht). → Recht.

ius divinum (göttliches Recht) → Kirchenrecht.

ius gentium = → Völkerrecht.

ius humanum (menschliches Recht) → Kirchenrecht.

ius privatum = → Privatrecht (Gegensatz: ius publicum = öffentliches Recht).

J

Jagdrecht im objektiven Sinn sind die → Rechtsnormen, die das Jagdwesen regeln, insbes. das Bundesjagdgesetz u. die zur Ausfüllung dieses Rahmengesetzes (→ Gesetzgebungskompetenz) ergangenen Jagdgesetze der Bundesländer. J. im subjektiven Sinn ist die ausschließliche Befugnis, auf einem bestimmten Gebiet dem J. unterliegendes Haar- u. Federwild zu hegen, zu jagen u. sich anzueignen. Mit dem J. ist die Pflicht zur Hege verbunden (§§ 1, 2 BJagdG). Das J. wird in Eigenjagdbezirken durch den Eigentümer, in gemeinschaftlichen Jagdbezirken durch eine Jagdgenossenschaft ausgeübt (§§ 4 ff. BJagdG). Die Ausübung des J. kann verpachtet werden (§§ 11 ff. BJagdG). Wer die Jagd ausübt, benötigt einen Jagdschein (§ 15 ff. BJagdG). Bestimmte Arten des Jagens (z. B. Erlegen des Wilds aus einem PKW) sind ebenso wie das Beunruhigen des Wilds verboten (§§ 19, 19a BJagdG). Im übrigen sind Jagd- und Schonzeiten zu beachten (§ 22 BJagdG). Dem Jagdausübungsberechtigten u. den Jagdaufsehern obliegt der Jagdschutz vor Wilderei, Futternot, Wildseuchen u. a.; amtlich bestätigte Jagdaufseher, die Berufsjäger oder forstlich ausgebildet sind, haben innerhalb ihres Dienstbezirks in Angelegenheiten des Jagdschutzes die Rechte und Pflichten der Polizeibeamten und sind Hilfsbeamte der Staatsanwaltschaft (§§ 23 ff. BJagdG). Der durch Tiere angerichtete Wildschaden u. der bei der Jagdausübung verursachte Jagdschaden sind zu ersetzen (§§ 29 ff. BJagdG). Zuwiderhandlungen werden als → Straftaten oder → Ordnungswidrigkeiten verfolgt (§§ 38 ff. BJagdG).

Judikatur ist die rechtsprechende Tätigkeit der den Richtern anvertrauten → rechtsprechenden Gewalt.

Jugendarbeitsschutz → Jugendschutz.

Jugendbehörden → Jugendhilfe.

Jugendhilfe (Jugendwohlfahrt). Das Recht der J. ist in dem auf das Reichsjugendwohlfahrtsgesetz von 1922 zurückgehenden Jugendwohlfahrtgesetz geregelt. Gem. § 1 JWG hat jedes deutsche Kind ein Recht auf Erziehung zur leiblichen, seelischen und gesellschaftlichen Tüchtigkeit. Dieses Recht zu verwirklichen ist nach

Art. 6 II GG in erster Linie Aufgabe der *Eltern* (→ Elternrecht). Der Staat kann durch seine Jugendbehörden nur dann eingreifen und tätig werden, wenn u. soweit die Eltern ihre Erziehungsrechte u. -pflichten mißbrauchen, vernachlässigen oder ihnen nicht gewachsen sind (→ elterliche Sorge); hinzu kommen Fälle, in denen ein Kind seine Eltern verloren hat. Zu der → *Subsidiarität der öffentlichen Jugendhilfe* gegenüber den Eltern tritt das gleiche Prinzip im Verhältnis zu den freien Trägern der J. (z. B. Caritas, Diakonisches Werk, Arbeiterwohlfahrt); die öffentl. J. muß den freien Organisationen den Vortritt lassen. – *Jugendbehörden* sind die Jugendämter der Kreise und kreisfreien Städte u. die Landesjugendämter; oberste Landesbehörde ist i. d. R. das Sozialministerium, oberste Bundesbehörde der Bundesminister für Jugend, Familie u. Gesundheit. Die wichtigsten Aufgaben der Jugendbehörden, die weitgehend mit den freien Trägern der Jugendwohlfahrt zusammenarbeiten, auf dem Gebiet der J. sind: der Schutz der → *Pflegekinder,* die Mitwirkung bei → *Erziehungshilfe* u. → *Fürsorgeerziehung* sowie die *Erziehungsberatung* (vorrangig durch Förderung von Erziehungsberatungsstellen der freien Träger). Darüber hinaus führt das Landesjugendamt die *Heimaufsicht* über Heime u. andere Einrichtungen, in denen Minderjährige betreut werden oder Unterkunft erhalten. Dazu gehören auch heilpädagogische Einrichtungen, Heim- u. Tagesstätten für behinderte Kinder u. Jugendliche sowie Schülerheime (diese nur dann, wenn sie nicht aufgrund landesgesetzlicher Regelung der Schulaufsicht unterstehen). Die Träger der der Heimaufsicht unterliegenden Einrichtungen sind gegenüber dem Landesjugendamt meldepflichtig, insbes. hinsichtlich der Personalien der Leiter u. Erzieher, der Zahl u. Verteilung der vorhandenen Plätze. Zusätzliche Schutzvorschriften gelten für Heiminsassen unter 16 Jahren. Zu ihrer Aufnahme bedarf es grundsätzlich der vorherigen Erlaubnis des Landesjugendamtes; der Träger oder Leiter der Einrichtung muß dem Landesjugendamt jeweils unverzüglich die Aufnahme, das Ausscheiden oder den Tod eines Minderjährigen unter 16 Jahren anzeigen. Den Jugendbehörden obliegt ferner die allgemeine Förderung der Jugend *(Jugendpflege)* durch Gründung u. Unterstützung von Jugendheimen u. Sportplätzen, Jugendherbergen, Jugendbüchereien u. Jugendbühnen sowie ähnlichen Einrichtungen, die der Jugend Gelegenheit zur Selbstentfaltung geben. Dieser Bereich ist die Domäne der freien Jugendverbände, deren Aktivitäten aus den Mitteln des *Bundesjugendplanes* u. der Landesjugendpläne gefördert werden. Von großer Bedeutung, wenn auch außerhalb der eigentlichen J., ist im übrigen die Tätigkeit der Jugendämter im *Vormundschaftswesen* (→ Vormundschaft, → Pflegschaft), wo sie unter den im BGB geregelten Voraussetzungen insbes. als Amtsvormund oder Amtspfleger fungieren.

Jugendlicher ist nach der Terminologie des § 1 II JGG (so auch § 1 III JÖSchG) der → Minderjährige zwischen Vollendung des 14. u. 18. Lebensjahres. Der J. ist nur bedingt strafmündig.

Jugendpflege → Jugendhilfe.

Jugendrecht umfaßt die Gesamtheit der → Rechtsnormen, die die Rechtsstellung des jungen Menschen, insbesondere des → Jugendlichen, regeln. Das J., das sich erst in diesem Jahrhundert herausgebildet hat, trägt dem altersbedingten Entwicklungsstand des Jugendlichen und den sich daraus ergebenden besonderen Problemen Rechnung. Schwerpunkte des J. sind Jugendstrafrecht (→ Erziehungsmaßregeln, → Zuchtmittel, → Jugendstrafe), → Jugendhilfe und → Jugendschutz. Zum J. i. w. S. gehören auch die Vorschriften des BGB über die beschränkte → Geschäftsfähigkeit des Minderjährigen und über das Eltern-Kind-Verhältnis (→ elterliche Sorge).

Jugendschutz. Die Vorschriften des in verschiedenen Gesetzen geregelten J. sollen die Minderjährigen (unter 14 Jahren: Kinder, zwischen 14 u. 18 Jahren: Jugendliche) vor Einflüssen schützen, die eine gesunde Entfaltung ihrer körperlichen, seelischen u. geistigen Anlagen gefährden können. Die Gebote u. Verbote des J. wenden sich nicht an die Minderjährigen selbst, sondern an die Erwachsenen. Zu unterscheiden sind Jugendarbeitsschutz, Schutz der Jugend in der Öffentlichkeit, Schutz vor jugendgefährdenden Schriften u. strafrechtlicher Jugendschutz. 1. Der *Jugendarbeitsschutz* für die Beschäftigung Minderjähriger ist im Jugendarbeitsschutzgesetz geregelt. Für *Kinder* besteht ein Beschäftigungsverbot. Ausgenommen sind Maßnahmen zum Zweck der Arbeits- und Beschäftigungstherapie, Betriebspraktika während der Vollzeitschulpflicht u. Beschäftigungen in Erfüllung einer richterlichen Weisung. Außerdem dürfen *Kinder über 13 Jahre* für wenige Stunden täglich mit Einwilligung der Eltern zum Ernteeinsatz, zum Austragen von Zeitungen u. zu Handreichungen bei Sportveranstaltungen herangezogen werden. Die Aufsichtsbehörde kann für die Beschäftigung von Kindern im Rahmen bestimmter Veranstaltungen (z. B. Filmaufnahmen) auf Antrag u. mit schriftlicher Einwilligung der Eltern Sondergenehmigungen erteilen. Auch für *Jugendliche unter 15 Jahren* schreibt das Gesetz ein Beschäftigungsverbot vor. Sofern diese Jugendlichen aber der Vollzeitschulpflicht nicht mehr unterliegen, dürfen sie im Berufsausbildungsverhältnis, im übrigen mit leichten u. für sie geeigneten Tätigkeiten bis zu 7 Std. täglich u. 35 Std. wöchentlich beschäftigt werden. Für Dauer u. Häufigkeit der Beschäftigung von *Jugendlichen über 15 Jahren* gelten detaillierte Regelungen hinsichtlich Arbeitszeit (nicht mehr als 8 Std. täglich, 40 Std. wöchentlich; grundsätzlich nur zwischen 6 u. 20 Uhr; Sonn- u. Feiertagsruhe), Ruhepausen (mindestens 30 Min. bei einer täglichen Arbeitszeit von 4½ bis 6 Std., sonst wenigstens 60 Minuten), täglicher Freizeit (wenigstens 12 Std. bis zur Beschäftigung am folgenden Tag) u. Urlaub (bis zu 16 Jahren 30, bis zu 17 Jahren 27, bis zu 18 Jahren 25 Werktage jährlich). Jugendliche dürfen nicht mit Akkord- u. Fließbandarbeit u. nicht mit Tätigkeiten befaßt werden, die ihre körperlichen Kräfte übersteigen oder bei denen sie sittlichen Gefahren ausgesetzt sind. Wer Jugendliche beschäftigt, hat die erforderlichen Vorkehrungen zum Schutz gegen Gefahren für Leben u. Gesundheit sowie zur Vermeidung einer Beeinträchtigung der körperlichen oder seelisch-geistigen Entwicklung zu treffen. Er muß sie vor Beginn der Beschäftigung über die Unfall- u. Gesundheitsgefahren wie auch über die Arbeitsschutzeinrichtungen unterweisen. – 2. Das Gesetz zum *Schutz der Jugend in der Öffentlichkeit* enthält Vorschriften über den Aufenthalt von Kindern u. Jugendlichen an sie gefährdenden Orten. Es verbietet oder beschränkt den Aufenthalt in Gaststätten u. Spielhallen, die Abgabe von Alkohol (→ Alkoholverbot), die Anwesenheit bei öfftl. Tanzveranstaltungen, den Tabakgenuß in der Öffentlichkeit (→ Rauchverbot) u. den Kinobesuch.

3. Das Gesetz über die *Verbreitung jugendgefährdender Schriften* verbietet, Schriften (dazu zählen auch Ton- u. Bildträger, Abbildungen u. andere Darstellungen), die Kinder u. Jugendlichen sittlich gefährden können (z. B. → Pornographie), Minderjährigen zugänglich zu machen. Diese Schriften dürfen außerhalb von Geschäftsräumen, im Versandhandel, in Kiosken oder gewerblichen Leihbüchereien nicht vertrieben, verbreitet, verliehen oder vorrätig gehalten werden. Die Werbung unterliegt Beschränkungen. Jugendgefährdende Schriften werden aufgrund einer Entscheidung der *Bundesprüfstelle für jugendgefährdende Schriften* in eine Liste aufgenommen u. im Bundesanzeiger bekannt gemacht. Allein wegen ihres politischen, sozialen, religiösen oder weltanschaulichen Inhalts darf eine Schrift nicht in die Liste aufgenommen werden; das Gleiche gilt, wenn sie der Kunst oder Wissenschaft dient oder wenn sie im öfftl. Interesse liegt. Auch ohne Aufnahme in die Liste sind Schriften den Verbreitungs- u. Werbebeschränkungen unterworfen, wenn sie offensichtlich geeignet sind, Kinder u. Jugendliche schwer zu gefährden.

4. Durch den *strafrechtlichen Jugendschutz* werden bestimmte Taten, die sich gegen Kinder, Jugendliche oder Abhängige richten, mit zum Teil schweren Strafen belegt, z. B. Verletzung der Fürsorge- oder Erziehungspflicht, sexueller Mißbrauch von Kindern, Förderung sexueller Handlungen Minderjähriger, Verführung eines Mädchens unter 16 Jahren, Verbreitung pornographischer Schriften an Minderjährige, Mißhandlung von Schutzbefohlenen (§§ 170d, 176, 180, 182, 184, 223b StGB).

Jugendstrafe ist die schwerste Sanktion, die das Jugendgericht gegen einen straffällig gewordenen →Jugendlichen, unter bestimmten Voraussetzungen auch gegen einen straffällig gewordenen →Heranwachsenden aussprechen kann (§§ 17 ff. JGG). Sie ist zu verhängen, wenn wegen der in der Tat hervorgetretenen schädlichen Neigungen des Jugendlichen weder →Erziehungsmaßregeln noch →Zuchtmittel ausreichen oder wenn wegen der Schwere der Schuld Strafe erforderlich ist. J. wird als Freiheitsentzug in einer Jugendstrafanstalt verbüßt. Ihr Mindestmaß beträgt 6 Monate. Das Höchstmaß beläuft sich auf 5 Jahre; bei Verbrechen, für die das allgemeine Strafrecht eine Höchstsrafe von mehr als 10 Jahren Freiheitsstrafe androht, ist es 10 Jahre. Der Jugendrichter verhängt J. von unbestimmter Dauer, wenn eine Höchststrafe von 4 Jahren geboten ist und sich nicht voraussehen läßt, welche Zeit erforderlich ist, um den Erziehungszweck zu erreichen; der Unterschied zwischen Mindest- und Höchstmaß soll wenigstens 2 Jahre betragen. Dem Jugendlichen wird unter bestimmten Voraussetzungen die Möglichkeit der Bewährung eingeräumt. Bei der Verurteilung zu einer J. von nicht mehr als 1 Jahr wird die Strafe nach den im allgemeinen Strafrecht geltenden Grundsätzen zur Bewährung ausgesetzt (→Strafaussetzung zur Bewährung). Die Bewährungszeit beträgt mindestens 2, höchstens 3 Jahre; sie kann nachträglich auf 1 Jahr verkürzt oder auf 4 Jahre verlängert werden. Daneben hat der Richter im Jugendstrafrecht die Möglichkeit, auch die Verhängung der Strafe selbst auszusetzen, und zwar dann, wenn er nicht mit Sicherheit beurteilen kann, ob eine J. erforderlich ist; in diesem Fall stellt er nur die Schuld des Jugendlichen fest. Bei Bewährung wird der Schuldspruch nach Ablauf der Bewährungszeit (mindestens 1, höchstens 2 Jahre) getilgt; anderenfalls wird J. verhängt. Ist eine J. teilweise (zu mindestens 6 Monaten) verbüßt, kann der Vollstreckungsleiter den Strafrest bedingt zur Bewährung aussetzen, wenn die Umstände erwarten lassen, daß der Jugendliche künftig rechtschaffen leben wird; eine unbestimmte J. kann er in eine bestimmte umwandeln und den Strafrest gleichfalls zur Bewährung aussetzen (Bewährungszeit wenigstens 2, höchstens 3 Jahre mit nachträglicher Möglichkeit der Verkürzung oder Verlängerung auf 1 bzw. 4 Jahre). In all diesen Fällen muß der Jugendliche der Aufsicht und Leitung eines →Bewährungshelfers unterstellt werden (§§ 21 ff., 88 f. JGG). – Hat der zu einer J. verurteilte Jugendliche sich durch einwandfreie Führung als rechtschaffener Mensch erwiesen, *kann* der Jugendrichter frühestens 2 Jahre nach Verbüßung oder Erlaß der Strafe den *Strafmakel* für beseitigt erklären. Bei einer J. bis zu 2 Jahren *muß* er ihn als beseitigt erklären, wenn die Strafe oder ein Strafrest nach Aussetzung zur Bewährung erlassen wird (§§ 97 ff. JGG). Die Beseitigung des Strafmakels bewirkt, daß der Verurteilte sich als unbestraft bezeichnen kann.

Jugendwohlfahrt → Jugendhilfe.

Juristische Person ist ein rechtstechnischer Begriff, der rechtlich geregelte Organisationen erfaßt, denen die Rechtsordnung eigene → Rechtsfähigkeit zuerkennt (so z. B. im Privatrecht der → Verein, im öfftl. Recht die → Gemeinde). Der Umfang der Rechtsfähigkeit der j. P. ist insoweit beschränkt, als ihr die den natürlichen Personen vorbehaltenen Rechtsgebiete (insbes. das Familienrecht, aber auch etwa die Staatsangehörigkeit) verschlossen sind. Inwieweit sich j. P. auf Grundrechte berufen können, richtet sich nach dem Wesen des Grundrechts u. nach der Art der j. P. Die j. P. ist im Prozeß → parteifähig. Sie nimmt durch ihre Organe (z. B. beim Verein Vorstand u. Mitgliederversammlung) am Rechtsleben teil (→ Handlungsfähigkeit) u. haftet für die von ihren Organen oder von anderen verfassungsmäßig berufenen Vertretern begangenen schadenersatzpflichtigen Handlungen (§§ 31, 89 BGB). Aufgaben, Organisation u. Zuständigkeitenverteilung der j. P. werden durch eine → Satzung geregelt.

Zu unterscheiden sind j. P. des Privatrechts u. des öffentlichen Rechts:

1. Die *j. P. des Privatrechts*, die vor allem im Handelsrecht eine wichtige Rolle spielt, erlangt ihre Rechtsfähigkeit durch staatliche Verleihung, durch staatliche Genehmigung oder – im Regelfall – durch Eintragung in ein vom zuständigen Gericht geführtes Register. Die bekanntesten Erscheinungsformen der j. P. sind außer dem Verein die → Aktiengesellschaft u. die Gesellschaft mit beschränkter Haftung. Neben den körperschaftlich organisierten j. P. kommt auch der → Stiftung als Zweckvermögen mit eigener Rechtsfähigkeit Bedeutung zu. Soweit die spezialgesetzlichen Regelungen des AktG, des GmbHG usw. keine einschlägigen Bestimmungen enthalten, ist auf die Vorschriften des → Vereinsrechts (§§ 21 ff. BGB) zurückzugreifen.

2. Die *j. P. des öfftl. Rechts* wird grundsätzlich durch Gesetz oder auf Grund eines Gesetzes errichtet, verändert oder aufgelöst; es kann sich dabei um eine → Körperschaft, eine → Anstalt oder eine → Stiftung des öfftl. Rechts handeln. Sie übt als Träger öfftl. Verwaltung zumeist auch hoheitliche Gewalt aus. Im Rahmen staatlicher Rechtsaufsicht verfügt sie über das Recht der Selbstverwaltung u. in diesem Umfang i. d. R. auch über die Befugnis, ihre Angelegenheiten durch → Satzungen selbst zu regeln (→ Autonomie). Mit ihrer Errichtung erlangt die j. P. des öfftl. Rechts zugleich die private Rechtsfähigkeit. Sie kann also am Privatrechtsverkehr durch Rechtsgeschäfte teilnehmen u. haftet ebenso wie die j. P. des privaten Rechts für schadensersatzpflichtige Handlungen ihrer Organe u. Vertreter.

Justiz bedeutet i. w. S. → Rechtspflege. I. e. S. umfaßt der Begriff die Tätigkeit der → ordentlichen Gerichtsbarkeit sowie der für die Organisation der ordentlichen Gerichtsbarkeit zuständigen Justizverwaltung. Aufgabe der Justizverwaltung ist insbes. die Errichtung der (ordentlichen) Gerichte, die Ernennung, Beaufsichtigung (Dienstaufsicht) u. Besoldung der Richter u. des übrigen in der Rechtspflege tätigen Personals, die Regelung der Geschäftsverteilung in den Gerichten u. die Bereitstellung der erforderlichen sächlichen Mittel. Die Justizverwaltung ist im Bund dem Bundesjustizminister, in den Ländern den Landesjustizministern (Landesjustizverwaltung), im übrigen den Präsidenten bzw. Präsidien der Gerichte zugewiesen.

K

Kann-Vorschrift ist eine → Rechtsnorm, die der Verwaltungsbehörde im Gegensatz zur → Muß-Vorschrift u. in weiterem Umfang als die → Soll-Vorschrift → *Ermessen* einräumt.

Kanonisches Recht → Kirchenrecht.

Kapitalgesellschaften → Gesellschaftsrecht.

Kartellrecht. Das K. umfaßt die → Rechtsnormen, die den freien wirtschaftlichen Wettbewerb vor Beeinträchtigungen durch Kartelle, d. h. Abreden von Unternehmen über gemeinsames Marktverhalten, schützen sollen. Von besonderer Bedeutung ist das Gesetz gegen Wettbewerbsbeschränkungen (Kartellgesetz). → Wettbewerbsrecht.

Katholisches Kirchenrecht → Kirchenrecht.

Kauf (§§ 433 ff. BGB) ist ein gegenseitiger schuldrechtlicher → Vertrag, durch den sich der Verkäufer zur Übergabe und Übereignung der Sache an den Käufer, der Käufer zur Zahlung des Kaufpreises an den Verkäufer verpflichtet. Beim Verkauf eines Rechts zielt die Verpflichtung des Verkäufers dahin, dem Käufer das Recht zu verschaffen (z. B. Abtretung der verkauften Forderung) und, wenn das Recht zum Besitz einer Sache berechtigt, die Sache zu übergeben (z. B. Besitzeinräumung an einer Wohnung aufgrund verkauften Wohnungsrechts). Der K. ist grundsätzlich formfrei (wichtigste Ausnahme: → notarielle Beurkundung des Grundstückskaufvertrags, § 313 BGB). Als schuldrechtliches Verpflichtungsgeschäft ist der K. strikt vom Erfüllungsgeschäft zu trennen. Der Käufer einer Sache wird also nicht schon durch den K., sondern erst durch den Akt der Übereignung Eigentümer, wobei zu berücksichtigen ist, daß bei dem im Alltag vorherrschenden Handkauf Verpflichtungs- u. Erfüllungsgeschäft in einen Vorgang zusammenfallen.

1. *Arten des Kaufs.* Es kann sich um einen *Gattungskauf* handeln, bei dem die Sache nur nach Gattungsmerkmalen bestimmt ist (z. B. 1 kg Zucker), oder um einen *Stückkauf,* der auf einen nach individuellen Merkmalen gekennzeichneten Gegenstand gerich-

tet ist (z. B. Grundstück in Stadt S., Parkstraße 11a). Der K. ist entweder *Barkauf* – dann Zahlung des Kaufpreises Zug um Zug gegen Lieferung, so bei den Geschäften des täglichen Lebens – oder *Kreditkauf* – dann Zahlung des Kaufpreises erst nach Lieferung der Kaufsache, so beim → Abzahlungsgeschäft. Dem *bürgerlich-rechtlichen K.* steht der den besonderen Regeln des HGB unterworfene → *Handelskauf* gegenüber. *K. auf Probe* (§ 495 BGB) ist ein K., der unter der aufschiebenden Bedingung der ins Belieben des Käufers gestellten Billigung des Kaufgegenstands geschlossen wird (→ Ansichtssendung), *K. nach Probe* (§ 494 BGB) ein K., bei dem die Eigenschaften der Probe oder des Musters als zugesichert gelten. Mit der Übergabe der verkauften Sache geht die *Gefahr* des zufälligen Untergangs oder einer zufälligen Verschlechterung auf den Käufer über (§ 446 BGB). Das bedeutet, daß der Käufer den Kaufpreis auch dann zu entrichten hat, wenn die Sache hernach durch ein von keiner Vertragspartei zu verantwortendes Ereignis zerstört oder beschädigt wird. Beim Versendungskauf ist die Auslieferung der Sache an die Beförderungsperson (z. B. Spediteur) der für den Gefahrübergang maßgebliche Zeitpunkt (§ 447 BGB).

2. *Gewährleistung für Rechtsmängel* (§§ 434 ff. BGB). Der Verkäufer ist – mangels anderweitiger Vereinbarungen – verpflichtet, den verkauften Gegenstand frei von Rechten zu verschaffen, die von Dritten gegen den Käufer geltend gemacht werden können (z. B. Pfandrecht, Hypothek). Der Verkäufer einer Forderung oder eines sonstigen Rechts haftet für den rechtlichen Bestand des Rechts („Verität"), nicht aber für die Zahlungsfähigkeit des Schuldners („Bonität"). Die Gewährleistungspflicht des Verkäufers nach §§ 434 ff. BGB entfällt, wenn der Käufer den Rechtsmangel kennt oder wenn die Haftung vertraglich ausgeschlossen ist. Liegt ein haftungsbegründender Rechtsmangel vor, kann der Käufer Ansprüche nach den Vorschriften über den gegenseitigen Vertrag (§§ 320 ff. BGB) erheben: Er kann also auf einwandfreier Erfüllung beharren, die Einrede des nichterfüllten Vertrages geltend machen, Schadensersatz wegen Nichterfüllung fordern oder vom Vertrag zurücktreten.

3. *Gewährleistung für Sachmängel* (§§ 459 ff. BGB). Der Verkäufer haftet dafür, daß die Sache im Zeitpunkt des Gefahrübergangs nicht mit *Fehlern* behaftet ist, die den Wert oder die Tauglichkeit zu dem gewöhnlichen oder vertraglich vorausgesetzten Gebrauch aufheben oder mehr als nur unerheblich mindern. Das Vorhandensein eines Fehlers bemißt sich in erster Linie danach, ob die tatsächliche Beschaffenheit der Sache von der von den Vertragsparteien gemeinsam vorausgesetzten Beschaffenheit abweicht (subjektiver Fehlerbegriff); erst wenn sich solche subjektiven Voraussetzungen nicht ermitteln lassen, kommt es auf die Abweichung vom Normalzustand an (objektiver Fehlerbegriff).

Ein Fehler kann sich auf die wertbildenden Faktoren beziehen (z. B. Unechtheit eines Kunstwerkes) oder die Gebrauchstauglichkeit betreffen (z. B. schlechte Bildqualität eines Fernsehgerätes), er kann tatsächlicher Art sein (z. B. Hausschwamm) oder auf rechtlichen Beschränkungen beruhen (z. B. fehlende Baureife eines als Baugeländes verkauften Grundstücks). Verkauft der Verkäufer eine andere als die vertraglich vereinbarte Sache (sog. aliud), handelt es sich nicht um einen Fehler, sondern um Nichterfüllung; dem Käufer bleibt in diesem Fall der Anspruch auf Lieferung der Kaufsache erhalten. Der Verkäufer haftet auch dafür, daß die Sache z. Z. des Gefahrübergangs die *zugesicherten Eigenschaften* hat. Zugesichert ist eine Eigenschaft, wenn der Verkäufer dem Käufer durch eine zum Vertragsbestandteil gemachte Erklärung zu erkennen gibt, daß er für den Bestand der Eigenschaft einstehen will (z. B. er „garantiert" die Nichtbebaubarkeit des Nachbargrundstücks). Eine Zusicherung liegt nicht schon in einer Warenbezeichnung, etwa unter Hinweis auf DIN-Normen. Angaben in der Werbung sind nur ausnahmsweise als vertragliche Zusicherungen anzusehen. U. U. kann aber die Zusicherung auch stillschweigend geäußert werden; so liegt z. B. im Verkauf eines „Ozeandampfers" die Zusicherung seiner Hochseetauglichkeit. Ist die Sache mit einem Fehler behaftet, hat der Käufer die Wahl zwischen Wandelung und Minderung; beim Gattungskauf kann er statt dessen auch Lieferung einer anderen (einwandfreien) Sache verlangen. *Wandelung* bedeutet, daß der Käufer den K. nach den entsprechend anzuwendenden Vorschriften über den → Rücktritt vom Vertrag rückgängig macht. *Minderung* heißt, daß der Kaufpreis in Höhe der durch den Mangel bedingten Werteinbuße herabgesetzt wird. Fehlt der Sache schon zum Zeitpunkt des Vertragsabschlusses eine zugesicherte Eigenschaft, kann der Käufer an Stelle von Wandelung oder Minderung *Schadensersatz wegen Nichterfüllung* fordern, ohne daß es auf ein Verschulden des Verkäufers ankäme. Ein Schadensersatzanspruch steht dem Käufer auch dann zu, wenn der Verkäufer einen Mangel arglistig verschwiegen hat. Der Käufer ist in diesem Fall so zu stellen, als ob der Vertrag ordnungsgemäß erfüllt worden wäre. Demnach hat er die Wahl: Entweder behält er die Sache u. beansprucht Ersatz der Differenz zwischen mangelfreier u. mangelhafter Beschaffenheit, oder er gibt die Sache zurück u. läßt sich den durch Nichterfüllung des ganzen Vertrages entstandenen Schaden ersetzen (Kaufpreis plus Vertragskosten, ggf. Kosten eines Sachverständigengutachtens u. ä.). – Die Gewährleistungsansprüche nach §§ 459 ff. BGB sind ausgeschlossen, wenn der Käufer den Mangel bei Vertragsabschluß kennt. Bei grob fahrlässiger Unkenntnis haftet der Verkäufer nur dann, wenn er den Fehler arglistig verschwiegen oder seine Abwesenheit zugesichert hat. Im übrigen können Gewährleistungsansprüche aufgrund vertraglicher Abrede entfallen (so z. B. Haftungsausschluß beim Verkauf eines gebrauchten Kfz. durch die Klausel „gekauft wie besichtigt u. unter Ausschluß jeder Gewährleistung"); doch ist der vertragliche Haftungsausschluß nichtig, wenn der Verkäufer den Mangel arglistig verschweigt. – Die Gewährleistungsrechte → verjähren beim K. beweglicher Sachen in 6 Monaten seit Ablieferung, beim K. von Grundstücken in 1 Jahr von der Übergabe an. Vertragliche Verlängerung der Verjährungsfrist ist zulässig; insoweit besteht eine Ausnahme vom Erschwerungsverbot des § 225 BGB. Die §§ 459 ff. BGB sind Sonderbestimmungen, die in ihrem Bereich, soweit es also um Sachmängel geht, die allgemeinen Vorschriften verdrängen. Daher kommen die Regeln über → Verschulden bei Vertragsschluß, Wegfall der → Geschäftsgrundlage u. Anfechtung wegen → Irrtums über eine verkehrswesentliche Eigenschaft nicht zur Anwendung. Die Vorschriften hinsichtlich der Rechtsfolgen der → Unmöglichkeit der Leistung u. des → Verzugs sind ab Gefahrübergang ohnehin nicht anwendbar, da die Lieferung einer mangelhaften Sache Erfüllung – wenn auch Schlechterfüllung – des Vertrages ist. Dagegen bleiben die Haftungsregeln der → positiven Vertragsverletzung – soweit sie weiterreichende Schäden verursacht hat –, der → unerlaubten Handlung u. die Vorschriften über Anfechtung wegen → arglistiger Täuschung oder → Drohung von den Bestimmungen über die Sachmängelhaftung unberührt. Beispiel: Der Verkäufer verdorbener Lebensmittel muß aufgrund seiner Gewährleistungspflicht dem Käufer den Kaufpreis zurückzahlen, darüber hinaus bei schuldhafter Handlungsweise unter dem Gesichtspunkt positiver Vertragsverletzung auch für die ärztliche Behandlung wegen der Lebensmittelvergiftung aufkommen.

Kaufmann i. S. des → Handelsrechts ist, wer ein *Handelsgewerbe* betreibt (§ 1 I HGB). Für ihn gelten die Sondervorschriften des HGB. Er muß eine → Firma führen, ist buchhaltungspflichtig, kann → Prokura erteilen, unterliegt bei → Handelsgeschäften erhöhten Sorgfaltspflichten u. verschärfter Haftung. Als *Gewerbe* bezeichnet man jede auf Dauer angelegte, gesetzlich erlaubte, selbständige, gewinnorientierte Tätigkeit mit Ausnahme der Urproduktion (z. B. Land- u. Forstwirtschaft) u. der freien Berufe (z. B. Arzt, Rechtsanwalt). Das Gewerbe ist *Handels*gewerbe, wenn es entweder ein Grundhandelsgewerbe gem. § 1 II HGB darstellt oder nach Art u. Umfang einen in kaufmännischer Weise eingerichteten Geschäftsbetrieb erfordert u. außerdem ins → Handelsregister eingetragen ist (§§ 2, 3 HGB). Ein typisches Grundhandelsgewerbe liegt vor bei der Anschaffung u. Weiterveräußerung von Waren oder Wertpapieren, gleichgültig ob die Waren unverändert oder in bearbeitetem bzw. verarbeitetem Zustand weiterveräußert werden. Darüber hinaus gelten als Grundhandelsgewerbe: die Bearbeitung oder Verarbeitung von Waren für andere in einem nicht bloß handwerksmäßig betriebenen Unternehmen, die Übernahme von Versicherungen gegen Prämie, Bank- u. Geldwechselgeschäfte, die Personen- oder Güterbeförderung zur See, auf Binnengewässern oder zu Lande, ferner die Geschäfte der Kommissionäre, Spediteure u. Lagerhalter sowie der Handelsvertreter u. Handelsmakler, die Verlags-, Buch- u. Kunsthandelsgeschäfte u. schließlich die Geschäfte der Druckereien, sofern diese nicht handwerksmäßig organisiert sind. Wer eines dieser Grundhandelsgewerbe betreibt, ist – ohne Rücksicht auf den Umfang des Unternehmens u. das Vorliegen einer Eintragung im Handelsregister – in jedem Fall K. *(Mußkaufmann)*. Erfordert das Grundhandelsgewerbe einen kaufmännisch eingerichteten Geschäftsbetrieb, bezeichnet man den Mußkaufmann als *Vollkaufmann,* sonst als *Minderkaufmann* (so z. B. Warenhandwerker, Kleingewerbetreibende). Die Sondervorschriften des HGB (z. B. über erhöhte Sorgfaltspflichten) gelten zwar grundsätzlich gleichermaßen für Voll- u. Minderkaufleute; doch kann der Minderkaufmann keine Firma führen, keine Prokura erteilen, keine → offene Handelsgesellschaft (OHG) oder → Kommanditgesellschaft (KG) begründen; er ist nicht buchführungspflichtig (§ 4 HGB). Wer ein gewerbliches oder handwerkliches Unternehmen betreibt, das kein Grundhandelsgewerbe i. S. des § 1 II HGB ist, jedoch einen kaufmännisch eingerichteten Geschäftsbetrieb erfordert (z. B. Sanatorium, Werbeagentur), ist dann K., wenn er ins Handelsregister eingetragen ist; er ist verpflichtet, die Eintragung zu veranlassen (§ 2 HGB, *Sollkaufmann*). Der Inhaber eines land- oder forstwirtschaftlichen Betriebs ist weder nach § 1 II HGB Mußkaufmann (kein Grundhandelsgewerbe) noch gem. § 2 HGB Sollkaufmann (kein gewerbliches oder handwerkliches Unternehmen). Er kann sich aber ins Handelsregister eintragen lassen, sofern sein Unternehmen oder ein damit verbundener Nebenbetrieb (z. B. Molkerei, Brauerei, Brennerei) wie beim Sollkaufmann in kaufmännischer Weise eingerichtet ist (*§ 3 HGB, Kannkaufmann*). Eine → Handelsgesellschaft erlangt die Kaufmannseigenschaft automatisch aufgrund ihrer Rechtsform (§ 6 HGB, *Formkaufmann*); hierunter fallen insbesondere die OHG, die KG, die → Aktiengesellschaft, die → Gesellschaft mit beschränkter Haftung u. die eingetragene → Genossenschaft. Im übrigen gilt jeder, der ein Gewerbe, gleich welches, betreibt u. ins Handelsregister eingetragen ist, allein wegen dieser Eintragung als K. (§ 5 HGB, K. kraft Eintragung). Darüber hinaus muß sich nach der Rspr. derjenige, der im Rechtsverkehr als K. auftritt, wegen des von ihm erzeugten → Rechtsscheins von gutgläubigen Dritten als K. behandeln lassen.

Kausales Rechtsgeschäft → Rechtsgeschäft.

Kausalität (Kausalzusammenhang). 1. *K. im Strafrecht*. Während zur Erfüllung eines strafrechtlichen Tatbestands bei reinen *Tätigkeitsdelikten* die Vornahme der Handlung genügt (z. B. Meineid), ist bei den *Erfolgsdelikten* über die Tathandlung hinaus der Eintritt eines bestimmten „Erfolges" notwendig (so z. B. bei der Tötung oder beim Betrug). In diesen Fällen muß zwischen der Handlung u. dem Erfolg ein Ursachenzusammenhang (Kausalität) bestehen. Nach dem im Strafrecht geltenden logischen Kausalbegriff ist Ursache jede Bedingung, die nicht hinweggedacht werden kann, ohne daß der Erfolg entfiele *(conditio sine qua non)*. Deshalb ist jede, selbst die entfernteste Bedingung als ursächlich anzusehen. Alle Bedingungen sind somit gleichwertig. Von daher rührt die Bezeichnung *Bedingungs- oder Äquivalenztheorie*. Für die strafrechtliche Verantwortlichkeit reicht jedoch die Kausalität der Handlung nicht aus. Erforderlich ist außerdem, daß der Täter sich schuldhaft, d. h. vorsätzlich oder – bei Fahrlässigkeitsdelikten – fahrlässig, verhalten hat (→ Schuld). Auf diese Weise wird der Kreis derer, die wegen einer Straftat zur Rechenschaft gezogen werden können, erheblich eingegrenzt.
2. *Im Privatrecht* hängt die Pflicht zum *Schadensersatz* davon ab, ob die schädigende Handlung für den Schaden ursächlich ist. Da eine Haftung vielfach auch ohne → Verschulden möglich ist (Gefährdungshaftung), würde die Anwendung der Äquivalenztheorie zu einer unerträglichen Ausweitung der Schadensersatzpflicht führen. Deshalb werden nach der im Privatrecht herrschenden *Adäquanztheorie* nur solche Ursachen berücksichtigt, die in einer „adäquaten" (angemessenen) Beziehung zum eingetretenen Schaden stehen. Es scheiden daher sämtliche Bedingungen aus dem Kausalzusammenhang aus, bei denen die Möglichkeit des Schadenseintritts außerhalb aller Wahrscheinlichkeit liegt. I. e. → Schadensersatz.

Kettenarbeitsvertrag ist die Aneinanderreihung mehrerer befristeter → Arbeitsverträge zwischen denselben Arbeitsvertragsparteien. Beruht die Befristung nicht auf einem sachlichen Grund, ist sie unwirksam, sofern dadurch, wie zumeist, der → Kündigungsschutz objektiv vereitelt wird. Das Arbeitsverhältnis gilt in diesen Fällen gem. § 140 BGB als auf unbestimmte Zeit geschlossen.

Kinder sind nach dem BGB Abkömmlinge 1. Grades (→ Verwandtschaft). Die Terminologie des Jugendstrafrechts bezeichnet als K. den → Minderjährigen bis zur Vollendung des 14. Lebensjahres. Das K. ist strafunmündig (→ Strafmündigkeit).

Kinderarbeit → Jugendschutz.

Kindererziehung, religiöse → religiöse Kindererziehung.

Kindergeld. Aufgrund des Bundeskindergeldgesetzes (BKGG) gewährt der Staat Personen mit Kindern (steuerfreies) K. Als Kinder werden berücksichtigt: eheliche, für ehelich erklärte, adoptierte u. nichteheliche Kinder, ferner in den Haushalt des Berechtigten aufgenommene Stiefkinder u. Pflegekinder sowie in den Haushalt des Berechtigten aufgenommene oder von diesem überwiegend unterhaltene Enkel u. Geschwister. Über das 16. Lebensjahr hinaus wird K. bis zum 27. Lj. nur unter bestimmten Voraussetzungen geleistet. Das gilt z. B. bei Schul- oder Berufsausbildung (jedoch nicht, wenn ein Auszubildender aus dem Ausbildungsverhältnis Bruttoeinkünfte von 750 DM u. mehr erzielt); durch Ableistung des Grundwehrdienstes oder Zivildienstes verschiebt sich die Altersgrenze von 27 Jahren um die entsprechende Zeit. Das K. beträgt 50 DM für das 1., 100 DM für das 2., 220 DM für das 3., 240 für das 4. u. jedes weitere Kind. Das K. für das 2. u. jedes weitere Kind wird stufenweise auf einen Sockelbetrag von 70 DM bzw. 140 DM gemindert, wenn das Jahreseinkommen des Berechtigten u. seines Ehegatten bestimmte Freibeträge übersteigt (§§ 10, 11 BKGG). K. wird auf schriftlichen Antrag vom Arbeitsamt (bei den Angehörigen des öfftl. Dienstes vom Dienstherrn) bewilligt. Gegen einen ablehnenden Bescheid kann der Antragsteller nach erfolglosem Widerspruchsverfahren Klage vor dem → Sozialgericht erheben.

Kindschaftsrecht → elterliche Sorge.

Kirchenaustritt. Nach innerkirchlichem Recht gibt es keinen Austritt aus der Kirche, ist doch der Christ durch die Taufe unwiderruflich Glied der Kirche geworden (str.). Anders ist die Rechtslage nach staatlichem Recht. Da das Grundrecht der → Religionsfreiheit (Art. 4 GG) auch das Recht umfaßt, keinen Glauben zu haben u. eine Kirche oder Religionsgemeinschaft zu verlassen, muß der Staat die Möglichkeit des K. eröffnen. Dies gilt um so mehr, als an die Kirchenmitgliedschaft zwangsläufig die vom Staat mittels staatlichen Rechts durchzusetzende Kirchensteuerpflicht geknüpft ist (→ Steuerrecht). Deshalb räumen die entsprechenden landesgesetzlichen Vorschriften, meist im Rahmen der Kirchensteuergesetze, das Recht zum K. ein. Kinder sind ab 14 Jahre zum selbständigen K. berechtigt; vom 12. Lj. an bedarf der vom Personensorgeberechtigten erklärte Austritt der Zustimmung des Kindes (→ religiöse Kindererziehung). Der K., der gegenüber der zuständigen staatlichen Behörde (je nach landesrechtlicher Regelung Standesamt oder Amtsgericht) erklärt werden muß, ist in seiner Wirkung allerdings auf den staatlichen Rechtsbereich beschränkt. Der zur religiösen Neutralität verpflichteten staatlichen Behörde ist es also verwehrt, eine Austrittserklärung, die mit innerkirchlich bedeutsamen Zusätzen versehen ist, entgegenzunehmen. Daher sind Hinzufügungen, in denen zum Ausdruck gebracht wird, daß sich der Austritt nur auf die Zugehörigkeit zur Kirche in ihrer Eigenschaft als kirchensteuerberechtigter öfftl.-rechtl. Körperschaft, nicht hingegen auf die Zugehörigkeit zur Kirche als Glaubensgemeinschaft beziehe, unzulässig. → auch Staatskirchenrecht.

Kirchenrecht ist die Gesamtheit der → Rechtsnormen, die das Leben innerhalb der Kirche ordnen (inneres Kirchenrecht) u. das Verhältnis zwischen Staat u. Kirche regeln (äußeres K. oder → Staatskirchenrecht).

1. Das *katholische K.* geht vom Vorrang des göttlichen Rechts (ius divinum) aus. Dabei unterscheidet es zwischen dem vor allem in der Schrift heilsgeschichtlich offenbarten positiven göttlichen Recht (ius divinum positivum) u. dem auf der natürlichen Offenbarung Gottes in der Schöpfungsordnung beruhenden Naturrecht (ius naturale). Das ius divinum ist universal u. zeitlos gültig; es kann weder außer Kraft gesetzt noch geändert werden. Hierher gehören etwa die Zehn Gebote, die Sakramentenordnung (so z. B. die Unauflöslichkeit der Ehe) u. der päpstliche Primat. Dem ius divinum steht das menschliche Recht (ius humanum) gegenüber, das sich wiederum in staatliches Recht (ius civile) u. kirchliches Recht (ius humanum ecclesiasticum) aufteilen läßt u. seinem Wesen nach veränderbar ist. Die Gesetzgebungsbefugnisse für das ius humanum ecclesiasticum, das nur die Getauften bindet, steht in der Gesamtkirche dem Papst, in der Diözese dem Ortsbischof zu. Das katholische K. ist im Neuen Kirchlichen Gesetzbuch (Novus Codex Iuris Canonici) von 1983 zusammengefaßt, das den Codex Iuris Canonici von 1917 abgelöst hat. Die Reform des kanonischen Rechts wurde durch das II. Vatikanische Konzil von 1962–1965 ausgelöst.

2. Das *evangelische K.* ist in seinem Geltungsgrad umstritten. Jedenfalls gründet es nicht mit der das katholische K. kennzeichnenden Eindeutigkeit im ius divinum. Im Anschluß an Luthers Lehre von den „Zwei Reichen" – dem geistlichen Reich zur Rechten Gottes, das von Christi Liebe gelenkt, u. dem weltlichen Reich zur Linken, das von Macht u. Gewalt beherrscht ist – hat sich eine dualistische Rechtsauffassung herausgebildet. Das ius divinum ist nicht verfügbar; es wird nur dem glaubenden, sich der Gnade u. Rechtfertigung Gottes anheimgebenden Menschen geschenkt. Demgegenüber ist die rechtliche Ordnung der sichtbaren Kirche menschlichen Ursprungs; als ius humanum ist sie geschichtlich bedingt u. für das Heil nicht ausschlaggebend. Wegen seines irdischen Charakters hat man das K. lange Zeit für unvereinbar mit dem geistlichen Wesen der Kirche gehalten. Doch sind, gerade in neuerer Zeit, Bemühungen im Vordringen, die die dualistische Konzeption des K. zu überwinden trachten. Rechts-

quellen des (deutschen) evangelischen K. sind neben der Grundordnung der Evangelischen Kirche in Deutschland (EKD), die die lutherischen, reformierten und unierten Kirchen in der Bundesrepublik zusammenschließt, insbesondere die von den Synoden der Gliedkirchen erlassenen Ordnungen.

Kirchensteuern → Steuerrecht; → Kirchenaustritt.

Kirchenverträge → Staatskirchenrecht.

Klage. Die K. ist eine Prozeßhandlung, durch die ein gerichtliches Verfahren eingeleitet wird. Mit der K. begehrt der Kläger bei Gericht Rechtsschutz gegen den Beklagten. Es gibt mehrere *Klagearten.* Im → Zivilprozeß u. im *arbeitsgerichtlichen Verfahren* (→ Arbeitsgerichtsbarkeit) unterscheidet man die Leistungs-, Feststellungs- u. Gestaltungsklage. Die *Leistungsklage* zielt auf Verurteilung des Beklagten zu einem Tun, Dulden oder Unterlassen. Die (positive oder negative) *Feststellungsklage* ist auf Feststellung des Bestehens oder Nichtbestehens eines → Rechtsverhältnisses oder der Echtheit oder Unechtheit einer → Urkunde gerichtet; für ihre Zulässigkeit ist ein besonderes Feststellungsinteresse erforderlich, das i. d. R. zu verneinen ist, wenn der Kläger sein Ziel auch durch Leistungs- oder Gestaltungsklage erreichen könnte. Mit der *Gestaltungsklage* bezweckt der Kläger, daß ein Rechtsverhältnis begründet, verändert oder aufgehoben wird (z. B. Klage auf Eheaufhebung oder auf Anfechtung der Ehelichkeit eines Kindes). Im → *verwaltungsgerichtlichen Verfahren* (entsprechend im finanz- u. sozialgerichtlichen Verfahren) kommen Anfechtungs-, Verpflichtungs-, Feststellungs- oder allgemeine Leistungsklage in Betracht. Die K. wird im Zivilprozeß durch Zustellung der Klageschrift von Amts wegen (§ 253 ZPO), im verwaltungsgerichtlichen Verfahren durch Einreichen der Klageschrift bei Gericht oder zur Niederschrift des Urkundsbeamten der Geschäftsstelle (§ 81 VwGO) erhoben. Durch die Klageerhebung wird die Streitsache → *rechtshängig* (§ 262 ZPO, § 90 VwGO). Die K. (Klageschrift) muß den Kläger, den Beklagten u. das Gericht sowie den Streitgegenstand bezeichnen. Sie kann auch nach Eintritt der Rechtshängigkeit geändert werden *(Klageänderung),* wenn der Beklagte bzw. die anderen Beteiligten einwilligen oder das Gericht die Klageänderung für sachdienlich hält (§ 363 ZPO, § 91 VwGO). Die K. kann bis zur Rechtskraft des Urteils zurückgenommen werden *(Klagerücknahme),* nach Beginn der mündlichen Verhandlung aber nur mit Einwilligung des Beklagten u. ggf. des Vertreters des öfftl. Interesses (§ 269 ZPO, § 82 VwGO). Mehrere K. können unter bestimmten Voraussetzungen miteinander verbunden werden, entweder dadurch, daß mehrere Ansprüche zusammen geltend gemacht werden *(objektive Klagenhäu-*

fung, § ZPO, § 44 VwGO), oder dadurch, daß mehrere Personen gemeinsam klagen oder verklagt werden *(subjektive Klagenhäufung* oder Streitgenossenschaft). Im → *Strafprozeß* setzt die Eröffnung des Hauptverfahrens die Erhebung der öfftl. Klage *(Anklage)* durch die Staatsanwaltschaft voraus (§§ 151, 207 StPO); nur ausnahmsweise wird das Hauptverfahren auf Grund einer → *Privatklage* eröffnet (§§ 374, 383 StPO). Über eine K. wird i. d. R. durch → *Urteil* entschieden.

Klassenjustiz ist in marxistischer Terminologie eine → Justiz, die der herrschenden Klasse als Mittel zur Unterdrückung u. Ausbeutung der Werktätigen u. der fortschrittlichen Intelligenz dient.

Koalitionsfreiheit. Art. 9 III GG gewährleistet Arbeitnehmern u. Arbeitgebern das Recht, zur Durchsetzung ihrer Interessen bei der Gestaltung u. Förderung der Arbeits- u. Wirtschaftsbedingungen Vereinigungen (Koalitionen) zu bilden. Das Grundrecht der K. steht „jedermann", also auch den Ausländern, zu. Man unterscheidet individuelle u. kollektive K. *Individuelle K.* bedeutet das Recht des einzelnen Arbeitnehmers oder Arbeitgebers, Koalitionen (Gewerkschaften, Arbeitgeberverbände) zu gründen, bestehenden Koalitionen beizutreten u. in ihnen zu verbleiben; dieser positiven K. steht die *negative K.* gegenüber, die spiegelbildlich das Recht des einzelnen umfaßt, sich nicht zu Koalitionen zusammenzuschließen, bestehenden Koalitionen fernzubleiben sowie aus ihnen auszutreten. Die *kollektive K.* gewährleistet den freien Bestand u. die freie Betätigung der Verbände. Darunter fallen die → Tarifautonomie, die Mitwirkung der Gewerkschaften an den Aufgaben der → Betriebsverfassung sowie der → Arbeitskampf.

Körperschaft ist eine mitgliedschaftlich verfaßte u. unabhängig vom Wechsel ihrer Mitglieder bestehende Organisation. Es gibt K. des Privatrechts (z. B. Verein, AG, GmbH) u. solche des öfftl. Rechts (Staat, Gemeinde, Hochschule u. a.). Eine K. ist i. d. R. rechtsfähig (→ Rechtsfähigkeit) u. damit → juristische Person. Doch kennt vor allem das öfftl. Recht auch teil- und nichtrechtsfähige K. (teilrechtsfähig ist z. B. der Fachbereich einer Hochschule, nichtrechtsfähig sind öfftl.-rechtl. Verbandseinheiten wie die Berliner u. Hamburger Bezirke). Die K. entsteht im Privatrecht i. d. R. durch Rechtsgeschäft (Satzung) mit sich anschließender Eintragung im gerichtlichen Register (z. B. Vereinsregister), im öfftl. Recht grundsätzlich durch Gesetz oder auf Grund eines Gesetzes.
Die *K. des öfftl. Rechts* dienen öfftl. Zwecken. Ihnen stehen im allgemeinen hoheitliche Befugnisse zu; sie können sich darüber hinaus, sofern sie rechtsfähig sind, durch fiskalische Geschäfte

aller Art am Privatrechtsverkehr beteiligen. Die als unterstaatliche Verwaltungsträger eingerichteten K. des öfftl. Rechts (z. B. Gemeinden, Hochschulen) erfüllen ihre Angelegenheiten im Wege der Selbstverwaltung, unterliegen dabei aber der staatlichen Rechtsaufsicht. Nach der Art der Mitgliedschaft lassen sich die öfftl.-rechtl. K. unterscheiden in: *Gebietskörperschaften,* bei denen sich die Mitgliedschaft kraft Gesetzes aus dem Wohnsitz eines Menschen oder dem Sitz einer jur. Person ergibt (z. B. Gemeinden, Gemeindeverbände); *Personalkörperschaften,* die die Mitgliedschaft durch Zugehörigkeit zu einer bestimmten Gruppe, insbes. Beruf, begründen (z. B. Rechtsanwalts- u. Ärztekammern, aber auch Hochschulen); *Realkörperschaften,* bei denen die Mitgliedschaft auf dem Eigentum an einer Liegenschaft oder auf dem wirtschaftlichen Besitz eines Betriebes beruht (z. B. Jagdgenossenschaften, Industrie- u. Handelskammern); *Verbandskörperschaften,* deren Mitglieder ausschließlich jur. Personen des öfftl. Rechts sind u. deren Zuständigkeiten im Innenverhältnis sich unmittelbar nur auf die jur. Personen, nicht auf die diesen angehörenden Mitglieder erstrecken (z. B. kommunale Zweckverbände). Standes- u. Berufsverbände, die als öfftl.-rechtliche Körperschaften mit Zwangsmitgliedschaft organisiert sind (z. B. Studentenschaften, Handwerkskammern), dürfen sich nicht allgemein-politisch betätigen, weil sie sonst in unzulässiger Weise in den individuellen Freiheitsraum ihrer Mitglieder eingreifen (Verbot des allgemein-politischen Mandats). Auch die *Kirchen* sind K. des öfftl. Rechts (Art. 140 GG i. V. m. Art. 137 V WRV). Aufgrund des Selbstbestimmungsrechts hinsichtlich ihrer rein innerkirchlichen Angelegenheiten üben sie aber nur öffentliche, nicht staatliche Gewalt aus. Insoweit unterliegen ihre Maßnahmen nicht der staatlichen, sondern ausschließlich der kirchlichen Beurteilung und Bewertung. → Staatskirchenrecht.

Körperschaftsteuer → Steuerrecht.

Körperverletzung. 1. Im *Privatrecht* erfüllt eine K. den Tatbestand einer → unerlaubten Handlung.
2. Im *Strafrecht* ist K. eine *körperliche Mißhandlung,* d. h. eine Behandlung, die das körperliche Wohlbefinden oder die körperliche Unversehrtheit nicht ganz unerheblich beeinträchtigt, oder eine *Gesundheitsbeschädigung,* d. h. die Herbeiführung oder Steigerung einer Krankheit. Die → Rechtswidrigkeit einer K. kann wegen eines Rechtfertigungsgrundes ausgeschlossen sein. Nach der Rspr. stellt auch der kunstgerechte ärztliche Eingriff tatbestandlich eine K. dar, die allerdings durch → Einwilligung gerechtfertigt ist.
a) Die *einfache* vorsätzliche K. (§ 223 StGB) wird mit Freiheitsstrafe bis zu 3 Jahren oder mit Geldstrafe bestraft. b) Die *gefährli-*

che K., nach § 223a StGB mit Freiheitsstrafe bis zu 5 Jahren oder mit Geldstrafe bedroht, ist durch die besondere Begehungsart gekennzeichnet: mittels einer Waffe oder eines anderen gefährlichen Werkzeugs (z. B. Salzsäure), mittels hinterlistigen Überfalls, von mehreren gemeinschaftlich oder mittels einer das Leben gefährdenden Behandlung (z. B. Würgen). Anders als im Fall der einfachen K. ist auch der Versuch strafbar. c) Bei der *schweren K.* (§ 224 StGB) beruht die höhere Strafe (i. d. R. Freiheitsstrafe von 1 bis zu 5 Jahren) auf der eingetretenen Folge: Verlust eines wichtigen Glieds, des Sehvermögens auf einem oder beiden Augen, des Gehörs, der Sprache oder Zeugungsfähigkeit; dauernde erhebliche Entstellung; Siechtum, Lähmung oder Geisteskrankheit. Die Folge muß zumindest fahrlässig herbeigeführt sein (vgl. § 18 StGB); war sie beabsichtigt, so sind nach § 225 StGB 2 bis 10 Jahre Freiheitsstrafe verwirkt. d) *K. mit Todesfolge* (§ 226 StGB) ist mit Freiheitsstrafe nicht unter 3 Jahren zu ahnden. § 226 StGB gelangt nur zur Anwendung, wenn der Tod fahrlässig verursacht wurde; bei vorsätzlich herbeigeführtem Tod (bedingter Vorsatz genügt) handelt es sich um ein → Tötungsdelikt der §§ 211 ff. StGB, hinter dem das Körperverletzungsdelikt zurücktritt. e) Wegen *Mißhandlung von Schutzbefohlenen* wird nach § 223b StGB grundsätzlich mit Freiheitsstrafe von 3 Monaten bis zu 5 Jahren bestraft, wer Schutzbefohlene quält, roh mißhandelt oder durch böswillige Vernachlässigung seiner Sorgepflicht gesundheitlich schädigt. Schutzbefohlene sind Personen unter 18 Jahren oder wegen Gebrechlichkeit oder Krankheit Wehrlose, die der Obhut des Täters unterstehen, seinem Hausstand angehören, seiner Sorge überlassen wurden oder durch ein Dienst- oder Arbeitsverhältnis von ihm abhängig sind. f) Wegen *Beteiligung an einer Schlägerei* (§ 227 StGB) macht sich jeder Teilnehmer an einer Schlägerei oder einem von mehreren unternommenen Angriff strafbar, falls dadurch der Tod eines Menschen oder eine schwere K. verursacht worden ist. Es kommt nicht darauf an, ob den Beteiligten persönlich ein Verschulden am Tod oder an der schweren K. trifft; die Strafe (Freiheitsstrafe bis zu 3 Jahren oder Geldstrafe) entfällt nur dann, wenn er ohne sein Verschulden in die Schlägerei oder den Angriff hineingezogen worden ist. g) Eine *Vergiftung* (§ 229 StGB) begeht, wer einem anderen in gesundheitsschädigender Absicht Gift oder andere Stoffe beibringt, die die Gesundheit zerstören können. Die Tat, die schon mit dem Beibringen des Gifts vollendet ist, wird mit Freiheitsstrafe von 1 bis zu 10 Jahren bestraft; hat sie eine schwere K. zur Folge, so ist auf Freiheitsstrafe nicht unter 5, bei Todesfolge auf lebenslange Freiheitsstrafe oder Freiheitsstrafe nicht unter 10 Jahren zu erkennen. – Einfache und fahrlässige K. werden nur auf → Strafantrag verfolgt, sofern nicht ein besonderes öfftl. Interesse vorliegt (§ 232 StGB). Hat der durch eine einfache oder fahrlässige

221

K. Verletzte zurückgeschlagen oder sie auf der Stelle mit einer → Beleidigung erwidert oder dient umgekehrt die Beleidigung als sofortige Reaktion auf eine K., so kann der Richter für einen oder beide Beteiligte die Strafe mildern oder gänzlich von Strafe absehen (§ 233 StGB).

Kommanditgesellschaft (KG, §§ 161 ff. HGB) ist eine Abart der → offenen Handelsgesellschaft. Sie unterscheidet sich von der OHG dadurch, daß bei einem Teil der Gesellschafter die Haftung gegenüber den Gesellschaftsgläubigern auf den Betrag einer bestimmten Vermögenseinlage beschränkt ist. Es gibt also neben den persönlich haftenden Gesellschaftern (Komplementären) die nur beschränkt haftenden Gesellschafter (Kommanditisten); es müssen mindestens ein Komplementär u. ein Kommanditist beteiligt sein. Die KG bildet somit eine Mischform zwischen Personen- u. Kapitalgesellschaft (→ Gesellschaftsrecht). Das Gesellschaftsvermögen gehört allen Gesellschaftern zur gesamten Hand (→ Gemeinschaft). Die Kommanditisten verfügen daher auch über einen Kapitalanteil. Ihnen steht jedoch grundsätzlich keine Geschäftsführungsbefugnis zu (§ 164 HGB). Sie sind zur Vertretung der Gesellschaft nicht ermächtigt (§ 170 HGB). Der Tod eines Kommanditisten hat die Auflösung der Gesellschaft nicht zur Folge (§ 177 HGB).

Die *Kommanditgesellschaft auf Aktien* (KGaA) vereinigt Elemente der → Aktiengesellschaft u. der KG in sich. Das Aktiengesetz definiert die KGaA in § 278 als eine Gesellschaft mit eigener Rechtspersönlichkeit, bei der mindestens ein Gesellschafter den Gesellschaftsgläubigern als Komplementär unbeschränkt haftet u. die übrigen als sog. Kommanditaktionäre an dem in Aktien zerlegten Grundkapital beteiligt sind, ohne persönlich für die Verbindlichkeiten der Gesellschaft zu haften. Soweit es die Rechtsstellung der Komplementäre betrifft, finden die Vorschriften über die KG Anwendung. Ansonsten gelten, von einigen Sonderregelungen abgesehen, die Bestimmungen des AktG entsprechen. Die KgaA hat in der Praxis nur geringe Bedeutung.

Kommunalrecht, kommunale Selbstverwaltung. Die Gemeinden (kreisfreie Städte und Landgemeinden sowie Verbandsgemeinden) u. die Landkreise sind Träger der k. S. Sie können ihre eigenen, räumlich bedingten u. begrenzten Angelegenheiten selbständig u. in eigener Verantwortung erledigen. Sie besitzen → Autonomie, d. h. das Recht, Rechtsnormen als → Satzungen zu erlassen. Durch Art. 28 II GG ist die k. S. verfassungsrechtlich gewährleistet. Diese → institutionelle Garantie verbietet es der Bundes- und der Landesgesetzgebung, das Recht der kommunalen Gebietskörperschaften zur Selbstregelung ihrer Angelegenheiten zu beseitigen oder so weit einzuschränken, daß die k. S. innerlich ausgehöhlt wird. Neben einem gewissen Bestand an sachlichen Aufgaben zählen insbes. die Finanz- und die Personalhoheit zum geschützten Bereich der k.S., ohne daß diese auf einen bestimmten Zustand, etwa zur Zeit des Inkrafttretens des GG, festgeschrieben wäre. Wie das bundesstaatliche Prinzip (→ Bundesstaat) eine Neugliederung der Länder u. eine Kompetenzverschiebung im Bund-Länder-Verhältnis nicht hindert, steht auch die institutionelle Garantie der k.S. notwendigen Gebiets- u. Funktionalreformen nicht entgegen, sofern das Strukturprinzip der k.S. als solches erhalten bleibt.

Neben den *Selbstverwaltungsangelegenheiten* ihres eigenen Wirkungskreises, die die Kommunen teils aus eigener Initiative als freiwillige Aufgaben, teils aufgrund gesetzlicher Vorschrift als Pflichtaufgaben wahrnehmen, überträgt ihnen der Staat durch Gesetz auch staatliche Aufgaben zur Erledigung nach Weisung, die sie im übertragenen Wirkungskreis als *Auftragsangelegenheiten* erfüllen (z.B. die Aufgaben der Standesämter, der Bauüberwachung, des Straßenverkehrswesens). Indem sich der Staat der Gemeinden u. Kreise als Träger der Auftragsverwaltung bedient, kann er in der Unterstufe der Verwaltungshierarchie auf eigene Behörden weitgehend verzichten. Während die Kommunen im eigenen Wirkungskreis frei u. nur durch den Grundsatz der →Gesetzmäßigkeit der Verwaltung begrenzt sind, handeln sie im übertragenen Wirkungskreis nach staatlicher Weisung. Dementsprechend ist auch die staatliche →Aufsicht, der sie unterliegen, verschieden. Der eigene Wirkungskreis wird durch die *Kommunalaufsicht* kontrolliert, die als Rechtsaufsicht nur die Rechtmäßigkeit des kommunalen Handelns nachzuprüfen befugt ist. Im übertragenen, weisungsgebundenen Wirkungskreis dagegen müssen sich die Kommunen eine *Fachaufsicht* gefallen lassen, die außer der Rechtmäßigkeit des Verwaltungshandelns auch prüft, ob weisungsgemäß u. zweckmäßig gehandelt wurde.

Kompetenzkonflikt → Rechtsweg.

Konkludente Handlung → Willenserklärung.

Konkordat → Staatskirchenrecht.

Konkurrierende Gesetzgebung → Gesetzgebungskompetenz.

Konkurs ist ein gerichtliches Verfahren, das durch Vollstreckung in das Vermögen des zahlungsunfähigen Schuldners (Gemeinschuldners) der teilweisen Befriedigung aller Gläubiger dient. Das Konkursverfahren wird auf Antrag des Gemeinschuldners oder eines Gläubigers durch Eröffnungsbeschluß des Amtsgerichts (Konkursgerichts) eröffnet (§§ 102 ff. KO). Der Eröffnungsbeschluß, in dem das Gericht zugleich den *Konkursverwalter* ernennt, hat u. a. folgende Wirkungen: Nur noch der Konkursverwalter darf das der Zwangsvollstreckung unterliegende Vermögen des Gemeinschuldners (die sog. *Konkursmasse)* verwalten u. darüber verfügen; Rechtshandlungen des Gemeinschuldners sind den Konkursgläubigern gegenüber unwirksam; wer als Verpflichteter eine Leistung an den Gemeinschuldner erbringt, wird von seiner Verbindlichkeit nur insoweit befreit, als das Geleistete in die Konkursmasse gekommen ist; Rechte an den zur Konkursmasse gehörenden Gegenständen können nicht mit Wirksamkeit gegenüber den Konkursgläubigern erworben werden (§§ 6 ff. KO). Die Konkursforderungen der Konkursgläubiger werden zur Konkurstabelle angemeldet u. in einem Prüfungstermin festgestellt (§§ 138 ff. KO). Gegenstände, die dem Gemeinschuldner nicht gehören, können herausverlangt werden (§ 43 KO); zu dieser *Aussonderung* ist insbes. der Eigentümer einer Sache (z. B. der Verkäufer unter → Eigentumsvorbehalt) berechtigt. Wer ein Sicherungsrecht an einem Gegenstand der Konkursmasse hat (z. B. → Pfandrecht, → Hypothek, → Grundschuld, auch → Sicherungsübereignung), kann abgesonderte Befriedigung verlangen (§ 47 KO); die *Absonderung* ermöglicht die Verwertung des Sicherungsgutes außerhalb des Konkursverfahrens. Aus der Konkursmasse sind zunächst die Massekosten (Gerichtskosten, Verwaltungskosten, Unterstützungsleistungen an den Gemeinschuldner) sowie die Masseschulden (Verpflichtungen aus Rechtsgeschäften des Konkursverwalters, Lohn- u. Gehaltsansprüche für die letzten 6 Monate vor Konkurseröffnung u. a.) zu bezahlen (§§ 57 ff. KO). Die verbleibende Konkursmasse wird vom Konkursverwalter nach einer bestimmten Rangordnung an die Konkursgläubiger verteilt (§§ 61 ff., 117 ff. KO). Bevorzugt zu berichtigen sind bestimmte *Konkursvorrechte* (z. B. Lohn- u. Gehaltsforderungen für das letzte Jahr vor Konkurseröffnung, öfftl. Abgaben, Kirchensteuer, Arzthonorare, s. i. e. § 61 I Nr. 1–5 KO). Auf gleichrangige Konkursforderungen entfällt ein entsprechender prozentualer Anteil. Nach dem Schlußtermin hebt das Gericht das Konkursverfahren auf; vom Zeitpunkt der *Aufhebung* an können die ganz oder teilweise leer ausgegangenen Konkursgläubiger ihre Forderungen im Wege der → Zwangsvollstreckung unbeschränkt geltend machen; die Eintragung der Forderung in die Konkurstabelle dient als → Vollstreckungstitel (§§ 163, 164 KO). Das Konkursverfahren wird *eingestellt,* wenn sämtliche Konkursgläubiger zustimmen oder wenn die Konkursmasse die Verfahrenskosten nicht deckt (§§ 202, 204 KO). → auch Vergleichsverfahren; → auch Insolvenzrecht; → auch Zwangsvergleich.

Kontaktsperre (§§ 31 ff. EGGVG) ist die Unterbrechung der Verbindung von Straf- oder Untersuchungsgefangenen untereinander und mit der Außenwelt (einschließlich des schriftlichen und mündlichen Verkehrs mit dem → Verteidiger). Sie ist zulässig zur Abwehr der von einer → terroristischen Vereinigung ausgehenden gegenwärtigen Gefahr für Leib, Leben oder Freiheit einer Person (z. B. durch Entführung), sofern die von der K. betroffenen Gefangenen wegen Mitgliedschaft in einer solchen Vereinigung oder wegen einer damit zusammenhängenden Straftat rechtskräftig verurteilt oder in Untersuchungshaft genommen worden sind. Die Feststellung der Notwendigkeit der K. trifft die Landesregierung bzw. die Bundesregierung. Sie verliert ihre Wirkung, wenn sie nicht binnen 2 Wochen vom OLG bzw. BGH bestätigt worden ist. Nach einem Gesetzentwurf der Bundesregierung von 1983 soll im Fall der K. auf Antrag des Gefangenen die Beiordnung eines Rechtsanwalts als Kontaktperson durch den Präsidenten des örtlich zuständigen Landgerichts möglich sein.

Kontrahierungszwang (Abschlußzwang) → Vertrag.

Konventionalstrafe → Vertragsstrafe.

Konzession → Erlaubnis.

Kraftfahrzeughaftung. Wird beim Betrieb eines Kfz. ein Mensch getötet, körperlich verletzt oder eine Sache beschädigt, so ist der *Halter* nach § 7 StVG zum → Schadensersatz verpflichtet. Halter ist, wer das Fahrzeug für eigene Rechnung in Gebrauch hat u. die Verfügungsgewalt, die ein solcher Gebrauch voraussetzt, besitzt (Eigentum daher nicht unbedingt erforderlich). Die Ersatzpflicht des Halters ist → Gefährdungshaftung, setzt also kein → Verschulden voraus. Sie entfällt aber, wenn der Unfall durch ein *unabwendbares Ereignis* verursacht wird, das weder auf einem Fehler in der Beschaffenheit des Fahrzeugs noch auf einem Versagen seiner Verrichtungen beruht (§ 7 II StVG). Unabwendbar ist ein Ereignis, das sich auch durch die Anwendung äußerster nach den Umständen möglicher u. zumutbarer Sorgfalt nicht vermeiden läßt, so vor allem, wenn es auf ein unvorhersehbares Verhalten des Verletzten zurückzuführen ist. Die Ersatzpflicht ist ferner ausgeschlossen, falls jemand das Fahrzeug ohne Wissen u. Willen des Halters u. ohne dessen Verschulden benutzt (§ 7 III StVG) oder wenn der Verletzte bei dem Betrieb des Kfz. tätig war (§ 8 StVG). Gegenüber Insassen besteht eine Haftung nur bei entgeltlicher, geschäftsmäßiger Personenbeförderung (§ 8 a StVG). Ein Mitverschulden des Geschädigten mindert die Ersatzpflicht, kann sie u. U. völlig ausschließen (§ 9 StVG, § 254 StGB). Im Fall der Tötung sind Behandlungs- u. Beerdigungskosten sowie Verdienstausfall zu ersetzen; dem Unterhaltsberechtigten ist eine Rente zu zahlen. Bei Körperverletzung müssen die Heilungskosten ausgeglichen u. ggf. eine Erwerbsunfähigkeits- bzw. -minderungsrente entrichtet werden (§§ 10, 11 StVG). Doch ist der Umfang der Haftung durch Höchstsummen begrenzt: bei Tötung u. Körperverletzung bis zu einem Kapitalbetrag von 500 000 DM oder einem jährlichen Rentenbetrag von 30 000 DM (sind mehrere Menschen betroffen: insgesamt bis zu 750 000 DM bzw. 45 000 DM), bei Sachschäden bis zu 100 000 DM (§ 12 StVG). Eine weitergehende Haftung des Halters nach sonstigen gesetzlichen Vorschriften (z. B. aus →unerlaubter Handlung) bleibt unberührt. Haben mehrere Kfz. den Unfall verursacht, so hängen im Verhältnis der Halter untereinander Haftung u. Haftungsumfang von den Umständen, insbesondere vom ursächlichen Anteil jedes Fahrzeugs ab (§ 17 StVG).

Der *Fahrer* des Kfz. haftet wie der Halter. Doch ist seine Ersatzpflicht ausgeschlossen, wenn er nachweist, daß ihn kein Verschulden trifft, daß er also die verkehrserforderliche Sorgfalt beachtet hat (§ 18 StVG).

Krankenversicherung →Sozialversicherung; →Versicherungsvertrag.

Kreditbetrug →Betrug.

Kreditkauf →Kauf.

Kriegsdienstverweigerung. Art. 4 III GG gewährleistet das →Grundrecht, aus Gewissensgründen den Kriegsdienst mit der Waffe zu verweigern. Die K. muß auf *ernsthaften* Gewissensgründen beruhen. Unerheblich ist, ob die Gewissensentscheidung religiös motiviert ist oder ob sie ohne Bindung an eine bestimmte Weltanschauung aus sittlich-humanitären Erwägungen getroffen wird. Voraussetzung berechtigter K. ist, daß derjenige, der sich auf sein Gewissen beruft, den Kriegsdienst mit der Waffe schlechthin u. allgemein ablehnt. Nicht geschützt ist daher die *„situationsbedingte“ K.,* bei der die Teilnahme an einem bestimmten Krieg, an Kriegen bestimmter Art, unter bestimmten Bedingungen oder mit bestimmten Waffen verweigert wird. Das Recht der K. ist durch das Gesetz zur Neuordnung des Rechts der K. u. des Zivildienstes (KDVNG) v. 28. 2. 1983 neu geregelt worden. Über die Berechtigung, den Kriegsdienst mit der Waffe zu verweigern, entscheidet bei ungedienten Wehrpflichtigen das Bundesamt für den Zivildienst (§§ 4 ff. KDVNG). Der Antragsteller ist *ohne persönliche Anhörung* als Kriegsdienstverweigerer anzuerkennen, wenn seine im schriftlichen Antrag dargelegten Motive das Recht auf K. zu stützen geeignet sind u. sich keine begründeten Zweifel an der Wahrheit seiner Angaben einstellen. Bei Soldaten, gedienten u. einberufenen Wehrpflichtigen findet demgegenüber ein Prüfungsverfahren mit mündlicher Anhörung vor dem bei einem Kreiswehrersatzamt gebildeten Ausschuß für K. statt (§§ 9 ff. KDVNG); diesem Prüfungsverfahren müssen sich auch ungediente Wehrpflichtige unterziehen, deren Antrag das Bundesamt wegen begründeter Zweifel an der Wahrheit der Angaben dem Ausschuß zugeleitet hat (§ 7 KDVNG). *Rechtsbehelfe* (§§ 17 ff. KDVNG): Gegen die ablehnende Entscheidung des Bundesamtes ist ein Widerspruch (→ Widerspruchsverfahren) nicht zulässig; der Antragsteller muß unmittelbar Klage beim Verwaltungsgericht erheben. Die Entscheidung des Ausschusses kann binnen 2 Wochen mit dem Widerspruch angefochten werden, über den die bei der zuständigen Wehrbereichsverwaltung eingerichtete Kammer für K. befindet; nach erfolglosem Widerspruch ist gleichfalls Klage beim Verwaltungsgericht gegeben. Berufung u. Beschwerde gegen Entscheidungen des Verwaltungsgerichts sind ausgeschlossen. Revision beim BVerwG kann nur eingelegt werden, wenn sie vom Verwaltungsgericht zugelassen ist oder wenn wesentliche Verfahrensfehler gerügt werden; gegen die Nichtzulassung der Revision ist Beschwerde möglich.

Der anerkannte Kriegsdienstverweigerer hat *Zivildienst* außerhalb der Bundeswehr zu leisten (§ 25 WPflG i. V. m. Art. 12a GG). Der Zivildienst dauert um ein Drittel länger als der Grundwehrdienst (§ 24 II ZDG), also z. Z. 20 Monate. Diese Regelung wird von ihren Befürwortern damit gerechtfertigt, daß der Wehrpflichtige zusätzlich zum Grundwehrdienst bis zu seinem 45. Lebensjahr zu Wehrübungen von insgesamt 9 Monaten verpflichtet werden kann (→ Wehrrecht); im übrigen werde der Kriegsdienstverweigerer durch die Belastung, die der Zivildienst mit sich bringe, zu einer Probe auf die Echtheit seiner Gewissensentscheidung veranlaßt. Kritiker wenden demgegenüber ein, daß der Wehrpflichtige in der Praxis kaum zu Wehrübungen eingezogen werde u. daß die Freiheit der Gewissensentscheidung der Kriegsdienstverweigerer durch die Verlängerung des Zivildienstes von früher 16 auf nunmehr 20 Monate unzulässig eingeengt werde. Über die Verfassungsmäßigkeit der Neuordnung entscheidet das → Bundesverfassungsgericht im April 1985 in einem → Normenkontrollverfahren nach Art. 93 I Nr. 2 GG. – Die Einzelheiten des Zivildienstes sind im Zivildienstgesetz geregelt. Die Zivildienstleistenden erfüllen Aufgaben im Interesse des Allgemeinwohls, vorrangig im sozialen Bereich (§ 1 ZDG). Hierzu zählt insbes. der Dienst in Krankenhäusern, Heil- und Pflegeanstalten. Gegenüber der Zivildienstpflicht gibt es keine Berufung auf eine Gewissensentscheidung. Wer wegen Ablehnung des Zivildienstes bestraft worden ist (§§ 52, 53 ZDG), kann mit Rücksicht auf das Verbot der Doppelbestrafung (→ ne bis in idem) nicht noch einmal bestraft werden, wenn er einer erneuten Einberufung keine Folge leistet.

Krieg und Frieden → Völkerrecht.

Kriminelle Vereinigungen. § 129 StGB stellt die Bildung von Vereinigungen unter Strafe, deren Zwecke oder Tätigkeit nicht nur beiläufig darauf gerichtet sind, Straftaten gleich welcher Art zu begehen. Strafbar machen sich Gründer, Mitglieder, Werber u. Helfer. Die Strafdrohung ist Freiheitsstrafe bis zu 5 Jahren oder Geldstrafe, in besonders schweren Fällen (z. B. Rädelsführer oder Hintermänner) Freiheitsstrafe von 6 Monaten bis zu 5 Jahren. Der → Versuch der Gründung ist strafbar. Bei Beteiligten, deren Schuld gering u. deren Mitwirkung von untergeordneter Bedeutung ist, kann das Gericht von einer Bestrafung absehen. Strafmilderung u. Strafverzicht kommen bei tätiger Reue in Betracht. – § 129 StGB ist auf nicht für verfassungswidrig erklärte politische Parteien nicht anzuwenden u. tritt außerdem hinter den §§ 84–87 StGB, die vor allem politische Vereinigungen staatsgefährdender Art betreffen, zurück.

Kriminologie ist die Wissenschaft vom Verbrechen. Sie untersucht Struktur, Ursachen und Folgen krimineller Handlungen wie auch die Wirksamkeit staatlicher Strafmaßnahmen. Die Erkenntnisse der K. haben sich weitgehend in der Strafrechtsreform (z. B. → Entkriminalisierung des Strafrechts, Einschränkung der kurzfristigen Freiheitsstrafen) u. in der Reform des Strafvollzugs (→ Strafvollstreckung) niedergeschlagen.

Kronzeuge. In dem als Parteiverfahren ausgebildeten angelsächsischen Strafprozeß ist der K. ein Zeuge des Anklägers (Vertreters der „Krone"), der an der dem Beschuldigten zur Last gelegten Tat beteiligt war und durch die Zusage von Straffreiheit oder Strafmilderung zur Aussagebereitschaft motiviert worden ist. Das von dem → Legalitätsprinzip und der → Untersuchungsmaxime beherrschte deutsche Strafprozeßrecht kennt den Begriff des K. nicht.

KSZE. Die Konferenz für Sicherheit und Zusammenarbeit in Europa (KSZE), an der 33 europäische Staaten (darunter die UdSSR, nicht jedoch Albanien) sowie die USA u. Kanada teilnahmen, fand im Sommer 1975 in Helsinki ihren Abschluß. In der Schlußakte erklärten die beteiligten Staaten ihre Übereinstimmung über bestimmte Prinzipien der Zusammenarbeit in Fragen der Sicherheit in Europa u. im Mittelmeerraum („Korb 1"), der Zusammenarbeit in den Bereichen der Wirtschaft, Wissenschaft, Technik u. Umwelt („Korb 2") sowie der Zusammenarbeit im humanitären Bereich u. auf den Gebieten Kultur u. Bildung („Korb 3"). Die Teilnehmerstaaten bekundeten ihre Entschlossenheit, die Bestimmungen der Schlußakte gebührend zu berücksichtigen u.

anzuwenden; eine völkerrechtliche Verpflichtung i. e. S. wird durch die Schlußakte indes nicht begründet. Der durch die Konferenz von Helsinki eingeleitete Prozeß der Zusammenarbeit wurde im Belgrader und Madrider KSZE-Folgetreffen fortgesetzt; dieses führte zur Einberufung der Stockholmer Konferenz über vertrauens- und sicherheitsbildende Maßnahmen u. Abrüstung in Europa (KVAE).

Kündigung ist eine einseitige empfangsbedürftige → Willenserklärung, durch die ein → Dauerschuldverhältnis (z. B. Arbeitsverhältnis, Miete) mit Wirkung für die Zukunft beendet wird. Als Ausübung eines → Gestaltungsrechts ist sie bedingungsfeindlich u. grundsätzlich unwiderruflich. Man unterscheidet die an bestimmte Fristen gebundene *ordentliche K.* u. die fristlose, zumeist nur bei Vorliegen eines wichtigen Grundes zulässige *außerordentliche K.* Zu den Kündigungsfristen u. zu den Voraussetzungen der K. im einzelnen → Arbeitsverhältnis, → Kündigungsschutz, → Dienstvertrag, → Miete, → Gesellschaft.

Kündigungsschutz. Nach dem Kündigungsschutzgesetz ist die ordentliche → Kündigung eines → Arbeitsverhältnisses durch den Arbeitgeber bei Arbeitnehmern, die dem Betrieb oder Unternehmen mehr als 6 Monate angehören, nur wirksam, wenn sie *sozial gerechtfertigt* ist. Das bedeutet: Sie muß entweder durch Gründe in der Person oder in dem Verhalten des Arbeitnehmers (z. B. Unzuverlässigkeit, mangelnde Eignung, auch häufige Erkrankung) oder durch dringende betriebliche Erfordernisse (z. B. Absatzschwierigkeiten, Rationalisierungsmaßnahmen) bedingt sein. Vor Ausspruch einer verhaltensbedingten Kündigung ist i. d. R. eine *Abmahnung* erforderlich, durch die der Arbeitnehmer zur Beendigung des vertragswidrigen Verhaltens aufgefordert u. ihm widrigenfalls Kündigung angedroht wird. Gegen eine sozial ungerechtfertigte Kündigung, aber auch gegen eine ohne Vorliegen eines wichtigen Grundes ausgesprochene außerordentliche Kündigung kann der Arbeitnehmer innerhalb einer Frist von 3 Wochen Klage beim Arbeitsgericht erheben. Tut er das nicht, wird die Kündigung rückwirkend wirksam. Verstärkten K. genießen die Mitglieder des Betriebsrates (Personalrates). Die Kündigung einer Frau während der Schwangerschaft oder bis zum Ablauf von 4 Monaten nach der Niederkunft ist nach dem Mutterschutzgesetz nichtig, wenn dem Arbeitgeber die Schwangerschaft oder Entbindung bekannt war oder ihm innerhalb einer Frist von 2 Wochen nach Zugang der Kündigung mitgeteilt wird. Besondere Vorschriften gelten bei Massenentlassungen: Sie sind zuvor dem Arbeitsamt schriftlich anzuzeigen; die Anzeige setzt eine Sperrfrist von 1 Monat in Lauf. Zum Kündigungsschutz für Schwerbehinderte s. dort.

Künstliche Befruchtung. Die in den letzten Jahren zunehmend häufiger praktizierte k. B. wirft schwierige ethische, aber auch juristische Fragen auf. Wendet man die familienrechtlichen Regelungen des BGB auf die verschiedenen Fallkonstellationen der k. B. an, so gilt im wesentlichen folgendes: Bei k. B. einer unverheirateten Frau wird das Kind → nichteheliches Kind der Frau. Ist die Frau verheiratet, wird es → eheliches Kind; ist ein fremder Mann Samenspender, gilt es gleichwohl als ehelich, solange die Ehelichkeit nicht erfolgreich vor Gericht angefochten ist. Erheblich komplizierter ist die Rechtslage, wenn ein extrakorporal („im Reagenzglas") erzeugtes Kind einer Frau implantiert wird, die nicht die genetische Mutter ist. Da die „Leihmutter" das Kind geboren hat (vgl. § 1591 BGB), ist sie Mutter im Rechtssinne. „Adoptionsvereinbarungen" gegen Entgelt zwischen der sog. Leihmutter und den genetischen Eltern sind wegen Sittenwidrigkeit nichtig (§ 138 BGB).

Kulturhoheit der Länder bedeutet, daß im → Bundesstaat der Bundesrepublik Deutschland die kulturellen Aufgaben des Staates, insbes. Schule u. Hochschule, in die Zuständigkeit der Bundesländer fallen. Um die Einheit des Bildungswesens in der Bundesrepublik zu bewahren, haben die Länder bereits 1949 die Ständige Konferenz der Kultusminister der Länder in der Bundesrepublik Deutschland (KMK) errichtet, die die Entwicklung des Bildungswesens durch Beschlüsse u. Vereinbarungen koordiniert. Doch verfügt auch der Bund – vor allem seit den Änderungen des Grundgesetzes von 1969 – über nicht unerhebliche Einflußmöglichkeiten in bildungspolitischen Angelegenheiten. Zu nennen sind vor allem: seine Kompetenz zur Rahmengesetzgebung (→ Gesetzgebungskompetenz) über die allgemeinen Grundsätze des Hochschulwesens (Art. 75 Nr. 1a GG), seine Mitwirkung bei der → Gemeinschaftsaufgabe des Ausbaus und Neubaus von Hochschulen (Art. 91a I Nr. 1 GG) sowie bei Bildungsplanung u. Forschungsförderung (Art. 91b GG).

Kunstfreiheit. Die K. ist durch Art. 5 III 1 GG gewährleistet. Jeder, der künstlerisch tätig ist, kann sich auf dieses keinem → Gesetzesvorbehalt unterliegende → Grundrecht berufen. Das gilt auch für künstlerische Darbietungen in politischer Absicht. Grenzen der K. ergeben sich nur aus dem Grundgesetz selbst, insbes. aus dem durch Art. 2 I i. V. m. Art. 1 I GG geschützten → Persönlichkeitsrecht. Allerdings zieht die K. ihrerseits dem Persönlichkeitsrecht Schranken. Daher überschreitet nicht jede im Rahmen eines Kunstwerks geäußerte → Beleidigung, sondern nur eine schwerwiegende Beeinträchtigung des Persönlichkeitsrechts den Schutzbereich der K.

Kuppelei. Seit dem 4. Strafrechtsreformgesetz von 1973 ist K. nur noch ausnahmsweise strafbar. Nach § 180 StGB wird wegen *Förderung sexueller Handlungen Minderjähriger* mit Freiheitsstrafe bis zu 3 Jahren oder mit Geldstrafe bestraft, wer → sexuellen Handlungen einer Person unter 16 Jahren durch seine Vermittlung oder durch Gewähren oder Verschaffen von Gelegenheit Vorschub leistet; Personensorgeberechtigte, deren Förderung sich auf das Gewähren oder Verschaffen von Gelegenheit beschränkt, bleiben straflos, sofern sie dadurch nicht ihre Erziehungspflicht gröblich verletzen. Strafbar ist außerdem die Bestimmung einer noch nicht 18 Jahre alten Person zu sexuellen Handlungen gegen Entgelt oder das Vorschubleisten hierzu durch Vermittlung, ferner die Bestimmung einer Person unter 18 Jahren zu sexuellen Handlungen in mißbräuchlicher Ausnutzung eines Abhängigkeitsverhältnisses; in diesen Fällen ist auch der → Versuch der mit Freiheitsstrafe bis zu 5 Jahren oder mit Geldstrafe bedrohten Tat strafbar.

§ 180a StGB *(Förderung der Prostitution)* stellt den gewerbsmäßigen Betrieb eines Bordells unter Strafe (Freiheitsstrafe bis zu 3 Jahren oder Geldstrafe), wenn entweder die Prostituierten in persönlicher oder wirtschaftlicher Abhängigkeit gehalten werden oder die Prostitution durch Maßnahmen gefördert wird, die über das bloße Gewähren von Wohnung, Unterkunft oder Aufenthalt u. die damit üblicherweise verbundenen Nebenleistungen hinausgehen. Ebenso wird bestraft die Gewährung von Wohnung oder die gewerbsmäßige Bereitstellung von Unterkunft oder Aufenthalt an eine noch nicht 18jährige Person zum Zweck der Prostitution sowie das Anhalten oder Ausbeuten eines anderen, dem zur Ausübung der Prostitution Wohnung gewährt wird. Mit höherer Strafe (Freiheitsstrafe bis zu 5 Jahren oder Geldstrafe) ist die gewerbsmäßige Anwerbung zur Prostitution belegt. Mit Freiheitsstrafe von 6 Monaten bis zu 10 Jahren wird bestraft, wer Personen unter 21 Jahren der Prostitution zuführt oder auf sie einwirkt, um sie zur Aufnahme oder Fortsetzung der Prostitution zu bestimmen. In den beiden letztgenannten Fällen ist auch der Versuch strafbar.

L

Ladendiebstahl. Wer in einem Selbstbedienungsladen Waren wegnimmt und in der Kleidung oder in einer mitgeführten Tasche versteckt, um sie sich ohne Bezahlung zuzueignen, hat einen vollendeten → Diebstahl begangen, auch dann, wenn das Personal den Vorgang beobachtet hat und die weitere Verfügung ohne Schwierigkeiten verhindern kann. – Der Warendieb muß im übrigen *zivilrechtlich* für sämtlichen Schaden aufkommen, den er dem Inhaber des Selbstbedienungsladens durch den L. zugefügt hat. Er ist jedoch nicht verpflichtet, die bei der Schadensregulierung entstandenen Bearbeitungskosten zu ersetzen, da diese dem Zuständigkeits- und Verantwortungsbereich des Geschädigten zuzurechnen sind. Eine vor dem L. ausgesetzte *Fangprämie* hat der Täter in angemessenem Umfang (in einem Lebensmittelmarkt derzeit bis zu 50 DM) zu erstatten.

Ladung ist die Aufforderung, vor einem Gericht oder einer Behörde zu einem bestimmten Termin zu erscheinen. Im gerichtlichen Verfahren erfolgt die L. durch das Gericht. Zwischen ihrer Zustellung u. dem Termin muß eine *Ladungsfrist* gewahrt werden, deren Dauer in den einzelnen Verfahrensordnungen unterschiedlich geregelt ist (vor dem Zivilgericht in Anwaltsprozessen mindestens 1 Woche, in anderen Prozessen grundsätzlich 3 Tage, § 217 ZPO).

Länder → Bundesländer.

Lärmbekämpfung → Umweltrecht.

Landesrecht → Bundesstaat.

Landesverfassungen. Die verfassungsmäßige Ordnung in den → Bundesländern muß nach Art. 28 I GG den Grundsätzen des republikanischen, demokratischen u. sozialen Rechtsstaats im Sinne des Grundgesetzes entsprechen. An dieses Homogenitätsgebot sind die L. gebunden. Deshalb verbleibt nur ein vergleichsweise geringer Spielraum für eigenständige landesverfassungsrechtliche Regelungen. Das gilt um so mehr, als dem Bundesrecht, gleich welchen Ranges, nach Art. 31 GG Vorrang vor dem

Landesverfassungsrecht gebührt. Soweit allerdings Bestimmungen der L. in Übereinstimmung mit dem Grundgesetz → Grundrechte gewährleisten, bleiben sie in Kraft (Art. 142 GG). Größere Bedeutung haben die L. auf den Gebieten, die der politischen Gestaltung der Länder vorbehalten geblieben sind, insbes. in der Kulturpolitik u. im Kommunalwesen. → Bundesstaat; → Kulturhoheit.

Landesverrat. Der 2. Abschnitt des Besonderen Teils des StGB „Landesverrat u. Gefährdung der äußeren Sicherheit" (§§ 93 ff.) stellt den Verrat von *Staatsgeheimnissen* unter Strafe. Das StGB legt in § 93 einen materiellen Begriff des Staatsgeheimnisses zugrunde. Das sind Tatsachen, Gegenstände oder Erkenntnisse, die nur einem begrenzten Personenkreis zugänglich sind u. vor einer fremden Macht geheimgehalten werden müssen, um die Gefahr eines schweren Nachteils für die äußere Sicherheit der Bundesrepublik abzuwenden. Demgegenüber sind Tatsachen, die gegen die freiheitliche demokratische Grundordnung verstoßen, keine Staatsgeheimnisse (§ 93 II StGB, sog. *illegale Staatsgeheimnisse*). Folgende Begehungsformen des L. sind zu unterscheiden: 1. *Landesverrat i. e. S.* (§ 94 StGB). Der Täter führt vorsätzlich die Gefahr eines schweren Nachteils für die äußere Sicherheit der Bundesrepublik dadurch herbei, daß er vorsätzlich ein Staatsgeheimnis einer fremden Macht mitteilt oder es in der Absicht, die Bundesrepublik zu benachteiligen oder eine fremde Macht zu begünstigen, an einen Unbefugten gelangen läßt oder öffentlich bekanntmacht. 2. *Offenbaren von Staatsgeheimnissen* (§ 95 StGB). Der Täter verursacht diese Gefahr vorsätzlich dadurch, daß er ein von einer amtlichen Stelle oder auf deren Veranlassung geheimgehaltenes Staatsgeheimnis Unbefugten zugänglich oder öffentlich bekanntmacht (sog. *publizistischer L.*, der die Benachteiligungs- bzw. Begünstigungsabsicht nicht voraussetzt). 3. Wird die Gefahr fahrlässig herbeigeführt, so ist der Täter wegen *Preisgabe von Staatsgeheimnissen* nach § 97 I StGB zu bestrafen; handelt es sich um einen Geheimnisträger, so macht dieser sich nach § 97 II StGB bereits strafbar, wenn er das Staatsgeheimnis leichtfertig an einen Unbefugten gelangen läßt. 4. Nach § 96 StGB sind schon die *landesverräterische Ausspähung* und das *Auskundschaften von Staatsgeheimnissen* als Vorbereitungshandlungen zu § 94 bzw. § 95 StGB mit Strafe bedroht. Im Vorbereitungsstadium zum L. liegt auch die Tätigkeit für eine fremde Macht: § 99 StGB stellt die *geheimdienstliche Agententätigkeit* generell (also nicht nur zur Erkundung von Staatsgeheimnissen), § 98 StGB die *landesverräterische Agententätigkeit*, die auf Erlangung oder Mitteilung von Staatsgeheimnissen gerichtet ist, unter Strafe. In beiden Fällen genügt es, wenn der Täter sich zu der Tätigkeit gegenüber einer fremden Macht bereiterklärt. Wegen *frie-*

densgefährdender Beziehungen (§ 100 StGB) macht sich strafbar,
wer als in der Bundesrepublik lebender Deutscher zu fremden
Regierungen oder Institutionen Beziehungen aufnimmt oder unterhält, um einen Krieg oder ein bewaffnetes Unternehmen gegen
die Bundesrepublik herbeizuführen. 5. Teilt der Täter ein *illega-
les Staatsgeheimnis* einer fremden Macht mit, wird er gem. § 97a
StGB wie ein Landesverräter nach § 94 StGB bestraft, sofern er
dadurch die äußere Sicherheit gefährdet. Hält er in den übrigen
Fällen des L. ein wirkliches Staatsgeheimnis irrtümlich für illegal,
so kann ihm der Irrtum nur unter den engen Voraussetzungen des
§ 97b StGB zugute gehalten werden.

Landesverwaltung → Verwaltung; → Bundesstaat.

Landgericht → ordentliche Gerichtsbarkeit; → Zivilprozeß;
→ Strafprozeß.

Landschaftspflege → Umweltrecht.

Landtag ist das → Parlament eines → Bundeslandes. In Berlin
wird es als „Abgeordnetenhaus", in den Hansestädten Bremen u.
Hamburg als „Bürgerschaft" bezeichnet.

Leasingvertrag ist ein – aus dem amerikanischen Recht übernom-
mener – besonders ausgestalteter Mietvertrag (→ Miete). Der
Leasinggeber verpflichtet sich, dem Leasingnehmer eine Sache
(z. B. einen Computer) oder eine Sachgesamtheit (z. B. einen Wa-
genpark) zeitweilig gegen Entgelt zum Gebrauch zu überlassen,
wobei üblicherweise eine Kaufoption eingeräumt wird (→ Mietkauf). Gefahrtragung u. Instandhaltung richten sich jedoch nicht
nach Mietrecht, sondern entsprechen im wesentlichen der für den
→ Kauf maßgeblichen Risikoverteilung. Das bedeutet insbes.: Bei
zufälliger Zerstörung oder Beschädigung der in seinen Besitz
übergegangenen Sache muß der Leasingnehmer die Vergütung
weiterzahlen. Gewährleistungsrechte kann er nur gegen den Lie-
feranten des Leasingobjekts, nicht gegen den Leasinggeber – zumeist ein Finanzierungsinstitut, das die Sache vom Hersteller
übernimmt u. dem Leasingnehmer den Gebrauch finanziert – geltend machen. Die zunehmende Beliebtheit des L. beruht darauf,
daß er dem Leasingnehmer steuerliche Vorteile u. erleichterte Fi-
nanzierungsmöglichkeiten bietet.

Lebensalter → Altersstufen.

Legalitätsprinzip (Gegensatz: Opportunitätsprinzip). Im → *Verwaltungsrecht* bedeutet das L., daß die Behörde ein Gesetz strikt
befolgen muß. Es gelangt bei Vorschriften zur Anwendung, die

ihr ein bestimmtes Tun oder Unterlassen zwingend vorschreiben, also kein → Ermessen einräumen (z. B. im → Steuerrecht). – Im Ermittlungsverfahren des → *Strafprozesses* ist die → Staatsanwaltschaft nach dem L. grundsätzlich verpflichtet, wegen aller verfolgbaren Straftaten einzuschreiten, wenn zureichende tatsächliche Anhaltspunkte vorliegen (§ 152 II StPO). Das L., das hier nur ausnahmsweise dem Opportunitätsprinzip weicht, soll den verfassungsrechtlichen Gleichheitssatz im Strafprozeß verwirklichen. Ein Verstoß gegen das L. kann strafrechtlich als Strafvereitelung im Amt (§ 258a StGB) geahndet werden.

Legislative → gesetzgebende Gewalt.

Legitimation (nichteheliches Kind). 1. ein → nichteheliches Kind wird → ehelich („legitimiert"), wenn sich der Vater mit der Mutter verheiratet (§§ 1719 ff. BGB). 2. Darüber hinaus kann ein nichteheliches Kind – ohne nachfolgende Eheschließung der Eltern – vom Vormundschaftsgericht auf Antrag seines Vaters für ehelich erklärt werden, wenn dies dem Wohl des Kindes entspricht u. keine schwerwiegenden Gründe entgegenstehen (§§ 1723 ff. BGB). Zur Ehelicherklärung ist die Einwilligung des Kindes u. bei dessen Minderjährigkeit die der Mutter erforderlich; ist der Vater verheiratet, bedarf es auch der Einwilligung seiner Frau. Durch die Ehelicherklärung erlangt das Kind die Rechtsstellung eines ehelichen Kindes. Es erhält den Namen des Vaters. Zugleich verliert die Mutter das Recht u. die Pflicht, die → elterliche Sorge auszuüben. Die Unterhaltspflicht des Vaters gegenüber dem Kind geht der Unterhaltspflicht der Mutter vor. 3. Ein nichteheliches Kind kann ferner auf eigenen Antrag vom Vormundschaftsgericht für ehelich erklärt werden, falls die Eltern verlobt waren u. das Verlöbnis durch Tod eines Elternteils aufgelöst worden ist (§ 1740a ff. BGB). Die Ehelicherklärung – die nur zu versagen ist, wenn sie nicht dem Wohl des Kindes entspricht – bedarf der Einwilligung des überlebenden Elternteils. Das für ehelich erklärte Kind steht einem durch Verheiratung der Eltern legitimierten Kind gleich. Es erhält den Namen des überlebenden Elternteils; das Vormundschaftsgericht kann ihm aber auf seinen Antrag mit Zustimmung des überlebenden Elternteils den Namen des verstorbenen Elternteils erteilen u. die Namensgleichheit auf Antrag des überlebenden Elternteils auch auf diesen erstrecken. – Voraussetzung der L. ist stets, daß die Vaterschaft des Mannes anerkannt oder gerichtlich festgestellt worden ist.

Leichen- und Bestattungswesen. Das L.- u. B. ist landesrechtlich geregelt, soweit nicht das Reichsgesetz über die Feuerbestattung von 1934 fortgilt. Leichen sind entweder zu beerdigen oder einzuäschern. Bestattungsart u. -ort richten sich nach dem Willen des

Verstorbenen, mangels eines solchen nach dem der nächsten Angehörigen (wobei der Wille des überlebenden Ehegatten den Ausschlag gibt). Vor der Beisetzung müssen Tod, Todesart u. -ursache durch ärztliche Leichenschau festgestellt werden. Ergeben sich Anhaltspunkte für einen nicht natürlichen Tod, ist zur Bestattung die schriftliche Genehmigung der Staatsanwaltschaft erforderlich (§ 159 II StPO). *Erdbestattung* ist grundsätzlich nur auf öffentlichen Friedhöfen zulässig. Eine *Feuerbestattung* bedarf der schriftlichen Genehmigung der Polizei- bzw. Ordnungsbehörde des Einäscherungsorts; die Asche wird amtlich in einer Urne verschlossen u. in einer Urnenhalle oder in einem Grab beigesetzt. Das *Friedhofswesen* obliegt den Gemeinden als Selbstverwaltungsangelegenheit (→ Kommunalrecht). Diese sind, sofern ein öffentliches Bedürfnis besteht, verpflichtet, Friedhöfe anzulegen, zu unterhalten u. zu erweitern. Sie regeln die Benutzung der Friedhöfe durch → Satzungen. Auch die Kirchen u. Religionsgemeinschaften können zur Bestattung ihres Glaubensangehörigen Friedhöfe einrichten. Sie müssen die Beisetzung Andersgläubiger gestatten, wenn ein anderer Friedhof innerhalb des Gemeindegebiets nicht vorhanden ist.

Leichte Fahrlässigkeit → Verschulden.

Leiharbeitsverhältnis. Ein L. liegt vor, wenn ein Arbeitgeber (Verleiher) einen → Arbeitnehmer zur vorübergehenden Arbeitsleistung einem anderen Arbeitgeber (Entleiher) überläßt; wegen § 613 S. 2 BGB ist dazu das Einverständnis des Arbeitnehmers erforderlich. Vertragliche Beziehungen bestehen nur zwischen Arbeitnehmer u. Verleiher; gegen letzteren richtet sich auch der Anspruch auf Zahlung des Arbeitsentgelts. Da der Arbeitnehmer andererseits mit seinem Einverständnis in den Betrieb des Entleihers eingegliedert worden ist, unterliegt er dessen Anweisungen. Die *gewerbsmäßige* Überlassung von Arbeitnehmern ist durch das Arbeitnehmerüberlassungsgesetz (AÜG) geregelt. Sie bedarf der gebührenpflichtigen Erlaubnis der Bundesanstalt für Arbeit. Verträge zwischen Verleiher u. Entleiher ohne diese Erlaubnis sind unwirksam. Der Verleiher ist verpflichtet, den wesentlichen Inhalt des Arbeitsverhältnisses in eine dem Arbeitnehmer auszuhändigende Urkunde aufzunehmen. Der Vertrag zwischen Verleiher u. Entleiher ist schriftlich abzuschließen. Der Verleiher darf den Arbeitnehmer nicht länger als 3 Monate demselben Entleiher überlassen; anderenfalls wird gesetzlich vermutet, daß er unerlaubte → Arbeitsvermittlung betreibt. Der Arbeitnehmer bleibt auch während der Zeit der Arbeitsleistung bei dem Entleiher betriebsverfassungsrechtlich dem entsendenden Betrieb des Verleihers zugeordnet. Das AÜG trifft Schutzvorkehrungen zugunsten des Leiharbeitnehmers, vor allem bei Unwirksamkeit des Vertrages zwischen

Verleiher u. Entleiher. Die illegale Überlassung ausländischer Arbeitnehmer, die nicht die erforderliche Arbeitserlaubnis besitzen, ist strafbar.

Leihe (§§ 598 ff. BGB) ist ein unvollständig zweiseitig verpflichtender → Vertrag, durch den sich der Verleiher einer Sache verpflichtet, dem Entleiher deren Gebrauch unentgeltlich zu gestatten. Von der → Miete unterscheidet sich die L. dadurch, daß sie unentgeltlich ist, vom → Darlehen dadurch, daß nach Ablauf der für die Gebrauchsüberlassung bestimmten Zeit dieselbe Sache zurückzugeben ist. Der Verleiher hat nur Vorsatz u. grobe Fahrlässigkeit zu vertreten (→ Verschulden).

Leistungsverwaltung → Verwaltung.

Leitende Angestellte. Der Begriff des l. A. ist gesetzlich nicht definiert; er wird in den einschlägigen arbeitsrechtlichen Vorschriften vorausgesetzt, dabei aber nicht einheitlich verwendet. Im allgemeinen ist als l. A. anzusehen, wer entweder bedeutende Arbeitgeberfunktion ausübt oder besondere hochqualifizierte mit hoher Verantwortung verbundene Arbeit leistet. Für die l. A., die etwa 1,5% der am Erwerbsleben beteiligten Personen umfassen, gelten zunächst die allgemeinen arbeitsrechtlichen Bestimmungen, wie sie auch für die übrigen → Angestellten maßgeblich sind. Allerdings ergeben sich verschiedene Abweichungen. Die l. A. genießen zwar → Kündigungsschutz; doch werden bei einer außerordentlichen Kündigung an den wichtigen Grund geringere Anforderungen gestellt (→ Arbeitsverhältnis). Die → Arbeitszeitordnung findet auf sie keine Anwendung; deshalb können sie i. d. R. Vergütungen für Mehrarbeit nicht beanspruchen. Obwohl sie zu den → Arbeitnehmern zählen, können sie als Vertreter der Arbeitgeberseite zu den Arbeits- u. Sozialgerichten berufen werden. Von der → Mitbestimmung nach dem BetrVG sind sie ausgeschlossen; hingegen kommt ihnen bei der Unternehmensmitbestimmung nach dem MitbestG eine Schlüsselrolle zu, da dem paritätisch zusammengesetzten Aufsichtsrat auf der Arbeitnehmerbank mindestens ein l. A. angehören muß (§ 15 II 3 MitbestG). Den l. A. obliegt im übrigen nach der Rspr. des Bundesarbeitsgerichts eine erhöhte Treuepflicht bei Kollisionen zwischen ihren Interessen u. den Interessen des Arbeitgebers; sie sind erhöhten Rechenschafts-, Prüfungs-, Warnungs- und Überwachungspflichten ausgesetzt.

Lesbische Liebe ist gleichgeschlechtliche Liebe zwischen Frauen. → Homosexualität.

Lizenzvertrag ist ein (→ Kauf-)Vertrag, durch den sich der Urheber (→ Urheberrecht) oder der Inhaber eines → Patents oder → Gebrauchsmusters verpflichtet, sein Nutzungsrecht (Lizenz) auf einen anderen gegen Entgelt (Lizenzgebühr) zu übertragen. Der L. enthält i. d. R. zugleich die auf dieser Verpflichtung beruhende Übertragung der Lizenz. Beim Patent u. Gebrauchsmuster können auch das Patent- bzw. Gebrauchsmusterrecht als solches sowie der Anspruch auf Erteilung des Patents bzw. Gebrauchsmusters Gegenstand eines L. sein (§ 9 PatG, § 13 GebrMG). Lizenzen können ganz oder teilweise, zeitlich u. örtlich unbeschränkt oder beschränkt eingeräumt werden. Man unterscheidet ferner die ausschließliche Lizenz, die den Lizenznehmer zur Nutzung unter Ausschluß anderer Personen, einschließlich des Urhebers bzw. Erfinders, berechtigt, u. die einfache Lizenz, bei der der Lizenznehmer nur neben anderen zur Nutzung befugt ist. Der Lizenzgeber haftet als Verkäufer für den Bestand der Lizenz.

Lobby. Der Begriff bezeichnet in seinem angelsächsischen Ursprung die Wandelhalle des Parlaments. Im internationalen Sprachgebrauch versteht man heute darunter die Einwirkungen der Interessenverbände auf Gesetzgebung u. Regierung. Dabei entsteht die Gefahr, daß sie Entscheidungen einseitig zu ihren Gunsten beeinflussen sowie → Abgeordnete u. Beamte in ihre Abhängigkeit bringen. Dem sucht die Geschäftsordnung des → Bundestages durch bestimmte Verhaltensregeln für Abgeordnete u. durch eine Registrierung von Verbänden u. deren Vertretern vorzubeugen. Die Liste ist jährlich im Bundesanzeiger zu veröffentlichen.

Löschung im → Grundbuch ist der Vermerk, daß ein beschränktes dingliches Recht am Grundstück (→ Grundstücksrecht) nicht mehr besteht. L. geschieht durch rotes Unterstreichen der betreffenden Textstelle. Sie setzt eine *Löschungsbewilligung* des bisherigen Rechtsinhabers voraus. Bei einem Grundpfandrecht genügt für die L. auch eine in öffentlich beglaubigter Form erteilte *löschungsfähige Quittung* des bisherigen Gläubigers. Er bekennt in dieser Urkunde, daß die durch das Grundpfandrecht gesicherte Forderung erfüllt worden u. er mit der L. einverstanden ist.

Lohnfortzahlung im Krankheitsfall. Erkrankten → Angestellten ist nach § 616 I, II BGB, § 63 HGB, § 133c GewO die Vergütung bis zur Dauer von 6 Wochen weiterzuzahlen. Aufgrund des Lohnfortzahlungsgesetzes von 1969 haben auch die → Arbeiter einen vollen Lohnfortzahlungsanspruch für 6 Wochen vom ersten Tag der Arbeitsunfähigkeit an. Entsprechendes gilt nach dem Berufsbildungsgesetz für Auszubildende. Die Fortzahlungspflicht des Arbeitgebers besteht allerdings nur bei unverschuldeter Erkrankung des Arbeitnehmers. Sie kann andererseits durch Vertrag weder ausgeschlossen noch beschränkt werden. In mehreren → Tarifverträgen ist die 6-Wochen-Frist verlängert worden.

Lohnsteuer → Steuerrecht.

Lotterie (§ 763 BGB) ist eine Unterart des Glücksspiels (→ Spiel), bei dem der Unternehmer mit einer Mehrzahl von Spielern → Verträge abschließt, in denen er verspricht, nach Maßgabe eines Spielplans gegen Entrichtung eines (Geld-)Einsatzes bestimmte Geldsummen an die Gewinner zu zahlen. Besteht der Gewinn nicht in Geld, sondern in Sachwerten, liegt eine *Ausspielung* vor (z. B. Tombola). Um L. handelt es sich z. B. beim *Zahlenlotto, Fußballtoto,* bei der (Pferde-)*Renn-„wette".* Der Lotterievertrag ist verbindlich, wenn die L. staatlich genehmigt ist.
Wer ohne behördliche Erlaubnis öffentlich L. oder Ausspielungen veranstaltet, wird nach § 286 StGB mit Freiheitsstrafe bis zu 2 Jahren oder mit Geldstrafe bestraft.

Luftverkehr Der Luftverkehr ist vor allem im Luftverkehrsgesetz i. d. F. von 1968, daneben in internationalen Abkommen (z. B. Warschauer Abkommen von 1929 zur Vereinheitlichung von Regeln über die Beförderung im internationalen L.) geregelt. Deutsche Luftfahrzeuge (insbesondere Flugzeuge, Segelflugzeuge, aber auch Frei- u. Fesselballone, Drachen, Fallschirme u. Flugmodelle) dürfen nur verkehren, wenn die L. zugelassen sind; ausländische Luftfahrzeuge dürfen nur mit Erlaubnis in das Bundesgebiet einfliegen u. hier verkehren (§ 2 LuftVG). Luftfahrer (z. B. Piloten) benötigen eine Erlaubnis (§ 4), Fluglehrer eine zusätzliche Erlaubnis (§ 5). Flugplätze dürfen nur mit Genehmigung angelegt oder betrieben werden (§ 6). Der Anlage eines Flugplatzes hat ein → Planfeststellungsverfahren vorauszugehen (§§ 8 ff.). Luftfahrtunternehmen sind ebenfalls genehmigungspflichtig (§§ 20 ff.). Bestimmte Lufträume können vorübergehend oder dauernd zu Sperrgebieten erklärt werden (§ 26). Der Transport gefährlicher Güter (z. B. Waffen, Munition, explosionsgefährliche Stoffe) ist grundsätzlich verboten (§ 27). Für Zwecke der Zivilluftfahrt ist die → Enteignung zulässig (§ 28). Die Luftaufsicht, die der Abwehr von Gefahren für die Sicherheit des L. sowie für die öfftl. Sicherheit oder Ordnung durch die Luftfahrt dient, ist Aufgabe der Luftfahrtbehörden, z. B. Bundesanstalt für Flugsicherung (§§ 29 ff.). Die für den Zivilluftverkehr maßgeblichen Vorschriften gelten für Bundeswehr, Bundesgrenzschutz, Polizei u. ausländische Stationierungsstreitkräfte nur in begrenztem Umfang (§ 30). Wird beim Betrieb eines Luftfahrzeugs durch Unfall jemand getötet, sein Körper oder seine Gesundheit verletzt oder eine Sache beschädigt, so ist der Halter des Luftfahrzeugs auch ohne → Verschulden verpflichtet, den Schaden zu ersetzen *(Gefährdungshaftung)*; dabei ist die Haftung durch Höchstbeträge (z. B. bei Personenschaden bis zu 500 000 DM) begrenzt (§§ 33 ff.). Erleidet ein Fahrgast an Bord eines Luftfahrzeugs oder beim Ein- u. Aussteigen einen Personen- oder Sachschaden, ist der Luftfrachtführer zum Schadensersatz verpflichtet. Auch in diesem Fall setzt die Haftung kein Verschulden voraus; doch kann der Frachtführer sich entlasten, indem er beweist, daß er und seine Leute alle erforderlichen Maßnahmen zur Schadensverhütung getroffen haben oder daß sie diese Maßnahmen nicht treffen konnten (§§ 44, 45). Auch hier gelten Haftungshöchstbeträge: bei Personenschäden bis zu 320 000 DM; bei Schäden an beförderten Gütern bis zu 67,50 DM je kg, höchstens 3200 DM (§ 46). Bußgeld- u. Strafvorschriften verleihen den luftverkehrsrechtlichen Bestimmungen Nachdruck (§§ 58 ff.). Von Bedeutung ist insbesondere der Straftatbestand der Luftverkehrsgefährdung (§ 59): Wer als Führer eines Luftfahrzeugs oder als sonst für die Sicherheit Verantwortlicher durch grob pflichtwidriges Verhalten gegen eine im Rahmen der Luftaufsicht erlassene Verfügung verstößt u. dadurch Leib oder Leben eines anderen oder fremde Sachen von bedeutendem Wert gefährdet, verwirkt Freiheitsstrafe bis zu 5 Jahren oder Geldstrafe, bei Fahrlässigkeit Freiheitsstrafe bis zu 2 Jahren oder Geldstrafe.

M

Mängelrüge ist beim → Kauf u. → Werkvertrag die Beanstandung der Sache bzw. des Werks wegen eines zur Geltendmachung von → Gewährleistungsansprüchen berechtigenden Mangels. Beim beiderseitigen → Handelskauf hat das Unterlassen der M. zur Folge, daß die gelieferte Ware, auch wenn sie in Qualität, Quantität oder Identität von der vereinbarten Sache abweicht, als genehmigt gilt. Der Käufer verliert infolgedessen seine Rechte auf Gewährleistung oder Erfüllung (§§ 377, 378 HGB). Die M. ist eine geschäftsähnliche → Rechtshandlung.

Mahnung ist eine einseitige, empfangsbedürftige, formlose Aufforderung des Gläubigers an den Schuldner, die fällige Leistung zu bewirken. Sie löst i. d. R. den Schuldnerverzug (→ Verzug) aus. Die M. ist kein Rechtsgeschäft, wohl aber eine geschäftsähnliche → Rechtshandlung.

Mahnverfahren (§§ 688 ff. ZPO) ist ein vereinfachtes, schriftliches Verfahren zur gerichtlichen Durchsetzung von Geldforderungen. Der Gläubiger eines auf die Zahlung einer bestimmten Geldsumme in DM gerichteten Anspruchs kann, statt zu klagen, den Erlaß eines *Mahnbescheids* (früher: Zahlungsbefehl) gegen den Schuldner beantragen, um auf diesem Wege vergleichsweise schnell einen → Vollstreckungstitel zu erhalten. Ausschließlich zuständig ist das Amtsgericht, bei dem der Antragsteller seinen Wohnsitz oder Sitz hat. Der Antrag muß auf einem maschinell lesbaren Vordruck eingereicht werden. Der → Rechtspfleger erläßt sodann den Mahnbescheid, ohne zu prüfen, ob der geltend gemachte Anspruch tatsächlich besteht. Durch den Bescheid wird der Schuldner aufgefordert, innerhalb von zwei Wochen nach Zustellung entweder die behauptete Schuld samt Zinsen und Kosten zu begleichen oder schriftlich *Widerspruch* einzulegen. Erhebt der Schuldner Widerspruch und beantragt eine Partei (das kann auch der Gläubiger sein) die streitige Verhandlung, so gibt das Gericht den Rechtsstreit an das zuständige Gericht ab. Bei Ausbleiben des Widerspruchs erläßt es auf Antrag einen *Vollstreckungsbescheid,* der einem für vorläufig vollstreckbar erklärten → Versäumnisurteil gleichsteht. Gegen den Vollstreckungsbescheid kann der Schuldner wie gegen ein Versäumnisurteil binnen zwei Wochen → *Einspruch* einlegen. – Die Vorschriften der ZPO über das M. finden im arbeitsgerichtlichen Verfahren mit einigen Besonderheiten entsprechende Anwendung (§ 46a ArbGG).

Maklervertrag (Mäklervertrag). Durch den M. verpflichtet sich der Auftraggeber, dem Makler für den Nachweis der Gelegenheit zum Abschluß eines Vertrages (Nachweismakler) oder für die Vermittlung eines Vertrages (Vermittlungsmakler) die vereinbarte, hilfsweise die übliche Provision (Maklerlohn) zu zahlen (§§ 652 ff. BGB). Da der Makler nicht zu einer Tätigkeit verpflichtet ist, handelt es sich um einen einseitig verpflichtenden → Vertrag. Der M. ist formfrei, auch wenn er sich auf den Abschluß eines → Grundstückskaufvertrags richtet. Der Auftraggeber muß die Provision nur zahlen, wenn der Vertrag tatsächlich zustande kommt u. die Bemühungen des Maklers für den Vertragsabschluß ursächlich gewesen sind (Grundsatz des Erfolgshonorars). Der Makler kann eine Provision unabhängig von der Ursächlichkeit seiner Leistungen oder unabhängig von der Wirksamkeit des abgeschlossenen Vertrages nur verlangen, wenn dies eindeutig u. klar durch Einzelvereinbarung geregelt ist; Klauseln in → Allgemeinen Geschäftsbedingungen genügen nicht. Der Auftraggeber braucht Aufwendungen des Maklers nur bei ausdrücklicher Vereinbarung zu ersetzen. Er kann den M. jederzeit widerrufen; umgekehrt ist der Makler jederzeit zur Kündigung berechtigt. Hat der Auftraggeber dem Makler *Alleinauftrag* erteilt, darf er nicht die Dienste anderer Makler in Anspruch nehmen; zugleich verzichtet er für die Dauer der im M. bestimmten Frist auf sein Widerrufsrecht. Auf seiten des Maklers begründet der Alleinauftrag die Pflicht zum Tätigwerden. – Für den Handelsmakler (z. B. Börsenmakler) gelten besondere Vorschriften (§§ 93 ff. HGB). – Die Vermittlung von Wohnungen richtet sich nach dem Gesetz zur Regelung der *Wohnungsvermittlung* v. 4. 11. 1971. Ein Provisionsanspruch entsteht nur, wenn infolge der Vermittlung oder des Nachweises ein Mietvertrag abgeschlossen wird, nicht aber bei bloßer Vertragsverlängerung, auch nicht bei Vermietung von Wohnungen, an deren Eigentum der Makler rechtlich oder wirtschaftlich beteiligt ist. Die Vereinbarung einer erfolgsunabhängigen Provision ist in jedem Fall ausgeschlossen. Der Maklerlohn ist in einem Bruchteil oder Vielfachen der Monatsmiete anzugeben. Vorschüsse dürfen nicht gefordert und nicht angenommen werden. Eine vereinbarte → Vertragsstrafe darf 10% der Provision, höchstens 50 DM nicht übersteigen. – M. ist auch der *Ehemaklervertrag* (→ Heiratsvermittlung).

mala fides (böser Glaube) steht im Gegensatz zum → guten Glauben. → auch gutgläubiger Erwerb.

Mandat (des Abgeordneten) → Abgeordnete.

Marktbeherrschende Unternehmen → Wettbewerbsrecht.

Marktwirtschaft → soziale Marktwirtschaft.

Maßnahmegesetz ist eine Regelung in Gesetzesform, die aus bestimmtem Anlaß und zur Bewältigung einer konkreten Situation ergeht, wenngleich sie zumeist eine generell-abstrakte Fassung aufweist (→ Gesetz). M. sind im planenden und lenkenden → Sozialstaat zu einem unentbehrlichen Rechtsetzungsinstrument geworden. Sie sind grundsätzlich zulässig; allerdings darf ein grundrechtseinschränkendes Gesetz nicht als Einzelfallgesetz erlassen werden (Art. 19 I 1 GG).

Maßregeln der Besserung und Sicherung → Strafrecht.

Materielles Recht → Recht.

Medienfreiheit (Freiheit von Presse, Rundfunk, Fernsehen u. Film) → Meinungsfreiheit.

Mehrheitswahl → Wahlrecht.

Mehrwertsteuer → Steuerrecht.

Meineid. Die strafrechtliche Ahndung des M. u. der übrigen in §§ 153 ff. StGB erfaßten Aussagedelikte dient dem Schutz der Rechtspflege vor falscher Wahrheitsfindung.
1. Grunddelikt ist die *falsche uneidliche Aussage.* Nach § 153 StGB wird mit Freiheitsstrafe von 3 Monaten bis zu 5 Jahren bestraft, wer vor Gericht oder einer anderen zur eidlichen Vernehmung von Zeugen oder Sachverständigen zuständigen Stelle als Zeuge oder Sachverständiger vorsätzlich falsch aussagt. Es kommt darauf an, ob die Aussage objektiv unwahr ist u. ob der Täter den Vorsatz der Falschaussage hat.
2. *Meineid* (§ 154 StGB) ist als erschwerte Form der uneidlichen Falschaussage das vorsätzliche Falschschwören, das mit Freiheitsstrafe nicht unter 1 Jahr (in minder schweren Fällen 6 Monate bis 5 Jahre) geahndet wird. Täter kann ein Zeuge, ein Sachverständiger, aber auch die Partei im Zivilprozeß, nicht jedoch der Angeklagte im Strafverfahren sein. Vollendet ist die Tat mit vollständiger Ableistung des → Eides; vorher, vom Beginn der Eidesformel an, handelt es sich um einen Versuch. Der Vorsatz muß das Bewußtsein umfassen, daß die Aussage unrichtig ist.
3. Leistet jemand, etwa zur Glaubhaftmachung in der Zwangsvollstreckung oder im Konkurs, vor einer dazu zuständigen Be-

hörde eine *falsche Versicherung an Eides Statt*, so hat er eine Freiheitsstrafe bis zu 3 Jahren oder Geldstrafe verwirkt.

4. Hat der Täter in den Fällen §§ 153–156 StGB falsch ausgesagt, um von sich oder einem anderen die Gefahr der Bestrafung oder einer freiheitsentziehenden Maßregel der Besserung u. Sicherung abzuwenden *(Aussagenotstand)*, kann das Gericht die Strafe mildern, bei uneidlicher Falschaussage auch ganz von Strafe absehen; sofern ein Jugendlicher unter 16 Jahren, der aufgrund seines Alters *noch nicht eidesmündig ist*, uneidlich falsch aussagt, kommt ebenfalls Strafmilderung oder Strafverzicht in Betracht (§ 157 StGB). In gleicher Weise kann das Gericht vorgehen, wenn der Täter die falsche Aussage *rechtzeitig berichtigt* (§ 158 StGB).

5. Wer einen gutgläubig (oder auch fahrlässig) Handelnden zu einem falschen Eid, zu einer falschen uneidlichen Versicherung an Eides statt oder zu einer uneidlichen Falschaussage *verleitet*, macht sich nach § 160 StGB strafbar. § 159 StGB stellt die nach den allgemeinen Regeln an sich straffreie erfolglose Anstiftung zu den Vergehen der uneidlichen Falschaussage u. der falschen Versicherung an Eides Statt in entsprechender Anwendung der §§ 30, 31 StGB unter Strafe.

6. *Fahrlässiger Falscheid* u. *fahrlässige falsche Versicherung an Eides Statt* werden nach § 163 StGB mit Freiheitsstrafe bis zu 1 Jahr oder mit Geldstrafe geahndet; doch bleibt der Täter straflos, wenn er die falsche Aussage rechtzeitig berichtigt.

Meinungsfreiheit ist der Oberbegriff für verschiedene in Art. 5 I GG gewährleistete →Grundrechte. Die Vorschrift garantiert die Meinungsäußerungs- u. die Informationsfreiheit (S. 1), die Pressefreiheit sowie die Freiheit der Berichterstattung durch Rundfunk u. Film (S. 2). Eine Zensur findet nicht statt (S. 3). Diesen Gewährleistungen kommt für die freie geistige Auseinandersetzung, für das Entstehen „öffentlicher Meinung" u. damit für einen offenen demokratischen Prozeß überragende Bedeutung zu.

1. Die *Freiheit der Meinungsäußerung* umfaßt die Meinungsäußerung selbst u. die mit ihr bezweckte Meinungsbildung. Dazu zählen sowohl Meinungen im Sinne von Werturteilen als auch Tatsachenbehauptungen. Nicht geschützt sind jedoch Tatsachenberichte, die bewußt oder erwiesenermaßen unwahr sind. Ohne Belang ist, in welcher Form die Meinung geäußert oder verbreitet wird („in Wort, Schrift und Bild").

2. Die *Informationsfreiheit* bildet die Kehrseite der Meinungsäußerungsfreiheit. Sie ermöglicht es jedem, sich aus allgemein zugänglichen Quellen – das sind insbesondere die Massenmedien – ungehindert zu unterrichten.

3. Durch die Garantie der *Pressefreiheit* wird die Tätigkeit der Presse unter verfassungsrechtlichen Schutz gestellt. „Presse" meint nicht nur periodisch erscheinende Publikationen, sondern

alles Gedruckte, also z. B. auch Bücher, bei einer Zeitung nicht nur den redaktionellen, sondern auch den Anzeigenteil. Geschützt werden sämtliche der Pressearbeit zuzuordnenden Verhaltensweisen; hierzu gehören der Druck u. die Verbreitung von Meldungen u. Meinungen ebenso wie das Aufspüren von Tatsachen, das Sammeln von Nachrichten in Archiven, die Kontakte mit Informanten usw. Ein Informationsanspruch der Presse gegenüber staatlichen Organen wird durch Art. 5 I 2 GG nicht gewährt (wohl aber durch die Pressegesetze der Bundesländer); doch ist es dem Staat verwehrt, Auskünfte an die Presse generell zu verbieten. Die Pressefreiheit steht im Verhältnis zum Staat jedem im Pressewesen Tätigen zu; auf sie kann sich daher nicht nur der Verleger (Herausgeber), sondern auch der angestellte Journalist berufen. Davon zu unterscheiden ist die heftig umstrittene Frage, ob sich aus dem Grundgesetz Maßgaben für eine „innere Pressefreiheit" in den Zeitungsredaktionen, d. h. für einen gegen den Verleger gerichteten Anspruch der Redakteure auf Unabhängigkeit u. Mitbestimmung, herleiten lassen. Das Problem der inneren Pressefreiheit hängt eng mit der zunehmenden Pressekonzentration zusammen, die die Vielfalt des Meinungsspektrums der Zeitungen zu gefährden droht.

4. Wenn Art. 5 I 2 GG für *Rundfunk (einschließlich Fernsehen) u. Film die Freiheit der Berichterstattung* gewährleistet, so heißt das nicht, daß meinungsbildende Äußerungen dieser Kommunikationsmedien verfassungsrechtlich nicht geschützt wären. Angesichts des weitreichenden Einflusses, den Rundfunk u. Fernsehen auf die öfftl. Meinung ausüben, stellt sich insbes. die Frage, welche Folgerungen aus dem Grundgesetz für die *Organisation der Rundfunkanstalten* zu ziehen sind. Als gesicherte Erkenntnis gilt, daß es weder einen Staatsrundfunk noch eine Vereinnahmung des Rundfunks durch bestimmte Meinungstendenzen geben darf. Umstritten ist dagegen, ob die Meinungsvielfalt allein durch pluralistisch zusammengesetzte Monopolanstalten der öffentl. Hand mit inhaltlich ausgewogenem Programm zu verwirklichen ist – so 1961 das Fernsehurteil des BVerfG – oder ob auch *privaten Trägern* der Zugang zum Rundfunk eröffnet werden muß. Das BVerfG ging seinerzeit von einer Sondersituation aus, die durch Knappheit der Frequenzen und durch hohen finanziellen Aufwand für die Veranstaltung von Rundfunksendungen gekennzeichnet war. Diese Beschränkungen sind inzwischen angesichts der rapiden Entwicklung auf dem Gebiet der Kommunikationstechnik (z. B. Kabel- u. Satellitenfernsehen) weitgehend weggefallen, so daß die Beteiligung privater Rundfunkveranstalter durch die Verfassung grundsätzlich nicht mehr ausgeschlossen ist. Die modernen technischen Möglichkeiten dürfen jedoch nicht dazu führen, daß der Rundfunk dem freien Spiel der Kräfte überlassen bleibt. Das BVerfG hat hierzu im Urteil v. 16. 6. 1981 folgende *Grundsätze* aufgestellt:

Die Einführung privaten Rundfunks bedarf einer gesetzlichen Grundlage. Darüber hinaus sind zur Gewährleistung eines die Meinungsvielfalt umfassenden Gesamtprogramms gesetzliche Vorkehrungen erforderlich. Der Gesetzgeber muß sicherstellen, daß der Rundfunk nicht einer oder einzelnen gesellschaftlichen Gruppen ausgeliefert wird. Er kann dabei auf eine „binnenpluralistische" Organisationsform zurückgreifen, bei der, wie bislang bei den öfftl.-rechtlichen Rundfunkanstalten, die verschiedenen gesellschaftlichen Kräfte in den Organen des Veranstalters repräsentiert sind; er kann aber auch eine „außenpluralistische" Lösung wählen, die die Meinungsvielfalt, wie bei der Zeitungspresse, durch konkurrierende Träger ermöglicht. In jedem Fall muß er Leitgrundsätze verbindlich machen, die ein Mindestmaß von inhaltlicher Ausgewogenheit, Sachlichkeit und gegenseitiger Achtung gewährleisten. Bei „binnenpluralistischer" Struktur gilt diese Anforderung für das Gesamtprogramm jedes einzelnen Veranstalters. Bei einem „außenpluralistischen" Modell, das in der Gesamtheit der angebotenen Programme die bedeutenden politischen, weltanschaulichen und sonstigen gesellschaftlichen Richtungen angemessen zu Wort kommen läßt, obliegt den einzelnen Veranstaltern keine Ausgewogenheit; wohl aber sind sie zu sachgemäßer, umfassender u. wahrheitsgemäßer Information sowie zu einem Minimum an gegenseitiger Achtung verpflichtet. Durch gesetzliche Regelungen ist ferner eine begrenzte Staatsaufsicht vorzusehen, die die Einhaltung der zur Gewährleistung der Rundfunkfreiheit ergangenen Bestimmungen sicherzustellen hat. Sofern sich der Gesetzgeber für eine Rundfunkorganisation unter Einschluß des Privatfunks entscheidet, muß er das Zugangsverfahren – die Voraussetzungen für Erteilung oder Versagung der Lizenzen – selbst ordnen. Reichen die vorhandenen Frequenzen nicht für alle Bewerber aus, bedarf es zur Sicherung der Chancengleichheit gesetzlicher Auswahlregelungen (z. B. durch Verteilung von Sendezeiten). – Mehrere Bundesländer führen inzwischen Kabelpilotprojekte mit Beteiligung privater Veranstalter durch. Die neuen Mediengesetze Bayerns, Niedersachsens, Schleswig-Holsteins u. des Saarlands sehen eine dualistische Rundfunkordnung vor mit einem vorrangig gebührenfinanzierten öfftl. Rundfunk einerseits u. einem in erster Linie aus Werbung finanzierten Privatfunk andererseits. Der private Rundfunk wird nach dem „außenpluralistischen" Modell organisiert; die Vielfalt u. Ausgewogenheit des gesamten privaten Programmangebots soll durch eine Kontrollinstanz in Form einer pluralistisch zusammengesetzten juristischen Person des öfftl. Rechts („öffentliches Dach") gesichert werden. Die Ministerpräsidenten der Länder haben sich im Dezember 1984 auf einen *Staatsvertrag zur Neuordnung des Rundfunkwesens* verständigt, der die bundesweite Einführung privaten Rundfunks ermöglicht, zugleich aber eine Bestands- u. Entwicklungsgarantie für den öfftl.-rechtlichen Rundfunk enthält. Die Verabschiedung des Staatsvertrages ist jedoch aufgrund der in mehreren Ländern aufgetretenen Bedenken unwahrscheinlich geworden.

5. Art. 5 I 3 GG bekräftigt die Medienfreiheiten, indem er ein ausdrückliches *Zensurverbot* ausspricht. Zeitungsartikel, Fernsehsendungen u. dgl. dürfen daher vor ihrer Verbreitung keiner behördlichen Genehmigung im Sinne einer Vorzensur unterworfen werden.

6. Die in Art. 5 I GG niedergelegten Grundrechte finden ihre *Schranken* in den Vorschriften der allgemeinen Gesetze, der gesetzlichen Bestimmungen zum →Jugendschutz u. in dem Recht der persönlichen Ehre (Art. 5 II GG). Allgemeine Gesetze sind nur diejenigen Rechtsnormen, die sich nicht gegen die Meinungsfreiheit selbst oder eine bestimmte Meinung richten, die vielmehr dem Schutz eines Rechtsgutes schlechthin – ohne Rücksicht auf bestimmte Meinungen – dienen. Ein verfassungswidriges „besonderes" Gesetz wäre etwa eine Regelung, die justizkritische Presse- u. Rundfunkberichte untersagt; dagegen wendet sich z. B. die →polizeiliche Generalklausel nicht speziell gegen die M., kann dieser also zulässigerweise Grenzen ziehen. Die allgemeinen Gesetze müssen im übrigen in der die M. beschränkenden Wirkung ihrerseits im Licht der Bedeutung der Meinungsfreiheitsrechte gesehen werden; die in ihnen gezogenen Grenzen haben keinen absoluten Charakter u. werden daher ggf. von der M. zurückgedrängt. Zum Verhältnis von Meinungsfreiheit u. persönlicher Ehre →Persönlichkeitsrecht.

Meldepflicht ist die Pflicht, einen bestimmten Umstand der zuständigen Behörde anzuzeigen. *Allgemeine M.* bestehen z. B. nach § 11 MRRG gegenüber dem Einwohnermeldeamt (wer eine Wohnung bezieht, hat sich anzumelden; wer auszieht, muß sich abmelden) und nach §§ 16, 32 PStG gegenüber dem Standesbeamten (Geburt u. Tod sind ihm anzuzeigen). *Besondere M.* gelten u. a. in der Sozialversicherung u. im Gesundheitswesen. Der Arbeitgeber hat aufgrund sozialversicherungsrechtlicher Vorschriften jeden von ihm Beschäftigten, soweit er in der Kranken-, Renten- oder Arbeitslosenversicherung pflichtversichert ist (→Sozialversicherung), der zuständigen Krankenkasse (meist AOK) zu melden. Nach §§ 3 ff. BSeuchenG sind Ärzte, Behandlungspersonal, Hebammen, Anstalts- u. Heimleiter verpflichtet, dem Gesundheitsamt bei bestimmten übertragbaren Krankheiten den Krankheitsverdacht, die Erkrankung sowie den Tod zu melden.

Menschenrechte sind →Grundrechte, die das Grundgesetz *jedermann*, gleichgültig ob Deutscher, Ausländer oder Staatsloser, gewährleistet (z. B. Art. 2 I: „jeder", Art. 3 I: „alle Menschen" oder, in Verbotsform, Art. 3 III: „niemand darf"). Die in der → Europäischen Konvention zum Schutze der Menschenrechte u. Grundfreiheiten zugesicherten Rechte gelten innerstaatlich nur kraft einfachen Bundesgesetzes, sind also keine (verfassungsrechtlich garantierten) Grundrechte. Im Unterschied zu den M. sind *Bürgerrechte* Grundrechte, die nicht jedermann, sondern nur *„allen Deutschen"* gewährleistet werden (z. B. Art. 8, 9 oder 12 GG). Der Begriff des „Deutschen" ergibt sich aus Art. 116 I GG (→ Staatsangehörigkeit).

Menschenwürde. Die Würde des Menschen ist unantastbar. Sie zu achten u. zu schützen ist Verpflichtung aller staatlichen Gewalt (Art. 1 I GG). M. ist der innere u. zugleich soziale Wert- u. Achtungsanspruch, der dem Menschen um seinetwillen zukommt. Das bedeutet insbes., daß er stets als Person zu respektieren ist, daß er nicht zum verfügbaren Objekt staatlichen Handelns gemacht, als Mittel zum Zweck mißbraucht werden darf. Die M. ist jedem Menschen angeboren, sie ist unverlierbar. Ihr Schutz steht schon dem erzeugten, aber noch nicht geborenen Menschen zu u. wirkt über den Tod hinaus. Art. 1 I GG ist eine Verhaltensnorm, die sich nicht auf das Verfassungsrecht beschränkt, sondern für alle Rechtsgebiete gilt. Jedermann ist daher verpflichtet, die M. zu achten. Das ist der Grund für die Anerkennung des in Art. 1 I i. V. m. Art. 2 I GG wurzelnden allgemeinen → Persönlichkeitsrechts. Das oberste Rechtsprinzip der M. ist in Art. 79 III GG ausdrücklich für unabänderlich erklärt.

Miete, Mietrecht (§§ 535 ff. BGB). Die Miete ist ein gegenseitiger → Vertrag, in dem sich der Vermieter zur Überlassung des zeitweiligen Gebrauchs der vermieteten Sache an den Mieter, der Mieter zur Zahlung des vereinbarten Mietzinses an den Vermieter verpflichtet (§ 535 BGB). Durch die Miete wird ein → Dauerschuldverhältnis begründet. Gegenstand des Mietvertrages kann eine bewegliche Sache (z. B. Auto) wie auch eine unbewegliche Sache (Grundstück, Wohn- oder gewerblicher Raum) sein. Der Abschluß des Mietvertrags ist grundsätzlich formfrei. Mietverträge über Grundstücke u. Räume für länger als 1 Jahr bedürfen dagegen der Schriftform; widrigenfalls gilt der Vertrag als auf unbestimmte Zeit geschlossen (§ 566 BGB). Bei Wohnungsmietverträgen tritt das Mietrecht des BGB, soweit es nachgiebige Vorschriften enthält, hinter die Bestimmungen des von den Vertragsparteien üblicherweise verwendeten → Formularvertrags zurück.
1. *Rechte u. Pflichten der Vertragsparteien.* Der Vermieter hat dem Mieter die vermietete Sache in einem zum vertragsgemäßen Gebrauch geeigneten Zustand zu überlassen u. sie während der Mietzeit in diesem Zustand zu erhalten (§ 536 BGB). Er ist demnach auch für die bei vertragsmäßigem Gebrauch in einer Woh-

nung anfallenden *Schönheitsreparaturen* verantwortlich. Dazu gehören, jeweils im Abstand von etwa 5–6 Jahren, sämtliche Innenanstriche u. das Tapezieren, nicht jedoch der Außenanstrich von Fenstern u. Türen. In den meisten Mietverträgen wird, in Abweichung von der gesetzlichen Regelung, vereinbart, daß der Mieter die Schönheitsreparaturen auf seine Kosten durchzuführen hat. – Ist die vermietete Sache zum Zeitpunkt der Überlassung mit einem Fehler behaftet, der ihre Tauglichkeit zum vertragsgemäßen Gebrauch aufhebt oder erheblich mindert oder entsteht später ein solcher Fehler (z. B. Heizung funktioniert nicht), ist der Mieter je nach Umfang der Gebrauchsbeeinträchtigung von der Zahlung des Mietzinses ganz oder teilweise befreit (§ 537 BGB). Gleiches gilt beim Fehlen oder Wegfall einer zugesicherten Eigenschaft (z. B. hinsichtlich der Größe oder der Beschaffenheit von Räumen). Ist der Mangel schon bei Abschluß des Vertrags vorhanden, entsteht er später infolge eines vom Vermieter zu vertretenden Umstands oder kommt der Vermieter mit der Mängelbeseitigung in → Verzug, so hat der Mieter darüber hinaus einen → Schadensersatzanspruch wegen Nichterfüllung; bei Verzug des Vermieters kann der Mieter den Mangel selbst beseitigen u. Aufwendungsersatz fordern (§ 538 BGB). Die Gewährleistungsrechte entfallen, wenn der Mieter den Mangel bei Vertragsabschluß kannte oder grob fahrlässig nicht kannte (§ 539 BGB). Auf Rechtsmängel finden die Vorschriften über die Gewährleistungsansprüche bei Sachmängeln entsprechende Anwendung (§ 541 BGB). Der Mieter ist berechtigt, das Mietverhältnis fristlos zu kündigen, wenn der vertragsmäßige Gebrauch der Sache ganz oder teilweise nicht rechtzeitig gewährt oder wieder entzogen wird und eine dem Vermieter gesetzte Frist zur Abhilfe erfolglos verstrichen ist (§ 542 BGB). Treten während der Mietzeit Sachmängel auf, muß der Mieter den Vermieter unverzüglich informieren. Andernfalls ist er für den daraus herrührenden Schaden verantwortlich u. verliert obendrein, sofern der Vermieter aufgrund der unterbliebenen Anzeige zur Abhilfe außerstande war, seine Gewährleistungsrechte (§ 545 BGB). Veränderungen oder Verschlechterungen der Mietsache, die durch vertragsgemäßen Gebrauch entstehen, hat der Mieter nicht zu vertreten (§ 548 BGB). Allerdings steht es den Parteien frei, vertraglich etwas anderes zu vereinbaren (so z. B. hinsichtlich der Schönheitsreparaturen). Macht der Mieter einen vertragswidrigen Gebrauch von der Mietsache (z. B. durch ruhestörenden Lärm in der von ihm gemieteten Wohnung), kann der Vermieter nach erfolglos gebliebener Abmahnung auf Unterlassung klagen (§ 550 BGB); daneben hat er die Möglichkeit, das Mietverhältnis fristlos zu kündigen (§ 554 BGB) u. ggf. Schadensersatz wegen → positiver Vertragsverletzung zu verlangen. Eine *Mietkaution,* die der Sicherung der Ansprüche des Vermieters dient, darf das Dreifache der Monatsmiete nicht übersteigen; der Vermieter muß die Kaution auf einem Sonderkonto zu dem für Spareinlagen mit gesetzlicher Kündigungsfrist üblichen Zinssatz anlegen; die Zinsen stehen dem Mieter zu (§ 550b BGB). Der Mieter darf die Sache nur mit Erlaubnis des Vermieters einem Dritten ganz oder teilweise zum selbständigen Gebrauch überlassen *(Untermiete).* Entsteht für den Mieter von Wohnraum nach Abschluß des Mietverhältnisses ein berechtigtes Interesse an der Untervermietung eines Teils der Wohnung, kann er vom Vermieter die Erlaubnis verlangen; allerdings muß die Untervermietung dem Vermieter zumutbar sein, u. U. ist der Mietzins mit Rücksicht auf die stärkere Abnutzung zu erhöhen (§ 549 BGB). Wenn der Mieter Angehörige oder auch den Partner, mit dem er in → eheähnlicher Gemeinschaft lebt, in seine Wohnung aufnimmt, muß der Vermieter ein solches Zusammenleben grundsätzlich dulden (→ Wohnungsgemeinschaft). – Der Mieter hat Anspruch auf Ersatz seiner Verwendungen (§ 547 BGB). Er ist berechtigt, eine Einrichtung, mit der er das Mietobjekt versehen hat (z. B. Waschmaschine), wegzunehmen; der Vermieter kann aber die Wegnahme, sofern der Mieter kein berechtigtes Interesse an ihr hat, durch angemessene Entschädigung abwenden (§ 547a BGB). Nach Ablauf der Mietzeit muß der Mieter die gemietete Sache zurückgeben (§ 556 BGB). Die *Höhe des Mietzinses* steht im Belieben der Vertragsparteien. Ausnahmen gelten für Sozialwohnungen, bei denen höchstens die Kostenmiete vereinbart werden darf (→ sozialer Wohnungsbau), u. für Altbauwohnungen in Berlin, die weiterhin der Mietpreisbindung unterliegen. Die Regelung des § 551 BGB, wonach der Mieter den Mietzins am Ende der Mietzeit bzw. am Ende des maßgeblichen Zeitabschnitts (bei Grundstücken vierteljährlich) entrichten muß, hat angesichts der i. d. R. bei Grundstücks- und Wohnungsmietverträgen vereinbarten monatlichen Vorleistungspflicht keine praktische Bedeutung. Der Vermieter eines Grundstücks oder Raumes hat für seine Forderungen aus dem Mietverhältnis ein gesetzliches → Pfandrecht an den eingebrachten pfändbaren Sachen des Mieters (Vermieterpfandrecht, § 559 BGB). Veräußert der Vermieter eines Grundstücks das Objekt, nachdem er es dem Mieter überlassen hat, an einen Dritten, tritt dieser an Stelle des Vermieters in das Mietverhältnis ein (*„Kauf bricht nicht Miete"*, § 571 BGB). Falls der Erwerber die auf ihn übergegangenen Verpflichtungen nicht erfüllt, haftet der bisherige Vermieter dem Mieter wie ein selbstschuldnerischer → Bürge. Die Haftung entfällt, wenn er den Mieter vom Eigentumswechsel in Kenntnis gesetzt hat u. dieser daraufhin nicht zum nächstzulässigen Termin kündigt.

2. *Ende des Mietverhältnisses.* Haben die Parteien den Vertrag für eine bestimmte Laufzeit abgeschlossen, endet das Mietverhältnis grundsätzlich mit Zeitablauf (§ 564 BGB). Wenn sie keine Bestimmung über die Mietzeit getroffen haben, ist der Vertrag auf unbe-

stimmte Zeit geschlossen. Er kann dann von den Parteien nur durch Aufhebungsvertrag oder durch Kündigung beendet werden. Die Kündigung eines Mietverhältnisses über Wohnraum bedarf der Schriftform. In dem Kündigungsschreiben sollen die Gründe für die Kündigung angegeben u. der Mieter auf sein Widerspruchsrecht hingewiesen werden (§ 564a BGB). Eine *außerordentliche (fristlose) Kündigung* ist nur unter bestimmten Voraussetzungen zulässig, insbes. dann, wenn ein Vertragsteil seine Verpflichtungen in einer dem anderen Teil nicht zumutbaren Intensität, z. B. durch nachhaltige Störung des Hausfriedens, verletzt (§ 554a BGB), ferner dann, wenn der Mieter in Zahlungsverzug gerät, und zwar entweder in 2 aufeinanderfolgenden Terminen oder mit dem doppelten Mietzins in einem Zeitraum von mehr als 2 Terminen (§ 554 BGB). Die *ordentliche Kündigung* ist dagegen an bestimmte Fristen gebunden, die sich grundsätzlich nach der Zahlungsweise des Mietzinses (täglich, monatlich) richten (§ 565 BGB). Bei einem Mietverhältnis über Wohnraum muß die Kündigung spätestens am 3. Werktag eines Kalendermonats für den Ablauf des übernächsten Monats erklärt werden (eine Kündigung zum 31. März hat demnach spätestens am 3. Januar zu erfolgen). Nach 5-, 8- u. 10jähriger Mietzeit verlängert sich die Kündigungsfrist um jeweils 3 Monate. Hat der Vermieter einen Teil der von ihm bewohnten Wohnung entweder als Einzelzimmer oder nur zu vorübergehendem Gebrauch möbliert vermietet, gelten kürzere Kündigungsfristen: so z. B. bei monatlicher Zahlungsweise spätestens am 15. des Monats für den Ablauf dieses Monats. – Nach Beendigung des Mietverhältnisses ist der Mieter zur Räumung verpflichtet (§ 556 BGB). Weigert er sich, die Wohnung herauszugeben, muß der Vermieter → *Räumungsklage* erheben.

3. *Soziales Wohnungsmietrecht.* Angesichts des vor allem in Ballungsgebieten immer noch bestehenden Wohnungsmangels hat der Gesetzgeber zahlreiche Vorschriften zum Schutz des Mieters erlassen u. insoweit die → Vertragsfreiheit erheblich eingeschränkt; doch ist der Mieterschutz, insbes. bei befristeten Verträgen, durch das Gesetz zur Erhöhung des Angebots an Mietwohnungen v. 20. 12. 1982 gelockert worden. Bestimmte dem Mieter nachteilige Vertragsklauseln sind unwirksam. So dürfen in einem Mietvertrag u. a. folgende Rechte des Mieters nicht ausgeschlossen werden: die Gewährleistungsansprüche nach § 537 BGB geltend zu machen; das Mietverhältnis wegen Nichtgewährung des Gebrauchs der Mietsache fristlos zu kündigen (§§ 542, 543 BGB); mit Schadensersatzansprüchen aufgrund eines Sachmangels gegen die Mietzinsforderung aufzurechnen oder wegen solcher Ansprüche ein Zurückbehaltungsrecht auszuüben (§ 552a BGB); an den gesetzlichen Bestimmungen über Höhe sowie verzinsliche u. treuhänderische Anlage der Mietkaution festzuhalten (§ 550b III BGB); bei einem unbefristeten Mietverhältnis zu jedem Monats-

letzten zu kündigen, also nicht an den Schluß bestimmter Kalendermonate (z. B. Quartalsende) gebunden zu sein (§ 565 II BGB). Unwirksam sind ferner die Vereinbarung einer → Vertragsstrafe zu Lasten des Mieters (§ 550a BGB) u. ein dem Vermieter eingeräumtes Recht zur fristlosen Kündigung aus anderen als den im Gesetz genannten Gründen (§ 554b BGB). Besonders bedeutsam sind die durch das 2. Wohnraumkündigungsschutzgesetz von 1974 eingeführten *Kündigungsschutzvorschriften*. Nach § 564b BGB kann der Vermieter dem Mieter nur kündigen, wenn er ein berechtigtes Interesse an der Beendigung des Mietverhältnisses hat, so insbes., wenn der Mieter seine vertraglichen Verpflichtungen schuldhaft erheblich verletzt hat (z. B. durch fortwährend unpünktliche Mietzahlung), wenn der Vermieter die Wohnung für sich oder seine Angehörigen benötigt (Eigenbedarf) oder wenn er infolge der Fortsetzung des Mietverhältnisses an einer angemessenen Verwertung des Grundstücks gehindert u. dadurch erhebliche Nachteile erleiden würde. Doch kann der Mieter der Kündigung auch in diesen Fällen aufgrund der *Sozialklausel* des § 556a BGB spätestens 2 Monate vor Beendigung des Mietverhältnisses schriftlich widersprechen u. vom Vermieter die Fortsetzung der Miete verlangen, sofern die Beendigung für ihn oder seine Familie eine Härte bedeuten würde, die auch unter Würdigung der berechtigten Interessen des Vermieters nicht zu rechtfertigen wäre. Kommt eine Einigung zwischen den Mietparteien nicht zustande, entscheidet das örtlich zuständige Amtsgericht. – Auch bei einem *befristeten Mietverhältnis* kann der Mieter 2 Monate vor Zeitablauf durch schriftliche Erklärung Vertragsverlängerung fordern, falls nicht der Vermieter ein berechtigtes Interesse an der Beendigung hat (§ 564c I BGB). Dieses Fortsetzungsverlangen ist jedoch bei Mietverträgen, die nach dem 31. 12. 1982 abgeschlossen wurden, nur noch sehr eingeschränkt möglich. Es entfällt (§ 564c II BGB), wenn eine Mietdauer von nicht mehr als 5 Jahren vereinbart ist; wenn der Vermieter die Wohnung für sich oder seine Angehörigen nutzen will; wenn er die Räume in zulässiger Weise beseitigen oder so wesentlich verändern bzw. instandsetzen will, daß diese Maßnahmen durch die Fortdauer des Mietverhältnisses erheblich erschwert würden. Allerdings muß der Vermieter dem Mieter die Verwendungsabsicht schon bei Abschluß des Vertrages erklären u. ihm 3 Monate vor Vertragsende schriftlich mitteilen, daß sie weiterhin besteht. – Eine Kündigung zum Zweck der Mieterhöhung ist ausgeschlossen (§ 1 MHRG). Der Vermieter kann aber vom Mieter die Zustimmung zur Mieterhöhung verlangen, wenn der Mietzins seit 1 Jahr unverändert ist (diese Frist entfällt bei Mieterhöhungen wegen Modernisierungsmaßnahmen oder wegen gestiegener Betriebs- oder Fremdkapitalkosten) und wenn der geforderte Mietzins die ortsübliche Vergleichsmiete nicht überschreitet u. innerhalb von jeweils 3 Jahren nicht mehr als 30% über der Ausgangsmiete liegt. Zum Nachweis der ortsüblichen Vergleichsmiete kommen insbes. kommunale „Mietspiegel" oder Mietwerttabellen in Betracht. Stimmt der Mieter dem Erhöhungsverlangen nicht bis zum Ablauf des zweiten darauf folgenden Kalendermonats zu, kann der Vermieter bis zum Ablauf von weiteren 2 Monaten auf Erteilung der Zustimmung klagen. Falls der Mieter mit der Mietanhebung einverstanden ist, schuldet er den erhöhten Mietzins erst vom Beginn des 3. Monats nach Zugang des Erhöhungsverlangens an (§ 2 MHRG). Hat der Vermieter Modernisierungsmaßnahmen (z. B. zur Einsparung von Heizenergie) durchgeführt, kann er die bisherige Jahresmiete um 11% der für die Wohnung aufgewendeten Modernisierungskosten erhöhen (§ 3 MHRG). Erhöhungen der Betriebs- u. Fremdkapitalkosten dürfen anteilig auf den Mieter umgelegt werden; bei Ermäßigung dieser Kosten ist der Mietzins entsprechend herabzusetzen (§§ 4,5 MHRG). – Vermieter und Mieter können im übrigen bei Abschluß des Mietvertrags für einen Zeitraum bis zu 10 Jahren vereinbaren, daß der Mietzins sich stufenweise erhöht (sog. *Staffelmiete,* § 10 II MHRG). Voraussetzung ist, daß die Miete jeweils für 1 Jahr unverändert bleibt u. daß sie in Beträgen, also nicht in prozentualen Steigerungssätzen, ausgewiesen ist. Während der Dauer der vereinbarten Staffelmiete braucht der Mieter keine weiteren Mieterhöhungen, etwa nach dem Vergleichsmietensystem, hinzunehmen; sein Kündigungsrecht darf nicht über 4 Jahre hinaus beschränkt werden.

Mietkauf ist ein Mietvertrag (→ Miete) über eine Sache, bei dem dem Mieter das Recht eingeräumt wird, den gemieteten Gegenstand binnen einer bestimmten Frist zu einem vorher vereinbarten Kaufpreis unter Anrechnung der zwischenzeitlich geleisteten Mietzahlungen zu kaufen. Während der Mietzeit gilt Mietrecht. Wird von der Kaufoption Gebrauch gemacht, finden die Vorschriften über den → Kauf mit den für das → Abzahlungsgeschäft maßgeblichen Besonderheiten rückwirkend Anwendung. → auch Leasing.

Mietkaution → Miete.

Minderjährigkeit. Bis zur Vollendung des 18. Lj. (→ Volljährigkeit) ist der Mensch minderjährig. Er ist in diesem Lebensabschnitt zwar → rechtsfähig, aber nicht oder nur beschränkt → handlungsfähig. → Altersstufen.

Mißhandlung von Schutzbefohlenen → Körperverletzung.

Mitbestimmung (der Arbeitnehmer). Darunter versteht man die maßgebliche Beteiligung der → Arbeitnehmer an den sozialen, personellen u. wirtschaftlichen Angelegenheiten eines Betriebs oder Unternehmens. Zu unterscheiden sind betriebliche M. u. Unternehmensmitbestimmung.

1. Die *betriebliche M.* (Betriebsverfassung) ist durch das Betriebsverfassungsgesetz 1972, welches das BetrVG 1952 abgelöst hat, geregelt. Danach werden in Betrieben mit i.d.R. mindestens 5 ständigen wahlberechtigten Arbeitnehmern, von denen 3 wählbar sind, Betriebsräte gebildet. Die → leitenden Angestellten zählen nicht zu den Arbeitnehmern i.S. des BetrVG; auf sie findet das Gesetz keine Anwendung (§ 5 III BetrVG). Der Betriebsrat hat umfassende Mitbestimmungsrechte in sozialen Angelegenheiten, die in § 87 BetrVG aufgeführt sind (z.B. Ordnung des Betriebes, Beginn u. Ende der Arbeitszeit, Urlaubsplan, Einführung technischer Einrichtungen zur Überwachung des Verhaltens oder der Leistung von Arbeitnehmern). Verschiedene personelle Einzelmaßnahmen, wie z.B. Einstellung u. Eingruppierung eines Arbeitnehmers, unterliegen in Betrieben mit mehr als 20 wahlberechtigten Arbeitnehmern gleichfalls der M. des Betriebsrates, die er allerdings nur aus bestimmten Gründen verweigern darf (§ 99 BetrVG). Der Betriebsrat ist vor jeder Kündigung zu hören; andernfalls ist sie unwirksam (§ 102 BetrVG). Auch bei Betriebsänderungen (z.B. Betriebsstillegung) hat er ein Mitwirkungsrecht; er kann insbesondere auf einen *Sozialplan,* d.h. eine Einigung mit dem Unternehmer über den Ausgleich oder die Milderung der den Arbeitnehmern entstehenden wirtschaftlichen Nachteile, hinwirken (§§ 111 ff. BetrVG). Die Betriebsratsmitglieder dürfen in ihrer Tätigkeit nicht gestört oder gehindert, wegen ihrer Tätigkeit weder benachteiligt noch begünstigt werden (§ 78 BetrVG). Sie unterliegen einem verstärkten Kündigungsschutz nach §§ 15, 16 KSchG. Der Geltungsbereich des BetrVG erstreckt sich nicht auf den → öfftl. Dienst, für den die Personalvertretungsgesetze des Bundes u. der Länder maßgeblich sind. Auf → Tendenzbetriebe finden die Vorschriften des BetrVG keine Anwendung, soweit die Eigenart des Unternehmens oder Betriebes dem entgegensteht; auch die Religionsgemeinschaften werden samt ihren karitativen u. erzieherischen Einrichtungen vom BetrVG nicht erfaßt (§ 118 BetrVG).

2. *Unternehmensmitbestimmung.* Die M. der Arbeitnehmer in den großen Unternehmen ist unterschiedlich geregelt. Das *Montan-Mitbestimmungsgesetz* von 1951 schreibt vor, daß im Aufsichtsrat eines Unternehmens des Bergbaus oder der eisen- und stahlerzeugenden Industrie Anteilseigner u. Arbeitnehmer gleich stark („paritätisch") vertreten sind; hinzu kommt ein „Neutraler", der auf gemeinsamen Vorschlag beider Seiten zu berufen ist. Das Gesetz räumt der Arbeitnehmerbank erheblichen Einfluß auf das betriebliche Personalwesen ein; das dafür zuständige Vorstandsmitglied, der „Arbeitsdirektor", darf nicht gegen die Mehrheit der

Stimmen der Arbeitnehmervertreter im Aufsichtsrat bestellt werden. – Das *Mitbestimmungsergänzungsgesetz* von 1956 erstreckt die Montanmitbestimmung mit einigen Abweichungen auf solche Obergesellschaften (Holding-Gesellschaften), die aufgrund eines Organschaftsverhältnisses ein Montanunternehmen beherrschen u. einen Montanumsatz mit einem Anteil von mehr als 50% am gesamten Konzernumsatz aufweisen. Die Vorschriften über die Montanmitbestimmung nach den Gesetzen von 1951 u. 1956 sind für eine Übergangszeit von 6 Jahren auch dann anzuwenden, wenn bei einem Unternehmen die Voraussetzungen dieses Mitbestimmungsmodells entfallen sind. – Das *Mitbestimmungsgesetz 1976* findet Anwendung auf Kapitalgesellschaften außerhalb des Montanbereichs, sofern sie mehr als 2000 Arbeitnehmer beschäftigen. Der Aufsichtsrat ist paritätisch besetzt; dabei steht den leitenden Angestellten mindestens 1 Sitz auf der Arbeitnehmerbank zu. Bei Stimmengleichheit hat der von der Kapitalseite bestellte Aufsichtsratsvorsitzende doppeltes Stimmrecht. Einen Arbeitsdirektor wie im Rahmen der Montanmitbestimmung gibt es nicht. Keine Anwendung findet das Mitbestimmungsgesetz 1976 auf Tendenzbetriebe u. kirchliche Einrichtungen. – Soweit ein Unternehmen weder der Montanmitbestimmung noch dem Mitbestimmungsgesetz 1976 unterliegt, richtet sich die Beteiligung der Arbeitnehmer im Aufsichtsrat nach den einschlägigen Vorschriften des insoweit weitergeltenden *Betriebsverfassungsgesetzes 1952*. Danach muß der Aufsichtsrat einer Aktiengesellschaft, einer Kommanditgesellschaft auf Aktien u. einer GmbH mit mehr als 500 Arbeitnehmern zu ⅓ aus Arbeitnehmervertretern bestehen.

Miteigentum. Steht das Eigentum an einer Sache mehreren Personen gemeinschaftlich zu, so sind diese nur ausnahmsweise (so z.B. bei der Erbengemeinschaft u. der Gesellschaft) Eigentümer zur gesamten Hand. I.d.R. besteht M.; das bedeutet, daß das Eigentum zwischen den Miteigentümern nach (ideellen) Bruchteilen geteilt ist (Beispiel: Grundstückserwerb zu je ½ durch ein im gesetzlichen Güterstand der Zugewinngemeinschaft lebendes Ehepaar). Das M. ist somit ein Unterfall der Bruchteilsgemeinschaft (→ Gemeinschaft). Demnach finden die Vorschriften der §§ 741 ff. BGB Anwendung. So kann z.B. ein Miteigentümer über seinen Eigentumsanteil wie ein Alleineigentümer frei verfügen, über die ganze Sache jedoch nur gemeinsam mit den anderen Miteigentümern. Im übrigen gelten die Sonderbestimmungen der §§ 1008 ff. BGB: Die gemeinschaftliche Sache kann auch zugunsten eines Miteigentümers belastet werden. Haben die Miteigentümer eines Grundstücks die Verwaltung u. Benutzung geregelt oder das Recht, die Aufhebung der Gemeinschaft zu verlangen, ausgeschlossen oder eingeschränkt, so wirkt diese Vereinbarung gegen den Sondernachfolger eines Miteigentümers nur, wenn sie als Belastung des Anteils im Grundbuch eingetragen ist; jeder Miteigentümer kann die Ansprüche aus dem Eigentum Dritten gegenüber in Ansehung der ganzen Sache geltend machen, den Anspruch auf Herausgabe jedoch nur zugunsten aller Miteigentümer.

Mittäterschaft. Begehen mehrere eine Straftat gemeinschaftlich, so wird jeder als Täter bestraft (§ 25 II StGB). Erforderlich ist bewußtes und gewolltes Zusammenwirken, nicht jedoch, daß jeder Mittäter Tatbestandsmerkmale verwirklicht. Vorbereitungs- und Beihilfehandlungen genügen, sofern der Mittäter im übrigen den Geschehensablauf mitbeherrscht oder sonst in enger Beziehung zur Tat steht. Geht ein Mittäter über den Rahmen des gemeinschaftlich gefaßten Beschlusses hinaus, sind die anderen Mittäter dafür nicht verantwortlich. – Zur Mittäterschaft bei gemeinschaftlich begangener unerlaubter Handlung s. dort.

Mittelbarer Täter ist im → Strafrecht derjenige, der sich zur Ausführung der Straftat eines anderen als seines Werkzeugs bedient (§ 25 StGB). Mittelbare Täterschaft setzt voraus, daß der die Tat Ausführende selbst strafrechtlich nicht verantwortlich ist (weil es an der → Rechtswidrigkeit oder am → Vorsatz mangelt oder weil ein → Schuldausschließungsgrund vorliegt), so wenn z. B. ein Geisteskranker zur Begehung einer Straftat veranlaßt wird.

Mitverschulden → Schadensersatz.

Mord → Tötung.

Motivirrtum → Irrtum.

Mündelsicherheit. Während die Eltern im Rahmen der Vermögenssorge (→ elterliche Sorge) nur zu einer verzinslichen Anlegung des dem Kind gehörenden Bargelds verpflichtet sind, muß der → Vormund das Geld seines Mündels mündelsicher anlegen (§§ 1806 ff. BGB). Als mündelsicher gelten verzinsliche Anlagen in inländischen Hypothekenforderungen, in öffentlichen Schuldverschreibungen u. Pfandbriefen u. bei einer öffentlichen Sparkasse. Sofern wirtschaftliche Erwägungen nicht entgegenstehen, kann das → Vormundschaftsgericht dem Vormund auch eine andere Anlegungsart gestatten.

Mündlichkeitsgrundsatz. Der M. als Ausfluß des → Öffentlichkeitsgrundsatzes bedeutet, daß vor dem Gericht mündlich verhandelt u. daß nur das mündlich Vorgetragene in der Entscheidung berücksichtigt wird. Die Verfahrensordnungen schreiben

Mündlichkeit als Prinzip vor (z. B. § 128 I ZPO, § 101 VwGO), lassen aber zahlreiche Ausnahmen zugunsten des schriftlichen Verfahrens zu. Am strengsten durchgeführt ist der M. in der Hauptverhandlung des → Strafprozesses (§§ 226 ff. StPO).

Muß-Vorschrift ist eine → Rechtsnorm, die im Unterschied zur Kann- u. zur Soll-Vorschrift der Verwaltungsbehörde ein bestimmtes Tun oder Unterlassen zwingend vorschreibt, also kein → Ermessen einräumt.

Musterschutz → Gebrauchsmuster; → Geschmacksmuster.

Mutterschutz. Der M. nach dem . Mutterschutzgesetz (MuSchG) soll den Gefahren begegnen, denen die berufstätige Frau während der Schwangerschaft u. als Wöchnerin ausgesetzt ist. Es besteht ein generelles *Beschäftigungsverbot* für werdende Mütter in den letzten 6 Wochen der Schwangerschaft (Ausnahmen nur bei ausdrücklichem u. widerruflichem Einverständnis der Schwangeren) u. für Wöchnerinnen in den 8 (bei Früh- oder Mehrlingsgeburten: 12) Wochen nach der Entbindung. Darüber hinaus dürfen schwangere Frauen auch zu einem früheren Zeitpunkt nicht beschäftigt werden, soweit nach ärztlichem Zeugnis Leben oder Gesundheit von Mutter oder Kind bei Fortdauer der Beschäftigung gefährdet ist. Setzt ein solches individuelles Beschäftigungsverbot ein, muß der Arbeitgeber der Arbeitnehmerin das Arbeitsentgelt weitergewähren. Für werdende Mütter und Wöchnerinnen existiert ein besonderer → Kündigungsschutz. Mütter haben im Anschluß an die Schutzfrist nach der Entbindung Anspruch auf *Mutterschaftsurlaub* bis zu dem Tag, an dem das Kind 6 Monate alt wird. Voraussetzung ist, daß in den letzten 12 Monaten vor der Entbindung für mindestens 9 Monate (bei Frühgeburten 7 Monate) ein Arbeitsverhältnis oder ein Anspruch auf → Arbeitslosengeld, → Arbeitslosenhilfe oder → Unterhaltsgeld bestanden hat. In der gesetzlichen Krankenversicherung versicherte Frauen erhalten von dieser während der Schutzfristen *Mutterschaftsgeld* in Höhe des um die gesetzlichen Abzüge verminderten kalendertäglichen Arbeitsentgelts, höchstens aber 25 DM täglich (§ 200 RVO); nichtversicherten Frauen wird das Mutterschaftsgeld vom Bundesversorgungsamt gezahlt, jedoch nur bis zu einer Höhe von insgesamt 400 DM (§ 13 II MuSchG). Soweit das Nettoarbeitsentgelt mehr als 25 DM täglich betrug, muß der Arbeitgeber in Höhe der Differenz einen Zuschuß leisten (§ 14 I MuSchG). Während des Mutterschaftsurlaubs wird das Mutterschaftsgeld weitergezahlt, allerdings nur bis zu einer Höchstgrenze von 17 DM täglich (§ 200 IV RVO, § 13 III MuSchG). Das MuSchG gilt für alle in einem → Arbeitsverhältnis stehenden Frauen (also auch für → Auszubildende) sowie für → Heimarbeiterinnen. Bei Beamtinnen (→ öfftl. Dienst) finden nicht die Vorschriften des MuSchG, sondern ihnen inhaltlich vergleichbare bundes- oder landesrechtliche Verordnungen über den M. Anwendung.

Nach einem Gesetzentwurf der Bundesregierung von 1984 soll künftig in der gesetzlichen → Rentenversicherung 1 Jahr der Kindererziehung („Baby-Jahr") als Versicherungszeit mit 75% des Durchschnittsentgelts aller Versicherten angerechnet werden. Ein Referentenentwurf des Bundesministers für Jugend, Familie u. Gesundheit vom Februar 1985 sieht vor, daß das Mutterschaftsgeld zu einem allgemeinen *Erziehungsgeld* ausgebaut wird, das es der Mutter oder dem Vater während des ersten Lebensjahres des Kindes ermöglichen soll, sich ganz der Erziehung zu widmen. Berufstätige Mütter, die Erziehungsurlaub in Anspruch nehmen, sollen zugleich eine 1jährige Arbeitsplatzgarantie erhalten.

N

Nachbarrecht. 1. Das *private N.* ist Ausfluß des nachbarschaftlichen Gemeinschaftsverhältnisses u. daher vom Grundsatz wechselseitiger Rücksichtnahme geprägt. Die §§ 906 ff. BGB, daneben die nach Art. 124 EGBGB weitergeltenden landesrechtlichen Vorschriften konkretisieren die nachbarrechtlichen Verhaltenspflichten. So muß ein Grundeigentümer Einwirkungen durch Gase, Lärm, Erschütterungen usw. hinnehmen, sofern sie die Benutzung seines Grundstücks nicht oder nur unwesentlich beeinträchtigen. Er kann andererseits verlangen, daß gefahrdrohende Anlagen auf dem Nachbargrundstück unterbleiben oder beseitigt werden. Herüberragende Zweige, die ihn in seiner Grundstücksbenutzung einschränken, kann er vom Nachbarn beseitigen lassen und, falls dieser in angemessener Frist der Aufforderung nicht nachkommt, selbst entfernen. Früchte eines angrenzenden Baumes oder Strauchs, die auf sein Grundstück fallen, gehören ihm. Die versehentliche Grenzüberschreitung bei der Errichtung eines Gebäudes muß er dulden; doch steht ihm als Entschädigung eine Geldrente zu, ersatzweise kann er den Abkauf des überbauten Grundstücksteils zum Verkehrswert verlangen. Fehlt einem Grundstück der Anschluß an einen öffentlichen Weg, ist dem Eigentümer von den Nachbarn gegen Zahlung einer Geldrente ein Notweg einzuräumen.
2. Das *öffentliche N.* umfaßt insbesondere die nachbarschützenden Vorschriften des Bauordnungsrechts (→ Baurecht), z. B. über den Grenzabstand eines Gebäudes. Angesichts möglicher Beeinträchtigungen ihrer rechtlich geschützten Interessen sind die Nachbarn am Baugenehmigungsverfahren durch Einsichtnahme, Anhörung o. ä. zu beteiligen. Verletzt eine Baugenehmigung subjektive öffentliche Rechte eines Nachbarn, kann dieser Widerspruch u. Anfechtungsklage erheben (→ verwaltungsgerichtliches Verfahren).

Nacherbe → Erbrecht.

Nachgiebiges Recht (Gegensatz: zwingendes Recht) → Recht.

Nachlaß → Erbrecht.

Nachrede, üble → üble Nachrede.

Namensrecht. Der Name ist die sprachliche Kennzeichnung einer natürlichen oder juristischen Person oder einer Personengesellschaft (z. B. → Firma einer offenen Handelsgesellschaft), durch die sich der Namensträger von anderen Personen bzw. Personengesellschaften unterscheidet. Als Name gilt auch das insbes. von Künstlern u. Schriftstellern geführte Pseudonym (Deckname). Der gesetzliche Name einer natürlichen Person *(bürgerlicher Name)* besteht aus dem Familiennamen u. mindestens einem Vornamen. Das → eheliche Kind erhält den Ehenamen der Eltern, das → nichteheliche Kind den Namen, den die Mutter z. Z. seiner Geburt führt (§§ 1616, 1617 BGB). Dem gemeinsamen Ehenamen kann jeder Ehegatte seinen davon abweichenden Geburtsnamen oder den z. Z. der Eheschließung geführten Namen voranstellen (§ 1355, → Eherecht). Das Adelsprädikat („von") ist Namensbestandteil. Juristische Personen des öfftl. Rechts erhalten ihren Namen durch Verleihung, jur. Personen des Privatrechts durch Selbstbeilegung. Der Namensträger hat das Recht auf den ausschließlichen Gebrauch seines Namens. Wird das N. von einem anderen bestritten oder wird das Interesse des Berechtigten dadurch verletzt, daß ein anderer unbefugt den gleichen Namen gebraucht, so steht dem Namensträger ein → Unterlassungsanspruch zu (§ 12 BGB); er kann also Beseitigung einer bereits eingetretenen Beeinträchtigung verlangen u. sich bei Wiederholungsgefahr gegen künftige Rechtsverletzungen zu Wehr setzen. Da das N. als → absolutes Recht geschützt ist, begründet seine schuldhafte Verletzung außerdem einen Schadensersatzanspruch aus → unerlaubter Handlung (§ 823 I BGB).

NATO = North Atlantic Treaty Organization (Nordatlantikpakt-Organisation). Die NATO – mit Sitz in Brüssel – ist ein Verteidigungsbündnis Westeuropas u. Nordamerikas gegen die Bedrohung durch die kommunistisch regierten Staaten Osteuropas. Gründungsmitglieder waren 1949 Belgien, Dänemark, Frankreich, Großbritannien, Island, Italien, Kanada, Luxemburg, die Niederlande, Norwegen, Portugal u. die USA. 1951 schlossen sich Griechenland u. die Türkei an. Durch die → *Pariser Verträge* von 1955 wurde die Bundesrepublik als gleichberechtigtes Mitglied in die westliche Verteidigungsgemeinschaft eingegliedert. Die Wirksamkeit des 1982 von Spanien erklärten Beitritts bleibt einer Volksabstimmung vorbehalten. Frankreich gehört zwar weiterhin der NATO an, hat sich aber 1966 unter de Gaulle aus der gemeinsamen militärischen Organisation gelöst. Durch das Zustimmungsgesetz zum Nordatlantikvertrag von 1955 (→ Ratifizierung) hat die Bundesrepublik Hoheitsrechte auf die NATO übertragen u. einen gemeinsamen Oberbefehl über einen wesentlichen Teil ihrer Streitkräfte anerkannt (Art. 24 I, II GG). Auf der Grundlage dieses Gesetzes war die Bundesregierung berechtigt, der Ausrüstung der in der Bundesrepublik stationierten US-Streitkräfte mit nuklearbestückten Mittelstreckenraketen zuzustimmen; sie bedurfte dazu keiner besonderen gesetzlichen Ermächtigung (BVerfG v. 18. 12. 1984). – Organe der NATO sind der Nordatlantikrat, bestehend aus den Vertretern der Mitgliedstaaten, der Ausschuß für Verteidigungsplanung, dem gleichfalls Vertreter sämtlicher Mitgliedstaaten angehören, sowie der aus den Generalstabschefs der Mitgliedstaaten gebildete Militärausschuß, dem das Alliierte Oberkommando Europa (SHAPE) unterstellt ist. Die Rechtsstellung der in der Bundesrepublik stationierten Truppen der NATO-Staaten, ihrer Angehörigen u. des nicht-deutschen Zivilpersonals ist durch das NATO-Truppenstatut u. die es ergänzenden Zusatzabkommen geregelt. Es behandelt insbes. Fragen der Strafgerichtsbarkeit u. der zivilrechtlichen Haftung der Entsendestaaten für Staionierungsschäden.

Natürliche Person (Gegensatz: → juristische Person) ist der Mensch. Die → Rechtsfähigkeit der n. P. beginnt mit der Vollendung der Geburt und endet mit dem Tod.

Naturalobligation ist eine Verbindlichkeit (→ Schuld), die nicht im Klageweg durchgesetzt werden kann. Das gilt insbes. für Verbindlichkeiten aus → Spiel u. → Wette sowie aus einem Auftrag zur → Heiratsvermittlung.

Naturalrestitution → Schadensersatz.

Naturrecht. Unter N. versteht man ein für alle Zeiten u. Völker gültiges Idealrecht, das seine Entstehung nicht der staatlichen Rechtsetzung verdankt, sondern „von Natur aus" vorgegeben ist. Das N. ist griechischen Ursprungs; es ist vor allem in der platonischen Ideen- u. der aristotelischen Entelechienlehre entwickelt worden. Insbesondere Thomas von Aquin hat das antike Naturrecht, vornehmlich im Rückgriff auf Aristoteles, fortgebildet u. christlich untermauert. Nach Ansicht der thomistischen Scholastik hat Gott in der Schöpfungsordnung Werte angelegt, die dem Menschen kraft seiner Natur erkennbar sind. Durch ihre Befolgung erfüllt der Mensch seinen natürlichen Daseinszweck. In der Neuzeit hält das profane Vernunftrecht zwar an dem universalistischen u. überzeitlichen Geltungsanspruch des N. fest, löst es aber von seiner Begründung im göttlichen Schöpferwillen u. emanzipiert es so von der Moraltheologie. In dieser Ausprägung fand das N. Eingang in die großen Kodifikationen des 17. und 18. Jahrhunderts (z. B. preußisches Allgemeine Landrecht von 1794). Spätestens im Hochmittelalter zeichnen sich jedoch bereits gegenläufige Strömungen ab, die den Geltungsanspruch des N. gefährden. Der Nominalismus in der Schule Duns Scotus' u. Wilhelm Occams lehnt es ab, Gott an eine bestimmte Werteordnung zu binden. Das Gute u. Gerechte läßt sich nach dieser Auffassung nicht aus allgemeinen Wesensbegriffen, sondern nur aus der Hingabe an den göttlichen Willen ableiten. Damit gewinnt das Individuelle Vorrang vor dem Allgemeinen; das persönliche Rechtsgewissen tritt an die Stelle der objektiven Seins- u. Werteordnung. An diesen nominalistischen Voluntarismus knüpft auch Luther an, der die Rechtfertigung des gefallenen u. erlösungsbedürftigen Menschen allein in der Gnade des der Vernunft verborgenen, nur im Glauben erfahrbaren Gottes gründet. (Von daher wird es begreiflich, daß die protestantische im Unterschied zur katholischen Theologie dem Naturrecht zumeist mit großen Vorbehalten begegnet.) Thomas Hobbes zieht sodann in seiner Staatslehre aus der rationalen Unableitbarkeit der ethischen Norminhalte die Folgerung, daß zur Überwindung des sonst unvermeidlichen Krieges aller gegen alle – den er in den Glaubens- u. Bürgerkriegen seiner Zeit anschaulich vor Augen geführt sah – die staatliche Autorität die real wirksame Rechts- u. Friedensordnung setzen müsse. Hobbes gilt daher letztlich als der Begründer des → Rechtspositivismus. Für die Anhänger des N. sind zumindest bestimmte wesentliche Rechtswerte – z. B. die Achtung der Menschenwürde, die Gerechtigkeit –, darüber hinaus aber auch vergleichsweise konkrete Handlungsanweisungen – wie etwa das Verbot des Mordes, der Körperverletzung, der Freiheitsberaubung, des Diebstahls – vorstaatlich, d. h. unabhängig vom staatlich gesetzten Recht, gültig. Das N. bleibt stets dem Einwand ausgesetzt, daß es nicht möglich sei, überzeitlich-allgemeingültige Inhalte im Blick auf die konkrete geschichtliche Situation als rechtlich verbindliche Normen zu bestimmen. Das ändert nichts an der Feststellung, daß das N. immer dann seine mobilisierende u. revolutionierende Kraft zu entfalten vermochte, wenn das positive Recht dem Rechtsempfinden des Zeitalters nicht mehr entsprach. Gerade angesichts der extremen Auswirkungen des Rechtspositivismus, wie sie vor allem im nationalsozialistischen Unrechtsstaat zutage traten, hat es eine neue Aktualität gewonnen. Indem das GG die Würde des Menschen für unantastbar erklärt (Art. 1 I) u. das Bekenntnis zu unverletzlichen u. unveräußerlichen Menschenrechten ausspricht (Art. 1 II), hat es ein der Verfassung vorgegebenes Wertesystem anerkannt, das auf der naturrechtlichen Tradition aufbaut.

Naturschutz → Umweltrecht.

Nebenabreden sind Vereinbarungen in einem → Vertrag, die sich nicht auf die wesentlichen Punkte des Vertrages beziehen. Beim

Kaufvertrag z. B. können sich N. auf Art u. Zeitpunkt der Lieferung beziehen, während die Einigung über Ware und Preis einen wesentlichen Vertragsbestandteil bildet. Ist eine N., die nach der Erklärung auch nur einer Partei regelungsbedürftig war, nicht getroffen worden, so ist im Zweifel der ganze Vertrag nicht geschlossen (→ Dissens).

Nebenklage → Privatklage.

ne bis in idem (nicht zweimal wegen derselben Tat) ist ein verfassungsrechtlich durch Art. 103 III GG abgesicherter Grundsatz des Strafverfahrensrechts (→ Strafprozeß), der es verbietet, daß jemand wegen einer Tat, deretwegen er rechtskräftig verurteilt worden ist, erneut verfolgt wird (sog. Verbrauch der Strafklage). Das Verbot der Doppelbestrafung begründet ein Prozeßhindernis für ein neues Strafverfahren u. gibt dem in einem früheren Verfahren Freigesprochenen überdies das → subjektive Recht, nicht noch einmal belangt zu werden.

Negative Feststellungklage → Klage.

Neugliederung des Bundesgebietes. Nach dem 1976 geänderten Art. 29 GG kann das Bundesgebiet neu gegliedert werden, um zu gewährleisten, daß die Länder nach Größe und Leistungsfähigkeit ihre Aufgaben wirksam erfüllen können. Dabei sind die landsmannschaftliche Verbundenheit, die geschichtlichen und kulturellen Zusammenhänge, die wirtschaftliche Zweckmäßigkeit sowie die Erfordernisse der Raumordnung und der Landesplanung zu berücksichtigen. Maßnahmen der N. d. B. ergehen durch Bundesgesetz, das der Bestätigung durch Volksentscheid bedarf. Unter bestimmten Voraussetzungen sind auch Volksbegehren und Volksbefragung möglich. Die Einzelheiten des Verfahrens ergeben sich aus Art. 29 III–VI GG und einem dazu erlassenen Gesetz. Kleinere Gebietsänderungen, von denen nicht mehr als 10.000 Einwohner betroffen sind, können durch Staatsverträge der beteiligten Länder oder durch Bundesgesetz mit Zustimmung des Bundesrates erfolgen (Art. 29 VII GG).

Neutralität (im → Völkerrecht) bedeutet i. e. S. Nichtbeteiligung an einem Krieg. Das Gebiet der neutralen Staaten ist unverletzlich; diese dürfen nicht zugunsten einer Partei in den Krieg eingreifen. Es gibt darüber hinaus eine dauernde, d. h. auch in Friedenszeiten wirksame N., wie sie z. B. von Österreich u. der Schweiz geübt wird. Die dauernde N., die auf eine Nichtidentifikation mit einem der beiden militärischen Blöcke in der Ost-West-Auseinandersetzung hinausläuft, ist jedoch weniger ein völkerrechtlicher als ein politischer Begriff. Zur religiösen N. des Staates → Staatskirchenrecht.

Nichtanzeige geplanter Straftaten (§§ 138, 139 StPO). Grundsätzlich ist niemand verpflichtet, eine Straftat anzuzeigen. Wer jedoch von dem Vorhaben oder der Ausführung bestimmter besonders schwerer Verbrechen (z. B. → Mord, → Totschlag, → Raub) zu einer Zeit, zu der die Ausführung oder der Erfolg noch abgewendet werden kann, glaubhaft erfährt u. es unterläßt, der Behörde oder dem Bedrohten rechtzeitig Anzeige zu machen oder die Tat sonst zu verhindern, wird mit Freiheitsstrafe bis zu 5 Jahren oder mit Geldstrafe bestraft. Ein Geistlicher ist indessen nicht verpflichtet anzuzeigen, was ihm in seiner Eigenschaft als Seelsorger anvertraut wird. Für Angehörige, Rechtsanwälte, Ärzte, Verteidiger besteht nur eine eingeschränkte Anzeigepflicht.

Nichteheliches Kind ist das von einer unverheirateten Frau geborene Kind oder das zuvor eheliche Kind, dessen Ehelichkeit erfolgreich angefochten worden ist (→ eheliches Kind). Die Vaterschaft des nichtehelichen Vaters wird durch Anerkennung des Mannes, die der Zustimmung des Kindes bedarf, oder durch gerichtliche Entscheidung festgestellt. Hat der Mann der Mutter während der → Empfängniszeit beigewohnt, so wird vermutet, daß das Kind von ihm gezeugt wurde (§ 1600a ff. BGB). Die Rechtsstellung der n. K. ist durch das sog. Nichtehelichengesetz von 1969 neu geregelt worden; damit entsprach der Gesetzgeber dem ihm erteilten Verfassungsauftrag des Art. 6 V GG, den n. K. die gleichen Bedingungen für ihre leibliche und seelische Entwicklung u. für ihre Stellung in der Gesellschaft zu schaffen wie den ehelichen Kindern. Die frühere Bestimmung, nach der das n. K. u. sein Vater nicht als verwandt galten, ist fortgefallen. Doch steht die → *elterliche Sorge* allein der Mutter zu (§ 1705 BGB). Das n. K. erhält den Namen, den die Mutter zur Zeit seiner Geburt führt (§ 1617 BGB). Für bestimmte Konflikte mit dem Vater (über Vaterschaftsfeststellung, Unterhaltsansprüche u. erbrechtliche Ansprüche des n. K.) ist der Mutter das Jugendamt als → Pfleger beigeordnet (sog. Amtspflegschaft). Die Mutter bestimmt, ob u. in welchem Umfang der Vater persönlichen Kontakt zum Kind haben darf; bei Meinungsverschiedenheiten soll das Jugendamt zwischen Mutter u. Vater vermitteln. Auch kann das → Vormundschaftsgericht dem Vater das Recht zum persönlichen Umgang zuerkennen, wenn es dem Wohl des Kindes dient. Das n. K. hat den gleichen *Anspruch auf Unterhalt u. Ausbildung* gegen seine Eltern wie das eheliche Kind. Da die Mutter ihre Unterhaltspflicht dem Kind gegenüber unmittelbar zu erfüllen pflegt, hat der Vater meist eine Geldrente zu leisten, bei deren Bemessung die Lebensstellung beider Eltern zu berücksichtigen ist. Auch im → *Erbrecht* ist das n. K. einem ehelichen Kind gleichgestellt. Hinterläßt der Vater jedoch eheliche Abkömmlinge, so erhält es nicht den gesetzlichen Erbteil, sondern statt dessen einen wertgleichen Geldanspruch gegen die Erben (sog. *Erbersatzanspruch*, § 1934a BGB). Ein n. K. zwischen 21 und 27 Jahren kann von seinem Vater einen vorzeitigen Erbausgleich in Geld verlangen. Unter bestimmten Voraussetzungen kann das n. K. für ehelich erklärt werden (→ Legitimation).

Nichterfüllung liegt vor, wenn der → Schuldner die von ihm geschuldete Leistung nicht bewirkt (erfüllt). Die Rechtsfolgen der N. richten sich nach der Art der Leistungsstörung: → Unmöglichkeit oder → Verzug (→ auch Schuldverhältnis).

Nichtigkeit eines Rechtsgeschäfts bedeutet, daß das Rechtsgeschäft (R.) von Anfang an unwirksam ist. Die N. wirkt für u. gegen alle, bedarf keiner Geltendmachung u. ist im Prozeß → von Amts wegen zu berücksichtigen. Nichtigkeitsgründe sind z. B. Geschäftsunfähigkeit, Nichteinhaltung der vorgeschriebenen Form, Verstoß gegen ein gesetzliches Verbot oder die guten Sitten. Ein anfechtbares R. wird durch die → Anfechtung von Anfang an nichtig (142 BGB). Soll an einem nichtigen R. gleichwohl festgehalten werden, so bedarf es nach Wegfall des Nichtigkeitsgrundes der Neuvornahme; als Neuvornahme ist auch die „Bestätigung" eines nichtigen R. anzusehen (§ 141 BGB). Teilnichtigkeit eines R. macht im Zweifel das ganze R. nichtig (§ 139 BGB). Entspricht ein nichtiges R. den Erfordernissen eines anderen R., so gilt nach § 140 das letztere, wenn anzunehmen ist, daß dessen Geltung bei Kenntnis der N. gewollt wäre (z. B. Umdeutung der unwirksamen fristlosen Kündigung eines Arbeitsverhältnisses in eine ordentliche Kündigung). – Besonderheiten gelten für die *nichtige Ehe*. Sie ist trotz Nichtigkeitsgrundes (z. B. Bigamie) zunächst wirksam u. wird erst durch gerichtliches Gestaltungsurteil ex nunc für nichtig erklärt (§ 23 EheG).

Nichtigkeit eines Verwaltungsaktes → Verwaltungsakt.

Nichtrechtsfähiger Verein → Verein.

Niederlassungsfreiheit. Jeder Deutsche kann sich aufgrund der ihm durch Art. 11 I GG garantierten Freizügigkeit an jedem Ort innerhalb des Bundesgebietes niederlassen. Einschränkungen dieses Grundrechtes sind nur nach Maßgabe des Art. 11 II GG zulässig. Die N. umfaßt das Recht, Grundeigentum zu erwerben u. eine gewerbliche oder sonstige Berufstätigkeit aufzunehmen. Darüber hinaus genießen nach Art. 52 EWG-Vertrag die Staatsangehörigen der Mitgliedstaaten der → Europäischen Gemeinschaften innerhalb der EG N. (s. dazu das Gesetz über Einreise u. Aufenthalt von Staatsangehörigen der Mitgliedstaaten der EWG von 1969). Soweit die Europäische Kommission im Rahmen ihrer Zuständigkeiten Rechtsvorschriften erläßt (z. B. für die Zulassung von Rechtsanwälten), gelten diese unmittelbar in allen EG-Ländern. Nach dem von den Mitgliedstaaten des → Europarates abgeschlossenen Europäischen Niederlassungsabkommen von 1955 ist zwar jeder Vertragstaat verpflichtet, den Staatsangehörigen der anderen Vertragstaaten zu gestatten, jede auf Erwerb gerichtete Tätigkeit unter den gleichen Bedingungen wie die eigenen Staatsangehörigen auszuüben; jedoch steht die Verpflichtung unter dem Vorbehalt, daß wichtige Gründe wirtschaftlicher oder sozialer Art der Erteilung der Erlaubnis nicht entgegenstehen.

Nießbrauch → Dienstbarkeiten.

nihil obstat = es steht nichts entgegen. Aufgrund des → Reichskonkordats von 1933 bedürfen katholische Geistliche zur Übernahme eines staatlichen Amtes (z. B. als Religionslehrer oder Theologieprofessor) der durch die Formel des n. o. gewährten Erlaubnis ihres Diözesanbischofs. Die Erlaubnis kann jederzeit aus wichtigen Gründen kirchlichen Interesses widerrufen werden. – Nach katholischem → Kirchenrecht enthält das n. o. mit dem Zusatz „imprimatur" (es möge gedruckt werden) die kirchliche Druckerlaubnis.

Nötigung (§ 240 StGB) begeht, wer einen anderen rechtswidrig mit Gewalt (z. B. Körperschläge) oder durch Drohung mit einem empfindlichen Übel (z. B. Kündigung des Arbeitsverhältnisses) zu einer Handlung, Duldung oder Unterlassung nötigt. Auch Straßenblockaden, Sit-ins vor militärischen Einrichtungen u. dgl. sind Gewaltanwendung, da die Blockierer durch das Versperren der Straße andere am Weiterfahren hindern. Objekt der Gewalt oder des angedrohten Übels muß nicht der Genötigte selbst, es kann auch ein Dritter sein (z. B. Ehegatte). Die Tat ist rechtswidrig, wenn die Gewaltanwendung bzw. die Androhung des Übels zu dem angestrebten Zweck als verwerflich anzusehen ist. „Verwerflich" bedeutet soziale Unerträglichkeit bzw. soziale Mißbilligung. Verwerflich handelt etwa der Fahrer eines schnellen Sportwagens, der auf der Überholspur der Autobahn den langsameren Vordermann durch dichtes Auffahren u. fortwährendes Betätigen der Lichthupe zum Ausweichen zwingt, nicht jedoch derjenige, der einen anderen zum Anhalten nötigt, um ihn auf eine Gefahrensituation (z. B. Kleinkind öffnet bei hohem Tempo hintere Fahrzeugtür) aufmerksam zu machen. Die Verwerflichkeit wird nicht dadurch ausgeschlossen, daß der Täter sich von redlichen Motiven leiten läßt. Wer etwa aus gutgemeinten politischen Erwägungen, um z. B. für den Frieden zu demonstrieren, an einer Blockade teilnimmt, handelt nach h. A. gleichwohl verwerflich. Die Berufung auf die Grundrechte der → Meinungsfreiheit (Art. 5 GG) und der → Versammlungsfreiheit (Art. 8 GG) vermag an diesem Ergebnis nichts zu ändern: Die Meinungsfreiheit schützt die geistige Auseinandersetzung, die Versammlungsfreiheit das Recht auf friedliche Versammlung; beide Grundrechte rechtfertigen indes keine Aktionen, die gezielt die Handlungsfreiheit anderer beeinträchtigen. Die N. ist in mehreren anderen Strafdelikten als Tatbestandselement enthalten (z. B. → Raub, → Erpressung). Sie wird mit Freiheitsstrafe bis zu 3 Jahren oder mit Geldstrafe, in besonders schweren Fällen mit Freiheitsstrafen von 6 Monaten bis zu 5 Jahren bestraft. Auch der → Versuch ist strafbar.

non liquet („es ist nicht klar") bedeutet, daß im gerichtlichen Verfahren eine behauptete Tatsache offen geblieben ist, daß sie also weder bewiesen noch beweiskräftig widerlegt worden ist. Im → Strafprozeß wirkt sich das n. l. nach dem Grundsatz des → „in dubio pro reo" zugunsten des Angeklagten aus. In allen anderen Verfahrensarten hat derjenige die Folgen der Beweislosigkeit zu tragen, dem die Beweislast zufällt (grundsätzlich der Kläger für die anspruchsbegründenden, der Beklagte für die anspruchshindernden Tatsachen). → Beweis

Normative Kraft des Faktischen ist eine auf den Rechtsgelehrten Georg Jellinek (1851–1911) zurückgehende Wendung, die den Geltungsgrund des → Rechts – in Abkehr von naturrechtlichen Traditionen (→ Naturrecht) – nicht in der gleichbleibenden Natur des Menschen oder in der Vernunft, sondern in den tatsächlichen Gewohnheiten des geschichtlich-sozialen Lebens sieht. In der modernen Industriegesellschaft ist das → Gewohnheitsrecht, das die n. K. d. F. verkörpert, durch staatlich gesetztes Recht fast vollständig verdrängt worden. Allerdings beeinflußt die soziale Wirklichkeit insoweit den Rechtsetzungsprozeß, als sich auch das Recht an ihr u. den sie prägenden Wertvorstellungen stets von neuem bewähren muß.

Normenkontrolle ist die gerichtliche Überprüfung einer → Rechtsnorm auf ihre Vereinbarkeit mit höherrangigem Recht. Grundsätzlich ist es Sache eines jeden Gerichts, darüber zu befinden, ob eine von ihm anzuwendende Vorschrift gültig ist oder nicht. Hält ein Gericht jedoch ein nachkonstitutionelles (d.h. nach Inkrafttreten der Verfassung ergangenes) formelles → Gesetz, auf dessen Gültigkeit es bei seiner Entscheidung ankommt, für verfassungswidrig, so kann es sich darüber nicht hinwegsetzen; es besteht vielmehr in diesen Fällen gem. Art. 100 GG ein *verfassungsgerichtliches Verwerfungsmonopol*. Das Gericht ist daher verpflichtet, das Verfahren auszusetzen und die Entscheidung des zuständigen Verfassungsgerichts einzuholen: des Bundesverfassungsgerichts bei Unvereinbarkeit der Norm mit dem Grundgesetz, des

Landesverfassungsgerichts bei Verstoß gegen die Landesverfassung. Neben dieser durch ein bestimmtes gerichtliches Verfahren ausgelösten *„konkreten"* N. sieht das Grundgesetz in Art. 93 I Nr. 2 eine *„abstrakte"*, d. h. von einem konkreten Verfahren losgelöste N. vor. Danach entscheidet das Bundesverfassungsgericht auf Antrag der Bundesregierung, einer Landesregierung oder eines Drittels der Mitglieder des Bundestages bei Meinungsverschiedenheiten oder Zweifeln über die förmliche und sachliche Vereinbarkeit von Bundesrecht oder Landesrecht mit dem Grundgesetz oder über die Vereinbarkeit von Landesrecht mit sonstigem Bundesrecht. Sowohl bei der konkreten als auch bei der abstrakten N. hat die Entscheidung des Bundesverfassungsgerichts über die Gültigkeit bzw. Nichtigkeit der Norm Gesetzeskraft (§ 31 II BVerfGG). Eine weitergehende Möglichkeit abstrakter N. eröffnet § 47 VwGO. Nach dieser Vorschrift entscheidet das Oberverwaltungsgericht (Verwaltungsgerichtshof) im Rahmen seiner Zuständigkeit auf Antrag über die Gültigkeit von Rechtsnormen, die im Rang unter dem Landesgesetz stehen (d. h. → Rechtsverordnungen u. → Satzungen), sofern das Landesrecht dies bestimmt. Von dieser Ermächtigung haben die Länder Baden-Württemberg, Bayern, Bremen, Hessen, Niedersachsen u. Schleswig-Holstein Gebrauch gemacht. Das Oberverwaltungsgericht kann ferner angerufen werden zur Nachprüfung von Satzungen, die nach den Vorschriften des Bundesbaugesetzes oder des Städtebauförderungsgesetzes erlassen worden sind (also insbes. Bebauungspläne, → Baurecht), u. zur Kontrolle bestimmter aufgrund dieser Gesetze ergangener Rechtsverordnungen. Antragsberechtigt ist jeder, der durch die Rechtsnorm oder deren Anwendung einen Nachteil erlitten oder in absehbarer Zeit zu erwarten hat, sowie jede Behörde.

Notar. Der N. ist als unabhängiger Träger eines öffentlichen Amtes auf dem Gebiet der vorsorgenden Rechtspflege tätig; ihm obliegt insbes. die Beurkundung von Rechtsgeschäften. Aufgaben und Rechtsstellung sind in der Bundesnotarordnung u. im Beurkundungsgesetz geregelt. Der N. nimmt sein Amt freiberuflich (Ausnahme: die von der Bundesnotarordnung nicht erfaßten beamteten Notare im OLG-Bezirk Karlsruhe) u. grundsätzlich hauptberuflich (Ausnahme: die nebenberufliche Tätigkeit der Anwaltsnotare vor allem in den rechtsrheinischen ehemals preußischen Gebieten) wahr. Für seine Tätigkeit erhält der N. Gebühren u. Auslagen nach den Vorschriften der Kostenordnung. Er ist unparteiischer Betreuer der Beteiligten u. zur Verschwiegenheit verpflichtet. Bei Beurkundungen trifft ihn eine Prüfungs- u. Belehrungspflicht. Seine Urkundstätigkeit darf er, sofern sie mit seinen Amtspflichten vereinbar ist, ohne ausreichenden Grund nicht verweigern. Er hat sich durch sein Verhalten innerhalb u. außerhalb des Berufs achtungs- u. vertrauenswürdig zu erweisen. Die N., die die Befähigung zum Richteramt (→ Richter) besitzen müssen, werden von der Landesjustizverwaltung bestellt, u. zwar so viele, wie es eine geordnete Rechtspflege erfordert. Sie unterstehen der Dienstaufsicht (→ Aufsicht) des Landgerichtspräsidenten, des OLG-Präsidenten u. der Landesjustizverwaltung. Für gerichtliche Entscheidungen in Disziplinarsachen sind die beim OLG u. beim BGH errichteten Notarsenate zuständig. Die Notare eines OLG-Bezirks bilden eine Notarkammer; darüber hinaus gibt es eine Bundesnotarkammer.

Notarielle Beurkundung (§§ 128, 127a, 125 BGB, §§ 6ff. BeurkG). Bestimmte → Willenserklärungen sind nur dann wirksam, wenn sie vor dem → Notar abgegeben werden u. eine Niederschrift über die Verhandlung aufgenommen wird. Die Niederschrift, die Ort u. Tag der Verhandlung angeben soll, muß die Bezeichnung des Notars u. der Beteiligten sowie die Erklärungen der Beteiligten enthalten; sie ist den Beteiligten in Gegenwart des Notars vorzulesen, von ihnen zu genehmigen u. eigenhändig zu unterschreiben. Zur n. B. eines → Vertrags genügt es, wenn zunächst der Antrag u. sodann dessen Annahme beurkundet wird. Die notarielle Urkunde ist öffentliche → Urkunde u. begründet somit vollen Beweis des beurkundeten Vorgangs (§ 415 ZPO). Bei einem gerichtlichen Vergleich wird die n. B. durch Aufnahme der Erklärungen in ein nach den Vorschriften der ZPO errichtetes Protokoll ersetzt. N. B. ist als zwingendes Formerfordernis (→ Formvorschriften) u. a. vorgeschrieben für Grundstückskaufvertrag, Schenkungsversprechen, Ehevertrag, Erbvertrag, Gründung einer Aktiengesellschaft, Gründung einer GmbH.

Notfrist (§§ 223f. ZPO) ist im → Zivilprozeß eine von der ZPO als solche bezeichnete Frist. Sie kann weder durch die Parteien noch durch das Gericht verlängert oder verkürzt werden. Sie wird auch durch die Gerichtsferien (15. Juli bis 15. September) nicht gehemmt. N. sind z. B. die Fristen für die Einlegung der Berufung, der Revision u. der sofortigen Beschwerde (→ Rechtsmittel). Gegen die Versäumung einer N. ist → Wiedereinsetzung in den vorigen Stand möglich.

Nothilfe → Notwehr.

Notstand. 1. Der *strafrechtliche N.* ist entweder → Rechtfertigungsgrund oder Schuldausschließungsgrund (→ Schuld). Nach § 34 StGB, § 16 OWiG entfällt die *Rechtswidrigkeit* einer Straftat oder Ordnungswidrigkeit, wenn der Täter in einer gegenwärtigen, nicht anders abwendbaren Gefahr für Leben, Leib, Freiheit, Ehre, Eigentum oder ein anderes Rechtsgut handelt, um die Gefahr von sich oder einem anderen abzuwenden, u. wenn bei Abwägung der widerstreitenden Interessen das geschützte Interesse das beeinträchtigte wesentlich überwiegt. Das gilt jedoch nur, soweit die Tat ein angemessenes Mittel zur Gefahrenabwehr ist. (Beispiel: Hausfriedensbruch u. Sachbeschädigung zur Rettung eines eingeschlossenen Schwerkranken.) *Entschuldigender N.* ist nach § 35 StGB gegeben, wenn der Täter in einer gegenwärtigen, nicht anders abwendbaren Gefahr für Leben, Leib oder Freiheit (nicht für andere Rechtsgüter!) eine rechtswidrige Tat begeht, um die Gefahr von sich, einem Angehörigen oder einer sonstigen ihm nahestehenden Person abzuwenden. Konnte dem Täter die Hinnahme der Gefahr zugemutet werden, kommt nur eine Strafmilderung in Betracht. Hat der Täter aufgrund eines nicht vermeidbaren Irrtums fälschlich entschuldigende Umstände angenommen, wird er gleichwohl nicht bestraft. (Beispiel für den entschuldigenden N.: Straßenpassant läßt den infolge einer Schlägerei Schwerverletzten angesichts der Bedrohung durch die Schlägerbande liegen; keine Bestrafung wegen unterlassener Hilfeleistung.)

2. Das *Privatrecht* unterscheidet defensiven und aggressiven N. Durch *defensiven N.* (§ 228 BGB) gerechtfertigt ist derjenige, der eine fremde Sache beschädigt oder zerstört, um eine durch sie drohende Gefahr von sich oder einem anderen abzuwenden. Voraussetzung ist, daß die Handlung zur Gefahrenabwehr erforderlich ist und daß der Schaden nicht außer Verhältnis zur Gefahr steht (z. B. Tötung eines anfallenden bissigen Hundes). Hat der Handelnde die Gefahr schuldhaft herbeigeführt, ist er trotz Rechtmäßigkeit seines Tuns zum Schadenersatz verpflichtet. Beim *aggressiven N.* (904 BGB) geht die Gefahr nicht von einer Sache, sondern von einer sonstigen Gefahrenquelle aus. Der Täter nimmt aber die fremde Sache in Anspruch, um die – gegenwärtige – Gefahr abzuwenden. Die Einwirkung auf die Sache ist gerechtfertigt, wenn sie zur Gefahrenabwehr erforderlich u. wenn der drohende Schaden unverhältnismäßig größer als der angerichtete ist (z. B. eigenmächtige Benutzung eines fremden Autos, um einen Schwerkranken in die Klinik zu transportieren). Der Täter ist, wenngleich er nicht rechtswidrig gehandelt hat, dem Eigentümer der Sache in jedem Fall zum Schadenersatz verpflichtet.

Notstandsverfassung ist die Gesamtheit der verfassungsrechtlichen Bestimmungen, die zur Vorsorge für Notzeiten getroffen worden sind. Sie geht im wesentlichen zurück auf das 17. Gesetz zur Ergänzung des Grundgesetzes von 1968, das insgesamt 28 Verfassungsartikel eingefügt, geändert oder aufgehoben hat. Die N., die die den Westmächten im → Deutschlandvertrag vorbehaltenen Rechte zum Schutz ihrer in der Bundesrepublik stationierten Streitkräfte abgelöst hat, regelt den äußeren *Notstand* (→ Verteidigungsfall, →Spannungsfall) sowie den →*inneren Notstand* (Hilfe bei Naturkatastrophen u. besonders schweren Unglücksfällen, Abwehr drohender Gefahren für die freiheitliche demokratische Grundordnung).

Notwehr (§§ 227 BGB, 32 StGB, 15 OWiG). Wer eine durch N. gebotene Tat begeht, handelt nicht →rechtswidrig. N. ist diejenige Verteidigung, welche erforderlich ist, um einen gegenwärtigen rechtswidrigen Angriff von sich oder einem anderen abzuwehren. Die Voraussetzungen des Rechtfertigungsgrundes im einzelnen: a) Es muß sich um einen *Angriff* gegen ein beliebiges Rechtsgut handeln, gleichgültig ob er sich gegen den Verteidiger oder einen Dritten (sog. *Nothilfe*) richtet. b) Der Angriff muß *rechtswidrig,* braucht jedoch nicht schuldhaft zu sein. c) Der Angriff rechtfertigt die Gegenmaßnahme nur, wenn er *gegenwärtig* ist, also unmittelbar bevorsteht, gerade stattfindet oder noch andauert (keine N. gegen beendete oder künftige Angriffe). d) Die Verteidigungshandlung muß zur Abwehr des Angriffs *erforderlich* sein. Art und Maß der Verteidigung müssen also in angemessenem Verhältnis zu Art und Intensität des Angriffs stehen. Dabei ist es dem Angegriffenen im allgemeinen nicht zuzumuten, sich der Bedrohung durch Flucht zu entziehen; anders aber z. B. bei Kindern oder Betrunkenen oder bei einer von dem Angegriffenen schuldhaft herbeigeführten Notwehrsituation. Provoziert der Täter den Angreifer in der Absicht, sich ein Alibi für eine Rechtsverletzung zu verschaffen, kann er sich nicht auf N. berufen. Eine *Güterabwägung* zwischen dem zu verteidigenden Rechtsgut des Angegriffenen und dem zu opfernden Rechtsgut des Angreifers ist grundsätzlich nicht geboten; doch ist das Notwehrrecht bei extremem Mißverhältnis zwischen beiden Rechtsgütern (z. B. Menschenleben gegen geringwertige Sache) zu versagen.
Wer die Grenzen der N. überschreitet (z. B. den Angreifer tötet, wo er ihn mit einem Faustschlag hätte außer Gefecht setzen können), handelt rechtswidrig. Beruht dieser *Notwehrexzeß* aber auf Verwirrung, Furcht oder Schrecken, bleibt er nach § 33 StGB straflos; dementsprechend entfallen im Privatrecht, z. B. bei →unerlaubter Handlung, Verschulden u. damit Schadensersatzpflicht. Wenn der Täter irrtümlich die Voraussetzungen der N. als gegeben erachtet (z. B. er schlägt Freund nieder, den er für einen bewaffneten nächtlichen Einbrecher hält), liegt sog. *Putativnotwehr* vor. Die in Putativnotwehr begangene Handlung ist rechtswidrig; doch entfällt die Verantwortlichkeit des Täters, sofern der Irrtum unverschuldet war.

Novelle (Gesetzesnovelle) ist die Änderung oder Ergänzung eines Gesetzes. Sie bedarf ihrerseits der Form des novellierten Gesetzes.

nulla poena sine lege = keine Strafe ohne Gesetz. → Strafrecht.

Numerus clausus → Ausbildungsstätte.

Nuntius ist der päpstliche Gesandte, der den Papst bei einem Staat völkerrechtlich vertritt und als Doyen des diplomatischen Korps den Ehrenvorrang innehat. Der N. ist zumeist Bischof.

Nutzungsrecht (Lizenz). Die Nutzung, insbesondere die Verwertung eines → Urheberrechts, → Patents oder → Gebrauchsmusters steht allein dem Urheber bzw. Inhaber zu. Er kann dieses N. aber aufgrund eines → Lizenzvertrags auf einen anderen übertragen.

O

Oberlandesgericht → ordentliche Gerichtsbarkeit; → Zivilprozeß; → Strafprozeß.

Obhutspflicht ist die Verpflichtung, Rechtsgüter eines anderen zu schützen u. zu schonen. Im *Schuldrecht* ergeben sich O. aus einem → Schuldverhältnis; sie können schon bei der Anbahnung von Vertragsverhandlungen entstehen. Ihre Verletzung kann unter dem Gesichtspunkt der → positiven Vertragsverletzung oder des → Verschuldens beim Vertragsschluß einen Schadensersatz begründen. Im *Strafrecht* ist die Mißhandlung von Wehrlosen oder Jugendlichen, die der Obhut des Täters unterstehen, eine qualifizierte Form der → Körperverletzung.

Objektives Recht (Gegensatz: → subjektives Recht) ist der Inbegriff der geltenden → Rechtsnormen. → Recht.

OECD = Organization for Economic Cooperation and Development (Organisation für Wirtschaftliche Zusammenarbeit u. Entwicklung). Die OECD, die auf ein Abkommen von 1960 zurückgeht u. alle bedeutenden Industrienationen des nicht-kommunistischen Teils der Welt umfaßt, erstrebt eine enge wirtschaftliche Zusammenarbeit mit dem Ziel, das wirtschaftliche Wachstum in den Mitgliedstaaten zu beschleunigen u. aufeinander abzustimmen, zur Ausweitung des Welthandels beizutragen u. die Entwicklungshilfe zu fördern. Daneben befaßt sie sich u. a. mit Problemen des Bildungswesens u. mit Umweltfragen.

Öffentliche Meinung → Meinungsfreiheit.

Öffentlicher Dienst (Beamtenrecht). Das Recht des ö. D. ist in seinen Grundzügen in Art. 33 u. 34 GG geregelt: institutionelle Garantie des Berufsbeamtentums unter Berücksichtigung seiner hergebrachten Grundsätze; allgemeiner Zugang zu den öfftl. Ämtern nach Eignung, Befähigung u. Leistung ohne Rücksicht auf Bekenntnis u. Weltanschauung; Grundsatz, daß hoheitsrechliche Befugnisse als ständige Aufgabe in der Regel Angehörigen des ö. D. zu übertragen sind, die (als Beamte) in einem öfftl.-rechtl. Dienst- u. Treueverhältnis stehen; Haftung des Dienstherrn für

Amtspflichtverletzungen des Bediensteten. Diese verfassungsrechtlichen Grundzüge sind vor allem durch die Beamtengesetze des Bundes u. der Länder konkretisiert u. ergänzt worden. Von Bedeutung ist insbes. das Beamtenrechtsrahmengesetz des Bundes, das der Vereinheitlichung des Beamtenrechts in Bund u. Ländern dient.

Den Kern des ö. D. bilden die Beamten, u. zwar die *Berufsbeamten,* die ihre Tätigkeit als Lebensberuf ausüben (Gegensatz: Ehrenbeamte, die keine Besoldung u. Versorgung erhalten). Man unterscheidet die Beamtengruppen nach verschiedenen Kriterien: nach dem Dienstherrn (Bundes-, Landes-, Kommunalbeamte usw.), nach der Laufbahn (Beamte des einfachen, mittleren, gehobenen u. höheren Dienstes), nach der Rechtsstellung (Beamte auf Lebenszeit, auf Zeit, auf Widerruf oder auf Probe). Die → Richter sind den Beamten gegenüber bei sonstiger Gleichstellung durch ihre sachliche u. persönliche Unabhängigkeit privilegiert.

Das Beamtenverhältnis besteht zwischen dem Beamten u. seinem *Dienstherrn* (Staat oder sonstige → juristische Person des öfftl. Rechts; z. B. Gemeinde). Der Dienstherr wird durch den *Dienstvorgesetzten* vertreten, der für die beamtenrechtlichen Entscheidungen über die persönlichen Angelegenheiten des Beamten (z. B. Beförderung, Disziplinarmaßnahmen) zuständig ist; dabei handelt es sich i. d. R. um den Leiter der Behörde, in der der Beamte tätig ist. *Vorgesetzter* ist, wer dem Beamten für seine amtliche Tätigkeit Anordnungen erteilen kann (z. B. der Abteilungsleiter gegenüber den Referenten seiner Abteilung). Das Beamtenrecht regelt im einzelnen Entstehung, Verlauf u. Beendigung des Beamtenverhältnisses sowie dessen Inhalt (Pflichten u. Rechte des Beamten). Die Berufung in das Beamtenverhältnis erfolgt durch *Aushändigung einer Ernennungsurkunde,* die die Worte „unter Berufung in das Beamtenverhältnis" mit dem die Art des Beamtenverhältnisses bestimmenden Zusatz („auf Probe", „auf Widerruf", „auf Zeit" mit der Angabe der Zeitdauer, „auf Lebenszeit", „als Ehrenbeamter") enthalten muß. Entsprechendes gilt für die Umwandlung eines Beamtenverhältnisses (z. B. wenn der sich im Vorbereitungsdienst befindliche Beamte auf Widerruf zum Beamten auf Lebenszeit ernannt wird). Das Beamtenverhältnis beginnt regelmäßig im *Eingangsamt* der in Betracht kommenden *Laufbahn.* – Die Ernennung kann nur unter bestimmten Voraussetzungen erfolgen. Dazu gehört, daß der Bewerber Deutscher i. S. des Art. 116 I GG ist, daß er jederzeit für die → freiheitliche demokratische Grundordnung eintritt (→ Extremisten im öffentlichen Dienst) u. daß er über die der Laufbahn entsprechende Vorbildung u. Eignung verfügt. Durch *Beförderung* kann der Beamte in ein höheres Amt aufsteigen. Im Gegensatz zum Richter, der zur Sicherung seiner persönlichen Unabhängigkeit nur mit seiner

Zustimmung versetzt werden kann, muß der Beamte einer *Versetzung* aus dienstlichen Gründen auch gegen seinen Willen Folge leisten.

Das Beamtenverhältnis *endet* durch Tod, Versetzung in den Ruhestand wegen Erreichens der Altersgrenze oder wegen Dienstunfähigkeit, durch Entlassung (auf eigenen Wunsch oder bei Vorliegen der gesetzlich festgelegten Voraussetzungen), durch Verlust der Beamtenrechte aufgrund strafgerichtlichen Urteils (bei Verurteilung wegen vorsätzlich begangener Tat zu einer Freiheitsstrafe von mindestens 1 Jahr oder wegen vorsätzlichen Friedens-, Hoch- oder Landesverrats zu einer Freiheitsstrafe von mindestens 6 Monaten) oder durch disziplinargerichtliche Verurteilung zur Entfernung aus dem Dienst.

Die *Pflichten des Beamten* ergeben sich aus seinem Dienst- u. Treueverhältnis. Der Beamte hat seine Aufgaben in voller *Hingabe an seinen Beruf* unparteiisch u. gerecht zu erfüllen, auf das Wohl der Allgemeinheit Bedacht zu nehmen, für die freiheitliche demokratische Grundordnung einzutreten *(Verfassungstreue)* u. sich innerhalb u. außerhalb des Dienstes achtungs- u. vertrauenswürdig zu verhalten. Er ist, auch nach Beendigung des Beamtenverhältnisses, verpflichtet, über die ihm bei seiner amtlichen Tätigkeit bekannt gewordenen Angelegenheiten Verschwiegenheit zu wahren *(Amtsverschwiegenheit)*. Den Anweisungen seiner Vorgesetzten muß er Folge leisten *(Gehorsamspflicht);* allerdings wird er von seiner haftungs- u. disziplinarrechtlichen Verantwortung für die Ausführung einer dienstlichen Anordnung freigestellt, wenn er seine Bedenken gegen deren Rechtmäßigkeit zunächst beim unmittelbaren, sodann beim nächsthöheren Vorgesetzten erfolglos geltend gemacht hat. Aus der Treuepflicht folgt, daß dem Beamten – anders als den Angestellten u. Arbeitern des ö. D. – *kein Streikrecht* zusteht. – Verletzt der Beamte schuldhaft seine Pflichten, kann er disziplinarrechtlich zur Rechenschaft gezogen werden. Als *Disziplinarmaßnahmen* kommen insbesondere Verweis, Geldbuße, Gehaltskürzung u. Entlassung in Betracht. Hat der Beamte eine → Amtspflichtverletzung begangen, für die der Dienstherr einem Dritten Schadensersatz leisten muß, so kann er nur dann im Wege des → *Rückgriffs* in Anspruch genommen werden, wenn er seine Amtspflichten vorsätzlich oder grobfahrlässig verletzt hat.

Die *Rechte des Beamten* ergeben sich gleichfalls aus seinem Dienst- u. Treueverhältnis. Der Beamte hat das Recht auf *Fürsorge u. Schutz* des Dienstherrn; daher steht ihm u. a. ein Rechtsanspruch auf jährlichen Erholungsurlaub unter Fortzahlung der Dienstbezüge zu. Er hat ein Recht auf Einsicht in seine Personalakten; vor Aufnahme von Beschwerden u. nachteiligen Tatsachenbehauptungen in die Personalakten muß er gehört werden. Der Beamte hat einen *Rechtsanspruch auf Dienst- u. Versorgungs-*

bezüge (Ruhegehalt, Hinterbliebenenversorgung) u. auf Unfall-
fürsorge bei einem Dienstunfall, ferner ggf. auf Reise- u. Um-
zugskosten, Beihilfen, Übergangsgeld usw. Ihm kann für mehrere
Jahre aus familiären oder arbeitsmarktpolitischen Gründen auf
Antrag → Teilzeitbeschäftigung oder unbezahlter Urlaub gewährt
werden. Bestimmte (z. B. wissenschaftliche und künstlerische) Ne-
bentätigkeiten darf er ohne Genehmigung, andere nur mit Genehmigung ausüben; im Interesse der freien und handwerklichen
Berufe sowie aus arbeitsmarktpolitischen Gründen soll die Nebentätigkeit stärker als bisher begrenzt werden. Die → Grundrechte gelten auch im Beamtenverhältnis, jedoch kann ihre
Ausübung durch Gesetz oder aufgrund eines Gesetzes insoweit
eingeschränkt werden, als Sinn u. Zweck des Beamtenverhältnisses dies unabweisbar erfordern (→ besonderes Gewaltverhältnis).
Daher steht dem Beamten, obwohl er nicht streiken darf, das Ko-
alitionsrecht zu; er darf sich also einer Gewerkschaft oder
einem Berufsverband anschließen. Der Beamte kann seine Rechte, insbes. seine finanziellen Ansprüche, im → verwaltungsgerichtlichen
Verfahren geltend machen.

Die *Angestellten u. Arbeiter im ö. D.* sind → Arbeitnehmer im
Sinne der allgemeinen Vorschriften u. Regeln des Arbeitsrechts.
Ihr Dienstverhältnis wird durch privatrechtlichen Dienstvertrag
begründet. Die Ausgestaltung des Dienstverhältnisses richtet sich
grundsätzlich nach den → Tarifverträgen: für die Angestellten des
Bundes, der Länder u. der Gemeinden der Bundesangestelltenta-
rif (BAT), für die Arbeiter sog. Manteltarifverträge mit unterschiedlichem Geltungsbereich. Obwohl das Dienstverhältnis der
Angestellten u. Arbeiter im ö. D. formell privatrechtlicher Natur
ist, weist es doch inhaltlich nach den einschlägigen Bestimmungen der Tarifverträge starke Ähnlichkeiten mit dem Beamtenrecht auf. Es bildet daher ein Dienst- u. Treueverhältnis besonderer Art.

Den Betriebsräten in den Unternehmen der Privatwirtschaft entsprechen im ö. D. die durch das Bundespersonalvertretungsgesetz
u. die Personalvertretungsgesetze der Länder geregelten *Personal-
räte,* die bei den Dienststellen einzurichten sind. Im Bereich
mehrstufiger Verwaltungen werden bei den Mittelbehörden Be-
zirkspersonalräte, bei den obersten Dienstbehörden Hauptperso-
nalräte gebildet (sog. Stufenvertretung). Der Personalrat wird von
den Beamten, Angestellten u. Arbeitern gruppenweise in geheimer u. unmittelbarer Wahl gewählt. Das Personalvertretungsrecht
soll zu Verbesserungen der Arbeitsbedingungen u. der menschlichen Beziehungen beitragen. Die *Mitbestimmungs- u. Mitwirkungsrechte* des Personalrats in personellen, sozialen u. organisa-
torischen Angelegenheiten entsprechen weitgehend denen der
Betriebsräte (→ Mitbestimmung); doch gelten in Berücksichtigung der Erfordernisse des ö. D. u. der parlamentarischen Verant-

wortung der Regierung gewisse Besonderheiten. Die Frage, ob die Abgrenzung zwischen Beamten u. Arbeitnehmern des ö. D. aufrechterhalten bleiben oder durch ein einheitliches Dienstrecht abgelöst werden soll, ist umstritten. Eine *Reform des öfftl. Dienstrechts* ist mehrfach versucht worden, bislang jedoch stets gescheitert. Sie erweist sich rechtlich insoweit als schwierig, als Art. 33 V GG vorschreibt, daß Regelungen des ö. D. die hergebrachten Grundsätze des Berufsbeamtentums berücksichtigen müssen.

Öffentliche Sicherheit u. Ordnung → Polizeirecht.

Öffentliches Recht → Recht.

Öffentliche Urkunde → Urkunde.

Öffentlichkeitsgrundsatz bedeutet, daß im gerichtlichen Verfahren die Öffentlichkeit zugelassen ist. Der Ö., der die bis in die Neuzeit hin übliche Geheimjustiz abgelöst hat, ist Ausfluß des → rechtsstaatlichen Prinzips. Er ist in den Verfahrensgesetzen ausdrücklich enthalten (z. B. § 169 GVG, § 55 VwGO). In Familien-, Kindschafts- u. Entmündigungssachen ist dagegen die Öffentlichkeit kraft Gesetzes ausgeschlossen (§§ 170, 171 GVG). Das Gericht kann darüber hinaus die Öffentlichkeit unter bestimmten Voraussetzungen (z. B. bei Gefährdung der Staatssicherheit oder der öffentlichen Ordnung, bei Gefährdung schutzwürdiger persönlicher oder wirtschaftlicher Interessen, in Jugendgerichtssachen) ausschließen. Die Verkündung des → Urteils muß stets öffentlich erfolgen.

Offenbarungseid → Eid, eidesstattliche Versicherung.

Offene Handelsgesellschaft (OHG, §§ 105 ff. HGB) ist eine Unterart der → Gesellschaft des bürgerlichen Rechts, deren Zweck auf den Betrieb eines Handelsgewerbes unter gemeinschaftlicher → Firma gerichtet ist u. bei der die sämtliche Gesellschafter den Gesellschaftsgläubigern unbeschränkt haften (→ Gesellschaftsrecht). Wiewohl sie daher eine Gemeinschaft zur gesamten Hand (→ Gemeinschaft) bildet, ist ihre Stellung im Rechtsverkehr weitgehend der einer → juristischen Person angenähert: Sie kann unter ihrer Firma Rechte erwerben u. Verbindlichkeiten eingehen, Eigentum u. andere dingliche Rechte an Grundstücken erwerben, vor Gericht klagen u. verklagt werden (§ 124 HGB). Die persönliche Haftung der Gesellschafter für Gesellschaftsschulden kann, anders als bei der bürgerlich-rechtlichen Gesellschaft, Dritten gegenüber nicht ausgeschlossen oder eingeschränkt werden. Die OHG unterscheidet sich auch dadurch von der Gesellschaft des bürgerlichen Rechts, daß bei ihr der Grundsatz der Einzelgeschäftsführung und -vertretung gilt (§§ 114, 115, 125 HGB). Der Umfang der Vertretungsmacht kann nach außen nicht eingeschränkt werden (§ 126 HGB). Die allgemeine Treuepflicht der Gesellschafter konkretisiert sich bei der OHG insbesondere im Wettbewerbsverbot (§ 112 HGB). Jeder Gesellschafter ist an der OHG mit einem Kapitalanteil beteiligt, der auf einen bestimmten Geldbetrag lautet und als rechnerische Größe für die Verteilung des Reingewinns, für die Höhe zulässiger Entnahmen (bis zu 4% des für das Vorjahr festgestellten Kapitalanteils) u. für die Berechnung des Auflösungs- bzw. Abfindungsguthabens maßgeblich ist (§§ 120–122 HGB). Eine OHG muß zum → Handelsregister angemeldet werden (§ 106 HGB). Ihre → Firma hat den Namen wenigstens eines Gesellschafters mit einem das Vorhandensein einer Gesellschaft andeutenden Zusatz (z. B. „& Co") oder die Namen aller Gesellschafter zu enthalten (§ 19 HGB).

Offener Dissens → Dissens.

Offizialmaxime → Dispositionsmaxime.

Offizialverteidiger → Verteidiger.

Ohne obligo → Wechsel; → Freizeichnungsklauseln.

Opportunitätsprinzip (Zweckmäßigkeitsgrundsatz; Gegensatz: → Legalitätsprinzip). Im *Verwaltungsrecht* besagt das O., daß die Behörde nach ihrem → *Ermessen* handeln darf. Das O. kommt zur Anwendung, sofern die Verwaltung im gesetzesfreien Raum tätig wird, ferner dann, wenn ihr durch Gesetz Ermessen eingeräumt ist. – Im Ermittlungsverfahren des → Strafprozesses bildet das O. eine auf Erwägungen der Prozeßökonomie beruhende Durchbrechung des grundsätzlich geltenden Legalitätsprinzips. Insbesondere bei Vergehen im Bereich der Kleinkriminalität kann die Staatsanwaltschaft mit Zustimmung des Gerichts von der Verfolgung absehen, wenn die Schuld des Täters gering ist u. kein öffentliches Interesse an der Verfolgung besteht; nach Anklageerhebung entscheidet das Gericht mit Zustimmung der Staatsanwaltschaft u. des Angeschuldigten (§ 153 StPO). Bei → *Ordnungswidrigkeiten* gilt das O. uneingeschränkt; gem. § 47 OWigG steht die Verfolgung im pflichtgemäßen Ermessen der Verwaltungsbehörde.

Ordentliche Gerichtsbarkeit. Die o. G. (der „ordentliche Rechtsweg" in Art. 19 IV GG) umfaßt die Zivilgerichtsbarkeit u. die Strafgerichtsbarkeit. (Die Bezeichnung „ordentliche Gerichtsbarkeit" erklärt sich historisch daraus, daß früher nur die Gerichte der o. G. mit Richtern besetzt waren u. nicht – wie z. B. die Verwaltungs- u. Finanzgerichte – mit Beamten; nur sie verfügten daher über die vollen Sicherungen der richterlichen Unabhängigkeit.) Gerichte der o. G. sind das Amtsgericht, das Landgericht, das Oberlandesgericht (in Berlin: Kammergericht) – in Bayern auch das Bayerische Oberste Landesgericht – u. der Bundesgerichtshof. Die o. G. ist im allg. dreistufig aufgebaut: Gegen Urteile der 1. Instanz kann Berufung eingelegt werden, die die Nachprüfung des Urteils durch die 2. (Berufungs-)Instanz in tatsächlicher u. rechtlicher Hinsicht eröffnet. Die 3. (Revisions-)Instanz ist dagegen an die tatsächlichen Feststellungen des Berufungsgerichts gebunden u. auf die Prüfung von Rechtsfragen beschränkt (→ Rechtsmittel).

Zur *Zivilgerichtsbarkeit* im einzelnen: Nach der Generalklausel des § 13 GVG gehören vor die ord. Gerichte alle *bürgerlichen Rechtsstreitigkeiten,* also die Streitigkeiten, die nach den Rechtsnormen des Privatrechts (BGB, HGB, AktG, GmbHG, ScheckG, WechselG usw.) zu entscheiden sind (Gegensatz: öffentl.-rechtl. Streitigkeiten, für die nach § 40 I VwGO grundsätzlich die Verwaltungsgerichte zuständig sind). Die Zivilgerichtsbarkeit ist ferner für solche Rechtsstreitigkeiten zuständig, die ihr kraft Gesetzes zugewiesen sind (z. B. gem. Art. 14 III 4, Art. 15 S. 2 GG für den Streit um die Höhe der Enteignungsentschädigung). Darüber hinaus besteht nach Art. 19 IV GG eine subsidiäre Zuständigkeit der Zivilgerichte für alle Rechtsstreitigkeiten, in denen die Verletzung von Rechten durch die öfftl. Gewalt geltend gemacht wird; diese Zuständigkeit ist wegen der Zuweisung derartiger Streitigkeiten an die Verwaltungsgerichte (§ 40 I VwGO) heute praktisch bedeutungslos. Neben dieser *streitigen Gerichtsbarkeit* rechnet zur Zivilgerichtsbarkeit auch die → *freiwillige Gerichtsbarkeit.* Gegenstände der freiw. Gerichtsbarkeit sind insbes. Vormundschafts- u. Nachlaßangelegenheiten sowie die Führung des Grundbuchs, des Vereinsregisters u. des Handelsregisters. Zuständig sind die Amtsgerichte mit ihren entsprechenden Abteilungen (Vormundschaftsgericht, Nachlaßgericht, Grundbuchamt, Registergericht). In dem als Abteilung eines Amtsgerichts eingerichteten → *Familiengericht,* das über Familiensachen (insbes. Ehescheidung u. deren Folgeregelungen wie Unterhalt, Personensorge für die Kinder) entscheidet, verbinden sich Elemente der streitigen u. der freiw. Gerichtsbarkeit.

Ordnungsbehörden → Polizeirecht.

Ordnungsgeld ist ein Ordnungsmittel, das das Gericht zur ordnungsgemäßen Abwicklung eines gerichtlichen Verfahrens festsetzt. Andere Ordnungsmittel sind z. B. die Entfernung aus dem Gerichtssaal oder die Ordnungshaft. O. kommt z. B. gegen ausgebliebene Zeugen und Sachverständige in Betracht (§§ 389, 409 ZPO); es kann für den Fall der Nichtbeitreibung in Ordnungshaft umgewandelt werden. Das O. beträgt grundsätzlich 5 bis 1000 DM (Art. 6 EGStGB); wird es wegen Ungebühr vor Gericht festgesetzt, ist das Höchstmaß 2000 DM (§ 178 GVG).

Ordnungswidrigkeiten sind wie Straftaten rechtswidrige und schuldhafte Handlungen, unterscheiden sich von ihnen jedoch dadurch, daß sie einen weniger schwerwiegenden Verstoß gegen die Rechtsordnung bilden u. daher kein kriminelles Unrecht enthalten. O. werden demnach nicht mit Strafe, sondern mit *Geldbuße* geahndet; sie werden nicht durch die Staatsanwaltschaft, sondern durch Verwaltungsbehörden verfolgt. O. kommen im Alltag vor allem im Straßenverkehr vor (Verkehrsordnungswidrigkeiten). Um eine möglichst gleichmäßige Behandlung der alltäglichen Verstöße sicherzustellen, haben die Bundesländer sog. *Bußgeldkataloge* erlassen.

Das Recht der O. ist im Gesetz über Ordnungswidrigkeiten (OWiG) von 1969 geregelt. Es weist zahlreiche Parallelen zum → Strafrecht auf: keine Ahndung ohne Gesetz, Grenzen der Verantwortlichkeit entsprechend der Strafmündigkeit, Unterscheidung vorsätzlich und fahrlässig begangener O., Bewertung des (Tatbestands- u. des Verbots-)Irrtums, Ahndung des Versuchs usw. Anders als das Strafrecht differenziert das OWiG nicht zwischen Täterschaft u. Teilnahme; vielmehr handelt jeder Beteiligte an der Tat ordnungswidrig. Die *Geldbuße* beträgt grundsätzlich zwischen DM 5 und DM 1000; doch kann dieser Rahmen durch Gesetz überschritten werden (z. B. bis zu 1 Mio. DM u. mehr bei kartellrechtlichen Ordnungswidrigkeiten gem. § 38 IV GWB). Grundlage für die Zumessung der Geldbuße sind die Bedeutung der O. u. die Schuld des Täters.

Für die Verfolgung von O. ist die jeweils durch Gesetz bestimmte Verwaltungsbehörde zuständig (z. B. die Polizei bei Verkehrsordnungswidrigkeiten, die Kartellbehörde bei kartellrechtlichen Ordnungswidrigkeiten). Die Erforschung der O. obliegt den Behörden u. Beamten des Polizeidienstes. Im Unterschied zum Ermittlungsverfahren des → Strafprozesses gilt dabei nicht das Legalitäts-, sondern das → Opportunitätsprinzip. Hängt die O. mit einer Straftat zusammen, ist die Staatsanwaltschaft für die Verfolgung der Tat auch unter dem rechtlichen Gesichtspunkt einer O. zuständig.

Sofern die Behörde nicht von der Verfolgung der O. absieht, erläßt sie einen *Bußgeldbescheid,* der u. a. die zur Last gelegte Tat, deren gesetzliche Merkmale u. die anzuwendenden Bußgeldvorschriften sowie eine Rechtsmittelbelehrung enthält. Der Betroffene kann innerhalb 1 Woche nach Zustellung *Einspruch* bei der Behörde einlegen. Nimmt diese den Bescheid nicht zurück, übersendet sie die Akten der Staatsanwaltschaft. Über den Einspruch entscheidet das Amtsgericht. Falls der Betroffene u. die Staatsanwaltschaft nicht widersprechen, kann es ohne Hauptverhandlung durch Beschluß auf Freispruch, Festsetzung einer Geldbuße oder Einstellung erkennen; es darf in diesem Fall vom Bußgeldbescheid nicht zum Nachteil des Betroffenen abweichen. Beraumt das Gericht dagegen eine Hauptverhandlung an, ist es im Urteil an den Bußgeldbescheid *nicht* gebunden; es kann also eine höhere Geldbuße festsetzen. Gegen Beschluß bzw. Urteil ist *Rechtsbeschwerde* unter den in §§ 79, 80 OWiG bestimmten Voraussetzungen (i. d. R. nur bei einer Geldbuße von mehr als DM 200) zulässig. Sie hat jedoch eine Überprüfung der vorausgegangenen gerichtlichen Entscheidung nur in rechtlicher, nicht in tatsächlicher Hinsicht zur Folge. Über die Rechtsbeschwerde entscheidet das Oberlandesgericht.

Der rechtskräftige Bußgeldbescheid schließt eine erneute Verfolgung der Tat als O. aus. Hat ein Gericht über die O. entschieden, kann die Tat auch nicht mehr als Straftat verfolgt werden.

Bei geringfügigen O. können die Behörde u. die dazu ermächtigten Beamten des Außen- und Polizeidienstes den Betroffenen *verwarnen.* Mit der – vor allem bei kleineren Verkehrsverstößen üblichen – Verwarnung wird zugleich ein *Verwarnungsgeld* von 2 bis 20 DM erhoben, falls sie ohne dieses unzureichend wäre. Die Verwarnung ist nur wirksam, wenn der Betroffene nach Belehrung über sein Weigerungsrecht mit ihr einverstanden ist u. das Verwarnungsgeld entweder sofort oder innerhalb einer ihm zu gewährenden einwöchigen Frist bezahlt. Er erhält eine Bescheinigung über die Verwarnung, die Höhe des Verwarnungsgeldes u. die ggf. eingeräumte Zahlungsfrist. Nach wirksamer Verwarnung kann die Tat nicht mehr als O., wohl aber als Straftat verfolgt werden. Ist der Betroffene nicht einverstanden oder zahlt er das Verwarnungsgeld nicht, muß die Behörde das Bußgeldverfahren durchführen oder auf Verfolgung der O. verzichten.

Organhaftung ist die Haftung der → juristischen Person für eine schadensersatzpflichtige Handlung eines ihrer Organe. → Verein.

Ostverträge. Die Bundesrepublik hat im Rahmen der 1969 eingeleiteten neuen Ostpolitik grundlegende Verträge mit der Sowjetunion u. mit Polen abgeschlossen, die als „Ostverträge" in den politischen Sprachgebrauch eingegangen sind.

Im *Moskauer Vertrag* vom 12. 8. 1970 bekennen sich die Bundesrepublik u. die UdSSR zu dem gemeinsamen Ziel, den internationalen Frieden aufrechtzuerhalten u. die Entspannung zu fördern. Sie verpflichten sich, alle Streitfragen ausschließlich mit friedlichen Mitteln zu lösen u. in allen Angelegenheiten, welche die Sicherheit in Europa u. die internationale Sicherheit berühren, sowie in ihren gegenseitigen Beziehungen auf Gewaltdrohung u. Gewaltanwendung zu verzichten. Zugleich erklären sie, daß sie die territoriale Integrität aller europäischen Staaten in ihren heutigen Grenzen uneingeschränkt achten, keine Gebietsansprüche erheben u. die Grenzen aller europäischen Staaten, einschließlich der Oder-Neiße-Linie als Westgrenze Polens u. der Grenze zwischen der Bundesrepublik u. der DDR, als unverletzlich betrachten. Im *Warschauer Vertrag* vom 7. 12. 1970 stellen die Bundesrepublik u. die Volksrepublik Polen übereinstimmend fest, daß die Westgrenze Polens so verläuft, wie sie im → Potsdamer Abkommen als Oder-Neiße-Linie festgelegt ist. Wie der Moskauer Vertrag enthält auch der Warschauer Vertrag eine Erklärung über die Unverletzlichkeit der beiderseitigen Grenzen, einen Verzicht auf Gebietsansprüche u. einen allgemeinen Gewaltverzicht.

Die Ostverträge traten nach Zustimmung der gesetzgebenden Körperschaften mit dem Austausch der Ratifikationsurkunden (→ Ratifizierung) am 3. 6. 1972 in Kraft. Bei Verabschiedung der Ratifikationsgesetze erklärte der Bundestag in einer einstimmig gebilligten Entschließung, daß die Verträge eine friedensvertragliche Regelung nicht vorwegnehmen u. keine Rechtsgrundlage für die heute bestehenden Grenzen schaffen. Die Erklärung hält am Selbstbestimmungsrecht des Deutschen Volkes u. an den Rechten u. Pflichten der vier Mächte in bezug auf Deutschland als Ganzes u. auf Berlin fest.

P

Pacht (§§ 581 ff. BGB). Der Pachtvertrag ist ein schuldrechtlicher gegenseitiger → Vertrag, durch den sich der Verpächter gegen Zahlung des vereinbarten Pachtzinses verpflichtet, dem Pächter den Gebrauch des verpachteten Gegenstands u. den Genuß der bei ordnungsmäßiger Wirtschaft anfallenden Früchte zu gewähren. Von der → Miete unterscheidet sich die P. dadurch, daß sie sich nicht nur auf Sachen, sondern auch auf Rechte (z. B. Patentrechte) beziehen kann, vor allem aber dadurch, daß sie nicht allein den Gebrauch, sondern auch die Nutzung gewährt (z. B. Ernteertrag eines verpachteten Hofes, Mietzins eines verpachteten Hauses). Doch finden auf die P. – von den in den §§ 582 ff. BGB geregelten Besonderheiten abgesehen – die Vorschriften über die Miete entsprechende Anwendung.
Für bestimmte Pachtverhältnisse gelten besondere Gesetze: so z. B. für Kleingärten (Schrebergärten) die Kleingarten-u. Kleinpachtlandordnung, für die Jagdpacht die §§ 11–14 BJagdG mit den Ausführungsgesetzen der Länder.

pacta sunt servanda ist ein auf das römische Recht zurückgehender, an sich selbstverständlicher Grundsatz, wonach einmal geschlossene Verträge einzuhalten sind. Ihm wird besondere Bedeutung im → Völkerrecht beigemessen.

Paraphierung ist die Feststellung der Unterhändler eines → völkerrechtlichen Vertrages, daß sie sich über den Entwurf des Vertragstextes geeinigt haben. Die Unterhändler unterzeichnen den Entwurf mit den Anfangsbuchstaben ihres Namens (Paraphe). Eine Verpflichtung der an den Vertragsverhandlungen beteiligten Staaten entsteht durch die P. noch nicht; sie tritt erst mit der → Ratifizierung ein.

Parentel → Erbrecht.

Pariser Verträge. Die am 23. 10. 1954 zwischen der Bundesrepublik u. den 3 Westalliierten (Frankreich, Großbritannien, USA) geschlossenen P. V. stellten weitgehend die Souveränität der Bundesrepublik her u. gliederten sie zugleich in das westliche Verteidigungssystem ein. Kernstück des umfangreichen Vertragswerkes, das am 5. Mai 1955 in Kraft trat, ist der → Deutschlandvertrag.

Parlament. In der repräsentativen Demokratie ist das Parlament die Volksvertretung. Es übt vor allem die gesetzgebende Gewalt aus; daneben stehen ihm die Kontrolle der → vollziehenden Gewalt und das → Budgetrecht zu. Das P. besteht aus dem Volk in allgemeiner, unmittelbarer, freier, gleicher u. geheimer Wahl gewählten Abgeordneten (Art. 38 I GG, → Wahlrecht). In der Bundesrepublik ist P. des Bundes der → Bundestag, P. der Bundesländer sind die Landtage (mit abweichenden Bezeichnungen in den Stadtstaaten Berlin, Bremen und Hamburg). Im parlamentarischen Regierungssystem ist die Regierung vom Vertrauen des Parlaments abhängig; das gilt für die Bundesregierung mit der Besonderheit, daß der Bundeskanzler – u. damit die Bundesregierung insgesamt – nicht durch ein einfaches, sondern allein durch ein konstruktives Mißtrauensvotum (Wahl eines Nachfolgers) abberufen werden kann (Art. 67, 69 II GG).

Parlamentarisches Regierungssystem ist eine Regierungsform des demokratisch verfaßten Staates, in der die Regierung im Unterschied zum Präsidialsystem vom Vertrauen des → Parlaments abhängig ist. Das Grundgesetz lockert die Abhängigkeit der → Bundesregierung vom → Bundestag dadurch, daß der Bundeskanzler nur durch ein sog. konstruktives Mißtrauensvotum abgewählt werden kann.

Parlamentsauflösung. Die P. dient dazu, bei Fehlen einer regierungsfähigen Parlamentsmehrheit Neuwahlen zu ermöglichen. Die Auflösung des → Bundestages ist nur unter 2 Voraussetzungen möglich. 1. Findet eine Vertrauensfrage des Bundeskanzlers nicht die Zustimmung der Mehrheit der Mitglieder des Bundestages, kann der Bundespräsident auf Vorschlag des Kanzlers binnen 21 Tagen den Bundestag auflösen; das Auflösungsrecht erlischt, sobald der Bundestag mit der Mehrheit seiner Mitglieder einen neuen Kanzler wählt (Art. 68 GG). 2. Wird, z. B. nach einem Rücktritt des bisherigen Bundeskanzlers, der vom Bundespräsidenten vorgeschlagene Kandidat nicht von der Mehrheit der Mitglieder des Bundestages zum Kanzler gewählt u. kommt innerhalb 14tägiger Frist auch die Wahl eines anderen Kanzlers nicht zustande, so kann der Bundespräsident den Bundestag auflösen, falls der in einem erneuten Wahlgang mit den meisten Stimmen zum Kanzler Gewählte nicht die Stimmen der Mehrheit der Mitglieder des Bundestages auf sich vereinigt (Art. 63 GG).

Parlamentsvorbehalt → Gesetzesvorbehalt.

Parteibetrieb → Amtsbetrieb.

Parteien (politische). Nach Art. 21 I GG wirken die P. bei der politischen Willensbildung des Volkes mit. Ihre Gründung ist frei. Ihre innere Ordnung muß demokratischen Grundsätzen entsprechen. § 2 ParteiG definiert P. als Vereinigunen von Bürgern, die dauernd oder für längere Zeit für den Bereich des Bundes oder eines Landes auf die politische Willensbildung Einfluß nehmen u. an der Vertretung des Volkes im Bundestag oder in einem Landtag mitwirken wollen; erforderlich ist, daß sie nach dem Gesamtbild der tatsächlichen Verhältnisse eine ausreichende Gewähr für die Ernsthaftigkeit dieser Zielsetzung bieten. Keine P. i.S. dieser Definition sind daher die sog. Rathausparteien. Als Transmissionsriemen des politischen Prozesses in der freiheitlichen → Demokratie sind die P. von herausragender Bedeutung. Sie stellen als Regierungsparteien die Verbindung zwischen Volk u. politischer Führung her; als Parteien der Minderheit bilden sie die politische Opposition u. ermöglichen den Regierungswechsel. Verfassungsrechtlicher Status, Aufgaben u. Organisation der P. sind im Parteiengesetz geregelt. P., die nach ihren Zielen oder nach dem Verhalten ihrer Anhänger darauf ausgehen, die → freiheitliche demokratische Grundordnung zu beeinträchtigen oder zu beseitigen oder den Bestand der Bundesrepublik zu gefährden, sind verfassungswidrig; über die Frage der Verfassungswidrigkeit entscheidet das Bundesverfassungsgericht mit konstitutiver Wirkung (Art. 21 II GG i. V. m. §§ 13 Nr. 2, 43 ff. BVerfGG). Eine P. ist nicht schon dann verfassungswidrig, wenn sie die freiheitliche demokratische Grundordnung nicht anerkennt oder ablehnt; hinzukommen muß vielmehr eine aktiv kämpferische, aggressive Haltung gegen diese Grundordnung oder gegen den Bestand des Staates. In der Geschichte der Bundesrepublik wurden die Sozialistische Reichspartei (1952) u. die Kommunistische Partei Deutschlands (1956) verboten. Zur Finanzierung der P. → Parteienfinanzierung.

Parteienfinanzierung. Die → Parteien müssen über die Herkunft u. Verwendung ihrer Mittel sowie über ihr Vermögen öffentlich Rechenschaft geben (Art. 21 I 4 GG). Der Rechenschaftsbericht, der aus einer Einnahmen- u. Ausgabenrechnung sowie einer Vermögensrechnung besteht, ist jeweils bis zum 30. 9. für das vorausgegangene Rechnungsjahr beim Präsidenten des → Bundestages einzureichen u. von diesem als Bundestagsdrucksache zu veröffentlichen (§§ 23 ff. ParteiG). Eine Finanzierung der allgemeinen Tätigkeit der Parteien aus staatlichen Haushaltmitteln läßt sich wegen der verfassungsrechtlich gebotenen Staatsfreiheit der politischen Willensbildung (Art. 20 II, 21 I GG) mit dem Grundgesetz nicht vereinbaren. Zulässig ist allein eine Erstattung der notwendigen Kosten eines angemessenen Wahlkampfs. Nach § 18 ParteiG werden die Wahlkampfkosten für die Bundestagswahl mit 5 DM je Wahlberechtigten pauschaliert. Die *Wahlkampfkostenpauschale* wird auf Parteien verteilt, die mindestens 0,5% der Zweitstimmen erreicht haben; der Anteil an der Pauschale bemißt sich nach dem Stimmenanteil. Eine Partei, deren Landesliste in einem Land nicht zugelassen war, die aber in einem Wahlkreis dieses Landes mindestens 10% der Erststimmen erzielt hat, erhält in Wahlkreisen, in denen ihr eine Stimmenquote von wenigstens 10% zufällt, für jede Stimme 5 DM. Die Parteien sind berechtigt, *Spenden* anzunehmen; davon ausgenommen sind u. a. Spenden politischer Stiftungen, gemeinnütziger Einrichtungen, ausländische Spenden, nicht identifizierbare Spenden von mehr als 1000 DM sowie Spenden, die erkennbar in Erwartung eines bestimmten wirtschaftlichen oder politischen Vorteils gewährt werden. Spenden über 20 000 DM jährlich sind mit ihrem Betrag sowie mit Name und Anschrift des Spenders im Rechenschaftsbericht zu verzeichnen (§ 25 ParteiG). Bei rechtswidrig erlangten oder verwendeten Spenden verliert die Partei ihren Anspruch auf Erstattung der Wahlkampfkosten in doppelter Höhe des Spendenbetrages (§ 23a ParteiG). Zur Kompensation der den Parteien in unterschiedlichem Umfang zufließenden Mitgliedsbeiträge und Spenden ist ein *Chancenausgleich* vorgesehen (§ 22a ParteiG). Mitgliedsbeiträge und Spenden sind wie bei gemeinnützigen Vereinigungen (→ Gemeinnützigkeit) bis zu 5% des Einkommens bzw. 2‰ des Umsatzes als Sonderausgaben steuerlich absetzbar; bis zur Höhe von 1200 DM bei Ledigen und 2400 DM bei Verheirateten werden sie mit 50% von der Steuerschuld abgezogen (§§ 10b, 34g EStG).

Parteifähigkeit ist die Fähigkeit, in einem Rechtsstreit Partei, d. h. Kläger oder Beklagter zu sein. Im → Zivilprozeß ist parteifähig, wer → rechtsfähig ist. In anderen streitigen Verfahrensarten, z. B. dem → verwaltungsgerichtlichen Verfahren, gibt es statt des Begriffs der P. den der weitgehend gleichbedeutenden Beteiligtenfähigkeit.

Parteispenden → Parteienfinanzierung.

Parteiverrat (§ 356 StGB). Wegen P. wird ein Anwalt oder ein anderer Rechtsbeistand bestraft, der in derselben Rechtssache beiden Parteien durch Rat oder Beistand pflichtwidrig dient. Die Tat ist mit Freiheitsstrafe von 3 Monaten bis zu 5 Jahren bedroht. Handelt der Anwalt im Einverständnis mit der Gegenpartei zum Nachteil seiner Partei, beträgt die Freiheitsstrafe 1–5 Jahre.

Passivlegitimation → Aktivlegitimation.

Paßwesen. Nach dem Paßgesetz von 1952 sind Ausländer, die in die Bundesrepublik einreisen, sich in ihr aufhalten oder sie verlassen, sowie Deutsche, die die Bundesrepublik über eine Auslandsgrenze verlassen oder betreten, verpflichtet, sich durch einen gültigen Paß über ihre Person auszuweisen *(Paßzwang)*. Für besondere Fälle kann durch Rechtsverordnung vom Paßzwang Befreiung gewährt u. ein anderes amtliches Ausweispapier als Paßersatz zugelassen werden; andererseits kann angeordnet werden, daß Ausländer zum Betreten oder Verlassen der Bundesrepublik zusätzlich einen Sichtvermerk (Visum) benötigen. (Nach der Verordnung zur Durchführung das Paßgesetzes sind Deutsche – soweit ihnen nicht schon aufgrund zwischenstaatlicher Vereinbarungen Befreiung vom Paßzwang erteilt wurde – im Verkehr mit den europäischen Staaten sowie mit den außereuropäischen Mitgliedstaaten der → OECD vom Paßzwang befreit, wenn sie sich durch einen gültigen → Personalausweis ausweisen.) Deutsche Pässe werden nur Deutschen i.S. des Art. 116 I GG ausgestellt (→ Staatsangehörigkeit). Der Paß ist zu versagen, wenn der Antragsteller als Paßinhaber die innere oder äußere Sicherheit der Bundesrepublik oder erhebliche Belange der Bundesrepublik oder eines Bundeslandes gefährden würde, wenn er sich der Strafverfolgung oder -vollstreckung, steuerlichen Verpflichtungen oder gesetzlichen Unterhaltspflichten entziehen oder wenn er in fremde Heeresdienste eintreten will. Aus denselben Gründen kann ein bereits ausgestellter Paß entzogen werden. Verstöße gegen das Paßgesetz können bestraft oder mit Geldbuße geahndet werden (s. i. e. §§ 11, 12 PaßG). Nach einem Gesetzentwurf der Bundesregierung vom Februar 1985 soll von 1987 an in der Bundesrepublik der Europa-Paß den bisherigen Paß ablösen.

Patent. P. werden für Erfindungen erteilt, die neu sind, auf einer erfinderischen Tätigkeit beruhen und gewerblich anwendbar sind (§ 1 PatG). Eine Erfindung gilt als neu, wenn sie nicht zum Stand der Technik gehört; sie gilt als gewerblich anwendbar, wenn ihr Gegenstand auf irgendeinem gewerblichen Gebiet hergestellt oder benutzt werden kann (§§ 2 ff. PatG). Das P. hat die Wirkung, daß allein der Patentinhaber befugt ist, die patentierte Erfindung gewerblich zu benutzen (§ 6 PatG). Er kann dieses – vererbliche – Recht ganz oder teilweise durch → Lizenzvertrag auf einen anderen übertragen (§ 9 PatG). Weigert sich der Patentinhaber, die Benutzung der Erfindung einem anderen gegen angemessene Vergütung zu überlassen, so ist diesem die Benutzungsbefugnis zuzusprechen, wenn es im öffentlichen Interesse geboten ist (sog. Zwangslizenz, § 15 PatG). Die Schutzdauer des P. beträgt 20 Jahre (§ 10 PatG). Gegen seine Verletzung steht dem Patentinhaber ein Anspruch auf Unterlassung, darüber hinaus bei schuldhaftem Handeln auf Schadensersatz zu (§ 47 PatG). Das P. ist im

übrigen auch strafrechtlich gegen Verletzung geschützt (§ 49 PatG). – P. werden aufgrund eines förmlichen Verfahrens durch das Patentamt in München erteilt und in eine Patentrolle eingetragen (§§ 17 ff. PatG). Sie werden mit der Veröffentlichung im Patentblatt wirksam. Über Patentstreitigkeiten entscheidet das Bundespatentgericht (§§ 36 b ff. PatG).
Für den Bereich der → Europäischen Gemeinschaften erteilt das gleichfalls in München ansässige Europäische Patentamt sog. Gemeinschaftspatente, die in allen Mitgliedstaaten dieselbe Wirkung haben und demselben materiellen Recht unterliegen.

Persönlichkeitsrecht ist das sich aus Art. 1 u. 2 GG ergebende Recht des einzelnen auf Achtung seiner Würde u. seines Eigenwertes als Person. Es begründet einen Abwehranspruch gegen die öffentliche Gewalt: Jeder hat das Recht auf die freie Entfaltung seiner Persönlichkeit, soweit er nicht die Rechte anderer verletzt u. nicht gegen die verfassungsmäßige Ordnung – dazu rechnet jede formell u. materiell verfassungsmäßige → Rechtsnorm – oder gegen das Sittengesetz verstößt (Art. 2 I GG). Darüber hinaus leitet die Rspr. aus Art. 1, 2 GG ein auch im Privatrecht geltendes *allgemeines P.* ab, das über die besonderen P., wie z. B. → Namensrecht, hinausgeht. Als „sonstiges Recht" i. S. des § 823 I BGB ist es wie andere → absolute Rechte gegen rechtswidrige Beeinträchtigungen geschützt. Wer das P. widerrechtlich verletzt, kann daher auf → Unterlassung in Anspruch genommen werden. Fällt ihm Verschulden zur Last, muß er Schadensersatz leisten (→ unerlaubte Handlung); bei schwerem Eingriff oder schwerem Verschulden ist er außerdem zur Zahlung von → Schmerzensgeld verpflichtet. Das P. erstreckt sich insbes. auf die Ehre und den privaten Bereich; es erfaßt die Geheim- u. Intimsphäre als innerste Zone des Denkens und Fühlens. Aus dem P. ergibt sich außerdem die Befugnis des einzelnen, selbst zu entscheiden, wann u. innerhalb welcher Grenzen persönliche Lebenssachverhalte offenbart werden (*Recht auf informationelle Selbstbestimmung*, → Datenschutz). Zum höchstpersönlichen Lebensbereich gehören auch das äußere, aber auch das geistig-intellektuelle Erscheinungsbild des Menschen u. die Verfügung über die Darstellung der eigenen Person in der Öffentlichkeit, so daß etwa die Publikation des Fotos einer nicht im öffentlichen Leben stehenden Person ihr Recht am eigenen Bild, das verfälschte Zitat den Zitierten in seinem Recht am eigenen Wort beeinträchtigt. Weitere Beispiele für Verletzungen des P.: Veröffentlichung privater Aufzeichnungen, heimliche Tonbandaufnahmen, Veröffentlichung eines heimlich abgehörten Telefongesprächs. Grenzen sind dem allgemeinen P. vor allem durch die Rechte anderer gezogen. Ehrkränkende Behauptungen in Presse, Rundfunk und Fernsehen können durch das *Recht auf freie Meinungsäußerung* (Art. 5 I GG) gerechtfertigt sein. P. u.

Meinungsäußerungsrecht sind grundsätzlich gleichrangige Verfassungswerte, so daß es auf eine *Rechtsgüter- und Interessenabwägung* im Einzelfall ankommt. Dabei ist vor allem auf die Intensität des Eingriffs einerseits u. das Informationsinteresse der Öffentlichkeit (Beitrag zur geistigen u. politischen Auseinandersetzung oder bloße Sensationsmache) andererseits abzuheben. Wer aus eigenem Entschluß an dem von Art. 5 I GG geschützten Prozeß der öffentlichen Meinungsbildung teilnimmt u. sich damit den Bedingungen des öffentlichen Meinungskampfes unterwirft, kann sich, wenn er selbst massiv Kritik geübt hat, gegen den darauf folgenden „Gegenschlag" nicht auf sein P. berufen. Bei der Berichterstattung über aktuelle Straftaten geht das Interesse der Allgemeinheit an der Information dem P. des Straftäters vor; spätere Veröffentlichungen können dagegen wegen ihrer die Resozialisierung gefährdenden Wirkung rechtswidrig sein. Zum Verhältnis von P. u. Kunstfreiheit s. dort.

Personalausweis. Nach dem Gesetz über Personalausweise ist jede Person im Bundesgebiet, die das 16. Lj. vollendet hat u. der → Meldepflicht im Rahmen des Meldewesens unterliegt, verpflichtet, einen P. zu besitzen u. ihn auf Verlangen einer zur Prüfung der → Personalien ermächtigten Behörde vorzulegen, soweit sie sich nicht durch Vorlage eines gültigen Passes (→ Paßwesen) ausweisen kann. Der P. ist nach bundeseinheitlichem Muster mit Lichtbild auszustellen. Er enthält ausschließlich folgende Personalangaben: Name u. ggf. Geburtsname, Vornamen, Ordensname/Künstlername, Geburtsdatum u. -ort, Geschlecht, Größe, Augenfarbe u. unveränderliche Kennzeichen, Wohnort u. Wohnung, Staatsangehörigkeit. Es dürfen weder Fingerabdrücke noch verschlüsselte Angaben über die Person des Inhabers (auch nicht in der Seriennummer) aufgenommen werden. Nur die örtlichen Personalausweisbehörden dürfen die Personalangaben speichern. P. werden für eine Gültigkeitsdauer von 10 Jahren (bei Personen unter 26 Jahren: 5 Jahre) ausgestellt; eine Verlängerung ist nicht zulässig. Der Verstoß gegen die Ausweispflicht ist eine → Ordnungswidrigkeit, die als Geldbuße geahndet werden kann; der Mißbrauch des P. ist durch § 281 StGB unter Strafe gestellt. Durch Gesetzesnovelle v. 25. 1. 1983 sollte der *fälschungssichere u. maschinenlesbare P.* ab 1. 11. 1984 eingeführt werden. Zwischenzeitlich haben sich Änderungen als notwendig erwiesen, die den Grundsätzen des Volkszählungsurteils des BVerfG v. 15. 12. 1983 (→ Datenschutz) Rechnung tragen. Das Inkrafttreten der Novelle ist deshalb auf einen Zeitpunkt hinausgeschoben worden, der durch besonderes Gesetz bestimmt wird.

Personalien sind die Merkmale, die die Identität einer Person bestimmen (Vorname u. Zuname, Geburtsort u. -datum, Beruf,

Wohnung). Im Rahmen der *Gefahrenabwehr* ist die *Polizei* (→ Polizeirecht) berechtigt, die P. festzustellen, wenn es zur Erfüllung ihrer Aufgaben erforderlich ist. Dazu müssen die Betroffenen angehalten u. befragt werden (sog. Sistierung); nötigenfalls können sie auf die Wache mitgenommen u. erkennungsdienstlich behandelt werden. Die Befugnisse der Polizei beruhen teils auf ausdrücklichen Regelungen, teils auf der polizeilichen Generalklausel in den Polizeigesetzen der Bundesländer. Im *gerichtlichen Verfahren* sind Zeugen u. Sachverständige (auch wenn sie zur Verweigerung des Zeugnisses oder des Gutachtens berechtigt sind) – im → Strafprozeß auch der Angeklagte – zur Angabe der P. verpflichtet; im strafrechtlichen Ermittlungsverfahren besteht die Pflicht auch gegenüber Polizei u. Staatsanwaltschaft.

Personalrat, Personalvertretung → öffentlicher Dienst.

Personengesellschaften → Gesellschaftsrecht.

Personensorge → elterliche Sorge.

Personenstand ist die Zugehörigkeit einer Person zu einer bestimmten Familie. Die dafür maßgebenden Umstände (insbes. Geburt, Heirat u. Tod) werden vom → Standesbeamten nach dem Personenstandsgesetz in den *Personenstandsbüchern* beurkundet. Personenstandsbücher sind das *Heiratsbuch* (zur Beurkundung der Eheschließungen), das *Familienbuch* (das dazu bestimmt ist, den jeweiligen P. der Familienangehörigen ersichtlich zu machen), das *Geburtenbuch* (zur Beurkundung der Geburten) u. das *Sterbebuch* (zur Beurkundung der Sterbefälle). Die Personenstandsbücher beweisen bei ordnungsgemäßer Führung Eheschließung, Geburt u. Tod u. die darüber gemachten Angaben, nicht jedoch die Staatsangehörigkeit oder eine Änderung der Staatsangehörigkeit.

Personenvereinigung ist die rechtliche Gemeinschaft zwischen mehreren Personen. Sie kann auf Gesetz (z. B. Erbengemeinschaft bei gesetzlicher Erbfolge) oder Rechtsgeschäft (z. B. Verein) beruhen, öfftl.-rechtlich (z. B. Rechtsanwaltskammer) oder privatrechtlich (z. B. offene Handelsgesellschaft) organisiert sein. Sie ist rechtsfähig (z. B. Aktiengesellschaft) oder nichtrechtsfähig (z. B. bürgerlich-rechtliche Gesellschaft). Die vermögensrechtlichen Beziehungen zwischen den Mitgliedern einer nichtrechtsfähigen P. können nach den Regeln der Bruchteilsgemeinschaft (z. B. beim Miteigentum) oder der Gesamthandsgemeinschaft (z. B. bei der Erbengemeinschaft) geordnet (→ Gemeinschaft) oder völlig getrennt sein (z. B. beim ehelichen Güterstand der → Gütertrennung). Privatrechtliche P., die zu Erreichung eines bestimmten gemeinsamen Zwecks durch Rechtsgeschäft begründet werden, heißen Gesellschaften (→ Gesellschaftsrecht). Gelegentlich wird der Begriff der P. in engerem Sinn als Bezeichnung für nichtrechtsfähige gesellschaftsrechtliche Zusammenschlüsse von Personen verwendet (so z. B. im Körperschaftsteuergesetz).

Petitionsrecht. Art. 17 GG gewährt jedermann das → Grundrecht, sich einzeln oder gemeinschaftlich mit Bitten oder Beschwerden an die zuständigen Stellen oder an die Volksvertretung zu wenden. Eingaben an das Parlament werden üblicherweise nicht vom Plenum, sondern von einem eigens hierzu eingesetzten Petitionsausschuß behandelt. Der Petitionsadressat (Behörde, Bundestag, Landtag usw.) ist verpflichtet, eine ordnungsgemäße (also z. B. nicht beleidigende) Petition entgegenzunehmen, sie sachlich zu prüfen u. schriftlich zu beantworten; er braucht seine Stellungnahme jedoch nicht zu begründen. Das Recht zur gemeinschaftlichen Petition kann für Angehörige der Streitkräfte u. für Zivildienstleistende gesetzlich eingeschränkt werden (Art. 17a GG).

Pfändung ist eine Maßnahme der → Zwangsvollstreckung, durch die bewegliche Sachen oder Rechte des Schuldners zum Zweck der Befriedigung des Gläubigers staatlich beschlagnahmt werden. Die P. führt zur Pfandverstrickung des gepfändeten Gegenstands u. läßt ein Pfandrecht entstehen. *Pfandverstrickung* bedeutet, daß die Verfügungsmacht dem Schuldner entzogen wird u. auf den Staat übergeht. Das *Pfändungspfandrecht* ist im Gegensatz zum privatrechtlichen → Pfandrecht öfftl.-rechtl. Natur; es gewährt dem Gläubiger im Verhältnis zu anderen Gläubigern dieselben Rechte wie ein rechtsgeschäftlich bestelltes Pfandrecht (§ 804 ZPO).
Die *P. beweglicher Sachen* geschieht dadurch, daß der → Gerichtsvollzieher sie in Besitz nimmt (§ 808 ZPO). Werden sie im Gewahrsam des Schuldners belassen, ist die P. durch Anlegung eines Siegels („Kuckuck") oder auf sonstige Weise kenntlich zu machen. Gepfändete Sachen werden üblicherweise im Wege der → Versteigerung verwertet (§ 814 ZPO). Der Gläubiger erhält den Versteigerungserlös, soweit er ihm gebührt; der Erlösrest tritt an die Stelle der Pfandsache, gehört daher, falls er deren Eigentümer war, dem Schuldner. Bestimmte Sachen sind aus sozialen Gründen *unpfändbar* (s. im einzelnen § 811 ZPO). Hierzu rechnen die dem Unterhalt und der Arbeitsleistung des Schuldners sowie anderen schutzwürdigen Zwecken dienenden Sachen (z. B. Küchengeräte, Arbeitsmaterial, Rundfunk-, nicht aber Fernsehapparat). *Geldforderungen und andere Vermögensrechte des Schuldners* werden durch einen auf Gesuch des Gläubigers vom → Vollstreckungsgericht erlassenen *Pfändungsbeschluß* gepfändet (§§ 829 ff., 857 ZPO). In dem Beschluß verbietet das Gericht dem Dritt-

schuldner (also dem Schuldner des Schuldners), an den Schuldner zu leisten, u. dem Schuldner, über die Forderung, etwa durch deren Einziehung, zu verfügen. Die gepfändete Forderung wird verwertet, indem sie dem Gläubiger nach seiner Wahl zur Einziehung oder an Zahlungs Statt überwiesen wird (§ 835 ZPO). Die in der Praxis vorherrschende Überweisung zur Einziehung berechtigt den Gläubiger, die überwiesene Forderung im eigenen Namen einzuziehen u. sich daraus für seine Forderung zu befriedigen. Eine Forderung ist *unpfändbar,* soweit sie nicht abgetreten werden kann (§ 851 ZPO). Darüber hinaus sind nach §§ 850 ff. ZPO Lohn- u. Gehaltsforderungen, gesetzliche Unterhaltsansprüche usw. ganz oder teilweise der Pfändung nicht unterworfen *(Pfändungsschutz).* So ist z. B. bei einer Familie mit 2 Kindern das monatliche Nettoarbeitseinkommen bis zu 1560 DM u. der Mehrbetrag bis zu 7/10 unpfändbar; bei einem Nettoeinkommen von 3000 DM monatlich beläuft sich demnach der unpfändbare Teil auf 2568 DM. Die ein monatliches Einkommen von 3302 DM übersteigende Summe ist jedoch ohne Rücksicht auf die Zahl der unterhaltsberechtigten Personen stets voll pfändbar (i. e. §§ 850c, 850e ZPO).

Pfandbrief → Wertpapierecht.

Pfandrecht (§§ 1204 ff. BGB) ist das zur Sicherung einer Forderung bestehende → dingliche Recht, das den Gläubiger berechtigt, sich unter bestimmten Voraussetzungen aus dem verpfändeten Gegenstand zu befriedigen. Das P. kann rechtsgeschäftlich bestellt werden *(vertragliches P.)* oder kraft Gesetzes entstehen *(gesetzliches P.,* z. B. → Vermieterpfandrecht, → Unternehmerpfandrecht). Es ist vom öfftl.-rechtl. *Pfändungspfandrecht* zu unterscheiden (→ Pfändung). Das P. hängt vom Bestand der gesicherten Forderung ab. Seine *Akzessorietät* äußert sich vor allem darin, daß es ohne die Forderung weder entstehen noch übertragen werden kann u. daß es mit dem Erlöschen der Forderung endet. Gegenstand des P. ist entweder eine bewegliche Sache oder ein Recht. (Zu den besonderen Regelungen für Grundpfandrechte → Hypothek, → Grundschuld, → Rentenschuld.) 1. Zur Bestellung des *vertraglichen P. an einer beweglichen Sache* ist Einigung zwischen dem Eigentümer u. dem Pfandgläubiger über die Verpfändung sowie grundsätzlich Übergabe der Sache erforderlich (§ 1205 BGB). Die Übergabe kann, anders als bei der → Übereignung, nicht durch Vereinbarung eines Besitzkonstituts ersetzt werden. Darauf ist es zurückzuführen, daß die → Sicherungsübereignung das P. im Wirtschaftleben weithin verdrängt hat. Gehört die Sache nicht dem Verpfänder, finden auf die Verpfändung die Vorschriften über den → gutgläubigen Erwerb des Eigentums entsprechende Anwendung (§ 1207 BGB). Der Verpfänder, der mit dem Schuldner nicht identisch zu sein braucht, kann die dem Schuldner gegen die Forderung u. die einem Bürgen (→ Bürgschaft) zustehenden Einreden und Einwendungen geltend machen (§ 1211 BGB). Wird die Forderung fällig (sog. *Pfandreife),* ist der Gläubiger berechtigt, das Pfand zum Zweck der Befriedigung nach vorheriger Androhung zu verkaufen (§§ 1228, 1234 BGB). Der Verkauf ist grundsätzlich im Weg der → Versteigerung durchzuführen (§§ 1233 BGB). Der Erwerber erlangt lastenfreies Eigentum (§ 1242 BGB). Soweit der Erlös dem Gläubiger gebührt, erlischt die Forderung; im übrigen tritt der Erlös an die Stelle des Pfandes, gehört also dem Eigentümer (§ 1247 BGB). Wer durch die Pfandveräußerung ein dingliches Recht verlieren würde – z. B. ein anderer Pfandgläubiger –, kann die Forderung freiwillig begleichen. Diese geht dann von Gesetzes wegen zusammen mit dem P. auf ihn über (§§ 1249, 1250 BGB). Das P. *erlischt* mit dem Untergang der Forderung, mit Rückgabe des Pfandes, mit vertraglicher Aufhebung und grundsätzlich bei Zusammentreffen mit dem Eigentum in einer Person (§§ 1252 ff. BGB.) – Die Vorschriften über das vertragliche P. finden auf das kraft Gesetzes entstandene P. – also nicht auf dessen Entstehung – entsprechende Anwendung. Gutgläubiger Erwerb eines gesetzlichen P. ist daher auch bei einem Besitzpfandrecht (z. B. → Unternehmerpfandrecht) nach der Rspr. nicht möglich. 2. Das *P. an einem Recht* wird nach den für dessen Übertragung (→ Abtretung) geltenden Vorschriften, also durch Vertrag bestellt (§§ 1274 ff. BGB). Für die Verpfändung einer Forderung ist neben der Verpfändungsvereinbarung Anzeige an den Schuldner erforderlich (§ 1280 BGB). Bis zur Pfandreife muß der Schuldner an Gläubiger und Pfandgläubiger gemeinschaftlich, danach kann er nur an den Pfandgläubiger leisten (§§ 1281, 1282 BGB). Mit der Leistung erwirbt der Gläubiger den geleisteten Gegenstand, der Pfandgläubiger ein P. an dem Gegenstand (§ 1287 BGB).

Pflegekinder (§§ 27 ff. JWG) sind Minderjährige unter 16 Jahren, die sich dauernd oder regelmäßig für einen Teil des Tages außerhalb des Elternhauses in Familienpflege befinden. Ein P. darf nur mit vorheriger Erlaubnis des Jugendamtes aufgenommen werden; die Erlaubnis darf nur erteilt werden, wenn das leibliche, geistige u. seelische Wohl des P. in der Pflegefamilie gewährleistet ist. Die Pflegeerlaubnis kann ggf. widerrufen werden. Die Aufnahme bei den Pflegeeltern erfolgt aufgrund eines Pflegevertrages, durch den die personensorgeberechtigten (Eltern, nichteheliche Mutter, Vormund) die Ausübung der Personensorge (→ elterliche Sorge) auf die Pflegeeltern übertragen. P. unterstehen der Aufsicht des Jugendamtes; eine widerrufliche Befreiung von der Beaufsichtigung ist möglich, wenn das Wohl des Kindes gesichert ist. Den Pflegeeltern obliegen gegenüber dem Jugendamt bestimmte Anzeigepflichten. Sie erhalten für das P. → Kindergeld.

Pflegschaft (§§ 1909 ff. BGB) ist eine Fürsorgetätigkeit, die sich im Unterschied zur → Vormundschaft nicht auf alle, sondern nur auf einzelne Angelegenheiten der fürsorgebedürftigen Person erstreckt. Von Bedeutung ist insbesondere die *P. für → nichteheliche Kinder,* die i. d. R. dem Jugendamt als Amtspfleger übertragen wird. Daneben kennt das Gesetz die *Ergänzungspflegschaft* (in den Fällen, wo Eltern oder Vormund aus rechtlichen oder tatsächlichen Gründen verhindert sind, eine Angelegenheit für das ihrer → elterlichen Sorge oder Vormundschaft unterstehende Kind wahrzunehmen), die nur mit Einwilligung des Pfleglings zulässige *Gebrechlichkeitspflegschaft* (für Volljährige, die wegen körperlicher Gebrechen ihre Angelegenheiten nicht besorgen können), die *Abwesenheitspflegschaft* (für Vermögensangelegenheiten eines Volljährigen, der infolge Abwesenheit nicht tätig werden kann), die *Pflegschaft für eine Leibesfrucht* (zur Wahrnehmung der künftigen Rechte des bereits erzeugten, aber noch nicht geborenen Kindes, sofern den Eltern, wäre das Kind schon geboren, die elterliche Sorge nicht zustünde) u. die *P. für unbekannte Beteiligte* (z. B. für einen noch nicht erzeugten → Nacherben). Das → Vormundschaftsgericht ordnet die P. an u. bestellt einen Pfleger. Dieser ist nur innerhalb der ihm vom Gericht zugewiesenen Aufgaben zur Vertretung des Pfleglings berechtigt. Die P. läßt die → Geschäftsfähigkeit eines volljährigen Pflegebefohlenen grundsätzlich unberührt; treffen Pfleger u. Pflegling widersprüchliche Maßnahmen, so gilt i. d. R. die frühere. Im übrigen finden auf die P. die für die Vormundschaft geltenden Vorschriften entsprechende Anwendung.

Pflichtteil → Erbrecht; → Güterstand.

Pflichtversicherung → Sozialversicherung.

Pflichtverteidiger → Verteidiger.

Plagiat („geistiger Diebstahl") ist eine Verletzung des → Urheberrechts in der Weise, daß der Plagiator das Werk eines anderen ganz oder teilweise in sein eigenes Werk aufnimmt, ohne auf die Urheberschaft des anderen zu verweisen (z. B. wenn ein Wissenschaftler eine Studie veröffentlicht, in der er mehrere Passagen aus einem anderen Buch ohne entsprechenden Hinweis abgeschrieben hat). Das P. begründet einen Anspruch des Verletzten auf Unterlassung u. Schadensersatz (§ 97 UrhG).

Planfeststellungsverfahren ist ein besonders ausgestaltetes Verwaltungsverfahren, das der Durchführung raumbedeutsamer

Maßnahmen (z. B. Flughäfen, Fernstraßen, Kraftwerke) voraus-geht. Es ist in verschiedenen Spezialgesetzen (§§ 8 ff. Luftver-kehrsgesetz, §§ 17 ff. Bundesfernstraßengesetz, §§ 10 ff. Bundes-Immissionsschutzgesetz u. a.) und subsidiär in §§ 72–78 Verwal-tungsverfahrensgesetz geregelt. Beim P. handelt es sich um ein Genehmigungsverfahren, das dazu dient, das beabsichtigte Vor-haben auf der Grundlage eines vom Unternehmer eingereichten Plans unter Berücksichtigung und in Abwägung sämtlicher öf-fentlichen und privaten Interessen zu prüfen. Das P. mündet in einen *Planfeststellungsbeschluß* als einen → Verwaltungsakt, in dem die Planfeststellungsbehörde über die Zulässigkeit des Pro-jekts entscheidet. Eröffnet wird das Verfahren auf Antrag des Un-ternehmers. Die Anhörungsbehörde, die i. d. R. mit der Plan-feststellungsbehörde nicht identisch ist, holt die Stellungnahme der von dem Vorhaben betroffenen Behörden ein u. gibt jedem, dessen Belange durch das Projekt berührt werden, durch befri-stete Auslegung des Plans u. durch mündliche Verhandlung in ei-nem förmlich anberaumten Erörterungstermin Gelegenheit, Ein-wendungen gegen den Plan zu erheben. Im Planfeststellungsbe-schluß entscheidet die Behörde über die Einwendungen, über die im Erörterungstermin keine Einigung erzielt wurde. Sie kann dem Projektträger im Interesse der Allgemeinheit oder zur Ver-meidung nachteiliger Wirkungen auf Rechte Dritter Auflagen er-teilen. Durch die Planfeststellung wird die Zulässigkeit des Vor-habens hinsichtlich aller davon berührten öffentlichen Belange festgestellt; sie ersetzt sämtliche sonst erforderlichen öfftl.-rechtl. Genehmigungen, Verleihungen, Erlaubnisse, Bewilligungen, Zu-stimmungen u. Planfeststellungen. Es werden zugleich alle öfftl.-rechtl. Beziehungen zwischen dem Unternehmer und den durch den Plan Betroffenen rechtsgestaltend geregelt. Gegen den Plan-feststellungsbeschluß kann sowohl der Unternehmer (z. B. bei Ablehnung des Antrags oder bei Erteilung belastender Auflagen) wie auch jeder eine Rechtsverletzung geltend machende Dritte (auch eine in ihrer Planungshoheit berührte Gemeinde) ohne vor-ausgehendes Widerspruchsverfahren Klage vor dem Verwal-tungsgericht erheben (→ verwaltungsgerichtliches Verfahren). Ist der Beschluß unanfechtbar geworden, so sind Ansprüche auf Un-terlassung des Vorhabens, auf Beseitigung oder Änderung der Anlagen oder auf Unterlassung ihrer Benutzung grundsätzlich ausgeschlossen.

Politische Beamte sind Beamte auf Lebenszeit (→ öfftl. Dienst), die ein Amt bekleiden, bei dessen Ausübung sie in fortdauernder Übereinstimmung mit den grundsätzlichen politischen Ansich-ten u. Zielen der Regierung stehen müssen. Sie können jederzeit bei Wegfall der Übereinstimmung – also nicht aus anderen Grün-den – in den einstweiligen Ruhestand versetzt werden (31 BRRG).

Welche Beamten zu den p. B. gehören, ist in den Beamtengesetzen des Bundes u. der Länder bestimmt. Danach sind p. B. u. a. die Staatssekretäre u. Ministerialdirektoren, der Chef des Presse- u. Informationsamtes der Bundesregierung u. sein Stellvertreter, die Präsidenten der Verfassungsschutzämter, der Generalbundesanwalt u. die Generalstaatsanwälte (s. z. B. § 36 BBG).

Politische Straftaten sind Straftaten, die sich gegen den Bestand u. die verfassungsmäßige Ordnung der Bundesrepublik richten. Dazu gehören u. a. → Hochverrat (§§ 81–83 StGB), → Landesverrat u. Gefährdung der äußeren Sicherheit (§§ 94–100a StGB), Straftaten gegen Verfassungsorgane (§§ 105 u. 106 StGB). Für die wichtigsten p. S. sind nach §120 GVG die Oberlandesgerichte erstinstanzlich zuständig, in deren Bezirk die Landesregierungen ihren Sitz haben.

Polizeiliche Generalklausel → Polizeirecht.

Polizeiliche Maßnahmen → Polizeirecht.

Polizeilicher Notstand → Polizeirecht.

Polizeiliche Zwangsmittel → Polizeirecht.

Polizeirecht. Der Begriff „Polizei" ist nicht eindeutig. Zu unterscheiden sind Polizei im materiellen u. Polizei im formellen Sinn. Der *materielle Polizeibegriff* umfaßt die Staatstätigkeit, die darauf gerichtet ist, von der Allgemeinheit oder dem einzelnen Gefahren abzuwehren, durch die die öfftl. Sicherheit oder Ordnung bedroht wird *(Gefahrenabwehr)*. Dagegen meint *Polizei im formellen Sinn* die staatlichen Funktionen, für deren Wahrnehmung die Zuständigkeit der Polizeibehörden begründet ist. In der preußischen Verwaltungstradition waren materieller u. formeller Polizeibegriff weitgehend deckungsgleich; die Polizeibehörden waren mit wenigen Ausnahmen (z. B. Gesundheit, Gewerbe- u. Bauaufsicht) für die Gefahrenabwehr insgesamt verantwortlich. Das gilt noch heute für die Bundesländer Baden-Württemberg, Bremen, Rheinland-Pfalz u. Saarland. In den Ländern der ehemals amerikanischen u. britischen Besatzungszone (Berlin, Hamburg, Hessen, Niedersachsen, Nordrhein-Westfalen u. Schleswig-Holstein) ist die frühere polizeiliche Allzuständigkeit zugunsten einer „Entpolizeilichung" aufgegeben worden. Dort verblieb der Polizei nur ein begrenzter Aufgabenkreis: die Verhütung von Straftaten, die Verkehrsüberwachung u. die Bekämpfung akuter Gefahren für die öfftl. Sicherheit oder Ordnung, ferner die Vollzugshilfe für andere Behörden, die über keinen eigenen Exekutivapparat verfügen. Alle übrigen polizeilichen Funktionen wurden auf andere

Behörden (vielfach als „*Ordnungsbehörde*" bezeichnet) übertragen. Andererseits sind der Polizei durch verschiedene Gesetze auch Aufgaben außerhalb der Gefahrenabwehr zugewiesen, wie z. B. die Mitwirkung bei der Strafverfolgung nach der StPO. – Das P. ist grundsätzlich *Ländersache;* Ausnahmen gelten für die Sonderpolizeibehörden des Bundes (insbes. → Bundesgrenzschutz u. → Bundeskriminalamt).

1. *Aufgaben u. Verfahren der Polizei- (und Ordnungs-)behörden.* Da die *Polizeiverfügungen* mit ihren Geboten u. Verboten als belastende → Verwaltungsakte in die Rechtssphäre des Bürgers eingreifen, bedürfen sie nach dem rechtsstaatlichen Grundsatz der → Gesetzmäßigkeit der Verwaltung einer gesetzlichen Grundlage. Als solche dient in erster Linie – soweit nicht Spezialermächtigungen in Betracht kommen – die *polizeiliche Generalklausel.* Sie ist in den Polizeigesetzen der Bundesländar (mit Ausnahme Bayerns, das nur Spezialermächtigungen kennt) der klassisch gewordenen Formulierung des § 14 I des Preußischen Polizeiverwaltungsgesetzes von 1931 nachgebildet worden: „Die Polizeibehörden haben im Rahmen der geltenden Gesetze die nach pflichtgemäßem Ermessen notwendigen Maßnahmen zu treffen, um von der Allgemeinheit oder den Einzelnen Gefahren abzuwehren, durch die die öffentliche Sicherheit oder Ordnung bedroht wird." Unter *öffentlicher Sicherheit* versteht man einerseits die Unversehrtheit von Leben, Gesundheit, Ehre, Freiheit u. Vermögen der Bürger, andererseits Bestand u. Funktionieren des Staates u. seiner Einrichtungen; ein Verstoß gegen eine Vorschrift des öfftl. Rechts stellt stets eine Gefahr für die öfftl. Sicherheit dar. *Öffentliche Ordnung* meint die Gesamtheit der (nicht rechtlichen, zumeist ungeschriebenen) Regeln, deren Befolgung nach den jeweils herrschenden sozialen u. ethischen Anschauungen als unerläßliche Voraussetzung für ein gedeihliches Zusammenleben der Menschen angesehen wird; dabei ist aber zu beachten, daß die Wahrnehmung eines Grundrechts (z. B. der Kunstfreiheit) die öfftl. Ordnung nicht verletzen kann. In Bremen hat die Polizei nur noch die Aufgabe, Gefahren, welche die öfftl. Sicherheit (nicht mehr die öfftl. Ordnung) bedrohen, abzuwehren. – Die Generalklausel gibt den Polizei- u. Ordnungsbehörden keinen Freibrief. Sie müssen zunächst ermitteln, ob tatsächlich eine Gefahr vorliegt, sodann nach pflichtgemäßem → Ermessen entscheiden, ob sie überhaupt zur Gefahrenabwehr einschreiten sollen, u. schließlich die Maßnahmen treffen, die die Allgemeinheit u. den einzelnen am wenigsten beeinträchtigen u. in einem angemessenen Verhältnis zum angestrebten Erfolg stehen. Die Behörden sind berechtigt, gegen die Personen vorzugehen, die als *Störer* durch ihr Verhalten oder durch den Zustand einer ihrer Verfügungsmacht unterliegenden Sache die Gefahr verursacht haben. Wer z. B. spätabends in einem Wohnhaus das Radio lärmen läßt, ist für die dadurch bei

den Mitbewohnern entstehende Gesundheitsgefahr sowohl unter dem Gesichtspunkt der Handlungs- als auch unter dem Aspekt der Zustandshaftung verantwortlich; die Polizei kann daher gegen ihn einschreiten. Nur ausnahmsweise, im Fall des *polizeilichen Notstands* – wenn die Gefahr auf andere Weise nicht zu beheben ist –, dürfen die Behörden auch außenstehende Dritte gegen ihren Willen in Anspruch nehmen, so z. B. wenn ein Schadenfeuer nur vom Nachbargrundstück aus bekämpft werden kannn; in diesen Fällen ist dem Dritten aber Entschädigung zu leisten. – Die Polizei- u. Ordnungsbehörden sind bei der Gefahrenabwehr zu besonderen Eingriffen in Freiheit u. Eigentum eines Störers befugt (eines Nichtstörers nur bei Vorliegen eines polizeilichen Notstands). Zu diesen *polizeilichen Maßnahmen* gehören u. a. die Feststellung der Personalien, die Beschaffung von Auskünften durch Vorladung, Vorführung u. Vernehmung, die Durchsuchung von Personen u. Räumen. Die Behörden können ihre Verfügungen zwangsweise durchsetzen. Als *Zwangsmittel* kommen in Betracht: die Ersatzvornahme durch einen Dritten auf Kosten des Störers, das Zwangsgeld und – nur subsidiär – der unmittelbare Zwang (vgl. Verwaltungszwang). Die Anwendung von Zwang ist allerdings nur zulässig, wenn die Verfügung, die es durchzusetzen gilt, nicht mehr anfechtbar ist, wenn ihre sofortige Vollziehung angeordnet worden ist oder wenn ein Rechtsbehelf keine aufschiebende Wirkung hätte (insbesondere bei unaufschiebbaren Anordnungen u. Maßnahmen der Polizeivollzugsbeamten). – Die Polizeiverfügungen können unmittelbar auf gesetzlicher Grundlage, z. B. der polizeilichen Generalklausel, beruhen; ihnen kann aber auch eine *Polizeiverordnung* (ordnungsbehördliche Verordnung) zugrunde liegen. Solche Verordnungen sind → Rechtsnormen, d. h. hoheitliche Anordnungen, die sich an eine unbestimmte Vielzahl von Personen (generell) zur Regelung einer unbestimmten Vielzahl von Fällen (abstrakt) wenden. Sie enthalten Gebote oder Verbote, die von einer Polizei- oder Ordnungsbehörde zum Zweck der Gefahrenabwehr erlassen werden; sie richten sich gegen abstrakte Gefahren, die nach der Lebenserfahrung typischerweise zu konkreten Gefahren zu führen pflegen (z. B. Verbot des Rauchens in der Nähe feuergefährlicher Stoffe). Die Polizeiverordnungen sind → Rechtsverordnungen, als deren Ermächtigungsgrundlage i. S. des Art. 80 I GG eine spezialgesetzliche Regelung oder hilfsweise die polizeiliche Generalklausel in Betracht kommt.

2. *Behördenorganisation.* Bei den Polizeibehörden ist in den meisten Ländern zwischen den mehrstufig aufgebauten allgemeinen Polizeibehörden (z. B. Innenminister als Landespolizeibehörde, Regierungspräsident als Bezirkspolizeibehörde, Landrat bzw. Oberbürgermeister als Kreispolizeibehörde, Bürgermeister als Ortspolizeibehörde) u. der Vollzugspolizei zu unterscheiden.

Letztere umfaßt die Beamten, die für den laufenden Einsatz zur Verfügung stehen: Schutzpolizei, Kriminalpolizei, (kasernierte) Bereitschaftspolizei u. Wasserschutzpolizei. Die Vollzugspolizei ist je nach Bundesland entweder selbständige Behörde oder den allgemeinen Polizeibehörden eingegliedert. – Soweit in einigen Bundesländern die Aufgaben der Gefahrenabwehr nicht allein der Polizei, sondern zugleich den sog. Ordnungsbehörden übertragen sind, sind letztere Bestandteil der allgemeinen Verwaltungsorganisation. Die Aufsicht über die Polizei- (u. Ordnungs-)behörden liegt jeweils bei der nächsthöheren Instanz. Dabei ressortiert die Dienstaufsicht beim Innenminister, die Fachaufsicht beim fachlich jeweils zuständigen Minister.

Polizeistunde = Sperrzeit. Nach § 18 Gaststättengesetz ist für Schank- u. Speisewirtschaften sowie für öfftl. Vergnügungsstätten durch → Rechtsverordnung der Landesregierung eine Sperrzeit allgemein festzusetzen. Diese dauert in den meisten Bundesländern von 1 Uhr bis 6 Uhr. Bei Vorliegen eines öffentlichen Bedürfnisses oder besonderer örtlicher Verhältnisse kann die P. allgemein oder für einzelne Betriebe verlängert, verkürzt oder aufgehoben werden. Wer als Inhaber einer Gaststätte das Verweilen eines Gastes nach Beginn der P. duldet oder wer als Gast trotz Aufforderung zum Verlassen verweilt, begeht eine → Ordnungswidrigkeit (§ 28 GaststättenG).

Polizeiverfügung → Polizeirecht.

Polizeiverordnung → Polizeirecht.

Polizeiwidrigkeit ist gegeben, wenn durch das Verhalten einer Person oder den Zustand einer Sache eine Gefahr für die öfftl. Sicherheit oder Ordnung verursacht wird (→ Polizeirecht).

Pornographische Schriften (Abbildungen, Darstellungen). Die Verbreitung von Pornographie ist heute nur noch unter bestimmten, in § 184 StGB geregelten Voraussetzungen strafbar. Mit Freiheitsstrafe bis zu 1 Jahr oder Geldstrafe wird bestraft, wer p. S.: Jugendlichen anbietet, überläßt oder zugänglich macht; öffentlich ausstellt, anschlägt, vorführt oder sonst zugänglich macht; aus Kiosken, im Versandhandel, in Leihbüchereien o. ä. einem anderen anbietet oder überläßt; unaufgefordert an einen anderen gelangen läßt; in öffentlicher Filmvorführung gegen ein Entgelt zeigt, das ganz oder überwiegend für diese Vorführung verlangt wird; zu verbotenen Zwecken ein- oder ausführt. Mit gleicher Strafe sind Herstellung u. Handel mit p.S. bedroht, wenn ihre Verwendung zu einem der bezeichneten Zwecke beabsichtigt ist oder ermöglicht werden soll. Ebenso macht sich strafbar, wer pornographische Darbietungen durch Rundfunk oder Fernsehen verbreitet. Bei „harter" Pornographie (also bei Schriften u. Darstellungen, die Gewalttätigkeiten, sexuellen Mißbrauch von Kindern oder Sodomie zum Gegenstand haben) sind jegliche Art der Verbreitung, das öffentliche Zugänglichmachen u. auch schon das Ankündigen u. Anpreisen strafbar. Pornographisch ist eine Schrift, wenn der sexuelle Reiz im Vordergrund steht, insbesondere wenn sexuelle Vorgänge vergröbert oder aufdringlich dargestellt werden. Bei Schriften, die wissenschaftlichen oder künstlerischen Zwecken dienen, ist der pornographische Charakter grundsätzlich zu verneinen. Unter dem Gesichtspunkt des Jugendschutzes gelten nach dem Gesetz über die Verbreitung jugendgefährdender Schriften besondere Verbote u. Strafen (→ Jugendschutz).

Positives Recht umfaßt die → Rechtsnormen, die in einem bestimmten örtlichen Bereich zu einer bestimmten Zeit effektiv („positiv") gelten und deren Durchsetzung zumeist von der staatlichen Autorität garantiert wird. Es handelt sich dabei weitgehend, aber nicht ausschließlich um staatlich gesetztes Recht. Zum p. R. gehört auch das ungeschriebene → Gewohnheitsrecht, das allerdings mehr und mehr an Bedeutung verliert. Umstritten ist, ob es darüber hinaus auch ein vorstaatliches Recht gibt (→ Naturrecht).

Positive Vertragsverletzung (positive Forderungsverletzung). Unter den Begriff der p. V. fallen alle Pflichtverletzungen im Rahmen eines → Schuldverhältnisses, die weder → Unmöglichkeit der Leistung noch → Verzug herbeiführen u. deren Folgen auch von den Vorschriften über die → Gewährleistung nicht erfaßt werden. Hierher gehören die Fälle der Schlechterfüllung, soweit sie durch Gewährleistungsregeln nicht abgedeckt sind (Beispiel: Verkäufer liefert krankes Vieh, das die vorhandenen Tiere des Käufers ansteckt), wie auch die der Verletzung von → Obhutspflichten (Beispiel: Friseur läßt beim Legen der Dauerwelle Kopfhaut der Kundin verbrennen). Der Schuldner ist für die aus einer von ihm zu vertretenden p. V. entstandenen unmittelbaren u. mittelbaren Nachteile zum → Schadensersatz verpflichtet. Hat bei einem gegenseitigen Vertrag die p. V. den Vertragszweck derart gefährdet, daß dem Gläubiger das Festhalten am Vertrag nicht zuzumuten ist (Beispiel: Autohändler baut in verkauften fabrikneuen PKW gebrauchte Teile ein), kann er – ebenso wie bei Unmöglichkeit u. Verzug – vom Vertrag zurücktreten (→ Rücktritt) oder Schadensersatz wegen Nichterfüllung verlangen. Die Rechtsgrundlage der Haftung aus p. V. beruht nicht auf gesetzlichen Vorschriften, sondern auf einem in ständiger Rspr. entwickelten → Gewohnheitsrecht.

Positivismus → Rechtspositivismus.

Postgeheimnis → Brief-, Post- und Fernmeldegeheimnis.

Postzwang. Nach § 2 PostG ist das Errichten u. Betreiben von Einrichtungen zur entgeltlichen Beförderung von Sendungen mit schriftlichen Mitteilungen oder mit sonstigen Nachrichten von Person zu Person der Deutschen Bundespost ausschließlich vorbehalten. Keine Nachrichten u. daher vom P. ausgenommen sind periodische Druckschriften. Dem Beförderungsmonopol entspricht eine Beförderungspflicht der Post: Nach § 8 PostG hat jedermann im Rahmen der Benutzungsordnungen Anspruch auf die Benutzung der Einrichtungen des Postwesens; die Post darf diese nur verweigern, wenn die verlangte Leistung mit den ihr zur Verfügung stehenden Beförderungs- und Verkehrsmitteln nicht erbracht werden kann.

Potsdamer Abkommen. Im P. A. vom 2. 8. 1945 legten Großbritannien, die USA u. die Sowjetunion die künftige Politik für das besiegte Deutschland fest (u. a. Aburteilung der Kriegsverbrecher, Entnazifizierung, Industrieentflechtung, Reparationen). Die oberste Regierungsgewalt für Deutschland sollte von den Siegermächten ausgeübt werden, als deren gemeinsames Organ der aus den Militärbefehlshabern der Besatzungszonen gebildete *Kontrollrat* eingerichtet wurde. Er war für alle Angelegenheiten zuständig, die Deutschland als Ganzes betrafen; seine Gesetze u. Anordnungen, die einstimmig gefaßt werden mußten, wurden von den Militärbefehlshabern in den Besatzungszonen vollzogen. Für die Vier-Sektoren-Stadt Berlin, die keiner Besatzungszone zugeteilt wurde, war eine gemeinsame Verwaltung durch die *Alliierte Kommandantur* vorgesehen. Der Kontrollrat stellte im Frühjahr 1948 nach dem Auszug der Sowjetunion u. der dadurch eingetretenen Beschlußunfähigkeit seine Tätigkeit ein; die Alliierte Kommandantur für Berlin, aus der sich die Sowjetunion gleichfalls 1948 zurückgezogen hatte, besteht nur noch aus den Vertretern der 3 Westmächte. Von der Vier-Mächte-Kontrolle blieb das Gebiet östlich der *Oder-Neiße-Linie* ausgeklammert. Der nördliche Teil Ostpreußens wurde der Sowjetunion, die übrigen Gebiete wurden Polen zur Verwaltung übertragen. Die endgültige Regelung wurde einem Friedensvertrag vorbehalten.

Präjudizien sind gerichtliche Entscheidungen, die für künftige Verfahren in gleichgelagerten Fällen bindende Wirkung entfalten. Den zugrunde liegenden Sachverhalt bezeichnet man als *Präzedenzfall*. Im → common law des angelsächsischen Rechts darf ein Gericht von dem früheren Urteil eines höheren Gerichts nicht abweichen. Im deutschen Recht besteht eine solche Bindung der unteren Gerichte nicht. In der Praxis orientieren sich die Gerichte jedoch schon deshalb an der höchstrichterlichen Rechtsprechung, um eine Aufhebung oder Abänderung ihrer Entscheidung in der Rechtsmittelinstanz zu vermeiden. Zur Wahrung der Einheitlichkeit der Rechtsprechung zwischen den Obergerichten (z. B. OLG), zwischen den Senaten eines obersten Gerichtshofes (z. B. des BGH) u. zwischen den obersten Gerichtshöfen (z. B. BGH u. Bundesverwaltungsgericht) gelten besondere Vorschriften (z. B. § 546 I Nr. II ZPO, §§ 136 GVG, §§ 1 ff. RsprEinhG).

praeter legem = am Gesetz vorbei, neben dem Gesetz. Gemeint ist eine Handlung, die zwar nicht mit dem Gesetz übereinstimmt, ihm aber auch nicht widerspricht.

Präzedenzfall (vorangehender Fall) ist ein Sachverhalt, dessen gerichtliche Entscheidung für die Entscheidung gleichgelagerter künftiger Fälle verbindlich ist (→ Präjudizien).

Preisangaben. Die Verordnung über Preisangaben von 1983 bestimmte: Wer Waren oder Dienstleistungen in seinem Gewerbe, geschäftsmäßig oder sonst regelmäßig anbietet oder für sie öffentlich wirbt, muß die Preise einschl. Umsatzsteuer u. sonstiger Preisbestandteile ausweisen; bei Darlehen sind die gesamten Kosten (also auch Bearbeitungsgebühr u. dgl.) als effektiver Jahreszins auszuweisen; die P. müssen den Grundsätzen der Preiswahrheit u. Preisklarheit entsprechen. Die Verordnung regelte im einzelnen die Art der P. für Handel, Gaststätten, Beherbergungsbetriebe, Tankstellen u. Parkplätze. Das BVerfG hat die Verordnung durch Beschluß v. 8. 11. 1983 hinsichtlich der Preisauszeichnung im Handel für verfassungswidrig erklärt, weil das Preisgesetz von 1948 keine ausreichende Ermächtigung für eine solche Regelung enthielt. Die Verfassungsmäßigkeit des Regelungsinhalts der Verordnung ist dagegen vom BVerfG nicht in Frage gestellt worden. Das inzwischen in Kraft getretene neue Gesetz zur Regelung der Preisangaben v. 3. 12. 1984 ermächtigt den Bundeswirtschaftsminister, eine im wesentlichen inhaltsgleiche Preisangabenverordnung zu erlassen, so daß der frühere Rechtszustand in Kürze wiederhergestellt sein wird.

Preisausschreiben (§ 661 BGB) ist eine Art der → Auslobung, bei der ein oder mehrere Preisrichter entscheiden, ob eine Leistung der Auslobung entspricht u. welcher Bewerber den Preis erhalten soll (z. B. P. für wissenschaftliche oder künstlerische Leistungen, Architektenwettbewerb). Ein P. ist nur gültig, wenn in der öfftl. Bekanntmachung eine Frist für die Bewerbung bestimmt wird.

Preisbindung → Wettbewerbsrecht.

Pressefreiheit → Meinungsfreiheit.

prima-facie-Beweis (Anscheinsbeweis) → Beweis.

Privatautonomie ist der Zentralbegriff des → Privatrechts. Dieses Prinzip ermöglicht es dem einzelnen, seine Rechtsbeziehungen im Rahmen der Rechtsordnung eigenverantwortlich (autonom) zu gestalten. Die P., die zumindest in ihrem Kernbestand durch Art. 1 u. 2 GG geschützt ist, gibt dem Individuum die Befugnis, ein → Rechtsverhältnis zu begründen, zu ändern oder aufzuheben. Sie äußert sich vor allem in der → Vertragsfreiheit (ergänzt durch → Dispositions- u. → Verhandlungsmaxime im Zivilprozeß), in der → Vereinigungsfreiheit, in der Freiheit des → Eigentums u. in der → Testierfreiheit. Grenzen sind der P. dort gezogen, wo ihr Gebrauch – etwa durch wirtschaftliche Machtausübung – die Freiheit der anderen beeinträchtigt. Es ist ordnungspolitische Aufgabe des Staates, insbesondere des Gesetzgebers, die Reichweite der P. zu bestimmen u. sich dabei am → Sozialstaatsgebot des GG zu orientieren.

Privateigentum → Eigentum.

Privatklage (§§ 374 ff. StPO). Im → Strafprozeß kann der Verletzte oder der sonst Strafantragsberechtigte bei bestimmten Delikten (vor allem: → Beleidigung, → Körperverletzung, einfache → Sachbeschädigung) die Straftat im Wege der P. verfolgen. Dadurch wird das auf der → Offizialmaxime beruhende Anklagemonopol der Staatsanwaltschaft durchbrochen. Diese kann zwar in jeder Lage des Verfahrens die Verfolgung übernehmen; verpflichtet zur Anklageerhebung ist sie jedoch nur bei öffentlichem Interesse. Die Erhebung der P. – zu Protokoll der Geschäftsstelle oder durch Einreichung einer Anklageschrift – ist in den meisten Fällen (nicht bei gefährlicher Körperverletzung) erst zulässig, wenn ein Sühneversuch vor einer Vergleichsbehörde (i. d. R. dem Schiedsmann) gescheitert ist. Das Gericht teilt dem Beschuldigten die P. mit u. fordert ihn auf, sich innerhalb einer bestimmten Frist dazu zu äußern. Nach Eingang der Stellungnahme des Beschuldigten oder nach Fristablauf entscheidet es gemäß den für das Offizialverfahren geltenden Vorschriften, ob das Hauptverfahren zu eröffnen oder die Klage zurückzuweisen ist. Bei geringer Schuld des Täters kann es das Verfahren – ohne Zustimmung des Privatklägers und des Beschuldigten – einstellen. Wird das Hauptverfahren eröffnet, so entspricht die Stellung des Privatklägers weitgehend der des Staatsanwaltes im Offizialverfahren. Der Beschuldigte kann mittels einer Widerklage seinerseits die Bestrafung des Privatklägers beantragen, wenn er von diesem gleichfalls durch ein mit der ihm vorgeworfenen Straftat zusammenhängendes Privatklagedelikt verletzt worden ist. Die P. kann bis

zum rechtskräftigen Abschluß des Verfahrens zurückgenommen werden.
Hat die Staatsanwaltschaft bei einem Privatklagedelikt wegen öffentlichen Interesses Anklage erhoben, so kann sich derjenige, der als Privatkläger aufzutreten berechtigt wäre, der öfftl. Klage durch schriftliche Anschlußerklärung als *Nebenkläger* anschließen. (Hatte er bereits P. erhoben, so wird er automatisch zum Nebenkläger.) Die gleiche Befugnis steht den nahen Angehörigen des durch eine Straftat Getöteten zu (§§ 395 ff. StPO). Der Nebenkläger hat die Rechte eines Privatklägers. Insbesondere kann er unabhängig von der Staatsanwaltschaft → Rechtsmittel einlegen.

Privatrecht ist die Gesamtheit der → Rechtsnormen, die die Beziehungen der einzelnen untereinander regeln (zur Abgrenzung gegenüber dem *öffentlichen Recht* → Recht). Wichtigster Bestandteil des P. ist das vor allem im *Bürgerlichen Gesetzbuch* (BGB) geregelte *bürgerliche Recht*. Anders als z. B. das Handelsgesetzbuch (HGB), dessen Geltungsbereich auf einen bestimmten Personenkreis, die Kaufleute, beschränkt ist, betrifft das bürgerliche Recht jedermann in seiner „bürgerlichen" Existenz. Es steht als das generelle P. im Gegensatz zum speziellen P., das für einzelne besondere Lebensbereiche gilt (außer dem bereits erwähnten → Handelsrecht insbes. das → Gesellschaftsrecht, Teile des → Arbeitsrechts, das → Immaterialgüterrecht u. a.). Das BGB vom 18. 8. 1896, in Kraft getreten am 1. 1. 1900, gliedert sich in 5 Bücher: 1. den *Allgemeinen Teil* mit den grundlegenden privatrechtlichen Vorschriften über Rechtsfähigkeit und Geschäftsfähigkeit, Willenserklärung und Vertrag, Stellvertretung und Zustimmung u. a., 2. das → *Schuldrecht* in seinen Grundzügen und in seinen verschiedenen Vertragstypen (Kauf, Miete, Darlehen, Dienstvertrag, Werkvertrag usw.), 3. das → *Sachenrecht* mit den Regelungen über die Rechtsverhältnisse zwischen Personen und Sachen (Eigentum und sonstige dingliche Rechte), 4. das → *Familienrecht* mit seinen Bestimmungen über Ehe, Verwandtschaft und Vormundschaft sowie 5. das → *Erbrecht*. Das BGB ist von klassischen liberalen Vorstellungen geprägt: Privatautonomie, Eigentum, freier Wettbewerb. Auch seine Vorkehrungen gegen Rechtsmißbrauch u. rücksichtslosen Eigennutz sind aus dem liberalen Geist der Entstehungszeit zu erklären, aus der Überzeugung, daß die möglichst freie Betätigung der Bürger u. nicht staatliche Intervention die beste Gewähr für gerechten Interessenausgleich biete. Seit dem Inkrafttreten des BGB sind vor allem durch die beiden Weltkriege tiefgreifende ökonomische und soziale Veränderungen ausgelöst worden, denen sich auch das Recht anpassen mußte. So erlitt insbesondere das Prinzip der → Privatautonomie (und damit der Vertragsfreiheit) angesichts der Entwicklung standardisierter, durch → Allgemeine Geschäftsbedingungen vornormierter Typenverträge der öfftl. Betriebe, der Banken, Versicherungen u. Spediteure, der Hersteller u. Verkäufer genormter Gegenstände (wie Autos, Kühlschränke, Waschmaschinen, Möbel usw.) sowie durch den Kontrahierungszwang (Abschlußzwang) im Bereich der öffentlichen Dienst- u. Versorgungsleistungen (Post, Verkehr, Müllabfuhr, Strom, Gas, Wasser) erhebliche Einbußen (→ Vertrag). Im Arbeitsrecht entstand ein neues Rechtsgebiet, das sich von seinen Ursprüngen im Dienstvertrag des BGB nahezu vollständig gelöst hat. Diese Veränderungen des P. sind in erheblichem Maße durch das → Sozialstaatsgebot des Grundgesetzes beeinflußt, das sowohl in der Gesetzgebung als auch in der Rechtsprechung seinen Niederschlag gefunden u. die Position des sozial Schwächeren gestärkt hat. Hier sind, unter vielen Beispielen, das Mietrecht (→ Miete) u. das Recht der Allgemeinen Geschäftsbedingungen zu nennen. Das → Eigentum – vor allem das Grundeigentum u. das Eigentum an Produktionsmitteln – unterliegt mit Rücksicht auf die ihm innewohnende Sozialbindung vielfältigen Beschränkungen durch wirtschaftslenkende, baurechtliche u. städteplanerische, dem Umweltschutz u. der Verkehrssicherheit dienende Regelungen. Auch der Eigentümer beweglicher Sachen ist Pflichten ausgesetzt (z. B. Zwangs-Haftpflichtversicherung des Halters eines Kfz.). Die Einwirkung des Grundgesetzes auf das P. zeigt sich besonders deutlich im Familienrecht. Die → Gleichberechtigung von Mann u. Frau. (Art. 3 II GG) ist durch die Gesetzgebung der letzten Jahrzehnte, die das Leitbild der patriarchalischen Familie beseitigt hat, verwirklicht worden. Die → nichtehelichen Kinder wurden in Erfüllung des Regelungsauftrags des Art. 6 V GG den ehelichen Kindern gleichgestellt.

Privatschule → Schulrecht.

Privatsphäre → Persönlichkeitsrecht.

Produzentenhaftung ist die Haftung des Warenherstellers für Schäden, die durch die Benutzung fehlerhafter Produkte entstehen (z. B. Infektion infolge virenhaltiger Trinkmilch). Als Produktmängel kommen in Betracht: Konstruktionsfehler der ganzen Serie (z. B. Maschinen eines bestimmten Typs, die den Unfallverhütungsvorschriften nicht entsprechen), Fabrikationsfehler einzelner Produkte (z. B. falsche Montage der Bremsanlage infolge Unaufmerksamkeit) oder Instruktionsfehler (z. B. unrichtige oder unvollständige Bedienungs- oder Gebrauchsanleitung). Da zwischen Hersteller u. Verbraucher keine vertraglichen Beziehungen bestehen, scheidet ein Anspruch des Geschädigten gegen den Produzenten auf → Gewährleistung oder auf Schadensersatz wegen → positiver Vertragsverletzung aus. Die Haftung des Produzenten ergibt sich aber aus → unerlaubter Handlung. Dazu hat die Rspr. folgende Grundsätze entwickelt: Der Warenhersteller muß aufgrund der ihm obliegenden → Verkehrssicherungspflicht den Produktionsprozeß u. Vertrieb einwandfrei organisieren. Entsteht infolge schuldhafter Verletzung dieser Pflicht ein Schaden, haftet er nach § 823 I BGB, bei Verstoß gegen ein Schutzgesetz (z. B. Maschinenschutzgesetz v. 24. 6. 1968) auch nach § 823 II BGB. Im Prozeß hat der Geschädigte die Fehlerhaftigkeit des Produkts u. ihre Schadensursächlichkeit zu beweisen; dabei kommt ihm eine Beweiserleichterung nach den Grundsätzen des Anscheinsbeweises (→ Beweis) zugute. Demgegenüber hat der Produzent, aus dessen Organisations- u. Gefahrenbereich der Schaden herrührt, in analoger Anwendung des § 831 BGB zu beweisen, daß ihn an dem Fehler kein → Verschulden trifft; insoweit kommt es also zu einer Umkehr der Beweislast. Für Körper- und Gesundheitsschäden, die durch die Anwendung von Arzneimitteln entstehen, muß der pharmazeutische Unternehmer nach § 84 Arzneimittelgesetz auch ohne Verschulden, also unter dem Gesichtspunkt der Gefährdungshaftung, einstehen.

Prokura (§§ 48 ff. HGB). Durch die von einem Vollkaufmann (→ Kaufmann) erteilte P. wird der Prokurist bevollmächtigt, alle Arten von gerichtlichen und außergerichtlichen Rechtsgeschäften und Rechtshandlungen vorzunehmen, die der Betrieb *eines* Handelsgewerbes mit sich bringt (→ Stellvertretung, → Vollmacht). Die P. wirkt also unbeschränkt (Ausnahmen: keine Veräußerung und Belastung von Grundstücken, keine Erteilung einer weiteren P., keine Veräußerung des Handelsgewerbes als Ganzen, keine Änderung oder Löschung der Firma). Sie kann vertraglich zwar im Innenverhältnis, grundsätzlich aber nicht mit Wirkung nach außen beschränkt werden (Ausnahmen: Beschränkung auf den Betrieb einer oder mehrerer Filialen, Beschränkung in Form der Gesamtprokura, in der mehrere Prokuristen zusammenwirken müssen). Die P. ist durch ausdrückliche Erklärung zu erteilen u. muß im → Handelsregister eingetragen werden. Der Prokurist zeichnet im allgemeinen mit „ppa." unter Hinzufügung der → Firma u. seines Namens.
Von der P. ist die *Handlungsvollmacht* (§§ 54 ff. HGB) zu unterscheiden, die auch von einem Minderkaufmann erteilt werden kann. Sie ermächtigt zu allen Rechtsgeschäften u. Rechtshandlungen, die der Betrieb eines *derartigen* Handelsgewerbes mit sich bringt (Ausnahmen wie bei der P., darüber hinaus: keine Begründung von Wechselverbindlichkeiten, keine Darlehensaufnahme, keine Prozeßführung). Die Handlungsvollmacht kann im übrigen, anders als die P., mit Wirkung nach außen beschränkt werden. Ihre Erteilung ist auch stillschweigend möglich, ihre Eintragung im Handelsregister ist ausgeschlossen. Der Handlungsbevollmächtigte zeichnet üblicherweise mit „i. V."

Prostitution. Die Ausübung der P. ist als solche straflos. Doch macht sich nach § 184a StGB strafbar (Freiheitsstrafe bis zu 6 Monaten oder Geldstrafe), wer einem durch Rechtsverordnung erlassenen Verbot, der P. an bestimmten Orten überhaupt (Sperrbezirke) oder zu bestimmten Tageszeiten (Sperrzeiten) nachzugehen, beharrlich zuwiderhandelt. Gelegentliche Verstöße werden nur als → Ordnungswidrigkeiten verfolgt (§ 120 OWiG). Im übrigen ist durch § 184b StGB die jugendgefährdende P. – in der Nähe von Orten, die zum Besuch von Kindern u. Jugendlichen bestimmt sind (z. B. Schule), oder in einem Haus, in dem Minderjährige wohnen – unter Strafe (Freiheitsstrafe bis zu 1 Jahr oder Geldstrafe) gestellt. → auch Kuppelei, → Zuhälterei.

Prozeßfähigkeit ist die Fähigkeit, Prozeßhandlungen selbst oder durch einen Prozeßbevollmächtigten wirksam vorzunehmen u. entgegenzunehmen. Nach § 52 ZPO (entsprechend § 62 VwGO) ist eine Person insoweit prozeßfähig, als sie → geschäftsfähig ist.

Prozeßkostenhilfe (§§ 114 ff. ZPO). Das System der P., das zum 1. 1. 1981 das früher geltende *Armenrecht* abgelöst hat, will den Bürger mit geringem Einkommen in die Lage versetzen, vor Gericht seine Rechte in gleicher Weise zu verfolgen, wie dies einer Partei möglich ist, die über ausreichende finanzielle Mittel zur Prozeßführung verfügt. Einer Partei wird auf Antrag entsprechend ihren persönlichen und wirtschaftlichen Verhältnissen nach Maßgabe einer Tabelle die ratenweise Bezahlung von Prozeßkosten (einschl. der Gebühren eines beigeordneten Rechtsanwalts) bewilligt, wenn die beabsichtigte Rechtsverfolgung oder Rechtsverteidigung hinreichend Aussicht auf Erfolg bietet und nicht mutwillig erscheint. Bei niedrigem Einkommen tritt völlige Kostenfreiheit ein; die Grenze liegt für Alleinstehende bei einem monatlichen Nettoeinkommen von 850 DM, bei gesetzlicher → Unterhaltspflicht für eine Person bei 1300 DM, für 2 Personen bei 1575 DM und für 3 Personen bei 1850 DM. Die Vorschriften der ZPO über die P. gelten kraft Verweisung in anderen Verfahrensarten entsprechen (z. B. § 176 VwGO, § 11a III ArbGG, § 14 FGG). → auch Rechtsberatung.

Prozeßstandschaft → Ermächtigung.

Pseudonym → Namensrecht.

Q

Quittung → Empfangsbekenntnis.

R

Rabatt → Wettbewerbsrecht.

Radikale im öffentlichen Dienst → Extremisten im öffentlichen Dienst.

Räuberische Erpressung → Erpressung.

Räumungsklage. Nach Beendigung des Mietverhältnisses (→ Miete) ist der Mieter eines Grundstücks oder Raumes zur Räumung verpflichtet (556 BGB). Weigert er sich, kann der Vermieter seinen Räumungsanspruch mit der R. durchsetzen. Sofern der Mieter von Wohnraum nicht ohnehin – nach einem aufgrund der Sozialklausel gegen die Kündigung erhobenen Widerspruch – Fortsetzung des Mietverhältnisses verlangen kann (§ 556a BGB), hat das Amtsgericht ihm auf Antrag oder von Amts wegen eine angemessene – höchstens einjährige – Räumungsfrist zu gewähren (§ 721 ZPO).

Ratenkauf ist der → Kauf, bei dem der Kaufpreis in Teilzahlungen (Raten) entrichtet werden soll. Handelt es sich beim Kaufgegenstand um eine bewegliche Sache, liegt ein → Abzahlungsgeschäft vor.

Ratifizierung. Wird das Inkrafttreten eines völkerrechtlichen Vertrages von der Zustimmung der nach der Verfassung zuständigen innerstaatlichen Organe abhängig gemacht, so wird er erst wirksam, wenn die Ratifikationsurkunden ausgetauscht oder – im Fall eines mehrseitigen Vertrages – bei der im Vertrag bezeichneten Stelle hinterlegt sind. Nach Art. 59 II GG bedürfen völkerrechtliche Verträge, welche die Beziehungen des Bundes regeln oder sich auf Gegenstände der Bundesgesetzgebung beziehen, der Zustimmung bzw. Mitwirkung der jeweils zuständigen Körperschaften (Bundestag, Bundesrat) in Form eines Bundesgesetzes. Durch das Ratifikationsgesetz wird der Vertrag zugleich in innerstaatliches Recht transformiert.

ratio legis → Rechtsnorm.

Raub, räuberischer Diebstahl. *Raub* (§ 249 StGB) begeht, wer einem anderen eine fremde bewegliche Sache in der Absicht rechtswidriger Zueignung wegnimmt, u. zwar entweder mit Gewalt gegen eine Person oder unter Anwendung von Drohungen mit gegenwärtiger Leibes- oder Lebensgefahr. Der R. ist somit ein durch diese Nötigungsmittel ermöglichter → Diebstahl. Die Strafe ist Freiheitsstrafe nicht unter 1 Jahr, in minder schweren Fällen Freiheitsstrafe von 6 Monaten bis zu 5 Jahren. – *Schwerer Raub* liegt vor bei Raub mit Waffen, bei Bandenraub, ferner dann, wenn der Täter oder Teilnehmer einen anderen in die Gefahr des Todes oder einer schweren Körperverletzung bringt (s. i. e. § 250 StGB). Die Tat wird mit Freiheitsstrafe nicht unter 5 Jahren (in minder schweren Fällen 1 bis 5 Jahre) geahndet. – *Raub mit Todesfolge*, die der Täter leichtfertig verursacht hat, ist mit lebenslanger Freiheitsstrafe oder Freiheitsstrafe nicht unter 10 Jahren bedroht (§ 251 StGB). – Der *räuberische Diebstahl* (§ 252 StGB) unterscheidet sich vom Raub dadurch, daß der Täter die Nötungsmittel erst nach vollendetem Diebstahl einsetzt: Der auf frischer Tat betroffene Dieb wendet gegen eine Person Gewalt oder Drohungen mit gegenwärtiger Leibes- oder Lebensgefahr an, um sich im Besitz des Diebesguts zu erhalten. Er ist auch dann noch auf frischer Tat betroffen, wenn er in der Nähe des Tatorts u. alsbald nach der Tatausführung wahrgenommen wird. Die Strafdrohung ist die gleiche wie beim Raub.

Rauchverbot (Jugendliche). Nach § 9 JÖSchG ist Kindern und Jugendlichen unter 16 Jahren der Tabakgenuß in der Öffentlichkeit untersagt. Sanktionen (u. a. Strafen u. Geldbußen) gegen Zuwiderhandlungen ergeben sich aus §§ 12 ff. JÖSchG.

Raumordnung ist die Planung der überörtlichen räumlichen Entwicklung, die die Planungen der verschiedenen Sachgebiete (Industrie, Landwirtschaft, Verkehr, Bildungswesen u. a.) u. Ebenen (Bundesplanung, Landesplanung, Regionalplanung, örtliche Bauleitplanung) beeinflußt, aufeinander abstimmt u. zusammenfaßt. Sie ist vor allem aus dem Bedürfnis entstanden, für die Ballungsgebiete, die sich über Gemeinde- u. Ländergrenzen hinaus ausdehnen, großräumige Lösungen zu ermöglichen. Rechtsgrundlagen der R. sind das Raumordnungsgesetz von 1965, durch das der Bund von seiner ihm nach Art. 75 Nr. 4 GG zustehenden Kompetenz zum Erlaß von Rahmenvorschriften Gebrauch gemacht hat (→ Gesetzgebungskompetenz), u. die Landesplanungsgesetze der Bundesländer.

Rauschgift → Betäubungsmittel.

Reallast (§§ 1105 ff. BGB) ist ein beschränktes dingliches Recht an einem Grundstück (→ Grundstücksrecht). Sie belastet es in der Weise, daß an den Berechtigten wiederkehrende Leistungen aus dem Grundstück zu entrichten sind (z. B. Altenteil). Die R. kann für eine bestimmte Person oder für den jeweiligen Eigentümer eines anderen Grundstücks bestellt werden.

Realsteuern → Steuerrecht.

Rechnungswesen ist das Verfahren, in dem über die Einnahmen u. Ausgaben des Staatshaushaltes Rechenschaft abgelegt wird. In der *Haushaltsrechnung,* die das Gegenstück zum Haushaltsplan bildet (→ Haushaltsrecht), stellt der Finzanminister die Einnahmen u. Ausgaben in der Gliederung des Haushaltsplans gegenüber; in der *Vermögensrechnung* weist er den Bestand des Vermögens u. der Schulden zu Beginn des Haushaltsjahres, die Veränderungen während des Haushaltsjahres u. den Bestand zum Ende des Haushaltsjahres nach (Art. 114 I GG, §§ 80 ff. BHO u. die entsprechenden landesrechtlichen Vorschriften). Der *Rechnungshof,* eine gegenüber allen anderen Staatsorganen unabhängige u. selbständige oberste Rechnungsprüfungsbehörde, prüft die Rechnung sowie die Wirtschaftlichkeit u. Ordnungsmäßigkeit der Wirtschafts- u. Haushaltsführung (im Bund: Art. 114 II GG, §§ 88 ff. BHO). Auf der Grundlage des Jahresberichts des Rechnungshofes erteilt das Parlament der Regierung Entlastung (im Bund: § 114 BHO).

Recht. 1. In seiner *objektiven Bedeutung* umfaßt das R. als Rechtsordnung die Gesamtheit der → Rechtsnormen, die in einem bestimmten örtlichen Bereich zu einer bestimmten Zeit effektiv gelten u. deren Durchsetzung i. d. R. von der staatlichen Autorität garantiert wird. Neben dem staatlich gesetzten, geschriebenen Recht (→ Gesetz) gibt es ein ungeschriebenes → Gewohnheitsrecht, das heute jedoch nur noch eine geringe Rolle spielt. Rechtsnormen unterscheiden sich von anderen sozialen Normen (sittliche Gebote u. Verbote, herrschende Moralvorstellungen, Brauch u. Sitte, Moden u. a.) dadurch, daß ihre Geltung staatlicherseits nötigenfalls erzwungen werden kann (→ Recht und Sittlichkeit, → Recht und Sitte). Umstritten bleibt die Frage, ob das R. ausschließlich an die Existenz des Staates gebunden ist, so daß formal-positiv nur das als R. gilt, was in einem vorgeschriebenen Verfahren von einer dafür eingerichteten Stelle für R. erklärt worden ist („Gesetz ist Gesetz"), oder ob ihm bestimmte inhaltliche (materiale) Merkmale – wie insbes. das → Gerechtigkeitsprinzip – eigen sind, die sich aus vorstaatlichem R. herleiten lassen u. dem staatlichen R. vorausgehen (→ Naturrecht, → Rechtspositivismus). Jedenfalls läßt sich nicht leugnen, daß das moderne R. in seinen realen Erscheinungsformen nahezu vollständig auf der Voraussetzung des Staates beruht. Da der Staat um der →Daseinsvorsorge willen in immer mehr Lebensbereiche regulierend eingreift, nimmt nicht nur die Abhängigkeit des einzelnen von eben diesem Staat zu; durch die Gesetzesflut u. die oft komplizierte Rechtssprache gehen auch die Überschaubarkeit u. Verständlichkeit des R. verloren. Es läuft Gefahr, zu einer Sache für Spezialisten, d. h. für die Juristen, zu werden u. sich dem Laien zu entfremden.

Dem objektiven R. steht das *subjektive R.* gegenüber. →Subjektive R. sind die von der Rechtsordnung geschützten Interessen des einzelnen, seine Berechtigungen. Hierzu gehört z. B. das R. des Eigentümers, über die ihm gehörende Sache zu verfügen, das R. des Vermieters auf Zahlung des Mietzinses u. umgekehrt das des Mieters auf den Gebrauch der gemieteten Sache.

2. Die Rechtsnormen rechnen entweder zum *privaten* oder zum *öffentlichen Recht.* Das vom Grundsatz der →Privatautonomie geprägte →Privatrecht regelt die Beziehungen der einzelnen untereinander; hierzu gehören vor allem das BGB u. das HGB. Das öffentliche Recht erfaßt die Beziehungen des einzelnen zum Staat oder zu anderen Trägern hoheitlicher Gewalt sowie das Verhältnis der Hoheitsträger und ihrer Organe zueinander; zu nennen sind u. a. Staatsrecht, Verwaltungsrecht, Völkerrecht, Strafrecht sowie die verschiedenen Verfahrensordnungen. Einige Rechtsgebiete, insbes. das →Arbeitsrecht, enthalten Rechtsnormen sowohl des privaten als auch des öfftl. R. Die Unterscheidung zwischen öfftl. und privatem R. bereitet Schwierigkeiten. Sie ist wichtig, weil davon die Art der anzuwendenden Rechtsnormen u. die Zuständigkeit der Gerichte (Verwaltungsgericht oder Zivilgericht) abhängen. Früher war es üblich, danach zu differenzieren, ob die Beteiligten eines Rechtsverhältnisses gleichgeordnet (dann Privatrecht) oder einander über- bzw. untergeordnet sind (dann öfftl. Recht). Die mangelnde Eignung dieser Kriterien zeigt sich daran, daß es auch im Privatrecht Unterordnungsverhältnisse (z. B. Kindschaft) und umgekehrt im öfftl. R. gleichgeordnete Beziehungen gibt (z. B. öfftl.-rechtl. Vertrag). Richtigerweise wird wie folgt unterschieden: Zum privaten R. zählen die Rechtsnormen, die beliebige Personen, zum öffentlichen R. solche Rechtsnormen, die ausschließlich den Staat oder einen anderen Hoheitsträger berechtigen oder verpflichten. So ist ein Kaufvertrag zwischen der Gemeinde X. und ihrem Bürger Y dem Privatrecht zuzuordnen; zwar ist ein Hoheitsträger (die Gemeinde) an dem Rechtsverhältnis beteiligt, die Rechte und Pflichten aus dem Kaufvertrag haben jedoch mit der Rechtsstellung der Gemeinde als Hoheitsträgerin nichts zu tun. Anders, wenn die Gemeinde aufgrund kommunaler Satzung eine Gebühr erhebt; in diesem Fall macht sie ein R. geltend, das ihr nur deshalb zusteht, weil sie

Hoheitsträgerin ist; es handelt sich also um ein öfftl.-rechtl. Rechtsverhältnis.

3. Das objektive R. läßt sich noch unter anderen Gesichtspunkten gliedern. So unterscheidet man zwischen *materiellem R.*, das Rechte u. Pflichten der einzelnen untereinander u. gegenüber dem Gemeinwesen regelt (z. B. das bürgerliche R. oder das Strafrecht), u. *formellem R.*, das die Durchsetzung des materiellen R. zum Gegenstand hat (so das gesamte Verfahrensrecht). Es gibt ferner *zwingendes R.*, welches durch die Beteiligten nicht abgeändert werden kann, u. *nachgiebiges* oder *dispositives R.*, das nur dann gilt, wenn die Parteien eines Rechtsverhältnisses nichts Abweichendes vereinbart haben. Die schuldrechtlichen Bestimmungen des BGB sind zumeist nachgiebiges R., Verfahrensvorschriften können dagegen in aller Regel nicht abgeändert werden.

Recht als soziales System. So mannigfaltig u. teilweise widersprüchlich die verschiedenen Definitionen des → Rechts sind, in einem stimmen alle überein: Recht ist ein System verbindlicher Regelungen für die Organisation u. friedliche Ordnung des sozialen Lebens. Die Menschen haben einerseits das Bedürfnis u. den Trieb zur Vergesellschaftung; sie besitzen andererseits Triebanlagen, die das soziale Miteinander stören u. gefährden. Zur Überwindung dieses Widerspruchs bedarf es verbindlicher sozialer Ordnungen, die dem einzelnen seine Position in der Gesellschaft zuteilen u. sichern, widerstrebende Interessen ausgleichen u. Konflikte auf friedlichem Wege zu beenden suchen. Auf diese Weise garantiert das Recht Fortbestehen u. Fortentwicklung menschlicher Gesellschaft; freilich ist es nicht das einzige Ordnungssystem im sozialen Leben (vgl. Recht und Sitte). Die Aufrechterhaltung der Ordnung des gesellschaftlichen Lebens durch das Recht erfolgt jeweils mit Hilfe eines Normensystems, das den Menschen bestimmte soziale Verhaltensweisen vorschreibt, andere, sozial schädliche Verhaltensweisen verbietet u. so das gesellschaftliche Zusammenleben regelt. Von anderen Ordnungssystemen unterscheidet sich das Recht schon rein äußerlich dadurch, daß seine Geltung auf der Voraussetzung des Staates beruht u. mit staatlichem Zwang durchgesetzt werden kann.

Recht am eigenen Bild → Persönlichkeitsrecht.

Rechtfertigungsgründe → Rechtswidrigkeit.

Rechtliches Gehör. Nach Art. 103 I GG hat vor Gericht jedermann Anspruch auf r. G. Dieses → Grundrecht verpflichtet das Gericht, die Ausführungen der Prozeßbeteiligten zur Kenntnis zu nehmen u. in Erwägung zu ziehen. Es darf seiner Entscheidung nur solche Tatsachen u. Beweisergebnisse zugrunde legen, zu de-

nen die Beteiligten Stellung nehmen konnten. Der verfassungsrechtliche Grundsatz des r. G. gilt zwar ausdrücklich nur im gerichtlichen Verfahren; als Ausfluß des → Rechtsstaatsprinzips ist
er jedoch i. d. R. auch von den Behörden vor dem Erlaß eines belastenden Verwaltungsaktes zu beachten (vgl. § 28 VwVfG).

Rechtmäßigkeit der Verwaltung → Gesetzmäßigkeit der Verwaltung.

Rechtsanwalt. Der R. ist der berufene u. unabhängige Berater u.
Vertreter in allen Rechtsangelegenheiten, zugleich ein unabhängiges Organ der → Rechtspflege (§§ 1 ff. Bundesrechtsanwaltsordnung). Zur Rechtsanwaltschaft kann nur zugelassen werden, wer
die Befähigung zum Richteramt erlangt, also die beiden juristischen Staatsprüfungen abgelegt hat. Über die Zulassung entscheidet die Landesjustizverwaltung (→ Justiz). Jeder R. muß bei einem
bestimmten Gericht der → ordentlichen Gerichtsbarkeit zugelassen sein; der bei einem Amtsgericht zugelassene R. ist auf Antrag
auch beim übergeordneten Landgericht zuzulassen. Soweit nicht
ausschließliche Zulassung geboten ist (beim BGH, grundsätzlich
auch beim OLG u. beim Landgericht), kann der R. vor allen Gerichten (insbes. als Prozeßbevollmächtigter u. → Verteidiger) u. vor
allen → Behörden auftreten. In bestimmten Verfahren müssen sich
die Parteien durch einen beim Prozeßgericht zugelassenen R. vertreten lassen *(Anwaltszwang):* im → Zivilprozeß vor dem Landgericht, dem OLG und dem BGH sowie im Verfahren der
› Ehescheidung (einschl. Scheidungsfolgen) vor dem → Familiengericht, im → arbeitsgerichtlichen Verfahren vor dem Landesar-
beitsgericht u. dem Bundesarbeitsgericht, im → sozialgerichtlichen
Verfahren vor dem Bundessozialgericht, im → verwaltungsgerichtlichen Verfahren vor dem BVerwG; im Bereich der Arbeitsgerichtsbarkeit u. der Sozialgerichtsbarkeit sind statt der R. auch
Verbandsvertreter (z. B. Mitglieder von Gewerkschaften u. Arbeit-
gebervereinigungen) als Prozeßbevollmächtigte zugelassen. Die
Rechtsbeziehungen zwischen dem R. u. seinem Mandanten werden durch einen → Geschäftsbesorgungsvertrag (das Mandat) geregelt. Die Vergütung des R. richtet sich nach der Bundesrechtsan-
waltsgebührenordnung, sofern nicht eine davon abweichende
schriftliche Honorarvereinbarung getroffen wird. Der R. hat seinen Beruf gewissenhaft auszuüben u. muß sich innerhalb u. außerhalb seines Berufs achtungs- u. vertrauenswürdig verhalten
(Standespflichten). Er ist Pflichtmitglied der Rechtsanwaltskammer seines OLG-Bezirks u. unterliegt der Ehrengerichtsbarkeit
(→ Gerichtsbarkeit), die vor allem bei Verletzung der Standespflichten eingreift.

Rechtsaufsicht → Aufsicht.

Rechtsbehelf. Wer von einer behördlichen oder gerichtlichen Maßnahme betroffen ist, kann sich dagegen mit einem R. zur Wehr setzen. Dieser führt, sofern die verfahrensrechtlich vorgeschriebenen Voraussetzungen erfüllt sind, zur Überprüfung der Maßnahme durch dieselbe oder eine übergeordnete Stelle. Man unterscheidet formlose R., die nicht an eine bestimmte Form oder Frist gebunden sind (z. B. → Dienstaufsichtsbeschwerde), und förmliche R. Zu den letzteren zählen insbes. → Rechtsmittel, → Einspruch, Widerspruch (→ Widerspruchsverfahren) u. → Erinnerung. In vielen Fällen muß die Behörde oder das Gericht Entscheidungen mit einer *Rechtsbehelfsbelehrung* versehen, die den Betroffenen über den ihm zu Gebote stehenden R., ggf. auch über die dabei zu wahrenden Förmlichkeiten, informiert (z. B. § 59 VwGO, §§ 115 IV, 115a III StPO).

Rechtsberatung. 1. R. (u. sonstige Besorgung fremder Rechtsangelegenheiten) darf außer von den dazu in erster Linie berufenen → Rechtsanwälten (§ 3 BRAO) geschäftsmäßig nur von Personen betrieben werden, denen dazu die Erlaubnis erteilt ist (Art. 1 § 1 RBerG). Die Erlaubnis wird auf einen bestimmten Sachbereich (z. B. Rentenberatung) beschränkt. Wer unerlaubt fremde Rechtsangelegenheiten geschäftsmäßig besorgt, begeht eine → Ordnungswidrigkeit, die mit einer Geldbuße bis zu 10 000 DM geahndet werden kann (Art. 1 § 8 RBerG). 2. Nach dem am 1. 1. 1981 in Kraft getretenen *Beratungshilfegesetz* erhalten Personen mit geringem Einkommen kostenlos sachkundigen Rechtsrat - u., soweit erforderlich, Vertretung - bei der Wahrnehmung von Rechten außerhalb eines gerichtlichen Verfahrens. Anspruch auf kostenlose R. haben Rechtsuchende, die die erforderlichen Mittel nach ihren persönlichen u. wirtschaftlichen Verhältnissen nicht aufbringen können (das ist stets zu bejahen, wenn sie im Fall eines gerichtlichen Verfahrens → Prozeßkostenhilfe ohne Eigenbeteiligung erhielten), wenn andere Möglichkeiten kostenfreier R. nicht verfügbar oder zumutbar sind u. wenn die Wahrnehmung der Rechte nicht mutwillig ist. Die Beratungshilfe beschränkt sich auf das Zivilrecht - außer Arbeitsgerichtssachen -, das Verwaltungsrecht u. das Verfassungsrecht. In Straf- und Ordnungswidrigkeitsachen wird nur Beratung, also nicht auch Hilfe für die Verteidigung, gewährt. Der Antrag auf Beratungshilfe ist an das Amtsgericht zu richten. Soweit dieses nicht selbst die Angelegenheit erledigen kann, stellt es dem Rechtsuchenden einen Berechtigungsschein für Beratungshilfe durch einen Rechtsanwalt nach freier Wahl aus. Die Anwälte sind grundsätzlich verpflichtet, die Beratungshilfe zu übernehmen. - Für West-Berlin, Bremen u. Hamburg gelten landesrechtliche Sonderregelungen.

Rechtsbeugung (§ 336 StGB) begeht ein (Berufs- oder ehrenamtlicher) Richter, ein anderer Amtsträger oder ein Schiedsrichter, der bei Leitung oder Entscheidung einer Rechtssache zugunsten oder zum Nachteil einer Partei vorsätzlich das Recht verletzt. Auch Strafsachen, bei denen es keine Parteien gibt, sind Rechtssachen; insofern ist der Beschuldigte als Partei anzusehen. R. kann durch unrichtige Anwendung von Rechtsnormen oder Verfälschung des Sachverhalts begangen werden; sie ist auch bei der Strafzumessung möglich. Die Tat wird mit Freiheitsstrafe von 1 bis 5 Jahren bestraft.

Rechtsfähigkeit ist die Fähigkeit, Träger von Rechten u. Pflichten zu sein. Anders als z. B. im römischen Recht, das dem Sklaven die R. vorenthielt, ist in unserer Rechtsordnung jeder Mensch rechtsfähig. Auch die → juristischen Personen haben R. Die R. des Menschen beginnt mit der Vollendung der Geburt (§ 1 BGB), d. h. mit dem vollständigen Austritt des lebenden Kindes aus dem Mutterleib, die der juristischen Person mit der Entstehung (z. B. Registereintragung). Sie endet beim Menschen mit dem Tod, bei juristischen Personen mit deren Auflösung (z. B. Löschung der Registereintragung). Die R. bedeutet zugleich → Parteifähigkeit im Zivilprozeß. Sie ist von der → Handlungsfähigkeit (z. B. → Geschäfts-, → Deliktfähigkeit) zu unterscheiden.

Rechtsgeschäft. Im R. verwirklicht sich die → Privatautonomie. Es besteht aus einer oder mehreren → Willenserklärungen, die allein oder in Verbindung mit anderen Voraussetzungen die angestrebte Rechtsfolge herbeiführen. Nur in wenigen Fällen erschöpft sich das R. in einer einzigen Willenserklärung; im allgemeinen muß noch eine weitere Erklärung hinzutreten, damit es zustande kommt. Das gilt vor allem für den → Vertrag als Hauptanwendungsfall des R. Vielfach bedarf es noch weiterer Voraussetzungen, etwa der Mitwirkung eines Dritten (z. B. Zustimmung des → gesetzlichen Vertreters, behördliche Genehmigung) oder der Einhaltung einer bestimmten Form (→ Formvorschriften). – Es gibt *verschiedene Arten* der R. So lassen sich unterscheiden: a) *einseitige* u. *mehrseitige R*. Ein einseitiges R. ist z. B. die Anfechtung oder die Kündigung; sofern es auch ohne Kundgabe an einen anderen wirksam wird (z. B. Testament), spricht man von einem streng einseitigen R. Das bedeutsamste mehrseitige R. ist der Vertrag; doch zählen hierzu auch die Beschlüsse einer Personenmehrheit im Vereins- u. Gesellschaftsrecht. b) *Personenrechtliche R*. (Verlöbnis, Ehe) u. *vermögensrechtliche R*. (Kauf, Miete). c) R. *unter Lebenden* u. von *Todes wegen* (letztwillige Verfügungen). d) *Verpflichtungs- u. Verfügungsgeschäfte*. Das Verpflichtungsgeschäft, meist ein Vertrag, ist auf die Begründung einer Verpflichtung gerichtet, läßt also ein → Schuldverhältnis entstehen (z. B. Kaufvertrag); eine unmittelbare Rechtsänderung tritt dadurch nicht ein. Demgegenüber sind Verfügungen solche R., die auf ein bestehendes Recht durch dessen Veränderung, Übertragung oder Aufhebung unmittelbar einwirken (z. B. Übereignung einer Sache, Bestellung einer Hypothek). Hauptverbreitungsgebiet der Verfügungsgeschäfte ist das → Sachenrecht; aber auch dem → Schuldrecht sind Verfügungen nicht fremd (z. B. → Erlaß, → Abtretung). Auch Gestaltungsgeschäfte, wie z. B. → Anfechtung u. → Kündigung, gehören zu den Verfügungen. e) *Abstrakte u. kausale R.* Eine rechtsgeschäftliche Vermögensverschiebung, meist in Form eines Verfügungsgeschäftes (z. B. Übereignung, Forderungsabtretung), ist grundsätzlich unabhängig von dem zugrunde liegenden („kausalen") R. wirksam; sie ist vom Rechtsgrund losgelöst („abstrakt"). Weist das Grundgeschäft Mängel auf (z. B. Nichtigkeit des Kaufvertrages), so bleibt die Wirksamkeit des abstrakten Erfüllungsgeschäftes (Übereignung der verkauften Sache) davon unberührt; allerdings hat der rechtsgrundlose Veräußerer i. d. R. einen Herausgabeanspruch aus → ungerechtfertigter Bereicherung. – Einem R. können *Fehler* anhaften, die je nach ihrer Art u. Schwere seine Wirksamkeit beeinträchtigen. In Betracht kommen insbesondere: → Nichtigkeit, schwebende u. relative → Unwirksamkeit sowie Anfechtbarkeit (→ Anfechtung).

Rechtsgeschichte ist einerseits der historische Prozeß, in dem sich das Recht im Zusammenhang mit der sozialen u. kulturellen Entwicklung eines Gemeinwesens herausgebildet u. entfaltet hat, andererseits die wissenschaftliche Disziplin, die sich mit diesem Prozeß beschäftigt. Die *deutsche R.* läßt sich in verschiedene Epochen einteilen: 1. Über die *germanische Zeit* bis zu den Reichsgründungen der Germanen (um 500 n. Chr.) liegen nur spärliche Zeugnisse antiker Schriftsteller, insbes. des Tacitus, vor. Ihnen ist zu entnehmen, daß das damalige Gewohnheitsrecht eng mit Religion u. Sitte verwoben ist. Die Rechtsprechung obliegt der zum Thing zusammengerufenen Volksversammlung. 2. Während der *fränkischen Zeit* (bis 900), in der das Königtum erstarkt, wird das Recht in den lateinisch verfaßten Volksrechten *(leges barbarorum)* schriftlich niedergelegt. Älteste u. wichtigste Quelle ist die *Lex Salica,* das Recht der salischen Franken. 3. Das *hohe Mittelalter* (bis 1250) ist durch das Bemühen um die Bekämpfung der Fehde gekennzeichnet, dessen Höhepunkt der *Mainzer Reichslandfrieden* Friedrichs II. von 1235 bildet. Der Investiturstreit zwischen kirchlicher u. weltlicher Macht wird durch das *Wormser Konkordat* (1122) beigelegt. 4. Im *Spätmittelalter* (bis ca. 1500) treten die Stadtrechte als selbstgesetztes gemeindliches Recht in den Vordergrund; zu nennen sind etwa das Magdeburger u. das Lübecker Stadtrecht. Außerdem setzen Bestrebungen ein, das überkommene Gewohnheitsrecht in Rechtsbüchern aufzuzeichnen. Bedeutsamstes Werk ist der von Eike von Repgow in niederdeutscher Sprache verfaßte *Sachsenspiegel* (zwischen 1220 und 1235), der als Vorlage für die beiden oberdeutschen Rechtsbücher – den Deutschenspiegel und den Schwabenspiegel – dient. Sein Geltungsbereich erstreckt sich über das deutsche Reichsgebiet hinaus bis nach Polen u. Rußland. 5. In der *Neuzeit* gewinnt das *römische Recht* als gemeines Recht („gemeines" im Gegensatz zu partikularem Recht) zunehmenden Einfluß. Seine *Rezeption* wird durch deutsche Juristen, die an den Rechtsschulen Oberitaliens studiert hatten, und durch die Rechtsprechung des 1495 errichteten Reichskammergerichts gefördert. In jener Zeit entstehen erste *Kodifikationen,* so z. B. die Peinliche Hals- u. Gerichtsordnung Karls V. (1532); dieses Reichsstrafgesetzbuch gilt aber gegenüber dem jeweiligen Landesstrafrecht nur subsidiär. Durch die Entstehung der Territorialstaaten wird unter dem Einfluß der Aufklärung die Kodifizierung des Rechts vorangetrieben. Unter den Kodifikationen dieser Epoche ragt das *preußische Allgemeine Landrecht* (1794) heraus. Ihm folgen u. a. das Badische Landrecht (1809), das Bürgerliche Gesetzbuch für das Königreich Sachsen (1863) u. das österreichische Allgemeine Bürgerliche Gesetzbuch (1811). In den linksrheinischen Gebieten gelangt Napoleons Code civil (1804) zur Anwendung. 6. In der *neueren Zeit* setzt eine zweite, stark vom → Rechtspositivismus geprägte Kodifikationswelle ein, die sich u. a. im → *Bürgerlichen Gesetzbuch* (1896) u. im Handelsgesetzbuch (1897) niederschlägt.

Rechtshängigkeit tritt im streitigen gerichtlichen Verfahren i. d. R. mit der Erhebung der → Klage ein (§ 261 ZPO, § 90 VwGO). Sie ist von der *Anhängigkeit* zu unterscheiden, die bereits dann gegeben ist, wenn ein Gericht überhaupt mit der Sache befaßt wird. Demnach wird im → Zivilprozeß eine Streitsache bereits mit Einreichen der Klageschrift bei Gericht anhängig; rechtshängig wird sie erst mit Zustellung der Klageschrift an den Beklagten. Prozessuale Wirkungen der R.: Eine neue Klage in derselben Streitsache ist unzulässig; die Zuständigkeit des Gerichts bleibt erhalten, auch wenn sich die sie begründenden Umstände ändern; die Veräußerung der streitbefangenen Sache oder die Abtretung des geltend gemachten Anspruchs haben auf den Prozeß keinen Einfluß (§ 265 ZPO). Materiell-rechtlich ist der Eintritt der R. vor allem für die Unterbrechung von Fristen, z. B. bei der Verjährung (§§ 209 ff. BGB), bedeutsam. Soll eine Frist gewahrt oder eine Verjährung unterbrochen werden, ist der Zeitpunkt des Einreichens der Klageschrift maßgeblich, sofern die Zustellung demnächst erfolgt (§ 270 III ZPO). Im → Strafprozeß wird die Strafsache durch den Eröffnungsbeschluß (§ 203 StPO) rechtshängig.

Rechtshandlungen sind im Unterschied zu den → Rechtsgeschäften solche rechtlich erheblichen Handlungen, deren Rechtsfolge unabhängig vom Willen des Handelnden ausgelöst wird. Als (rechts-)*geschäftsähnliche Handlungen* bezeichnet man Erklärungen, die nicht auf einen rechtlichen, sondern auf einen tatsächlichen Erfolg abzielen; die Rechtsfolge tritt kraft Gesetzes ein. Hierzu rechnen z. B. Mahnung, Fristsetzung, Einwilligung des Patienten in den ärztlichen Eingriff. Auf die Mehrzahl dieser R. sind die Vorschriften über → Willenserklärungen (insbes. über Geschäftsfähigkeit u. Vertretung) entsprechend anwendbar. Auch bei den auf einen tatsächlichen Erfolg gerichteten, sich aber nicht in einer Erklärung äußernden *Tathandlungen oder Realakten* (z. B. → Fund) wird die Rechtsfolge kraft Gesetzes herbeigeführt. Da die Tathandlungen aber keine Erklärungen sind, finden die für Willenserklärungen geltenden Bestimmungen grundsätzlich keine Anwendung, so daß z. B. Geschäftsfähigkeit nicht erforderlich ist.

Rechtshilfe ist die Vornahme einer richterlichen Amtshandlung auf Ersuchen eines anderen Gerichts (z. B. kommissarische Zeugenvernehmung durch den ersuchten Richter, vgl. § 362 ZPO). Die Gerichte sind im Rahmen ihrer Gerichtsbarkeit zur gegenseitigen R. verpflichtet (Art. 35 I GG, § 156 GVG, § 14 VwGO u. a.). Das Ersuchen um R. darf nur abgelehnt werden, wenn die vorzunehmende Handlung nach dem Recht des ersuchten Gerichts verboten ist (§ 158 II GVG).

Rechtsirrtum → Verschulden.

Rechtskraft. Man unterscheidet formelle u. materielle R. Eine gerichtliche Entscheidung ist *formell rechtskräftig,* wenn sie nicht oder nicht mehr mit einem → Rechtsmittel angefochten werden kann. Demgegenüber bedeutet *materielle R.,* die die formelle R. voraussetzt, daß der Inhalt der Entscheidung für Gericht u. Parteien maßgebend ist; es kann daher über dieselbe Sache nicht nochmal entschieden werden. Die materielle R. wirkt nur zwischen den Parteien oder Beteiligten des Rechtsstreites u. ihren Rechtsnachfolgern. Die R. kann in besonderen Ausnahmefällen, z. B. durch → Wiedereinsetzung in den vorigen Stand, beseitigt werden. Im Unterschied zu gerichtlichen Entscheidungen erlangen unanfechtbar gewordenè → *Verwaltungsakte* keine Rechtskraft, sondern *Bestandskraft.*

Rechtsmißbrauch. Wer bei Ausübung eines → subjektiven Rechts oder bei Ausnutzung einer Rechtslage gegen den Grundsatz von → Treu u. Glauben verstößt, handelt mißbräuchlich u. daher unzulässig. Beispiele: Der Schuldner, der den Gläubiger unter allen möglichen Vorwänden immer wieder hingehalten hat, macht Verjährungseinrede geltend; der Verkäufer eines Grundstücks beruft sich auf Formnichtigkeit des Kaufvertrags, nachdem er den Käufer arglistig von der Einhaltung des Formerfordernisses →notarieller Beurkundung abgehalten hat. Ein besonderer Fall des R. ist das *Schikaneverbot* (§ 226 BGB). Danach ist die Ausübung eines Rechts unzulässig, wenn sie nur den Zweck haben kann, einem anderen zu schaden.

Rechtsmittel ist ein → Rechtsbehelf, der die Nachprüfung einer gerichtlichen Entscheidung durch ein höheres Gericht zur Folge hat. R. sind Berufung, Revision und Beschwerde. Kennzeichen des R. sind der *Suspensiveffekt,* der die formelle → Rechtskraft der angefochtenen Entscheidung hemmt, u. der *Devolutiveffekt,* durch den das Verfahren in der höheren Instanz anhängig gemacht wird. Die R. unterliegen bestimmten, in den einzelnen Verfahrensordnungen (ZPO, StPO, VwGO usw.) geregelten *Zulässigkeitsvoraussetzungen*. Das R. muß *statthaft,* also gesetzlich überhaupt vorgesehen sein. Es ist i. d. R. *befristet* und an eine *Form* gebunden. Darüber hinaus muß eine *Beschwer* vorliegen, d. h. die Partei oder der Beteiligte, die (der) das R. einlegt, muß durch die angefochtene Entscheidung in ihren (seinen) rechtlich geschützten Interessen betroffen sein. Sind die Zulässigkeitsvoraussetzungen für das R. nicht erfüllt, wird es als unzulässig verworfen. Andernfalls prüft das Rechtsmittelgericht die *Begründetheit des R.* Dabei hat es zu klären, ob sämtliche Prozeßvoraussetzungen (z. B. Zulässigkeit der Klage) gegeben sind, ob die Vorinstanz die Verfahrensvorschriften beachtet und ob sie das materielle Recht richtig angewendet hat. Sofern die mit dem R. angefochtene Entscheidung unter den genannten Gesichtspunkten einen Mangel aufweist, hebt das Rechtsmittelgericht sie auf und entscheidet entweder selbst in der Sache oder verweist die Sache an die Vorinstanz zurück. Das R. darf allerdings nicht dazu führen, daß die ursprüngliche Entscheidung zum Nachteil dessen, der es eingelegt hat, abgeändert wird (Verbot der *reformatio in peius).* Ist die angefochtene Entscheidung dagegen fehlerfrei (oder hat der Fehler keinen Einfluß auf die Entscheidung), wird das R. als unbegründet zurückgewiesen. Zu den R. im einzelnen:
Die *Berufung* (§ 511 ZPO, § 312 StPO, § 124 VwGO) richtet sich grundsätzlich gegen Endurteile (→ Urteil) des erstinstanzlichen Gerichts (im Strafprozeß nur gegen Urteile des Strafrichters beim Amtsgericht oder des Amtsgerichts als Schöffengerichts). Es können neue Tatsachen (u. Beweismittel vorgebracht werden (im Zivilprozeß jedoch nur eingeschränkt). Die Frist für die Einlegung der Berufungsschrift beträgt im Zivilprozeß u. im verwaltungsgerichtlichen Verfahren 1 Monat seit Urteilszustellung, im Strafprozeß 1 Woche nach Urteilsverkündung. Im Zivilprozeß ist darüber

hinaus – anders als im Strafprozeß – eine Berufungsbegründung erforderlich. Im verwaltungsgerichtlichen Verfahren genügt es, wenn die Berufungsschrift einen bestimmten Antrag enthält; sie *soll* auch die zur Begründung dienenden Tatsachen u. Beweismittel angeben. Im Zivilprozeß muß in vermögenrechtlichen Streitigkeiten die Berufungssumme, also die Differenz zwischen ursprünglichem Antrag und erstinstanzlichem Urteil, den Betrag von 700 DM übersteigen.

Mit der *Revision* werden angefochten: im Zivilprozeß die Berufungsurteile der OLG (§ 545 ZPO), im Strafprozeß die Urteile der Strafkammern (1. u. 2. Instanz) und Schwurgerichte (1. Instanz) sowie die erstinstanzlichen Urteile der OLG (§ 333 StPO), im verwaltungsgerichtlichen Verfahren die Urteile der OVG (§ 132 VwGO). Die Revision kann ausnahmsweise auch an Stelle der Berufung eingelegt werden, so daß die Berufungsinstanz entfällt (sog. Sprungrevision). Die Revision eröffnet im Unterschied zur Berufung keine neue Tatsacheninstanz, sondern führt nur zu einer Nachprüfung des angefochtenen Urteils in rechtlicher Hinsicht. Für die Revisionsfrist gilt das gleiche wie bei der Berufung. Zusätzlich zur Revisionsschrift muß in allen Verfahrensarten eine Revisionsbegründungsschrift mit Revisionsanträgen u. Angabe der Revisionsgründe eingereicht werden. Außerhalb des Strafprozesses ist die Revision nur eingeschränkt zulässig. In vermögensrechtlichen Streitigkeiten des *Zivilprozesses* muß der Wert der Beschwer (Revisionssumme) 40 000 DM überschreiten (§ 546 ZPO); doch kann der BGH auch in diesem Fall die Revision ablehnen, wenn die Sache keine grundsätzliche Bedeutung hat (§ 554b ZPO). In allen anderen zivilprozessualen Streitigkeiten ist die Revision nur möglich, falls sie das OLG in seinem Urteil zugelassen hat. Das Gericht hat die Zulassung auszusprechen, wenn die Rechtssache grundsätzliche Bedeutung hat (Grundsatzrevision) oder wenn das angefochtene Urteil von einer früheren revisionsgerichtlichen Entscheidung abweicht (Divergenzrevision). Das Bundesverfassungsgericht hat allerdings 1980 entschieden, daß eine Revision, die Aussicht auf Erfolg habe, auch dann zugelassen bzw. angenommen werden müsse, wenn dem Rechtsstreit keine grundsätzliche Bedeutung zukomme. Sofern das Berufungsgericht die Berufung als unzulässig verworfen hat, ist die Revision stets zulässig (§ 547 ZPO). Im *verwaltungsgerichtlichen Verfahren* kann die Revision grundsätzlich nur eingelegt werden, wenn sie vom OVG zugelassen worden ist. Sie ist nur zuzulassen bei einer Grundsatzrevision, bei einer Divergenzrevision oder bei Geltendmachung eines entscheidungsrelevanten Verfahrensmangels (§ 132 II VwGO). Im Unterschied zum Zivilprozeß kann aber die Nichtzulassung der Revision mit der Nichtzulassungsbeschwerde angefochten werden.

Die *Beschwerde* richtet sich nicht gegen Urteile, sondern gegen

Beschlüsse des Gerichts oder gegen Verfügungen seines Vorsitzenden (§ 567 ZPO, § 304 StPO, § 146 VwGO). Sie unterscheidet sich dadurch von den übrigen R., daß die Instanz, deren Entscheidung angefochten wird, i. d. R. zu einer Abänderung des Beschlusses oder der Verfügung befugt ist; insoweit besteht eine Ausnahme vom Devolutiveffekt. Im Zivilprozeß sind vor allem Entscheidungen in der Zwangsvollstreckung u. Kostenfestsetzungsbeschlüsse mit diesem R. anfechtbar. Die Beschwerde ist i. d. R. schriftlich oder zu Protokoll der Geschäftsstelle einzulegen. Den Normalfall im Zivil- und Strafprozeß bildet die *einfache Beschwerde*, die ohne Beachtung einer Frist jederzeit erhoben werden kann. Nur ausnahmsweise kommt in diesen Verfahrensarten die an bestimmte Fristen gebundene *sofortige Beschwerde* in Betracht. In verwaltungsgerichtlichen Verfahren gibt es dagegen nur die sofortige Beschwerde, die binnen 2 Wochen einzulegen ist. Die Beschwerde ist insoweit mit der Berufung vergleichbar, als sie ebenfalls auf neue Tatsachen und Beweismittel gestützt werden kann. Gegen die Entscheidung des Beschwerdegerichts kann *weitere Beschwerde* erhoben werden, bei der, anders als bei der Revision, wiederum neue Tatsachen u. Beweismittel zulässig sind. Die weitere Beschwerde ist allerdings nur unter bestimmten, in den einzelnen Verfahrensordnungen unterschiedlich geregelten Voraussetzungen möglich.

In verschiedenen Fällen muß das Gericht, das eine Entscheidung erlassen hat, die Betroffenen über die dagegen möglichen R. und die dafür vorgesehenen Fristen u. Formen durch eine *Rechtsmittelbelehrung* informieren (z. B. § 35 a StPO, § 117 II Nr. 6 VwGO). Das Unterbleiben dieser Belehrung stellt im Strafprozeß einen Wiedereinsetzungsgrund dar (§ 44 StPO) und verlängert im verwaltungsgerichtlichen Verfahren die Rechtsmittelfrist auf 1 Jahr (§ 58 II VwGO).

Rechtsnachfolge (Sukzession) ist der von einem Rechtsvorgänger abgeleitete Rechtserwerb. Er kann auf einem → Rechtsgeschäft (z. B. Forderungsabtretung, Eigentumsübertragung) oder auf Gesetz (z. B. gesetzliche Erbfolge) beruhen. Die rechtsgeschäftlich herbeigeführte R. bezieht sich stets nur auf einzelne Rechte *(Sonderrechtsnachfolge* oder Singularsukzession). In einigen Fällen der gesetzlichen R., so z. B. bei der Erbfolge, tritt dagegen eine *Gesamtrechtsnachfolge* (Universalsukzession) ein; sie bewirkt, daß das Vermögen des Rechtsvorgängers mit allen Rechten u. Pflichten in einem Akt auf den Rechtsnachfolger übergeht; eine gesonderte Übertragung der einzelnen Rechte ist nicht erforderlich, doch bedarf es bei übergegangenen Grundstücken einer Berichtigung des Grundbuchs.

Rechtsnorm (Rechtssatz) ist jede generell-abstrakte hoheitliche Anordnung, die sich an eine unbestimmte Vielzahl von Personen (generell) zur Regelung einer unbestimmten Vielzahl von Fällen (abstrakt) wendet. Sie ist damit Gesetz im materiellen Sinn. Die R. kann Bestandteil eines formellen → Gesetzes, einer → Rechtsverordnung, einer öfftl.-rechtl. → Satzung, eines für allgemeinverbindlich erklärten → Tarifvertrages oder des → Gewohnheitsrechts sein. Zu den R. gehören auch die vorstaatlichen fundamentalen Rechtssätze, die sich unmittelbar aus dem Gerechtigkeitsprinzip ableiten lassen (insbesondere die Unantastbarkeit der Menschenwürde); in der Rechtsordnung der Bundesrepublik sind sie durch das GG weitgehend in staatlich gesetztes Recht transformiert worden (→ Naturrecht). Die R. ist dadurch gekennzeichnet, daß sie eine *Rechtsfolge* an einen *Tatbestand* knüpft. Der Tatbestand umschreibt in abstrakter Weise die Tatumstände, die im konkreten Fall „erfüllt" sein müssen, um die Rechtsfolge „auszulösen". Als Beispiel diene § 223 StGB: „Wer einen anderen körperlich mißhandelt oder an der Gesundheit beschädigt" (Tatbestand), „wird mit Freiheitsstrafe bis zu drei Jahren oder mit Geldstrafe bestraft" (Rechtsfolge). – Die Aufgabe des praktischen Juristen in Rechtsprechung u. Verwaltung besteht vor allem darin zu entscheiden, ob sich der ihm vorliegende konkrete Sachverhalt unter einen abstrakten Tatbestand *„subsumieren"* läßt. Die Subsumtion bereitet vor allem dann Schwierigkeiten, wenn – wie häufig – die in den R. verwendeten Begriffe nicht eindeutig sind. Sie bedürfen dann der *Auslegung* (Interpretation). Dabei kommen vier sich ergänzende Methoden in Betracht: Die *grammatische* Auslegung orientiert sich am Wortlaut u. Wortsinn des Textes; die *historische* Auslegung knüpft an die Entstehungsgeschichte der R. an; die *systematische* oder *logische* Auslegung hebt auf die Stellung des Rechtssatzes im Normengefüge u. auf seinen Zusammenhang mit anderen Bestimmungen ab; die – wichtigste – Methode der *teleologischen* Auslegung sucht den mit der R. verfolgten Zweck (die *ratio legis*) zu erfassen. – Gelegentlich enthält die Rechtsordnung eine Lücke, die sich auch im Wege extensiver Auslegung nicht schließen läßt. Hier hilft u. U. das Verfahren der *Analogie* weiter, bei dem auf den nicht geregelten Fall eine R. mit rechtsähnlichem Tatbestand entsprechend angewendet wird. Im → Strafrecht ist wegen des dort geltenden Bestimmtheitgrundsatzes eine Analogie zuungunsten des Angeklagten verboten. Vereinzelt wird eine Rechtslücke nicht mittels Analogie, sondern im entgegengesetzten Wege, durch *Umkehrschluß* (argumentum e contrario), ausgefüllt, u. zwar dann, wenn ein nicht geregelter Sachverhalt von einem geregelten so weit abweicht, daß dessen Rechtsfolge nicht zur Anwendung gelangen kann. Es wird hier also von der Verschiedenheit der Voraussetzungen auf die notwendige Verschiedenheit der Rechtsfolgen geschlossen. – Manchmal eröffnet der Gesetzgeber (Verordnungsgeber usw.) dem Rechtsanwender ganz bewußt einen *Entscheidungsspielraum,* um ihm eine flexible, dem Einzelfall angemessene Reaktion zu ermöglichen. Dazu dienen die → Generalklauseln, die → unbestimmten Rechtsbegriffe u. das → Ermessen.

Rechtsobjekt ist der Gegenstand, auf den sich das → subjektive Recht einer Person bezieht. R. sind entweder körperliche Gegenstände (Sachen) oder unkörperliche Gegenstände (insbes. Rechte). So kann z. B. ein Pfandrecht sowohl an einer Sache als auch an einer Forderung bestehen.

Rechtsordnung → Recht.

Rechtspflege ist die von den Organen der → Gerichtsbarkeit ausgeübte staatliche Tätigkeit. Dazu gehören neben der Rechtsprechung selbst (→ rechsprechende Gewalt) auch die sie ergänzenden u. unterstützenden Funktionen (z. B. Führung des Grundbuchs, Vollstreckung gerichtlicher Entscheidungen), somit auch die Ermittlungstätigkeit des → Staatsanwalts. Auch der → Rechtsanwalt ist ein Organ der R.

Rechtspfleger ist ein Beamter des gehobenen (Justiz-)Dienstes, dem bestimmte Aufgaben der → Rechtspflege, insbesondere auf dem Gebiet der → freiwilligen Gerichtsbarkeit, übertragen werden. Seine Rechtsstellung ist im Rechtspflegergesetz näher geregelt. Er ist nur dem Gesetz unterworfen u. entscheidet grundsätzlich selbständig. Gegen seine Entscheidungen ist die → Erinnerung an den Richter zulässig. Voraussetzungen für die Tätigkeit als R. sind (nach dem Abitur oder einem gleichwertigen Abschluß) ein dreijähriger Vorbereitungsdienst u. die bestandene Rechtspflegerprüfung.

Rechtspolitik ist die zielgerichtete Veränderung der geltenden Rechtsordnung mit den Mitteln der Politik, insbes. im Wege der Gesetzgebung. Der Begriff ermangelt insoweit der Trennschärfe, als sich letztlich fast alle politischen Entscheidungen in den Formen des Rechts niederschlagen u. daher zugleich einen Rechtswandel auslösen. Üblicherweise verwendet man die Bezeichnung nur für solche gesetzgeberischen Maßnahmen, die auf die Rechtsstellung des einzelnen in der Gesellschaft u. gegenüber dem Staat nachhaltig einwirken. Beispiele für wichtige rechtspolitische Neuerungen der jüngeren Vergangenheit sind die Familienrechtsreform (→ Eherecht, → Ehescheidung, → elterliche Sorge) u. die Strafrechtsreform (→ Strafrecht).

Rechtspositivismus. Der R. sieht den Ursprung und letzten Bestimmungsgrund des Rechts allein im „positiven" Recht. Darunter versteht er ausschließlich staatlich gesetztes u. staatlich anerkanntes Recht. Für den R. gibt es keine vorstaatlichen, allgemeingültigen und überzeitlichen Rechtsnormen, wie sie dem → Naturrecht eigen sind. Das Recht beruht nach dieser Ansicht auf dem bloßen Willen des Staates als rechtsetzender Autorität. Als eigentlicher Begründer des R. ist Thomas Hobbes anzusehen, der nur den souveränen Staat berufen sah, den Krieg aller gegen alle durch die von ihm gesetzte Rechtsordnung zu überwinden: „Auctoritas, non veritas facit legem." Der R. erlebte seine Blüte in der 2. Hälfte des 19. Jh., als die meisten Staaten dazu übergingen, ihr Recht zu kodifizieren u. dadurch berechenbar zu machen. Das bleibende Verdienst des R. besteht darin, daß er im Rückgriff auf das staatlich gesetzte Recht als einzig verbindliche Rechtsquelle Rechtssicherheit zu gewährleisten sucht. Der R. geriet spätestens dann in eine Krise, als der Nationalsozialismus daran ging, Unrecht in Gesetzesform zur Norm zu erheben. Das GG, das sich zur Menschenwürde und zu unverletzlichen u. unveräußerlichen Menschenrechten bekennt (Art. 1), zieht der positivistischen Rechtsauffassung Grenzen.

Rechtsprechende Gewalt ist im gewaltengeteilten → Rechtsstaat neben → gesetzgebender und → vollziehender Gewalt die „dritte Gewalt". Ihre Aufgabe besteht darin, rechtliche Konflikte privatrechtlicher oder öfftl.-rechtl. Art mit staatlicher Autorität verbindlich zu entscheiden. Die r. G. ist in der Bundesrepublik gem. Art. 92 GG ausschließlich den unabhängigen → Richtern anvertraut; sie wird durch die Bundesgerichte u. die Gerichte der Länder ausgeübt (→ Gerichtsbarkeit).

Rechtsquellen aus denen sich die geltenden → Rechtsnormen herleiten, sind insbesondere: die Verfassungen des Bundes u. der Länder einschließlich der ihnen zugrunde liegenden allgemeinen Rechtsgrundsätze, die formell-materiellen → Gesetze, die → Rechtsverordnungen u. die öfftl.-rechtl. → Satzungen. Für die Auslegung u. Fortbildung des Rechts erlangen die höchstrichterlichen Entscheidungen zunehmende Bedeutung; dieses sog. Richterrecht bildet zumindest einen den R. vergleichbaren Geltungsgrund.

Rechtsschein → guter Glaube; → gutgläubiger Erwerb.

Rechtsschutz. Wer sein Recht durchsetzen will, darf nicht eigenmächtig vorgehen. Er muß sich grundsätzlich in dem dazu vorgesehenen Verfahren an die vom Staat zur Verwirklichung des R. eingerichteten Stellen, insbes. die Gerichte, wenden. In der

Rechtsordnung der Bundesrepublik gibt es keine justizfreien Räume. Das ist im Verhältnis zur öffentlichen Gewalt in Art. 19 IV GG ausdrücklich ausgesprochen, gilt aber schlechthin (→ Rechtsweg). Das Recht bietet dem Bürger eine Vielfalt von Rechtsschutzmöglichkeiten. Die Richter sind gehalten, Recht zu sprechen, auch wenn das Gesetz schweigt oder unklar oder unbestimmt formuliert ist. Nur ausnahmsweise ist der *Selbstschutz* des einzelnen zulässig, z. B. im Fall der → Notwehr, des → Notstands oder der → Selbsthilfe.

Rechtssicherheit, eines der wesentlichen Elemente des → Rechtsstaates, bedeutet, daß der einzelne sich auf das, was als Recht gilt, verlassen kann. Das Recht muß *vorhersehbar* sein. Deshalb besteht für belastende Gesetze grundsätzlich, für Strafgesetze ausnahmslos ein *Rückwirkungsverbot* (Art. 103 II GG, → Rückwirkung). Im Interesse der R. müssen Rechtsnormen möglichst klar und eindeutig sein, damit jeder weiß, wie er sich zu verhalten hat, u. im Konfliktfall die Entscheidung voraussehen kann. Der R. dienen *Formvorschriften* für wichtige Rechtsgeschäfte, deren Wirksamkeit keinem Zweifel unterliegen darf (z. B. Eheschließung vor dem Standesbeamten, notarielle Beurkundung des Grundstückskaufvertrags). Ausprägung des Prinzips der R. ist ferner die → *Rechtskraft* gerichtlicher Urteile, die bewirkt, daß ein Fall, der einmal abschließend entschieden ist, nicht wieder aufgerollt werden kann. Die R. erfordert im übrigen, daß das Recht auch tatsächlich befolgt u. ggf. zwangsweise durchgesetzt wird. Wegen der ihr notwendigerweise anhaftenden Starrheit kann die R. u. U. in Widerstreit zur → Gerechtigkeit geraten.

Rechtsstaat. Das Rechtsstaatsgebot bildet zusammen mit dem → Demokratie-, → Sozialstaats- und → Bundesstaatsgrundsatz die tragenden Strukturprinzipien der staatlichen Ordnung der Bundesrepublik (Art. 20 III, 28 I GG). R. bedeutet Primat des Rechts für die gesamte staatliche Tätigkeit. Wichtige Merkmale des R. sind: → *Gesetzmäßigkeit der Verwaltung:* Die vollziehende Gewalt darf nicht gegen geltendes Recht, insbes. gegen Verfassung u. Gesetze verstoßen (Vorrang des Gesetzes); Eingriffe in die Rechts- u. Freiheitssphäre des einzelnen bedürfen der Grundlage in einem förmlichen Gesetz (Vorbehalt des Gesetzes). *Gerichtsschutz:* Wer durch Akte der öffentlichen Gewalt in seinen Rechten verletzt wird, kann dagegen die unabhängigen Gerichte anrufen (Art. 19 IV GG); auf diese Weise läßt sich die Wahrung des rechtsstaatlichen Prinzips auch individuell durchsetzen. → *Gewaltenteilung:* Die staatlichen Funktionen sind unterschiedlichen Organen mit begrenzten Kompetenzen zugewiesen; das führt zu einer wechselseitigen Hemmung u. Kontrolle der Gewalten, bändigt die Macht des Staates u. sichert zusätzlich die Freiheit der

Bürger. Zum R. gehört ferner die → *Rechtssicherheit,* die insbes. ein unabdingbares Maß an Meßbarkeit u. Vorhersehbarkeit staatlicher Maßnahmen verlangt. Wichtiges Merkmal des R. ist darüber hinaus das → *Übermaßverbot,* das staatlichen Eingriffen Grenzen setzt.

Der Rechtsstaatsbegriff des Grundgesetzes erschöpft sich jedoch nicht in diesen formellen Merkmalen, die bereits weitgehend die Staatsauffassung des Liberalismus im 19. Jh. prägten. Er ist mehr als ein bloßes System rechtstechnischer Kunstgriffe zur Gewährleistung gesetzlicher Freiheit. R. beinhaltet nicht nur eine formelle, sondern zugleich eine *materielle Ordnung,* die vor allem durch die die staatlichen Gewalten unmittelbar bindenden → *Grundrechte* (Art. 1 III GG) bestimmt ist. Oberstes Ziel des R. ist die Verwirklichung der → *Gerechtigkeit.* Darin berührt sich das Rechtsstaats- mit dem Sozialstaatsprinzip (nicht zufällig verwendet das Grundgesetz in Art. 28 I die Formel vom „sozialen Rechtsstaat"). Umfassende staatliche Sozialmaßnahmen, die die Selbstverantwortung des einzelnen aufheben, ihn zum Objekt staatlicher Betreuung u. Bevormundung machen, würden allerdings die durch das Rechtsstaatsprinzip gezogenen Grenzen überschreiten. Der R. muß daher stets sowohl in seiner sozialen als auch in seiner freiheitlichen Dimension begriffen u. verwirklicht werden. Rechtsstaats- u. Sozialstaatsprinzip müssen sich wechselseitig durchdringen.

Rechtssubjekt. Träger von Rechten u. Pflichten u. damit R. kann nur eine →rechtsfähige (also entweder eine →natürliche oder eine →juristische) Person sein.

Rechtsverhältnis ist eine durch → Rechtsnormen geregelte soziale Beziehung zwischen mehreren (meist 2) Personen. Es entsteht entweder unmittelbar kraft Gesetzes (z. B. aufgrund einer → unerlaubten Handlung) oder durch → Rechtsgeschäft (z. B. → Vertrag) oder durch eine öfftl.-rechtl. Maßnahme (z. B. → Verwaltungsakt). Als R. i. w. S. gilt auch die rechtlich geregelte Beziehung einer Person zu einer Sache (z. B. Eigentum an einem Grundstück). Je nachdem, ob privatrechtliche oder öfftl.-rechtl. Normen zur Anwendung gelangen, ist das R. entweder privatrechtlich (z. B. zwischen Verkäufer u. Käufer) oder öfftl.-rechtl. (z. B. Beamtenverhältnis). Das R. bildet die Grundlage für →subjektive Rechte.

Rechtsvermutung →Beweis.

Rechtsverordnung ist eine hoheitliche Anordnung für eine unbestimmte Vielzahl von Personen zur Regelung einer unbestimmten Vielzahl von Fällen, die nicht im förmlichen →Gesetzgebungsverfahren ergeht, sondern von den dazu ermächtigten Organen der vollziehenden Gewalt (insbes. Regierung, Minister) erlassen wird. Die R. ist demnach als → Rechtsnorm zwar Gesetz im materiellen, nicht aber im formellen Sinn (→ Gesetz); sie ist von den → Verwaltungsvorschriften, die nur verwaltungsintern wirken, zu unterscheiden. Nach Art. 80 I GG können die Bundesregierung, ein Bundesminister oder die Landesregierungen durch Gesetz ermächtigt werden, R. zu erlassen. Dabei sind Inhalt, Zweck u. Ausmaß der erteilten Ermächtigung im Gesetz zu bestimmen. Demnach muß schon aus der Ermächtigung für den Bürger erkennbar u. vorhersehbar sein, was von ihm gefordert werden kann; der Gesetzgeber muß also die wesentlichen Vorschriften selbst treffen; er darf der vollziehenden Gewalt keine Globalermächtigung erteilen, sondern ihr nur die ausführenden, konkretisierenden Regelungen überlassen. Art. 80 I GG gilt zwar unmittelbar nur für R. zur Ausführung von Bundesgesetzen. Als Ausprägung des rechtsstaatlichen und demokratischen Verfassungssystems ist der Grundsatz aber auch für die Gesetzgebung derjenigen Bundesländer verbindlich, deren Verfassungen keine ausdrückliche Vorschrift dieses Inhalts aufweisen. In der R. ist das ermächtigende Gesetz anzugeben. Sie bedarf zu ihrer Wirksamkeit der Verkündung im Gesetzblatt. In vielen Fällen ist für R. der Bundesregierung oder eines Bundesministers nach Art. 80 II GG die Zustimmung des Bundesrates erforderlich. Eine R. ist z. B. die Straßenverkehrsordnung (StVO), die der Bundesverkehrsminister mit Zustimmung des Bundesrates aufgrund der Ermächtigungsvorschrift des § 6 I Straßenverkehrsgesetz (StVG) erlassen hat.

Rechtsweg. Unter R. versteht man die Möglichkeit, vor einem staatlichen Gericht → Rechtsschutz zu erlangen. Gegen rechtswidrige Akte der öffentlichen Gewalt ist der R. durch Art. 19 IV GG gewährleistet *(Rechtsweggarantie).* Man unterscheidet nach den einzelnen Zweigen der → Gerichtsbarkeit den ordentlichen R. (d. h. den R. zur ordentlichen Gerichtsbarkeit), den R. zur Verwaltungs-, Arbeits-, Sozial-, Finanz-, Patent-, Disziplinar-, Wehrdienst- u. Berufsgerichtsbarkeit. Eine Sonderstellung nimmt die Verfassungsgerichtsbarkeit ein. Jedes Gericht entscheidet selbst über die Zulässigkeit des zu ihm beschrittenen R. Hält es ihn für zulässig, so kann sich kein Gericht eines anderen Gerichtszweiges in derselben Angelegenheit für zuständig erklären. Auf diese Weise wird eine doppelte Befassung zweier Gerichte *(positiver Kompetenzkonflikt)* u. die damit verbundene Gefahr widersprüchlicher Entscheidungen vermieden. Hält ein Gericht den zu ihm beschrittenen R. für unzulässig, so ist das Gericht einer anderen Gerichtsbarkeit daran gebunden. Es ist ihm verwehrt, das Ursprungsgericht für zuständig zu erklären u. die Sache dorthin zurückzuverweisen; allerdings kann es an das Gericht eines dritten Gerichtszweiges weiterverweisen. Dadurch wird verhindert, daß sich letztlich kein Gericht für zuständig erklärt *(negativer Kompetenzkonflikt)*.

Rechtswidrigkeit. Rechtswidrig ist jede Handlung, die gegen das objektive Recht verstößt (z. B. eine unerlaubte Handlung oder eine Handlung, die einen Straftatbestand verwirklicht). Die R. wird durch das Vorliegen eines *Rechtfertigungsgrundes* ausgeschlossen; damit entfällt auch die an sich vorgesehene Rechtsfolge (Schadensersatzpflicht, Strafe). Wichtige Rechtfertigungsgründe sind → Notwehr, defensiver, agressiver und rechtfertigender → Notstand, → Einwilligung des Verletzten. Die R. entfällt ferner bei Maßnahmen von Hoheitspersonen (Polizeibeamte, Gerichtsvollzieher u. a.) innerhalb der ihnen gesetzlich eingeräumten Amtsbefugnisse u. beim Handeln eines Untergebenen aufgrund rechtmäßigen Befehls. Auch ein Verhalten, das sich im Rahmen → sozialer Adäquanz bewegt, ist nicht rechtswidrig.

Rechtszug (Instanz) ist in einem gerichtlichen Verfahren der Verfahrensabschnitt vor einem Gericht, das einem anderen Gericht unter- oder übergeordnet ist. Das Verfahren beginnt im ersten R. (z. B. Amtsgericht oder Landgericht, Verwaltungsgericht) u. wird, soweit das Verfahrensrecht es vorsieht, durch Einlegung eines → Rechtsmittels im zweiten R. (Landgericht oder OLG, Oberverwaltungsgericht), ggf. auch in einem dritten R. (BGH, Bundesverwaltungsgericht) fortgesetzt.

Recht und Gerechtigkeit → Gerechtigkeit.

Recht und Sitte. Unter Sitte versteht man eingelebte Verhaltensformen (Konvention, Tradition). Wie das → Recht, regelt auch die Sitte soziales Verhalten. Sie tut das allerdings nicht wie das Recht in organisierter, sondern in formal schwer faßbarer, deshalb jedoch durchaus nicht immer ungeplanter Weise (man denke an die Strategien der Mode- u. Konsumgüterindustrie). In Formeln u. Statussymbolen, in lokalen Bräuchen u. Gepflogenheiten, in Handelsusancen u. Berufsallüren bestimmt die Sitte das soziale Verhalten ähnlich wie das Recht. Von diesem unterscheidet es sich vor allem dadurch, daß das Recht auf der Voraussetzung des Staates beruht. Wenn die Regeln der Sitte auch nicht zwangsweise durchzusetzen sind, so stehen ihnen doch Sanktionsmöglichkeiten zu Gebote, die manchmal stärker sein können als der Rechtszwang. Sitte u. Recht gehen häufig ineinander über. Das Recht nimmt z. B. bei der Auslegung von Verträgen auf die → Verkehrssitte Bezug, Handelsbräuche spielen im → Handelsrecht eine Rolle, der Verstoß gegen die → guten Sitten führt zur Nichtigkeit eines Rechtsgeschäftes.

Recht und Sittlichkeit. → Recht ist nicht identisch mit Sittlichkeit. Sittliches (ethisches) Handeln zielt darauf ab, das Gute zu tun u. das Böse zu unterlassen. Das Recht hingegen ist in seinen Anforderungen bescheidener; es will nicht das Gute verwirklichen, sondern beschränkt sich darauf, das friedliche Zusammenleben der Menschen zu sichern. Andererseits verträgt es sich mit der friedenstiftenden Funktion des Rechts nicht, Gebote oder Verbote zu erlassen, die der Sittlichkeit widersprechen; das Recht muß ein „ethisches Minimum" enthalten. Das bedeutet, daß sich die Rechtsordnung nicht über evidente sittliche Normen wie z. B. das Tötungsverbot hinwegsetzen darf. Sittlichkeit beruht auf dem freien Willen des einzelnen, sie kann nicht erzwungen werden. Das Recht indessen vermag seine Geltung auch gegen Widerstrebende mit staatlichem Zwang durchzusetzen. Während sich die Sittlichkeit in äußerer Verhaltenskonformität nicht erschöpft, sondern gerade auf die Beweggründe menschlichen Handelns abhebt, sind dem Recht die Motive des einzelnen grundsätzlich gleichgültig; entscheidend ist, ob er die Rechtsnormen durch sein Tun und Unterlassen tatsächlich befolgt. Sittlichkeit ist „Gesetz für die Maximen der Handlungen", Recht ist „Gesetz für die Handlungen" (Kant). Was der Mensch im Innersten denkt u. fühlt, ob er liebt oder haßt, ist für die Sittlichkeit in hohem Maße bedeutsam, für das Recht nur dann, wenn es verhaltensrelevant wird. Umgekehrt gibt es im Recht eine Vielzahl von Normen, die die Sittlichkeit nicht berühren. Ob z. B. im Straßenverkehr rechts oder links gefahren wird, ist zwar eine für das Zusammenleben der Menschen höchst wichtige Frage; sie ist jedoch durch die Rechtsordnung wertneutral, allein unter Zweckmäßigkeitsgesichtspunkten zu entscheiden.

Recht und Staat → Recht.

reformatio in peius → Rechtsmittel.

Regierung. Im gewaltengeteilten Rechtsstaat (→ Gewaltenteilung) bildet die R. die Spitze der → vollziehenden Gewalt. Sie ist im → parlamentarischen Regierungssystem vom Vertrauen des Parlaments abhängig. Der R. als eigenständiger Staatsgewalt steht die Staatsleitung zu. Sie ist das in erster Linie zu politischer Initiative berufene Organ. Diese Initiativfunktion äußert sich vor allem in der Einbringung von Gesetzesvorlagen im Parlament (→ Gesetzgebungsverfahren) u. in der Außenpolitik. Die R. setzt sich aus dem Regierungschef (im Bund Bundeskanzler, in den Bundesländern zumeist Ministerpräsident) u. den Ministern (Senatoren) zusammen. → Bundesregierung.

Registergericht ist eine Abteilung des Amtsgerichts, die im Rahmen der → freiwilligen Gerichtsbarkeit mit der Führung der Register (Vereins-, Handels-, Genossenschafts-, Güterrechtsregister u. a.) betraut ist.

Regreß → Rückgriff.

Reichskonkordat → Staatskirchenrecht.

Reichsrecht ist das Recht des Deutschen Reiches. Soweit es nach 1945 nicht durch die Besatzungsmächte wegen nationalsozialistischen Gedankenguts aufgehoben wurde u. dem → Grundgesetz nicht widerspricht, gilt es grundsätzlich fort (Art. 123 GG). Es ist je nach → Gesetzgebungskompetenz teils Bundesrecht, teils Landesrecht geworden. R., das Gegenstände der ausschließlichen Gesetzgebung des Bundes betrifft, wurde Bundesrecht (Art. 124 GG). R., das Gegenstände der konkurrierenden Gesetzgebung des Bundes betrifft, wurde innerhalb seines Geltungsbereichs gleichfalls Bundesrecht, wenn es in einer oder mehreren Besatzungszonen einheitlich galt (Art. 125 GG). Soweit R. Materien regelt, die in die Gesetzgebungskompetenz der Länder fallen, wurde es Landesrecht.

Reichsverfassungen waren die Verfassung des Deutschen Reiches vom 16. 4. 1871 und die Verfassung des Deutschen Reiches vom 11. 8. 1919 (Weimarer Verfassung). 1. Die *R. von 1871* beschränkte sich auf organisationsrechtliche Regelungen; sie enthielt keine → Grundrechte. Oberste Organe des Deutschen Reichs waren der aus den Vertretern der 25 Bundesstaaten gebildete Bundesrat, das dem König von Preußen als Deutschem Kaiser zustehende Präsidium und der aus allgemeinen, direkten u. gleichen Wahlen hervorgehende Reichstag. Zur Wirksamkeit eines Reichsgesetzes waren übereinstimmende Mehrheitsbeschlüsse von Bundesrat u. Reichstag erforderlich. Der Kaiser hatte das Reich völkerrechtlich zu vertreten. Der Vorsitz im Bundesrat u. die Führung der Regierungsgeschäfte oblagen dem vom Kaiser zu ernennenden Reichskanzler, der dem Reichstag nicht verantwortlich war. Die Verfassung regelte ferner die Verteilung der Gesetzgebungs- u. Verwaltungszuständigkeiten für Zoll- u. Handelswesen, Eisenbahn, Post- u. Telegraphenwesen, Marine u. Schiffahrt, Konsulatwesen, Reichskriegswesen u. Reichsfinanzen. 2. Die *Weimarer Verfassung von 1919* erklärte das Deutsche Reich zur Republik, in der die Staatsgewalt vom Volk ausgeht. Die Verfassung bestand aus einem organisationsrechtlichen u. einem Grundrechtsteil. Der 1. Hauptteil befaßte sich mit „Aufbau und Aufgaben des Reichs". Er regelte das Verhältnis von Reich u. Ländern, verteilte die Zuständigkeiten zwischen Reichstag,

Reichspräsidenten, Reichsregierung u. Reichsrat, enthielt Vorschriften über das Gesetzgebungsverfahren, die Verwaltung u. die Rechtspflege. Die Stellung der Länder war im Vergleich zu den Rechten der Bundesstaaten nach der R. von 1871 gemindert; der Einfluß im Reichsrat beschränkte sich auf ein Vetorecht, das der Reichstag mit 2/3-Mehrheit überstimmen konnte. Der vom Volk gewählte Reichspräsident hatte aufgrund des ihm durch Art. 48 eingeräumten „Notverordnungsrechts" eine herausragende Position inne. Der 2. Hauptteil der Verfassung („Grundrechte und Grundpflichten der Deutschen") gewährleistete die klassischen Grundrechte des liberalen Rechtsstaats. Anders als im → Grundgesetz, das in Art. 1 III auch die Legislative an die Grundrechte als unmittelbar geltendes Recht bindet, galten diese jedoch als bloße Programmsätze nur nach Maßgabe u. im Rahmen der einfachen Gesetze. Die Weimarer Verfassung ist zwar von den Nationalsozialisten nie formell, wohl aber praktisch außer Kraft gesetzt worden.

Reisevertrag (§§ 651a ff. BGB) ist ein gegenseitiger → Vertrag, durch den sich der Reiseveranstalter verpflichtet, dem Reisenden eine Gesamtheit von Reiseleistungen (Pauschalreise) gegen Zahlung des vereinbarten Reisepreises zu erbringen. Der R. ist eine Abart des → Werkvertrages. Der Reiseveranstalter hat für die zugesicherten Eigenschaften u. die Fehlerfreiheit der Reise einzustehen. Ist die Reise mangelhaft (z. B. Unterbringung in schäbiger Pension statt, laut Prospekt, im Luxushotel), kann der Reisende Abhilfe oder Preisminderung verlangen; der Anspruch auf Minderung entfällt jedoch, wenn der Reisende es schuldhaft unterlassen hat, den Mangel noch am Urlaubsort anzuzeigen. Bei erheblicher Beeinträchtigung ist er – nach ergebnislosem Ablauf einer zur Abhilfe gesetzten angemessenen Frist – zur Kündigung berechtigt. Der Reiseveranstalter kann in diesem Fall nur eine Entschädigung für die bereits erbrachten oder noch zu erbringenden Leistungen verlangen, muß aber andererseits die durch die Kündigung verursachten notwendigen Maßnahmen (z. B. Rückbeförderung) auf seine Kosten treffen. Beruht der Mangel der Reise auf einem Verschulden des Reiseveranstalters, so hat der Reisende neben dem Minderungs- u. Kündigungsrecht einen Anspruch auf → Schadensersatz wegen Nichterfüllung, bei vereitelter oder erheblich beeinträchtigter Reise darüber hinaus auch auf eine angemessene Geldentschädigung wegen nutzlos aufgewendeter Urlaubszeit. Der Reiseveranstalter kann seine Haftung für leicht fahrlässiges Verhalten u. für ausschließliches Drittverschulden (z. B. einer Fluggesellschaft oder eines Hoteliers) auf den dreifachen Reisepreis beschränken. Wird die Reise infolge → höherer Gewalt erheblich beeinträchtigt, ist jeder Vertragspartner zur Kündigung berechtigt; die dadurch verursachten Mehrkosten fallen dem Reisenden zur Last mit Ausnahme der Mehrkosten für die Rückbeförderung, die die Parteien je zur Hälfte tragen. Vertragliche Abweichungen von den BGB-Vorschriften über den R. zum Nachteil des Reisenden sind nichtig.

Relative Rechte (Gegensatz: → absolute Rechte) sind → subjektive Rechte, die nur gegenüber einer bestimmten Person bestehen (z. B. Anspruch des Verkäufers gegen den Käufer auf Zahlung des Kaufpreises). Ein r. R. hat seine Grundlage in einem → Schuldverhältnis.

Religiöse Kindererziehung. Die r. K. ist Teil der → Personensorge, doch gelten für sie die einschränkenden Vorschriften des Gesetzes über die r. K. von 1921. Sie betreffen insbes. die selbständigen Entscheidungsbefugnisse des Kindes, die von den allgemeinen Regelungen des BGB über die → Geschäftsfähigkeit abweichen: Vom 12. Lj. an kann das Kind nicht gegen seinen Willen in einem anderen Bekenntnis (Weltanschauung) als bisher erzogen oder vom Religionsunterricht abgemeldet werden; mit dem 14. Lj. ist es *religionsmündig,* entscheidet also selbst darüber, welchem Bekenntnis es angehören u. ob es am Religionsunterricht teilnehmen will oder nicht.

Religionsfreiheit. Das Grundrecht der R. ist durch Art. 4 GG gewährleistet. Danach sind die Freiheit des Glaubens u. die Freiheit des religiösen u. weltanschaulichen Bekenntnisses unverletzlich; die ungestörte Religionsausübung wird garantiert. Die *Glaubensfreiheit* gibt dem einzelnen das Recht, einen bestimmten Glauben, d. h. eine beliebige religiöse oder weltanschauliche Überzeugung, zu haben oder nicht zu haben. Während die Glaubensfreiheit gewissermaßen die „innere Seite" der R. bildet, gewährt die *Bekenntnisfreiheit* die Befugnis, eine religiöse oder weltanschauliche Überzeugung zu äußern oder abzulehnen, aber auch das Recht, darüber zu schweigen. Die Kultusfreiheit als das Recht auf ungestörte Religionsausübung ist Ausprägung der Bekenntnisfreiheit. Das Grundrecht der R. ist vorbehaltlos geschützt, es kann daher auch durch Gesetz nicht begrenzt werden; seine Schranken ergeben sich allein aus dem Grundgesetz selbst, vor allem aus dem verfassungsrechtlich verankerten Toleranzgebot. Die Gewährleistung voller R. ist eine Grundvoraussetzung freien Geisteslebens, in das einzugreifen dem Staat verboten ist. Somit begründet Art. 4 GG zugleich als Fundamentalnorm des → Staatskirchenrechts die religiöse u. weltanschauliche Neutralität des Staates.

Religionsgesellschaften (Religionsgemeinschaften) sind Vereinigungen von Menschen gleichen oder verwandten religiösen Bekenntnisses. Das Verhältnis der R. zum Staat ist in Art. 4 u. in Art. 140 GG i. V. m. den ins Grundgesetz als weitergeltend übernommenen staatskirchenrechtlichen Bestimmungen der Weimarer Reichsverfassung geregelt (→ Staatskirchenrecht). Die wichtigsten R. in der Bundesrepublik sind die Evangelische Kirche in Deutschland (EKD) mit ihren Landeskirchen u. Gliedkirchen sowie die Katholische Kirche mit ihren Kirchenprovinzen u. (Erz-) Bistümern. Die R. sind entweder öfftl.-rechtl. → Körperschaften (so die beiden Großkirchen) oder nach vereinsrechtlichen Vorschriften (→ Verein) organisiert.

Religionsmündigkeit → religiöse Kindererziehung.

Rentenschuld (§§ 1199 ff. BGB) ist eine Abart der → Grundschuld. Bei ihr ist in regelmäßig wiederkehrenden Terminen eine bestimmte Geldsumme aus dem Grundstück zu zahlen. Dabei muß der Betrag bestimmt werden, durch dessen Zahlung die R. abgelöst werden kann.

Rentenversicherung → Sozialversicherung.

Repräsentative Demokratie → Demokratie.

Republik steht im Gegensatz zur Monarchie. Sie ist eine Staatsform, in der das Staatsoberhaupt durch unmittelbare oder mittelbare Volkswahl berufen wird. In einem weiteren Sinne bedeutet R. als „res publica" den Zusammenschluß von Bürgern, die sich dem gemeinen Wohl verpflichtet fühlen.

reservatio mentalis → Willenserklärung.

Resozialisierung → Strafrecht.

Revision → Rechtsmittel.

Richter. Die → rechtsprechende Gewalt ist den unabhängigen u. nur dem Gesetz unterworfenen R. anvertraut (Art. 92, 97 GG). Sie wird durch Berufsrichter u. ehrenamtliche R. (z. B. Schöffen) ausgeübt. Die Rechtsstellung der R. ist in Art. 97, 98 GG, in den Landesverfassungen u. im Deutschen Richtergesetz geregelt. Sie müssen die Befähigung zum Richteramt haben, die durch die Erste juristische Staatsprüfung (nach einem mindestens dreieinhalbjährigen rechtswissenschaftlichen Studium) u. die Zweite juristische Staatsprüfung (nach einem zweieinhalbjährigen Vorbereitungsdienst) erworben wird (§§ 5 ff. DRiG). Über die Berufung der R. an den Gerichten der Länder entscheidet der zuständige Landesminister oder die Landesregierung (in einigen Ländern gemeinsam mit einem Richterwahlausschuß). R. an den Bundesgerichten werden von einem R.wahlausschuß gewählt, der aus je 1 Minister der 11 Bundesländer u. 11 vom Bundestag nach Fraktionsstärke bestimmten Wahlmännern besteht (Art. 95 II GG); der bei jedem Bundesgericht errichtete Präsidialrat ist zuvor über die persönliche u. fachliche Eignung des Bewerbers anzuhören. Zur Berufung der R. am BVerfG s. dort. Die Berufung in das Richterverhältnis – i. d. R. auf Lebenszeit – geschieht wie bei der Beamtenernennung (→ öffentlicher Dienst) durch Aushändigung einer Ernennungsurkunde (§§ 8 ff. DRiG). Die Unabhängigkeit des R. äußert sich darin, daß er im Unterschied zum Beamten grundsätzlich nur mit seiner schriftlichen Zustimmung in ein anderes Amt versetzt werden kann (persönliche Unabhängigkeit, §§ 30 ff. DRiG). In seiner rechtsprechenden Tätigkeit ist er keinen Weisungen unterworfen; einer Dienstaufsicht untersteht er nur, soweit seine Unabhängigkeit nicht beeinträchtigt wird (sachliche Unabhängigkeit, § 26 DRiG). Aufgrund seines Richtereides ist er verpflichtet, das Richteramt getreu dem Grundgesetz u. getreu dem Gesetz auszuüben u. nach bestem Wissen u. Gewissen ohne Ansehen der Person zu urteilen (§ 38 DRiG). Liegt ein Grund vor, der geeignet ist, Mißtrauen gegen seine Unparteilichkeit zu rechtfertigen, so kann er wegen Besorgnis der → Befangenheit abgelehnt werden. Für die Beteiligung an allgemeinen u. sozialen Angelegenheiten werden Richterräte gewählt (§§ 49 ff. DRiG); sie entsprechen im wesentlichen den → Personalräten.

Rubrum (von lat. ruber = rot) ist der – früher mit roter Tinte geschriebene – sog. Urteilskopf, d. h. der Bestandteil des → Urteils, der neben der Eingangsformel „Im Namen des Volkes" vor allem die Bezeichnung der Parteien bzw. Beteiligten, ihrer gesetzlichen Vertreter u. der Prozeßbevollmächtigten sowie die Bezeichnung des Gerichts u. die Namen der Richter, die bei der Entscheidung mitgewirkt haben, enthält (vgl. für das Urteil im → Zivilprozeß § 313 I Nr. 1 u. 2 ZPO).

Rückfall ist erneute Straffälligkeit nach bereits erfolgter Bestrafung. Er setzt gem. § 48 StGB im einzelnen voraus: a) zweimalige Verurteilung wegen einer vorsätzlich begangenen Straftat; b) Verbüßung von mindestens 3 Monaten Freiheitsstrafe wegen dieser Taten; c) erneute Begehung einer vorsätzlichen Straftat (es sei denn, daß diese mit weniger als 1 Jahr Freiheitsstrafe bedroht ist); d) schuldhaftes Fehlen eines Besserungswillens trotz der vorangegangenen Verurteilungen. Eine frühere Tat bleibt außer Betracht, wenn zwischen ihr u. der folgenden Tat mehr als 5 Jahre verstrichen sind. Der R. hat eine *Strafschärfung* zur Folge: Mindeststrafe grundsätzlich 6 Monate Freiheitsstrafe.

Rückgriff (Regreß). Wer eine Leistung erbracht hat, kann in bestimmten Fällen Ersatz von einem Dritten verlangen, der zu der Leistung vorrangig verpflichtet war oder durch die Leistung begünstigt worden ist. Ein solches Rückgriffsrecht entsteht zumeist durch gesetzlichen Forderungsübergang. So kann z. B. der in Vorlage getretene → Willenserklärung → Gesamtschuldner bei den übrigen Gesamtschuldnern, der → Bürge beim Hauptschuldner, das Amt für Ausbildungsförderung bei den → unterhaltspflichtigen Eltern Rückgriff nehmen. Bei → Amtshaftung kommt ein R. des Entschädigung leistenden Staates gegen den Beamten, der eine Amtspflichtverletzung begangen hat, in Betracht.

Rücktritt vom Versuch → Versuch.

Rücktritt vom Vertrag (§§ 346 ff. BGB) ist eine einseitige empfangsbedürftige → Willenserklärung, durch die ein schuldrechtliches → Vertragsverhältnis in ein Rückgewährschuldverhältnis umgewandelt wird. Das Rücktrittsrecht, ein → Gestaltungsrecht, kann vertraglich vorbehalten sein oder auf Gesetz beruhen. Die §§ 346 ff. BGB regeln unmittelbar nur Voraussetzungen u. Folgen des vertraglich vorbehaltenen R., sie sind aber auf den R. kraft gesetzlicher Bestimmung (z. B. bei der Wandelung eines → Kaufes) entsprechend anzuwenden. – Wird der R. erklärt, so sind die Vertragsparteien verpflichtet, einander die empfangenen Leistungen Zug um Zug zurückzugewähren (§§ 346, 348 BGB). Falls die herauszugebende Sache schuldhaft beschädigt oder zerstört worden oder sonst untergegangen ist, haftet der Verpflichtete bereits vom Zeitpunkt des Leistungsempfangs an wie ein unberechtigter Besitzer, gegen den der Eigentümer die Herausgebeklage erhoben hat (§§ 347, 989, 987, 994 II, 995, 998): Er muß Schadensersatz leisten, hat die gezogenen Nutzungen herauszugeben u. kann nur Ersatz der notwendigen Verwendungen verlangen. Diese rückwirkende Haftung ist beim vertraglichen R. gerechtfertigt, da die Parteien mit der Ausübung des Rücktrittsrechts rechnen mußten. Beim gesetzlichen R. setzt die strenge Haftung jedoch nicht schon mit dem Leistungsempfang, sondern erst mit der Kenntnis der Rücktrittsvoraussetzungen ein. – Der Rücktrittsberechtigte ist an der Ausübung des Rücktrittsrechts nicht deshalb gehindert, weil die von ihm herauszugebende Sache durch Zufall untergegangen ist (§ 350 BGB); der R. ist jedoch ausgeschlossen, wenn er eine wesentliche Verschlechterung, den Untergang oder die anderweitige Unmöglichkeit der Herausgabe des empfangenen Gegenstands verschuldet oder wenn er die Sache durch Verarbeitung oder Umbildung in eine Sache anderer Art umgestaltet hat (§§ 351, 352 BGB).

Rückversicherung ist eine Versicherung, durch die sich der Versicherer gegen das Risiko der Inanspruchnahme durch die Versicherungsnehmer versichert (vgl. Versicherungsvertrag). Da auf sie nach § 186 VVG die Vorschriften des Versicherungsvertragsgesetzes keine Anwendung finden, ist die R. gesetzlich nicht geregelt.

Rückwirkung. Aus dem → Rechtsstaatsgebot u. den darin wurzelnden Grundsätzen der Rechtssicherheit u. des Vertrauensschutzes folgt das Prinzip, daß staatliches Handeln vorhersehbar u. berechenbar sein muß. Deshalb dürfen *belastende Gesetze* – u. darauf beruhende Verwaltungsakte – i.d.R. nicht auf einen vor Gesetzesverkündung liegenden Zeitpunkt zurückwirken. Dabei ist zu unterscheiden zwischen *echter R.,* die nachträglich ändernd in abgewickelte, der Vergangenheit angehörende Tatbestände eingreift (z.B. Erhöhung des Steuertarifs für einen zurückliegenden Veranlagungszeitraum) u. *unechter R.,* die auf gegenwärtige, noch nicht abgeschlossene Sachverhalte u. Rechtsbeziehungen für die Zukunft einwirkt (z.B. Beseitigung des Rechts auf Weiterversicherung in der gesetzlichen Rentenversicherung). Gesetze mit echter R. sind grundsätzlich nichtig. Demgegenüber kommt es in Fällen unechter R. auf eine Abwägung zwischen dem Wohl der Allgemeinheit u. dem Vertrauen des einzelnen auf den Fortbestand der Rechtslage an; nur wenn die Abwägung ergibt, daß der Vertrauensschutz Vorrang verdient, ist die R. unzulässig. Für *Strafgesetze* besteht dagegen nach Art. 103 II GG ein absolutes R.verbot (→ nulla poena sine lege). – Zur Zulässigkeit der Rückwirkung bei Rücknahme u. Widerruf von begünstigenden Verwaltungsakten → Verwaltungsakt. – Im *Privatrecht* bedeutet R., daß eine → Willenserklärung die Wirksamkeit oder Nichtigkeit eines Rechtsgeschäfts nachträglich zum Zeitpunkt seines Abschlusses eintreten läßt (z.B. Genehmigung schwebend unwirksamer Verträge [→ Unwirksamkeit] oder → Anfechtung einer Willenserklärung).

Ruhestörender Lärm war früher als Übertretung nach § 360 I Nr. 11 StGB a.F. strafbar. Die Strafvorschrift ist durch § 117 OWiG ersetzt worden, der die → Ordnungswidrigkeit des unzulässigen Lärms mit einer Geldbuße bis zu 10 000 DM ahndet. Die Unzulässigkeit ergibt sich aus zahlreichen Lärmschutzverordnungen, die die Höchstgrenzen der erlaubten Geräuschintensität in Dezibel-Einheiten festsetzen. Doch darf auch ein danach zulässiger Lärm das notwendige und zumutbare Maß nicht überschreiten (wie z.B. im Fall nächtlichen Grölens, durch das die Nachbarschaft belästigt wird).

Rundfunkrecht → Meinungsfreiheit.

S

Sachbeschädigung (§ 303 StBG) begeht, wer vorsätzlich eine fremde Sache beschädigt oder zerstört (Freiheitsstrafe bis zu 2 Jahren oder Geldstrafe). Die Tat, deren → Versuch strafbar ist, wird nur auf → Strafantrag verfolgt. Beschädigung ist die nicht nur vorübergehende Beeinträchtigung der Verwendbarkeit der Sache (z. B. Beschmieren einer Hauswand); Zerstörung macht die Sache völlig unbrauchbar. – Mit höheren Strafen sind die *gemeinschädliche S.* an Kunstgegenständen u. ä. (§ 304 StGB) und die Zerstörung von Bauwerken (§ 305 StGB) belegt; diese Taten werden von Amts wegen verfolgt.

Sachen i. S. des BGB (§§ 90 ff.) sind körperliche (auch flüssige oder gasförmige), räumlich abgrenzbare Gegenstände (Gegensatz: Rechte als unkörperliche Gegenstände). Das BGB bedient sich folgender Begriffe: *bewegliche S.* (im Gegensatz zu den Grundstücken als unbeweglichen S.); *vertretbare S.*, die im Rechtsverkehr nach Zahl, Maß oder Gewicht bestimmt zu werden pflegen (z. B. Geld, Wertpapiere, Benzin, serienmäßig hergestellte Güter, nicht aber ein Grundstück oder ein Kunstwerk); bestimmte Schuldverhältnisse können nur die Leistung vertretbarer S. zum Gegenstand haben (z. B. Darlehen); *verbrauchbare S.*, deren bestimmungsmäßiger Gebrauch im Verbrauch oder in der Veräußerung besteht (z. B. Geld, Lebensmittel, nicht Grundstücke). – *Bestandteile* einer S. sind Teile einer einheitlichen S. Wird durch die Trennung des Bestandteils der abgetrennte oder verbleibende Teil zerstört oder im Wesen verändert, handelt es sich um einen *wesentlichen Bestandteil* (bei einem Grundstück stets die mit Grund u. Boden fest verbundenen S., z. B. Gebäude, sowie die Erzeugnisse des Grundstücks, solange sie mit dem Boden zusammenhängen). Wesentliche Bestandteile können nicht Gegenstand besonderer Rechte sein; sie teilen das rechtliche Schicksal der Hauptsache (Veräußerung eines Hauses deshalb nur durch Übereignung des Grundstücks möglich). Nichtwesentliche Bestandteile (z. B. Motor des Kraftfahrzeugs) folgen demgegenüber zwar grundsätzlich, aber nicht notwendig dem rechtlichen Schicksal der Hauptsache; sie können daher bei entsprechendem Parteiwillen getrennt übereignet werden. – *Zubehör* einer S. sind selbständige bewegliche S., die dem wirtschaftlichen Zweck der

Hauptsache dauernd zu dienen bestimmt sind u. zu ihr in einem entsprechenden räumlichen Verhältnis stehen (z. B. Maschinen einer Fabrik). Zubehörsachen können ein von der Hauptsache unabhängiges Rechtsschicksal haben. Vielfach sind sie jedoch an die rechtliche Zuordnung der Hauptsache gebunden. So erstrekken sich die Verpflichtung zur Veräußerung oder Belastung einer S. und die Übereignung eines Grundstücks im Zweifel auch auf das Zubehör (§§ 314, 926 BGB).

Sachenrecht. Das S. des BGB (3. Buch, §§ 854–1296) regelt die rechtlichen Beziehungen zwischen Personen und → Sachen. Gegenstand des S. sind neben dem → Besitz als rein tatsächlicher Sachgewalt die unmittelbaren Rechte an einer Sache. Diese *„dinglichen" Rechte* wirken als → absolute Rechte – im Gegensatz zu den nur gegenüber bestimmten Personen bestehenden schuldrechtlichen Ansprüchen – gegen jedermann. Wichtigstes dingliches Recht ist das → Eigentum, in dem sich die umfassende Herrschaft über eine Sache äußert, während die beschränkten dinglichen Rechte (z. B. → Nießbrauch, → Pfandrecht) nur eine Teilherrschaft ermöglichen. Art u. Zahl der dinglichen Rechte sind durch Gesetz abschließend geregelt: an einer beweglichen Sache Eigentum, Nießbrauch u. Pfandrecht; an einem Grundstück Eigentum, → Erbbaurecht, → Dienstbarkeiten, → Reallast, → Hypothek, → Grundschuld, → Rentenschuld u. dingliches → Vorkaufsrecht.

Sachsenspiegel → Rechtsgeschichte.

Satzung ist im *Privatrecht* die durch → Rechtsgeschäft begründete Verfassung eines gesellschaftsrechtlichen Zusammenschlusses, so z. B. die Satzung des → Vereins oder der → Aktiengesellschaft. Im *öfftl. Recht* sind Satzungen → Rechtsnormen, die von einer dem Staat eingeordneten juristischen Person des öfftl. Rechts (z. B. Gemeinde, Hochschule, Sozialversicherungsträger, Rundfunkanstalt) im Rahmen der ihr gesetzlich verliehenen → Autonomie mit Wirksamkeit für die ihr angehörigen u. unterworfenen Personen erlassen werden. Satzungen sind als abstrakte u. (zumeist) generelle Regelungen Gesetze im materiellen Sinn (→ Gesetz). Von → Rechtsverordnungen unterscheiden sich dadurch, daß sie auf einer vom Staat eingeräumten eigenen, nicht auf delegierter staatlicher Rechtsetzungsmacht beruhen. Die Ermächtigung zum Erlaß von Satzungen unterliegt daher nicht den für den Erlaß von Rechtsverordnungen durch Art. 80 I GG gezogenen Schranken. Satzungen dürfen die Kompetenzen der Selbstverwaltungseinheit u. damit die Grenzen der Autonomie nicht überschreiten. Für satzungsrechtliche Regelungen, die in die Grundrechtssphäre des Bürgers eingreifen, reicht die Einräumung der Satzungsautonomie nicht aus. Sie bedürfen vielmehr einer besonderen gesetzlichen Ermächtigung; dabei muß der Gesetzgeber die wesentlichen Entscheidungen hinsichtlich der Verwirklichung u. Begrenzung von Grundrechten selbst treffen (→ Gesetzesvorbehalt).

Schadensersatz. Wer im Rahmen eines → Schuldverhältnisses seine Pflichten verletzt (→ Unmöglichkeit der Leistung, → Verzug, → positive Vertragsverletzung, → Verschulden beim Vertragsschluß), muß den daraus entstehenden Schaden ersetzen. Gleiches gilt bei einer → unerlaubten Handlung. Grundsätzlich setzt die Verpflichtung zum S. ein → Verschulden voraus. Doch gibt es zahlreiche Fälle, in denen die Verantwortlichkeit für einen Schaden auch verschuldensunabhängig, aufgrund einer Erfolgs- oder Gefährdungshaftung, eintritt.
1. Ein Schaden ist Vermögensschaden oder Nichtvermögensschaden (ideeller Schaden). Unter *ideellem Schaden* versteht man die Einbuße an immateriellen Gütern (Gesundheit, Freiheit, Ehre usw.). *Vermögensschaden* ist jede in Geld berechenbare Beeinträchtigung des Vermögens. Er kann in einer Güterminderung oder/und in *entgangenem Gewinn* bestehen. Letzterer umfaßt, sofern er nicht konkret ermittelt werden kann, die Vorteile, welche nach dem gewöhnlichen Lauf der Dinge oder nach den besonderen Umständen mit Wahrscheinlichkeit erwartet werden konnten (§ 252 BGB). Die Rspr. geht von einem weiten Schadensbegriff aus. Hierzu rechnet zwar nicht die Beeinträchtigung eines auf Erinnerungs- oder Gefühlswerten beruhenden *Liebhaberinteresses;* doch fallen darunter sämtliche Einbußen an Gütern u. Werten, die *kommerzialisiert* sind. Nach dieser Rspr. ist der entfallene oder beeinträchtigte *Urlaub* ebenso Vermögensschaden wie der Verlust von Gebrauchsvorteilen. Der unfallgeschädigte Autohalter kann daher während der Reparaturzeit die *Mietkosten* für die notwendige Inanspruchnahme eines gleichwertigen Ersatzwagens – abzüglich ersparter eigener Aufwendungen in Höhe von 15% bis 20% des Mietzinses – als Schaden geltend machen. Er ist sogar berechtigt, auch ohne Anmietung eines Ersatzfahrzeugs *Nutzungsentschädigung* in Höhe von etwa ⅓ des sonst zu zahlenden Mietzinses zu verlangen. Führt die schädigende Handlung zur Erwerbsunfähigkeit des Betroffenen, so ist der (Verdienstausfall-) Schaden auch dann zu ersetzen, wenn dem Arbeitnehmer ein Anspruch auf Lohnfortzahlung zusteht; die Gehaltsfortzahlung soll ja nicht den Schädiger entlasten, sondern dem Geschädigten zugute kommen. (Der Ersatzanspruch des verletzten Arbeitnehmers geht allerdings kraft Gesetzes oder aufgrund Abtretung auf den Arbeitgeber über.)
2. Ein Schadensersatzanspruch setzt voraus, daß das schädigende Ereignis den Schaden verursacht hat. Zwischen beiden muß also ein Kausalzusammenhang (→ Kausalität) bestehen. Nach dem logischen Kausalbegriff ist Ursache jede Bedingung,

die nicht hinweggedacht werden kann, ohne daß der Erfolg entfiele. Diese *Bedingungs- oder Äquivalenztheorie,* der zufolge alle Bedingungen gleichwertig sind, gilt im Strafrecht. Sie ist dort erträglich, da die strafrechtliche Verantwortlichkeit stets →Schuld erfordert. Für das Privatrecht hingegen, in dem vielfach verschuldensunabhängig gehaftet wird, eignet sie sich deshalb nicht, weil sie zu einer unvertretbaren Ausweitung der Schadensersatzpflicht führen würde. Dort kommt vielmehr die *Adäquanztheorie* zur Anwendung, die nur solche Ursachen erfaßt, die in einer „adäquaten" (angemessenen) Beziehung zum Schaden stehen. Es scheiden daher sämtliche Bedingungen aus dem Kausalzusammenhang aus, bei denen die Möglichkeit des Schadenseintritts außerhalb aller Wahrscheinlichkeit liegt. Demnach ist z. B. eine geringfügige Ehrverletzung, die eine Hirnblutung auslöst, im Sinne der Adäquanztheorie ebensowenig ursächlich wie wenn der Unfallverletzte durch einen bei Gelegenheit der Unfalloperation vorgenommenen, durch diese aber nicht veranlaßten zusätzlichen ärztlichen Eingriff geschädigt wird. Dagegen ist z. B. ein Unfall, der zur Folge hat, daß der Verletzte ins Krankenhaus eingeliefert wird u. an einer dort erlittenen Infektion stirbt, für den Tod adäquat kausal. Wird ein Schaden durch das Zusammenwirken mehrerer Personen verursacht, so ist grundsätzlich jede Handlung als kausal anzusehen. Eine Körperverletzung ist daher auch für denjenigen Schaden ursächlich, der während der ärztlichen Behandlung durch einen Kunstfehler des Arztes entsteht, nicht jedoch, wenn der behandelnde Arzt jegliche ärztliche Erfahrung außer acht läßt. Umstritten ist die Frage, ob Kausalität im Rechtssinne vorliegt, wenn der Schaden auch ohne das schädigende Ereignis infolge anderer Umstände eingetreten wäre. Beispiel: Diebstahl einer wertvollen Briefmarkensammlung aus einem Haus, das kurz darauf völlig niederbrennt. Die Rspr. lehnt die Berücksichtigung solcher *hypothetischen Schadensursachen* ab. Ist aber bei der geschädigten Person oder Sache bereits eine „Schadensanlage" vorhanden (so z. B. bei Verletzung eines Menschen, der wegen schwerer Krankheit in Kürze ohnehin erwerbsunfähig geworden wäre), dann umfaßt der zu ersetzende Schaden nur die durch den früheren Schadenseintritt bedingten Nachteile.
3. Ersatzberechtigt ist der *unmittelbar Geschädigte,* also beim Vertrag der Vertragspartner, bei einer unerlaubten Handlung der, dessen Rechte oder Rechtsgüter beeinträchtigt worden sind. Der mittelbar Geschädigte geht leer aus. Daher steht z. B. dem Theater, das wegen Unfalls des Hauptdarstellers die Vorstellung absagen muß, kein Ersatzanspruch wegen Einnahmeausfalls gegen den Unfallverursacher zu. Ausnahmen gelten bei einem Vertrag zugunsten Dritter oder bei einem Vertrag mit Schutzwirkung zugunsten Dritter (→Vertrag), ferner in bestimmten Fällen der unerlaubten Handlung (§§ 844 II, 845 BGB). Wiederum anders zu be-

urteilen sind die Situationen, in denen der unmittelbar Geschädigte u. der an sich Ersatzberechtigte nicht identisch sind. Nimmt z. B. ein Vertragspartner in eigenem Namen die Interessen eines Dritten wahr (z. B. der → Treuhänder), so tritt der durch eine Vertragsverletzung bewirkte Schaden nicht bei ihm, sondern bei dem Dritten ein. Aus dieser Konstellation soll der Schädiger keinen Vorteil ziehen. Deshalb räumt die Rspr. dem Vertragspartner die Befugnis ein, den Drittschaden geltend zu machen (sog. *Schadensliquidation im Drittinteresse, Drittschadensliquidation*).

4. Wer S. geltend macht, hat den Schaden, das schädigende Ereignis, den Kausalzusammenhang zwischen beidem u. ggf. das Verschulden des Schädigers zu *beweisen*. Bei typischen Geschehensabläufen kommt ihm freilich eine Beweiserleichterung in Form des *Anscheinsbeweises* (→ Beweis) zugute.

5. Grundsätzlich muß der Ersatzverpflichtete den Schaden dadurch ausgleichen, daß er den Zustand herstellt, der bestünde, wenn das schädigende Ereignis nicht eingetreten wäre (§ 249 S. 1 BGB, *Naturalrestitution*). S. in Geld kann erst nach vergeblicher Fristsetzung gefordert werden (§ 250 BGB). In der Praxis herrscht jedoch *Geldentschädigung* vor. Bei Verletzung einer Person oder Beschädigung einer Sache, ferner bei Unmöglichkeit oder Ungenügen der Naturalrestitution besteht Anspruch auf einen Geldbetrag (§§ 249 S. 2, 251 I BGB). Ist die Naturalrestitution nur mit unverhältnismäßigen Aufwendungen möglich, kann auch der Schuldner von sich aus auf Geldentschädigung ausweichen (§ 251 II BGB). Die Höhe des Geldanspruchs richtet sich nach den Kosten der Wiederbeschaffung einer gleichwertigen Ersatzsache, also bei Totalschaden eines PKW nach dem Preis eines entsprechenden Gebrauchtwagens. Wird eine beschädigte Sache durch eine neue Sache ersetzt, kann der Ersatzpflichtige in Höhe der Differenz zwischen Gebrauchs- u. Neuwert einen Abzug *„neu für alt"* geltend machen. Bei Reparatur einer beschädigten Sache ist auch der *merkantile Minderwert* – die der Sache trotz ordnungsgemäßer Reparatur anhaftende Minderung ihres Verkaufswertes – auszugleichen.

Wegen eines *ideellen Schadens* kann grundsätzlich nur Naturalrestitution (also z. B. Widerruf einer ehrkränkenden Behauptung) verlangt werden. Nur in Ausnahmefällen kommt eine Geldentschädigung in Betracht (§ 253 BGB, → Persönlichkeitsrecht, → Schmerzensgeld).

6. Hat bei der Entstehung des Schadens ein Verschulden des Geschädigten mitgewirkt, so muß er sich dieses *Mitverschulden* zurechnen lassen. Dadurch reduziert sich der Umfang des S., u. U. kann die Schadensersatzpflicht völlig entfallen (§ 254 BGB). Ein Mitverschulden liegt insbesondere vor, wenn der Geschädigte Maßnahmen unterlassen hat, die er in zumutbarer Weise zur Abwendung oder Minderung des Schadens hätte ergreifen können,

oder wenn er es versäumt hat, den Schuldner auf die Gefahr eines ungewöhnlich hohen Schadens aufmerksam zu machen.

7. Wer aus einem Vertrag wegen Nicht- oder Schlechterfüllung auf S. haftet, hat den Gläubiger so zu stellen, wie dieser stünde, wenn der Schuldner ordnungsgemäß erfüllt hätte. Es ist also das *Erfüllungsinteresse* (sog. *positives Interesse*) zu ersetzen (S. wegen Nichterfüllung). Muß der Schuldner hingegen S. wegen Nichtzustandekommens eines Rechtsgeschäfts leisten (z. B. bei → Anfechtung einer Willenserklärung, wegen → Verschuldens beim Vertragsschluß), so ist er verpflichtet, den Geschädigten so zu stellen, wie er stünde, wenn er nicht auf die Gültigkeit des Rechtsgeschäfts vertraut hätte (*Vertrauensschaden, sog. negatives Interesse*).

Schatzfund (§ 984 BGB). Schatz ist eine Sache, die so lange verborgen gelegen hat, daß der Eigentümer nicht mehr zu ermitteln ist. Derjenige, der den Schatz entdeckt u. infolge der Entdeckung in Besitz nimmt, u. der Eigentümer der Sache, in der der Schatz verborgen war, erwerben je zur Hälfte → Miteigentum.

Scheck ist ein Wertpapier (→ Wertpapierrecht), das den Inhaber berechtigt, die verbriefte Forderung geltend zu machen. Er enthält die Anweisung des Ausstellers an die bezogene Bank, dem Schecknehmer – das kann auch der Aussteller selbst sein – eine bestimmte Geldsumme zu zahlen. Zu seiner Rechtsgültigkeit muß der S. die in Art. 1 Scheckgesetz vorgeschriebenen Bestandteile aufweisen. Der S. kann, anders als der → Wechsel, von der bezogenen Bank nicht angenommen werden (Art. 4 ScheckG); daher ist sie dem Schecknehmer gegenüber nicht zur Einlösung verpflichtet (anders aber, wenn der S. unter Verwendung einer → Scheckkarte begeben wurde). Wie der Wechsel wird auch der S. grundsätzlich nur erfüllungshalber, nicht an Erfüllungs Statt (→ Schuldverhältnis) hingegeben. Die zugrunde liegende Forderung (z. B. aus einem Kaufvertrag) erlischt also erst dann, wenn er tatsächlich eingelöst wird. An sich ist der S. Orderpapier (→ Wertpapierrecht). Da die in der Bundesrepublik verwendeten Scheckvordrucke jedoch die Klausel „Zahlen Sie an … *oder Überbringer*" aufweisen, hat er die Eigenschaft eines Inhaberpapiers u. wird daher wie eine bewegliche Sache durch Einigung u. Übergabe übertragen, ohne daß es eines Übertragungsvermerks in Form des Indossaments bedürfte. Dem Erwerber stehen damit zugleich alle Rechte aus dem S. zu. Der S. ist „bei Sicht" zahlbar; der Inhaber kann daher jederzeit, also auch bei einem vordatierten S., Zahlung gegen Aushändigung des quittierten Wertpapiers verlangen (Art. 28, 34 ScheckG). Daran zeigt sich, daß der S. im Gegensatz zum Wechsel kein Kreditmittel ist, sondern ausschließlich dem bargeldlosen Zahlungsverkehr dient. Um seinen Mißbrauch als Kreditmittel zu verhindern, schreibt das ScheckG vor, daß ein im Inland ausgestellter u. zahlbarer S. binnen 8 Tagen seit Ausstellung vorgelegt werden muß (Art. 29 I). Wird ein rechtzeitig vorgelegter S. nicht eingelöst (z. B. mangels ausreichenden Kontoguthabens), kann der Inhaber gegen den Aussteller Rückgriff nehmen. Das setzt entweder, wie beim Wechsel, einen Protest oder einen von der bezogenen Bank auf dem Wertpapier angebrachten Vorlegungsvermerk, durch den die Nichteinlösung bestätigt wird, voraus (Art. 40, 45 ScheckG). Der Scheckinhaber kann die Rückgriffsforderung im *Scheckprozeß,* der dem Wechselprozeß entspricht, beschleunigt durchsetzen (§§ 592 ff., 605a ZPO).

Scheckkarte → Garantievertrag.

Scheingeschäft → Willenserklärung.

Schenkung (§§ 516 ff. BGB) ist eine Zuwendung, durch die jemand aus seinem Vermögen einen anderen unentgeltlich bereichert, wobei sich Schenker u. Beschenkter über die Unentgeltlichkeit einig sind. Die Art der Zuwendung ist unerheblich (z. B. Geld, Sachen, Rechte, tatsächliche Handlungen), sofern nur der Vermögensminderung auf seiten des Schenkers eine Vermögensvermehrung auf seiten des Beschenkten entspricht. So besteht bei einer unentgeltlichen Dienstleistung (z. B. kostenloser Nachhilfeunterricht) die Zuwendung im Verzicht auf die hierfür üblicherweise zu beanspruchende Vergütung. – Die S. selbst (sog. *Handschenkung)* ist formlos gultig. Dagegen bedarf das *Schenkungsversprechen* – der einseitig verpflichtende → Vertrag, durch den jemand eine S. verspricht – der → notariellen Beurkundung; doch wird der Formmangel durch Vollziehung geheilt (§ 518 BGB). Ein Schenkungsversprechen, welches unter der Bedingung erteilt wird, daß der Beschenkte den Schenker überlebt *(S. von Todes wegen),* muß in der Form des → Erbvertrags erklärt werden (§ 2301 BGB); auf diese Weise soll eine Umgehung der erbrechtlichen Formvorschriften verhindert werden. Bei einer *gemischten S.* (z. B. Kauf zum Freundschaftspreis) ist das Rechtsgeschäft in 2 Bestandteile – den entgeltlichen u. den unentgeltlichen – zu zerlegen; auf jeden Teil sind die für ihn maßgeblichen Vorschriften anzuwenden.

Der Schenker haftet bei Leistungsstörungen (→ Unmöglichkeit, → Verzug, → positive Vertragsverletzung) nur für Vorsatz u. grobe Fahrlässigkeit. Zur → Gewährleistung von Rechts- und Sachmängeln ist er nur verpflichtet, falls er den Mangel arglistig verschwiegen hat (§§ 521 ff. BGB). Die Stellung des Beschenkten ist auch im übrigen schwächer als die des Leistungsempfängers bei entgeltlichen Verträgen. So braucht der Schenker nicht auf Kosten seines angemessenen Unterhalts u. seiner Unterhaltsverpflichtungen zu schenken: Er kann in diesen Fällen die versprochene Leistung verweigern u. ggf. sogar ein Geschenk zurückfordern (§§ 519, 528 BGB). Eine S. ist widerruflich, wenn sich der Beschenkte durch eine schwere Verfehlung gegen den Schenker oder dessen nahe Angehörige des groben Undanks schuldig gemacht hat (§ 530 BGB). Rückforderung u. Widerruf sind jedoch ausgeschlossen, wenn die S. einer sittlichen oder Anstandspflicht entsprach (§ 534 BGB). Verbindet der Schenker mit der S. eine Auflage (z. B. Grabpflege für einen Verwandten), kann er, falls er seinerseits geleistet hat, die Vollziehung der Auflage verlangen (§§ 525 ff. BGB).

Schiedsgerichtsbarkeit (international) → Völkerrecht.

Schiedsrichterliches Verfahren (§§ 1025 ff. ZPO). Durch Schiedsvertrag kann vereinbart werden, daß eine privatrechtliche Rechtsstreitigkeit nicht durch das staatliche (→ ordentliche) Gericht, sondern durch ein privates Schiedsgericht entschieden werden soll. Der Schiedsvertrag – unzulässig in Wohnungsmietangelegenheiten – ist insoweit wirksam, als die Parteien über den Streitgegenstand einen → Vergleich abschließen können. Wird trotz Vorliegens eines Schiedsvertrages vor dem staatlichen Gericht Klage erhoben, so steht dem Beklagten eine prozeßhindernde → Einrede zu. Der Schiedsspruch des Schiedsgerichts, das sein Verfahren grundsätzlich nach freiem Ermessen bestimmt, hat unter den Parteien die Wirkung eines rechtskräftigen → Urteils; er wird vom ordentlichen Gericht auf Antrag für vollstreckbar erklärt. Das s. V. ist vor allem im Wirtschafts- und Verbandsleben von Bedeutung.

Schiffe sind Fahrzeuge, die zur Fortbewegung auf oder unter dem Wasser u. zur Beförderung von Personen oder Sachen bestimmt sind. Kleinere Ruder- u. Segelboote, Flöße u. ä. fallen nach der Verkehrsanschauung nicht unter diesen Begriff. Für die meisten Seeschiffe u. für die größeren Binnenschiffe werden nach der Schiffsregisterordnung beim Amtsgericht des Heimathafens Schiffsregister geführt. Das Register begründet wie das → Grundbuch die Vermutung für seine Richtigkeit und Vollständigkeit. Eingetragene Seeschiffe werden durch bloße Einigung, eingetragene Binnenschiffe durch Einigung u. Eintragung ins Register übereignet. Die Bestellung einer der → Hypothek bei Grundstücken vergleichbaren Schiffshypothek bedarf der Eintragung ins Register. Nicht eingetragene Schiffe werden dagegen rechtlich wie bewegliche Sachen behandelt. Zur Übereignung ist daher Einigung und Übergabe erforderlich. Bei einem nicht eingetragenen Seeschiff ist die Übergabe – wegen der ihr vielfach entgegenstehenden praktischen Schwierigkeiten – entbehrlich, wenn Veräußerer u. Erwerber darüber einig sind, daß das Eigentum sofort übergehen soll (§ 929a BGB).

Schikaneverbot → Rechtsmißbrauch.

Schlägerei → Körperverletzung.

Schlichtung → Tarifvertrag.

Schlüsselgewalt → Eherecht.

Schmerzensgeld (§ 847 BGB). Bei einer durch → unerlaubte Handlung herbeigeführten Körperverletzung, Gesundheitsbeschädigung oder Freiheitsentziehung hat der Betroffene nicht nur Anspruch auf Ersatz des Vermögensschadens (z. B. Arzthonorar, Verdienstausfall); er kann auch wegen des immateriellen Schadens – Schmerzen, entgangene Lebensfreude – eine billige Entschädigung in Geld verlangen. Das S. dient darüber hinaus der Genugtuung des Geschädigten. Nach der Rspr. des BGH ist S. auch bei schwerer Verletzung des → Persönlichkeitsrechts in analoger Anwendung des § 847 BGB (wegen „Freiheitsberaubung im Geistigen") zu gewähren. Der Anspruch auf S. ist nicht übertragbar und nicht vererblich, sofern er nicht durch Vertrag anerkannt oder → rechtshängig geworden ist. Das S. kann der Höhe nach durch das Gericht festgesetzt, es braucht daher in der Klageschrift (→ Klage) nicht beziffert zu werden.

Schmutz und Schund ist die umgangssprachliche Bezeichnung für jugendgefährdende Schriften, deren Verbreitung nach dem Gesetz über die Verbreitung jugendgefährdender Schriften verboten ist. → Jugendschutz.

Schöffengericht → Strafprozeß.

Schönheitsreparaturen → Miete.

Schreibtischtäter ist, wer als Inhaber bürokratischer Macht sich der ihm Untergebenen zur Begehung von Straftaten bedient (→ mittelbarer Täter) oder Untergebene zur Begehung von Straftaten → anstiftet. Als S. oder Schreibtischmörder bezeichnet man insbesondere die Organisatoren u. Hintermänner der KZ-Massenvernichtung im Dritten Reich.

Schriftform (§§ 126, 127 BGB) bedeutet, daß die Erklärung schriftlich abgefaßt u. vom Erklärenden eigenhändig durch Namensunterschrift (üblicherweise Familienname) oder mittels beglaubigten Handzeichens unterzeichnet wird. Die Unterschrift muß die Urkunde räumlich abschließen. Bei einem Vertrag muß die Unterzeichnung auf derselben Urkunde erfolgen; doch genügt bei mehreren gleichlautenden Vertragsausfertigungen, daß jede Partei die für die andere Partei bestimmte Urkunde unterzeichnet. Nicht erforderlich ist, daß die Unterschrift erst nach Fertigstellung des Textes geleistet wird. Die S. wird aber auch durch eine Blankounterschrift gewahrt; stimmt die nachträglich formulierte Erklärung mit dem Willen des Unterzeichners nicht überein, kann er sie ggf. wegen Irrtums oder arglistiger Täuschung anfechten. Eigenhändigkeit der Unterzeichnung ist bei mechanisch vervielfältigter oder durch Telegramm/Telex übermittelter Unterschrift nicht gegeben (Ausnahme: Schuldverschreibung auf den Inhaber, bei der die S. auch durch faksimilierte Unterschrift gewahrt wird, § 793 II BGB). Die Unterschrift muß nicht vom Aussteller persönlich stammen. Auch der Vertreter darf unterzeichnen, u. zwar sowohl mit dem Namen des Vollmachtgebers als auch mit eigenem Namen unter Hinweis auf das Vertretungsverhältnis. – S. ist gesetzlich vorgeschrieben (→ Formvorschriften) u. a. für Grundstücks- u. Wohnraummietverträge auf länger als 1 Jahr, Bürgschaftserklärung, Schuldversprechen u. Schuldanerkenntnis, Abzahlungsgeschäft, Fernunterrichtsvertrag. – Außer der gesetzlichen kommt eine gewillkürte S. in Betracht. In diesen Fällen genügt, soweit kein anderer Wille anzunehmen ist, Übermittlung durch Telegramm oder Telex u. bei einem Vertrag Briefwechsel.

Schuld. 1. Im *Strafrecht* bedeutet S. die Vorwerfbarkeit des mit Strafe bedrohten Handelns. Sie setzt voraus, daß der Täter einen strafrechtlichen Tatbestand (z. B. Totschlag) in rechtswidriger Weise (→ Rechtswidrigkeit) erfüllt hat. Schuldhaftes Handeln kann vorsätzlich oder fahrlässig sein. *Vorsatz* heißt Wissen und Wollen der Tatbestandsverwirklichung. Doch ist unmittelbarer Vorsatz *(dolus directus)* nicht erforderlich; es genügt, daß der Täter die Tatbestandsverwirklichung nur für möglich hält, sofern er sie billigend in Kauf nimmt (bedingter Vorsatz, *dolus eventualis).* Vom Vorsatz ist die auf einen bestimmten Erfolg gerichtete *Absicht* zu unterscheiden (z. B. die Bereicherungsabsicht beim Betrug). Anders als die Vorsatztheorie des Schuldrechts (→ Verschulden) erachtet die im Strafrecht geltende *Schuldtheorie* das Bewußtsein der Rechtswidrigkeit nicht als Bestandteil des Vorsatzes, sondern als ein davon zu trennendes selbständiges Schuldelement. Diese Unterscheidung ist für die Fälle des Verbotsirrtums bedeutsam (s. u.). *Fahrlässig* handelt, wer einen Tatbestand rechtswidrig und vorwerfbar verwirklicht, ohne die Verwirklichung zu erkennen oder zu wollen. *Unbewußte Fahrlässigkeit* liegt vor, wenn der Täter die Sorgfalt, zu der er nach den Umständen u. nach seinen persönlichen Fähigkeiten u. Kenntnissen imstande u. verpflichtet ist, außer acht läßt u. infolgedessen den strafrechtlichen Erfolg nicht voraussieht; es wird also – anders als nach dem privatrechtlichen Verschuldensbegriff – nicht ein objektiver, sondern ein subjektiver Maßstab zugrunde gelegt. Bei der *bewußten Fahrlässigkeit* erkennt der Täter die Möglichkeit des Erfolgs, vertraut aber pflichtwidrig darauf, daß er nicht eintritt. (Die Abgrenzung zum dolus eventualis ist in der Praxis vielfach schwierig.) Vorsätzliches Handeln ist stets, fahrlässiges hingegen nur dann strafbar, wenn das Gesetz es ausdrücklich mit Strafe bedroht. Im übrigen ist die Unterscheidung zwischen Vorsatz u. Fahrlässigkeit wie auch zwischen den verschiedenen Graden der Fahrlässigkeit für die Strafzumessung bedeutsam. – Es gibt mehrere Gründe, die die Schuld u. damit die Strafbarkeit ausschließen *(Schuldausschließungsgründe)*. Allgemein schuldunfähig u. damit strafunmündig ist das Kind (bis zu 14 Jahren), bedingt schuldfähig u. daher bedingt strafmündig sind der Jugendliche und u. U. der Heranwachsende (→ Strafmündigkeit). Schuldunfähig ist ferner, wer bei Begehung der Tat wegen einer krankhaften seelischen Störung, wegen einer tiefgreifenden Bewußtseinsstörung, wegen Schwachsinns oder einer schweren anderen seelischen Abartigkeit unfähig ist, das Unrecht der Tat einzusehen oder nach dieser Einsicht zu handeln (§ 20 StGB); verminderte Schuldfähigkeit liegt vor, wenn aus diesen Gründen die Einsichts- oder Handlungsfähigkeit erheblich vermindert ist (§ 21 StGB). Schuldunfähig ist somit (wegen tiefgreifender Bewußtseinsstörung) auch der Volltrunkene. Doch bleiben *Rauschtaten* deshalb nicht straffrei. Vielmehr wird bestraft, wer sich vorsätzlich oder fahrlässig durch alkoholische Getränke oder andere berauschende Mittel in einen die Schuldfähigkeit ausschließenden Rausch versetzt u. in diesem Zustand eine rechtswidrige Tat begeht; die Strafe darf allerdings nicht schwerer sein, als sie für die im Rausch begangene Tat angedroht ist (§ 330 a StGB).

Schuldausschließungsgrund kann auch der *Irrtum* sein. Der Irrtum über Tatumstände *(Tatbestandsirrtum)* schließt nach § 16 StGB den Vorsatz, nicht jedoch die Fahrlässigkeit aus; wer z. B. vor Gericht eine objektiv falsche Aussage im irrigen Glauben beschwört, sie sei richtig, begeht zwar keinen Meineid, möglicherweise aber fahrlässigen Falscheid. Davon zu unterscheiden ist der *Verbotsirrtum:* Hält der Täter die Straftat irrtümlich für erlaubt (z. B. Täter meint, Homosexualität mit minderjährigem Mann sei nicht mehr strafbar), so ist die Tat nach der strafrechtlichen Schuldtheorie gleichwohl vorsätzlich begangen. Der Täter handelt nur dann ohne Schuld, wenn der Irrtum unvermeidbar war; allerdings kann die Strafe bei einem vermeidbaren Irrtum gemildert werden (§ 17 StGB).

2. Im *Privatrecht* (→Schuldrecht) ist S. die sich aus einem Schuldverhältnis ergebende Verpflichtung (Verbindlichkeit, Obligation) des Schuldners gegenüber dem Gläubiger. →Schuldverhältnis.

Schuldanerkenntnis →Schuldversprechen.

Schuldausschließungsgründe →Schuld.

Schuldner →Schuldverhältnis.

Schuldrecht. Das S. regelt die rechtlichen Beziehungen zwischen verschiedenen Personen. Gegenstand des S. ist demnach das →Schuldverhältnis in Entstehung, Inhalt u. Abwicklung. Die Vorschriften des S. sind im wesentlichen im 2. Buch des BGB (§§ 241–853) enthalten. Dazu gehören neben den allgemeinen Regelungen das vom Grundsatz der Vertragsautonomie beherrschte Vertragsrecht (→Vertrag) mit den unterschiedlichen Vertragstypen wie Kauf, Miete, Darlehen usw. sowie u. a. das Recht der →ungerechtfertigten Bereicherung u. der →unerlaubten Handlung. Das S. des BGB wird durch Vorschriften anderer Gesetze (z. B. des HGB) ergänzt.

Schuldschein (§ 371 BGB) ist eine vom Schuldner ausgestellte Urkunde, die zur Beweissicherung für den Gläubiger das Bestehen der Schuld bestätigt. Das Eigentum am S. steht dem Gläubiger zu (§ 952 I BGB). Bei Tilgung der Schuld kann der Schuldner neben der Quittung die Rückgabe des S., ersatzweise ein öffentlich beglaubigtes negatives Schuldanerkenntnis verlangen.

Schuldübernahme (§§ 414 ff. BGB) ist der Eintritt eines neuen Schuldners anstelle des alten in das →Schuldverhältnis. Der S. entspricht auf Gläubigerseite die →Abtretung einer Forderung. Von der allein im Gesetz geregelten *befreienden* (privativen) S. sind zu unterscheiden die *kumulative* S. (der neue Schuldner tritt neben den alten Schuldner) u. die *Erfüllungsübernahme* (ein Dritter verpflichtet sich gegenüber dem Schuldner, die Leistung an den Gläubiger zu bewirken, ohne daß diesem ein unmittelbarer Anspruch gegen den Dritten erwächst). Die (befreiende) S. ist eine abstrakte →Verfügung über die Forderung u. begründet zugleich eine Verpflichtung des Übernehmers. Sie ist in zweifacher Form möglich: entweder durch Vertrag zwischen dem Gläubiger u. dem neuen Schuldner (Zustimmung des alten Schuldners entbehrlich) oder durch Vertrag zwischen bisherigem u. neuem Schuldner, der zu seiner Wirksamkeit der – rückwirkenden – Zustimmung des Gläubigers bedarf. Rechtsfolge der S.: Der neue Schuldner kann dem Gläubiger grundsätzlich alle Einreden u.

Einwendungen entgegensetzen, die der alte Schuldner geltend machen konnte (Ausnahmen: →Aufrechnungsbefugnis u. sonstige →Gestaltungsrechte).

Schuldverhältnis ist eine rechtliche Beziehung zwischen (zumindest) zwei Personen, aufgrund deren der eine Teil *(Gläubiger)* berechtigt ist, von dem anderen Teil *(Schuldner)* eine bestimmte Leistung gleich welcher Art zu fordern (§ 241 BGB). Das sich aus einem S. ergebende Forderungsrecht des Gläubigers richtet sich nur gegen den (oder die) Schuldner, nicht gegen Dritte; es ist also ein →relatives Recht (im Gegensatz zu den →absoluten Rechten, die gegenüber jedermann wirken). Üblicherweise entsteht ein S. durch →Vertrag (Kauf-, Miet-, Dienstvertrag u. a.), gelegentlich auch durch einseitiges →Rechtsgeschäft (z. B. Auslobung, Anerkennung der nichtehelichen Vaterschaft); es kann aber auch unmittelbar auf Gesetz beruhen (z. B. bei →Geschäftsführung ohne Auftrag, →ungerechtfertigter Bereicherung oder →unerlaubter Handlung). – Die geschuldete Leistung besteht entweder in einem Tun oder in einem Unterlassen. Das S. kann sowohl auf eine einmalige Leistung wie auch auf ein dauerndes Verhalten oder mehrere über einen längeren Zeitraum zu erbringende Einzelleistungen (→Dauerschuldverhältnis) gerichtet sein. – Ein S. erlischt, wenn die Schuld getilgt wird. Das geschieht in erster Linie durch Bewirken der geschuldeten Leistung *(Erfüllung,* § 362 BGB). Erbringt der Schuldner eine andere als die geschuldete Leistung, so kann auch sie das S. erlöschen lassen, sofern der Gläubiger mit dieser Art der Leistung einverstanden ist (*Leistung an Erfüllungs Statt,* § 364 I BGB; z. B. statt des verkauften Fernsehers der Marke A wird ein gleichwertiges Gerät der Marke B geliefert u. vom Käufer als Leistung akzeptiert). Anders, wenn die Ersatzleistung nur dazu dient, dem Gläubiger eine zusätzliche Möglichkeit der Befriedigung (Erfüllung) zu verschaffen (z. B. durch Hingabe eines Wechsels für den geschuldeten Kaufpreis); in diesem Fall bleibt das S. bestehen, bis sich der Gläubiger aus der Ersatzleistung (dem Wechsel) tatsächlich befriedigt hat (*Leistung erfüllungshalber,* vgl. § 364 II BGB). Das S. erlischt im übrigen durch die sog. Erfüllungssurrogate der → *Hinterlegung* (§ 362 BGB), der → *Aufrechnung* (§ 387 BGB) u. des → *Erlaßvertrages* (§ 397 BGB). Es gibt noch eine Vielzahl weiterer Erlöschensgründe, wie z. B. den Aufhebungsvertrag oder die Ersetzung des S. durch ein anderes (sog. Schuldumschaffung oder Novation). Auch durch einseitige Gestaltungsakte (→Kündigung, →Anfechtung, →Rücktritt u. a.) kann ein S. aufgehoben oder in ein Abwicklungsverhältnis umgestaltet werden. – Der Schuldner hat die Leistung im Zweifel an seinem Wohnsitz zu erbringen (*Holschulden,* § 268 BGB). Zur Leistung am Wohnsitz des Gläubigers *(Bringschulden)* ist er nur kraft besonderer Vereinbarung verpflichtet. Geld muß der Schuldner im Zweifel auf seine Gefahr u. Kosten dem Gläubiger an dessen Wohnsitz übersenden *(Schickschulden,* § 270 BGB). Ist ein *Zeitpunkt* für die Leistung weder bestimmt noch bestimmbar, so kann sie der Gläubiger nach § 271 BGB sofort verlangen *(Fälligkeit),* der Schuldner sie sofort bewirken *(Erfüllbarkeit).* – Bewirkt der Schuldner die Leistung überhaupt nicht oder nicht rechtzeitig oder nicht in der richtigen Art u. Weise, dann kann der Gläubiger auf Erfüllung klagen. Nicht selten treten jedoch Umstände ein, die den Erfüllungsanspruch gefährden oder gar beseitigen; man spricht in solchen Fällen von *Leistungsstörungen,* die eine Änderung des S. zur Folge haben. Dazu rechnen die → Unmöglichkeit der Leistung, der → Verzug u. die im BGB nicht ausdrücklich geregelte → positive Vertragsverletzung.

Schuldversprechen, Schuldanerkenntnis (§§ 780–782 BGB). Das *Schuldversprechen* (Sv.) ist ein → Vertrag, durch den eine Leistung in der Weise versprochen wird, daß das Versprechen die Verpflichtung selbständig begründen soll (§ 780 BGB). Das *Schuldanerkenntnis* (Sa.) ist ein Vertrag, durch den das Bestehen eines → Schuldverhältnisses anerkannt wird (§ 781 BGB). Sv. u. Sa. unterscheiden sich nur äußerlich voneinander (Sv.: „ich verspreche zu zahlen"; Sa.: „ich erkenne an zu schulden"). Ihnen ist gemeinsam, daß sie eine selbständige (abstrakte) Verpflichtung begründen, die neben die schon vorhandene (kausale) Verbindlichkeit – z. B. aus Kauf oder Darlehen – tritt. Ihre Bedeutung liegt darin, daß sie dem Gläubiger die Rechtsverfolgung erleichtern. Er braucht im Prozeß nur das Sv. bzw. Sa., nicht aber die ursprüngliche Forderung zu beweisen. Der Schuldner kann mit Einwendungen u. Einreden aus dem Grundverhältnis (z. B. Verjährung, Gewährleistung) nicht durchdringen. Besteht aber die zugrunde liegende Forderung nicht (mehr), kann der Schuldner das Sv. bzw. das Sa. wegen → ungerechtfertigter Bereicherung nach § 812 II BGB zurückverlangen. Sv. u. Sa. bedürfen der Schriftform, sofern nicht für das Kausalgeschäft eine strengere Form vorgeschrieben ist (z. B. notarielle Beurkundung des Schenkungsversprechens). Sollen Sv. u. Sa. nur dazu dienen, ein vorhandenes Schuldverhältnis zu bestätigen, so haben sie keinen konstitutiven, sondern nur *deklaratorischen* Charakter. Sie bezwecken dann eine Beweiserleichterung für den Gläubiger u. schließen alle Einreden aus dem Grundverhältnis aus, die der Schuldner bei Abgabe kannte oder mit denen er zumindest rechnete.

Schulrecht ist die Gesamtheit der → Rechtsnormen, die das Schulwesen u. die Stellung der an ihm Beteiligten regeln. Die schulischen Angelegenheiten unterliegen der → *Kulturhoheit der Länder.* Daran hat auch die Grundgesetzänderung von 1969, die die

Bildungsplanung Bund u. Ländern als → Gemeinschaftsaufgabe zuweist (Art. 91 b GG), nichts geändert. Ein allzu starkes Auseinanderdriften der Schulsysteme konnte bislang durch die Koordination im Rahmen der *Ständigen Konferenz der Kultusminister* (KMK) weitgehend verhindert werden. Wiewohl der Bund auf dem Gebiet des S. keine Zuständigkeiten besitzt, ergeben sich doch aus dem → *Grundgesetz* Maßgaben u. Prinzipien, die für das Schulwesen in sämtlichen Ländern verbindlich sind. Nach Art. 7 GG steht das gesamte Schulwesen unter der Aufsicht des Staates (Abs. 1). Der Religionsunterricht ist in den öffentlichen Schulen mit Ausnahme der bekenntnisfreien Schulen ordentliches Lehrfach (Abs. 3). Die Erziehungsberechtigten haben das Recht, über die Teilnahme des Kindes am Religionsunterricht zu bestimmen (Abs. 2, → religiöse Kindererziehung). Das Recht zur Errichtung von Privatschulen wird gewährleistet (Abs. 4). Darüber hinaus wirken die → Grundrechte u. die Strukturprinzipien der grundgesetzlichen Ordnung (insbes. → Demokratie, → Rechtsstaat, → Sozialstaat) auch auf das Schulwesen ein. Die rechtstaatlich-demokratische Staatsverfassung gebietet, daß der Gesetzgeber die wesentlichen Entscheidungen im Schulwesen, vor allem im Bereich der Grundrechtausübung, selbst trifft u. nicht der Schulverwaltung überläßt; das Schulverhältnis kann daher nicht länger als ein → besonderes Gewaltverhältnis angesehen werden, kraft dessen die Schule auch ohne gesetzliche Grundlage in die Grundrechte der Schüler einzugreifen befugt wäre. Das Sozialstaatsprinzip verpflichtet i. V. m. dem → Gleichheitssatz (Art. 3 I GG) u. dem Grundrecht auf freie Wahl der → Ausbildungsstätte (Art. 12 I GG) den Staat dazu, im Rahmen seiner finanziellen Möglichkeiten jungen Menschen eine ihren Fähigkeiten u. Neigungen entsprechende schulische Bildung zu gewähren. Aus den *Landesverfassungen* ergeben sich, vor allem hinsichtlich der Bildungsziele der Schule (z. B. Ehrfurcht vor Gott, Toleranz, Nächstenliebe, berufliche Tüchtigkeit, Völkerversöhnung), ergänzende u. konkretisierende verfassungsrechtliche Aussagen.

Der Staat, also jedes Bundesland, trägt die Verantwortung für das gesamte Schulwesen. Diese *staatliche Schulhoheit* umfaßt die Rechtsetzung, Planung, Gestaltung u. Beaufsichtigung im Schulwesen. Zu den Aufgaben der Schulhoheit gehören insbesondere die Festlegung der Bildungsziele, die zentrale Organisationsplanung, die Entwicklung u. Revision der Lehrpläne, die Festsetzung verbindlicher Standards für Leistungsbewertungen (Noten, Zeugnisse) u. die Zulassung von Lernmitteln (Schulbücher). Die Verwirklichung dieser Aufgaben ist Sache des Parlaments u. der Exekutive (Kultusminister). Zu diesem Zweck werden (Schul-) Gesetze u. – im Rahmen gesetzlicher Ermächtigungen – Rechtsverordnungen sowie Verwaltungsvorschriften erlassen. Aufgaben der *staatlichen Schulaufsicht* i.e.S. sind die *Fachaufsicht* zur Überwachung u. Förderung der pädagogischen Effizienz u. zur Wahrung der Rechtmäßigkeit der Unterrichts- u. Erziehungsarbeit in den Schulen, die *Dienstaufsicht* über die Lehrer sowie die Rechtsaufsicht über die Schulträger. Für die Erfüllung dieser Aufgaben sind die Schulverwaltungsbehörden mit ihren Schulräten zuständig. *Träger der öffentlichen Schulen* sind im allgemeinen die Landkreise u. kreisfreien Städte. Bei der Regelform der gemeinsamen staatlich-kommunalen *Schulunterhaltung* kommen die kommunalen Schulträger für den Sachaufwand der Schulen (Gebäude, Ausstattung), der Staat für die Personalkosten auf. Die *Organisation der staatlichen Schulverwaltung* ist dreistufig (z. B. Schulamt–Regierungspräsident–Kultusminister) oder zweistufig (z. B. Schulamt–Schulsenator). Sie ist in der Unter- u. Mittelinstanz den Behörden der Allgemeinen Verwaltung eingegliedert; schulische Sonderbehörden bilden die Ausnahme (so in Baden-Württemberg). Die *einzelne Schule* ist nichtrechtsfähige →Anstalt des öfftl. Rechts mit geringen eigenen Verwaltungszuständigkeiten. Doch zeichnen sich Tendenzen zu einer größeren Verselbständigung ab.

Die *Lehrer an den öffentlichen Schulen* sind in ihrer überwiegenden Mehrzahl Beamte; damit gilt für sie allgemeines Beamtenrecht (→öffentlicher Dienst). Da die Beamtengesetze der Länder sich in dem vom Bund durch das Beamtenrechtsrahmengesetz gezogenen Rahmen halten müssen, ist die Rechtsstellung der Lehrer im wesentlichen überall die gleiche; Unterschiede bestehen in der Lehrerbildung. Neben dem allgemeinen Beamtenrecht gelten die besonderen Rechte u. Pflichten, die sich aus dem Lehrerberuf ergeben. Hervorzuheben ist die dem Lehrer zustehende *pädagogische Freiheit,* die es ihm ermöglicht, in eigener Verantwortung zu unterrichten, zu erziehen u. Leistungen zu beurteilen. Die zentralen Unterrichtspläne u. -richtlinien stecken i.d.R. nur einen Rahmen ab, innerhalb dessen sich die Lehrer relativ frei bewegen u. den Unterricht weitgehend selbständig u. eigenverantwortlich gestalten können. Das *Schulverhältnis* zwischen Schüler u. Schule ist ein Rechtsverhältnis, in dem Eingriffe (z. B. Ordnungsmaßnahmen, Nichtversetzung) in die grundrechtlich geschützte Sphäre nur aufgrund eines Gesetzes zulässig sind. Die gesetzliche *Schulpflicht* besteht vom 6. bis zum 18. Lebensjahr. Sie wird durch den Besuch der Grundschule (i.d.R. 4 Jahre), der Hauptschule (5 Jahre) u. der Berufsschule (3 Jahre) oder einer anderen weiterführenden Schule (Realschule, Gymnasium, Gesamtschule) erfüllt. Aus dem Rechtscharakter des Schulverhältnisses folgt, daß bei Verletzungen der Rechte des Schülers der Weg zum Verwaltungsgericht eröffnet ist (Art. 19 IV GG, §§ 40, 42 VwGO). Pädagogische Maßnahmen sind jedoch als höchstpersönliche Wertungen nur begrenzt nachprüfbar (→unbestimmte Rechtsbegriffe).

Die Schule muß in ihrer Erziehungsarbeit dem → *Elternrecht*

Rechnung tragen. Allerdings ist der staatliche Erziehungsauftrag (Art. 7 I GG) im schulischen Bereich dem elterlichen Erziehungsrecht (Art. 6 II GG) nicht nach-, sondern gleichgeordnet. Die gemeinsame Erziehungsaufgabe von Eltern u. Schule ist in einem sinnvoll aufeinander bezogenen Zusammenwirken zu erfüllen. Das Elternrecht äußert sich vor allem in der Befugnis, innerhalb der vom Staat zur Verfügung gestellten Schulformen frei zu wählen u. sich gegen ungerechtfertigte schulische Eingriffe zur Wehr zu setzen.

Sämtliche Bundesländer räumen Eltern u. Schülern die Möglichkeit einer mehr oder weniger weitreichenden Beteiligung *(Partizipation)* am Schulgeschehen ein u. sehen dafür bestimmte Organisationsformen der Schüler- u. Elternvertretungen, teilweise auch die Mitwirkung der Betroffenen in einer gemeinsamen Schulkonferenz, vor. Die öffentlichen Schulen sind seit Mitte der 60er Jahre fast ausnahmslos (christliche) *Gemeinschaftsschulen,* die die früher vorherrschende Konfessionsschule abgelöst haben.

Zwar sind die Schulen überwiegend öffentliche Schulen. Doch gibt es kein staatliches Schulmonopol. Das Recht zur Errichtung u. zum Betrieb *privater Schulen* (Schulen in freier Trägerschaft) ist sowohl durch das Grundgesetz (Art. 7 IV) als auch durch die Landesverfassungen gewährleistet. Dabei ist zwischen *Ersatzschulen,* die nach dem mit ihrer Errichtung verfolgten Gesamtzweck als Ersatz für öffentliche Schulen dienen sollen, u. *Ergänzungsschulen,* die von der Struktur des öffentlichen Schulwesens abweichen, zu unterscheiden. Ersatzschulen bedürfen anders als die Ergänzungsschulen der Genehmigung, die zu erteilen ist, wenn sie den öffentlichen Schulen gleichwertig sind (Gleichartigkeit ist nicht gefordert) u. wenn eine Sonderung der Schüler nach den Besitzverhältnissen der Eltern nicht gefördert wird; die Genehmigung ist zu versagen, falls die wirtschaftliche u. rechtliche Stellung der Lehrkräfte nicht genügend gesichert ist. Erfüllt eine Ersatzschule dauernd die an eine entsprechende öffentliche Schule gestellten Anforderungen, wird sie staatlich anerkannt u. ist aufgrund der Anerkennung befugt, wie eine öffentliche Schule Berechtigungen (z. B. Abschlußzeugnisse) zu erteilen. Anerkannte Privatschulen erhalten i.d.R. staatliche Subventionen. Da die Verantwortung des Staates nach Art. 7 I GG das *gesamte* Schulwesen umfaßt, unterliegen auch die Privatschulen einer – freilich begrenzten – staatlichen Schulaufsicht.

Schwägerschaft (§ 1590 BGB) ist das Verhältnis der Verwandten eines Ehegatten zu dem anderen Ehegatten. Die „Schwippschwägerschaft" zwischen den Geschwistern der Eheleute ist demnach keine S. u. deshalb rechtlich ohne Bedeutung. Die Linie u. der Grad der S. bestimmen sich nach der Linie u. dem Grad der sie vermittelnden → Verwandtschaft. So ist z. B. die Ehefrau mit den

Eltern ihres Mannes im 1. Grad in gerader Linie, mit seinen Geschwistern im 2. Grad in der Seitenlinie verschwägert. S. in gerader Linie oder bis zum 2. Grad in der Seitenlinie berechtigt zur → Zeugnisverweigerung. Zwischen Verschwägerten in gerader Linie besteht ein Eheverbot, von dem das Vormundschaftsgericht allerdings befreien kann. Ansonsten ergeben sich aus der S. keine rechtl. Folgen, insbes. keine Unterhaltspflichten u. kein Erbrecht.

Schwangerschaftsabbruch (Abtreibung) ist Tötung der Leibesfrucht nach Einnistung des befruchteten Eis in der Gebärmutter (vgl. § 219d StGB). Zu unterscheiden sind der S. durch einen Dritten *(Fremdabtreibung)* und der S., den die Schwangere selbst vornimmt oder dessen Durchführung durch einen Dritten sie zuläßt *(Eigenabtreibung)*. Fremdabtreibung ist mit Freiheitsstrafe bis zu 3 Jahren oder mit Geldstrafe bedroht; in besonders schweren Fällen (so i.d.R., wenn der Täter gegen den Willen der Schwangeren handelt oder wenn er leichtfertig die Gefahr des Todes oder einer schweren Gesundheitsbeschädigung der Schwangeren verursacht) ist eine Freiheitsstrafe von 6 Monaten bis zu 5 Jahren verwirkt (§ 218 I, II StGB). Der Versuch der Fremdabtreibung ist strafbar (§ 218 IV StGB). Eigenabtreibung wird mit Freiheitsstrafe bis zu 1 Jahr oder mit Geldstrafe geahndet; das Gericht kann von einer Bestrafung absehen, wenn sich die Schwangere zur Zeit des Eingriffs in besonderer Bedrängnis befunden hat (§ 218 III StGB).

Die durch das 5. Strafrechtsreformgesetz von 1974 eingeführte *Fristenlösung* (Straffreiheit des mit Einwilligung der Schwangeren von einem Arzt in den ersten 12 Wochen seit der Empfängnis vorgenommenen Eingriffs) ist vom Bundesverfassungsgericht 1975 wegen Verstoßes gegen den grundrechtlich gewährleisteten Lebensschutz der Leibesfrucht (Art. 2 II 1, Art. 1 I GG) für nichtig erklärt und aufgrund des 15. Strafrechtsänderungsgesetzes von 1976 durch die erweiterte *Indikationenlösung* ersetzt worden. Danach ist der mit Einwilligung der Schwangeren von einem Arzt durchgeführte S. ausnahmsweise gerechtfertigt, wenn eine der folgenden Indikationen vorliegt (§ 218a StGB): a) Der Eingriff ist unter Berücksichtigung der gegenwärtigen und künftigen Lebensverhältnisse der Schwangeren nach ärztlicher Erkenntnis angezeigt („indiziert"), um eine Gefahr für ihr Leben oder die Gefahr einer schwerwiegenden Beeinträchtigung ihres körperlichen oder seelischen Gesundheitszustandes abzuwenden, vorausgesetzt, daß die Gefahr nicht auf eine andere für sie zumutbare Weise abgewendet werden kann *(medizinische Indikation)*. b) Dringende Gründe sprechen für die Annahme, daß das Kind infolge einer Erbanlage oder schädlicher Einflüsse vor der Geburt an einer nicht behebbaren Gesundheitsschädigung leiden würde, die so schwer wiegt, daß von der Schwangeren eine Fortsetzung der Schwangerschaft nicht verlangt werden kann *(eugeni-sche Indikation,* zulässig innerhalb der ersten 22 Wochen seit der Empfängnis). c) Dringende Gründe sprechen für die Annahme, daß die Schwangerschaft auf einer an der Schwangeren begangenen rechtswidrigen Sexualstraftat nach den §§ 176–179 StGB (z. B. Vergewaltigung) beruht *(ethische Indikation,* zulässig während der ersten 12 Wochen). d) Der S. ist ansonsten zur Abwendung der Gefahr einer Notlage der Schwangeren angezeigt, die so schwer wiegt, daß von der Frau die Fortsetzung der Schwangerschaft nicht verlangt werden kann, u. die nicht auf andere ihr zumutbare Weise abgewendet werden kann *(soziale Indikation,* zulässig in den ersten 12 Wochen). Liegt eine der genannten Indikationen vor, ist die Fremdabtreibung dennoch strafbar, wenn nicht die folgenden Voraussetzungen erfüllt sind: a) Die Schwangere muß mindestens 3 Tage vor dem Eingriff von einer anerkannten Beratungsstelle oder einem zur Beratung geeigneten Arzt, der nicht selbst den S. vornimmt, über mögliche öffentliche und private Hilfen für schwangere Frauen und zusätzlich von einem Arzt über die ärztlich bedeutsamen Gesichtspunkte beraten worden sein (§ 218 b StGB). b) Es bedarf der schriftlichen Indikationsfeststellung eines Arztes, der nicht selbst den S. durchführt (§ 219 StGB). Die Schwangere ihrerseits bleibt in all diesen Fällen straflos, gem. § 218 III StGB auch dann, wenn ein Arzt den S. nach erfolgter Beratung trotz Fehlens einer Indikation in den ersten 22 Wochen seit der Empfängnis vorgenommen hat. → auch Arztrecht.

Zu beachten ist, daß der S. nur in einem Krankenhaus oder in einer hierfür zugelassenen Einrichtung erfolgen darf (Verstoß wird als → Ordnungswidrigkeit mit einer Geldbuße bis zu 10.000 DM geahndet) und daß – außer in den Fällen einer Todes- oder schweren Gesundheitsgefahr für die Schwangere – niemand verpflichtet ist, an einem S. mitzuwirken (Art. 2 und 3 des 5. Strafrechtsreformgesetzes).

Die durch Gesetz von 1984 errichtete Stiftung „Mutter und Kind – Schutz des ungeborenen Lebens" soll werdenden Müttern, die sich in einer Konfliktsituation befinden, die Fortsetzung der Schwangerschaft durch finanzielle Hilfen erleichtern. Die Leistungen, auf die kein Rechtsanspruch besteht, werden von entsprechenden Einrichtungen in den Ländern gewährt.

Schwarzarbeit ist Arbeit ohne die gesetzlich vorgeschriebene Anmeldung bei der zuständigen Behörde. Um S. handelt es sich vor allem dann, wenn ein → Arbeitnehmer in seiner Freizeit handwerkliche Dienstleistungen, z. B. als Maurer, erbringt, ohne gem. § 1 Handwerksordnung in die Handwerksrolle eingetragen zu sein. Wer durch S. wirtschaftliche Vorteile in erheblichem Umfang erzielt, begeht nach dem Gesetz zur Bekämpfung der S. eine

→ Ordnungswidrigkeit, die mit einer Geldbuße bis zu 50.000 DM geahndet werden kann. Verschweigt er die aus der S. erzielten Einkünfte gegenüber dem Finanzamt, erfüllt er obendrein den Straftatbestand der Steuerhinterziehung.

Schweigen im Rechtsverkehr. Grundsätzlich ist S. im Rechtsverkehr unerheblich. Doch kann eine → Willenserklärung je nach den Umständen nicht nur ausdrücklich (durch mündliche oder schriftliche Äußerungen), sondern auch „stillschweigend", nämlich durch schlüssiges Handeln (z. B. durch unmißverständliches Kopfnicken), abgegeben werden. In einzelnen Fällen mißt das BGB dem S. ausnahmsweise auch dann Bedeutung bei, wenn der Betroffene in völliger Passivität verharrt (z. B. bei S. auf eine verspätet zugegangene Annahmeerklärung, § 149, → Vertrag; oder bei Ausbleiben der Billigung einer zum Kauf auf Probe übergebenen Sache, § 496, → Ansichtssendung). – Erhält ein Kaufmann von jemandem, mit dem er in Geschäftsbeziehung steht, einen Antrag auf Geschäftsbesorgung, so muß er unverzüglich antworten; sein S. gilt als Annahme des Antrages (§ 362 HGB). Darüber hinaus gilt zwischen Kaufleuten und ihnen vergleichbaren Personen das S. auf ein *Bestätigungsschreiben,* durch das eine mündlich getroffene Vereinbarung bestätigt wird, als Einverständnis mit dessen Inhalt. Der Empfänger muß das Bestätigungsschreiben auch dann als maßgeblichen Vertragsinhalt gegen sich gelten lassen, wenn es von dem Vereinbarten abweicht; der → Irrtum über die Bedeutung des S. berechtigt nicht zur Anfechtung nach § 119 BGB. Vom Bestätigungsschreiben zu unterscheiden ist die *Auftragsbestätigung.* Bei dieser handelt es sich um die schriftliche Annahme eines Vertragsangebots. Weicht sie von der Offerte ab, so gilt sie als neuer Antrag (§ 150 II BGB). Das S. auf eine Auftragsbestätigung bedeutet keine Zustimmung.

Schwerbehinderte im Sinne des Schwerbehindertengesetzes sind Personen, die wegen körperlicher, geistiger oder seelischer Behinderung in ihrer Erwerbsfähigkeit um mindestens 50% gemindert sind (§ 1 SchwbG). Personen, deren Behinderungsgrad weniger als 50%, aber mindestens 30% beträgt, sollen auf Antrag den S. gleichgestellt werden (§ 2 SchwbG). Jeder Arbeitgeber mit mehr als 15 Arbeitsplätzen muß mindestens 6% dieser Stellen mit S. besetzen oder aber für jeden unbesetzten Platz eine Ausgleichsabgabe von 100 DM monatlich entrichten (§§ 6 ff. SchwbG). Der Arbeitgeber hat die S. so zu beschäftigen, daß sie ihre Fähigkeiten u. Kenntnisse möglichst voll verwerten können; Arbeitsräume, Maschinen usw. sind behindertenfreundlich auszugestalten (§ 11 SchwbG). S. (nicht aber die ihnen Gleichgestellten) haben Anspruch auf Zusatzurlaub von 6 Arbeitstagen im Jahr, ferner auf unentgeltliche Beförderung im Personennahverkehr anstelle der Kfz-Steuer-Ermäßigung (§§ 44, 57 ff., 2 II SchwbG). Die Kündigung eines S. (Kündigungsfrist mindestens 4 Wochen) bedarf der vorherigen Zustimmung der Hauptfürsorgestelle (§§ 12 ff. SchwbG). In Betrieben u. Dienststellen mit mindestens 5 S. werden zur Vertretung ihrer Interessen gegenüber dem Arbeitgeber u. zu ihrer Unterstützung Vertrauensmänner gewählt (§§ 21 ff. SchwbG). Einrichtungen zur Eingliederung Behinderter in das Arbeitsleben *(Werkstätten für Behinderte)* werden besonders gefördert (§§ 52 ff. SchwbG). Sofern S. in der → Rentenversicherung 35 anrechnungsfähige Versicherungsjahre mit einer Versicherungszeit von 180 Monaten zurückgelegt haben, erhalten sie auf Antrag bereits mit 60 Jahren Altersruhegeld (§ 25 I, VII 1 AVG u. a.).

Schwurgericht ist die mit 3 Berufsrichtern u. 2 Schöffen besetzte große Strafkammer des Landgerichts, die im → Strafprozeß für Kapitalverbrechen (Tötungsdelikte) zuständig ist (§§ 74 II, 76 II GVG). Bis Ende 1974 bestand das S. aus 3 Berufsrichtern u. 6 Geschworenen.

Selbstbedienungsladen → Ladendiebstahl.

Selbstbindung der Verwaltung. Der auf dem Gleichheitsgebot des Art. 3 I GG beruhende Grundsatz der S. d. V. besagt, daß die Verwaltung bei gleichmäßig geübtem Ermessensgebrauch (→ Ermessen) in gleich gelagerten Fällen von ihrer Praxis ohne sachlichen Grund nicht abweichen darf. Innerdienstliche → Verwaltungsvorschriften (Ermessensrichtlinien), die an sich keine Außenwirkung entfalten, binden die Verwaltung jedenfalls dann, wenn sie von der Behörde tatsächlich angewandt worden sind. Der Vertrauensschutz des Bürgers verlangt darüber hinaus, daß Verwaltungsvorschriften mit der Bekanntgabe als antizipierte Verwaltungspraxis auch schon vor ihrer Anwendung Bindungswirkung erzeugen.

Selbsthilfe (§§ 229 ff. BGB). Wer zum Zweck der S. eine Sache wegnimmt, zerstört oder beschädigt, einen Verpflichteten, der der Flucht verdächtig ist, festnimmt oder den Widerstand des Verpflichteten gegen eine Handlung, die dieser dulden muß, beseitigt, handelt nicht → rechtswidrig, wenn obrigkeitliche Hilfe nicht rechtzeitig zu erlangen ist und ohne sofortiges Eingreifen die Gefahr besteht, daß die Verwirklichung des Anspruchs vereitelt oder wesentlich erschwert wird. Die durch S. gerechtfertigte Tat ist nicht strafbar u. begründet keine Schadensersatzpflicht aus unerlaubter Handlung. Die S. darf nicht weiter gehen, als zur Abwendung der Gefahr erforderlich ist. Wer irrtümlich die Voraussetzungen erlaubter S. annimmt, macht sich auch dann schadensersatzpflichtig, wenn der Irrtum nicht auf Fahrlässigkeit beruht. Da der Rechtsschutz grundsätzlich den Gerichten u. Behörden übertragen ist u. im allgemeinen im Eilverfahren (→ Arrest, → einstweilige Verfügung) erlangt werden kann, ist S. nur in seltenen Ausnahmefällen zulässig.

Selbstmord ist straflos. Daher sind auch → Anstiftung und → Beihilfe zum S. nicht strafbar. Wer dagegen einen nicht in freier Verantwortung handelnden (z. B. einen psychisch kranken) Menschen in den S. treibt, begeht ein Tötungsdelikt in → mittelbarer Täterschaft. Nach der Rspr. ist grundsätzlich wegen vorsätzlicher oder fahrlässiger Tötung zu bestrafen, wer den S. eines anderen, gegenüber dem er eine Garantenstellung hat (z. B. als Ehegatte, Arzt), nicht verhindert. In außergewöhnlichen Grenzsituationen kann die Strafbarkeit eines Arztes wegen eines Tötungsdelikts entfallen, z. B. dann, wenn er den Kranken, der in Selbsttötungsabsicht eine Überdosis an Schlaftabletten eingenommen hat, bewußtlos vorfindet u. im Konflikt zwischen der Verpflichtung zum Lebensschutz u. der Achtung des Selbstbestimmungsrechts des bereits schwer u. irreversibel geschädigten Patienten die von diesem stets verabscheute Einweisung in eine Intensivstation unterläßt (BGH v. 4. 7. 1984). Fraglich ist, ob es sich beim S. um einen Unglücksfall handelt, so daß Passivität eines nicht schon durch eine Garantenstellung besonders verpflichteten Dritten den Tatbestand der → unterlassenen Hilfeleistung (§ 323 c StGB) erfüllt. Ein Unglücksfall liegt jedenfalls dann vor, wenn der Entschluß zum S. auf einer psychischen Fehlreaktion beruht.

Selbstverwaltung ist die selbständige u. selbstverantwortliche Verwaltung eigener Angelegenheiten durch eine → juristische Person des öfftl. Rechts als unterstaatlichen Verwaltungsträger. Das Recht zur S. ist vor allem für die kommunalen Gebietskörperschaften von Bedeutung (→ Kommunalrecht); es steht darüber hinaus auch den Hochschulen, den öfftl.-rechtl. Rundfunkanstalten, den Kammern (z. B. Ärztekammern, Rechtsanwaltskammern) u. a. zu.

Sexualstraftaten sind die im 13. Abschnitt des StGB als „Straftaten gegen die sexuelle Selbstbestimmung" zusammengefaßten Delikte. Geschütztes Rechtsgut ist nicht mehr die Sittlichkeit als solche (bis zum 4. Strafrechtsreformgesetz von 1973 lautete die Überschrift des 13. Abschnitts „Verbrechen u. Vergehen wider die Sittlichkeit"), sondern die Freiheit des einzelnen zur geschlechtlichen Selbstbestimmung, die ungestörte sexuelle Entwicklung des jungen Menschen und der Schutz vor schwerwiegenden sexuellen Belästigungen. Zu den S. gehören der sexuelle Mißbrauch von Schutzbefohlenen, Gefangenen, Kindern u. Widerstandsunfähigen, → Vergewaltigung u. sexuelle Nötigung, die Förderung sexueller Handlungen Minderjähriger (→ Kuppelei) u.

der → Prostitution, die → Zuhälterei. Bei den meisten S. kann das Gericht Führungsaufsicht als → Maßregel der Besserung u. Sicherung anordnen (§§ 181b, 68 StGB).

Sexuelle Handlungen. Enger als der Begriff „unzüchtige Handlungen" nach altem Recht, umfaßt die durch das 4. Strafrechtsreformgesetz 1973 eingeführte Bezeichnung „s.H." nur solche geschlechtsbezogenen Betätigungen, die im Hinblick auf das jeweils geschützte Rechtsgut von einiger Erheblichkeit sind (§ 184c StGB). Zu unterscheiden sind s.H. *an* einem anderen, die körperliche Berührung erfordern, und s.H. *vor* einem anderen, die vor einem anderen vorgenommen werden, der den Vorgang wahrnimmt.

Sicherheitsleistung ist ein Mittel zur Abwendung der Gefahr künftiger Rechtsverletzung oder eines sonstigen künftigen Nachteils. Sie kann auf Vertrag, Gesetz oder richterlicher Anordnung beruhen. Wer aufgrund Rechtsgeschäfts oder privatrechtlicher Vorschrift Sicherheit zu leisten hat, kann dies, mangels anderslautender Vereinbarung, durch Hinterlegung von Geld oder Wertpapieren beim Amtsgericht als öffentlicher Hinterlegungsstelle, durch Bestellung eines → Pfandrechts, einer → Hypothek oder → Grundschuld, hilfsweise durch Stellung eines tauglichen Bürgen bewirken (§§ 232 ff. BGB). Größere Bedeutung hat die *prozessuale S.,* insbesondere im Zusammenhang mit der Vollstreckbarkeit eines Urteils. Gem. § 709 ZPO sind nicht rechtskräftige Urteile – von den Sonderfällen des § 708 ZPO abgesehen – gegen eine der Höhe nach zu bestimmende Sicherheit für vorläufig vollstreckbar zu erklären (→ Vollstreckungstitel). Falls das Gericht nichts anderes (z. B. Bankbürgschaft) anordnet, ist die S. durch Hinterlegung von Geld oder Wertpapieren zu bewirken (§ 108 ZPO). Wird das für vorläufig vollstreckbar erklärte Urteil später aufgehoben oder abgeändert, so hat der Beklagte nach § 717 II ZPO einen Anspruch auf Ersatz des durch die Vollstreckung entstandenen Schadens, den er durch Zugriff auf die hinterlegte Sicherheit realisieren kann.

Sicherungsübereignung. Der Gläubiger einer Forderung (z. B. die kreditgewährende Bank) kann sich auf verschiedene Weise gegen die Zahlungsunfähigkeit oder -unwilligkeit des Schuldners absichern. In Betracht kommt z. B. die Bestellung eines Grundpfandrechts (→ Grundschuld, → Hypothek); doch scheitert diese Möglichkeit – von dem damit verbundenen Zeit- u. Kostenaufwand abgesehen – oft daran, daß der Schuldner nicht über Grundeigentum verfügt. Bei beweglichen Sachen als Sicherungsgut wäre die Einräumung eines → Pfandrechts denkbar; hier taucht indes die praktische Schwierigkeit auf, daß die Verpfändung Besitzübergabe voraussetzt (§ 1205 BGB), so daß dem Schuldner der Gebrauch u. die Nutzung der Sachen (z. B. Bürogeräte, Auto) entzogen wären. Die S. dient dazu, diesen Nachteil zu vermeiden. Schuldner (Sicherungsgeber) u. Gläubiger (Sicherungsnehmer) einigen sich über den Eigentumsübergang u. vereinbaren zugleich, daß der Sicherungsgeber die Sachen behalten darf, der Sicherungsnehmer aber berechtigt sein soll, sie bei Nichterfüllung der Forderung zu verwerten. Der Sicherungsnehmer ist somit in seiner Eigentümerstellung treuhänderisch gebunden (→ Treuhänder). Diese Sicherungsabrede reicht nach heute h.A. für das durch § 930 BGB geforderte konkrete Besitzmittlungsverhältnis aus (→ Übereignung). Notwendig ist jedoch die bestimmte Bezeichnung der übereigneten Sachen (bei einem Warenlager ist räumliche Absonderung notwendig). Hat der Schuldner eine von der S. erfaßte Sache seinerseits nur unter → Eigentumsvorbehalt erworben, erwirbt auch der gutgläubige Sicherungsnehmer mangels Besitzübergabe kein Eigentum (→ gutgläubiger Erwerb), wohl aber i.d.R. das Anwartschaftsrecht. In der → Zwangsvollstreckung in das Vermögen des Sicherungsgebers kann der Sicherungsnehmer Freigabe des Sicherungsguts durch Drittwiderspruchklage verlangen; im → Konkurs des Sicherungsgebers steht ihm kein Aussonderungs-, sondern nur ein Absonderungsrecht zu. Die S. muß ernstlich gewollt sein, sonst ist sie als → Scheingeschäft nichtig (§ 117 BGB). Wegen Verstoßes gegen die → guten Sitten ist sie nach § 138 BGB nichtig, wenn sie auf eine Knebelung des Schuldners hinausläuft oder wenn gegenwärtige oder künftige Gläubiger über die Kreditwürdigkeit des Schuldners getäuscht werden sollen.

Sicherungsverwahrung (§ 66 StGB) ist eine freiheitsentziehende Maßregel der Besserung u. Sicherung zum Schutz der Allgemeinheit vor besonders gefährlichen Straftätern (→ Strafrecht).

Siegelbruch (§ 136 II StGB). Bestraft wird, wer ein dienstliches Siegel, das zur Beschlagnahme, Verschließung oder Bezeichnung von Sachen angelegt ist (z. B. das vom Gerichtsvollzieher an der gepfändeten Sache angebrachte Pfandzeichen), beschädigt, ablöst oder unkenntlich macht. Die Strafe ist Freiheitsstrafe bis zu 1 Jahr, wahlweise Geldstrafe.

Sittenwidrigkeit ist Verstoß gegen die → guten Sitten.

Sittlichkeitsdelikte → Sexualstraftaten.

Soldatenrecht → Wehrrecht.

Soll-Vorschrift ist eine → Rechtsnorm, durch die der Verwaltungsbehörde ein nur begrenztes → Ermessen eingeräumt wird. Die Behörde kann nur in Ausnahmefällen von der gesetzlich vorgesehenen Rechtsfolge abweichen.

Sonderopfer → Enteignung.

Sonderverwaltungen → Verwaltung, öffentliche.

Sorgerechte u. -pflichten → elterliche Sorge.

Sorgfalt in eigenen Angelegenheiten (diligentia quam in suis) → Verschulden.

Sozialbindung des Eigentums → Eigentum.

Soziale Adäquanz ist ein Rechtfertigungsgrund, der die → Rechtswidrigkeit einer Handlung ausschließt. Er gelangt vor allem im → Strafrecht zur Anwendung, wenn sich ein Verhalten im Rahmen der geschichtlich gewordenen sozialethischen Ordnung des Gemeinwesens hält, z. B. bei den üblichen Gefährdungshandlungen im Bereich der Technik u. des Verkehrs. Wer z. B. im Straßenverkehr vorsichtig u. unter Beachtung der Verkehrsregeln fährt, handelt nicht rechtswidrig, wenn es durch unvernünftiges Verhalten anderer zu einem Unfall kommt; bei Kindern u. alten Leuten muß man allerdings Fehlreaktionen von vornherein in Rechnung stellen. – Im → Arbeitskampfrecht ist der Streik, der nach h. L. einen Eingriff in den eingerichteten u. ausgeübten Gewerbebetrieb der betroffenen Arbeitgeber darstellt u. damit den Tatbestand einer → unerlaubten Handlung erfüllt, unter dem Gesichtspunkt der s. A. rechtmäßig, sofern die tarifvertragsrechtlich vorgegebenen Spielregeln eingehalten werden; ein politischer Streik wäre demnach rechtswidrig.

Soziale Grundrechte → Grundrechte.

Soziale Indikation → Schwangerschaftsabbruch.

Soziale Marktwirtschaft ist die in der Bundesrepublik konkret geltende Wirtschaftsordnung, die einerseits der privaten unternehmerischen Initiative Raum gibt, andererseits dem sozialgestaltenden Staat eine ordnende und lenkende Rolle zuweist (vgl. § 1 des → Stabilitätsgesetzes). Die s. M. ist – so das Bundesverfassungsgericht – eine nach dem → Grundgesetz mögliche, keineswegs aber die allein mögliche Wirtschaftsordnung. Das GG hat sich nicht für ein bestimmtes Wirtschaftssystem entschieden; es ist insoweit wirtschaftspolitisch neutral und ermöglicht es dem Gesetzgeber, die ihm jeweils sachgemäß erscheinende Wirtschaftspolitik zu verfolgen. Er muß dabei aber das GG, insbesondere die Grundrechte (so vor allem die wirtschaftliche Betätigungsfreiheit nach Art. 2 I und 12 I, die Eigentumsgarantie nach Art. 14 I u. die Vereinigungsfreiheit nach Art. 9 I) beachten.

Sozialer Rechtsstaat → Rechtsstaat; → Sozialstaat.

Sozialer Wohnungsbau. Im Rahmen des s. W. werden für den Bau von Wohnungen öffentliche Mittel als Darlehen oder Zuschuß bereitgestellt. Nach dem Wohnungsbindungsgesetz darf eine Sozialwohnung nur einer durch Bescheinigung ausgewiesenen wohnberechtigten Person überlassen werden, deren Einkommen bestimmte Grenzen nicht übersteigt (Höchstgrenze jährlich: 21 600 DM, zuzüglich 10 200 DM für einen Angehörigen u. je 4 200 DM für jeden weiteren Familienangehörigen). Für die Sozialwohung darf höchstens die zur Deckung der laufenden Aufwendungen erforderliche *Kostenmiete* verlangt werden; die seit 1982 zulässigen nachträglichen Zinssteigerungen für öffentliche Wohnungsbaudarlehen kann der Vermieter im Wege einseitig erklärter Mieterhöhung auf den Mieter überwälzen. Die Bindung des Vermieters an die Kostenmiete entfällt 6 Monate nach freiwilliger vorzeitiger Rückzahlung der Darlehen; das gilt jedoch nur in Gemeinden unter 200 000 Einwohnern. In den durch Rechtsverordnung der jeweiligen Landesregierung bestimmten Ballungsraumgemeinden müssen Sozialmieter, deren Einkommen die zulässige Grenze um mehr als 20% überschreitet, eine *Fehlbelegungsabgabe* – je nach Einkommenshöhe 0,50 DM bis 2 DM pro Quadratmeter Wohnfläche – zahlen (Gesetz zum Abbau der Fehlsubventionierung und der Mietverzerrung im Wohnungswesen v. 22. 12. 1981).

Sozialförderung ist ein zunehmend an Bedeutung gewinnender Teilbereich des → Sozialrechts. Die S. umfaßt als Oberbegriff verschiedene auf besondere Zwecke gerichtete sozialpolitische Maßnahmen. Dazu gehören u. a. → Kindergeld, → Wohngeld, → Ausbildungsförderung, Berufsförderung u. andere Leistungen nach dem → Arbeitsförderungsgesetz. Das Recht der S. ist nicht einheitlich geregelt, sondern auf zahlreiche Einzelgesetze zersplittert.

Sozialfürsorge → Sozialhilfe.

Sozialgerichtsbarkeit. Zuständigkeit, Organisation u. Verfahren der S., eines besonderen Zweiges der → Verwaltungsgerichtsbarkeit, sind im Sozialgerichtsgesetz geregelt. Die S. ist wie die allgemeine Verwaltungsgerichtsbarkeit dreistufig aufgebaut (Sozialgerichte, Landessozialgerichte, Bundessozialgericht in Kassel). In allen Instanzen wirken neben den Berufsrichtern ehrenamtliche Richter als Beisitzer mit, die für die zu entscheidenden Spezialgebiete (z. B. Sozialversicherung, Kriegsopferfürsorge) aus den damit vertrauten Kreisen berufen werden. Das – grundsätzlich kostenfreie – Verfahren unterscheidet sich vom → Zivilprozeß vor allem dadurch, daß das Gericht – wie auch sonst im → verwaltungsgerichtlichen Verfahren – den Sachverhalt von Amts wegen zu erforschen hat (→ Untersuchungsmaxime). Die Zuständigkeit der Sozialgerichte erstreckt sich nicht auf das gesamte Sozialrecht, sondern nur auf solche Streitigkeiten, die ihnen ausdrücklich durch Gesetz zugewiesen sind; das sind insbesondere Angelegenheiten der Sozialversicherung, der Kriegsopferversorgung u. des Kindergeldes. Für alle anderen Streitigkeiten (z. B. aus dem Sozialhilfegesetz, dem Lastenausgleich, über Wohngeld u. Ausbildungsförderung) sind die allgemeinen Verwaltungsgerichte zuständig.

Sozialgesetzbuch → Sozialrecht.

Sozialgesetzgebung → Sozialrecht.

Sozialhilfe. Die S., die älteste Form sozialer Sicherung, ist öffentliche Fürsorge für einzelne in Not geratene Personen, denen andere Hilfsmöglichkeiten fehlen. Das Recht der S. ist im Bundessozialgesetz von 1961 zusammenfassend geregelt. Von der gruppenbezogenen → Sozialversorgung unterscheidet sich die S. dadurch, daß sie stets Individualhilfe ist. S. erhält, wer sich nicht selbst helfen kann oder wem die erforderliche Hilfe nicht von anderen (z. B. von den Angehörigen oder aus der Arbeitslosenversicherung) gewährt wird (Grundsatz des *Nachrangs der S.,* → Subsidiaritätsprinzip); Ansprüche des Hilfeempfängers gegen einen anderen Verpflichteten (z. B. einen → Unterhaltsverpflichteten) gehen auf den Sozialhilfeträger in Höhe der von diesem gemachten Aufwendungen kraft Gesetzes über. Die S. schließt die Lücken, die trotz → Sozialversicherung u. → Sozialversorgung in einzelnen Fällen immer noch bleiben. Aufgabe der S. ist es, dem Hilfeempfänger ein menschenwürdiges Leben zu ermöglichen. Die Hilfe soll ihn soweit wie möglich befähigen, unabhängig von ihr zu leben; dazu muß er nach Kräften selbst mitwirken. Die S. umfaßt Hilfe zum Lebensunterhalt u. Hilfe in besonderen Lebenslagen. Laufende Leistungen zum Lebensunterhalt bestimmen sich nach monatlichen Regelsätzen, die z. B. im Lande Nordrhein-Westfalen 1985 für den Haushaltsvorstand u. für Alleinstehende 356 DM, für Haushaltsangehörige je nach Ort u. Alter von 160 DM bis 285 DM betragen. Zur Hilfe in besonderen Lebenslagen zählen u. a. vorbeugende Gesundheitshilfe, Hilfe für werdende Mütter u. für

Wöchnerinnen, Eingliederungshilfe für Behinderte, Pflegehilfe, Altenhilfe. Liegen die Voraussetzungen vor (Hilfsbedürftigkeit u. Fehlen anderweitiger Hilfe), so besteht ein *Anspruch auf S.* Für die Entstehung des Anspruchs spielt es grundsätzlich keine Rolle, ob der Hilfsbedürftige schuldlos in die Notlage geraten ist oder ob er sie verschuldet hat; doch kann er den Anspruch verwirken, wenn er sich weigert, zumutbare Arbeit zu leisten. Die Konkretisierung des Anspruchs (Form u. Maß der S.) bleibt weitgehend dem pflichtgemäßen Ermessen der Sozialbehörde überlassen. Die S. wird von örtlichen u. überörtlichen Trägern gewährt. Örtliche Träger sind die Landkreise u. die kreisfreien Städte (Sozialamt); die überörtlichen Träger werden von den Ländern bestimmt. Doch wirkt sich der in der S. herrschende Grundsatz des Nachrangs auch insoweit aus, als den mit öffentlichen Mitteln unterstützten *Trägern der freien Wohlfahrtspflege* (Deutscher Caritasverband, Diakonisches Werk, Zentralwohlfahrtsstelle der Juden in Deutschland, Arbeiterwohlfahrt, Deutsches Rotes Kreuz, Deutscher Paritätischer Wohlfahrtsverband) der Vorrang gebührt; tritt die freie Wohlfahrtspflege ein, soll von der Gewährung öfftl. S. abgesehen werden. Eine Sonderform der S. ist die →Jugendhilfe. – Rechtsstreitigkeiten in Sozialhilfesachen gehören vor das →Verwaltungsgericht (nicht vor das Sozialgericht).

Sozialisierung ist die Überführung volkswirtschaftlich wichtiger Güter in Gemeineigentum oder in andere Formen der Gemeinwirtschaft zum Zwecke der Vergesellschaftung. Nach Art. 15 GG ist die S. von Grund u. Boden, Naturschätzen u. Produktionsmitteln zulässig. Sie setzt aber ein Gesetz voraus, das Art u. Ausmaß der Entschädigung – unter gerechter Abwägung der Interessen der Allgemeinheit u. der Beteiligten – regelt. Ein gemeinwirtschaftliches Unternehmen ist dadurch gekennzeichnet, daß es nicht nach Gewinnerzielungsgrundsätzen geführt wird u. daß die öffentliche Hand bestimmenden Einfluß ausübt. Gemeineigentum verlangt darüber hinaus, daß eine →juristische Person des öfftl. Rechts (nicht notwendig der Staat) Eigentümer des sozialisierten Objekts ist.

Sozialklausel →Miete.

Sozialplan (Absicherung im →Konkurs). Die Ansprüche der Arbeitnehmer aus dem S. (→Mitbestimmung) sind nach der Rspr. des BVerfG u. des Bundesarbeitsgerichts nur einfache Konkursforderungen mit dem Rang des § 61 I Nr. 6 KO. Diese sozial unerwünschte Folge des geltenden Rechts soll durch Änderung der Konkursordnung teilweise korrigiert werden. Ein Gesetzentwurf der Bundesregierung von 1984 sieht eine begrenzte Absicherung von S.ansprüchen als vorrangig zu befriedigenden Konkursforderungen vor. Begünstigt werden allerdings danach nur S., die nicht früher als 3 Monate vor dem Antrag auf Konkurseröffnung aufgestellt worden sind. Das berücksichtigungsfähige Gesamtvolumen der S.ansprüche soll auf das Zweieinhalbfache der letzten Bruttomonatsverdienste u. auf ⅓ der für die Befriedigung der Konkursgläubiger verfügbaren Konkursmasse beschränkt werden.

Sozialrecht. Aufgabe des S. ist es, dem einzelnen Schutz vor den Wechselfällen des Lebens (Krankheit, Invalidität, Arbeitslosigkeit, Alter u.a.) zu bieten. Es umfaßt demgemäß sämtliche → Rechtsnormen, die die soziale Sicherung des Bürgers regeln. – Das moderne S. begann mit der Sozial- u. Arbeitsschutzgesetzgebung der 80er Jahre des 19. Jh., die nicht zuletzt darauf abzielte, die Arbeiterschaft mit dem neu errichteten Reich zu versöhnen u. revolutionären Bestrebungen entgegenzuwirken. Nach zwei Weltkriegen und Inflationen, nach Wirtschaftskrisen u. gesellschaftlichen Umwälzungen hat das S., auf der Grundlage des → Sozialstaatsgebots des Grundgesetzes, erheblich an Bedeutung u. Umfang zugenommen. In ihm realisiert sich, was man in der politischen Sprache der Bundesrepublik als „soziales Netz" zu bezeichnen pflegt. – Das S. gehört zum öfftl. Recht, u. zwar zum Recht der leistenden Verwaltung. Man unterteilt es traditionell in die 3 Bereiche der → Sozialversicherung, der → Sozialversorgung u. der → Sozialhilfe (Fürsorge). Diese 3 Säulen der sozialen Sicherung werden neuerdings ergänzt durch die → Sozialförderung. Bislang ist das S. noch auf viele Einzelgesetze zersplittert; als wichtigste sind zu nennen: die Reichsversicherungsordnung von 1911, das Angestelltenversicherungsgesetz von 1924 u. das Sozialhilfegesetz von 1969. Eine umfassende Kodifikation des S. in Form eines Sozialgesetzbuches (SGB) wird vorbereitet. Das SGB, dessen Allgemeiner Teil neben Gemeinsamen Vorschriften für die Sozialversicherung (IV. Buch) u. Vorschriften für das Verwaltungsverfahren (X. Buch) inzwischen in Kraft getreten ist, soll die verschiedenen Sozialleistungsbereiche zusammenfassen. Dagegen zeichnet sich eine Vereinheitlichung der Zuständigkeiten noch nicht ab. Je nach Aufgabengebiet sind verschiedene Einrichtungen völlig unabhängig voneinander tätig: Versicherungsträger (Versicherungsanstalten, Krankenkassen, Bundesanstalt für Arbeit, Berufsgenossenschaften), Sozialämter, Versorgungsämter u.a.

Sozialstaat. Das Sozialstaatsprinzip ist in Art. 20 I GG („sozialer Bundesstaat") und in Art. 28 I GG („sozialer Rechtsstaat") verankert. Im Unterschied etwa zum → Rechtsstaats- oder zum → Demokratieprinzip, die auf einer langen ideengeschichtlichen und verfassungsrechtlichen Überlieferung beruhen, kann der sozialstaatliche Grundsatz, der früheren deutschen Verfassungen fremd geblieben ist, auf keine etablierte Tradition zurückblicken. Die Neuartigkeit des Begriffs ist eine der Ursachen dafür, daß sein Bedeutungsgehalt umstritten ist. Klarheit besteht heute aber darüber, daß das Sozialstaatsprinzip mehr ist als ein bloßer Programmsatz ohne rechtliche Verbindlichkeit. Andererseits wird seine Tragweite überzogen, wenn es als grundgesetzlicher Imperativ zur Verwirklichung aller möglichen sozial- und gesellschaftspolitischen Forderungen – vom Nulltarif im öffentlichen Nahverkehr bis hin zur umfassenden Demokratisierung sämtlicher Lebensbereiche – reklamiert wird. Das Sozialstaatsprinzip ermächtigt u. verpflichtet den Staat, für den Ausgleich der sozialen Gegensätze u. damit für eine gerechte Sozialordnung zu sorgen sowie seinen Bürgern soziale Sicherheit zu gewährleisten, wozu jedenfalls das ein menschenwürdiges Leben überhaupt erst ermöglichende Existenzminimum gehört. Die Aufgabe des Staates erschöpft sich heute nicht mehr im Schützen, Bewahren, nur gelegentlichen Intervenieren. Er ist eine planende, lenkende, leistende, verteilende Macht, ohne die soziales Leben gar nicht mehr vorstellbar ist. Das Sozialstaatsprinzip enthält im übrigen insoweit eine Bestandsgarantie, als es die sozialen Errungenschaften, z. B. das Sozialversicherungs- u. Sozialhilferecht oder das Arbeitsschutzrecht, vor ihrer Abschaffung oder völligen Deformierung schützt. Das Bekenntnis des Grundgesetzes zum S. bedeutet nicht die verfassungsrechtliche Fixierung einer bestimmten Wirtschafts- und Sozialordnung (wie etwa der → sozialen Marktwirtschaft). Die gegenwärtige Wirtschafts- u. Sozialverfassung ist zwar ein nach dem GG mögliches, nicht aber das allein mögliche System. Das Sozialstaatsprinzip legt das Ziel fest, nicht aber die Methoden, mit denen dieses Ziel zu erreichen ist. Es beläßt somit vor allem dem Gesetzgeber einen erheblichen Gestaltungsspielraum. Deshalb können aus der objektiv-rechtlichen Wertentscheidung des GG für den S. in aller Regel keine individuellen Ansprüche hergeleitet werden. (Zur Ausstrahlung des Sozialstaatsprinzips auf die Interpretation der Freiheitsgrundrechte → *Grundrechte.*) Der S. muß sich in den Formen des → Rechtsstaats realisieren, was schon aus der grundgesetzlichen Wendung vom „sozialen Rechtsstaat" deutlich wird. Das vor allem auf Veränderungen gerichtete dynamische Moment des S. u. das eher statische, vorhandene Rechtspositionen bewahrende Moment des Rechtsstaats müssen sich wechselseitig durchdringen. Keines der beiden Prinzipien darf auf Kosten des anderen realisiert werden.

Sozialversicherung ist als wichtigste Säule der sozialen Sicherung eine auf gesetzlicher Grundlage beruhende öffentliche Pflichtversicherung, vor allem für Arbeiter u. Angestellte (nicht für Beamte). Sie gliedert sich in die Versicherungszweige der Rentenversicherung, Krankenversicherung, Unfallversicherung u. Arbeitslosenversicherung. Auf die Leistungen der S. besteht grundsätzlich ein Rechtsanspruch (§ 4 II SGB 1).

1. Die *Rentenversicherung* (RV) der Angestellten u. Arbeiter – gewisse Besonderheiten gelten nach dem Reichsknappschaftsgesetz für die im Bergbau Beschäftigten – ist in den §§ 1226–1437 RVO, im AVG sowie im SGB 4 geregelt. Sie gewährt neben medizinischen, berufsfördernden u. ergänzenden Sachleistungen zur Rehabilitation Renten bei Invalidität u. bei Erreichen der Altersgrenze sowie Renten an die Hinterbliebenen (Witwen, Waisen) verstorbener Versicherter (→ Witwenrente). Die RV erfaßt sämtliche Arbeitnehmer; die Versicherungspflicht besteht unabhängig von der Höhe des Arbeitsentgelts. Die Zahlung von Renten ist an die Erfüllung von *Wartezeiten* gebunden, in denen der Versicherte Beiträge geleistet hat oder die ihm als Ersatzzeiten (z. B. Militärdienst) angerechnet werden. Die Wartezeiten sind unterschiedlich bemessen. *Altersruhegeld* wird Versicherten vom 65. Lebensjahr an gewährt, wenn sie eine Wartezeit von 60 Monaten zurückgelegt haben. Die Altersgrenze kann unter bestimmten Voraussetzungen auf Antrag vorgezogen werden *(flexible Altersgrenze)*. Das gilt u. a.: für Versicherte ab 63 Jahren, die 35 anrechnungsfähige Versicherungsjahre mit einer Mindestversicherungszeit von 180 Monaten nachweisen; für Versicherte ab 60 Jahren mit einer Versicherungszeit von 180 Monaten, die arbeitslos sind, innerhalb der letzten 1 ½ Jahre mindestens 52 Wochen arbeitslos waren und in den letzten 10 Jahren mindestens 8 Jahre eine versicherungspflichtige Tätigkeit ausgeübt haben; für weibliche Versicherte ab 60 Jahren, sofern sie eine Wartezeit von 180 Monaten erfüllt haben u. in den letzten 20 Jahren überwiegend versicherungspflichtig beschäftigt waren. → auch Schwerbehinderte. *Berufs- oder Erwerbsunfähigkeitsrente* wird nach einer Wartezeit von 60 Monaten gewährt; der Versicherte muß aber in den letzten 5 Jahren vor Risikoeintritt wenigstens für 36 Monate Pflichtbeiträge entrichtet haben. Die Höhe der Rente bestimmt sich nach der sog. *Rentenformel,* einem komplizierten Schlüssel, in den sowohl persönliche wie auch allgemeine Faktoren eingehen. Durch die i. d. R. jährliche Anpassung aufgrund der Rentenanpassungsgesetze soll erreicht werden, daß die Renten dem jeweiligen Lohn- und Preisniveau sowie der Wirtschaftsproduktivität angeglichen werden *(dynamische Rente)*. Die früheren Unterschiede in der RV der Arbeiter und Angestellten sind seit 1957 beseitigt; doch sind die Versicherungsträger weiterhin getrennt (für die Arbeiter die Landesversicherungsanstalten; für die Angestellten die Bundesversicherungsanstalt für Angestellte). Die Mittel zur Finanzierung der Renten und Sachleistungen werden durch *Beiträge der Versicherten* u. durch Bundeszuschüsse aufgebracht. Der *Beitragssatz* beläuft sich z. Z. auf 18,7% der Bezüge bis zu einer bestimmten Höchstgrenze, die 1985

auf monatlich 5400 DM festgesetzt ist *(Beitragsbemessungsgrenze)*. Einmalige Zuwendungen wie Weihnachtsgeld u. Urlaubsgeld werden so behandelt, als wären sie in mehreren monatlichen Teilbeträgen gezahlt worden; auf diese Weise soll verhindert werden, daß die Zuwendung bei Arbeitnehmern mit höherem Arbeitseinkommen wegen Überschreitens der Beitragsbemessungsgrenze im Monat der Zahlung ganz oder teilweise beitragsfrei bleibt. Die Beiträge sind von Arbeitnehmer u. Arbeitgeber je zur Hälfte zu leisten u. von letzterem zusammen mit den Beiträgen für Kranken- u. Arbeitslosenversicherung an die Träger der gesetzlichen Krankenversicherung (z. B. AOK) als Einzugsstellen abzuführen. Während der Ausfallzeiten, in denen Arbeitslose Arbeitslosengeld, Arbeitslosenhilfe oder Unterhaltsgeld beziehen, zahlt die Bundesanstalt für Arbeit die Beiträge an die Träger der RV.

2. Die *soziale Krankenversicherung* (KV) – geregelt in §§ 165–532 RVO u. im SGB 4 – gewährt den Versicherten, unter bestimmten Voraussetzungen auch ihren Angehörigen, insbesondere Krankenpflege (ärztliche Behandlung, Heilmittel), ggf. auch Krankenhauspflege sowie Krankengeld (Ersatz des Verdienstausfalls in Höhe von 80% des regelmäßigen Arbeitsentgelts). Allerdings trifft den Versicherten eine Kostenbeteiligungspflicht: Rezeptblattgebühr von 2 DM, je Heilmittel 4 DM, bei zahntechnischen Leistungen Kostenanteil bis zu 40%, bei Krankenhausaufenthalt 5 DM täglich für längstens 14 Tage, bei Kur 10 DM pro Tag u. a.; Arzneimittel, die üblicherweise bei geringfügigen Gesundheitsstörungen verordnet werden (z. B. Hustensaft), sind von den Leistungen der KV ausgeschlossen. Der Versicherte hat freie Wahl unter den bei seiner Krankenkasse zugelassenen Kassenärzten; die ärztliche Behandlung setzt aber die Lösung eines Krankenscheins i. d. R. vor Inanspruchnahme des Arztes voraus. Versicherungspflichtig sind Arbeiter sowie Angestellte, deren Gehalt eine bestimmte Höchstgrenze (75% der für die RV maßgeblichen Beitragsbemessungsgrenze, 1985 also 4050 DM monatlich) nicht übersteigt; außerdem u. a. Rentner u. Studenten, sofern sie nicht wegen anderweitiger Versicherung von der Versicherungspflicht befreit worden sind. Versichert sind auch Arbeitslose, die Arbeitslosengeld, Arbeitslosenhilfe oder Unterhaltsgeld beziehen (§ 155 AFG). Im übrigen ist eine freiwillige Versicherung durch Fortführung eines früheren Versicherungsverhältnisses oder – unter bestimmten Voraussetzungen – durch freiwilligen Beitritt zur KV möglich. Die Höhe der Beiträge richtet sich nach dem durchschnittlichen Arbeitsentgelt u. wird von jeder Krankenkasse nach ihrem Bedarf festgesetzt (im allgemeinen etwa 11,5% des Arbeitsentgelts bis zu 75% der Beitragsbemessungsgrenze in der RV). Die Beiträge sind von Arbeitnehmer u. Arbeitgeber je zur Hälfte aufzubringen. Rentner müssen einen Krankenkassenbeitrag von 11,8% der Rente leisten, erhalten andererseits aus der RV einen

Beitragszuschuß von 8,8%. Die Beiträge für Arbeitslose entrichtet die Bundesanstalt für Arbeit (§ 157 AFG). Träger der KV sind vornehmlich die allgemeinen Ortskrankenkassen u. die auf freiwilligem Beitritt beruhenden Ersatzkassen.

3. Die *Unfallversicherung* (UV) – Rechtsgrundlage sind im wesentlichen die §§ 537–895 RVO u. das SGB 4 – bietet insbesondere Schutz bei Arbeitsunfällen; dazu gehören auch die Unfälle, die sich auf dem Weg zum oder vom Arbeitsplatz ereignen. Durch die UV wird i. d. R. die Haftung des Arbeitgebers bzw. des Arbeitskollegen für Körperschäden ausgeschlossen. Auch Unfälle in Kindergärten, Schulen u. Hochschulen sowie in Gefängnissen u. bei Aktionen allgemeiner Hilfe unterliegen heute dem Versicherungsschutz. Demgemäß sind nicht nur sämtliche Arbeitnehmer u. die in einem Lehrverhältnis Beschäftigten pflichtversichert, sondern auch Kinder in Kindergärten, Schüler während des Schulbesuchs, Studenten, Entwicklungshelfer, Angehörige von Berufen u. Diensten der allgemeinen Hilfeleistung (z. B. Blutspender, Feuerwehrleute), Strafgefangene u. a. Die Leistungen der UV bestehen in Heilbehandlung, Berufshilfe, Rente, Sterbegeld, Hinterbliebenenrente. Die Mittel werden durch Umlagen der Arbeitgeber u. Unternehmer aufgebracht. Träger der UV sind die Berufsgenossenschaften. Für Nicht-Arbeitnehmer steuern die Länder bzw. der Bund als Versicherungsträger die Mittel bei.

4. Die *Arbeitslosenversicherung* (AV) – geregelt in den §§ 63 bis 141 AFG – schützt vor u. bei Arbeitslosigkeit. Sie erfaßt alle Arbeitnehmer als Pflichtversicherte. Ihre Leistungen sind u. a. Arbeitslosengeld, Arbeitslosenhilfe, Kurzarbeitergeld, darüber hinaus Schlechtwettergeld, Winterbauförderung. Angesichts der hohen Arbeitslosenquote (etwa 10% der erwerbsfähigen Bevölkerung) bei steigender Dauerarbeitslosigkeit kommt vor allem dem Arbeitslosengeld u. der Arbeitslosenhilfe große Bedeutung zu. Das *Arbeitslosengeld* beträgt für Arbeitslose mit mindestens 1 Kind 68%, sonst 63% des bisherigen um die gesetzlichen Abzüge geminderten Arbeitsentgelts, wobei Vergütungen oberhalb der Beitragsbemessungsgrenze in der RV (1985 monatlich 5 400 DM) unberücksichtigt bleiben. Arbeitslosengeld erhält auf Antrag (beim Arbeitsamt), wer arbeitslos ist, die Arbeitslosigkeit gemeldet hat u. die Anwartschaftszeit (mindestens 360 Tage beitragspflichtige Beschäftigung innerhalb der letzten 3 Jahre) erfüllt hat. Er muß zur Ausübung jeder zumutbaren Beschäftigung, u. U. auch zur beruflichen Fortbildung u. Umschulung sowie zu sonstigen Maßnahmen der Verbesserung seiner Vermittlungsaussichten bereit sein. Die Anspruchsdauer beläuft sich je nach Zeit der vorausgegangenen Beschäftigung auf mindestens 104 u. höchstens 312 Tage. – Ein bedürftiger Arbeitsloser, der mangels Erfüllung der Anwartschaftszeit oder wegen Überschreitens der Höchstdauer keinen Anspruch auf Arbeitslosengeld (mehr) hat, erhält

vom Arbeitsamt *Arbeitslosenhilfe* (58% für Arbeitslose mit mindestens 1 Kind, sonst 56% des bisherigen Nettoarbeitsentgelts). Voraussetzung ist, daß er innerhalb eines Jahres von der Arbeitslosenmeldung entweder Arbeitslosengeld bezogen oder mindestens 150 Kalendertage eine entlohnte Beschäftigung ausgeübt hat. Die Arbeitslosenhilfe soll jeweils für längstens 1 Jahr bewilligt werden. *Kurzarbeitergeld* (wie beim Arbeitslosengeld 68% bzw. 63% des Nettoentgelts) wird Arbeitnehmern zur Erhaltung von Arbeitsplätzen für eine begrenzte Zeit bezahlt, falls sich betrieblich ein vorübergehender Arbeitsausfall nicht vermeiden läßt u. kein Arbeitskräftemangel herrscht. – Der Beitrag zur AV (z. Z. 4,4% des Arbeitsentgelts bis zu der für die RV geltenden Beitragsbemessungsgrenze) ist von Arbeitnehmer u. Arbeitgeber zu gleichen Teilen aufzubringen. Träger der AV ist die Bundesanstalt für Arbeit (→ Arbeitsverwaltung, → Arbeitsförderungsgesetz).

Sozialversorgung. Die S. umfaßt den Ausgleich von Belastungen, denen einzelne Personengruppen infolge besonderer Umstände ausgesetzt waren. Dabei geht es vor allem um Personen, die vom Krieg u. von Kriegsfolgen betroffen sind (Kriegsopferversorgung, Entschädigung von Spätheimkehrern, Umsiedlern, Flüchtlingen aus der DDR). Von besonderer Bedeutung war in der Nachkriegszeit der *Lastenausgleich,* der dazu diente, das durch Krieg u. Kriegsfolgen eingetretene Vermögensgefälle zwischen Geschädigten u. Nichtgeschädigten zu verringern. Leistungen u. Behördenorganisation im Bereich der S. sind in verschiedenen Sondergesetzen (Bundesversorgungsgesetz, Lastenausgleichsgesetz u. a.) geregelt.

Sozialverwaltung (Behörden). Art, Aufbau u. Zuständigkeiten der Sozialbehörden sind uneinheitlich (→ Sozialrecht, → Sozialversicherung, → Sozialversorgung, → Sozialhilfe, → Sozialförderung). Doch gibt es aufgrund des Anfang 1981 in Kraft getretenen X. Buches des Sozialgesetzbuches (1. und 2. Kapitel) nunmehr auch für den Bereich der S. ein einheitliches Verwaltungsverfahrensrecht, das sich weitgehend an das Verwaltungsverfahrensgesetz des Bundes (→ Verwaltungsverfahren) anlehnt.

Spannungsfall (Art. 80a GG). Der S. ist eine Vorstufe des → Verteidigungsfalls. Er ist durch eine Situation gekennzeichnet, in der die erhebliche (nicht schon die unmittelbar drohende) Gefahr eines Angriffs von außen besteht. Seine Bedeutung liegt darin, daß er die Anwendung zahlreicher Rechtsvorschriften, die der Verteidigung einschließlich des Zivilschutzes dienen, ermöglicht. Hierzu zählen insbes. die Bestimmungen über die Begründung von Dienstverpflichtungen u. über das Verbot, den Arbeitsplatz aufzugeben oder zu wechseln (Art. 12a V u. VI GG), sowie die

Vorschriften über den Einsatz der → Streitkräfte zum zivilen Objektschutz u. zur Verkehrsregelung (Art. 87a III GG). Voraussetzung der Anwendung dieser Bestimmungen ist, daß der Bundestag den Eintritt des S. mit ⅔-Mehrheit festgestellt hat. Doch kann er der Anwendung einzelner Rechtsvorschriften auch ohne ausdrückliche Feststellung des S. besonders zustimmen; hierzu genügt die einfache Mehrheit, soweit es sich nicht um die Beschränkungen der → Berufsfreiheit nach Art. 12a V u. VI GG handelt. Die Anwendung von Notstandsrecht ist nach der Bündnisklausel des Art. 80a III GG ohne Einschaltung des Bundestages auf der Grundlage u. nach Maßgabe eines Beschlusses zulässig, der von einem internationalen Organ im Rahmen eines Bündnisvertrages (z. B. → NATO) mit Zustimmung der Bundesregierung gefaßt wird. Die aufgrund von Notstandsvorschriften getroffenen Maßnahmen sind aufzuheben, wenn der Bundestag es (im Fall der Bündnisklausel mit der Mehrheit seiner Mitglieder) verlangt.

Spediteur (§§ 407 ff. HGB) ist ein → Kaufmann, der es gewerbsmäßig übernimmt, Güterversendungen durch Frachtführer (zu Lande oder auf Binnengewässern) oder durch Verfrachter von Seeschiffen für Rechnung eines anderen (des Versenders) in eigenem Namen zu besorgen. Der S. befördert also das Frachtgut i. d. R. nicht selbst, ist aber zur Eigenbeförderung berechtigt. Er wird aufgrund eines *Speditionsvertrages* tätig. Dabei handelt es sich um einen → Werkvertrag, der eine → Geschäftsbesorgung zum Inhalt hat. Als Vergütung erhält der S. eine Provision, daneben Aufwendungsersatz. Wegen seiner Ansprüche gegen den Versender hat er ein gesetzliches → Pfandrecht am Frachtgut. Die für den Speditionsvertrag maßgeblichen gesetzlichen Vorschriften, insbes. über die Haftung des S., werden als nachgiebiges Recht durch die Allgemeinen Deutschen Spediteurbedingungen (→ Allgemeine Geschäftsbedingungen) weitgehend verdrängt.

Spezialprävention → Strafrecht.

Spiel (§ 762 BGB) ist ein → Vertrag, durch den die Vertragsparteien zum Zweck der Unterhaltung oder in Gewinnerzielungsabsicht einander versprechen, daß demjenigen, der die durch Regeln festgesetzten Bedingungen erfüllt, ein Gewinn zufallen soll. Der Bedingungseintritt kann ganz oder überwiegend vom Zufall (Glücksspiel) oder ganz oder überwiegend von den Fähigkeiten der Beteiligten abhängen (Geschicklichkeitsspiel). Das S. hat wie die → Wette nur eine begrenzte Wirksamkeit: Es begründet keine klagbare Verbindlichkeit, auch nicht für das zum Zweck der Erfüllung der Spielschuld abgegebene → Schuldversprechen, Schuldanerkenntnis o. ä. Anderseits kann das aufgrund der Spielschuld Geleistete nicht zurückgefordert werden.

Die gewerbsmäßige Aufstellung von *Spielgeräten,* die mit einer den Spielausgang beeinflussenden technischen Vorrichtung ausgestattet sind und die die Möglichkeit eines Gewinns bieten, ist nur mit Erlaubnis der zuständigen Behörde zulässig (§ 33c GewO). Die Spielautomaten müssen eine Bauart aufweisen, die von der Physikalisch-Technischen Bundesanstalt zugelassen ist. Die Erlaubnis, die unter Auflagen (z. B. im Interesse des Jugendschutzes) erteilt werden kann, ist zu versagen, wenn der Antragsteller die erforderliche Zuverlässigkeit nicht besitzt; sie fehlt bei Personen, die in den letzten 3 Jahren vor Antragstellung wegen eines Verbrechens oder wegen eines Vermögensdelikts (z. B. Diebstahl, Betrug, Erpressung) rechtskräftig verurteilt worden sind. Wer ohne behördliche Erlaubnis öffentlich ein *Glücksspiel* veranstaltet oder hält oder die Einrichtungen hierzu bereitstellt, wird mit Freiheitsstrafe bis zu 2 Jahren oder mit Geldstrafe bestraft; als öffentlich veranstaltet gelten auch Glücksspiele in Vereinen oder geschlossenen Gesellschaften, in denen Glücksspiele gewohnheitsmäßig veranstaltet werden (§ 284 StGB). Wer sich an einem öffentlichen Glücksspiel beteiligt, wird mit Freiheitsstrafe bis zu 6 Monaten oder mit Geldstrafe bis zu 180 Tagessätzen bestraft (§ 284a StGB).

Staat ist die politische Organisation eines *Volkes,* die über ein *Staatsgebiet* u. über volks- u. gebietsbezogene *Staatsgewalt* verfügt. Die Staatsgewalt ist ursprünglich, d. h. durch keine andere Gewalt begrenzt. Alle übrigen politischen Gemeinwesen leiten ihre Hoheitsgewalt grundsätzlich von ihm ab. Die auf Georg Jellinek (1851–1911) zurückgehende Definition des S. nach seinen 3 Elementen Staatsgebiet, Staatsvolk, Staatsgewalt verzichtet darauf, das höchst umstrittene „Wesen" des S. zu bestimmen. Sie enthält keine Aussagen über seine Entstehung (z. B. Gesellschaftsvertrag, historische Entwicklung aus Stamm u. Volk), über die Staatsform (Demokratie, Monarchie, Diktatur u. a.), über die Art der Ausübung der Staatsgewalt (z. B. Rechtsstaat, Machtstaat) u. über die Staatszwecke (z. B. Gerechtigkeit, Friedensordnung, Wohlfahrt, Durchsetzung von Klasseninteressen). Sie benennt aber in hinreichender Deutlichkeit Kriterien, nach denen ein politisches Gebilde ohne Rücksicht auf die Qualität seiner Verfassung in der Völkerrechtsgemeinschaft als S. zu gelten hat.

Staatsangehörigkeit ist das Rechts- u. Schutzverhältnis zwischen dem Staat und seinen Angehörigen. Jeder Staat ist nach dem → Völkerrecht legitimiert, seine S. zu regeln. Das Grundgesetz (Art. 16 I, 116 I) u. das RuStAG gehen im Gegensatz zur → DDR – in der nach dem Staatsbürgerschaftsgesetz von 1967 eine eigene DDR-Staatsbürgerschaft besteht – von einer einheitlichen deutschen S. aus, wobei diese zugleich die S. der Bundesrepublik ist.

Infolgedessen sind auch die in der DDR lebenden Deutschen deutsche Staatsangehörige. Daran hat sich auch durch den → Grundlagenvertrag nichts geändert, zumal die Bundesrepublik in einem Vorbehalt zu diesem Vertrag erklärt hat, daß durch ihn Staatsangehörigkeitsfragen nicht geregelt worden seien. Deshalb ist jeder Bürger der DDR, der in den Schutzbereich der Bundesrepublik u. ihrer Verfassung gerät, als Deutscher wie jeder Bürger der Bundesrepublik zu behandeln. – Die deutsche S. wird durch Geburt, → Legitimation, → Annahme eines Minderjährigen als Kind oder → Einbürgerung erworben (§§ 4 ff. RuStAG). Der Erwerb der deutschen S. durch Geburt setzt voraus, daß im Fall des → ehelichen Kindes ein Elternteil Deutscher, im Fall des → nichtehelichen Kindes die Mutter Deutsche ist. Die deutsche S. geht verloren durch Entlassung, Erwerb einer ausländischen S. oder Verzicht (§§ 17 ff. RuStAG). Sie darf jedoch nicht zwangsweise entzogen werden (Art. 16 I 1 GG). – Der im GG verwendete Begriff „Deutscher" ist weiter als der des deutschen Staatsangehörigen. Er umfaßt auch diejenigen, die als Flüchtlinge oder Vertriebene deutscher Volkszugehörigkeit oder als deren Ehegatten u. Abkömmlinge im Gebiet des Deutschen Reichs nach dem Stand vom 31. 12. 1937 Aufnahme gefunden haben (Art. 116 I GG).

Staatsanwaltschaft (§§ 141 ff. GVG) ist die Strafverfolgungsbehörde, die im → Strafprozeß mit der Leitung des Ermittlungsverfahrens sowie mit der Erhebung u. Vertretung der Anklage betraut ist. Ihr obliegt darüber hinaus die → Strafvollstreckung. Die S. ist ein Organ der → Rechtspflege u. bei ihrer Tätigkeit zur Objektivität verpflichtet. Behörden der S. bestehen beim BGH (Generalbundesanwalt), bei den OLG (Generalstaatsanwalt) u. bei den Landgerichten (Leitender Oberstaatsanwalt). Die S. beim Landgericht nimmt auch die Aufgaben bei den zugehörigen Amtsgerichten wahr. Die S. ist streng hierarchisch aufgebaut. Das Recht der Aufsicht u. Leitung steht zu: dem Bundesjustizminister hinsichtlich der Bundesanwaltschaft, dem Landesjustizminister hinsichtlich der S. des Landes, dem Generalstaatsanwalt u. dem Leitenden Oberstaatsanwalt hinsichtlich der Staatsanwälte ihres jeweiligen Bezirks. Die Staatsanwälte handeln stets als Vertreter des Behördenleiters. Sie sind im Rahmen des → Legalitätsprinzips u. des geltenden Rechts weisungsgebunden. Die Behördenleiter sind befugt, die Amtsverrichtungen selbst zu übernehmen (Devolutionsrecht) oder einem anderen als dem zunächst zuständigen Staatsanwalt zu übertragen (Substitutionsrecht).

Staatsbürgerliche Rechte und Pflichten. Nach Art. 33 I GG hat jeder Deutsche in jedem Land die gleichen s. R. u. P. (z. B. Wahlrecht u. Recht auf Zugang zu öffentlichen Bildungseinrichtungen einerseits, Schulpflicht u. Steuerpflichten andererseits). Die Vorschrift bedeutet nicht, daß die s. R. u. P. in allen Bundesländern identisch sein müßten. So kann z. B. das Wahlrecht im Land A an ein Mindestalter von 18 Jahren, im Land B dagegen an ein Mindestalter von 21 Jahren geknüpft werden. Doch muß sichergestellt sein, daß jeder Deutsche, der in einem Bundesland wohnt, in seinen Rechten u. Pflichten den übrigen Einwohnern gleichgestellt ist; er darf also wegen seiner Herkunft aus einem anderen Bundesland weder benachteiligt noch bevorzugt werden. Darüber hinaus bestimmt Art. 33 GG, daß jeder Deutsche nach seiner Eignung, Befähigung u. fachlichen Leistung gleichen Zugang zu jedem öffentlichen Amt hat (Abs. 2) u. daß eine unsachgemäße Differenzierung dieses Zugangsrechts nach dem religiösen Bekenntnis verboten ist (Abs. 3).

Staatshaftung → Amtshaftung.

Staatskirchenrecht umfaßt als Teil des staatlich-öffentl. Rechts die Gesamtheit der → Rechtsnormen, die das Verhältnis von Staat und Kirche regeln. Die rechtlichen Grundlagen dieser Beziehungen ergeben sich vor allem aus dem Grundgesetz, das die → Religionsfreiheit gewährleistet (Art. 4) u. einerseits die Staatskirche verbietet, andererseits sämtlichen Kirchen u. Religionsgemeinschaften das Recht der Selbstbestimmung in ihren eigenen Angelegenheiten garantiert (Art. 140 i. V. m. Art. 137 I u. III WRV). Es besteht demnach eine organisatorische *Trennung von Staat u. Kirche,* jedoch nicht in dem strikten Sinne, daß der religiös neutrale Staat das öffentliche Wirken der Kirchen ablehnt u. ihnen mit Indifferenz u. Zurückweisung begegnet. Vielmehr sucht er ihre Aktivitäten auch im öffentlichen Bereich zu fördern, ohne sich freilich mit ihnen zu identifizieren *(Grundsatz der Nichtidentifikation)* u. ohne die eine oder andere Kirche bzw. Religionsgemeinschaft zu bevorzugen *(Grundsatz der Parität)*. Eine Besonderheit des deutschen S. liegt darin, daß die Kirchen kraft Tradition → Körperschaften des öfftl. Rechts sind (Art. 140 GG i. V. m. Art. 137 V WRV). Das bedeutet indes nicht, daß sie wie andere öffentl.-rechtl. Körperschaften dem Staatsverband eingegliedert wären. Vielmehr wird durch diesen herausgehobenen Rechtsstatus ihre Stellung im öffentlichen Leben anerkannt; ihnen sind damit zugleich öfftl.-rechtl. Befugnisse (z. B. Rechtsetzungsbefugnis, Gerichtsbarkeit, Dienstherreneigenschaft, Disziplinargewalt, Besteuerungsrecht) eingeräumt, durch die sie sich von privaten Verbänden abheben. Für das auf Kooperation angelegte Verhältnis zwischen Kirche und Staat in der Bundesrepublik ist Art. 7 III GG kennzeichnend, wonach der Religionsunterricht in öffentlichen Schulen, mit Ausnahme der zahlenmäßig kaum ins Gewicht fallenden bekenntnisfreien Schulen, ordentliches Lehrfach ist. Einzelheiten der Beziehungen zwischen Staat u. Kirche sind vielfach in Verträgen geregelt. Verträge mit dem Hl. Stuhl, die völkerrechtlichen Charakter haben, werden als *Konkordate* bezeichnet; Verträge mit der evangelischen Kirche heißen *Kirchenverträge*. Regelungsmaterien dieser Verträge sind neben den Grundfragen des staatlich-kirchlichen Verhältnisses Angelegenheiten gemeinsamen Interesses, wie z. B. Religionsunterricht, Privatschulen, theologische Fakultäten, Anstalts- u. Militärseelsorge. Das 1933 zwischen dem Hl. Stuhl u. dem Deutschen Reich abgeschlossene *Reichskonkordat,* das den Wünschen der Kirche insbesondere hinsichtlich der bekenntnismäßigen Ausgestaltung des Schulwesens in hohem Maße Rechnung trug, ist völkerrechtlich weiterhin gültig, bindet also die Bundesrepublik Deutschland; doch sind die Bundesländer, denen nach dem Grundgesetz die Kulturhoheit zusteht, dem Bund gegenüber verfassungsrechtlich nicht verpflichtet, die Schulbestimmungen des Reichskonkordats bei ihrer Gesetzgebung zu beachten (so das Bundesverfassungsgericht im Konkordatsurteil von 1957).

Staatsnotstand. Als S. oder Ausnahmezustand bezeichnet man eine unmittelbare Gefährdung der Grundlagen der staatlichen Ordnung durch einen Angriff von außen oder durch eine Erhebung im Innern. Zur Abwehr solcher Gefahren ist 1968 die sog. → Notstandsverfassung ins Grundgesetz eingefügt worden.

Staatsrecht ist die Gesamtheit der → Rechtsnormen, die die Grundordnung des → Staates sowie Organisation, Zuständigkeiten und Verfahren der obersten Staatsorgane regeln. Der Begriff des S. ist also weiter als der des → Verfassungsrechts. Er umfaßt auch solche Rechtsnormen, die im Rang unter dem Verfassungsrecht stehen (im S. der Bundesrepublik z. B. Bundeswahlgesetz, Gesetz über das Bundesverfassungsgericht, Geschäftsordnungen von Bundestag u. Bundesrat).

Staatsverträge → Völkerrecht.

Staatsverwaltung → Verwaltung, öffentliche.

Stabilitätsgesetz. Nach dem auf der Grundlage des Art. 109 GG ergangenen S. vom Juni 1967 haben Bund u. Länder bei ihren wirtschafts- u. finanzpolitischen Maßnahmen die Erfordernisse des gesamtwirtschaftlichen Gleichgewichts zu beachten. Dabei sind die Maßnahmen i. S. des „magischen Vierecks" so zu treffen, daß sie im Rahmen der marktwirtschaftlichen Ordnung gleichzeitig zur *Stabilität des Preisniveaus,* zu einem *hohen Beschäftigungsstand* u. *außenwirtschaftlichem Gleichgewicht* bei stetigem u. angemessenem *Wirtschaftswachstum* beitragen (§ 1 des Gesetzes).

Standesbeamter. Dem S. obliegt die Beurkundung des → Personenstandes. Eine Ehe muß vor ihm geschlossen werden (→ Eherecht); er hat das der Ehe vorausgehende → Aufgebot zu erlassen. Die Aufgaben des S. sind staatliche Angelegenheiten, die den Gemeinden als → Auftragsangelegenheiten übertragen sind. Grundsätzlich bildet jede Gemeinde einen Standesamtsbezirk mit einem Standesamt. Bei kleineren Gemeinden ist der Bürgermeister S., bei größeren wird ein besonderer S. bestellt.

status quo ist die bestehende Rechtslage, *status quo ante* die Rechtslage, die vorher bestanden hat.

Stellvertretung (§§ 164 ff. BGB) ist die Abgabe oder der Empfang einer → Willenserklärung in fremdem Namen. Die Erklärung wirkt unmittelbar für u. gegen den Vertretenen, wenn der Vertreter innerhalb der ihm zustehenden Vertretungsmacht handelt. Wer für einen anderen auftreten will, muß dies aber – wenn nicht ausdrücklich, so doch durch die Umstände – deutlich erkennen lassen. Andernfalls ist er so anzusehen, als hätte er das Rechtsgeschäft im eigenen Namen abgeschlossen; er wird selbst Vertragspartei, ohne daß ihm die Möglichkeit der Anfechtung wegen → Irrtums zustünde. – Die Vertretungsmacht beruht entweder auf Gesetz (→ *gesetzlicher Vertreter,* z. B. die Eltern im Rahmen der → elterlichen Sorge, der → Vormund) oder auf rechtsgeschäftlich erteilter → Vollmacht. Da nur den Vertretenen die Rechtsfolgen des Geschäfts treffen, kann auch ein in der → Geschäftsfähigkeit Beschränkter, z. B. ein Minderjähriger, Vertreter sein. S. ist nicht nur bei → Rechtsgeschäften, sondern auch bei geschäftsähnlichen Handlungen (z. B. Mahnung, → Rechtshandlungen) zulässig. Sie ist jedoch dort ausgeschlossen, wo es auf höchstpersönliche Vornahme ankommt, so vor allem im Familienrecht (z. B. bei der Eheschließung) u. im Erbrecht (z. B. bei der Testamentserrichtung). Der Vertreter darf im übrigen nicht auf beiden Seiten des Rechtsgeschäftes mitwirken; er kann also z. B. nicht mit sich selbst als Vertreter eines anderen einen Vertrag schließen. Durch das *Verbot des Selbstkontrahierens* soll eine Interessenkollision vermieden werden. Ausnahmen von diesem Verbot gelten dann, wenn der Vertreter durch das Rechtsgeschäft bloß eine schon vorhandene Verbindlichkeit erfüllt oder wenn ihm das Selbstkontrahieren gesetzlich oder rechtsgeschäftlich gestattet ist. – Ein → Vertrag, den jemand ohne Vertretungsmacht im Namen eines anderen schließt (*Vertreter ohne Vertretungsmacht,* z. B. durch Überschreiten der Vollmacht), ist zunächst schwebend unwirksam, kann jedoch vom Vertretenen genehmigt werden u. wird dadurch von Anfang an wirksam. Ein ohne Vertretungsmacht erklärtes einseitiges empfangsbedürftiges Rechtsgeschäft (z. B. Kündigung) ist dagegen nur dann genehmigungsfähig, wenn der

Erklärungsgegner keinen Anstoß an der fehlenden Legitimation des Vertreters genommen hat; ansonsten ist es nichtig. Verweigert in den Fällen schwebender Unwirksamkeit der Vertretene die Genehmigung – mit der Folge, daß das Rechtsgeschäft nicht zustande kommt –, so haftet der Vertreter ohne Vertretungsmacht dem anderen Teil nach dessen Wahl entweder auf Erfüllung oder auf → Schadensersatz wegen Nichterfüllung; hat er indes den Mangel der Vertretungsmacht nicht gekannt, braucht er nur den Vertrauensschaden zu ersetzen; er ist von der Haftung völlig befreit, sofern er, etwa als Minderjähriger, in der Geschäftsfähigkeit beschränkt war oder wenn der andere Teil den Mangel der Vertretungsmacht kannte oder fahrlässig nicht kannte. – Aus dem Wesen der S. folgt, daß für evtl. Willensmängel, die die Wirksamkeit des abgeschlossenen Rechtsgeschäfts infrage stellen, allein die Person des Vertreters, nicht die des Vertretenen maßgeblich ist. Nur wenn der Vertreter sich geirrt hat, ist daher eine Anfechtung nach § 119 BGB möglich. Gleiches gilt grundsätzlich in den Fällen, wo es auf die Kenntnis oder fahrlässige Unkenntnis gewisser Umstände ankommt. Der Vertretene kann deshalb eine dem Veräußerer nicht gehörende Sache nur dann gem. § 932 BGB erwerben, wenn der Vertreter gutgläubig ist (→ gutgläubiger Erwerb). Hat allerdings der bevollmächtigte (nicht der gesetzliche) Vertreter nach bestimmten Weisungen des Vollmachtgebers gehandelt, nützt diesem, sofern er selbst bösgläubig war, der gute Glaube des Vertreters nichts. – Von der *unmittelbaren (offenen) S.* ist die *mittelbare (verdeckte) S.* zu unterscheiden. Hier wird der „Vertreter" zwar im Interesse eines anderen tätig, tritt jedoch nicht in dessen, sondern in eigenem Namen auf (so z. B. der → Treuhänder oder der Strohmann; gesetzlich geregelte Fälle gibt es im HGB: Kommissionär u. Spediteur, §§ 383 ff., §§ 407 ff.). Der mittelbare Vertreter wird aus den von ihm abgeschlossenen Rechtsgeschäften selbst berechtigt u. verpflichtet. Er muß allerdings die Rechte, die er erworben hat, durch Abtretung, Übereignung usw. an den Geschäftsherrn übertragen. – Wer unter *fremdem Namen* ohne Vollmacht des Namensträgers auftritt (z. B. falsche Namensangabe im Hotel), ist gleichfalls kein Vertreter. Das Rechtsgeschäft kommt mit ihm selbst zustande; doch kann es der „Vertretene" durch Genehmigung für sich wirksam werden lassen. – Keine S. liegt vor, wenn jemand für einen anderen eine Willenserklärung nur übermittelt oder in Empfang nimmt. Der (Erklärungs- oder Empfangs-)*Bote* ist bloß ein „Werkzeug" des Erklärenden bzw. Erklärungsempfängers; es spielt daher keine Rolle, ob er geschäftsfähig ist oder nicht.

Sterilisation (Unfruchtbarmachung) ist tatbestandlich eine → Körperverletzung sowohl i. S. des § 223 StGB als auch nach § 823 I BGB. Ihre → Rechtswidrigkeit kann durch die Einwilligung des oder der Betroffenen ausgeschlossen sein. Das setzt voraus, daß die Einwilligung in voller Kenntnis ihrer Tragweite erklärt worden ist u. daß der nach den Regeln der ärztlichen Kunst durchgeführte Eingriff trotz der Einwilligung nicht gegen die guten Sitten verstößt. Ein Sittenverstoß ist jedenfalls dann zu verneinen, wenn eine der den → Schwangerschaftsabbruch rechtfertigenden Indikationen vorliegt. Nach Auffassung des BGH handelt ein Arzt nicht rechtswidrig, der eine 34jährige Frau u. Mutter von 3 Kindern unfruchtbar macht, sofern sie das wünscht, weil sie keine weiteren Kinder haben will. Die S. von Männern über 25 Jahre mit einem abnormen Geschlechtstrieb – der entweder schwerwiegende gesundheitliche oder seelische Störungen bedingt oder die Begehung von Sexualstraftaten erwarten läßt – ist nach den Vorschriften des 1969 erlassenen Gesetzes über freiwillige Kastration u. andere Behandlungsmethoden erlaubt. Auch hier bedarf es aber der Einwilligung des Betroffenen bzw. seines Vormunds oder Pflegers.

Führt ein Fehler des Arztes bei der aus Gründen der Familienplanung vorgenommenen S. einer Ehefrau zur Geburt eines unerwünschten Kindes, dann steht den Eltern wegen der ihnen daraus erwachsenden Unterhaltsbelastung ein Schadensersatzanspruch gegen den für die fehlerhafte Operation Verantwortlichen (Arzt, Krankenhausträger) zu. Die Schadensersatzforderung ist ausgeschlossen, wenn das ursprünglich unerwünschte Kind nachträglich zu einem erwünschten wird. → auch Arztrecht.

Steuerrecht. Das S. umfaßt als Teil des öfftl. Rechts die Gesamtheit der → Rechtsnormen, die die Erhebung von Steuern betreffen; es gehört zum Besonderen → Verwaltungsrecht. Steuern sind einmalige oder laufende Geldleistungen, die – im Gegensatz zu Gebühren und Beiträgen (→ Abgaben) – keine Gegenleistung für eine besondere Leistung darstellen und von einem öfftl.-rechtl. Gemeinwesen (Bund, Land, Gemeinde) zur Erzielung von Einnahmen allen auferlegt werden, bei denen der Tatbestand zutrifft, an den das Gesetz die Leistungspflicht knüpft. Steuern können auch wirtschafts- oder sozialpolitischen Zwecken dienen (Konjunktursteuerung, Subventionen), solange die Erzielung von Einnahmen wenigstens Nebenzweck ist. Das S. ist, anders als z. B. das Strafrecht, nicht in einem einheitlichen Gesetzbuch kodifiziert, sondern stellt ein Konglomerat von etwa 50 Einzelsteuern dar, die in mehr als 90 Gesetzen und in über 100 Rechtsverordnungen geregelt sind.

Allgemeines Steuerrecht. Die Grundsätze des S. sind im wesentlichen in der am 1. 1. 1977 in Kraft getretenen Abgabenordnung (AO 1977), dem bedeutsamsten allgemeinen Steuergesetz, geregelt. Sie sind streng rechtsstaatlich ausgebildet und tragen damit der Tatsache Rechnung, daß es sich um das Recht einer → Eingriffsverwaltung handelt. So unterliegen die Steuerbehörden in ihrer Tätigkeit dem Prinzip der → *Gesetzmäßigkeit der Verwaltung.* Die Besteuerung ist daher nur zulässig, sofern u. soweit sie durch Gesetz angeordnet ist (§§ 3 I, 38 AO 1977, „nullum tributum sine lege"); die Steuerverwaltung ist nach dem → Legalitätsprinzip nicht nur berechtigt, sondern auch verpflichtet, die gesetzlich geschuldete Steuer zu erheben (§ 85 S. 1 AO 1977). Rechtsstaatlichkeit zwingt darüber hinaus zur strikten Beachtung des Prinzips der → *Rechtssicherheit.* Daraus folgt, daß der Tatbestand, an den die Steuer als Rechtsfolge geknüpft ist, möglichst bestimmt sein muß, daß eine Analogie zum Nachteil des Steuerpflichtigen ausgeschlossen u. daß eine (echte) → Rückwirkung von Steuergesetzen unzulässig ist. Zu den allgemeinen Grundsätzen des S. gehört auch das sich aus Art. 3 GG ergebende Prinzip der *Gleichmäßigkeit der Besteuerung,* wonach alle Staatsbürger im Rahmen ihrer Leistungsfähigkeit unterschiedslos zu den öffentlichen Lasten beizutragen haben.

Besonderes Steuerrecht. Die Einzelsteuern lassen sich unter verschiedenen Gesichtspunkten einteilen: a) nach den Auswirkungen beim Steuerschuldner in *direkte Steuern,* die den Steuerschuldner unmittelbar wirtschaftlich treffen (z. B. Einkommensteuer, Körperschaftsteuer, Vermögensteuer), u. *indirekte Steuern,* die vom Steuerschuldner im Preis auf einen anderen überwälzt werden (z. B. Umsatzsteuer, Verkehrsteuer); b) nach dem Besteuerungsgegenstand in *Personal- oder Subjektsteuern,* die sich nach den persönlichen Verhältnissen des Steuerschuldners – Familienstand, Alter, Kinderzahl – richten (z. B. Einkommensteuer), u. *Real- oder Objektsteuern,* bei denen die persönlichen Umstände außer Betracht bleiben (Grundsteuer u. Gewerbesteuer); c) nach der Art der steuerlichen Anknüpfung in *Besitzsteuern,* die vom Einkommen (Einkommensteuer, Körperschaftsteuer), vom Ertrag (Gewerbesteuer nach dem Gewerbeertrag) oder vom Vermögen (Vermögensteuer, Erbschaft- u. Schenkungsteuer, Gewerbesteuer nach dem Gewerbekapital) erhoben werden, *Verkehrsteuern,* denen Vorgänge des Rechtsverkehrs zugrunde liegen (z. B. Umsatzsteuer, Grunderwerbsteuer, Kraftfahrzeugsteuer, Kapitalverkehrsteuer), u. *Verbrauchsteuern,* die den Verbrauch von Gütern belasten u. i. d. R. von der Zollverwaltung beim Herstellungsbetrieb erhoben werden (z. B. Bier-, Zucker-, Salz-, Tabak-, Kaffee-, Teesteuer); d) nach der Ertragshoheit gem. Art. 106 GG in Steuern, die dem *Bund* zustehen (z. B. die meisten Verbrauchsteuern), die den *Ländern* zufallen (u. a. Vermögensteuer, Kraftfahrzeugsteuer u. Biersteuer), die Bund u. Ländern als *Gemeinschaftsteuern* zugewiesen sind (Einkommensteuer, Körperschaftsteuer, Umsatzsteuer), u. die die *Gemeinden* erhalten (insbes. die Gewerbesteuer). Auch die *Kirchen* sind als Körperschaften des öfftl. Rechts berechtigt, aufgrund der bürgerlichen Steuerlisten nach

Maßgabe der landesrechtlichen Bestimmungen Steuern zu erheben (Art. 137 VI WRV, 140 GG; vgl. dazu die Kirchensteuergesetze der Bundesländer u. die sie ergänzenden kirchlichen Steuerordnungen). Die *Kirchensteuer,* deren Verwaltung den Finanzämtern obliegt, kann als Zuschlag zur Einkommen- u. Lohnsteuer, zur Vermögensteuer u. zur Grundsteuer sowie ergänzend als Kirchgeld erhoben werden. Wichtigste Kirchensteuer ist die Kircheneinkommen-(lohn-)steuer. Die Entrichtung der Kirchensteuer kann nur nach Austritt aus der Kirche verweigert werden (→ Kirchenaustritt).

Wichtigste Steuern sind die Einkommensteuer (einschl. Lohnsteuer), die Umsatzsteuer u. die Gewerbesteuer, auf die zusammen mehr als ⅔ des Gesamtsteueraufkommens von Bund, Ländern u. Gemeinden entfallen. Die *Einkommensteuer* (ESt) – deren Aufkommen, soweit es nicht den Gemeinden zugewiesen wird, Bund u. Ländern gemeinsam je zur Hälfte zusteht – hat ihre gesetzliche Grundlage im Einkommensteuergesetz. Steuerpflichtig sind *natürliche Personen,* u. zwar unbeschränkt, d. h. mit sämtlichen Einkünften, wenn sie im Inland Wohnsitz oder gewöhnlichen Aufenthalt haben; für andere Personen besteht nur eine auf die inländischen Einkünfte beschränkte Steuerpflicht. (Zahlreiche internationale *Doppelbesteuerungsabkommen* verhindern, daß Personen wegen derselben Einkünfte von verschiedenen Staaten steuerlich mehrfach in Anspruch genommen werden.) Besteuerungsgrundlage ist das Einkommen, das der Steuerpflichtige während eines Kalenderjahres bezogen hat. Dabei wird von den Einkünften aus 7 Einkunftsarten (Land- u. Forstwirtschaft, Gewerbebetrieb, selbständige Arbeit, nichtselbständige Arbeit, Kapitalvermögen, Vermietung u. Verpachtung sowie bestimmte sonstige Einkünfte) ausgegangen. Sie bilden zusammen die *Summe der Einkünfte.* Nach Abzug verschiedener berücksichtigungsfähiger Beträge ergibt sich das *zu versteuernde Einkommen,* nach dem sich die tarifliche ESt richtet. Diese ist bei Einzelveranlagung u. bei getrennter Veranlagung von Ehegatten der Grundtabelle, bei Zusammenveranlagung von Ehegatten der Splittingtabelle zu entnehmen. Zur Veranlagung der ESt ist grundsätzlich die Abgabe einer Steuererklärung erforderlich. Es sind vierteljährliche Vorauszahlungen zu entrichten. Bei Lohn- u. Gehaltsempfängern, die nur ausnahmsweise veranlagt werden, führt der Arbeitgeber die ESt in Form der *Lohnsteuer* durch Steuerabzug vom Arbeitsentgelt unmittelbar an das Finanzamt ab. Der ESt entspricht bei juristischen Personen die im Körperschaftsteuergesetz geregelte *Körperschaftsteuer* (KSt), deren Aufkommen Bund u. Ländern gemeinsam je zur Hälfte zusteht. Der Anteilseigner kann die auf seine Dividende gezahlte KSt bei der ESt-Veranlagung anrechnen lassen; auf diese Weise wird die frühere Zweifachbelastung des ausgeschütteten Gewinns – zunächst Besteuerung bei der Gesellschaft mittels KSt, sodann Besteuerung beim Anteilseigner mittels ESt – vermieden. – Die nach dem Gewerbesteuergesetz zu erhebende *Gewerbesteuer* soll als Ausgleich für die den Gemeinden durch die Gewerbebetriebe verursachten Lasten dienen. Ihr Aufkommen steht demzufolge den Gemeinden zu; allerdings sind Bund u. Länder durch eine Umlage daran beteiligt. Der Gewerbesteuer unterliegen im Inland betriebene stehende Gewerbebetriebe u. Reisegewerbebetriebe. Besteuerungsgrundlagen sind einerseits der im Rahmen der ESt- bzw. KSt-Veranlagung ermittelte Gewinn mit bestimmten Hinzurechnungen u. Kürzungen *(Gewerbeertrag),* andererseits der durch Hinzurechnungen und Kürzungen erhöhte oder verminderte Einheitswert des Betriebes *(Gewerbekapital).* Auf den Gewerbeertrag wird eine Steuermeßzahl von 5 v. H., auf das Gewerbekapital eine Steuermeßzahl von 2 v. T. angewendet; dabei sind vorab – seit 1980 bzw. 1981 spürbar erhöhte – Freibeträge zu berücksichtigen. Die so ermittelten Steuermeßbeträge nach dem Gewerbeertrag u. dem Gewerbekapital werden zu einem einheitlichen Steuermeßbetrag zusammengerechnet. Die Gewerbesteuer wird sodann auf dieser Grundlage nach einem von den Gemeinden zu bestimmenden Hebesatz (z. B. 300%) festgesetzt u. erhoben. – Die *Umsatzsteuer* (USt), deren Aufkommen z. Z. zwischen Bund und Ländern im Verhältnis 66,5 zu 33,5 aufgeteilt wird, besteuert nach dem Umsatzsteuergesetz Lieferungen u. sonstige Leistungen eines Unternehmers, ferner den Eigenbedarf (also insbes. die Entnahme von Gegenständen für betriebsfremde Zwecke) sowie die Einfuhr in das inländische Zollgebiet (Einfuhrumsatzsteuer). Sie beruht auf dem System der *Mehrwertsteuer* u. erfaßt daher im wirtschaftlichen Ergebnis nur die durch den Umsatz bewirkte Wertsteigerung; deshalb kann der Unternehmer die ihm vom Vorlieferanten in Rechnung gestellte USt als sog. Vorsteuer von seiner eigenen Steuerschuld absetzen. Bemessungsgrundlage der USt ist das vereinbarte Entgelt bzw. der Wert. Der Steuersatz beträgt 14%; er ist für bestimmte Umsätze (z. B. landwirtschaftliche Produkte, Bücher) auf 7% ermäßigt.

Damit die zu besteuernden Wirtschaftsgüter bei der Anwendung der Einzelsteuergesetze in gleicher Weise bewertet werden, bedarf es einheitlicher *Bewertungsgrundsätze.* Diese ergeben sich vor allem aus dem Bewertungsgesetz. Das Gesetz enthält allgemeine Bewertungsmaßstäbe; dabei bildet der gemeine Wert das wichtigste Kriterium. Von besonderer Bedeutung sind die Vorschriften über die *Einheitsbewertung* von land- u. forstwirtschaftlichen Betrieben, von Grundstücken, Betriebsgrundstücken, gewerblichen Betrieben u. Mineralgewinnungsrechten. Die Einheitsbewertung dient als maßgebliches Vorschaltverfahren für die Vermögensteuer, Grundsteuer, Gewerbesteuer, Erbschaftsteuer, u. U. auch für die Grunderwerbsteuer. Die Einheitswerte werden zu bestimmten Zeitpunkten festgestellt. Die letzte Hauptfeststellung bei Grundstücken u. Betriebsgrundstücken fand zum 1. 1. 1964 statt; auf die damals ermittelten Einheitswerte wird, zur Vermeidung des mit einer erneuten Hauptfeststellung verbundenen Verwaltungsaufwands, bis auf weiteres ein globaler Zuschlag von 40% erhoben.

Verfahrensrecht. Das Finanzamt ist in den Grenzen von Recht u. Billigkeit befugt, vom Steuerpflichtigen – u. U. auch von unbeteiligten Dritten (z. B. im Verhältnis Lieferant – Abnehmer) – Auskünfte zu verlangen. Seine Beamten sind andererseits grundsätzlich zur Wahrung des *Steuergeheimnisses* verpflichtet; Ausnahmen gelten z. B. bei Vorliegen eines zwingenden öffentlichen Interesses, wenn etwa wegen eines Verbrechens staatsanwaltschaftliche Ermittlungen in Gang gesetzt wurden. Gegenüber dem Beweiserhebungsrecht eines parlamentarischen Untersuchungsausschusses darf die Regierung die Herausgabe von Akten nicht pauschal unter Berufung auf das Steuergeheimnis verweigern; Grenzen der parlamentarischen Untersuchungsbefugnis können sich allerdings daraus ergeben, daß die Geheimhaltung bestimmter steuerlicher Angaben u. Verhältnisse eines Steuerpflichtigen grundrechtlich, insbes. durch das allgemeine → Persönlichkeitsrecht, geboten ist (BVerfG v. 17. 7. 1984). Es besteht eine Pflicht zur Abgabe von *Steuererklärungen* für jeden, der dazu durch Übersendung entsprechender Vordrucke aufgefordert worden ist; bei verspäteter Abgabe kann das Finanzamt einen Verspätungszuschlag bis zu 10% der endgültig veranlagten Steuer festsetzen. Sofern der Steuerpflichtige die Steuer bei Fälligkeit nicht entrichtet, erhebt die Finanzverwaltung einen Säumniszuschlag, der 1% der rückständigen Steuersumme für jeden angefangenen Monat der Säumnis beträgt. Die Vollstreckung rückständiger Steuern betreibt das Finanzamt durch eigene Vollstreckungsbeamte. Nur in Ausnahmefällen – z. B. wenn feststeht, daß die Vollstreckung keine Aussicht auf Erfolgt hat – kann die Behörde die Steuern niederschlagen, d. h. vorläufig auf die Beitreibung verzichten. Ist die sofortige Entrichtung der Steuern für den Steuerpflichtigen mit erheblichen Härten verbunden, kommt eine Stundung in Betracht (Stundungszinsen 0,5% je Monat). Ein Erlaß der Steuer ist nur zulässig, wenn die Steuererhebung nach Lage des Falls unbillig wäre (z. B. bei Existenzgefährdung). – Das Finanzamt hat unter bestimmten Voraussetzungen die Möglichkeit, sofort nach Eingang der Steuererklärung ohne Prüfung der Richtigkeit der darin enthaltenen Angaben die Steuer unter dem Vorbehalt einer abschließenden Prüfung festzusetzen. Während der Vorbehaltsdauer (bei der Einkommensteuer z. B. 4 Jahre) darf die Behörde die Steuer beliebig neu festsetzen. Besteht nur hinsichtlich einzelner Punkte Ungewißheit, kann das Finanzamt die Steuer vorläufig festsetzen. Die Vorläufigkeit beschränkt sich in diesem Fall auf den offen gebliebenen Punkt; ist die Ungewißtheit behoben u. hat die Behörde davon Kenntnis erhalten, so muß die endgültige Festsetzung im Laufe eines weiteren Jahres erfolgen. Ein weder unter Vorbehalt noch vorläufig ergangener Steuerbescheid kann bis zu seiner Unanfechtbarkei auf Antrag oder mit Zustimmung des Steuerpflichtigen unbeschränkt, danach nur zu seinen Ungunsten aufgehoben oder geändert werden. Werden jedoch nachträglich Tatsachen oder Beweismittel bekannt, die entweder zu einer höheren Steuer führen oder, sofern den Steuerpflichtigen kein Verschulden am verspäteten Bekanntwerden trifft, eine niedrigere Steuer zur Folge haben, so muß der Steuerbescheid, auch bei inzwischen eingetretener Unanfechtbarkeit, von Amts wegen geändert bzw. aufgehoben werden. – Wer sich durch einen → Verwaltungsakt des Finanzamts beschwert fühlt, kann innerhalb eines Monats nach Bekanntgabe einen *Rechtsbehelf* einlegen, u. zwar Einspruch gegen Steuerbescheide, Beschwerde gegen sonstige Verwaltungsakte (vgl. im einzelnen §§ 347 ff. AO 1977). Durch Einlegung des Rechtsbehelfs wird die Vollziehung des angefochtenen Verwaltungsaktes grundsätzlich nicht gehemmt, insbes. entfällt nicht die Verpflichtung, die Steuer zu zahlen; allerdings kann die Behörde die Vollziehung von Amts wegen oder auf Antrag aussetzen. Bleibt der Rechtsbehelf erfolglos, kann der Steuerpflichtige Klage beim *Finanzgericht* erheben. Das in der Finanzgerichtsordnung (FGO) geregelte finanzgerichtliche Verfahren ist weitgehend dem → verwaltungsgerichtlichen Verfahren nachgebildet. Doch ist die Finanzgerichtsbarkeit nicht dreistufig, sondern nur zweistufig (Finanzgericht, Bundesfinanzhof) aufgebaut.

Stiftung bedeutet die Widmung von Vermögen zu einem bestimmten Zweck. Die rechtsfähige *S. des Privatrechts* (§§ 80 ff. BGB) entsteht durch Stiftungsgeschäft (z. B. testamentarische Verfügung) u. landesrechtliche Genehmigung. Die Verfassung der S. wird gleichfalls durch das Stiftungsgeschäft geregelt. Verfolgt die S. einen gemeinnützigen Zweck, spricht man von *öffentl. S.* Davon zu unterscheiden ist die rechtsfähige *S. des öfftl. Rechts,* die mit dem ihr zugewendeten Vermögen ausschließlich bestimmte Aufgaben der öfftl. Verwaltung erfüllt. Sie entsteht i. d. R. durch Gesetz oder auf Grund eines Gesetzes. Ihre Verfassung ist in einer Satzung (Stiftungsordnung) geregelt. Sie unterliegt der staatlichen Rechtsaufsicht. I. w. S. versteht man unter Stiftung auch die Zuwendung an eine (juristische) Person des privaten oder öfftl. Rechts mit der Auflage, das Vermögen zu einem bestimmten Zweck zu verwenden; hier ist Träger der Vermögensrechte nicht die S. selbst, sondern die juristische Person (sog. *nichtrechtsfähige oder fiduziarische S.*).

Stille Gesellschaft ist eine Gesellschaft (→ Gesellschaftsrecht), bei der sich jemand am Handelsgewerbe eines Kaufmanns mit einer in dessen Vermögen übergehenden Einlage gegen Anteil am Gewinn beteiligt. Es gelten die Vorschriften der §§ 335 ff. HGB, ergänzend die einschlägigen Bestimmungen über die bürgerlich-rechtliche Gesellschaft (§§ 705 ff. BGB). Die s. G. besteht i. d. R. aus nur 2 Mitgliedern, dem tätigen Teilhaber u. dem stillen Gesellschafter. Es wird kein gemeinsames Gesellschaftsvermögen gebildet; vielmehr wird die Einlage des stillen Gesellschafters Eigentum des tätigen Teilhabers. Der Stille muß am Gewinn beteiligt sein; er nimmt im allgemeinen auch am Verlust teil, doch kann die Verlustbeteiligung ausgeschlossen werden. Die s. G. ist echte Gesellschaft, da sich die Beteiligten zur Erreichung eines gemeinsamen Zwecks zusammengeschlossen haben, jedoch keine → Handelsgesellschaft, da allein der tätige Teilhaber in eigenem Namen das Handelsgewerbe betreibt. – Die Abgrenzung der s. G. zum → Darlehen bereitet gelegentlich Schwierigkeiten. Beiden Rechtsinstituten ist gemeinsam, daß ein Geldbetrag – hier als Einlage, dort als Darlehenssumme – in das Vermögen eines anderen übergeht. Die Tatsache, daß der stille Gesellschafter keinen festen Zins, sondern eine Gewinnbeteiligung erhält, ist kein zwingendes Unterscheidungskriterium, da auch beim Darlehen eine Gewinnbeteiligung vorgesehen werden kann (sog. Beteiligungs- oder partiarisches Darlehen). S. G. ist jedenfalls immer dann gegeben, wenn neben der Gewinn- auch eine Verlustbeteiligung, Darlehen stets dann, wenn ein bestimmter Zinssatz vereinbart ist.

Stillschweigende Erklärung → Willenserklärung.

Strafantrag, Strafanzeige. *Strafantrag* (§ 158 II StPO, §§ 77 ff. StGB) ist die Erklärung des durch eine Straftat Verletzten oder des sonst Berechtigten (z. B. des gesetzlichen Vertreters), daß er die Strafverfolgung wünsche. Bei den sog. Antragsdelikten (Beleidigung, leichte oder fahrlässige Körperverletzung, Hausfriedensbruch, einfache Sachbeschädigung u. a.) macht das Gesetz in Durchbrechung des → Offizial- u. des → Legalitätsprinzips die Verfolgung vom Vorliegen eines Strafantrags abhängig. Ist das Antragsdelikt, wie meist, zugleich ein Privatklagedelikt, erhebt die Staatsanwaltschaft nur dann Anklage, wenn dies im öffentlichen Interesse liegt; sie kann den Verletzten in diesem Fall auf die Möglichkeit der → Privatklage verweisen. Der Strafantrag muß i. d. R. binnen 3 Monaten, nachdem der Antragsberechtigte von der Tat u. der Person des Täters Kenntnis erlangt hat, gestellt werden (schriftlich bei der Polizei); er kann bis zum rechtskräftigen Abschluß des Verfahrens zurückgenommen werden. Fehlt der Strafantrag, ist das Verfahren wegen eines Prozeßhindernisses einzustellen.

Der Strafantrag ist von der *Strafanzeige* (§ 158 I StPO) zu unterscheiden. Diese ist die Kundgabe des Verdachts einer strafbaren Handlung gegenüber Staatsanwaltschaft, Polizei oder Amtsgericht. Sie kann von jedermann schriftlich oder mündlich erstattet werden. Eine Pflicht zur Strafanzeige begangener Straftaten besteht für Privatpersonen nicht (→ aber Nichtanzeige geplanter Straftaten). Staatsanwaltschaft u. Polizei sind aufgrund des Legalitätsprinzips verpflichtet, der angezeigten Straftat nachzugehen.

Strafausschließungsgründe, Strafaufhebungsgründe. *Strafausschließungsgründe* bewirken, daß der Täter wegen persönlicher Umstände von vornherein straflos bleibt (z. B. Strafvereitelung zugunsten eines Angehörigen, § 258 VI StGB; → Indemnität eines Abgeordneten). *Strafaufhebungsgründe* führen zur nachträglichen Strafbefreiung (z. B. Rücktritt vom → Versuch, → Begnadigung).

Strafaussetzung zur Bewährung (§§ 56 ff. StGB). Die S. z. B. beruht auf dem vom Grundsatz der → Spezialprävention geprägten Gedanken, daß ein Gelegenheitstäter allein infolge der Verurteilung künftig von Straftaten absehen wird u. deshalb vom Strafvollzug verschont bleiben kann. Sie ist grundsätzlich bei einer Freiheitsstrafe von nicht mehr als 1 Jahr zu bewilligen, wenn zu erwarten ist, daß der Verurteilte, durch die Verurteilung gewarnt, künftig auch ohne Einwirkung des Strafvollzugs keine Straftaten mehr begehen wird. Bei einer höheren Freiheitsstrafe von nicht mehr als 2 Jahren ist die S. z. B. nur ausnahmsweise – wenn besondere Umstände in der Tat u. in der Persönlichkeit des Verurteilten vorliegen – zulässig. Die *Bewährungszeit* beträgt 2 bis 5 Jahre. Das Gericht kann dem Verurteilten *Auflagen* (z. B. Wiedergutmachung des Schadens) und *Weisungen* (z. B. sich zu bestimmten Zeiten bei der Polizei zu melden oder eine Arbeit aufzunehmen) erteilen u. ihn der Aufsicht u. Leitung eines → Bewährungshelfers unterstellen. Im Jugendstrafrecht ist Bewährungshilfe zwingend vorgeschrieben. Das Gericht widerruft die S. z. B., wenn der Verurteilte während der Bewährungszeit eine Straftat begeht oder Weisungen bzw. Auflagen gröblich oder beharrlich zuwiderhandelt; anderenfalls erläßt es die Strafe nach Ablauf der Bewährungszeit.

Hat ein zu einer zeitigen Freiheitsstrafe verurteilter Straftäter ⅔ der verhängten Strafe (mindestens 2 Monate) verbüßt, so ist nach § 57 StGB der Strafrest mit Einwilligung des Verurteilten auszusetzen, wenn verantwortet werden kann zu erproben, ob er außerhalb des Strafvollzugs keine Straftat mehr begehen wird. Die Bewährungszeit darf die Dauer des Strafrestes nicht überschreiten. Bei Vorliegen besonderer Umstände kann der Strafrest auch schon nach Verbüßung der Hälfte der Strafzeit (mindestens 1 Jahr) ausgesetzt werden. Eine *lebenslange Freiheitsstrafe* ist nach 15 Jahren

Strafverbüßung auszusetzen. Die Bewährungsfrist beläuft sich auf 5 Jahre. Doch werden in diesem Fall erhöhte Anforderungen an die S. z. B. gestellt (§ 57a StGB). Die Schuld des Verurteilten darf nicht so schwer wiegen, daß sie die weitere Vollstreckung der Strafe gebietet. Außerdem muß sich das Gericht durch Sachverständigengutachten davon überzeugen, daß ein Fortbestehen der in der Tat hervorgetretenen Gefährlichkeit des Verurteilten nicht zu befürchten ist (§ 454 I 5 StPO).

Strafbefehl. Im → Strafprozeß kann die Staatsanwaltschaft bei Vergehen, die der Zuständigkeit des Strafrichters oder Schöffengerichts unterliegen, von einer Anklageerhebung absehen u. statt dessen in einem summarischen Verfahren beim Amtsrichter den Erlaß eines S. beantragen. Durch S. darf höchstens eine Geldstrafe verhängt werden. Der Richter ist im Schuld- u. Strafausspruch an den Antrag der Staatsanwaltschaft gebunden. Hält er den Beschuldigten nicht für hinreichend tatverdächtig, so lehnt er den Erlaß des S. ab. Hat er sonst Bedenken, beraumt er Hauptverhandlung an. Zu einer Hauptverhandlung kommt es auch dann, wenn der Beschuldigte rechtzeitig → Einspruch gegen den S. einlegt. Bei der Urteilsfällung ist der Richter an die im S. verfügte Strafe nicht gebunden; er kann den Angeklagten daher auch schlechterstellen. Bleibt der Angeklagte der Hauptverhandlung fern u. ist er nicht vertreten, so wird der Einspruch ohne Verhandlung zur Sache durch Urteil verworfen. Ein S., gegen den nicht rechtzeitig Einspruch erhoben worden ist, hat die Wirkung eines rechtskräftigen → Urteils.

Strafgericht, Strafgerichtsbarkeit → Strafprozeß; → ordentliche Gerichtsbarkeit.

Strafgesetzbuch → Strafrecht.

Strafmündigkeit (auch Deliktsfähigkeit) ist die strafrechtliche Verantwortlichkeit eines Menschen für die von ihm begangene Straftat (→ Schuld). Sie entwickelt sich mit zunehmendem Lebensalter in 3 Etappen. 1. Wer zur Zeit der Tat noch nicht 14 Jahre alt ist, ist *strafunmündig* (§ 19 StGB). Reicht die Erziehungskraft der Familie nicht aus, greift das Vormundschaftsgericht ggf. durch Anordnung der Erziehungsbeistandschaft (→ Erziehungshilfe) oder der → Fürsorgeerziehung ein. 2. Die *bedingte Strafmündigkeit* eines Jugendlichen vom vollendeten 14. Lebensjahr an setzt voraus, daß er zur Zeit der Tat nach seiner sittlichen u. geistigen Entwicklung reif genug war, das Unrecht der Tat einzusehen u. nach dieser Einsicht zu handeln (§ 1 JGG). Anzuwenden sind die Vorschriften des Jugendstrafrechts nach dem JGG. Ist ein Jugendlicher mangels Reife strafrechtlich nicht verantwortlich, kann der Jugendrichter zur Erziehung des Jugendlichen dieselben Maßnahmen wie der Vormundschaftsrichter (also Erziehungsbeistandschaft u. Fürsorgeerziehung) anordnen. 3. Mit vollendetem 18. Lebensjahr zur Zeit der Tat setzt die *volle Strafmündigkeit* ein. Sofern es sich um einen Heranwachsenden (18–21 Jahre) handelt, werden jedoch die Vorschriften des Jugendstrafrechts angewendet, wenn er zur Zeit der Tat nach seiner sittlichen u. geistigen Entwicklung einem Jugendlichen noch gleichstand oder wenn die Tat nach Art, Umständen u. Beweggründen als Jugendverfehlung anzusehen ist (§ 105 JGG). Liegen diese Voraussetzungen nicht vor, so gelten die Vorschriften des Erwachsenenstrafrechts, wobei gewisse Milderungen zulässig sind. Bei einem zur Zeit der Tat Erwachsenen ist immer das Erwachsenenstrafrecht nach dem StGB anzuwenden.

Strafprozeß ist das Verfahren der Ermittlung u. Aburteilung strafbarer Handlungen. Es ist im wesentlichen in der – vielfach geänderten – StPO aus dem Jahre 1877, daneben im GVG u. im JGG geregelt. Der S. ist durch bestimmte *Verfahrensgrundsätze* geprägt, die sich von denen anderer Verfahren (z. B. → Zivilprozeß) teilweise erheblich unterscheiden. Es gilt das Anklage- oder *Akkusationsprinzip:* Anders als im Inquisitionsprozeß des gemeinen Rechts, der ermittelnde u. richtende Tätigkeit in einer Hand vereinigte, findet eine Rollenverteilung statt: Das zur Urteilsfindung berufene Gericht wird erst dann mit der Strafsache befaßt, wenn eine besondere Behörde, die Staatsanwaltschaft, Klage erhoben hat (§§ 151, 152 I StPO). Die Strafverfolgung wird von Amts wegen eingeleitet. Dieses *Offizialprinzip* (Gegensatz: die im Zivilprozeß herrschende → Dispositionsmaxime) ist nur bei relativ unbedeutenden Delikten durchbrochen zugunsten eines Privatklagerechts der Verletzten (→ Privatklage). Das Offizialprinzip wird ergänzt durch das *Legalitätsprinzip,* das die Staatsanwaltschaft zur Verfolgung aller ihr durch Strafanzeige oder anderweitig bekannt gewordenen Straftaten verpflichtet; dieser Grundsatz weicht allerdings bei einigen Straftaten, insbesondere Bagatelldelikten, dem *Opportunitätsprinzip,* das es der Staatsanwalt unter bestimmten Voraussetzungen gestattet, mit Zustimmung des Gerichts von der Strafverfolgung abzusehen. Die → *Untersuchungsmaxime* (Gegensatz: Verhandlungsmaxime des Zivilprozesses) gebietet, daß Gericht u. Staatsanwaltschaft den Sachverhalt gründlich u. umfassend ermitteln, ohne dabei an das Vorbringen der übrigen Verfahrensbeteiligten gebunden zu sein. Für die Hauptverhandlung vor Gericht gelten darüber hinaus die Grundsätze der → Öffentlichkeit, → Mündlichkeit u. → Unmittelbarkeit. Der Beschuldigte ist, auch bereits im Vorverfahren, Prozeßsubjekt u. nicht Objekt des Verfahrens. So steht ihm das Recht zu, die Aussage zur Sache zu verweigern u. sich in jeder Lage des Verfahrens eines Rechtsanwalts als → Verteidigers zu bedienen. Auf diese Befugnisse muß er ausdrücklich hingewiesen werden. Der Beschuldigte kann in allen Stadien des Verfahrens Beweisanträge stellen, in der Hauptverhandlung ist das Gericht weitgehend daran gebunden. Vernehmungsmethoden, die seine freie Willensentscheidung durch Mißhandlung, Ermüdung, körperliche Eingriffe, Drogen, Quälerei, Täuschung oder Hypnose beeinträchtigen, sind ebenso wie Zwang u. Drohung verboten (§ 136 a StPO).

Der S. gliedert sich in 3 Verfahrensabschnitte (Vorverfahren, Zwischenverfahren, Hauptverfahren). 1. Das *Vorverfahren oder Ermittlungsverfahren* liegt in der Hand der Staatsanwaltschaft, die bei ihrer Tätigkeit zumeist auf die Angehörigen der Kriminalpolizei als ihre Hilfsbeamten zurückgreift. Die Staatsanwaltschaft hat als ein Organ der Rechtspflege nicht nur die belastenden, sondern auch die entlastenden Umstände zu ermitteln (§ 160 II StPO). Um den Sachverhalt zu erforschen, kann sie von allen Behörden Auskunft verlangen u. außer dem Beschuldigten auch Zeugen u. Sachverständige vernehmen. Bei besonders wichtigen Ermittlungshandlungen – vor allem, wenn es auf die allein dem Richter vorbehaltene eidliche Vernehmung eines Zeugen ankommt – kann die Staatsanwaltschaft den Ermittlungsrichter einschalten. Zwangsmaßnahmen, die im Rahmen des Ermittlungsverfahrens getroffen werden (z. B. Beschlagnahme, Durchsuchung von Personen, Räumen u. Sachen, körperliche Untersuchungen, Telefonüberwachung) dürfen nur durch den unabhängigen Richter, bei Gefahr im Verzuge aber auch durch die Staatsanwaltschaft u. ihre Hilfsbeamten (letztere nicht bei Telefonüberwachung) angeordnet werden. In vielen Fällen ist ausschließlich der Richter für die Anordnung einer Zwangsmaßnahme zuständig. Das gilt insbesondere für den → Haftbefehl; allerdings sind Staatsanwaltschaft u. Polizei bei Gefahr in Verzug zur vorläufigen → Festnahme befugt, wenn die Voraussetzungen für den Erlaß eines Haftbefehls vorliegen. Sind die Ermittlungen abgeschlossen, so entscheidet die Staatsanwaltschaft, ob sie *Anklage* erhebt oder das Verfahren einstellt. Eine Einstellung des Verfahrens erfolgt, wenn die Ermittlungen keinen genügenden Anlaß zur Erhebung der öffentlichen Klage bieten, wenn also aus tatsächlichen oder rechtlichen Gründen nicht mit einer Verurteilung des Beschuldigten zu rechnen ist (§ 170 StPO). Gegen die Einstellungsverfügung kann der durch die angebliche Straftat Verletzte Beschwerde beim vorgesetzten Beamten einlegen und bei erfolgloser Beschwerde das Klageerzwingungsverfahren beim Strafsenat des OLG beschreiten (§§ 171 ff. StPO). Die Anklage wird durch Einreichen einer Anklageschrift bei Gericht erhoben.

2. Damit beginnt das *Zwischenverfahren,* in dem das für die Hauptverhandlung zuständige Gericht prüft, ob der Beschuldigte – der nunmehr Angeschuldigter ist – auf Grund der Ermittlungs-

ergebnisse einer Straftat hinreichend verdächtig erscheint (§§ 199 ff. StPO). Wenn es diese Voraussetzung als gegeben erachtet, beschließt es die Eröffnung des Hauptverfahrens *(Eröffnungsbeschluß)* u. läßt damit die Anklage zur Hauptverhandlung zu. (Der Angeschuldigte ist von nun an Angeklagter.) Andernfalls lehnt es die Eröffnung ab. Gegen die Ablehnung kann der Staatsanwalt sofortige Beschwerde beim nächsthöheren Gericht einlegen. Ist der Ablehnungsbeschluß nicht mehr anfechtbar, so ist die Strafklage verbraucht; sie kann wegen derselben Tat nur auf Grund neuer Tatsachen oder Beweismittel wieder aufgenommen werden.

3. Für das durch den Eröffnungsbeschluß eingeleitete *Hauptverfahren,* in dessen Mittelpunkt die Hauptverhandlung steht, ist gemäß den Vorschriften des GVG in erster Instanz je nach Art und Schwere der Tat *sachlich zuständig:* der Strafrichter (Amtsrichter als Einzelrichter); das Schöffengericht beim Amtsgericht (1 oder 2 Amtsrichter sowie 2 Schöffen); die große Strafkammer des Landgerichts (3 Berufsrichter, 2 Schöffen), die als Schwurgericht über bestimmte schwere Verbrechen entscheidet; der Strafsenat des OLG (5 Berufsrichter), der in Staatsschutzsachen befindet. *Örtlich zuständig* ist je nach Wahl der Staatsanwaltschaft das Gericht des Tatorts, des Wohnsitzes, des Beschuldigten oder des Ergreifungsortes (§§ 7 ff. StPO). Das Hauptverfahren beginnt mit vorbereitenden Maßnahmen zur Durchführung der Hauptverhandlung (§ 213 ff. StPO). Während der Hauptverhandlung (§§ 226 ff. StPO), die i. d. R. keine Unterbrechungen von mehr als 10 Tagen duldet, müssen die Richter, ein Vertreter der Staatsanwaltschaft, ein Urkundsbeamter u. bei notwendiger Verteidigung (→ Offizialverteidiger) auch der Verteidiger ununterbrochen anwesend sein. Bei Abwesenheit des Angeklagten findet grundsätzlich keine Hauptverhandlung statt (Ausnahmen: §§ 231 ff. StPO). Die Hauptverhandlung verläuft nach einem genau vorgeschriebenen Schema (§§ 243 ff. StPO): Aufruf der Sache, Feststellung der Anwesenheit der geladenen Personen, Vernehmung des Angeklagten zur Person, Verlesung der Anklageschrift, Vernehmung des Angeklagten zur Sache, Beweisaufnahme (bei der dem Angeklagten jeweils Gelegenheit zur Äußerung einzuräumen ist), Schlußvortrag (Plädoyer) zunächst des Staatsanwalts, sodann des Verteidigers, „letztes Wort" des Angeklagten, Urteilsberatung u. Urteilsverkündung. Gegenstand des → Urteils ist die in der Anklage bezeichnete Tat, wie sie sich nach dem Ergebnis der Verhandlung darstellt. Zwar ist das Gericht nicht an die Beurteilung der Tat im Eröffnungsbeschluß gebunden; bei einer Abweichung muß es aber zuvor auf die Veränderung des rechtlichen Gesichtspunktes (z. B. Unterschlagung statt Diebstahl) hingewiesen u. dem Angeklagten Gelegenheit gegeben haben, seine Verteidigung darauf einzustellen. Das Urteil, das „im Namen des Volkes" er-

geht u. durch Verlesung der Urteilsformel u. Mitteilung der wesentlichen Urteilsgründe verkündet wird, lautet i. d. R. auf Verurteilung oder Freispruch. Das Gericht darf eine Verurteilung nur aussprechen, wenn es die sichere Überzeugung von der Schuld des Angeklagten gewonnen hat; bleiben Zweifel, wirken sie sich zugunsten des Angeklagten aus (→ „in dubio pro reo"). Gegen das Urteil kann sowohl der Angeklagte als auch die Staatsanwaltschaft – letztere auch zugunsten des Angeklagten – → Rechtsmittel einlegen. Ist es nicht mehr mit einem Rechtsmittel anfechtbar, so wird es rechtskräftig (→ Rechtskraft) mit der Folge, daß der Angeklagte wegen derselben Tat nicht erneut bestraft werden darf (Art. 103 III GG, Grundsatz des → „ne bis in idem"). Die Rechtskraft kann nur unter ganz bestimmten, eng geregelten Voraussetzungen durch → Wiederaufnahme des Verfahrens durchbrochen werden.

Strafrecht. Das S. dient der Aufrechterhaltung der allgemeinen Friedensordnung, indem es mit seinen Sanktionen bestimmte für die Existenz des einzelnen u. das Zusammenleben der Menschen wichtige Rechtsgüter zu schützen sucht. Das geltende S. ist im vielfach geänderten Strafgesetzbuch (StGB) aus dem Jahre 1871 kodifiziert. Strafrechtliche Tatbestände sind darüber hinaus in zahlreichen sonstigen Gesetzen geregelt, die an sich ganz andere Materien zum Gegenstand haben (z. B. Straßenverkehrsgesetz, Gewerbeordnung, Abgabenordnung). Für die konkrete Handhabung des S. – vor allem bei der Strafzumessung – ist die Frage nach dem Zweck der Strafe von entscheidender Bedeutung. Dabei sind verschiedene Gesichtspunkte zu berücksichtigen (§ 46 StGB). In erster Linie ist die Schuld des Täters maßgeblich; die Strafe ist Sühne u. Vergeltung für begangenes Unrecht. Zugleich ist der Erziehungszweck der Strafe zu berücksichtigen: Sie soll auf den Täter im Sinne der *Spezialprävention* so einwirken, daß er künftig straffrei lebt; demgemäß hat auch der Strafvollzug seine Wiedereingliederung in die Gesellschaft *(Resozialisierung)* zu fördern. Soweit der Rahmen einer schuldangemessenen Bestrafung eingehalten wird, kann die Strafe auch als Mittel der Abschreckung der Allgemeinheit *(Generalprävention)* eingesetzt werden.
Seit 1969 sind 5 Strafrechtsreformgesetze ergangen, die das S. grundlegend umgestaltet haben. Das 1. Gesetz zur Reform des S. von 1969 hat anstelle der Zuchthaus-, Gefängnis-u. Haftstrafe eine einheitliche Freiheitsstrafe bis zu 15 Jahren Dauer oder von lebenslanger Dauer eingeführt. Die kurzfristige Freiheitsstrafe wurde zugunsten der Geldstrafe u. der erweiterten Möglichkeiten der → Strafaussetzung zur Bewährung eingeschränkt. Das Gesetz beseitigte umstrittene Straftatbestände, insbes. im Bereich des Sexualstrafrechts (z. B. Ehebruch, Sodomie, einfache Homosexualität). Das 2. Reformgesetz (gleichfalls von 1969) hatte eine Neu-

fassung des gesamten Allgemeinen Teils des StGB zur Folge. Es verschärfte die Geldstrafe, schränkte die kurzfristigen Freiheitsstrafen weiter ein, ersetzte die bisherigen Übertretungen im Zuge einer → Entkriminalisierung des S. durch → Ordnungswidrigkeiten u. gestaltete die Maßnahmen zur Besserung des Täters u. zur Sicherung der Gesellschaft vor dem Täter weiter aus. Mit dem 3. Reformgesetz von 1970 wurde das Demonstrationsstrafrecht liberalisiert. Das 4. Strafrechtsreformgesetz (1973) stellte den strafrechtlichen Schutz von Ehe u. Familie auf eine neue Grundlage. Vor allem aber setzte es die im 1. Reformgesetz begonnene Reform des Sexualstrafrechts fort. Neu eingeführt wurde die Bestrafung der Herstellung u. der Verbreitung von Schriften u. Darstellungen, die Gewalt verherrlichen oder zum Rassenhaß aufstacheln. Durch das 5. Reformgesetz (1974) sollte die Strafbarkeit des → Schwangerschaftsabbruchs neu geregelt werden. Die durch dieses Gesetz zugelassene Fristenlösung ist vom Bundesverfassungsgericht 1975 für nichtig erklärt u. aufgrund des 15. Strafrechtsänderungsgesetzes von 1976 durch die erweiterte Indikationenlösung ersetzt worden. 1980 wurde dem StGB durch das 18. Strafrechtsänderungsgesetz ein Abschnitt „Straftaten gegen die Umwelt" eingefügt (→ Umweltrecht).

Grundsätze des Strafrechts. Durch das S. greift der Staat wohl am nachhaltigsten in die individuelle Freiheitssphäre ein. Gegen die durch die staatliche Strafgewalt eröffneten Mißbrauchsgefahren trifft die Rechtsordnung verschiedene Vorkehrungen, die durch das Grundgesetz verfassungsrechtlichen Rang erhalten haben. Nach Art. 103 II GG kann eine Tat nur bestraft werden, wenn die Strafbarkeit gesetzlich bestimmt war, bevor die Tat begangen wurde. Mag die öffentliche Meinung eine bestimmte Handlung als noch so verwerflich, sozialschädlich, rücksichtslos verdammen – nur dann, wenn sie durch Gesetz mit Strafe bedroht ist, stellt sie eine Straftat dar, kann sie bestraft werden *(nullum crimen, nulla poena sine lege).* Diese elementare, der Rechtssicherheit jedes einzelnen dienende Vorschrift verbietet die → rückwirkende Anwendung eines Strafgesetzes, aber auch die Ausweitung durch Analogieschluß (→ Rechtsnorm). Eine spätere Verschärfung bleibt unberücksichtigt, eine spätere Milderung kommt dagegen dem Täter zugute. Aus dem Rechtsstaatsprinzip des GG folgt, daß nur die *schuldhafte Tat* strafbar sein kann. Eine Folge des Schuldgrundsatzes ist, daß ein unvermeidbarer Verbotsirrtum die Strafe entfallen läßt (→ Schuld); der frühere Grundsatz, daß ein Rechtsirrtum nicht vor Strafe schütze, erweist sich damit als überholt. Das Verbot der Bestrafung in solchen Fällen schließt andererseits nicht aus, daß auch gegenüber einem schuldlosen Täter Maßnahmen ergriffen werden können, die, ohne Strafcharakter zu besitzen, seiner Heilung, Entwöhnung usw. dienen oder die Allgemeinheit vor gefährlichen Personen schützen sollen

(Maßregeln der Besserung u. Sicherung). Der Grundsatz der Unantastbarkeit der Menschenwürde (Art. 1 I GG) verbunden mit dem Recht auf Leben u. körperliche Unversehrtheit (2 II 1 GG) findet in der *Abschaffung der Todesstrafe* durch Art. 102 GG u. in dem heute als selbstverständlich empfundenen Verbot aller Leibesstrafen im S. seine Bestätigung u. Verwirklichung. Auch im S. gilt das → *Verhältnismäßigkeitsprinzip*. Die Strafe muß zu der Schuld des Täters u. der Schwere seiner Tat, die Maßregel der Besserung u. Sicherung zu der Bedeutung der begangenen u. zu erwartenden Taten sowie zum Grad der vom Täter ausgehenden Gefahr in einem angemessenen Verhältnis stehen.

Der Allgemeine Teil des Strafrechts. Das StGB besteht aus zwei Teilen. *Der Allgemeine Teil* enthält jene Vorschriften, die auf alle oder mehrere der im Besonderen Teil geregelten einzelnen Straftatbestände zutreffen oder zutreffen können. Der Besondere Teil handelt von den einzelnen Verbrechen u. Vergehen u. deren Bestrafung (s. dazu das jeweilige Stichwort). Der Allgemeine Teil in seiner seit 1975 geltenden Fassung beginnt mit dem Grundsatz des Art. 103 II GG: keine Strafe ohne Gesetz. Er regelt sodann den zeitlichen u. räumlichen Geltungsbereich des Gesetzes, letzteren unter dem Gesichtspunkt, ob die Tat im Inland oder im Ausland begangen worden ist (für Auslandstaten nur eingeschränkte Geltung des deutschen S.). Der erste Abschnitt schließt mit der Unterscheidung von Verbrechen u. Vergehen, einer Differenzierung, die – trotz der Ablösung der Zuchthaus- u. Gefängnisstrafe durch die einheitliche Freiheitsstrafe – auch in Zukunft bestehen bleibt. Verbrechen sind rechtswidrige Taten, die im Mindestmaß mit Freiheitsstrafe von 1 Jahr oder darüber, *Vergehen* solche Taten, die im Mindestmaß mit einer geringeren Freiheitsstrafe oder mit Geldstrafe bedroht sind. Die Kategorisierung hat vor allem grundsätzliche Bedeutung: Trotz der aus kriminalpolitischen Zweckmäßigkeitsüberlegungen erfolgten Vereinheitlichung der Freiheitsstrafe wird das prinzipielle Unwerturteil über die Tat durch die Zweiteilung differenziert; das Verbrechen bleibt die schwerere, verwerflichere Deliktsform. Darüber hinaus liegen der Unterscheidung gesetzestechnische Erwägungen zugrunde: So ist etwa der → Versuch bei Verbrechen stets, bei Vergehen nur dann strafbar, wenn es die jeweilige Gesetzesnorm ausdrücklich bestimmt (§ 23 I StGB); im → Strafprozeß ist das Strafbefehlsverfahren nur bei Vergehen zulässig (§ 407 I StPO).

Jede *Straftat* vereinigt 3 Grundelemente in sich: Erfüllung des gesetzlichen Tatbestands, Rechtswidrigkeit, Schuld. Fehlt eines dieser Momente, liegt keine Straftat vor.

Der → Tatbestand muß, um dem Rechtsgrundsatz „keine Strafe ohne Gesetz" zu entsprechen, im Gesetz klar u. bestimmt umschrieben sein. Zu beachten ist, daß eine Straftat auch durch Nichtstun begangen werden kann: *Unterlassungsdelikte* sind z. B.

→ Nichtanzeige eines drohenden Verbrechens (§ 138 StGB) u. → unterlassene Hilfeleistung (§ 330 c StGB). Darüber hinaus gilt ganz allgemein: Wer es unterläßt, einen Erfolg abzuwenden, der zum Tatbestand eines Strafgesetzes gehört, ist nach diesem Gesetz strafbar, wenn er rechtlich dafür einzustehen hat, daß der Erfolg nicht eintritt (Garantenstellung), u. wenn das Unterlassen der Verwirklichung des gesetzlichen Tatbestands durch ein Tun entspricht (§ 13 StGB). So begeht z. B. die Mutter, die ihr Kind verhungern läßt, Tötung durch Unterlassen.

Die → *Rechtswidrigkeit* ergibt sich aus der Verletzung des durch das Strafgesetz geschützten Rechtsgutes; sie wird durch die Tatbestandsverwirklichung indiziert. Die Rechtswidrigkeit entfällt, wenn ein *Rechtfertigungsgrund* vorliegt, der das an sich verbotene Tun erlaubt sein läßt. Rechtfertigungsgründe sind vor allem → Einwilligung des Verletzten, → Notwehr u. rechtfertigender → Notstand.

Schuld, das dritte Element jeder strafbaren Handlung, bedeutet Vorwerfbarkeit des mit Strafe bedrohten Verhaltens (im einzelnen: → Schuld).

Rechtsfolgen der Straftat. Das StGB unterscheidet als mögliche Rechtsfolgen einer Straftat die Strafen (§§ 46 ff.), die Maßregeln der Besserung u. Sicherung (§§ 61 ff.) sowie Verfall u. Einziehung (§§ 73 ff.). Als *Hauptstrafen* kommen Freiheitsstrafe u. Geldstrafe in Betracht. Nur bei besonders schweren Verbrechen ist die Freiheitsstrafe lebenslang (z. B. bei Mord) In der überwiegenden Mehrzahl ist sie zeitig (d. h. zeitlich begrenzt) mit einer Höchstdauer von 15 Jahren, einer Mindestdauer von 1 Monat. Die Geldstrafe wird in Tagessätzen (mindestens 5, höchstens 360) verhängt. Das Gericht bestimmt die Höhe eines Tagessatzes innerhalb eines Spielraums zwischen 2 u. 10 000 DM unter Berücksichtigung der persönlichen u. wirtschaftlichen Verhältnisse des Täters. An die Stelle einer uneinbringlichen Geldstrafe tritt Freiheitsstrafe; einem Tagessatz entspricht 1 Tag Freiheitsstrafe. Neben einer Hauptstrafe kann das Gericht bei Verkehrsdelikten gegen den Kraftfahrer die *Nebenstrafe des Fahrverbotes* für die Dauer von 1 Monat bis zu 3 Monaten verhängen. Als *Nebenfolgen* der Verurteilung wegen Verbrechens zu einer Freiheitsstrafe von mindestens 1 Jahr sieht das Gesetz insbes. den Verlust der Amtsfähigkeit u. der Wählbarkeit vor. Das StGB gibt dem Richter *Richtlinien für die Strafzumessung.* Grundlage ist die Schuld des Täters. Dabei hat das Gericht alle Umstände gegeneinander abzuwägen, die für u. gegen den Täter sprechen. Auch sind die Wirkungen zu berücksichtigen, die von der Strafe für das künftige Sozialverhalten des Täters zu erwarten sind. Freiheitsstrafen unter 6 Monaten sollen nur dann verhängt werden, wenn es unerläßlich ist. In allen anderen Fällen ist Geldstrafe anzuordnen. → Rückfalltäter erfahren Strafschärfungen. Eine erlittene → Untersuchungshaft wird i. d. R. angerechnet.

Maßregeln der Besserung u. Sicherung können neben oder anstelle einer Strafe verhängt werden. Sie haben aber nicht den Charakter von Strafen, obwohl sie für den Täter oft unbequemer u. unangenehmer als Strafen sind, kommen daher auch gegen schuldunfähige Täter in Betracht, denen gegenüber sie vielfach das einzige Mittel zum Schutz der Allgemeinheit sind. Soweit die Maßregeln – wie z. B. die Unterbringung in einer Anstalt – auch Besserungsaufgaben erfüllen sollen, werden sie tunlichst vor einer zugleich verhängten Strafe vollzogen u. auf diese angerechnet; ist der Besserungserfolg eingetreten, kann die Strafe oder ihr Rest u. U. auf Bewährung ausgesetzt werden. *Freiheitsentziehende Maßregeln* sind die → Unterbringung des Täters in einer Anstalt (psychiatrisches Krankenhaus, Entziehungs- oder sozialtherapeutische Anstalt) oder in der Sicherungsverwahrung. Weitere Maßregeln der Besserung und Sicherung sind die *Führungsaufsicht* – sie soll dazu helfen, insbes. Rückfalltäter vor der Begehung weiterer Straftaten zu bewahren –, die *Entziehung der* → *Fahrerlaubnis* sowie das → *Berufsverbot*.

Die dritte Gruppe der Rechtsfolgen einer Straftat – *Verfall u. Einziehung* – betrifft Gegenstände, die durch die Tat hervorgebracht (z. B. Falschgeld) oder zu ihrer Begehung oder Vorbereitung gebraucht worden sind (z. B. Waffen, Einbruchswerkzeug) sowie deren Wertersatz (z. B. das für Falschgeld eingetauschte echte Geld).

Strafrechtsreform → Strafrecht.

Straftat → Strafrecht.

Straftilgung. In das → Bundeszentralregister eingetragene strafgerichtliche Verurteilungen werden, sofern sie nicht auf lebenslange Freiheitsstrafe, auf Sicherungsverwahrung oder auf Unterbringung in einem psychiatrischen Krankenhaus lauten, nach Ablauf einer bestimmten Frist getilgt (§ 43 BZRG). Die Tilgungsfristen betragen 5, 10 oder 15 Jahre: *5 Jahre* bei Geldstrafe bis zu 90 Tagessätzen, sofern keine Freiheitsstrafe eingetragen ist, und bei Freiheitsstrafe bis zu 3 Monaten ohne weiteren Strafeintrag; *10 Jahre* bei höherer Geldstrafe, bei Freiheitsstrafe bis zu 3 Monaten neben sonstigem Eintrag u. bei Freiheitsstrafen bis zu 1 Jahr mit Bewährung, falls keine sonstige Freiheitsstrafe eingetragen ist; *15 Jahre:* bei höherer Strafe. Besondere Fristen gelten für die Tilgung von Jugendstrafen (s. i. e. § 44 BZRG). Die Tilgungsfrist läuft nicht ab, solange die → Strafvollstreckung noch nicht erledigt ist. Sind im Register mehrere Verurteilungen eingetragen, ist die S. erst zulässig, wenn sämtliche Strafvermerke tilgungsreif sind (§ 45 BZRG). Unterliegt ein Vermerk der Tilgung, darf die Vorstrafe dem Betroffenen im Rechtsverkehr grundsätzlich nicht mehr vorgehalten u. nicht zu seinem Nachteil verwertet werden (§ 49 BZRG); der Verurteilte darf sich als unbestraft bezeichnen (§ 51 BZRG).

Strafvollstreckung, Strafvollzug. 1. Die *Strafvollstreckung* umfaßt alle Maßnahmen, die der Durchsetzung einer strafgerichtlichen Verurteilung dienen: Ladung zum Antritt der Freiheitsstrafe u. deren Vollzug, Beitreibung von Geldstrafen, Vollstreckung von Maßregeln der Besserung u. Sicherung. Ein Strafurteil darf erst vollstreckt werden, wenn es rechtskräftig geworden ist (§ 449 StPO). Vollstreckungsbehörde ist die Staatsanwaltschaft (§ 451 StPO), in Jugendsachen der Jugendrichter (§ 82 ff. JGG). Zur Vollstreckung einer Freiheitsstrafe kann ein Vorführungs- oder Haftbefehl, auch ein Steckbrief erlassen werden (§ 457 StPO). Die Vollstreckung einer Geldstrafe richtet sich nach der Justizbeitreibungsordnung von 1937. Für die Durchführung der Strafvollstreckung gelten im übrigen die Verwaltungsvorschriften der Strafvollstreckungsordnung von 1956.

2. Im Rahmen der Strafvollstreckung betrifft der *Strafvollzug* die Vollziehung von Freiheitsstrafen u. freiheitsentziehenden Maßregeln der Besserung u. Sicherung. Da Eingriffe in die Grundrechte der Strafgefangenen nach dem → Rechtsstaatsprinzip gesetzlicher Grundlage bedürfen, hat der Gesetzgeber 1976, nachdrücklichem Drängen des Bundesverfassungsgericht folgend, das in seinen wesentlichen Teilen Anfang 1977 in Kraft getretene *Strafvollzugsgesetz* verabschiedet. Es stellt dem Strafvollzug die Aufgabe, darauf hinzuwirken, daß einerseits der Gefangene fähig wird, künftig in sozialer Verantwortung ein Leben ohne Straftaten zu führen (Resozialisierung), u. daß andererseits der Schutz der Allgemeinheit vor weiteren Straftaten gewährleistet ist. Das Gesetz enthält Vorschriften über eine individuelle Vollzugsplanung (bei entsprechender Eignung soll der Gefangene mit seiner Zustimmung in einer Anstalt des offenen Vollzugs untergebracht werden), über Unterbringung u. Ernährung des Gefangenen, über den Kontakt mit der Außenwelt (grundsätzlich Anspruch auf regelmäßigen Besuch u. auf unbeschränkten Schriftverkehr, → aber Kontaktsperre), über Arbeit (Arbeitsentgelt in Höhe von 5% des durchschnittlichen Arbeitsentgelts aller Versicherten der Rentenversicherung der Arbeiter u. Angestellten, Einbeziehung der Gefangenen in die Arbeitslosenversicherung) sowie Aus- u. Weiterbildung, über Gesundheitsfürsorge, Freizeitgestaltung u. soziale Hilfe (insbes. bei der Entlassung), über Aufrechterhaltung von Sicherheit u. Ordnung in der Vollzugsanstalt, unmittelbaren Zwang u. Disziplinarmaßnahmen. Eine ärztliche *Zwangsernährung von Hungerstreikenden* ist nur bei Lebensgefahr oder bei schwerwiegender Gefahr für die Gesundheit des Gefangenen zulässig. Die Maßnahmen müssen für alle Beteiligten (also auch für den Arzt)

zumutbar u. dürfen nicht mit erheblicher Gefahr für Leben oder Gesundheit des Gefangenen verbunden sein. Die Vollzugsbehörde ist zur Zwangsernährung nur verpflichtet, wenn nicht mehr von der freien Willensbestimmung des Gefangenen ausgegangen werden kann oder wenn akute Lebensgefahr besteht. Die Rechtmäßigkeit einer Vollzugsmaßnahme wird auf Antrag des Gefangenen von der Strafvollstreckungskammer des Landgerichts überprüft. Das Gesetz regelt ferner den Vollzug freiheitsentziehender Maßregeln der Besserung u. Sicherung, vor allem die Unterbringung in einer sozialtherapeutischen Anstalt u. in der Sicherungsverwahrung, sowie die innere u. äußere Organisation der Vollzugsanstalten.

Strafzwecke → Strafrecht.

Straßenrecht (Wegerecht) umfaßt als Teilgebiet des öfftl. Rechts die Gesamtheit der → Rechtsnormen, die die Rechtsverhältnisse der öffentlichen Straßen regeln. Die maßgeblichen Vorschriften ergeben sich für die Bundesfernstraßen aus dem Bundesfernstraßengesetz, für alle übrigen Straßen aus den Straßengesetzen der Länder. Öffentliche Straßen sind diejenigen Straßen, Wege u. Plätze, die dem öfftl. Verkehr durch Hoheitsakt (Gesetz, Verordnung, Satzung oder Verwaltungsakt) *gewidmet* sind. Durch die Widmung werden sie zugleich nach ihrer Verkehrsbedeutung eingestuft in: Bundesautobahnen, Bundesstraßen, Landstraßen (Staatsstraßen), Kreisstraßen, Gemeindestraßen u. sonstige öfftl. Straßen. Ändert sich die Verkehrsbedeutung, so ist die Straße (durch Auf- oder Abstufung) umzustufen. Bei Wegfall jeder Verkehrsbedeutung oder im Allgemeininteresse kann sie eingezogen werden. Für die mit dem Bau u. der Unterhaltung der Straßen zusammenhängenden Aufgaben (sog. *Straßenbaulast*) ist der Träger der Straßenbaulast verantwortlich. Das sind bei Bundesfernstraßen der Bund, bei Landstraßen das Land, bei Kreisstraßen die Landkreise u. kreisfreien Städte, bei Gemeindestraßen die Gemeinden; für Ortsdurchfahrten u. Ortsumgehungen gelten unter bestimmten Voraussetzungen abweichende Regelungen. Der Gebrauch der öfftl. Straßen ist jedermann im Rahmen der Widmung und der verkehrsrechtlichen Vorschriften als *Gemeingebrauch* gestattet. Kein Gemeingebrauch liegt vor, wenn jemand die Straße nicht vorwiegend zum Verkehr, sondern zu anderen Zwecken benutzt (z. B. Straßencafé). Der Gemeingebrauch ist im allgemeinen unentgeltlich. Anlieger dürfen die an ihr Grundstück angrenzende Straße über den Gemeingebrauch hinaus für Zwecke des Grundstücks ohne Erlaubnis u. gebührenfrei nutzen, soweit sie auf diese Nutzung angewiesen sind (sog. *Anliegergebrauch,* z. B. Garageneinfahrt, Aufstellen von Mülleimern für Müllabfuhr, Anbringen eines Fahrradständers für Kunden). Ansonsten bedarf die durch den Gemeingebrauch nicht mehr gedeckte Inanspruchnahme einer öfftl. Straße als *Sondernutzung* der behördlichen Erlaubnis (z. B. Verkaufsstand in Fußgängerzone). Die Erlaubnis ist stets befristet oder widerruflich u. wird i. d. R. nur gegen Gebühr erteilt. Zulässig ist aber auch eine privatrechtliche Vereinbarung zwischen Straßeneigentümer u. Benutzer, sofern die Benutzung den Gemeingebrauch der übrigen nicht oder nur vorübergehend beeinträchtigt (z. B. beim Verlegen von Strom- oder Wasserleitungen). – Die Straßengesetze regeln im übrigen u. a. das → Planfeststellungsverfahren für den Bau oder die Änderung von Straßen, die zur Ausführung von Straßenbauvorhaben notwendige → Enteignung von Grundstücken u. die Straßenaufsicht.

Straßenverkehrsrecht. Das S. ist im wesentlichen im Straßenverkehrsgesetz (StVG), in der Straßenverkehrs-Ordnung (StVO) u. in der Straßenverkehrs-Zulassungs-Ordnung (StVZO) geregelt. Das *StVG* enthält die grundlegenden Vorschriften über den Straßenverkehr. Sie betreffen u. a. die Zulassung von Kfz. (§ 1), die Fahrerlaubnis (§§ 2 ff.), die Kfz.-Haftung (§§ 7 ff.), die strafrechtliche Ahndung des Fahrens ohne Führerschein u. des Kennzeichenmißbrauchs (§§ 21 ff.), die Verkehrsordnungswidrigkeiten (§§ 24 ff.) u. das Verkehrszentralregister (§§ 28 ff.). – Die *StVO* stellt die Verkehrsregeln auf. Dazu gehören z. B. Bestimmungen über Rechtsfahren u. Überholen, Höchstgeschwindigkeiten, Halten u. Parken u. die zu beachtenden Verkehrszeichen. Wichtigste Vorschrift ist die Grundregel des Straßenverkehrs nach § 1 II StVO, wonach sich jeder Verkehrsteilnehmer so zu verhalten hat, daß kein anderer geschädigt, gefährdet oder mehr als nach den Umständen unvermeidbar behindert oder belästigt wird. – Die *StVZO* regelt im einzelnen die Zulassung von Personen u. Fahrzeugen zum Straßenverkehr (Voraussetzungen u. Verfahren der Erteilung sowie Einschränkung u. Entziehung der Fahrerlaubnis, das Zulassungsverfahren für Kfz. u. ihre regelmäßige Untersuchung, Einhaltung des Kfz.-Versicherungsschutzes u. a.). Sowohl die StVO (§ 49) als auch die StVZO (§ 69 a) bestimmen detailliert, welche verkehrsrechtlichen Zuwiderhandlungen → Ordnungswidrigkeiten i. S. des § 24 StVG sind.

Streik → Arbeitskampf.

Streitige Gerichtsbarkeit ist ein Teil der zur → ordentlichen Gerichtsbarkeit gehörenden Zivilgerichtsbarkeit (Gegensatz: → freiwillige Gerichtsbarkeit).

Streitkräfte des Bundes. Nach Art. 87 a GG stellt der Bund Streitkräfte zur Verteidigung auf; sie bilden den militärischen Teil der → Bundeswehr. Ihre zahlenmäßige Stärke u. die Grundzüge ihrer

Organisation müssen sich aus dem Haushaltsplan ergeben. Die S. dürfen grundsätzlich nur zur Verteidigung eingesetzt werden. Den Einsatz zu sonstigen Zwecken erlaubt das Grundgesetz nur im → Verteidigungs- u. → Spannungsfall sowie hilfsweise im Fall des → inneren Notstands. Die Befehls- u. Kommandogewalt über die S., in Friedenszeiten beim Bundesminister der Verteidigung (Art. 65a GG), geht mit der Verkündung des Verteidigungsfalles auf den Bundeskanzler über (Art. 115b GG). → Wehrrecht.

Streitverkündung (§§ 72 ff. ZPO) ist im → Zivilprozeß die förmliche Benachrichtigung eines Dritten von einem anhängigen Rechtsstreit durch eine Partei. Sie ist zulässig, wenn die Partei für den Fall eines ihr ungünstigen Ausgangs des Verfahrens entweder gegenüber dem Dritten einen → Regreßanspruch zu haben glaubt oder ihm regreßpflichtig zu werden befürchtet. Die S., die durch Zustellung eines Schriftsatzes erfolgt, hat die Wirkung, daß der Dritte das Urteil im Verhältnis zum Streitverkünder später gegen sich gelten lassen muß. Der Dritte kann dem Rechtsstreit als sog. *Nebenintervenient* beitreten; er ist in diesem Fall berechtigt, alle Prozeßhandlungen vorzunehmen, soweit er sich dadurch nicht in Widerspruch zum Streitverkünder setzt. Lehnt er den Beitritt ab, so wird der Rechtsstreit ohne Rücksicht auf ihn fortgesetzt.

Streitwert ist in einem gerichtlichen Verfahren der in Geld bemessene Wert des Streitgegenstandes. Der S. bestimmt weitgehend die sachliche Zuständigkeit der Zivilgerichte (Amts- oder Landgericht, §§ 23, 71 GVG); er ist ferner bedeutsam für die Berechnung der Gerichtsgebühren u. für die Zulässigkeit von → Rechtsmitteln (Wert der Beschwer). Bei Klagen, mit denen eine Geldforderung erhoben wird, richtet sich der S. nach der geltend gemachten Summe; im übrigen setzt das Gericht, soweit die ZPO keine speziellen Vorschriften enthält, den S. nach freiem Ermessen fest (§§ 2 ff. ZPO).

Stundung ist eine Vereinbarung zwischen Gläubiger u. Schuldner, durch die die Fälligkeit der Forderung (also der Zeitpunkt, von dem an der Gläubiger die Leistung verlangen kann) hinausgeschoben wird. Dem Gläubiger steht es allerdings frei, auch durch einseitiges Versprechen auf die Geltendmachung der fälligen Forderung vorübergehend zu verzichten.

Subjektive Rechte – im Unterschied zum → objektiven Recht als dem Inbegriff der geltenden Rechtsnormen – sind die dem einzelnen zur Durchsetzung seiner rechtlich geschützten Interessen zustehenden Berechtigungen. Man unterscheidet folgende Arten der s.R.: → *absolute Rechte,* die gegenüber jedermann wirken (z. B. Eigentum an einer Sache), → *relative Rechte,* die nur gegenüber einer bestimmten Person bestehen (z. B. Kaufpreisanspruch), u. → *Gestaltungsrechte*, deren Ausübung die unmittelbare Änderung eines Rechtsverhältnisses zur Folge hat (z. B. Anfechtung eines Rechtsgeschäfts). Im *öfftl. Recht* (Verwaltungsrecht) vermittelt das s. R. (subjektives öfftl. Recht) insbesondere die Befugnis, von der Verwaltung den Erlaß eines begünstigenden → Verwaltungsaktes zu verlangen. Ein s. R. besteht aber nicht schon dann, wenn die zugrundeliegende Rechtsnorm im allgemeinen Interesse ergangen ist u. dem einzelnen nur mittelbar zustatten kommt (sog. *Rechtreflex*); die Norm muß – zwar nicht notwendigerweise ausschließlich, aber wenigstens auch – den Einzelinteressen desjenigen zu dienen bestimmt sein, der sich auf sie beruft.

Subsidiaritätsprinzip bedeutet, daß der Staat u. andere Träger öfftl. Verwaltung nur in dem Maße Zuständigkeiten in Anspruch nehmen dürfen, als private Personen u. Einrichtungen sowie nachrangige Träger öfftl. Verwaltung (z. B. die Gemeinden) zur Erfüllung der anstehenden Aufgaben nicht in der Lage sind. Das S., das vor allem in der katholischen Soziallehre (Pius' XI. Enzyklika „Quadragesimo Anno" von 1931) entfaltet worden ist, räumt somit dem einzelnen u. der kleineren Gemeinschaft Vorrang vor den gesellschaftlichen Großorganisationen, insbesondere dem Staat, ein. In der Rechtsordnung der Bundesrepublik ist das S. teilweise verwirklicht, verfassungsrechtlich z. B. im Verhältnis des einzelnen, der Familie, der privaten Vereinigungen u. der Kommunen zum Staat (Art. 1, 2 I, 6, 9, 28 GG) sowie der Länder zum Bund (Art. 20 I, 30 GG), ferner in einfachgesetzlichen Regelungen (z. B. im Recht der → Sozial- u. → Jugendhilfe). Dagegen ist die Geltung des S. als eines – etwa aus dem Rechtsstaatsprinzip abzuleitenden – Grundsatzes mit Verfassungsrang umstritten.

Subsumtion ist die Unterordnung eines konkreten Lebenssachverhalts unter den generell-abstrakten Tatbestand einer → Rechtsnorm. Fügt sich der Sachverhalt (der „Fall") dem Tatbestand, so ist die Rechtsnorm mit der in ihr vorgesehenen Rechtsfolge anzuwenden. → Ermessen; → unbestimmte Rechtsbegriffe.

Sühneverfahren. Im Strafprozeß ist bei → Privatklagedelikten die Klageerhebung erst zulässig, wenn ein Sühneversuch erfolglos geblieben ist (§ 380 StPO). Im Zivilprozeß und in den übrigen streitigen Gerichtsverfahren soll das Gericht in jeder Lage des Verfahrens auf eine gütliche Beilegung des Rechtsstreits hinwirken (→ Güteverfahren).

Supranationale Organisationen → Völkerrecht; → Europäische Gemeinschaften.

T

Tätige Reue → Versuch.

Täuschung → arglistige Täuschung.

Tarifautonomie ist Bestandteil der durch Art. 9 III GG gewährleisteten → Koalitionsfreiheit. Als arbeitsrechtliches Gegenstück zur bürgerlichen → Privatautonomie eröffnet sie den Koalitionen die Möglichkeit, in dem von der staatlichen Rechtsetzung freigelassenen Raum das Arbeitsleben im einzelnen durch → Tarifverträge zu ordnen. Die Parteien des Tarifvertragsystems (Gewerkschaften, Arbeitgeberverbände) müssen frei gebildete Vereinigungen i. S. des Art. 9 III GG sein.

Tarifvertrag. Der T. ist ein zwischen den Tarifvertragsparteien im Rahmen der → Tarifautonomie abgeschlossener schuldrechtlicher Vertrag, der zu seiner Wirksamkeit der Schriftform bedarf. Er regelt einerseits – im schuldrechtlichen Teil – die wechselseitigen Rechte und Pflichten der Parteien, andererseits enthält er – im normativen Teil – → Rechtsnormen zur Regelung der einzelnen Arbeitsverhältnisse zwischen den Mitgliedern der Tarifvertragsparteien (z. B. über die Höhe des Arbeitsentgelts, über die Arbeitsbedingungen u. ä.). Die Rechtsgrundlage bildet das Tarifvertragsgesetz von 1949. Zum Abschluß eines T. befugt (tariffähig) sind auf Arbeitnehmerseite die Gewerkschaften, auf Arbeitgeberseite die Arbeitgeberverbände, aber auch der einzelne Arbeitgeber. Schließt die Gewerkschaft den T. mit einem Arbeitgeberverband ab, spricht man von Verbandstarif; kontrahiert sie mit einem einzelnen Arbeitgeber, liegt ein sog. Firmen- oder Haustarif vor. Die Rechtsnormen des T. gelten unmittelbar u. zwingend für die Arbeitsverhältnisse der Mitglieder der Tarifvertragsparteien (Tarifgebundene). Der T. findet also auf ein Arbeitsverhältnis Anwendung, auch ohne daß der Einzelarbeitsvertrag ausdrücklich auf ihn Bezug nimmt. Bestimmungen des Arbeitsvertrages, die Normen des T. widersprechen, sind unwirksam; eine Ausnahme gilt nach dem sog. Günstigkeitsprinzip nur für individualrechtliche Abweichungen zugunsten des Arbeitnehmers (übertarifliche Leistungen). Durch die *Allgemeinverbindlicherklärung,* die vom Bundesminister für Arbeit auf Antrag einer Tarifvertragspartei ausgesprochen wird, erfaßt der T. auch die Arbeitsverhältnisse der (nicht tarifgebundenen) Außenseiter; die Allgemeinverbindlicherklärung sichert den nichtorganisierten Arbeitnehmern u. den Arbeitnehmern in Betrieben nichtorganisierter Arbeitgeber die rechtliche Gleichstellung. Die Allgemeinverbindlicherklärung hat eine rechtliche Doppelnatur: Sie ist gegenüber den Tarifvertragsparteien ein → Verwaltungsakt, gegenüber den Außenseitern ein Rechtsetzungsakt.

Jeder T. dient zugleich dem Frieden zwischen Arbeitnehmern u. Arbeitgebern; er begründet somit für beide Parteien eine *Friedenspflicht*. Während der Dauer des Vertrages sind Arbeitskämpfe wegen neuer Forderungen in den durch den T. geregelten Angelegenheiten untersagt. Die Parteien sind verpflichtet, in diesem Sinne auch auf ihre Mitglieder einzuwirken. Schlichtungsabkommen zwischen Gewerkschaften u. Arbeitgebern erweitern die Friedenspflicht dadurch, daß sie Streik u. Aussperrung vor Abschluß eines *Schlichtungsverfahrens* i. d. R. ausschließen. Das Schlichtungsverfahren, das nach dem Scheitern der Verhandlungen auf Antrag einer oder beider Tarifvertragsparteien eingeleitet wird, soll eine neue Gesamtvereinbarung ermöglichen u. Arbeitskämpfe vermeiden helfen. Kommt die Schlichtungsstelle – sie ist im allg. mit Vertretern der streitenden Parteien u. einem unparteiischen Vorsitzenden besetzt – zu keinem Einigungsvorschlag oder wird der Vorschlag von einer oder beiden Parteien abgelehnt, so ist das Schlichtungsverfahren beendet. Da die Friedenspflicht nicht mehr besteht, kann der Arbeitskampf eröffnet werden.

Taschengeldparagraph → Geschäftsfähigkeit.

Tatbestand. Der T. ist die in einer → Rechtsnorm enthaltene abstrakte Umschreibung von Tatumständen, die im konkreten Fall erfüllt sein müssen, um eine *Rechtsfolge* auszulösen. Besondere Bedeutung kommt der Tatbestandsmäßigkeit im → *Strafrecht* zu: Eine Handlung kann nur dann als Straftat geahndet werden, wenn sie einen gesetzlichen Straftatbestand verwirklicht. – Zum T. als Bestandteil eines Urteils → dort.

Tatmehrheit, Tateinheit (§§ 52 ff. StGB). Begeht jemand mehrere selbständige Straftaten, so liegt *Tatmehrheit* (Realkonkurrenz) vor; falls diese Taten gleichzeitig abgeurteilt werden, ist durch Erhöhung der verwirkten höchsten Strafe eine Gesamtstrafe zu bilden. – Verletzt dieselbe Handlung mehrere Strafgesetze oder dasselbe Strafgesetz mehrfach, handelt es sich um *Tateinheit* (Idealkonkurrenz). (Beispiele: Einbrecher, der beim Einsteigen in das Gebäude eine Fensterscheibe zertrümmert, begeht Einbruchsdiebstahl u. Sachbeschädigung; Konferenzteilnehmer, der die Anwesenden allesamt als Betrüger beschimpft, begeht mehrfache Beleidigung.) Ein Unterfall der Tateinheit ist die *fortgesetzte Handlung,* bei der der Täter mit einheitlichem Vorsatz denselben Straftatbestand wiederholt verwirklicht (z. B. Angestellter, der regelmäßig am Wochenende Geldbeträge aus der von ihm verwalteten Kasse entnimmt, begeht fortgesetzte Unterschlagung). Im Fall der Tateinheit wird nur auf eine Strafe erkannt, die sich nach dem Gesetz bestimmt, das die schwerste Strafe androht. Die strafprozessuale Bedeutung der Tateinheit ergibt sich daraus, daß alle durch sie verknüpften Handlungen, auch soweit sie dem Gericht unbekannt geblieben sind, vom Urteil u. damit von dessen → Rechtskraft mitumfaßt werden; eine spätere Verfolgung u. Verurteilung scheidet deshalb nach dem Grundsatz des → *ne bis in idem* aus.

Tausch. Anders als beim → Kauf besteht beim T. die Gegenleistung nicht in Geld (dem Kaufpreis), sondern in der Hingabe eines Gegenstandes. Auf den T. finden die Vorschriften über den Kauf entsprechende Anwendung (§ 515 BGB).

Technische Aufzeichnung (§ 268 StGB) ist eine Darstellung von Daten, Meß- oder Rechenwerten, Zuständen oder Geschehensabläufen, die durch ein technisches Gerät (z. B. Fernschreiber, Heizungszähler) ganz oder z. T. selbsttätig bewirkt wird, den Gegenstand der Aufzeichnung allgemein oder für Eingeweihte erkennen läßt u. zum Beweis einer rechtlich erheblichen Tatsache bestimmt ist, gleichviel ob ihr die Bestimmung schon bei der Herstellung oder erst später gegeben wird. T. A. ist auch der Kilometerstand (str.). Die Strafbarkeit der *Fälschung t. A.* entspricht im Tatbestand (Herstellung einer unechten, Verfälschung einer echten, Gebrauchmachen von einer unechten oder verfälschten t. A.) u. in der Strafdrohung der → Urkundenfälschung.

Teilnahme ist die Beteiligung an der → Straftat eines anderen in Form der → Anstiftung oder der → Beihilfe. Die T. setzt eine fremde Tat voraus, die tatbestandsmäßig, rechtswidrig u. vorsätzlich begangen sein muß; schuldhaftes Handeln des Haupttäters ist demgegenüber nicht erforderlich. Jeder Beteiligte wird ohne Rücksicht auf die Schuld des anderen nach seiner Schuld bestraft. Dabei bestimmt sich die Strafe für den Teilnehmer nach der Strafdrohung für den Haupttäter (s. i. e. §§ 26, 27 StGB). Fehlen bei einem Teilnehmer besondere persönliche Merkmale, die die Strafbarkeit des Täters begründen (z. B. Anstiftung zur → Rechtsbeugung), so ist die Strafe nach § 49 I StGB zu mildern (§ 28 I StGB); liegen besondere persönliche Merkmale vor, die die Strafe schärfen, mildern oder ausschließen (z. B. Beihilfe zu einer im → Rückfall begangenen Straftat), gilt das nur für den Täter oder Teilnehmer, bei dem sie vorliegen (§ 28 II StGB). Zur Teilnahme (Beteiligung) an der unerlaubten Handlung eines anderen s. dort.

Teilung der Gewalten → Gewaltenteilung.

Teilzahlungsgeschäft → Abzahlungsgeschäft.

Teilzeitbeschäftigung. 1. Werden → *Arbeitnehmer* mit einer geringeren als der tariflich vorgesehenen Stundenzahl beschäftigt (z. B. halbtags), so liegt trotzdem ein echtes → Arbeitsverhältnis vor. Auch der Teilzeitbeschäftigte hat daher Anspruch auf → Urlaub, → Lohnfortzahlung im Krankheitsfall usw.; er ist wie die Vollzeitbeschäftigten in den → Arbeitsschutz einbezogen. Freiwillige Leistungen (z. B. Sonderzuwendung zu Weihnachten) kann der Arbeitgeber entsprechend der anteiligen Arbeitszeit abstufen; im übrigen ist er zur → Gleichbehandlung aller Arbeitnehmer im Betrieb verpflichtet. Im allgemeinen ist der Arbeitgeber nicht berechtigt, vom Teilzeitbeschäftigten zusätzliche Arbeitsstunden über die vereinbarte Arbeitszeit hinaus zu verlangen.
2. Einem → *Beamten* oder → *Richter* kann auf Antrag die Arbeitszeit bis zur Hälfte ermäßigt oder Urlaub ohne Dienstbezüge bis zur Dauer von 3 Jahren mit Verlängerungsmöglichkeit gewährt werden, wenn er für ein Kind unter 18 Jahren oder einen pflegebedürftigen sonstigen Angehörigen sorgt; ermäßigte Arbeitszeit u. Urlaub dürfen zusammen die Dauer von 15 Jahren, Urlaub allein die Dauer von 9 Jahren (bei Richtern 6 Jahre) nicht überschreiten (§ 48a BRRG, § 79a BBG, § 48a DRiG). Bei T. sind die Dienstbezüge entsprechend zu verringern (§ 6 BBesG). T. bis zu 10 Jahren oder unbezahlter Urlaub bis zu 6 Jahren – insgesamt nicht mehr als 15 Jahre – kann einem Beamten auf Antrag auch aus arbeitsmarktpolitischen Gründen, zur Freisetzung von Planstellen bei großem Bewerberandrang (z. B. im Lehrerbereich), eingeräumt werden (§ 44a BRRG, § 72a BBG).

Tendenzbetriebe sind Unternehmen oder Betriebe, die unmittelbar oder überwiegend politischen, koalitionspolitischen, konfessionellen, karitativen, erzieherischen, wissenschaftlichen oder künstlerischen Bestimmungen oder Zwecken der Berichterstattung oder Meinungsäußerung dienen. Auf T. finden die Vorschriften des Betriebsverfassungsgesetzes keine Anwendung, soweit die Eigenart des Unternehmens oder Betriebs dem entgegensteht (§ 118 BetrVG). Von der Unternehmensmitbestimmung nach dem Mitbestimmungsgesetz 1976 sind sie ausgenommen (§ 1 IV MitbestG). → Mitbestimmung.

Termin. Im *Privatrecht* ist T. der bestimmte Zeitpunkt, zu dem etwas geschehen soll oder eine Wirkung eintritt (Auslegungsregeln in §§ 192 f. BGB). Im *Prozeßrecht* ist T. der Zeitpunkt, an dem eine Verhandlung, ein Verhandlungsabschnitt oder die Verkündung einer Entscheidung stattfindet. Die ZPO bezeichnet zuweilen die Verhandlung selbst als T. (z. B. § 220). Der T. wird durch den Vorsitzenden des Gerichts bestimmt.

Terroristische Vereinigungen (§ 129 a StGB) sind Vereinigungen, deren Zwecke oder Tätigkeit darauf gerichtet sind, Mord, Totschlag oder Völkermord, erpresserischen Menschenraub oder Geiselnahme oder bestimmte gemeingefährliche Straftaten (z. B. schwere Brandstiftung, Herbeiführen einer Sprengstoffexplosion) zu begehen. Strafbar machen sich Gründer, Mitglieder, Werber u. Helfer. Die Strafe ist Freiheitsstrafe von 6 Monaten bis zu 5 Jahren. Der → Versuch der Gründung ist strafbar. Sofern der Täter zu den Rädelsführern oder Hintermännern gehört, ist Freiheitsstrafe von 1 bis zu 10 Jahren zu verhängen. Das Gericht kann bei Mitläufern die Strafe mildern, im Fall des Versuchs der Gründung die Strafe entfallen lassen. Tätige Reue ermöglicht gleichfalls Strafmilderung oder Strafverzicht. Wird der Täter zu mindestens 6 Monaten Freiheitsstrafe verurteilt, können ihm Amtsfähigkeit u. passives Wahlrecht aberkannt werden. Neben einer Strafe kann Führungsaufsicht als → Maßregel der Besserung u. Sicherung angeordnet werden. – Gegen den einer Tat nach § 129 a StGB dringend Verdächtigen ist Erlaß eines → Haftbefehls auch ohne Vorliegen eines Haftgrundes zulässig (§ 112 III StPO). Sein mündlicher u. schriftlicher Verkehr in der Untersuchungshaft mit dem Verteidiger darf überwacht werden (§ 148 II StPO). → auch Kontaktsperre.

Testament → Erbrecht.

Testierfähigkeit ist die Fähigkeit zur Errichtung eines → Testaments (§ 2229 BGB). Der → Minderjährige ist bis zur Vollendung des 16. Lebensjahres *testierunfähig*. Mit Vollendung des 16. Lj. erlangt er *beschränkte Testierfähigkeit;* er kann ohne Zustimmung seines gesetzlichen Vertreters letztwillige Verfügungen treffen, jedoch nur in Form eines öffentlichen Testaments, u. zwar durch mündliche Erklärung oder Übergabe einer offenen Schrift beim Notar (§§ 2233 I, 2232 BGB). Mit Volljährigkeit setzt die *volle Testierfähigkeit* ein; von diesem Zeitpunkt an ist auch die Errichtung eines privaten Testaments möglich.

Testierfreiheit → Erbrecht.

Tierhalterhaftung (§ 833 BGB). Wird durch ein Tier ein Mensch getötet, körperlich verletzt oder eine Sache beschädigt, so ist der Tierhalter schadensersatzpflichtig. Die T. ist Gefährdungshaftung, setzt also kein → Verschulden des Tierhalters voraus. Wird der Schaden durch ein Haustier verursacht, das dem Beruf, der Erwerbstätigkeit oder dem Unterhalt des Tierhalters dient (z. B. der Jagdhund des Försters, nicht aber das zu Liebhaberzwecken gehaltene Rennpferd), kann er die Haftung ausschließen, wenn er beweist, daß er die verkehrserforderliche Sorgfalt beachtet hat oder daß der Schaden auch bei Anwendung dieser Sorgfalt entstanden wäre. In gleicher Weise wie der Tierhalter haftet nach § 834 BGB auch der Tierhüter.

Tierschutz. Der T. ist im (Bundes-)Tierschutzgesetz von 1972 geregelt. Niemand darf einem Tier ohne vernünftigen Grund Schmerzen, Leiden oder Schäden zufügen. Dieser Grundsatz wird durch Gebote und Verbote konkretisiert. Tiere müssen artgemäß ernährt, gepflegt u. untergebracht werden. Sie dürfen nicht mißbraucht, Haustiere dürfen nicht ausgesetzt werden. Ein Wirbeltier darf nicht ohne vernünftigen Grund u. nur schmerzlos getötet werden. Tierversuche, die mit Schmerzen, Leiden oder Schäden verbunden sein können, sind anzuzeigen; bei Experimenten an Wirbeltieren ist behördliche Genehmigung erforderlich, die nur dann erteilt wird, wenn der Versuch zur Gewinnung medizinischer oder sonstiger wissenschaftlicher Erkenntnisse notwendig ist u. von fachkundigem Personal vorgenommen wird; Tierversuche sind auf das unerläßliche Maß zu beschränken u. möglichst schmerzlos (Betäubung) durchzuführen. Tötung eines Tieres ohne vernünftigen Grund u. Tierquälerei werden mit Freiheitsstrafe bis zu 2 Jahren oder mit Geldstrafe, sonstige Verstöße werden als → Ordnungswidrigkeiten mit Geldbuße geahndet.

Tod. Mit dem T. endet die → Rechtsfähigkeit des Menschen. Sein Vermögen geht als Nachlaß auf die Erben über (→ Erbrecht).

Todeserklärung ist die gerichtliche Feststellung, daß ein Verschollener tot ist. Verschollen ist, wessen Aufenthalt während längerer Zeit unbekannt ist, ohne daß Nachrichten darüber vorliegen, ob er in dieser Zeit noch gelebt hat oder gestorben ist; es müssen ernstliche Zweifel an seinem Fortleben bestehen (§ 1 VerschG). Die T. ist zulässig, wenn seit der letzten Nachricht 10 Jahre verstrichen sind u. der Verschollene zur Zeit der T. mindestens 25 Jahre alt wäre; bei Vollendung des 80. Lj. genügen 5 Jahre. Bei Kriegs-, See-, Luft- und Gefahrenverschollenheit gelten kürzere Fristen. Die T. ergeht in einem → Aufgebotsverfahren der → freiwilligen Gerichtsbarkeit. Zuständig ist das Amtsgericht, in dessen Bezirk der Verschollene seinen letzten inländischen → Wohnsitz oder gewöhnlichen → Aufenthalt hatte. Das Aufgebotsverfahren wird nur auf Antrag eingeleitet. Antragsbefugt ist jeder, der ein rechtliches Interesse an der T. hat, im übrigen gesetzlicher Vertreter, Ehegatte, Abkömmlinge u. Eltern des Verschollenen sowie der Staatsanwalt. Die T. begründet die widerlegliche Vermutung, daß der Verschollene zu dem im Beschluß festgestellten Zeitpunkt gestorben ist (§ 9 VerschG). Hat der Verschollene die T. überlebt, ist sie rückwirkend aufzuheben.

Todesstrafe. Gem. Art. 102 GG ist die T. abgeschafft. → Strafrecht.

Tötung. Die *vorsätzliche* T. eines Menschen ist als Mord, Totschlag, Tötung auf Verlangen oder Kindestötung strafbar. 1. *Mord* (§ 211 StGB) ist besonders verwerfliche T., die mit lebenslanger Freiheitsstrafe geahndet wird. Besonders verwerflich handelt der Täter, wenn er sich von niedrigen Beweggründen (z. B. Mordlust, Befriedigung des Geschlechtstriebes, Habgier, aber auch Rachsucht, krasse Selbstsucht) leiten läßt, wenn er heimtückisch (unter Ausnutzung der Wehr- u. Arglosigkeit des Opfers), grausam (durch Zufügung besonderer Schmerzen oder Qualen aus gefühlloser, unbarmherziger Gesinnung) oder gemeingefährlich (z. B. T. durch Brandstiftung) vorgeht oder wenn er tötet, um eine andere Straftat zu ermöglichen (z. B. T. des Nachtwächters vor dem Einbruch) oder um sie zu verdecken (z. B. T. des einzigen Tatzeugen). 2. Wegen *Totschlags* (§ 212 StGB) wird bestraft, wer einen Menschen tötet, ohne Mörder zu sein. Die Regelstrafe ist Freiheitsstrafe nicht unter 5 Jahren (nach § 38 II StGB also höchstens 15 Jahre); in besonders schweren Fällen ist lebenslange Freiheitsstrafe, in minder schweren Fällen Freiheitsstrafe von 6 Monaten bis zu 5 Jahren zu verhängen (§ 213 StGB). 3. Ist jemand durch das ausdrückliche u. ernstliche *Verlangen* des Getöteten (bloße Einwilligung genügt nicht) zur T. bestimmt worden, so fällt die Freiheitsstrafe geringer aus: 6 Monate bis zu 5 Jahren (§ 216 StGB). Handelt es sich um Beihilfe zum → Selbstmord, entfällt die Strafbarkeit. 4. Auch die Mutter, die ihr nichteheliches Kind in oder gleich nach der Geburt tötet, wird weniger hart bestraft: *Kindestötung* (§ 217 StGB) ist mit Freiheitsstrafe nicht unter 3 Jahren, in minder schweren Fällen 6 Monate bis zu 5 Jahren, bedroht.

Wer den Tod eines Menschen fahrlässig herbeiführt (z. B. im Straßenverkehr), wird nach § 222 StGB wegen *fahrlässiger T.* mit Freiheitsstrafe bis zu 5 Jahren oder Geldstrafe bestraft.

Besonders unter Strafe gestellt ist der *Völkermord* (§ 220 a StGB). Wer in der Absicht, eine nationale, rassische, religiöse oder durch ihr Volkstum bestimmte Gruppe als solche ganz oder teilweise zu zerstören, Mitglieder der Gruppe tötet, verwirkt lebenslange Freiheitsstrafe. § 220 a StGB ahndet mit gleichem Strafmaß noch andere Begehungsformen: Zufügung schwerer körperlicher oder seelischer Schäden an Mitgliedern der Gruppe; Herbeiführung von

Lebensbedingungen, die geeignet sind, die Gruppe ganz oder teilweise zu zerstören; Maßnahmen zur Geburtenverhinderung; gewaltsame Überführung von Kindern in eine andere Gruppe.

Tonbandaufnahmen (heimliche). Durch das → Persönlichkeitsrecht ist der einzelne gegen Eingriffe in seine Privatsphäre geschützt. Grundsätzlich kann jedermann selbst bestimmen, ob und von wem sein Wort auf Tonträger aufgenommen, ob und vor wem die aufgenommene Stimme abgespielt werden soll. Daher darf niemand ohne den Willen des Betroffenen über dessen nichtöffentlich gesprochenes Wort verfügen. Nach § 201 StGB macht sich wegen Verletzung der Vertraulichkeit des Wortes strafbar, wer das nichtöffentlich gesprochene Wort eines anderen auf einen Tonträger aufnimmt, eine so hergestellte Aufnahme gebraucht oder einem Dritten zugänglich macht. Schon der → Versuch der nur auf → Strafantrag verfolgten Tat ist strafbar. Darüber hinaus kann der Täter wegen → unerlaubter Handlung auf Schadensersatz, bei schwerem Eingriff oder schwerem Verschulden auch auf Zahlung eines → Schmerzensgeldes in Anspruch genommen werden. Die Verwertung einer heimlichen T. als Beweismittels vor Gericht, insbes. im Strafverfahren, ist unzulässig. Eine Ausnahme kommt im Zivilprozeß dann in Betracht, wenn sich der Beweispflichtige in einer notwehrähnlichen Lage befunden hat, im Strafprozeß dann, wenn überwiegende Interessen der Allgemeinheit es zwingend gebieten, so z. B. bei schwerer Kriminalität zur Identifizierung eines Straftäters oder zur Entlastung eines zu Unrecht Beschuldigten.

Toto (Fußballtoto) ist eine Art der → Lotterie.

Totschlag → Tötung.

Transitverkehr ist der Durchgangsverkehr von Personen oder Gütern durch fremdes staatliches Hoheitsgebiet. Die Benutzung der Transitstrecke dient ausschließlich der Beförderung zum Bestimmungsort; Warenumsätze o. ä. sind unzulässig. Der T. beruht auf zwischenstaatlichen Verträgen (→ Völkerrecht). So liegt z. B. dem Verkehr zwischen der Bundesrepublik u. West-Berlin das Vier-Mächte-Abkommen über Berlin vom 3. 9. 1971 mit dem es ergänzenden Abkommen zwischen der Bundesrepublik u. der DDR über den T. von zivilen Personen u. Gütern vom 17. 12. 1971 zugrunde.

Trennung von Staat und Kirche → Staatskirchenrecht.

Treuepflicht des Arbeitnehmers. Die T., der auf seiten des Arbeitgebers die Fürsorgepflicht entspricht (→ Arbeitsverhältnis), gibt

dem → Arbeitnehmer auf, zum Erfolg der vom Arbeitgeber angestrebten Ziele loyal beizutragen. Sie äußert sich vor allem in verschiedenen Unterlassungspflichten. So darf der Arbeitnehmer
weder selbst in Wettbewerb mit dem Arbeitgeber treten noch die
Konkurrenz unterstützen; er hat die Geschäfts- u. Betriebsge-
heimnisse zu wahren. Die T. kann sich auch in positivem Tun
verwirklichen, wenn es z. B. gilt, Störungen u. drohende Schäden
im Betriebsablauf dem Arbeitgeber unaufgefordert zu melden.

Treuepflicht des Beamten. Die T. des Beamten durchzieht das gesamte Beamtenverhältnis (→ öffentlicher Dienst) u. erstreckt sich
auch auf den außerdienstlichen Bereich. Dem Beamten obliegt
eine besondere Loyalität gegenüber dem Staat u. seiner Verfassung. Er muß sich mit der freiheitlichen demokratischen, rechtsstaatlichen u. sozialstaatlichen Ordnung des Staates identifizieren. Diese politische T. fordert vom Beamten insbes., daß er sich
eindeutig von Gruppen und Bestrebungen distanziert, die den
Staat, seine verfassungsmäßigen Organe u. die geltende Verfassungsordnung bekämpfen. → auch Extremisten im öffentlichen
Dienst.

Treuhänder. Dem T. sind durch → Rechtsgeschäft Rechte zur
Ausübung im eigenen Namen übertragen (z. B. Eigentum), bei
deren Wahrnehmung er im Innenverhältnis zum Treugeber Beschränkungen unterliegt. Die Treuhand grenzt sich von der
→ Stellvertretung dadurch ab, daß der T. nicht in fremdem, sondern in eigenem Namen handelt. Man unterscheidet üblicherweise die für den T. uneigennützige Treuhand (Verwaltungstreuhand, z. B. Vermögensverwaltung) u. die eigennützige Treuhand
(Sicherungstreuhand, z. B. im Fall der → Sicherungsübereignung).
Bei der Verwaltungstreuhand gehört das Treugut wirtschaftlich
zum Vermögen des Treugebers. Dem wird dadurch Rechnung getragen, daß er in der → Zwangsvollstreckung gegen den T. die
Freigabe des Treuguts durch Drittwiderspruchsklage verlangen
kann (§ 771 ZPO) u. daß ihm im → Konkurs des T. ein Aussonde-
rungsrecht zusteht. Bei der Sicherungstreuhand gewährt die
Rechtsprechung dem Treugeber in der Vollstreckung gegen den
T. gleichfalls die Drittwiderspruchsklage; im Konkurs des T.
räumt sie ihm jedoch nur ein Absonderungsrecht ein.

Treu und Glauben. Nach § 242 BGB ist der Schuldner verpflichtet, die Leistung so zu bewirken, wie T. u. G. mit Rücksicht auf
die Verkehrssitte es erfordern. „Treue" heißt so viel wie Zuverlässigkeit u. Rücksichtnahme. „Glauben" ist das Vertrauen in die
„Treue" des anderen. Der Begriff „T. u. G." stellt auf die in der
Gesellschaft oder den beteiligten Kreisen vorherrschenden Wert-
anschauungen ab u. überschneidet sich insoweit mit den → „gu-

ten Sitten". Bei der Beachtung von T. u. G. sind die tatsächlich praktizierten Verhaltensformen (die → „Verkehrssitte") zu berücksichtigen. § 242 BGB regelt an sich nur die Art und Weise der schuldnerischen Leistung. Aus der Vorschrift ist jedoch der allgemeine, nicht nur für das Schuldrecht, sondern für sämtliche Rechtsgebiete geltende Grundsatz herzuleiten, daß jeder bei der Ausübung seiner Rechte u. der Erfüllung seiner Pflichten T. u. G. zu wahren hat. Wer gegen diesen Grundsatz verstößt, handelt rechtsmißbräuchlich, z. B. dann, wenn er sich in Widerspruch zu eigenem früheren Verhalten setzt.

Trunkenheit im Verkehr. Wer im Verkehr (Straßen-, Bahn-, Schiffs- oder Luftverkehr) vorsätzlich oder fahrlässig ein Fahrzeug führt, obwohl er infolge T. nicht sicher fahren kann, wird nach § 316 StGB mit Freiheitsstrafe bis zu 1 Jahr oder mit Geldstrafe bestraft. Bei einem Blutalkoholgehalt von 1,3‰ u. mehr ist absolute Fahruntüchtigkeit gegeben. Liegt der Blutalkoholgehalt unter 1,3‰, bedarf es zum Beweis der Fahruntauglichkeit weiterer Umstände (z. B. Überfahren der Ampel bei Rot, Fahren in Schlangenlinien, schwankender Gang). Da der wegen T. i. V. verurteilte oder nur mangels Schuldfähigkeit nicht verurteilte Kraftfahrer i. d. R. als zum Führen eines Kfz. ungeeignet anzusehen ist, entzieht ihm das Gericht die → Fahrerlaubnis. Verursacht die Trunkenheitsfahrt zusätzlich eine Verkehrsgefährdung nach §§ 315 a, 315 c StGB, so tritt § 316 StGB hinter diese Vorschriften zurück. Im übrigen ist zu beachten, daß ein Kraftfahrer, der trotz eines Blutalkoholgehalts zwischen 0,8 u. 1,3‰ fahrtüchtig ist, zwar nicht nach § 316 StGB bestraft, wohl aber nach §§ 24 a, 25 StVG wegen → Ordnungswidrigkeit mit einer Geldbuße bis zu 3000 DM u. mit einem → Fahrverbot belegt werden kann.

Tumultschäden → Demonstration.

U

Übereignung ist die Übertragung des → Eigentums an einer Sache. Sie ist als abstraktes sachenrechtliches Verfügungsgeschäft (→ Rechtsgeschäft) von dem zugrunde liegenden (kausalen) schuldrechtlichen Verpflichtungsgeschäft (z. B. Kauf) streng zu unterscheiden, wenngleich sie zumeist, vor allem bei den Geschäften des täglichen Lebens, mit diesem zusammenfällt.

1. Zur Ü. einer *beweglichen Sache* ist erforderlich, daß der Eigentümer die Sache dem Erwerber übergibt u. beide darüber einig sind, daß das Eigentum übergehen soll (§ 929 S. 1 BGB). Ist der Erwerber bereits im Besitz der Sache, genügt die Einigung über den Eigentumsübergang (§ 929 S. 2 BGB). Die Ü. kann von einer *Bedingung* abhängig gemacht werden. Das geschieht insbesondere beim Kauf unter → *Eigentumsvorbehalt.* Der Käufer erwirbt hier das Eigentum erst mit Zahlung der letzten Kaufpreisrate; bis dahin steht ihm ein Anwartschaftsrecht zu. – Will der Veräußerer den unmittelbaren Besitz behalten, so kann die Übergabe nach § 930 BGB dadurch ersetzt werden, daß zwischen ihm u. dem Erwerber ein konkretes Rechtsverhältnis vereinbart wird, durch das der Erwerber den mittelbaren Besitz erlangt; das *Besitzmittlungsverhältnis* (Besitzkonstitut) kann z. B. in einer Miete oder Leihe bestehen (→ Besitz). Hauptanwendungsfall dieser Form der Eigentumsübertragung ist die → *Sicherungsübereignung.* – Ist ein Dritter im Besitz der Sache, kann die Übergabe dadurch ersetzt werden, daß der Eigentümer dem Erwerber den Anspruch auf Herausgabe der Sache abtritt (§ 931 BGB).

2. Zur Ü. eines *Grundstücks* bedarf es der Einigung des Veräußerers u. des Erwerbers (sog. → *Auflassung*) vor dem Notar sowie der Eintragung der Rechtsänderung in das → Grundbuch (§§ 873, 925 BGB, → Grundstücksrecht). Die Auflassung darf, anders als die Einigung bei Ü. beweglicher Sachen, nicht unter einer Bedingung oder Zeitbestimmung erfolgen (§ 925 II BGB).

Ist der Veräußerer einer beweglichen Sache oder eines Grundstücks nicht Eigentümer, hält ihn der Erwerber aber irrtümlich dafür, kommt unter bestimmten Voraussetzungen → *gutgläubiger Erwerb* in Betracht.

Übergangsvorschriften sind Bestimmungen, die bei Erlaß eines Gesetzes, einer Rechtsverordnung oder einer Satzung die Anpassung des bisher geltenden Rechts an die neue Rechtslage regeln.

Übermaßverbot bedeutet, daß der Staat bei Eingriffen in die grundrechtlich geschützte Freiheitssphäre unter mehreren möglichen Maßnahmen nur diejenige treffen darf, die geeignet ist, das angestrebte Ziel zu erreichen *(Geeignetheit)*, die den einzelnen möglichst wenig belastet *(Erforderlichkeit)* u. bei der die Vorteile insgesamt die Nachteile überwiegen *(Verhältnismäßigkeit)*. Das Ü., das sich zwingend aus dem → Rechtsstaatsprinzip ergibt, bindet Gesetzgebung, vollziehende Gewalt u. Rechtsprechung. Aus dem Verhältnismäßigkeitsgebot folgt z. B. für das → Strafrecht, daß die zu verhängende Strafe in einem angemessenen Verhältnis zur Schwere der Tat u. zum Verschulden des Täters stehen muß.

Überstaatliche Organisationen (supranationale Organisationen) → Völkerrecht; → Europäische Gemeinschaften.

Überstaatliches Recht → Völkerrecht.

Überstunden sind die Arbeitsstunden, die über die betriebliche regelmäßige → Arbeitszeit, der zumeist die tarifvertraglich vereinbarte Wochenstundenzahl zugrunde liegt, hinausgehen. Für Ü. ist aufgrund tariflicher Abmachungen ein Überstundenzuschlag zu leisten, der im allg. zwischen 20 u. 50% der regelmäßigen Vergütung liegt. Die Vorschriften der AZO über die Mehrarbeit sind damit weitgehend gegenstandslos geworden.

Übertretungen waren früher neben den mit höherer Strafe bedrohten Verbrechen u. Vergehen die dritte Kategorie der Straftaten. Sie sind im Zuge der → Entkriminalisierung des Strafrechts aufgrund des 2. Strafrechtsreformgesetzes von 1969 aus dem Strafrecht eliminiert u. größtenteils zu → Ordnungswidrigkeiten herabgestuft worden. → Strafrecht.

Überzeugungstäter ist ein Straftäter, der eine Straftat aus (religiöser, sittlicher, politischer o. ä.) Überzeugung begeht (z. B. Weigerung eines als → Kriegsdienstverweigerers anerkannten Zeugen Jehovas, dem Einberufungsbefehl zum Zivildienst Folge zu leisten, vgl. § 53 Zivildienstgesetz). Die Überzeugung stellt keinen Rechtfertigungsgrund dar u. begründet, da der Täter im Bewußtsein der → Rechtswidrigkeit handelt, auch keinen → Verbotsirrtum. Doch hat das Gericht innerhalb des Strafrahmens die Motive des Täters bei der Strafzumessung nach § 46 II StGB zu berücksichtigen.

Üble Nachrede → Beleidigung.

Umkehrschluß → Rechtsnorm.

Umsatzsteuer → Steuerrecht.

Umweltrecht ist die Gesamtheit der → Rechtsnormen, die den Schutz der natürlichen Umwelt des Menschen bezwecken. Die → Gesetzgebungskompetenz auf dem Gebiet des Umweltschutzes steht überwiegend dem Bund zu: Er hat die konkurrierende Gesetzgebung insbes. für Abfallbeseitigung, Luftreinhaltung u. Lärmbekämpfung (Art. 74 Nr. 24 GG) u. ist außerdem unter den Voraussetzungen des Art. 72 II GG zum Erlaß von Rahmenvorschriften über Naturschutz, Landschaftspflege u. Wasserhaushalt berechtigt (Art. 75 Nr. 3 u. 4 GG).
Einige wichtige (Bundes-)Gesetze: 1. Das *Bundes-Immissionsschutzgesetz* von 1974 zielt darauf ab, Menschen sowie Tiere, Pflanzen u. andere Sachen vor schädlichen Umwelteinwirkungen durch Luftverunreinigungen, Geräusche, Erschütterungen u. ä. zu schützen. Anlagen, die schädliche Umwelteinwirkungen hervorrufen können (z. B. Kohlekraftwerke), sind genehmigungspflichtig. Die Genehmigung ist (nur) zu erteilen, wenn sichergestellt ist, daß solche Umweltschäden für die Allgemeinheit u. die Nachbarschaft nicht auftreten, u. wenn andere öfftl.-rechtl. Vorschriften u. Belange des Arbeitsschutzes nicht entgegenstehen. Schutzvorkehrungen müssen dem Stand der Technik entsprechen; zu diesem Zweck sind in verschiedenen Rechtsverordnungen u. Verwaltungsvorschriften Grenzwerte festgesetzt, so z. B. in der Technischen Anleitung zur Reinhaltung der Luft („TA Luft"). Ein besonderes Gesetz, das *Atomgesetz*, regelt die Errichtung u. den Betrieb von Kernkraftwerken (→ Atomrecht). – 2. Nach dem *Gesetz zum Schutz gegen Fluglärm* von 1971 bestehen im Lärmschutzbereich von Flugplätzen Bauverbote, für die der Flugplatzhalter eine Entschädigung zahlen muß. Dieser hat auch die Aufwendungen für Schallschutzmaßnahmen zu ersetzen. – 3. Das *Abfallbeseitigungsgesetz* i. d. F. von 1977 schreibt vor, Abfälle so zu beseitigen, daß das Wohl der Allgemeinheit nicht beeinträchtigt wird. An die Beseitigung von Sonderabfällen stellt das Gesetz zusätzliche Anforderungen. Hierbei handelt es sich um Abfälle aus Unternehmen, die nach Art, Beschaffenheit oder Menge in besonderem Maße gesundheits-, luft- oder wassergefährdend sind, die explodieren oder brennen oder übertragbare Krankheiten verursachen können. Zur Beseitigung von Hausmüll sind ausschließlich die nach Landesrecht zuständigen öfftl.-rechtl. Körperschaften – i. d. R. also die Gemeinden – verpflichtet. Die Verantwortung für die Beseitigung von Sonderabfällen liegt dagegen bei den Erzeugern. Abfälle dürfen nur in Abfallbeseitigungsanlagen gelagert werden. Standorte für diese Deponien sind auf der Grundlage der von den Ländern aufzustellenden Abfallbeseitigungspläne festzulegen; die Errichtung u. der Betrieb von Deponien sind in einem → Planfeststellungsverfahren zu genehmigen. Die Abfallbeseiti-

gung ist durch die zuständige Behörde (Regierungspräsident, Bezirksregierung u. a.) zu überwachen. Wer gewerbsmäßig oder im Rahmen eines wirtschaftlichen Unternehmens Abfälle einsammelt oder befördert, bedarf behördlicher Genehmigung. Diese ist zu erteilen, wenn eine Beeinträchtigung des Allgemeinwohls nicht zu befürchten, insbes. die geordnete Beseitigung in Deponien gesichert ist. Die Genehmigung kann mit Bedingungen u. Auflagen versehen, sie kann befristet u. unter Widerrufsvorbehalt erteilt werden. – 4. Das *Chemikaliengesetz* von 1980 verpflichtet den Hersteller u. Importeuer neuer gefährlicher Stoffe zu deren Anmeldung, Einstufung (nach den Gefährlichkeitsmerkmalen), Verpakkung u. Kennzeichnung. Ein Zulassungsverfahren, wie z. B. im Arzneimittelrecht, ist jedoch nicht vorgeschrieben. – 5. Nach dem *Wasserhaushaltsgesetz* i. d. F. von 1976, das als Rahmengesetz durch die Wassergesetze der Länder ausgefüllt wird, bedarf die besondere Benutzung eines Gewässers (z. B. Entnahme u. Ableiten von Wasser, Einleiten von Stoffen in oberirdische Gewässer oder in Grundwasser) der behördlichen Erlaubnis oder Bewilligung. Die Erlaubnis für das Einleiten von Abwasser darf nur erteilt werden, wenn Menge u. Schädlichkeit des Abwassers so gering gehalten werden, wie dies nach den allgemein anerkannten Regeln der Technik möglich ist. Das Wasserhaushaltsgesetz wird ergänzt durch das *Abwasserabgabengesetz* von 1976, das für das Einleiten von Abwasser in ein Gewässer die Zahlung einer Abwasserabgabe vorschreibt, deren Höhe sich nach der Schädlichkeit des Abwassers richtet. Auf diese Weise soll ein finanzieller Anreiz zur Reduzierung der Schadstoffe ausgelöst werden. Widerspruch u. Anfechtungsklage gegen die Anforderung der Abgabe haben keine aufschiebende Wirkung. – 6. Der *Naturschutz (einschl. Landschaftspflege)* ist im Bundesnaturschutzgesetz von 1976 u. in den dieses Rahmengesetz ergänzenden Naturschutzgesetzen der Länder geregelt. Er bezweckt Schutz u. Pflege von Natur u. Landschaft als Lebensgrundlagen des Menschen u. als Voraussetzung für seine Erholung. Instrumente des Naturschutzes sind u. a. Landschaftsplanung, Errichtung von Natur- u. Landschaftsschutzgebieten, Artenschutz für wildlebende Tiere u. Pflanzen.
Zuwiderhandlungen gegen die umweltrechtlichen Gebote u. Verbote werden nach den einzelgesetzlichen Vorschriften als → *Ordnungswidrigkeiten* mit Geldbußen geahndet. Besonders gemeinschädliche, für die Umwelt gefährliche Verhaltensweisen werden als *Straftaten gegen die Umwelt* verfolgt, die durch das 18. Strafrechtsänderungsgesetz von 1980 zusammenhängend in das StGB eingefügt worden sind (28. Abschnitt mit den §§ 324–330 d, z. B. Verunreinigung eines Gewässers, Luftverunreinigung, umweltgefährdende Abfallbeseitigung).
Nach Plänen der Bundesregierung von Anfang 1985 soll das Kraftfahrzeugsteuergesetz mit dem Ziel novelliert werden, den

Kauf *schadstoffarmer Autos* u. die Umrüstung von Fahrzeugen auf Abgasreinigungstechniken durch Befreiungen oder Ermäßigungen bei der Kfz.-Steuer zu fördern. Danach bräuchte beispielsweise derjenige, für den bis Ende 1986 ein sog. *Katalysatorauto* mit einem Hubraum bis zu 1,4 Litern erstmals zugelassen wird, 10 Jahre lang keine Kfz.-Steuer, danach nur eine Steuer von 13,20 DM (statt bisher 14,40 DM) je 100 Kubikzentimeter Hubraum zu entrichten.

Unbestimmte Rechtsbegriffe. Als u. R. bezeichnet man die in Gesetzen verwendeten Typenbegriffe, die verschiedene, aber ähnliche Sachverhalte umfassen (z. B. „Tagesanbruch", „Gefahr", „wichtiger Grund", „öffentliche Sicherheit u. Ordnung", „Sicherheit u. Leichtigkeit des Verkehrs", „Zuverlässigkeit", „Eignung"). U. R. sind wegen der notwendigen Anpassung der abstrakten Gesetze an die konkreten Situationen unvermeidlich. Anders als das → Ermessen, das die Verwaltung zur eigenverantwortlichen Setzung einer Rechtsfolge im Einzelfall ermächtigt, weisen u. R. der Behörde die Aufgabe zu, einen konkreten Sachverhalt unter einen gesetzlichen Tatbestand zu subsumieren. Die Rspr. hält überwiegend daran fest, daß die Anwendung u. R. auf den Einzelfall grundsätzlich nur *eine* Entscheidung zulasse u. deshalb uneingeschränkt gerichtlich nachprüfbar sei. Nur bei Prüfungsentscheidungen u. sonstigen Leistungsbewertungen, insbes. im → Schulrecht u. im → Beamtenrecht, räumt sie der Behörde mit Rücksicht auf die dabei zu fällenden höchstpersönlichen, also unvertretbaren u. nicht nachvollziehbaren Werturteile einen *Beurteilungsspielraum* ein u. begnügt sich damit zu prüfen, ob die Verwaltung von falschen Tatsachen ausgegangen ist, Verfahrensfehler begangen, allgemeingültige Bewertungsgrundsätze mißachtet oder sachfremde Erwägungen angestellt hat.

Unbewegliche Sachen (Grundstücke) → Sachen.

Uneheliches Kind → nichteheliches Kind.

Unerlaubte Handlung (§§ 823 ff. BGB). Zu den vorrangigen Aufgaben der Rechtsordnung gehört der Schutz des Menschen vor Eingriffen in seine Rechtssphäre. Diesem Zweck dient insbesondere das → Strafrecht. Verletzungen individueller Rechtsgüter – durch Tötung, Körperverletzung, Nötigung, Sachbeschädigung usw. – werden mit staatlicher Strafgewalt geahndet. Unabhängig von diesen strafrechtlichen Sanktionen räumt das → Privatrecht demjenigen, der durch eine u. H. in seinen Rechten beeinträchtigt wird u. dadurch einen Schaden erleidet, die Befugnis ein, von dem Schädiger Schadensersatz zu verlangen. Doch lösen nur solche rechtswidrigen Eingriffe die Ersatzpflicht aus, die einen der in §§ 823 ff. BGB geregelten Tatbestände erfüllen. Die → Rechtswidrigkeit, u. damit auch die Ersatzpflicht, entfällt, wenn ein Rechtsfertigungsgrund – z. B. Notwehr, Einwilligung des Betroffenen – vorliegt. Die u. H. setzt i. d. R. Vorsatz oder Fahrlässigkeit voraus; nur ausnahmsweise begründet sie eine Haftung ohne → Verschulden (Gefährdungshaftung). Die Schadensersatzpflicht aus u. H. kann mit der Haftung wegen gleichzeitiger Vertragsverletzung zusammenfallen. So haftet z. B. der Arzt, dem ein Kunstfehler unterläuft, dem Patienten sowohl wegen Verletzung der sich aus dem Behandlungsvertrag ergebenden Pflichten als auch nach § 823 I BGB wegen u. H.

1. Das BGB unterscheidet mehrere Arten der u. H.: a) Eine u. H. begeht nach § 823 I, wer vorsätzlich oder fahrlässig das Leben, den Körper, die Gesundheit, die Freiheit, das Eigentum oder ein sonstiges Recht eines anderen verletzt und dadurch einen Schaden verursacht. Als „sonstiges Recht" kommen nur → absolute Rechte, die gegenüber jedermann wirken, in Betracht, so vor allem → dingliche Rechte (z. B. Pfandrecht, Hypothek), → Besitz, → Namensrecht, → Patentrechte usw. Hierzu rechnet auch das allgemeine → Persönlichkeitsrecht. Auch der eingerichtete und ausgeübte Gewerbebetrieb ist als sonstiges Recht anerkannt, sofern der Eingriff sich unmittelbar gegen den Betrieb als solchen richtet (z. B. bei Blockade einer Zeitungsdruckerei zum Zweck der Auslieferungssperre, nicht hingegen bei Unterbrechung der Stromzufuhr durch Baggerarbeiten). Die u. H. kann durch Unterlassen begangen werden, falls eine Rechtspflicht zum Tätigwerden, etwa aufgrund einer → Verkehrssicherungspflicht, besteht. – b) Eine u. H. liegt ferner dann vor, wenn jemand schuldhaft gegen ein den Schutz eines anderen bezweckendes Gesetz verstößt u. diesem dadurch Schaden zufügt (§ 823 II BGB). *Schutzgesetz* ist jede → Rechtsnorm, die zumindest neben der Allgemeinheit auch den einzelnen schützen will (so z. B. die Strafvorschrift des → Betruges). – c) Eine u. H. ist außerdem die wahrheitswidrige Behauptung oder Verbreitung einer Tatsache, die geeignet ist, die Geschäftsehre eines anderen zu gefährden oder sonstige Nachteile für dessen Erwerb oder Fortkommen herbeizuführen (§ 824 BGB, *Kreditgefährdung).* Es genügt, daß die Tatsachenbehauptung in fahrlässiger Unkenntnis der Unwahrheit geäußert wird, sofern nicht ein berechtigtes Interesse an der Mitteilung besteht. Bei Presseveröffentlichungen u. ä. sind das Interesse der Zeitung an der Unterrichtung der Allgemeinheit u. die Belange des Betroffenen gegeneinander abzuwägen; die Zeitung ist gehalten, die geplante Veröffentlichung auf ihren Wahrheitsgehalt zu überprüfen. – d) Eine u. H. begeht nach der → Generalklausel des § 826 BGB, wer in einer *gegen die* → *guten Sitten* verstoßenden Weise einem anderen vorsätzlich Schaden zufügt. Die Bedeutung der Vorschrift liegt darin, daß sie auch ohne Verletzung eines bestimmten Rechtsgutes oder eines Schutzgesetzes bei bloßer Ver-

mögensbeschädigung einen Schadensersatzanspruch einräumt. § 826 BGB dient vor allem dem Schutz gegen → Rechtsmißbrauch.

2. Die Verantwortlichkeit des Schädigers für eine von ihm begangene u. H. ist ausgeschlossen, wenn die → *Deliktsfähigkeit* fehlt. Doch kann der Geschädigte unter den Voraussetzungen des § 832 BGB den *Aufsichtspflichtigen* in Anspruch nehmen: Wer kraft Gesetzes oder aufgrund Vertrags eine Person zu beaufsichtigen hat, die wegen Minderjährigkeit oder wegen ihres körperlichen oder geistigen Zustands der Beaufsichtigung bedarf, ist zum Ersatz des Schadens verpflichtet, den diese Person einem Dritten widerrechtlich zufügt. Die Ersatzpflicht tritt nur dann nicht ein, wenn er beweist, daß er seine Aufsichtspflicht erfüllt hat oder daß der Schaden auch bei sorgfältiger Aufsicht entstanden wäre. Das Maß der gebotenen Aufsicht bestimmt sich gegenüber einem Kind nach dessen Alter, Eigenart u. Charakter, nach der Vorhersehbarkeit des schädigenden Verhaltens u. danach, was Eltern in entsprechenden Verhältnissen zugemutet werden kann.

3. Die §§ 833 ff. BGB enthalten Tatbestände der *Gefährdungshaftung:* die Haftung des → Tierhalters und Tierhüters (§§ 833, 834 BGB) u. die Haftung bei Einsturz eines Gebäudes (§§ 836–838 BGB).

4. Wer einen anderen zu einer *Verrichtung* bestellt, ist gem. § 831 BGB zum Ersatz des Schadens verpflichtet, den dieser in Ausführung der Verrichtung einem Dritten widerrechtlich zufügt. Die Haftung des Geschäftsherrn setzt im einzelnen voraus: Es muß sich um die Tat eines *Verrichtungsgehilfen*, d. h. einer von den Weisungen des Geschäftsherrn mehr oder weniger abhängigen Person handeln (z. B. Arbeiter, Angestellter); der Schaden muß in Ausführung, also nicht nur gelegentlich der Verrichtung zugefügt sein (daher haftet der Handwerker zwar für die von seinen Mitarbeitern bei Reparaturen in fremdem Haus verursachten Sachschäden, nicht aber für einen von ihnen begangenen Diebstahl); der Verrichtungsgehilfe muß den Tatbestand einer u. H. der §§ 823 ff. BGB erfüllen, wobei es auf sein Verschulden grundsätzlich nicht ankommt. Der Geschäftsherr kann die Haftung für den Verrichtungsgehilfen ausschließen, wenn er beweist, daß er ihn sorgfältig ausgewählt u. überwacht hat oder daß der Schaden auch bei Anwendung dieser Sorgfalt entstanden wäre. Bei Großbetrieben verlangt dieser Entlastungsbeweis, daß Vorkehrungen für eine ausreichende Organisation zur ordnungsgemäßen Geschäftsführung u. Beaufsichtigung getroffen worden sind. Von der Haftung nach § 831 BGB sind die → Organhaftung juristischer Personen, die → Amtshaftung für Amtspflichtverletzungen eines Beamten u. die Haftung des Schuldners für seinen Erfüllungsgehilfen im Rahmen eines bestehenden Schuldverhältnisses (→ Verschulden) zu unterscheiden.

5. Haben mehrere gemeinschaftlich als Mittäter eine u. H. begangen (oder sich als Anstifter oder Gehilfen daran beteiligt), so ist jeder für den Schaden verantwortlich (§ 830 BGB). Das gilt auch dann, wenn sich, z. B. bei einer Schlägerei, nicht ermitteln läßt, wer den Schaden unmittelbar verursacht hat. Sofern für den aus einer u. H. entstehenden Schaden mehrere verantwortlich sind, haften sie als → Gesamtschuldner (§ 840 BGB). → auch Demonstration.

6. Der aufgrund einer u. H. zu leistende → *Schadensersatz* umfaßt bei Personenschäden auch die Nachteile für den Erwerb und das Fortkommen des Verletzten (§ 842 BGB). Wird infolge einer Körper- oder Gesundheitsverletzung die Erwerbsfähigkeit des Verletzten aufgehoben oder gemindert oder tritt eine Vermehrung seiner Bedürfnisse ein, so ist Schadensersatz grundsätzlich in Form einer Geldrente zu leisten (§ 843 BGB). Im Fall der Tötung hat der Ersatzpflichtige die Beerdigungskosten zu tragen u. unterhaltsberechtigten Dritten für die mutmaßliche Lebensdauer des Getöteten eine Geldrente zu zahlen (§ 844 BGB). Bei Körper-, Gesundheits- oder Freiheitsverletzung kann der Betroffene über den Vermögensschaden hinaus → *Schmerzensgeld* verlangen. Der Schadensersatz aus u. H. *verjährt* in 3 Jahren von dem Zeitpunkt an, in dem der Verletzte von dem Schaden u. der Person des Ersatzpflichtigen Kenntnis erlangt, ohne Rücksicht auf diese Kenntnis in 30 Jahren; solange zwischen den Beteiligten Verhandlungen über den zu leistenden Schadensersatz schweben, ist die → Verjährung gehemmt (§ 852 BGB).

UNESCO → UNO.

Unfallversicherung → Sozialversicherung; → Versicherungsvertrag.

Ungerechtfertigte Bereicherung (§§ 812 ff. BGB). Das Recht der u. B. dient dazu, Vermögensverschiebungen, durch die der Begünstigte einen ihm nicht gebührenden Vorteil erlangt hat, rückgängig zu machen. Schulbeispiel: Der zwischen den Vertragsparteien abgeschlossene → Kauf ist nichtig; der „Käufer" hat dann zwar durch die Übereignung als abstraktes → Rechtsgeschäft wirksam Eigentum erlangt, doch fehlt der rechtl. Grund (die „causa") für den Rechtserwerb; deshalb kann der „Verkäufer" Rückübereignung verlangen. Es entsteht ein gesetzliches → Schuldverhältnis.

1. Die *bereicherungsrechtliche Grundnorm des § 812 I 1 BGB* bestimmt ganz allgemein: Wer durch die Leistung eines anderen oder in sonstiger Weise auf dessen Kosten etwas ohne rechtlichen Grund erlangt, ist ihm zur Herausgabe verpflichtet. Der Anspruch aus u. B. setzt demnach im einzelnen voraus: a) Der Bereicherte muß „etwas erlangt" haben, d. h., sein Vermögensstand muß sich irgendwie verbessert haben, sei es durch den Erwerb ei-

nes Rechts (z. B. Eigentum) oder einer vorteilhaften Rechtsstellung (z. B. unrichtige Eintragung im Grundbuch), sei es durch die Befreiung von einer Verbindlichkeit (z. B. Schulderlaß) oder die Ersparung von Aufwendungen (z. B. Reise als blinder Passagier). b) Die Bereicherung muß auf einer Leistung beruhen oder in sonstiger Weise erfolgt sein. *„Leistung"* ist jede Vermögenszuwendung, auch in Form eines vertraglichen → Schuldanerkenntnisses (§ 812 II BGB). Eine Bereicherung *„in sonstiger Weise"* liegt vor, wenn der Bereicherte selbst (z. B. der Dieb) oder ein Dritter (z. B. der Bauhandwerker, der gestohlenes Baumaterial einbaut) die Vermögensverschiebung vorgenommen hat. c) Ferner ist erforderlich, daß die Bereicherung *auf Kosten* des Entreicherten eingetreten ist, d. h., daß ein u. derselbe Vorgang auf der einen Seite den Gewinn, auf der anderen Seite den Verlust unmittelbar – ohne Einschaltung fremden Vermögens – herbeiführt. Der Unmittelbarkeit der Vermögensverschiebung steht es nicht entgegen, daß ein Dritter die Zuwendung erbringt. Zahlt z. B. eine Bank auf Anweisung des vermeintlichen Schuldners an den vermeintlichen Gläubiger, so ist der Empfänger auf Kosten des Anweisenden ungerechtfertigt bereichert. c) Schließlich setzt der Bereicherungsanspruch voraus, daß die Vermögensverschiebung *„ohne rechtlichen Grund"* erfolgt ist. Hierher gehören insbesondere die Fälle, in denen die Verpflichtung von vornherein nicht entstanden war (z. B. Nichtigkeit des Kaufvertrags) oder später weggefallen ist (z. B. Zahlung auf eine schon beglichene Rechnung).
2. *Sonderformen der u. B.* werden durch § 816 BGB geregelt: a) Verfügt ein Nichtberechtigter über eine Sache oder ein Recht u. ist die Verfügung dem Berechtigten gegenüber wirksam (z. B. Übereignung einer beweglichen Sache durch den Nichteigentümer an einen → gutgläubigen Erwerber), so ist er dem Berechtigten zur Herausgabe des durch die Verfügung Erlangten (z. B. des erzielten Kaufpreiserlöses) verpflichtet; hat er unentgeltlich verfügt, muß der Erwerber das Empfangene herausgeben. Falls die Verfügung unwirksam war, kann der Berechtigte sie nach § 185 II BGB durch Genehmigung ex tunc wirksam werden lassen; i. d. R. ist die Klage auf Herausgabe des Erlangten als stillschweigende Genehmigung anzusehen. b) Leistet jemand in schuldbefreiender Weise an einen Nichtberechtigten (z. B. Schuldner zahlt an ursprünglichen Gläubiger, nicht wissend, daß dieser die Forderung inzwischen abgetreten hat), dann hat der Leistungsempfänger das Geleistete an den Berechtigten herauszugeben.
3. Wer aus u. B. in Anspruch genommen wird, muß außer dem Erlangten die gezogenen Nutzungen u. das, was er aufgrund eines erlangten Rechts oder als Ersatz für die Zerstörung, Beschädigung oder Entziehung des erlangten Gegenstands erwirbt, herausgeben (§ 818 I BGB). Ist die Herausgabe wegen der Natur des Erlangten nicht möglich (z. B. empfangene Dienstleistungen)

oder ist der Bereicherte aus einem anderen Grund zur Herausgabe außerstande (z. B. wegen Veräußerung der Sache), so hat er den objektiven Verkehrswert zu ersetzen (§ 818 II BGB). Die Verpflichtung zur Herausgabe bzw. zum Wertersatz entfällt, *soweit* der Empfänger nicht mehr bereichert ist (§ 818 III). Das bedeutet: Ist das Erlangte selbst noch vorhanden, sind die Verwendungen auf die Sache sowie alle Ausgaben u. sonstigen Vermögensnachteile abzuziehen. Ist es nicht mehr vorhanden (z. B. infolge Veräußerung), so besteht die Bereicherung nur insoweit fort, als der Empfänger noch einen Ersatzwert in Händen hat oder durch die Verwendung des Empfangenen notwendige Ausgaben erspart hat. Falls der Bereicherte das Erlangte für außergewöhnliche Zwecke verbraucht hat (sog. Luxusausgaben), ist die Bereicherung weggefallen. Eine *verschärfte Haftung* des Bereicherten setzt ein, wenn er die Rechtsgrundlosigkeit der Vermögensverschiebung kennt bzw. erfährt oder wenn der Bereicherungsanspruch → rechtshängig wird. Er haftet von diesem Zeitpunkt an für jeden durch sein → Verschulden eingetretenen Schaden u. hat die schuldhaft nicht gezogenen Nutzungen zu ersetzen (§§ 818 IV, 819, 291, 292, 998, 987, 994 II BGB). Sind aufgrund eines unwirksamen gegenseitigen Vertrages Leistungen ausgetauscht worden, so sind diese grundsätzlich nicht zurückzugewähren; vielmehr besteht nach der sog. *Saldotheorie* nur für einen Vertragsteil ein auf den Überschuß gerichteter Bereicherungsanspruch.

Unlauterer Wettbewerb → Wettbewerbsrecht.

Unmittelbarkeitsgrundsatz bedeutet, daß Verhandlung u. Beweisaufnahme unmittelbar vor dem erkennenden Gericht stattfinden müssen. In den meisten Verfahrensarten ist der U. nicht strikt durchgeführt. So erlaubt die ZPO in mehreren Fällen (§§ 372, 375, 434) die Beweisaufnahme durch den kommissarischen Richter, d. h. entweder durch ein Mitglied des erkennenden Gerichts (beauftragter Richter) oder durch den Richter eines anderen Gerichts (ersuchter Richter). Am strengsten gewahrt ist der U. in der Hauptverhandlung des → Strafprozesses (§§ 226, 230, 250 StPO). Doch gibt es auch hier einige Ausnahmen. Z. B. kann nach § 251 StPO die Vernehmung von Zeugen, Sachverständigen u. Mitbeschuldigten unter bestimmten Voraussetzungen durch Verlesung des Protokolls einer früheren richterl. Vernehmung ersetzt werden.

Unmöglichkeit der Leistung. Kann der Schuldner die Leistung, zu der er verpflichtet ist, aus tatsächlichen oder rechtlichen Gründen endgültig nicht erbringen, so treten je nach den Umständen des Falles unterschiedliche Rechtsfolgen ein. Dabei kommt es darauf an, ob es sich um anfängliche oder nachträgliche, um objektive oder subjektive U. handelt. *Anfänglich* ist die U., wenn sie schon bei Abschluß des → Vertrages vorliegt, *nachträglich*, wenn sie erst nach Begründung des → Schuldverhältnisses entsteht. Als *objektiv* bezeichnet man die U., sofern die Leistung weder vom Schuldner noch von irgendeinem Dritten erbracht werden kann (z. B. Übereignung einer dem Erwerber bereits gehörenden Sache); *subjektive U.* (Unvermögen) ist dadurch gekennzeichnet, daß zwar ein Dritter leisten könnte, der Schuldner selbst aber zur Leistung außerstande ist (z. B. Veräußerung einer dem Schuldner nicht gehörenden Sache).

1. *Anfängliche U.* a) Ein auf eine objektiv unmögliche Leistung gerichteter Vertrag ist nichtig (§ 306 BGB). Doch muß die Partei, die die U. bei Vertragsabschluß kennt oder fahrlässig nicht kennt, dem gutgläubigen anderen Teil den Vertrauensschaden ersetzen (→ Schadensersatz). b) *Anfängliches Unvermögen* hat dagegen auf die Gültigkeit des Vertrages keinen Einfluß. Der Schuldner muß, auch wenn er die U. nicht verschuldet hat, für die Erfüllung seiner Leistungspflicht einstehen.

2. *Nachträgliche U.* Die Wirkungen dieser Leistungsstörung sind unterschiedlich, je nachdem ob der Schuldner die U. zu vertreten hat oder nicht (→ Verschulden). Trifft ihn daran keine Verantwortlichkeit, wird er von der Leistungsverpflichtung frei (§ 275 I BGB). Dabei spielt es keine Rolle, ob die U. objektiver oder subjektiver Natur ist (§ 275 II BGB). Allerdings muß der Schuldner einer noch nicht konkretisierten Gattungsschuld auch dann leisten, wenn er sein Unvermögen nicht zu vertreten hat (§ 279 BGB); der Autohändler, dem der bereits verkaufte Serienwagen gestohlen wird, hat daher dem Käufer einen gleichartigen PKW zu beschaffen. Erhält der Schuldner infolge des die U. verursachenden Ereignisses einen Ersatz oder Ersatzanspruch (z. B. Versicherungssumme), kann der Gläubiger Herausgabe des Erlangten als sog. stellvertretendes commodum fordern (§ 281 BGB). Ganz andere Konsequenzen treten ein, wenn der Schuldner die U. zu vertreten hat. In diesem Fall muß er dem Gläubiger den durch Nichterfüllung entstandenen Schaden ersetzen (§ 280 BGB). Ist zwischen den Parteien streitig, ob der Schuldner die U. zu vertreten hat, so trifft die Beweislast den Schuldner (§ 282 BGB). – Bei einem *gegenseitigen Vertrag* stellt sich die Frage, welche Auswirkungen die nachträgliche U. der Leistung des Schuldners auf die *Gegenleistung* des Gläubigers hat. Diese Rechtsfolgen sind in §§ 323–325 BGB geregelt. Danach gilt: Hat weder der Schuldner noch der Gläubiger die U. zu verantworten, entfällt nicht nur die Verpflichtung zur Leistung, sondern auch der Anspruch auf die Gegenleistung (§ 323 I BGB). Die evtl. schon erbrachte Gegenleistung kann der Gläubiger nach den Vorschriften über die → ungerechtfertigte Bereicherung zurückfordern (§ 323 III BGB). Sofern er nach § 281 BGB das stellvertretende commodum verlangt, muß er seinerseits die Gegenleistung – ggf. redu-

ziert um den Minderwert des Ersatzes – erbringen (§ 323 II BGB).
Ist der Gläubiger für die U. verantwortlich (z. B. Arbeitgeber verschuldet Arbeitsunfähigkeit des Arbeitnehmers), bleibt dem
Schuldner der Anspruch auf die Gegenleistung erhalten; er muß
sich aber die durch die Befreiung von seiner Leistungspflicht entstandenen Vorteile anrechnen lassen (§ 324 BGB). Geht die U.
auf einen Umstand zurück, der dem Schuldner zur Last fällt, so
stehen dem Gläubiger folgende Wahlrechte zu Gebote: Er kann
seine Gegenleistung unter Berufung auf die nicht mehr mögliche
Schuldnerleistung ablehnen, die Einrede des nichterfüllten Vertrages erheben (§ 320 BGB, → Zug um Zug), vom Vertrag zurücktreten (→ Rücktritt), Schadensersatz wegen Nichterfüllung verlangen oder die Rechte aus § 323 BGB geltend machen (s. o.). Bei
Schadensersatz wegen Nichterfüllung bleibt es grundsätzlich ihm
überlassen, ob er die Gegenleistung behält u. nur die Wertdiffe-
renz zwischen unmöglich gewordener Leistung u. ersparter Gegenleistung verlangt oder ob er die ihm obliegende Gegenleistung
erbringt u. den ganzen Wert der Schuldnerleistung fordert.

UNO – United Nations Organization (Vereinte Nationen). Die
UNO soll, ähnlich wie der *Völkerbund* nach dem 1. Weltkrieg,
dem Weltfrieden dienen. Ihre Gründung geht auf den 2. Welt-
krieg zurück: Die Kriegsalliierten u. ihre Verbündeten beschlossen auf einer Konferenz am 29. 6. 1945 in San Francisco die
Charta (Satzung) der UN. Inzwischen gehören der UNO mit Ausnahme der Schweiz u. des Vatikans praktisch alle Staaten der
Erde an; die Bundesrepublik ist 1973, nach Abschluß des
→ Grundlagenvertrags, gemeinsam mit der DDR als Mitglied aufgenommen worden. Die Mitgliedstaaten verpflichten sich in der
Charta zu Kollektivmaßnahmen im Interesse der Wahrung des
Weltfriedens u. der internationalen Sicherheit, zur Entwicklung
freundschaftlicher internationaler Beziehungen nach den Grundsätzen der Gleichberechtigung u. der Selbstbestimmung der Völker u. zu internationaler Zusammenarbeit auf wissenschaftli-
chem, sozialem, kulturellem u. humanitärem Gebiet. Sitz der
UNO ist New York. Ihr Hauptorgan ist die *Generalversammlung*,
in der jeder Mitgliedstaat eine Stimme führt; da sie nur Empfehlungen an die Staaten oder an den Sicherheitsrat richten kann, ist
ihr tatsächlicher Einfluß gering. Größere Bedeutung hat daher
der *Sicherheitsrat*, dem 5 ständige Mitglieder (China, Frankreich,
Großbritannien, UdSSR, USA) sowie 10 von der Generalversammlung auf jeweils 2 Jahre gewählte nichtständige Mitglieder
angehören. Aufgabe des Sicherheitsrates ist vor allem die Kriegs-
verhütung; zu diesem Zweck kann er konkrete Maßnahmen (z. B.
Entsendung von UN-Friedenstruppen in Krisengebiete) treffen.
Die Handlungsfähigkeit des Sicherheitsrates leidet indes darunter, daß jedes ständige Mitglied ihm nachteilig erscheinende Be-

schlüsse durch ein Veto blockieren kann. – Die Erfolge der UNO liegen nicht so sehr auf dem Gebiet der Friedenssicherung als in den praktischen Bemühungen um internationale Zusammenarbeit. Hier haben sich vor allem die UN-Sonderorganisationen hervorgetan: so z. B. die UN-Organisation für Erziehung, Wissenschaft u. Kultur (UNESCO) in Paris, die sich mit der Bekämpfung des Analphabetentums, mit Bildungshilfe u. Bildungsreformen befaßt; die Internationale Arbeitsorganisation (ILO) in Genf, die von vielen Staaten übernommene Modelle für Arbeits- u. Sozialgesetze erarbeitet hat; die Ernährungs- u. Landwirtschaftsorganisation (FAO) in Rom, die sich um die Bekämpfung des Hungers u. die Verbesserung der landwirtschaftlichen Produktion in der Dritten Welt bemüht. – Teil der UNO ist auch der *Internationale Gerichtshof* in Den Haag, der aus 15 von der Generalversammlung u. vom Sicherheitsrat auf je 9 Jahre gewählten Richtern besteht. Er kann in internationalen Streitigkeiten von einem Land angerufen werden, wenn die streitenden Staaten sich allgemein oder im Einzelfall dieser Gerichtsbarkeit unterworfen haben. – Die UNO hat sich in der Charta auch die Achtung vor den Menschenrechten u. Grundfreiheiten zum Ziel gesetzt. Die Generalversammlung nahm am 10. 12. 1948 feierlich die *Allgemeine Erklärung der Menschenrechte* an, die allerdings eher programmatischen Charakter hat. Die Erklärung ist konkretisiert worden im Internationalen Pakt über bürgerliche u. politische Rechte vom 19. 12. 1966, der inhaltlich weitgehend der → Europäischen Menschenrechtskonvention entspricht, u. im Internationalen Pakt über wirtschaftliche, soziale u. kulturelle Rechte vom selben Tag, der der → Europäischen Sozialcharta ähnelt. Beide Abkommen sind nach der Ratifikation durch 35 Staaten (darunter die Bundesrepublik) Anfang 1976 in Kraft getreten. → auch Völkerrecht.

Unpfändbarkeit → Pfändung.

Untätigkeitsklage → verwaltungsgerichtliches Verfahren.

Untauglicher Versuch → Versuch.

Unterbringung. Im → Strafrecht (§§ 63 ff. StGB) ist die U. in einem psychiatrischen Krankenhaus, in einer Erziehungsanstalt, in einer sozialtherapeutischen Anstalt oder in der Sicherungsverwahrung eine Maßregel der Besserung u. Sicherung. Sie darf nicht angeordnet werden, wenn sie zur Bedeutung der vom Täter begangenen u. zu erwartenden Taten sowie zu dem Grad der von ihm ausgehenden Gefahr außer Verhältnis steht (§ 62 StGB). Liegen dringende Gründe für die Annahme vor, daß jemand eine rechtswidrige Tat im Zustand der Schuldunfähigkeit oder verminderten Schuldfähigkeit (→ Schuld) begangen hat u. daß seine U. in einem psychiatrischen Krankenhaus oder einer Erziehungsanstalt angeordnet werden wird, so kann das Gericht durch *Unterbringungsbefehl* die einstweilige U. in einer dieser Anstalten anordnen, wenn die öfftl. Sicherheit es erfordert (§ 126a StPO). Der Unterbringungsbefehl tritt an die Stelle des → Haftbefehls; die meisten der für diesen geltenden Vorschriften sind entsprechend anzuwenden.

Unterhaltsgeld wird Teilnehmern an Maßnahmen der Bundesanstalt für Arbeit zur beruflichen Fortbildung gewährt (§ 44 AFG). Es beträgt für Personen mit mindestens 1 Kind 70%, sonst 63%, bei Fehlen bestimmter Voraussetzungen nur 58% des um die gesetzlichen Abzüge verminderten Arbeitsentgelts.

Unterhaltspflichten bestehen zwischen → Verwandten in gerader Linie (§§ 1601 ff., 1615a ff. BGB) u. zwischen Ehegatten (auch bei Getrenntleben u. nach Scheidung, §§ 1360 ff., 1569 ff. BGB). → dazu Eherecht, Ehescheidung, nichteheliches Kind. Darüber hinaus hat der nichteheliche Vater der Mutter 6 Wochen vor u. 8 Wochen nach der Geburt des Kindes Unterhalt zu leisten u. ihr die Entbindungskosten zu erstatten (§ 1615k f. BGB). Wichtigster Anwendungsfall des Verwandtenunterhalts ist die U. der Eltern gegenüber ihren Kindern. – Der Unterhaltsanspruch, der grundsätzlich weder pfändbar noch übertragbar, weder vererblich noch für die Zukunft verzichtbar ist, setzt *Bedürftigkeit* des Berechtigten u. *Leistungsfähigkeit* des Verpflichteten voraus. Unterhalt ist durch Zahlung einer monatlich im voraus zu entrichtenden *Geldrente* zu leisten. Ausnahmen gelten für die Hausfrauenehe, in der die Frau den Ehegattenunterhalt durch Führung des gemeinschaftlichen Haushalts erbringt, u. für die Mutter, die zum Unterhalt des Kindes i. d. R. durch dessen Pflege u. Erziehung beiträgt. Die Eltern können im übrigen die Art des ihren Kindern zu gewährenden Unterhalts bestimmen; sie haben also z. B. bei einem volljährigen Kind, das sich in Ausbildung befindet, grundsätzlich die Wahl, ob sie ihm das Studium nur an der Heimatuniversität (unter Verbleib im Elternhaus) oder an einer auswärtigen Hochschule mit einem monatlichen „Wechsel" ermöglichen. Die Höhe des Unterhalts richtet sich im allgemeinen nach der Lebensstellung des Bedürftigen. Der sog. Regelunterhalt nichtehelicher Kinder wird regierungsamtlich festgesetzt; für die Bemessung des Unterhalts ehelicher Kinder legen die Familiengerichte bei der Regelung der Scheidungsfolgen meistens entsprechende Richtsätze (z. B. „Düsseldorfer Tabelle") zugrunde. Zum Unterhalt gehört auch die Finanzierung einer angemessenen *Berufsausbildung.* So kann das Kind nach Abschluß einer Ausbildung von den Eltern auch die Kosten einer darauf aufbauenden weiterführenden Ausbildung, nicht jedoch die Finanzierung einer völlig anderen Ausbildung verlangen; seine Ansprüche sind im übrigen stets durch die Leistungsfähigkeit der Eltern begrenzt. Mehrere Unterhaltsverpflichtete sind nach einer bestimmten *Rangfolge* zum Unterhalt verpflichtet. An erster Stelle haftet der Ehegatte des Bedürftigen, dann dessen Abkömmlinge, danach die Eltern. Sofern mehrere Unterhaltsberechtigte vorhanden sind, haben der Ehegatte u. die minderjährigen unverheirateten Kinder gleichrangig Priorität gegenüber allen übrigen Personen. Unterhaltsansprüche können vertraglich geregelt, aber auch durch Klage geltend gemacht werden; eine spätere Anpassung an veränderte Verhältnisse kann mit Hilfe der Abänderungklage (§ 323 ZPO) erreicht werden. Für die Unterhaltsberechtigten besteht unter bestimmten Voraussetzungen die Möglichkeit, zunächst öffentliche Mittel in Anspruch zu nehmen (z. B. Sozialhilfe, Ausbildungsförderung nach dem BAFöG, Unterhaltsvorschuß nach dem Unterhaltsvorschußgesetz); in diesen Fällen geht der Unterhaltsanspruch des Berechtigten kraft Gesetzes auf die öfftl. Hand über.

Unterlassene Hilfeleistung. Nach § 323c StGB macht sich wegen u. H. strafbar, wer bei Unglücksfällen oder gemeiner Gefahr oder Not nicht Hilfe leistet, obwohl dies erforderlich u. ihm den Umständen nach zuzumuten ist. Er verwirkt eine Freiheitsstrafe bis zu 1 Jahr oder Geldstrafe. *Unglücksfall* ist ein plötzliches Ereignis, das erhebliche Gefahr für Menschen oder Sachen mit sich bringt (z. B. Verkehrsunfall; bestr., ob auch → Selbstmordversuch). Hilfeleistung ist *erforderlich*, wenn dem Opfer andernfalls keine oder keine ausreichende Hilfe zuteil würde. *Zumutbar* ist die Hilfeleistung insbes., wenn sie ohne erhebliche eigene Gefahr u. ohne Verletzung anderer wichtiger Pflichten möglich ist (daher braucht z. B. der Nichtschwimmer einen Ertrinkenden nicht zu retten, ist der Bewohner eines brennenden Hauses nicht zum Löschen des gleichfalls brennenden Nachbarhauses verpflichtet). § 323c StGB greift nicht ein, falls der Unterlassende die Gefahrenlage selbst herbeigeführt hat; so kann z. B. der Brandstifter nicht obendrein wegen u. H. verurteilt werden.

Unterlassungsanspruch. Gegen die rechtswidrige Beeinträchtigung des Eigentums kann sich der Eigentümer mit einem U. zur Wehr setzen (§ 1004 BGB). Entsprechende Vorschriften gelten zum Schutz des → Namensrechts (§ 12 BGB), des → Besitzes (§ 862 BGB), des → Urheberrechts (§ 97 I UrhG), des → Patents (§ 47 I PatG) u. a. Über diese gesetzlich geregelten Fälle hinaus ist nach der Rspr. ein U. immer dann gegeben, wenn der Tatbestand einer → unerlaubten Handlung erfüllt ist, so insbes. bei Beeinträchtigung der durch § 823 I BGB geschützten Rechtsgüter u. absoluten Rechte (z. B. des allgemeinen → Persönlichkeitsrechts).

Der U. erfordert kein Verschulden des Störers, sondern nur Rechtswidrigkeit des Eingriffs. Er dient der *Beseitigung* einer bereits eingetretenen Beeinträchtigung (z. B. durch Widerruf unwahrer Tatsachenbehauptungen) und/oder der Abwehr künftiger Eingriffe. Dieser *vorbeugende U.* setzt eine konkret drohende Gefährdung des Rechtsguts, bei schon vorausgegangenem Schaden Wiederholungsgefahr voraus. Der U. ist nicht auf Schadensersatz, sondern nur auf Beseitigung bzw. Abwehr der Störung gerichtet. Er hat aber gegenüber dem Schadensersatzanspruch aus unerlaubter Handlung den Vorzug, daß der Kläger nur die Rechtswidrigkeit der Beeinträchtigung zu beweisen braucht u. daß er auch eine künftige Rechtsverletzung verhindern kann.

Unterlassungsdelikt → Strafrecht; → Verkehrssicherungspflicht.

Untermiete → Miete.

Unternehmen (Gegenbegriff: Betrieb) → Betrieb.

Unternehmerpfandrecht → Werkvertrag; → Pfandrecht.

Untersagung der Berufsausübung → Berufsverbot.

Unterschlagung (§ 246 StGB) begeht, wer eine fremde bewegliche Sache, die er in Gewahrsam hat, sich rechtswidrig zueignet. Die Tat ist mit Freiheitsstrafe bis zu 3 Jahren, wahlweise mit Geldstrafe bedroht. Der Versuch ist strafbar. Vom → Diebstahl unterscheidet sich die U. dadurch, daß der Täter vorher bereits alleinigen Gewahrsam hatte, diesen also nicht erst durch Gewahrsamsbruch begründet. Zueignung ist die nach außen erkennbare Einverleibung der Sache selbst oder des in ihr verkörperten Sachwerts in das eigene Vermögen; das kann z. B. dadurch geschehen, daß der Täter sie als ihm gehörig verschenkt. Unterschlägt der Täter eine ihm – z. B. aufgrund Miete oder Leihe – anvertraute Sache, wird er wegen *Veruntreuung* mit Freiheitsstrafe bis zu 5 Jahren oder Geldstrafe bestraft. – Die U. gegen einen Angehörigen, den Vormund oder eine mit dem Täter in häuslicher Gemeinschaft lebende Person, grundsätzlich auch die U. geringwertiger Sachen, wird nur auf → Strafantrag verfolgt (§§ 247, 248a StGB).

Untersuchungshaft (§§ 112 ff. StPO) ist keine Freiheitsstrafe, sondern eine vorläufige Maßnahme, die die Durchführung des → Strafprozesses vor allem im Ermittlungsverfahren sichern soll. Die U. kann nur durch den Richter angeordnet werden (→ *Haftbefehl*). Sie darf nur ausnahmsweise, z. B. bei besonders schwierigen Ermittlungen, länger als 6 Monate dauern. Grundsätzlich wird die U. auf die durch Urteil verhängte zeitige Freiheitsstrafe oder Geldstrafe angerechnet. Die Einzelheiten des Vollzugs der U. sind teils in der StPO, teils in der Untersuchungshaftvollzugsordnung geregelt. Wichtig ist, daß der Verhaftete nicht mit Strafgefangenen, i. d. R. auch nicht mit anderen Untersuchungsgefangenen in demselben Raum untergebracht werden darf.

Untersuchungsmaxime bedeutet, daß das Gericht in einem Prozeß den für seine Entscheidung relevanten Sachverhalt von Amts wegen aufklären muß u. an das Vorbringen u. die Beweisanträge der Parteien nicht gebunden ist. Die U. gilt u. a. im → Strafprozeß u. im → verwaltungsgerichtlichen Verfahren, nur sehr begrenzt in dem von der → Verhandlungsmaxime beherrschten → Zivilprozeß. Darüber hinaus sind auch die Behörden im → Verwaltungsverfahren an die U. gebunden (§ 24 VwVfG).

Untreue (§ 266 StGB) ist Schädigung fremden Vermögens durch vorsätzliche Verletzung von Treuepflichten. Als Begehungsarten kommen der Mißbrauchs- u. der Treubruchtatbestand in Betracht. Der *Mißbrauchstatbestand* setzt voraus, daß dem Täter die Befugnis eingeräumt ist, über fremdes Vermögen zu verfügen oder einen anderen zu verpflichten. Diese Befugnis kann auf Gesetz (→ gesetzlicher Vertreter, z. B. Eltern), behördlichem Auftrag (z. B. Konkursverwalter) oder Rechtsgeschäft (z. B. Vollmacht) beruhen. Sie wird mißbraucht, wenn der Täter von der ihm eingeräumten Rechtsstellung pflichtwidrigen Gebrauch macht (z. B. Prokurist erläßt Forderung). Der *Treubruchtatbestand* besteht in der Verletzung der sich aus Gesetz, behördlichem Auftrag, Rechtsgeschäft oder tatsächlichem Treueverhältnis ergebenden Pflicht, fremde Vermögensinteressen wahrzunehmen (z. B. Rechtsanwalt, der die auf Anderkonto eingegangenen Gelder auftragswidrig nicht an den Mandanten abführt; Hausverwalter, der Haus verfallen läßt). Sowohl beim Mißbrauchs- als auch beim Treubruchtatbestand muß die Pflichtverletzung einen Vermögensnachteil des Treuegebers bewirken; eine Bereicherung des Täters ist nicht erforderlich. U., häufig in Tateinheit mit → Unterschlagung oder → Betrug begangen, ist mit Freiheitsstrafe bis zu 5 Jahren oder mit Geldstrafe, in besonders schweren Fällen mit Freiheitsstrafe von 1 bis zu 10 Jahren bedroht. Ist die Tat gegen einen Angehörigen, den Vormund oder eine in häuslicher Gemeinschaft mit dem Täter lebende Person begangen, wird sie nur auf → Strafantrag verfolgt; Gleiches gilt grundsätzlich, wenn nur geringfügige Vermögensinteressen verletzt worden sind.

Unverzüglich heißt: ohne schuldhaftes Zögern. Die Legaldefinition des § 121 I 1 BGB gilt nicht nur für die Anfechtung wegen Irrtums, sondern überall, wo das Gesetz den Ausdruck verwendet

(z. B. § 149 S. 1 BGB). U. ist nicht dasselbe wie „sofort"; es schließt eine angemessene Zeit des Überlegens ein.

Unwirksamkeit. Ein Rechtsgeschäft (R.), das keinerlei Rechtswirkungen hervorbringt, ist → nichtig (absolute U.). Demgegenüber bedeutet *relative U.*, daß das R. zwar einer oder mehreren Personen gegenüber unwirksam, allen anderen gegenüber aber wirksam ist. Das gilt insbesondere bei R., die entgegen einem gesetzlichen oder behördlichen Verfügungsverbot zum Schutz eines anderen (z. B. §§ 135, 136 BGB) vorgenommen werden. (Beispiel: Vollstreckungsschuldner tritt die vom Vollstreckungsgläubiger gepfändete Forderung ab; die Abtretung ist nur im Verhältnis zum Vollstreckungsgläubiger unwirksam.) *Schwebende U.* ist dadurch gekennzeichnet, daß das R. zunächst unwirksam ist, aber dadurch wirksam werden kann, daß die noch fehlende Wirksamkeitsvoraussetzung nachgeholt wird. Schwebend unwirksam sind z. B. der ohne Einwilligung des gesetzlichen Vertreters geschlossene Vertrag des in der → Geschäftsfähigkeit beschränkten Minderjährigen (§ 108 I BGB) u. der Vertrag eines Vertreters ohne Vertretungsmacht (§ 177 I BGB, → Stellvertretung).

Unzumutbarkeit. Die Rechtsordnung verlangt vom einzelnen im allgemeinen nicht mehr, als ihm nach seinen Möglichkeiten u. Fähigkeiten u. unter Berücksichtigung seiner legitimen eigenen Interessen zugemutet werden kann. Dieser allgemeine Grundsatz beruht auf dem Prinzip von → Treu und Glauben. Die U. begrenzt bei Unterlassungsdelikten die Pflicht zum Tätigwerden (→ Verkehrssicherungspflicht, → unterlassene Hilfeleistung). Bei einem → Dauerschuldverhältnis ergibt sich ein Recht zur außerordentlichen Kündigung aus wichtigem Grund, wenn dem Kündigenden die Fortsetzung der Vertragsbeziehungen nicht zuzumuten ist (z. B. im → Arbeitsverhältnis).

Unzurechnungsfähigkeit bedeutet, daß eine Person für ihr Handeln nicht verantwortlich ist. → Geschäftsfähigkeit; → Deliktsfähigkeit; → Schuld; → Strafmündigkeit.

Urheberrecht ist einerseits das → subjektive Recht des Urhebers an dem von ihm geschaffenen Werk als persönlich-geistiger Schöpfung, andererseits die Gesamtheit der – vor allem im Urheberrechtsgesetz von 1965 enthaltenen – → Rechtsnormen, die Inhalt u. Schranken dieses Rechts regeln. Das UrhG schützt Sprachwerke, Musikwerke, Werke der bildenden Kunst, Lichtbild- u. Filmwerke sowie Darstellungen wissenschaftlicher oder technischer Art (§ 2 UrhG); zu den geschützten Werken zählen nach h. A. auch Computerprogramme. Geschützt sind ferner

Übersetzungen u. andere Bearbeitungen sowie Sammelwerke (§§ 3, 4 UrhG). Das U. umfaßt als *Urheberpersönlichkeitsrecht* das Veröffentlichungsrecht, das Recht auf Anerkennung der Urheberschaft u. das Recht auf Verbot der Beeinträchtigung des Werkes (§§ 12 ff. UrhG). Der Urheber hat darüber hinaus nach §§ 15 ff. UrhG das ausschließliche Recht, sein Werk zu verwerten. Zu diesem *Verwertungsrecht* gehört die Befugnis der Vervielfältigung, Verbreitung, Ausstellung, Aufführung, Wiedergabe durch Bild- u. Tonträger, Funk u. Fernsehen usw. Der Urheber kann anderen die Nutzung, z. B. durch → Verlagsvertrag, einräumen. Das U. unterliegt im Allgemeininteresse Einschränkungen, wenn es sich um die Wiedergabe von öffentlichen Reden, Rundfunkkommentaren u. Zeitungsartikeln, um die Vervielfältigung zum persönlichen Gebrauch oder in Schulbüchern – letzteres nur gegen angemessene Vergütung – handelt (§§ 45 ff. UrhG). Das private Überspielen von Rundfunk- u. Fernsehsendungen, von Schallplatten u. ä. auf Bild- oder Tonträger ist als solches unentgeltlich zulässig. Doch müssen die Hersteller der Reproduktionsgeräte den Urhebern für die durch die Veräußerung geschaffene Möglichkeit des Überspielens *Tantiemen* zahlen (§ 53 V UrhG). Die Anfertigung einzelner Vervielfältigungen (Fotokopien) kleinerer Teile eines erschienenen Werkes oder von Zeitungs- und Zeitschriftenaufsätzen, die nicht dem persönlichen Gebrauch dient (so insbes. zu Zwecken des Schulunterrichts), darf die Zahl von 7 Exemplaren nicht überschreiten. Für das Vermieten oder Verleihen von Büchern, Zeitschriften, Schallplatten usw., gleichgültig ob es zu Erwerbszwecken oder in öffentlichen Bibliotheken geschieht, ist ein sog. Bibliotheksgroschen abzuführen (§ 27 UrhG). Das U., das zwar vererbt, nicht aber veräußert werden kann, erlischt 70 Jahre nach dem Tod des Urhebers. Gegen die widerrechtliche Verletzung des U. kann der Urheber auf Beseitigung, bei Wiederholungsgefahr auf Unterlassung klagen; bei schuldhafter Beeinträchtigung kann er überdies Schadensersatz verlangen (§ 97 UrhG). Das U. ist darüber hinaus auch strafrechtlich gegen Verletzung geschützt (§§ 106 ff. UrhG).

Zur treuhänderischen Wahrnehmung von U. bestehen – auf der Grundlage eines Gesetzes von 1965 – sog. *Verwertungsgesellschaften,* die zum Geschäftsbetrieb einer Erlaubnis des Bundespatentamts bedürfen. Zu nennen sind etwa die GEMA u. die Verwertungsgesellschaft WORT. Am bekanntesten ist die GEMA („Gesellschaft für musikalische Aufführungs- und mechanische Vervielfältigungsrechte"), der nahezu sämtliche deutschen Komponisten, Textdichter u. Musikverleger angehören. Sie vermittelt das Recht zur öffentlichen Aufführung von Werken der Tonkunst, zieht nach bestimmten Tarifen die Vergütungen für die Urheber ein u. verrechnet mit ihnen die eingezogenen Beträge. Sie macht überdies die Tantiemen bei den Herstellern von Reproduktionsgeräten geltend. Die Verwertungsgesellschaften erheben auch den an die Urheber zu entrichtenden Bibliotheksgroschen.

Urkunde ist die Verkörperung eines Gedankens durch Schriftzeichen (zum abweichenden Urkundenbegriff im Strafrecht → Urkundenfälschung). Man unterscheidet öffentliche u. private U. *Öffentlich* ist eine U., die von einer Behörde (auch Gericht) innerhalb der Grenzen ihrer Amtsbefugnisse oder von einer mit öffentlichem Glauben versehenen Person (z. B. Notar, Postbeamter) innerhalb des ihr zugewiesenen Geschäftskreises aufgenommen ist; sie begründet im gerichtlichen Verfahren vollen Beweis des beurkundeten Vorgangs (§§ 415, 417 f. ZPO). Öffentliche Urkunde ist z. B. die Niederschrift bei der →notariellen Beurkundung. *Privaturkunde* ist eine U., die keine öffentliche U. ist. Sie begründet, sofern sie echt, d. h. vom Aussteller unterschrieben oder mittels notariell →beglaubigten Handzeichens unterzeichnet ist, vollen Beweis dafür, daß die in ihr enthaltenen Erklärungen vom Aussteller abgegeben sind (§ 416 ZPO).

Urkundenfälschung (§ 267 StBG) begeht, wer zur Täuschung im Rechtsverkehr eine unechte Urkunde herstellt, eine echte Urkunde verfälscht oder eine unechte oder verfälschte Urkunde gebraucht. Die Strafe ist i. d. R. Freiheitsstrafe bis zu 5 Jahren, wahlweise Geldstrafe. Der →Versuch ist strafbar. Urkunde ist jede Verkörperung eines Gedankens, die geeignet u. bestimmt ist, eine rechtlich erhebliche Tatsache zu beweisen, u. die den Aussteller erkennen läßt. Hierzu zählen nicht nur schriftliche Erklärungen, sondern auch die sog. Beweiszeichen (z. B. Kfz.-Kennzeichen, Plombe am Stromzähler). Die Zweckbestimmung kann sich auch nachträglich ergeben (z. B. der im Beleidigungsprozeß als Beweisgegenstand eingeführte Brief). Abschriften, Fotokopien oder Durchschriften sind nur dann Urkunden, wenn sie an die Stelle des Originals treten (z. B. Abschrift einer Klageschrift). →Technische Aufzeichnungen gelten nicht als Urkunden; sie sind von der gesonderten Strafvorschrift des § 268 StGB erfaßt.
Die U. ist in folgenden Begehungsarten möglich: a) Herstellung einer unechten Urkunde (der Urheber der Urkunde täuscht eine andere Person als Aussteller vor), b) Verfälschung einer echten Urkunde (der Täter ändert den Erklärungsinhalt der Urkunde, was auch dadurch geschehen kann, daß er der Unterschrift eines anderen unbefugt eine Erklärung voranstellt, z. B. beim Ausfüllen eines Blankoschecks), c) Gebrauchmachen von einer unechten oder verfälschten Urkunde (z. B. Geldabheben mittels gefälschten Schecks). Keine U. ist eine vom Aussteller unterschriebene unrichtige Erklärung (sog. schriftliche Lüge). – Die U. in jeder der genannten Begehungsformen setzt voraus, daß der Täter in der

Absicht handelt, den Getäuschten durch die Täuschung zu einer rechtserheblichen Handlung zu bewegen.

Sonderformen der Urkundendelikte sind die *Falschbeurkundung im Amt* nach § 348 StGB (ein Beamter oder sonstiger Amtsträger stellt eine öffentliche Urkunde vorsätzlich falsch aus, z. B. Standesbeamter trägt Geburt eines nicht existierenden Kindes im Geburtenbuch ein), die *mittelbare Falschbeurkundung* nach § 271 StGB (der Täter veranlaßt einen nicht vorsätzlich handelnden Beamten zur Falscheintragung in einer öffentlichen Urkunde) und die *Urkundenunterdrückung* nach § 274 I Nr. 1 StGB (der Täter vernichtet, beschädigt oder unterdrückt eine ihm nicht oder nicht ausschließlich gehörende Urkunde in der Absicht, einem anderen Nachteile zuzufügen).

Urkundsbeamter ist ein Beamter des mittleren oder gehobenen Dienstes, der an der Geschäftsstelle eines Gerichts oder einer Staatsanwaltschaft tätig ist (§ 153 GVG). Er nimmt insbesondere Beurkundungen vor (z. B. Sitzungsprotokolle), erteilt Ausfertigungen u. Abschriften gerichtlicher Urkunden (z. B. Urteile) u. führt die Akten u. Register.

Urlaub. Das Urlaubsrecht ist im wesentlichen durch → Tarifverträge geregelt. Diese gehen den Bestimmungen des Bundesurlaubsgesetzes vor; sie dürfen allerdings von der Mindesturlaubsdauer des Gesetzes nicht zum Nachteil des Arbeitnehmers abweichen. Nach dem BUrlG, das somit nur subsidiär gilt, hat jeder Arbeitnehmer in jedem Jahr Anspruch auf bezahlten Erholungsurlaub von mindestens 18 Werktagen (darunter fallen alle Kalendertage außer Sonn- u. gesetzlichen Feiertagen). Voraussetzung des Urlaubsanspruchs ist das 6monatige Bestehen des Arbeitsverhältnisses. Erfüllt der Arbeitnehmer wegen Wechsels der Arbeitsstelle diese Wartezeit nicht oder scheidet er nach erfüllter Wartezeit in der ersten Jahreshälfte aus dem Arbeitsverhältnis aus, so hat er für jeden vollen Monat der Beschäftigung Anspruch auf ¹⁄₁₂ des Jahresurlaubs. Der U. ist grundsätzlich zusammenhängend im laufenden Kalenderjahr zu gewähren. Wird er ausnahmsweise – aus dringenden betrieblichen oder persönlichen Gründen – geteilt, muß einer der Urlaubsteile mindestens 12 Werktage umfassen. Eine Übertragung des U. auf das folgende Kalenderjahr (bis spätestens 31. März) u. eine Abgeltung des U. sind nur unter engen Voraussetzungen zulässig. Der Arbeitgeber bestimmt den Zeitpunkt des Urlaubsantritts, hat dabei aber im Rahmen des Möglichen u. unter Beachtung der Interessen anderer Beschäftigter die Urlaubswünsche des Arbeitnehmers zu berücksichtigen. Im übrigen ist nach § 87 I Nr. 5 BetrVG im Einvernehmen mit dem Betriebsrat ein Urlaubsplan für die Belegschaft aufzustellen. Während des U. ist dem Arbeitnehmer ein Urlaubsentgelt zu gewähren, dessen Höhe sich nach dem durchschnittlichen Arbeitsverdienst während der letzten 13 Wochen bemißt. – *Bildungsurlaub* ist die bezahlte Freistellung des Arbeitnehmers zum Zweck der beruflichen Fortbildung oder der politischen Bildung. Bundesgesetzliche Regelungen bestehen nur zugunsten von Betriebsratsmitgliedern (§ 37 V, VI BetrVG) u. von Personalratsmitgliedern im Bundesdienst (§ 46 VI, VII BPersVG). Für bestimmte Arbeitnehmergruppen sehen aber einzelne Landesgesetze u. Tarifverträge einen Bildungsurlaub vor. – Zum Urlaub ohne Dienstbezüge im öfftl. Dienst → Teilzeitbeschäftigung.

Urteil ist die gerichtliche Entscheidung über eine Klage. Es ergeht in schriftlicher Form. Das U. enthält neben dem → *Rubrum* die Urteilsformel (Tenor) sowie den Tatbestand u. die Entscheidungsgründe (im Strafprozeß statt beider nur die Gründe). Mit der *Urteilsformel* wird im streitigen Verfahren der mit der Klage geltend gemachte Anspruch ganz oder teilweise zuerkannt oder abgewiesen, im Strafverfahren der Schuld- u. Strafausspruch verhängt oder auf Freispruch erkannt. Der *Tatbestand* faßt den Sach- und Streitstand aufgrund der Anträge u. der mündlichen Verhandlung zusammen; die *Entscheidungsgründe* geben die rechtliche Würdigung des Gerichts wieder. In einigen Verfahrensarten, z. B. vor dem Verwaltungsgericht, gehört zum U. auch die *Rechtsmittelbelehrung* (→ Rechtsmittel). U. ergehen „Im Namen des Volkes" u. sind grundsätzlich im Anschluß an die mündliche Verhandlung zu *verkünden*. Sie werden (auch in dem von den Parteien betriebenen Zivilprozeß) von Amts wegen zugestellt. Mit der Zustellung (in Strafsachen mit der Verkündigung) beginnt die Rechtsmittelfrist zu laufen. Ein U. wird *rechtskräftig,* wenn es nicht oder nicht mehr mit Rechtsmitteln angefochten werden kann (→ Rechtskraft). Es gibt mehrere *Urteilsarten.* Von Bedeutung sind vor allem die folgenden Unterscheidungen: Ein U. ist *Prozeßurteil,* wenn eine Klage als unzulässig abgewiesen, ein Strafverfahren wegen eines Verfahrenshindernisses eingestellt oder ein Rechtsmittel als unzulässig verworfen wird. Es ist *Sachurteil,* wenn bei Vorliegen der Prozeßvoraussetzungen über den mit der Klage geltend gemachten Anspruch bzw. über die Straftat entschieden wird. Einige Verfahrensordnungen (z. B. ZPO, VwGO) unterscheiden zwischen End- u. Zwischenurteilen. Das *Endurteil* beendet das Verfahren für die jeweilige Instanz; durch das *Zwischenurteil* wird eine für die endgültige Entscheidung bedeutsame Vorfrage, insbes. hinsichtlich der Prozeßvoraussetzungen, geklärt. Eine besondere Form des Endurteils ist das *Teilurteil,* das erlassen wird, wenn die Klage nur teilweise spruchreif ist (§ 301 ZPO, § 110 VwGO). Entsprechend den Klagearten (z. B. Leistungs-, Feststellungs- u. Gestaltungsklage) gibt es Leistungs-, Feststellung-, Gestaltungsurteile usw. (→ Klage). Neben den streitigen U. sind auch *nichtstreitige U.* möglich, so wenn der Kläger auf seinen Anspruch verzichtet (Verzichtsurteil, § 306 ZPO) oder wenn der Beklagte den klägerischen Anspruch anerkennt (Anerkenntnisurteil, § 307 ZPO).

V

Verbandsklage. Nach § 42 II VwGO ist eine *verwaltungsgerichtliche Klage* grundsätzlich nur zulässig, wenn der Kläger geltend macht, in seinen Rechten verletzt zu sein. Demnach ist es nicht Aufgabe der Verwaltungsgerichte, die öffentliche Verwaltung unabhängig von solchen Rechtsverletzungen auf die Einhaltung des objektiven Rechts zu kontrollieren. Daher können Verbände keine Klage erheben, mit der sie nicht eigene Rechte, sondern die Rechte ihrer Mitglieder oder Interessen der Allgemeinheit durchsetzen wollen. Im Bereich des Umweltschutzes wird seit einigen Jahren die Einführung der V. für Naturschutzverbände u. ä. mit dem Argument gefordert, daß mangels individueller Betroffenheit nur so Gefährdungen des gemeinen Wohls entgegengewirkt werden könne. Inzwischen hat die V. Eingang in die Naturschutzgesetze der Länder Bremen u. Hessen gefunden, die anerkannten Verbänden ein Klagerecht einräumen.

Im *Privatrecht* sehen das AGB-Gesetz u. das Gesetz gegen den unlauteren Wettbewerb die V. vor. Im Interesse einer breitenwirksamen Kontrolle von Allgemeinen Geschäftsbedingungen eröffnet das AGBG Verbraucher- u. Wirtschaftsverbänden, Industrie- u. Handelskammern sowie Handwerkskammern die Befugnis, die Verwender von unwirksamen Allgemeinen Geschäftsbedingungen auf Unterlassung, die Empfehler solcher Geschäftsbedingungen auch auf Widerruf in Anspruch zu nehmen (→ Allgemeine Geschäftsbedingungen). Bei Verstößen gegen die Wettbewerbsregeln (→ Wettbewerbsrecht) können nach § 13 UWG Verbände zur Förderung gewerblicher Interessen sowie Verbände zur Verbraucheraufklärung Klage auf Unterlassung erheben. Der Klage muß aber nach der Rspr. i. d. R. eine erfolglose *Abmahnung* vorausgehen.

Verbotsirrtum → Schuld.

Verbrauchsteuern → Steuerrecht.

Verbrechen → Strafrecht.

Verdunkelungsgefahr ist ein Haftgrund, der bei dringendem Tatverdacht den Erlaß eines → Haftbefehls rechtfertigt (§ 112 I, II Nr. 3 StPO). V. besteht, wenn bestimmte Tatsachen den dringenden Verdacht begründen, daß der Beschuldigte Beweismittel beseitigen oder fälschen oder, sei es auch nur mittelbar, auf Mitbeschuldigte, Zeugen oder Sachverständige in unlauterer Weise einwirken wird, u. wenn deshalb zu befürchten ist, daß die Wahrheitsermittlung erschwert wird.

Verein ist eine auf Dauer angelegte körperschaftliche Vereinigung von Personen, die einen eigenen Namen führt und in ihrem Bestand vom Wechsel der Mitglieder unabhängig ist. Zu unterscheiden sind der rechtsfähige u. der nichtrechtsfähige V.
1. *Der rechtsfähige Verein* (§§ 21 ff. BGB) ist eine → juristische Person. Seine Entstehung setzt einen Gründungsakt voraus, der den Beschluß über die Gründung u. über die Satzung des V. enthält. Ist der V. auf wirtschaftliche Zwecke ausgerichtet (wirtschaftlicher V., z. B. Taxizentrale), muß ihm die Rechtsfähigkeit durch staatlichen Hoheitsakt verliehen werden. Verfolgt er dagegen keine wirtschaftlichen Ziele (Idealverein, z. B. Tennisclub), erlangt er die Rechtsfähigkeit durch Eintragung in das beim Amtsgericht geführte Vereinsregister. Die Eintragung soll nur bei einer Mindestzahl von 7 Mitgliedern erfolgen; der Anmeldung sind die Satzung, die bestimmte in § 57 BGB bezeichnete Mindesterfordernisse aufweisen muß, u. der Beschluß über die Vorstandsbestellung beizufügen. Mit der Eintragung erhält der Name des V. den Zusatz „e. V.". – Nach dem Grundsatz der *Vereinsautonomie* regelt der V. seine Angelegenheiten selbst; er bestimmt seine Verfassung durch seine Satzung. Als *Organe* müssen wenigstens die Mitgliederversammlung und der Vorstand vorgesehen sein. Die *Mitgliederversammlung* ist für alle Angelegenheiten zuständig, die nicht durch Gesetz oder Satzung dem Vorstand zugewiesen sind. Der *Vorstand* führt die Vereinsgeschäfte u. vertritt den Verein gerichtlich u. außergerichtlich. Er ist – mag ihm § 26 II BGB auch die Stellung eines „gesetzlichen Vertreters" einräumen – ein Organ, durch das der V. selbst handelt (→ Handlungsfähigkeit). Die Vertretungsmacht des Vorstands ist grundsätzlich unbeschränkt, kann aber durch die Satzung beschränkt werden. Bei einem mehrgliedrigen Vorstand hängt es von der Satzung ab, ob Einzel- oder Gesamtvertretung vorliegt. Für den Empfang von Willenserklärungen genügt stets die Abgabe gegenüber einem einzelnen Vorstandsmitglied. – Die *Mitgliedschaft* im V., die durch Teilnahme an der Gründungsversammlung oder durch Beitritt erworben wird u. durch Tod, Austritt oder Ausschließung endet, ist ein personenrechtliches Rechtsverhältnis zwischen Mitglied u. V.; sie ist höchstpersönlicher Natur, kann daher weder übertragen noch vererbt werden. Ein Anspruch auf Aufnahme als Mitglied besteht nicht, es sei denn, daß der V. eine existenzwichtige Monopolstellung innehat (z. B. ein Wirtschaftsverband). Maßnahmen gegen die Mitglieder, z. B. Vertragsstrafen oder Ausschließung, bedür-

fen einer Grundlage in der Satzung. Sie können, angesichts der von der Rechtsordnung bejahten Vereinsautonomie, gerichtlich nur darauf überprüft werden, ob sie gesetz-, satzungs- oder sittenwidrig oder offenbar unbillig sind. – Begeht ein Vertretungsorgan des V. (z. B. ein Vorstandsmitglied) bei seiner Tätigkeit für den V. eine schadensersatzpflichtige Handlung, so haftet der V. unmittelbar für den eingetretenen Schaden (§ 31 BGB).Dabei spielt es keine Rolle, ob die Schadensersatzpflicht im Rahmen eines schon bestehenden Schuldverhältnisses (etwa eines Vertrages) oder auf sonstige Weise (z. B. durch unerlaubte Handlung) entstanden ist. §§ 278, 831 BGB gelangen nicht zur Anwendung; daher entfällt auch der beim Verrichtungsgehilfen einer unerlaubten Handlung mögliche Entlastungsbeweis. Die Haftungsregelung des § 31 BGB gilt für alle juristischen Personen des privaten u. des öfftl. Rechts (§ 89 BGB), darüber hinaus nach der Rspr. auch für die → offene Handelsgesellschaft u. die → Kommanditgesellschaft. – Der V. endet durch Auflösung oder durch Verlust der Rechtsfähigkeit. Die Auflösung wird durch Wegfall sämtlicher Mitglieder oder durch Auflösungsbeschluß der Mitgliederversammlung (sofern die Satzung nichts anderes bestimmt, ¾-Mehrheit erforderlich) herbeigeführt. Die Rechtsfähigkeit verliert der V. durch Konkurseröffnung. Sie kann ihm außerdem bei gesetzwidrigem Verhalten im Verwaltungswege entzogen werden. Sinkt die Mitgliederzahl unter 3, hat das Amtsgericht dem V. die Rechtsfähigkeit zu entziehen. Falls noch Vereinsvermögen vorhanden ist (wenn dieses also weder an eine in der Satzung bestimmte Person noch an den Fiskus fällt), findet eine Liquidation statt, bis zu deren Beendigung das Fortbestehen des V. fingiert wird.

2. Für den *nichtrechtsfähigen Verein* (z. B. die meisten Gewerkschaften u. Wirtschaftsverbände) gelten gem. § 54 BGB die Vorschriften über die bürgerlich-rechtliche Gesellschaft (§§ 705 ff. BGB). Da aber der nichtrechtsfähige V. in seinem körperschaftlichen Charakter nicht der Gesellschaft, sondern dem rechtsfähigen V. entspricht, wendet die Rspr. weitgehend (z. B. hinsichtlich der inneren Organisation) die für diesen maßgeblichen Bestimmungen an. Nur soweit es auf die Rechtsfähigkeit als solche ankommt, bleiben die vereinsrechtlichen Regelungen außer Betracht. *Wichtige Besonderheiten:* Der nichtrechtsfähige V. kann nicht selbst klagen (klagebefugt ist nur die Gesamtheit der Mitglieder), wohl aber verklagt werden (§ 50 II ZPO). Eine Eintragung des Vereins im → Grundbuch ist nicht möglich. Für die vom Vorstand eingegangenen vertraglichen Verbindlichkeiten haften die Mitglieder als → Gesamtschuldner (§ 427 BGB); dabei bleibt die persönliche Haftung desjenigen, der für den V. rechtgeschäftlich tätig wurde, unberührt (§ 54 S. 2 BGB). Die Mitglieder müssen sich im Rahmen eines bestehenden Schuldverhältnisses das Verschulden des Vorstandes gem. § 278 BGB anrechnen lassen (→ Verschulden); bei unerlaubten Handlungen des Vorstands

steht ihnen die Entlastungsmöglichkeit nach § 831 BGB zu. Umstritten ist, ob die Mitglieder auch mit ihrem Privatvermögen haften müssen. Soweit die Schadensersatzpflicht auf Vertrag beruht,
dürfte eine stillschweigende Haftungsbeschränkung auf den Anteil am Vereinsvermögen vereinbart sein.

Vereinigungsfreiheit. Nach Art. 9 I GG haben alle Deutschen das
Recht, Vereine u. Gesellschaften zu bilden. Besondere Regelungen enthält das Grundgesetz in Art. 9 III für Koalitionen zur Förderung der Arbeits- u. Wirtschaftsbedingungen (→ Koalitionsfreiheit) u. in Art. 21 für politische → Parteien. Das → Grundrecht
der V. schützt die freie Bildung von Vereinigungen, ihren Bestand
u. ihre Tätigkeit. Es gewährleistet nicht nur das Recht des freien
Beitritts (*positive V.*), sondern auch die Freiheit, einer Vereinigung fernzubleiben (*negative V.*). Keine Vereine i. S. des Art. 9
I GG sind die öfftl.-rechtl. Verbände. Bei diesen kann durch Gesetz eine Zwangsmitgliedschaft gegründet werden (z. B. Ärzte- u.
Rechtsanwaltskammern); deren Zulässigkeit mißt sich allein an
den Grenzen, die der allgemeinen persönlichen Freiheit gezogen
werden dürfen (Art. 2 I GG). Vereinigungen, deren Zwecke u. deren Tätigkeit den Strafgesetzen zuwiderlaufen, die sich gegen die
verfassungsmäßige Ordnung (im Sinne der → freiheitlichen demokratischen Grundordnung) oder gegen den Gedanken der Völ-
kerverständigung richten, sind verboten (Art. 9 II GG). Nach § 3
des Vereinsgesetzes darf ein Verein jedoch erst dann als verboten
behandelt werden, wenn der Bundes- bzw. Landesinnenminister
eine Verbotsverfügung erlassen hat.

Vereinte Nationen → UNO.

Verfassung, Verfassungsrecht. *Verfassung* ist die zumeist in einer
Verfassungsurkunde niedergelegte Grundordnung eines Staates.
Sie bestimmt seine Organisation u. Struktur u. regelt das Grundverhältnis zu seinen Bürgern. Verfassung der Bundesrepublik
Deutschland ist das → Grundgesetz. *Verfassungsrecht* ist die Gesamtheit der → Rechtsnormen, die in einer Verfassung enthalten
sind. Es ist höchstrangiges → Recht, dem alles andere Recht (Gesetze, Rechtsverordnungen, Satzungen, Gewohnheitsrecht) nachgeordnet ist. Eine Änderung verfassungsrechtlicher Rechtsnormen ist mit Rücksicht auf die Dauerhaftigkeit der V. im allgemeinen nur unter erschwerten Voraussetzungen möglich. Nach
Art. 79 II GG bedarf ein Gesetz, das das Grundgesetz ändert, die
Zustimmung von ⅔ der Mitglieder des Bundestages und ⅔ der
Stimmen des Bundesrates.

Verfassungsbeschwerde. Nach Art. 93 I Nr. 4a GG kann jedermann beim Bundesverfassungsgericht V. mit der Behauptung er-

heben, durch die öffentliche Gewalt in einem seiner →Grundrechte verletzt zu sein (§§ 90ff. BVerfGG). Mit der V. können nicht nur Verwaltungsakte, sondern auch Gesetze u. andere Rechtsnormen, sofern sie den Beschwerdeführer unmittelbar u. gegenwärtig in einem Grundrecht verletzen, sowie Gerichtsurteile angegriffen werden. Die V. ist i.d.R. subsidiär, d.h. erst dann zulässig, wenn der Rechtsweg erschöpft ist. Gemeinden u. Gemeindeverbände können unter den Voraussetzungen des Art. 93 I Nr. 4b GG V. wegen Verletzung ihres in Art. 28 GG gewährleisteten Rechts auf Selbstverwaltung erheben.

Verfassungsgerichtsbarkeit. Den Gerichten der V. ist die rechtsstaatliche Kontrolle über die Einhaltung der Verfassung durch die staatliche Gewalt sowie die Anpassung der Verfassung an veränderte Verhältnisse durch deren fortbildende Auslegung übertragen. Die V. wird im Bund durch das →Bundesverfassungsgericht, in den Ländern durch Staats- oder Verfassungsgerichtshöfe ausgeübt.

Verfassungsschutz ist der Schutz der freiheitlichen demokratischen Grundordnung sowie des Bestandes u. der Sicherheit des Bundes oder eines Landes (Art. 73 Nr. 10 GG). Die Aufgaben des V. sind im Bund dem Bundesamt für V., einer dem Bundesinnenminister unterstehenden Bundesoberbehörde, übertragen (Art. 87 I 2 GG, Gesetz über die Zusammenarbeit des Bundes u. der Länder in Angelegenheiten des V.). In den Ländern gibt es entsprechende Landesämter für V. Den Behörden des V. obliegt die Sammlung u. Auswertung von Auskünften, Nachrichten u. sonstigen Unterlagen über verfassungsfeindliche Bestrebungen. Sie bedienen sich nachrichtendienstlicher Mittel (z.B. Observieren von Personen). Polizeiliche Befugnisse (z.B. Durchsuchung, Festnahme) stehen ihnen nicht zu. →auch Amtshilfe.

Verfügung ist im *gerichtlichen Verfahren* die prozeßleitende Entscheidung des Vorsitzenden, des ersuchten oder beauftragten Richters (z.B. Anberaumung eines Termins). Sie verlangt i.d.R. geringere Förmlichkeiten als der →Beschluß. Im *Verwaltungsrecht* versteht man unter V. einen →Verwaltungsakt, der ein Gebot oder Verbot enthält (z.B. Polizeiverfügung). Im *Privatrecht* ist V. ein →Rechtsgeschäft, das unmittelbar darauf gerichtet ist, auf ein bestehendes Recht einzuwirken: es zu verändern, zu übertragen oder aufzuheben. Der V. (z.B. Eigentumsübertragung) liegt zumeist ein Verpflichtungsgeschäft (z.B. Kauf) zugrunde; mit der V. wird das Verpflichtungsgeschäft erfüllt. Die V. erfordert im allgemeinen eine Einigung zwischen den Beteiligten. Ihr Hauptverbreitungsgebiet ist das →Sachenrecht.

Verführung eines Mädchens unter 16 Jahren zum Beischlaf wird nach § 182 StGB mit Freiheitsstrafe bis zu 1 Jahr oder mit Geldstrafe bestraft. Auf Unbescholtenheit des Mädchens kommt es nicht an; doch ist der Tatbestand der V. nicht erfüllt, wenn es selbst die Initiative zum Beischlaf ergriffen hat. Irrtum über das Alter des Mädchens ist vorsatz- u. damit schuldausschließender Tatbestandsirrtum (→ Schuld). Die Tat wird nur auf → Strafantrag des gesetzlichen Vertreters oder des Personensorgeberechtigten (§ 77 III StGB) verfolgt. Hat der Mann das Mädchen geheiratet, ist die Strafverfolgung ausgeschlossen. Bei einem zur Tatzeit noch nicht 21jährigen Täter kann das Gericht von einer Bestrafung absehen.

Vergehen → Strafrecht.

Vergewaltigung begeht nach § 177 StGB, wer eine Frau mit Gewalt oder durch Drohung mit gegenwärtiger Gefahr für Leib oder Leben zum außerehelichen Beischlaf mit ihm oder einem Dritten nötigt. Die Tat wird mit Freiheitsstrafe nicht unter 2 Jahren, in minder schweren Fällen von 6 Monaten bis zu 5 Jahren, geahndet; verursacht der Täter leichtfertig den Tod des Opfers, ist Freiheitsstrafe nicht unter 5 Jahren zu verhängen. Wird eine Frau oder ein Mann mit den gleichen Nötigungsmitteln zur Duldung oder Vornahme außerehelicher → sexueller Handlungen gezwungen, wird der Täter nach § 178 StGB wegen *sexueller Nötigung* mit Freiheitsstrafe von 1 bis zu 10 Jahren (in minder schweren Fällen von 3 Monaten bis zu 5 Jahren, bei leichtfertig verursachter Todesfolge nicht unter 5 Jahren) bestraft.

Vergleich ist ein gegenseitiger schuldrechtlicher Vertrag, durch den der Streit oder die Ungewißheit der Parteien über ein Rechtsverhältnis im Wege des gegenseitigen Nachgebens beseitigt wird. Der V. ist, sofern er nicht ein formbedürftiges Rechtsgeschäft (z. B. Grundstückskaufvertrag, § 313 BGB) enthält, formfrei. Unwirksam ist der V., wenn der nach seinem Inhalt als feststehend zugrunde gelegte Sachverhalt der Wirklichkeit nicht entspricht oder die Ungewißheit bei Kenntnis der Sachlage nicht entstanden wäre (§ 779 BGB). Besondere Bedeutung kommt dem V. im streitigen gerichtlichen Verfahren zu (Prozeßvergleich), wo er die → Rechtshängigkeit der Streitsache beendet. Der Prozeßvergleich ist ein → vollstreckbarer Titel (§ 794 I Nr. 1 ZPO).

Vergleichsverfahren ist ein gerichtliches Verfahren, das den → Konkurs des zahlungsunfähig gewordenen Schuldners durch teilweisen → Erlaß oder/und durch → Stundung der Forderungen der Gläubiger abwenden soll. Das V. wird auf Antrag des (Vergleichs-)Schuldners durch Eröffnungsbeschluß des Amtsgerichts

(Vergleichsgerichts) eröffnet; der Antrag muß einen *Vergleichsvorschlag* enthalten, der den (Vergleichs-)Gläubigern mindestens 35% ihrer Forderungen – bei mehr als 1jähriger Stundung wenigstens 40% – gewährt (§§ 1 ff. VglO). Das Gericht bestellt sofort nach Eingang des Antrags einen *Vergleichsverwalter,* der die wirtschaftliche Lage des Schuldners zu prüfen u. seine Finanzgebarung zu überwachen hat (§§ 11, 38 ff. VglO). Doch bleibt der Schuldner, anders als im Konkursverfahren, in der Verfügung über sein Vermögen frei, solange das Gericht ihm nicht Verfügungsbeschränkungen auferlegt oder ein Veräußerungsverbot erläßt (§§ 58 ff. VglO). Der Eröffnungsbeschluß, der öffentlich bekanntgemacht u. im Handelsregister eingetragen wird, hat u. a. folgende Wirkungen (§§ 46 ff. VglO): Die Entscheidung über einen Antrag auf Konkurseröffnung bleibt bis zum Abschluß des V. ausgesetzt; → Zwangsvollstreckungen gegen den Schuldner sind unzulässig; soweit sie bereits eingeleitet sind, werden sie kraft Gesetzes einstweilen eingestellt; die → Verjährung von Ansprüchen der Gläubiger ist gehemmt. Gläubiger, die im Konkurs zur Aussonderung oder Absonderung befugt sind oder Vorrechte genießen, nehmen am V. nicht teil (§§ 25 ff. VglO). Sind Forderungen nicht in das vom Schuldner eingereichte Gläubigerverzeichnis aufgenommen, müssen sie, um berücksichtigt zu werden, vom Gläubiger angemeldet werden (§ 67 VglO). Im *Vergleichstermin* stimmen die Gläubiger über den Vergleichsvorschlag des Schuldners ab. Er ist angenommen, wenn die Mehrheit der stimmberechtigten Gläubiger zustimmt und auf sie ¾ des Gesamtvolumens der Forderungen entfallen; gewährt der Vergleichsvorschlag weniger als 50% der Forderungen, müssen die zustimmenden Gläubiger mindestens ⅘ der Gesamtsumme der Forderungen repräsentieren (§ 74 VglO). Ein angenommener Vergleich bedarf der gerichtlichen Bestätigung (§ 78 VglO). Der bestätigte Vergleich wirkt für u. gegen alle Vergleichsgläubiger u. ist → Vollstreckungstitel (§§ 82 ff. VglO). Das V. wird durch Aufhebung oder Einstellung beendet. Eine Aufhebung setzt die Bestätigung des Vergleichs voraus (§§ 90 ff. VglO); Einstellung kommt u. a. in Betracht, wenn der Schuldner den Antrag auf Eröffnung des V. zurücknimmt (§§ 99 VglO). Scheitert das V., ist über die Eröffnung eines sog. *Anschlußkonkurses* (§§ 102 ff. VglO) zu entscheiden. → auch Insolvenzrecht.

Verhältnismäßigkeitsgebot → Übermaßverbot.

Verhältniswahl → Wahlrecht.

Verhandlungsmaxime bedeutet, daß die Parteien bestimmen, welche Tatsachen sie dem Gericht zur Entscheidung unterbreiten. (Da mihi factum, dabo tibi ius.) Die V. steht im Gegensatz zur → Untersuchungsmaxime. Sie gilt ausschließlich im → Zivilprozeß, allerdings nur eingeschränkt in Ehesachen (sog. ehegünstige Tatsachen kann das Gericht im Scheidungsverfahren von Amts wegen in den Prozeß einführen) u. gar nicht in Kindschafts- u. Entmündigungssachen.

Verjährung. Im *Privatrecht* (§§ 194 ff. BGB) unterliegen grundsätzlich alle Ansprüche der V. (Ausnahmen gelten z. B. für familienrechtliche Ansprüche u. Ansprüche aus eingetragenen Grundbuchrechten). Die V. läßt zwar den Anspruch als solchen bestehen, gibt dem Verpflichteten aber ein *Leistungsverweigerungsrecht*. Im Prozeß wird die V. daher nicht von Amts wegen, sondern nur auf → *Einrede* des Beklagten berücksichtigt. Wird ein bereits verjährter Anspruch erfüllt, so kann die Leistung, auch wenn sie in Unkenntnis der V. bewirkt worden war, nicht zurückgefordert werden. Die V. hindert im übrigen den Berechtigten nicht, sich aus einer für den Anspruch bestellten Sicherheit (z. B. Pfandrecht, Hypothek) zu befriedigen. Die *Verjährungsfrist* beträgt grundsätzlich 30 Jahre; doch gilt für die häufigsten Ansprüche des täglichen Lebens (z. B. Kaufpreisforderungen von Kaufleuten, Lohn- u. Gehaltsforderungen von Arbeitnehmern) eine abgekürzte Frist von nur 2 Jahren, bei unerlaubten Handlungen von 3 Jahren (§ 852 BGB). Die V. beginnt mit der Entstehung des Anspruchs, bei kürzeren Verjährungsfristen aber erst zum Ende des Jahres. Sie kann *gehemmt* sein; ein solches zeitweiliges Ruhen der V. tritt z. B. durch Stundung ein. Auch eine *Unterbrechung* der V. ist möglich, vor allem durch gerichtliche Geltendmachung (z. B. Klageerhebung, Zustellung eines Mahnbescheids) u. tatsächliches Anerkenntnis des Anspruchs (z. B. in Form einer Abschlagszahlung); in diesem Fall beginnt die Verjährungsfrist nach Beendigung der Unterbrechung neu zu laufen. Durch Rechtsgeschäft kann die V. weder ausgeschlossen noch erschwert, wohl aber erleichtert werden; so ist insbes. eine Abkürzung der Verjährungsfrist zulässig. Das → *Strafrecht* u. das Recht der → *Ordnungswidrigkeiten* unterscheiden *Verfolgungsverjährung* – nach Ablauf bestimmter Fristen darf ein Verfahren nicht mehr eingeleitet werden (§§ 78–78c StGB, 31–33 OWiG) – u. *Vollstreckungsverjährung* – nach Fristablauf darf die rechtskräftig verhängte Strafe nicht mehr vollstreckt werden (§§ 79–79b StGB, 34 OWiG). Die Verfolgungsverjährung hat nach Auffassung des BVerfG nur strafprozessualen Charakter, wird also vom Rückwirkungsverbot des Art. 103 II GG nicht erfaßt; deshalb konnte der Gesetzgeber im Blick auf die NS-Verbrechen die V. für bestimmte Straftaten (insbes. Mord u. Totschlag) auch rückwirkend aufheben bzw. verlängern.

Im *Verwaltungsrecht* verjähren i. d. R. nur vermögensrechtliche Ansprüche; in diesen Fällen sind die BGB-Vorschriften entsprechend anzuwenden. Besonderheiten gelten für das *Abgabenrecht*.

Gem. §§ 228 ff. AO unterliegen Ansprüche aus einem Steuerverhältnis nach Ablauf von 5 Jahren der sog. Zahlungsverjährung, die nicht nur zu einem Leistungsverweigerungsrecht des Verpflichteten, sondern zum Erlöschen des Anspruchs führt. Diese Regelungen finden kraft Verweisung in den entsprechenden Ländergesetzen auch auf die Kommunalabgaben Anwendung.

Verkehrsdelikte sind Rechtsverstöße im Zusammenhang mit dem Straßenverkehr, die entweder als → Straftaten oder als → Ordnungswidrigkeiten geahndet werden. Wer den durch die Straßenverkehrsordnung aufgestellten *Verkehrsregeln* zuwiderhandelt, insbes. das Grundgebot der Rücksichtnahme des § 1 II StVO („Jeder Verkehrsteilnehmer hat sich so zu verhalten, daß kein anderer geschädigt, gefährdet oder mehr als nach den Umständen unvermeidbar behindert oder belästigt wird.") mißachtet, begeht eine nach §§ 24 StVG, 49 StVO zu ahndende *Ordnungswidrigkeit*. Ordnungswidrig handelt ferner, wer die *Sicherheitsvorschriften* der Straßenverkehrs-Zulassungs-Ordnung über die körperliche u. geistige Eignung des Verkehrsteilnehmers u. den technischen Zustand des Fahrzeugs verletzt (§§ 24 StVG, 69a StVZO). Darüber hinaus ist auch das Fahren eines Kfz. mit einem Blutalkoholgehalt von 0,8‰ oder mehr – sofern es sich nicht um eine Straftat nach § 316 StGB handelt – eine mit Geldbuße bis zu 3000 DM belegte Ordnungswidrigkeit. – Gem. §§ 21, 22 StVG sind *strafbar* das Führen oder Führenlassen eines Kfz. ohne Fahrerlaubnis u. der Kennzeichenmißbrauch. – Das *Strafgesetzbuch* selbst unterscheidet 3 deliktische Verhaltensweisen: a) Nach §§ 315 u. 315b StGB werden vorsätzlich oder fahrlässig begangene *gefährliche Eingriffe* von außen in den Bahn-, Schiffs- u. Luftverkehr sowie in den Straßenverkehr (z. B. Beschädigung von Anlagen oder Fahrzeugen), durch die Menschen oder fremde Sachen von bedeutsamem Wert gefährdet werden, strafrechtlich verfolgt. b) §§ 351a u. 315c StGB stellen die vorsätzliche oder fahrlässige *Verkehrsgefährdung* durch Verkehrsteilnehmer unter Strafe. Strafbar macht sich, wer trotz alkoholbedingter Fahruntauglichkeit ein Fahrzeug führt oder wer als Fahrzeugführer grob verkehrswidrig oder rücksichtslos fährt u. dadurch Menschen oder fremde Sachen von bedeutsamen Wert gefährdet. c) Alkoholbedingte Fahruntauglichkeit ist aufgrund des Auffangtatbestands des § 316 StGB auch ohne Eintritt einer Verkehrsgefährdung als → *Trunkenheit im Verkehr zu* bestrafen. Zu den strafbaren Verkehrsdelikten rechnen außerdem die → Fahrerflucht u. alle sonstigen im Straßenverkehr begangenen Straftaten (z. B. → Nötigung zum Verlassen der Überholspur auf der Autobahn). – Unter bestimmten Voraussetzungen kann wegen eines V. → Fahrverbot oder → Entziehung der Fahrerlaubnis angeordnet werden.

Verkehrssicherungspflicht. Eine → unerlaubte Handlung kann nicht nur durch Tun, sondern auch durch Unterlassen begangen werden. Die Zurechnung von Unterlassungsschäden setzt aber eine Rechtspflicht zum Handeln voraus. Solche Pflichten ergeben sich vielfach aus gesetzlichen Vorschriften u. sonstigen Rechtsnormen. Unabhängig davon besteht für jeden, der im Verkehr eine Gefahrenquelle schafft oder unterhält, die als V. bezeichnete allgemeine Rechtspflicht, diejenigen Vorkehrungen zu treffen, die erforderlich u. zumutbar sind, um Gefahren für Dritte abzuwenden. Beispiele: Streuen bei Glatteis, Beleuchtung des Hausflurs, Absicherung einer Baugrube. Die V. trifft nicht nur den Eigentümer der gefahrenauslösenden Sache, sondern jeden, der rechtlich u. tatsächlich in der Lage ist, über die Sache zu verfügen (z. B. Hausmieter). Besondere Anforderungen gelten für Gastwirte: Sie müssen bei Glatteis häufiger streuen als Privatleute in vergleichbarer Situation. Besitzer von Skiliften sind aufgrund der V. gehalten, scharfkantige Liftstützen mit Strohmatten oder anderem aufpralldämmenden Material abzusichern.

Verkehrssitte ist der in den beteiligten gesellschaftlichen Kreisen herrschende Brauch. Wenngleich kein → Gewohnheitsrecht, ist sie bei der Auslegung von Verträgen u. bei der Inhaltsbestimmung eines Schuldverhältnisses zu berücksichtigen (§§ 157, 242 BGB).

Verkehrsteuern → Steuerrecht.

Verkehrszeichen dienen der Regelung des Straßenverkehrs. Sie sind Gefahrzeichen, Vorschriftzeichen oder Richtzeichen (§§ 39 ff. StVO). *Gefahrzeichen* mahnen, sich auf die angekündigte Gefahr einzurichten (z. B. „Steinschlag"). *Vorschriftzeichen* enthalten Gebote oder Verbote (z. B. „Stop"). *Richtzeichen* geben besondere Hinweise zur Erleichterung des Verkehrs; sie können auch Anordnungen enthalten (z. B. Ortstafel). Die Vorschriftzeichen sind → Verwaltungsakte (Allgemeinverfügungen); wer ihnen zuwiderhandelt, begeht eine nach § 49 StVO, § 24 StVG mit Geldbuße zu ahndende → Ordnungswidrigkeit. Für die Anordnung, V. anzubringen, ist die Straßenverkehrsbehörde, evtl. die Straßenbaubehörde, für das Anbringen u. Unterhalten ist der Träger der Straßenbaulast (→ Straßenrecht) zuständig.

Verkehrszentralregister (Verkehrssünderkartei). Das V. ist ein beim Kraftfahrt-Bundesamt in Flensburg geführtes Register von Verkehrsverstößen, die vor allem den Strafverfolgungsbehörden u. den Stellen, die über die Erteilung oder Entziehung einer Fahrerlaubnis befinden, als Auskunftei dient. Im V. werden bestimmte gerichtliche u. behördliche Entscheidungen erfaßt. Dazu gehören

u. a. (s. i. e. § 28 StVG, § 13 StVZO): Verurteilungen im Zusammenhang mit der Teilnahme am Straßenverkehr (→ Verkehrsdelikte), Anordnung eines → Fahrverbots, → Entziehung der → Fahrerlaubnis, ferner gerichtliche u. behördliche Entscheidungen wegen einer Verkehrsordnungswidrigkeit mit Geldbuße von mehr als 80 DM. Die Eintragungen sind nach Fristablauf zu *tilgen*. Die Frist beträgt 2 Jahre bei Bußgeldentscheidungen, 5 Jahre bei Verurteilungen in Verkehrsstrafsachen zu Geldstrafe oder Freiheitsstrafe bis zu 3 Monaten, 10 Jahre in den übrigen Fällen. Eintragungen strafgerichtlicher Entscheidungen hindern die Tilgung aller vorhandenen Vermerke, Eintragungen wegen Ordnungswidrigkeiten die Tilgung der bereits registrierten Geldbußentscheidungen. Ohne Rücksicht auf den Lauf der Fristen werden Eintragungen aufgrund strafgerichtlicher Verurteilungen getilgt, wenn ihre Tilgung im → Bundeszentralregister angeordnet worden ist. Die Tilgung unterbleibt, solange die Erteilung einer neuen Fahrerlaubnis untersagt worden ist. Die zu tilgenden Eintragungen werden aus dem V. entfernt oder unkenntlich gemacht. *Auskunftsberechtigt* gegenüber dem V. sind nur die mit der Verfolgung von Straftaten u. einschlägigen Ordnungswidrigkeiten befaßten Behörden sowie die Stellen, denen Verwaltungsmaßnahmen auf dem Gebiet des Straßenverkehrs u. die Vorbereitung entsprechender Rechts- u. Verwaltungsvorschriften obliegen (§ 30 StVG).

Verlagsvertrag. Durch den V. über ein Werk der Literatur oder der Tonkunst wird der Verfasser verpflichtet, dem Verleger das Werk zur Vervielfältigung u. Verbreitung für eigene Rechnung zu überlassen; der Verleger ist verpflichtet, das Werk zu vervielfältigen u. zu verbreiten (§ 1 VerlG). Der Autor muß das Manuskript im druckreifen Zustand abliefern u. hat dem Verleger das ausschließliche Recht zur Vervielfältigung u. Verbreitung (*Verlagsrecht*) zu verschaffen. Das Verlagsrecht ist ein → absolutes Recht i. S. des § 823 BGB. Es entsteht mit der Ablieferung des Werkes u. erlischt mit der Beendigung des Vertragsverhältnisses. Die Befugnis des Autors, eine Übersetzung oder sonstige Bearbeitung seines Werkes zu vervielfältigen u. zu verbreiten, wird vom Verlagsrecht nicht berührt. Der Verleger ist grundsätzlich nur zu einer Auflage berechtigt. Er hat dem Verfasser das vereinbarte Honorar zu zahlen, eine bestimmte Anzahl von Freiexemplaren (mindestens 5, höchstens 15) zu liefern u. weitere Exemplare mit Buchhändlerrabatt zu überlassen. Für Beiträge zu periodischen Sammelwerken (Zeitung, Zeitschrift usw.) gelten besondere Regelungen (§ 41 ff. VerlG). Die Vorschriften des VerlG enthalten weitgehend → nachgiebiges Recht; sie treten deshalb hinter die einzelvertraglich getroffenen Abreden zurück.

Verleumdung → Beleidigung.

Verlöbnis (§§ 1297 ff. BGB) ist der – formfreie – Vertrag, durch den sich 2 Personen versprechen, die Ehe miteinander einzugehen. Bei beschränkter → Geschäftsfähigkeit ist Einwilligung des gesetzlichen Vertreters erforderlich. Das V. begründet weder einen klagbaren Anspruch auf Eheschließung noch einen Unterhaltsanspruch, kein Pflichtteilsrecht u. kein gesetzliches Erbrecht. Im Zivil- u. Strafprozeß hat der Verlobte ein Zeugnisverweigerungsrecht. Das V. endet durch Eheschließung, Tod eines Verlobten oder sonstiges Unmöglichwerden der Eheschließung, Aufhebungsvertrag oder einseitig erklärten Rücktritt. Der zurücktretende Verlobte muß seinem Partner u. dessen Eltern Schadensersatz für die im Hinblick auf die künftige Ehe entstandenen angemessenen Aufwendungen u. Schulden leisten; der Ersatzanspruch entfällt, wenn ein wichtiger Grund (z. B. Untreue des anderen Verlobten) vorliegt. Unterbleibt die Eheschließung, so kann jeder Verlobte vom anderen die Rückgabe der Verlobungsgeschenke verlangen.

Vermächtnis → Erbrecht.

Vermieterpfandrecht → Miete; Pfandrecht.

Vermittlungsausschuß ist ein von je 11 Mitgliedern des → Bundestages u. des → Bundesrates gebildetes Gremium, dessen Aufgabe im → Gesetzgebungsverfahren darin besteht, Meinungsverschiedenheiten zwischen Bundestag u. Bundesrat über eine Gesetzesvorlage durch Kompromisse zu überwinden (Art. 77 II GG). Eine herausragende Rolle spielt der V., dessen Beratungen nicht öffentlich sind, vor allem bei den vom Bundestag beschlossenen Gesetzen, die der Zustimmung des Bundesrates bedürfen. Zusammensetzung u. Verfahren des V. sind in der Gemeinsamen Geschäftsordnung des Bundesrates u. des Bundestages geregelt. Auch die vom Bundesrat entsandten Mitglieder sind, anders als beim Stimmverhalten im Bundesrat selbst, an Weisungen nicht gebunden (Art. 77 II 3 GG).

Vermögen ist die Summe der geldwerten → subjektiven Rechte einer Person. Dazu gehören neben dem Eigentum u. anderen dinglichen Rechten (→ Sachenrecht) insbes. Forderungsrechte u. Gesellschaftsanteile, aber auch der → good will eines Unternehmens. Die → Immaterialgüterrechte (z. B. → Urheberrecht, → Patent) werden insoweit vom Vermögensbegriff mitumfaßt, als sie einen Geldwert verkörpern. Die vermögenswerten Rechte sind durch die Eigentumsgarantie des Art. 14 I GG geschützt (→ Eigentum).

Vermögensteuer → Steuerrecht.

Vermutung → Beweis.

Verordnung → Rechtsverordnung; → Verwaltungsvorschriften.

Verrichtungsgehilfe → unerlaubte Handlung.

Versäumnisurteil ist ein → Urteil, das im → Zivilprozeß (§§ 330 ff. ZPO) gegen die im Termin zur mündlichen Verhandlung nicht erschienene oder dort nicht verhandelnde (säumige) Partei auf Antrag des erschienenen Gegners erlassen wird. Ein V. ergeht nur, wenn die Prozeßvoraussetzungen erfüllt sind (andernfalls wird die Klage durch sog. *unechtes V.* abgewiesen). Für ein V. gegen den Beklagten ist überdies erforderlich, daß die Klage schlüssig, d. h. nach dem als richtig unterstellten tatsächlichen Vorbringen des Klägers begründet ist. Das V. kann mit dem *Einspruch* angefochten werden, durch den der Prozeß in die Lage zurückversetzt wird, in der er sich vor Eintritt der Versäumung befand. Bei erneuter Säumnis wird der Einspruch durch ein zweites V. verworfen, gegen das nur noch Berufung mit der Behauptung, der Fall der Säumnis habe nicht vorgelegen, erhoben werden kann. Die erschienene Partei kann statt des V. auch eine *Entscheidung nach Lage der Akten* beantragen. Sind beide Parteien säumig, so kann das Gericht von sich aus nach Lage der Akten entscheiden, sofern in einem früheren Termin mündlich verhandelt worden ist.

Versammlungsfreiheit. Art. 8 GG garantiert allen Deutschen das → Grundrecht, sich ohne Anmeldung oder Erlaubnis friedlich u. ohne Waffen zu versammeln. Für Versammlungen unter freiem Himmel kann dieses Recht durch Gesetz oder aufgrund eines Gesetzes beschränkt werden. Versammlung ist eine öffentliche oder nichtöffentliche Zusammenkunft von Menschen, die der Meinungsbildung dient. Hierzu rechnen Demonstrationen, Kundgebungen, Diskussionsversammlungen, nicht aber Veranstaltungen rein unterhaltender Art wie Theateraufführungen u. Konzerte. Nach dem Wortlaut des Art. 8 GG kann das Grundrecht der V. nur für Versammlungen unter freiem Himmel beschränkt werden. Doch ergeben sich auch für Versammlungen in geschlossenen Räumen verfassungsimmanente Schranken, namentlich durch das Erfordernis der Friedlichkeit. Das Versammlungsrecht ist im *Versammlungsgesetz* i. d. F. von 1978 näher ausgestaltet. Danach muß jede öffentliche Versammlung einen Leiter haben, der für die Ordnung verantwortlich ist. Werden Polizeibeamte in die Versammlung entsandt, so haben sie sich dem Leiter zu erkennen zu geben; es muß ihnen ein angemessener Platz eingeräumt werden. Das Tragen von Uniformen, Uniformteilen oder gleichartigen

Kleidungsstücken als Ausdruck einer gemeinsamen politischen Gesinnung ist verboten. Das Versammlungsgesetz unterscheidet zwischen öffentlichen Versammlungen in geschlossenen Räumen u. solchen unter freiem Himmel. Öffentliche Versammlungen unter freiem Himmel sind 48 Stunden vor Bekanntgabe der zuständigen Behörde anzumelden (§ 14). Die Behörde kann die Versammlung verbieten oder von bestimmten Auflagen abhängig machen, wenn nach den erkennbaren Umständen die öfftl. Sicherheit oder Ordnung unmittelbar gefährdet wird (§ 15 I). Sie kann eine Versammlung auflösen, wenn sie nicht angemeldet ist, wenn von den Angaben der Anmeldung abgewichen oder den Auflagen zuwidergehandelt wird oder wenn sie hätte verboten werden können (§ 15 II). Doch ist bei Spontandemonstrationen, die ohne Vorbereitung aus konkretem Anlaß entstehen, eine Auflösung allein wegen unterbliebener Anmeldung unzulässig, solange die öfftl. Sicherheit oder Ordnung nicht unmittelbar gefährdet ist (so die h. M.). → Demonstration.

Verschollenheit → Todeserklärung.

Verschulden ist im → Schuldrecht die Verantwortlichkeit des Schuldners für einen von ihm verursachten Schaden. Sie besteht in der (subjektiven) Vorwerfbarkeit eines (objektiv) rechtswidrigen Handelns. Vorwerfbar kann nur das Verhalten eines Zurechnungsfähigen sein. Wer im Zustand der Bewußtlosigkeit oder in einem die freie Willensbestimmung ausschließenden Zustand krankhafter Störung der Geistestätigkeit handelt, ist ebensowenig wie der Minderjährige unter 7 Jahren für sein Tun verantwortlich; bei einem Minderjährigen über 7 Jahren kommt es darauf an, ob er bei Begehung der schädigenden Handlung die zur Erkenntnis der Verantwortlichkeit erforderliche Einsicht hat (§§ 276 I 3, 827, 828 BGB, → Deliktfähigkeit). Nur bei V. entsteht i. d. R. eine Pflicht zum Schadensersatz (Haftung). V. kann auf Vorsatz oder auf Fahrlässigkeit beruhen (276 BGB). *Vorsatz* ist das Wissen u. Wollen des rechtswidrigen Erfolges; es genügt, daß der Handelnde den nur für möglich gehaltenen Erfolg billigend in Kauf nimmt (bedingter Vorsatz, *dolus eventualis*). Nach der im Schuldrecht herrschenden Vorsatztheorie – anders die im Strafrecht geltende Schuldtheorie – gehört zum Vorsatz auch das Bewußtsein der Rechtswidrigkeit. Der Vorsatz entfällt deshalb nicht nur bei Irrtum über tatsächliche Umstände, sondern auch bei *Rechtsirrtum*; doch kommt in diesen Fällen meist Fahrlässigkeit in Betracht. *Fahrlässig* handelt, wer die im Verkehr erforderliche Sorgfalt außer acht läßt (§ 276 I 2 BGB). Fahrlässigkeit setzt einerseits Voraussehbarkeit, andererseits Vermeidbarkeit des rechtswidrigen Erfolgs voraus. Es gilt dabei ein objektiver Maßstab. *Grobe Fahrlässigkeit* liegt im Unterschied zu *leichter Fahrläs-*

sigkeit dann vor, wenn die verkehrserforderliche Sorgfalt in besonders schwerem Maße verletzt wird, wenn also der Handelnde das, was im gegebenen Fall jedermann einleuchten muß, nicht beachtet. Etwas anderes gilt für denjenigen, der nur für die *Sorgfalt*, die er *in eigenen Angelegenheiten* anzuwenden pflegt, einstehen muß. Bei ihm wird ein subjektiv-individueller Maßstab zugrunde gelegt; doch ist auch er von der Haftung für grobe Fahrlässigkeit nicht befreit (§ 277 BGB). Die Haftungserleichterungnach dem Gesichtspunkt der Sorgfalt in eigenen Angelegenheiten findet kraft Gesetzes Anwendung auf den unentgeltlichen Verwahrer (§ 690 BGB), die Gesellschafter (§ 708 BGB), die Ehegatten bei der Erfüllung der sich aus der ehel. Lebensgemeinschaft ergebenden Pflichten (§ 1359 BGB), den Vorerben gegenüber dem Nacherben (§ 2131 BGB) u. auf den über sein Widerrufsrecht nicht belehrten Abzahlungskäufer (§ 1 d II AbzG). – Im allgemeinen haftet der Schuldner für eigenes V.. Doch muß er sich innerhalb eines bestehenden – meist vertraglich begründeten – Schuldverhältnisses das V. seines *gesetzlichen Vertreters* und seines *Erfüllungsgehilfen* anrechnen lassen (§ 278 BGB). Gesetzlicher Vertreter i. S. dieser Vorschrift ist jeder, der kraft Gesetzes oder kraft Amtes mit Wirkung für einen anderen handelt (also nicht nur Eltern u. Vormund, sondern auch Testamentsvollstrecker oder Konkursverwalter); Organe einer juristischen Person sind dagegen keine gesetzlichen Vertreter, ihr V. gilt als eigenes V. der juristischen Person. Erfüllungsgehilfe ist, wer mit Wissen u. Wollen des Schuldners bei der Erfüllung einer diesem obliegenden Verbindlichkeit als seine Hilfsperson tätig wird (z. B. ist der Bauunternehmer Erfüllungsgehilfe der Bauträgergesellschaft gegenüber dem Käufer, der Arzt Erfüllungsgehilfe des Krankenhausträgers gegenüber dem Patienten). – Der Grundsatz der Verschuldenshaftung ist in einigen gesetzlich besonders geregelten Fällen durchbrochen *(Haftung ohne V.).* Eine reine *Erfolgshaftung* des Schuldners setzt z. B. ein beim Schuldnerverzug (→ Verzug), bei der → Gastwirtshaftung, bei der → Gewährleistung des Verkäufers u. Vermieters für Sachmängel. Auch außerhalb bestehender Schuldverhältnisse ist Haftung ohne V. möglich, u. zwar in Form der sog. *Gefährdungshaftung.* Der Eigentümer (Halter) einer gefahrbringenden Sache oder der Träger eines gefahrbringenden Betriebes haftet für einen Schaden allein aufgrund der von ihm gesetzten Gefahrenquelle (z. B. der Tierhalter nach § 833 BGB, der Kraftfahrzeughalter nach dem Straßenverkehrsgesetz, der Halter eines Luftfahrzeugs nach dem Luftverkehrsgesetz). Doch ist die Haftung der Höhe nach fast stets beschränkt u. im allgemeinen ausgeschlossen, wenn der Schaden auf höhere Gewalt oder ein unabwendbares Ereignis zurückgeht. Zum Schutz der Betroffenen ist meist der Abschluß einer Haftpflichtversicherung zwingend vorgeschrieben.

Verschulden beim Vertragsschluß (culpa in contrahendo). Treten Personen in Vertragsverhandlungen, so entsteht bereits in diesem Stadium ein vorvertragliches → Schuldverhältnis, in dem die Beteiligten nach dem Maß des in Anspruch genommenen Vertrauens zu gegenseitiger Rücksicht und Fürsorge verpflichtet sind (Obhutspflichten). Sie müssen sorgfältig handeln und sich so verhalten, daß Person, Eigentum u. sonstige Rechtsgüter des anderen Teils nicht beeinträchtigt werden; von Bedeutung ist insbes. die Pflicht zur Aufklärung. Schuldhafte Pflichtverletzung begründet für den Geschädigten einen Schadensersatzanspruch auch dann, wenn der Vertrag hernach nicht zustande kommt; er kann verlangen, so gestellt zu werden, wie er ohne die schädigende Handlung stünde. (Beispiel für V. b. V.: Im Warenhaus wird der Kunde durch das Herunterfallen einer unachtsam aufgestellten Teppichrolle verletzt). Die Rechtsfigur des V. b. V. ist von der Rechtsprechung entwickelt worden, damit der Geschädigte nicht auf Schadensersatzansprüche aus → unerlaubter Handlung beschränkt bleibt, die bei Vermögensschäden unzulänglich u. häufig an der nach § 831 BGB begrenzten Haftung für → Verrichtungsgehilfen scheitern.

Versicherungsbetrug → Betrug.

Versicherungsvertrag ist ein gegenseitiger → Vertrag, durch den sich der Versicherer verpflichtet, nach dem Eintritt des Versicherungsfalls die versprochene Leistung zu erbringen; der Versicherungsnehmer hat die vereinbarte Prämie zu entrichten. Versicherer sind → juristische Personen, zumeist in der Rechtsform der → Aktiengesellschaft oder des Versicherungsvereins auf Gegenseitigkeit (→ Verein). Sie unterliegen nach dem Versicherungsaufsichtsgesetz der Versicherungsaufsicht, die durch das Bundesaufsichtsamt für das Versicherungswesen ausgeübt wird. – Der V. ist, auch wenn – wie z. B. für den Kfz.-Halter – eine gesetzliche Pflicht zum Abschluß einer Versicherung besteht, privatrechtlicher Natur. Auf ihn finden die Regelungen des Gesetzes über den Versicherungsvertrag (VVG) von 1908 Anwendung; ergänzend gelten die Bestimmungen des BGB. Demgegenüber sind für die → Sozialversicherung, in der der Versicherte nicht aufgrund Vertrages, sondern unmittelbar kraft Gesetzes beitragspflichtig ist, öfftl.-rechtl. Sondervorschriften maßgeblich. – Der V. kann für den Fall eines Vermögensschadens *(Schadensversicherung)* oder eines Personenschadens *(Personenversicherung,* insbes. Lebens-, Unfall- u. Krankenversicherung) abgeschlossen werden. Die *Haftpflicht des Versicherers* besteht darin, im Versicherungsfall bei der Schadensversicherung den Vermögensschaden nach Maßgabe des Vertrages zu ersetzen, bei der Personenversicherung den vereinbarten Betrag an Kapital oder Rente zu zahlen oder die sonst vereinbarte Leistung zu bewirken (§ 1 VVG). Der Versicherer hat dem Versicherungsnehmer einen *Versicherungsschein (Versicherungspolice)* über den V. auszuhändigen (§ 3 VVG). Weicht der Inhalt des Versicherungsscheins vom Antrag oder von den Vereinbarungen ab, so gilt die Abweichung als genehmigt, wenn der Versicherungsnehmer innerhalb 1 Monats nach Empfang der Police trotz entsprechenden Hinweises des Versicherers nicht widerspricht (§ 5 VVG). Geldleistungen des Versicherers sind mit Beendigung der zur Feststellung des Versicherungsfalls u. des Umfangs der Versicherungsleistung nötigen Ermittlungen fällig (§ 11 VVG). Die Ansprüche aus dem V. verjähren in 2 Jahren, bei einer Lebensversicherung in 5 Jahren; die Verjährung beginnt mit dem Schluß des Jahres, in dem die Leistung fällig wird. Hat der Versicherer die Leistung schriftlich verweigert, wird er frei, wenn der Versicherungsnehmer seinen Anspruch innerhalb von 6 Monaten nicht gerichtlich geltend macht (§ 12 VVG).

Hauptpflicht des Versicherungsnehmers ist, die Prämie zu entrichten. Er muß die Prämie bzw., wenn laufende Prämien vereinbart sind, die erste Prämie sofort nach Vertragsabschluß gegen Aushändigung der Police zahlen (§ 35 VVG). Zahlt er die erste bzw. die einmalige Prämie nicht rechtzeitig, ist der Versicherer berechtigt, vom Vertrag zurückzutreten (§ 38 VVG). Kommt der Versicherungsnehmer mit der Folgeprämie in Verzug, kann der Versicherer eine Frist von mindestens 2 Wochen setzen u. danach das Versicherungsverhältnis fristlos kündigen; bei Eintritt des Versicherungsfalls wird er, sofern der Versicherungsnehmer bis dahin die Prämie nicht entrichtet hat, von der Verpflichtung zur Leistung frei (§ 39 VVG). Der Versicherungsnehmer hat bei Vertragsschluß alle für die Übernahme der Gefahr erheblichen Umstände dem Versicherer anzuzeigen; bei schuldhaft unterbliebener oder unrichtiger Anzeige kann der Versicherer vom Vertrag zurücktreten (§§ 16, 17 VVG). Nach dem Abschluß des V. darf der Versicherungsnehmer ohne Einwilligung des Versicherers keine Gefahrerhöhung vornehmen oder gestatten. Andernfalls ist der Versicherer zur fristlosen Kündigung befugt u. bei Eintritt des Versicherungsfalles von der Verpflichtung zur Leistung frei (§§ 23 ff. VVG). Der Versicherungsnehmer hat dem Versicherer unverzüglich Anzeige vom Eintritt des Versicherungsfalles zu machen u. ihm jede erforderliche Auskunft zu erteilen (§§ 33, 34 VVG).

Das Versicherungsverhältnis *endet*, abgesehen von den Fällen des Rücktritts u. der fristlosen Kündigung, bei einem auf bestimmte Dauer eingegangenen V. mit Zeitablauf, sonst durch Kündigung zum Jahresende; die Kündigungsfrist muß für beide Vertragsteile gleich sein u. darf nicht weniger als 1 Monat, nicht mehr als 3 Monate betragen (§ 8 II VVG).

Versorgungsausgleich → Ehescheidung.

Verstaatlichung ist eine Art der → Sozialisierung, bei der der Staat Eigentümer des sozialisierten Objekts wird.

Versteckter Dissens → Dissens.

Versteigerung. Zu unterscheiden sind die privatrechtliche V. u. die V. im Wege der → Zwangsvollstreckung. Die *privatrechtliche V.*, die insbesondere unter den Voraussetzungen der §§ 383 ff. BGB (→ Hinterlegung) u. §§ 1233 ff. BGB (→ Pfandrecht) in Betracht kommt, muß öffentlich durch einen → Gerichtsvollzieher o. ä. nach vorheriger öffentlicher Bekanntmachung geschehen. Sie ist nur zulässig, wenn sie dem Betroffenen zuvor angedroht worden ist. Durch den Zuschlag an den Meistbietenden kommt ein Kaufvertrag (→ Kauf) zustande, bei dem das Gebot als Vertragsantrag, der Zuschlag als Annahme dieses Antrags gilt (§ 156 BGB, → Vertrag). – Die V. einer gepfändeten beweglichen Sache *in der Zwangsvollstreckung* wird vom Gerichtsvollzieher als staatlichem Vollstreckungsorgan vollzogen. Durch den nach dreimaligem Aufruf erteilten Zuschlag schließt er keinen privatrechtlichen Vertrag mit dem Meistbietenden; vielmehr handelt es sich um einen Hoheitsakt, der die Voraussetzung für die Zwangsübertragung des Eigentums – mit Ablieferung der zugeschlagenen Sache – schafft (§ 817 ZPO). Besondere Regelungen gelten für die → Zwangsversteigerung eines Grundstücks.

Versuch (einer Straftat). Nach § 22 StGB liegt ein V. vor, wenn der Täter den Entschluß, eine Straftat zu begehen, durch Handlungen betätigt, die zur Verwirklichung des → Tatbestands unmittelbar ansetzen, ohne ihn zu vollenden. Von einem *untauglichen V.* spricht man, wenn der V. wegen des Objekts der Tat (z. B. Tötungsversuch an einem bereits Verstorbenen) oder wegen des angewendeten Mittels (Abtreibungsversuch mit harmlosem Präparat) von vornherein nicht zur Tatvollendung führen konnte. Bei einem → Verbrechen ist der V. stets, bei einem Vergehen ist er nur dann strafbar, wenn das Gesetz es ausdrücklich bestimmt. Der V. kann milder als die vollendete Tat bestraft werden (§ 23 StGB). *Rücktritt vom V.* läßt die Strafe nach § 24 StGB entfallen, wenn der Täter die Ausführung der Tat vor Beendigung der Versuchshandlung freiwillig aufgibt (z. B. A zückt die tödliche Waffe gegen B, sticht aber nicht zu). Ist der V. bereits beendet, kann der Täter nur dadurch straflos werden, daß er den strafbaren Erfolg durch freiwilliges u. ernsthaftes Bemühen, die Vollendung zu verhindern, abwendet *(tätige Reue).* Beispiel: A hat B ein tödliches Gift verabreicht; er besinnt sich dann aber anders u. ruft den Arzt, der B vor dem Tod rettet. – Vom V. ist die *Vorberei-*

tung einer Straftat zu unterscheiden, bei der der Täter noch nicht unmittelbar zur Tatbestandsverwirklichung angesetzt hat. (Beispiel zur Abgrenzung: Versuchter Einbruchsdiebstahl, wenn Täter in das Gebäude einsteigt; bloße Vorbereitungshandlung, solange er Einbruchswerkzeuge beschafft u. die Lage auskundschaftet.) Vorbereitungshandlungen sind grundsätzlich straflos (Ausnahme z. B. Vorbereitung eines Angriffskrieges, § 80 StGB).

Verteidiger (§§ 137ff. StPO). Im → Strafprozeß kann der Beschuldigte in jeder Lage des Verfahrens einen bei einem deutschen Gericht zugelassenen → Rechtsanwalt oder einen Rechtslehrer an einer deutschen Hochschule als V. wählen *(Wahlverteidiger)*. In bestimmten Fällen schreibt die StPO die Mitwirkung eines V. zwingend vor *(Offizialverteidiger)*. Sie ist u. a. notwendig, wenn die Hauptverhandlung im ersten Rechtszug vor dem OLG oder dem Landgericht stattfindet, wenn dem Beschuldigten ein Verbrechen zur Last gelegt oder wenn wegen der Schwere der Tat oder der Schwierigkeit der Sach- oder Rechtslage die Mitwirkung eines V. geboten erscheint. Hat der Beschuldigte in diesen Fällen selbst keinen Verteidiger gewählt, so bestellt der Vorsitzende des Gerichts, auf Antrag der Staatsanwaltschaft auch schon während des Ermittlungsverfahrens, einen *Pflichtverteidiger*. – Der V. hat die Rechte des Beschuldigten zu wahren und alle zu dessen Gunsten sprechenden Gesichtspunkte geltend zu machen. Er hat das Recht der Akteneinsicht u. des grundsätzlich unbeschränkten schriftlichen u. mündlichen Verkehrs mit dem Beschuldigten (→ aber Kontaktsperre). In der Hauptverhandlung hat der V. ein Frage- u. Erklärungsrecht sowie das Recht, Anträge zu stellen. Eine Ausschließung des V. ist nur unter bestimmten engen Voraussetzungen (z. B. bei Tatbeteiligung, in Staatsschutzsachen auch bei Gefahr für die Sicherheit der Bundesrepublik) zulässig; über die Ausschließung entscheidet i. d. R. das OLG. Zur Vermeidung möglicher Interessenkollisionen verbietet das Gesetz die Verteidigung mehrerer Beschuldigter durch einen gemeinschaftlichen V.

Verteidigungsfall (Art. 115a–115l GG). Der V. liegt vor, wenn das Bundesgebiet mit Waffengewalt angegriffen wird oder wenn ein solcher Angriff unmittelbar droht. Die Feststellung des V. trifft der Bundestag mit Zustimmung des Bundesrates; für sie ist im Bundestag ⅔-Mehrheit der abgegebenen Stimmen, mindestens die Mehrheit der Abgeordneten erforderlich. Ist der Bundestag außerstande, die Feststellung zu treffen, so tritt an seine Stelle der *Gemeinsame Ausschuß,* ein Gremium, das zu ⅔ aus Abgeordneten des Bundestags im Stärkeverhältnis der Fraktionen, zu ⅓ aus Mitgliedern des Bundesrates besteht (Art. 53a GG). Mit der Verkündung des V. durch den Bundespräsidenten geht die Befehls- u. Kommandogewalt über die → Streitkräfte auf den Bundeskanzler über. Diese haben die Befugnis, zivile Objekte zu schützen u. Aufgaben der Verkehrsregelung wahrzunehmen; ihnen kann der Schutz ziviler Objekte auch zur Unterstützung polizeilicher Maßnahmen im Zusammenwirken mit den zuständigen Behörden übertragen werden (Art. 87 a III GG). Der Bund erhält das Recht der konkurrierenden Gesetzgebung auch auf Sachgebieten, die zur Gesetzgebungszuständigkeit der Länder gehören (→ Gesetzgebungskompetenz). Das → Gesetzgebungsverfahren ist im Interesse der Beschleunigung vereinfacht. Stellt der Gemeinsame Ausschuß mit ⅔-Mehrheit, mindestens mit der Mehrheit seiner Mitglieder fest, daß dem rechtzeitigen Zusammentritt des Bundestages unüberwindliche Hindernisse entgegenstehen oder daß dieser nicht beschlußfähig ist, so hat er die Stellung von Bundestag u. Bundesrat u. nimmt deren Rechte einheitlich wahr; doch darf er das Grundgesetz weder ändern noch ganz oder teilweise außer Kraft oder außer Anwendung setzen. Die von ihm beschlossenen Gesetze treten 6 Monate nach Beendigung des V. außer Kraft u. können bereits vorher jederzeit vom Bundestag mit Zustimmung des Bundesrates aufgehoben werden. Mehrere Grundrechte können im V. durch Gesetz oder aufgrund eines Gesetzes eingeschränkt werden. Hierher gehören z. B. die Zulässigkeit der Begründung von Dienstverpflichtungen u. des Verbots, den Arbeitsplatz aufzugeben oder zu wechseln (Art. 12 a III, IV u. VI), sowie die Möglichkeit, die Frist für nicht auf richterlicher Anordnung beruhende Freiheitsentziehungen bis zu 4 Tagen zu verlängern. Die Bundesregierung kann den → Bundesgrenzschutz im gesamten Bundesgebiet einsetzen; sie hat ein Weisungsrecht gegenüber Landesregierungen u. bei Dringlichkeit auch unmittelbar gegenüber Landesbehörden. Die Befugnisse des Bundesverfassungsgerichts bleiben ungeschmälert. Wahlperioden des Bundestags u. der Landtage verlängern sich bis zu 6 Monaten nach Beendigung des V.; der Bundespräsident u. die Mitglieder der Bundesverfassungsgerichts bleiben trotz regulär ablaufender Amtszeit bis 9 bzw. 6 Monate nach Ende des V. im Amt. Der Bundestag kann mit Zustimmung des Bundesrates jederzeit durch einen vom Bundespräsidenten zu verkündenden Beschluß den V. für beendet erklären.

Vertrag. 1. *Privatrechtlicher Vertrag.* V. ist ein → Rechtsgeschäft, bei dem die Rechtsfolge durch übereinstimmende → Willenserklärungen zweier (oder mehrerer) Personen herbeigeführt wird.

a) *Zustandekommen.* Der V. kommt durch *Antrag* (Angebot, Offerte) u. *Annahme* des Antrags durch den Vertragsgegner zustande. Solange sich die Parteien nicht über alle Punkte geeinigt haben, ist im Zweifel der V. nicht geschlossen (→ Dissens). Der

Antrag ist eine einseitige empfangsbedürftige Willenserklärung, die so bestimmt sein muß, daß die bloße Zustimmung des anderen Teils zur Einigung der Parteien führt. Ausdrückliche Erklärung ist nicht erforderlich, schlüssiges Handeln genügt (z. B. Aufstellung eines Automaten). Der Anbietende ist an den Antrag gebunden, es sei denn, daß er die Gebundenheit – etwa durch eine → Freizeichnungsklausel – ausgeschlossen hat (§ 145 BGB). Die Offerte erlischt, wenn sie abgelehnt oder nicht innerhalb einer bestimmten Frist angenommen wird (§ 146 BGB). Diese Frist bestimmt das Gesetz wie folgt (§§ 147 ff.): Unter Anwesenden kann die Offerte nur sofort angenommen werden (Gleiches gilt für einen telefonisch unterbreiteten Antrag), unter Abwesenden nur solange, als der Anbietende unter regelmäßigen Umständen mit dem Eingang der Antwort rechnen darf. Hat der Antragende eine Frist gesetzt, so kann die Annahme nur innerhalb der Frist erfolgen. Eine verspätete Annahme – wie auch eine Annahme mit Änderungen – gilt als neuer Antrag. Ist die verspätete Annahme rechtzeitig abgesandt worden u. mußte der Anbietende das erkennen, so hat er die Verspätung dem anderen Teil unverzüglich anzuzeigen; andernfalls gilt der Vertrag als geschlossen. Grundsätzlich muß die Annahme dem Anbietenden gegenüber erklärt werden; das kann auch stillschweigend, durch schlüssiges Verhalten, geschehen. Ausnahmsweise ist die Erklärung dem Antragenden gegenüber entbehrlich, u. zwar dann, wenn sie nach der Verkehrssitte nicht zu erwarten ist oder wenn der Anbietende darauf verzichtet hat. Zu beachten ist, daß auch in diesen Fällen eine Annahmeerklärung als solche notwendig ist; es wird nur vom Zugangserfordernis abgesehen. Schweigen allein führt grundsätzlich nicht zur Annahme der Offerte (zu Besonderheiten → Schweigen im Rechtsverkehr). Im täglichen Leben werden vielfach Leistungen der Daseinsvorsorge (Gas, Wasser, Elektrizität, öffentliche Verkehrsmittel, Parkplätze) ohne ausdrückliche Vereinbarung in Anspruch genommen. Doch liegt nach h. M. auch in diesen Fällen ein auf Willenserklärungen beruhender Vertragsschluß vor: Wer eine Straßenbahn besteigt oder einen Parkplatz benutzt, nimmt durch schlüssiges Verhalten das auf entgeltliche Beförderung bzw. gebührenpflichtiges Parken zielende Angebot des anderen Vertragsteils an; ein geheimer Vorbehalt der Zahlungsunwilligkeit bleibt unbeachtlich (§ 116 BGB). Nach anderer Ansicht handelt es sich in diesen Fällen um *faktische Vertragsverhältnisse,* die allein durch tatsächliches Handeln („sozialtypisches Verhalten") zustande kommen.

b) *Arten des Vertrages.* V. gibt es in allen Rechtsgebieten. Besondere Bedeutung hat der V. im → Schuldrecht. Dort dient er vorrangig der Begründung eines Schuldverhältnisses *(Verpflichtungsvertrag,* obligatorischer V.), u. zwar als einseitig verpflichtender V. (z. B. Schenkung, Bürgschaft), als unvollständig zweiseitig verpflichtender V. (z. B. Auftrag, Leihe) oder – meist – als *gegenseitiger V.*, bei dem die beiderseitigen Leistungsverpflichtungen voneinander abhängen (z. B. beim Kaufvertrag Verpflichtung des Verkäufers, die verkaufte Sache zu übergeben u. zu übereignen, gegen die Verpflichtung des Käufers, den Kaufpreis zu zahlen). Daneben sind im Schuldrecht, vor allem aber im → Sachenrecht *Verfügungsverträge* geläufig (z. B. Abtretung einer Forderung, Eigentumsübertragung). Auch das Familienrecht u. das Erbrecht kennen V. (z. B. Ehevertrag zur Regelung des ehelichen Güterstandes, Erbvertrag zum Zweck letztwilliger Verfügung). Entsprechend der Differenzierung bei den Rechtsgeschäften ist zwischen *abstrakten* u. *kausalen V.* zu unterscheiden. Man kann ferner *entgeltliche* u. *unentgeltliche V.* gegenüberstellen (entgeltlich z. B. Kauf, unentgeltlich z. B. Schenkung). V. sind grundsätzlich *formfrei*. Doch ist verschiedentlich → Schriftform (z. B. bei Mietverträgen für den Zeitraum von mehr als einem Jahr, § 566 BGB), in einigen Fällen → notarielle Beurkundung (z. B. Grundstückskaufvertrag, § 313 BGB) erforderlich. Dem eigentlichen Vertrag kann ein *Vorvertrag* vorausgehen, der zum späteren Abschluß des *Hauptvertrages* verpflichtet. – Eine Besonderheit unter den V. stellt der *V. zugunsten Dritter* dar, bei dem der Schuldner verpflichtet wird, nicht an den Gläubiger, sondern unmittelbar an den Dritten zu leisten (z. B. V. zwischen Krankenhausträgern u. Krankenkasse zugunsten des Patienten). Zu unterscheiden sind der echte V. zugunsten Dritter, durch den letzterer unmittelbar das Recht erwirbt, die Leistung zu fordern (§ 328 BGB), u. der unechte V. zugunsten Dritter, bei dem allein der Gläubiger berechtigt ist, die Leistung an den Dritten zu verlangen (vgl. § 329 BGB). In der Praxis wichtiger ist der *V. mit Schutzwirkung für Dritte.* Hier steht zwar die Leistung als solche ausschließlich dem Gläubiger zu, der Dritte ist aber derart in die vertraglichen Sorgfalts- u. Obhutpflichten des Schuldners einbezogen, daß er bei deren Verletzung nicht auf einen Schadensersatzanspruch aus → unerlaubter Handlung beschränkt ist, sondern einen vertraglichen Schadensersatzanspruch geltend machen kann. Daher besteht z. B. beim Mietvertag eine Schutzwirkung zugunsten der zur Hausgemeinschaft des Mieters gehörenden Personen. – Für die Begründung eines Schuldverhältnisses gilt der Grundsatz der *Vertragsfreiheit* als wichtigster Ausprägung der → Privatautonomie. Die Vertragsfreiheit bezieht sich sowohl auf den Abschluß wie auch auf die inhaltliche Gestaltung des V. Daher sind die im besonderen Teil des Schuldrechts des BGB vorgegebenen Vertragstypen (Kauf, Schenkung, Miete usw.) nicht zwingend. Die Parteien können also auch V. abschließen, die davon gänzlich abweichen (*atypische V.*, z. B. → Garantievertrag) oder Bestandteile verschiedener Vertragstypen miteinander verbinden (*gemischte V.*, z. B. Beherbergungsvertrag mit dem Hotel, der u. a. Elemente des Mietvertrags [Zimmer], des Dienstvertrages [z. B. Reinigung des Zimmers] u. des Kaufvertrags [Speisen u. Getränke] enthält). Bei einem gemischten V. gilt, sofern nicht ein Vertragstyp eindeutig dominiert, i. d. R. das für den jeweiligen Vertragsbestandteil maßgebliche Recht. – Die Vertragsfreiheit ist nicht unbeschränkt. So unterliegen Monopolbetriebe (Post, Eisenbahn, Krankenhäuser, Versorgungsbetriebe usw.) einem Abschlußzwang *(Kontrahierungszwang)*; der Kunde kann bei Verweigerung des Vertragsabschlusses auf Annahme seiner Offerte klagen. Auch die Freiheit der inhaltlichen Gestaltung des V. stößt auf Grenzen, die der Gesetzgeber aus sozial- u. ordnungspolitischen Erwägungen gezogen hat (z. B. im Mietrecht, bei Allg. Geschäftsbedingungen, im Wettbewerbsrecht). Überdies wirken die Grundrechte u. die tragenden Verfassungsprinzipien (z. B. das Sozialstaatsgebot) über die Generalklauseln des BGB (Verbot der Sittenwidrigkeit, §§ 138, 826; Wahrung von Treu u. Glauben, § 242) in das Privatrecht hinein; sie verpflichten die Rechtsprechung, Mißbräuchen der Vertragsfreiheit entgegenzuwirken u. zu verhindern, daß dem sozial Schwächeren durch Wirtschafts- oder Verbandsmacht die Vertragsbedingungen aufgezwungen werden. Der vertraglichen Gestaltungsfreiheit sind außerdem vielfach durch öfftl.-rechtl. Genehmigungsvorbehalte (z. B. bei Grundstücksverkehrsgeschäften) Grenzen gezogen.

2. *Öffentlich-rechtlicher (verwaltungsrechtlicher) Vertrag.* Ein öfftl.-rechtl. (ör.) V. ist auf die Begründung, Änderung oder Aufhebung eines ör. Rechtsverhältnisses gerichtet (zur Abgrenzung zwischen öffentl. u. privatem Recht → Recht). Er ist zulässig, soweit Rechtsvorschriften nicht entgegenstehen (§ 54 VwVfG). Meist dient er dazu, ein Rechtsverhältnis zwischen Behörde u. Bürger einvernehmlich – statt durch einseitigen → Verwaltungsakt – zu regeln. Diese sog. subordinationsrechtlichen V. verknüpfen vielfach Leistung der Verwaltung u. Gegenleistung des Bürgers miteinander (z. B. Befreiung von der Verpflichtung zum Garagenbau gegen Zahlung einer Ablösesumme). Ein solcher Austauschvertrag (§ 56 VwVfG) kann geschlossen werden, wenn die Gegenleistung für einen bestimmten Zweck vereinbart wird u. der Behörde zur Erfüllung ihrer öfftl. Aufgaben dient. Die Gegenleistung muß angemessen sein u. in sachlichem Zusammenhang mit der vertraglichen Leistung der Behörde stehen; andernfalls verstößt der ör. V. gegen das sog. *Koppelungsverbot.* Hat der Bürger einen Anspruch auf die Leistung, darf eine Gegenleistung nur vereinbart werden, wenn sie durch eine Rechtsvorschrift zugelassen ist oder wenn sie erst die gesetzlichen Voraussetzungen für die behördliche Leistung schafft. Der ör. V. bedarf grundsätzlich der → Schriftform (§ 57 VwVfG). Er ist *nichtig* (§ 59 VwVfG), wenn sich die Nichtigkeit aus der entsprechenden Anwendung von Vorschriften des BGB ergibt (z. B. §§ 134, 138), wenn ein Ver-

waltungsakt entsprechenden Inhalts nichtig wäre oder wenn ein solcher Verwaltungsakt rechtswidrig wäre u. dies den Vertragsparteien bekannt war. Auch der Verstoß gegen das Koppelungsverbot führt zur Nichtigkeit. Eine Aufhebbarkeit des ör. V. analog zur Anfechtbarkeit von Verwaltungsakten gibt es hingegen grundsätzlich nicht; allerdings kann der V. bei wesentlicher Änderung der für seinen Abschluß maßgebenden Verhältnisse angepaßt, ggf. auch gekündigt werden (§ 60 VwVfG).

Vertragsfreiheit → Vertrag.

Vertragsstrafe (Konventionalstrafe, §§ 339 ff. BGB). Eine V. liegt vor, wenn der Schuldner mit dem Gläubiger vereinbart, daß er diesem für den Fall der Nichterfüllung oder der nicht gehörigen Erfüllung seiner Verbindlichkeit zu einer (Geld-)Leistung verpflichtet sein soll. Die V. ist verwirkt, wenn der Schuldner in → Verzug kommt. Ist die V. für den Fall der Nichterfüllung der Verbindlichkeit vereinbart, kann der Gläubiger entweder Erfüllung oder die V. fordern; bei der V. für nicht gehörige, d.h. verspätete oder mangelhafte Erfüllung kann er sowohl Erfüllung als auch die V. verlangen. Sofern eine verwirkte V. unverhältnismäßig hoch ist, kann sie auf Antrag des Schuldners durch gerichtliches Urteil herabgesetzt werden; das gilt nicht für die von einem → Kaufmann im Betrieb seines Handelsgewerbes versprochene V. Die Vereinbarung einer V. setzt voraus, daß die Verbindlichkeit, die sie sichern soll, wirksam ist. Besteht diese Verpflichtung nicht oder fällt sie später weg, ist auch die vereinbarte V. unwirksam.

Vertrauensschaden → Schadensersatz.

Vertrauensschutz. Dem V. kommt sowohl im Verhältnis des einzelnen zum Staat als auch im Verhältnis der Privatpersonen untereinander große Bedeutung zu. Grenzen sind dem V. vor allem durch den Grundsatz der → Rechtssicherheit gezogen. Im Verwaltungsrecht spielt der V. bei der Rücknahme rechtswidriger u. dem Widerruf rechtmäßiger begünstigender → Verwaltungsakte eine wichtige Rolle. Auch das Privatrecht trägt vielfach dem Vertrauen des Gutgläubigen auf den Rechtsschein Rechnung (→ guter Glaube; → gutgläubiger Erwerb). → auch Rückwirkung.

Vertretung → Stellvertretung.

Vervielfältigungen → Urheberrecht.

Verwahrung (§§ 698 ff. BGB). Durch den Verwahrungsvertrag verpflichtet sich der Verwahrer, eine ihm vom Hinterleger übergebene bewegliche Sache aufzubewahren. Wird für die Aufbewahrung eine Vergütung vereinbart, handelt es sich um einen gegenseitigen, ansonsten um einen unvollständig zweiseitig verpflichtenden → Vertrag. Bei unentgeltlicher V. kommt dem Verwahrer eine Haftungsmilderung zugute: Er braucht nur für die → Sorgfalt einzustehen, die er in eigenen Angelegenheiten anzuwenden pflegt. Macht der Verwahrer zum Zweck der Aufbewahrung Aufwendungen, die er für erforderlich halten darf, oder entsteht ihm durch die Beschaffenheit der Sache ein Schaden, ist ihm der Hinterleger zum Ersatz verpflichtet. Der Hinterleger kann die Sache jederzeit, auch vor einem vereinbarten Termin, zurückfordern; der Verwahrer kann jederzeit die Rücknahme verlangen, vor Ablauf der Aufbewahrungsfrist aber nur aus wichtigem Grund. Werden vertretbare Sachen in der Weise hinterlegt, daß das Eigentum auf den Verwahrer übergehen u. dieser verpflichtet sein soll, Sachen von gleicher Art, Güte u. Menge zurückzugewähren (z.B. Sparvertrag), so sind die Vorschriften über das → Darlehen anzuwenden. – Vielfach beruht die V. nicht auf einem selbständigen Vertrag, sondern ist bloße Nebenpflicht oder Rechtsfolge eines anderen Vertrages (z.B. Kauf, Werkvertrag). Es gilt dann das Recht des jeweiligen Vertrages; u.U. können die §§ 698ff. BGB ergänzend herangezogen werden. Auf die *öfftl.-rechtl. V.* (z.B. aufgrund → Hinterlegung oder Beschlagnahme) finden die Vorschriften über die privatrechtliche V. entsprechende Anwendung. Für bestimmte Arten der V. bestehen Sonderregelungen, so z.B. für das handelsrechtliche *Lagergeschäft*, bei dem der Lagerhalter gewerbsmäßig die Lagerung u. Aufbewahrung von Gütern übernimmt (§§ 416ff. HGB).

Verwaltung, öffentliche, ist nach der klassischen Definition Walter Jellineks die „Tätigkeit des Staates oder eines sonstigen Trägers öfftl. Gewalt außerhalb von Rechtsetzung und Rechtsprechung". Diese Negativbestimmung läßt aber außer acht, daß die ö.V. auch von der Regierung zu unterscheiden ist. Zwar stehen ö.V. u. Regierung in engem Zusammenhang; sie bilden gemeinsam die → vollziehende Gewalt i.S. des Art. 1 III GG. Während jedoch die Aufgabe der → Regierung vor allem in der politischen Führung liegt, ist die ö.V. in erster Linie mit dem Gesetzesvollzug betraut.
Man kann die ö.V. nach verschiedenen Gesichtspunkten unterteilen. Hebt man auf ihre Träger ab, so ergibt sich eine Gliederung in *Bundes-, Landes- u. Gemeindeverwaltung.* Die Staatsverwaltung in Bund u. Ländern ist nach ministeriell vorgegebenen *Sachgebieten* (Ressorts) strukturiert (innere Verwaltung, Finanzverwaltung, Justizverwaltung usw.). Sie kann durch eigene Behörden als *unmittelbare Staatsverwaltung* oder durch rechtl. verselbständigte Verwaltungseinheiten (Körperschaften, Anstalten oder Stiftungen des öfftl. Rechts) als *mittelbare Staatsverwaltung* tätig werden.

Die ö. V. ist in erster Linie *Sache der Bundesländer*. Das gilt nicht nur für die Erfüllung von Landesaufgaben, sondern, dem bundesstaatlichen Prinzip entsprechend (→ Bundesstaat), grundsätzlich auch für die Ausführung der Bundesgesetze. Das Grundgesetz unterscheidet die landeseigene Verwaltungstätigkeit von der Ausführung der Bundesgesetze im Auftrag des Bundes. Führen die Länder die Bundesgesetze wie im Regelfall als eigene Angelegenheiten aus, so handeln sie in eigener Verantwortung, sind nicht weisungsgebunden u. unterliegen nur der Rechtsaufsicht des Bundes (Art. 84 GG). Ist ihnen dagegen die Ausführung von Bundesgesetzen als Auftragsangelegenheit übertragen, so sind die obersten Bundesbehörden weisungsbefugt; die Bundesaufsicht erstreckt sich in diesem Fall auch auf die Zweckmäßigkeit der Ausführung (Art. 85 GG).

Die *Organisation der Landesverwaltung* ist im Prinzip überall gleich. Man unterscheidet die Allgemeine Verwaltung von den Sonderverwaltungen. Die Allg. Verwaltung ist für alle Gebiete zuständig, die nicht Sonderverwaltungen für bestimmte Sachbereiche (Finanzen, Landwirtschaft, Bergbau usw.) zugewiesen sind. Die Landesverwaltung ist i. d. R. dreistufig organisiert. Den fachlich aufgegliederten Ministerien unterstehen die staatlichen Mittelbehörden als Behörden der Allgemeinen Verwaltung (i. d. R. Regierungspräsidenten) u. als Fachbehörden (z. B. Oberfinanzdirektionen). Die Unterstufe bilden die Kommunalbehörden der Kreisebene (kreisfreie Städte u. Landkreise) sowie einzelne staatliche Sonderbehörden (z. B. Finanzämter). Die Verwaltungsfunktionen der Unterstufe sind in den Landkreisen wiederum aufgeteilt in die des Kreises u. der kreisangehörigen Gemeinden. In den kleinen Ländern (Saarland, Schleswig-Holstein) u. in den Stadtstaaten wird die Mittelstufe eingespart. In einigen Ländern bestehen Verbandsgemeinden (Ämter) mit dem Rechtscharakter von Gebietskörperschaften als Zwischenstufe zwischen Gemeinde u. Landkreis. Im allgemeinen zielt die Tendenz in der Mittel- u. Unterstufe auf Konzentration durch Eingliederung der Sonderverwaltungen in die Allgemeine Verwaltung. In einzelnen Ländern u. in einzelnen Verwaltungszweigen kommen auch gegenläufige Tendenzen zum Zuge; so wird in Baden-Württemberg die Schulverwaltung in allen Stufen als Sonderverwaltung mit eigenen Behörden geführt.

Bundeseigene Verwaltungsbehörden mit eigenem Verwaltungsunterbau bilden die Ausnahme. Sie sind zulässig, soweit ihre Fachgebiete in Art. 87 I ausdrücklich genannt sind (z. B. Auswärtiger Dienst, Bundespost, Bundesbahn). Art. 87 II u. III GG schafft ferner die Rechtsgrundlage für bundesunmittelbare Körperschaften u. Anstalten des öfftl. Rechts (z. B. Bundesanstalt für Arbeit) u. für selbständige Bundesoberbehörden (z. B. Bundeskriminalamt, Bundeskartellamt).

Zur *kommunalen Selbstverwaltung* → Kommunalrecht.
Die ö. V. wird teils öfftl.-rechtlich, teils privatrechtlich tätig. Bedient sie sich der Form des öfftl. Rechts, spricht man von *hoheitlicher Verwaltung*; handelt sie in den Formen des Privatrechts, so bezeichnet man sie als *fiskalische oder privatrechtliche Verwaltung*. Zur hoheitlichen Verwaltung rechnet insbesondere die *Eingriffsverwaltung*, bei der die Behörde in Freiheit u. Eigentum des Bürgers eingreift (z. B. Maßnahmen der Polizei- u. Ordnungsbehörden zur Gefahrenabwehr). Solche Eingriffe dürfen nur auf gesetzlicher Grundlage ergehen (→ Gesetzmäßigkeit der Verwaltung). Im modernen Sozialstaat gewinnt die *Leistungsverwaltung* immer mehr an Gewicht. Sie dient der Daseinsvorsorge (vor allem im Sozial-, Bildungs-, Gesundheits-, Wirtschafts- u. Verkehrswesen). Die Leistungsverwaltung kann sowohl hoheitlich (z. B. durch Gewährung von Arbeitslosengeld) als auch fiskalisch (z. B. durch (Einräumung von Darlehen) erfolgen. Nach herkömmlicher Meinung sind Maßnahmen der Leistungsverwaltung, die insbes. durch begünstigende → Verwaltungsakte erbracht werden, im allgemeinen auch ohne gesetzliche Grundlage zulässig, da sie die Freiheitssphäre des Bürgers erweitern; Einschränkungen der administrativen Gestaltungsfreiheit ergeben sich hiernach nur aus den Vorgaben des Haushaltsplans u. dem Gleichheitssatz. Da aber die Leistungsverwaltung die Lebensverhältnisse der Bürger durch Gewährung oder Vorenthaltung von Unterstützungen u. anderen Zuwendungen intensiv beeinflußt, muß das Parlament auch für diese Form verwaltender Tätigkeit die wesentlichen Entscheidungen selbst treffen (→ Gesetzesvorbehalt). Die meisten Aufgabengebiete der Leistungsverwaltung sind heute ohnehin gesetzlich geordnet (z. B. Arbeitsförderung, Sozialversicherung, Sozialhilfe, Kindergeld, Wohnungsbauförderung).

Verwaltungsakt ist eine hoheitliche Maßnahme, die eine Behörde zur Regelung eines Einzelfalles auf dem Gebiet des öfftl. Rechts trifft u. die auf eine unmittelbare Rechtswirkung nach außen gerichtet ist (§ 35 VwVfG). Der V. kann sich an eine Einzelperson oder, als sog. Allgemeinverfügung, an einen nach allgemeinen Merkmalen bestimmten oder bestimmbaren Personenkreis richten. V. können zum Inhalt haben: *Gebote oder Verbote*, die zu einem bestimmten Verhalten veranlassen wollen (z. B. gesundheitspolizeiliche Anordnungen), *Gestaltungsakte*, die auf die Begründung, Änderung oder Aufhebung eines Rechtsverhältnisses gerichtet sind (z. B. Ernennung, Beförderung oder Entlassung eines Beamten), *Feststellungen*, die Ansprüche (z. B. Rentenanspruch) oder rechtlich erhebliche Eigenschaften von Personen (z. B. Wahlrecht) oder Sachen (z. B. Einheitswert eines Grundstücks) zum Gegenstand haben, *Beurkundungen* (z. B. durch das Standesamt). Es gibt *gebundene V.*, die die Behörde bei Vorliegen der

Voraussetzungen des gesetzlichen Tatbestandes erlassen muß, und *Ermessensakte*, bei denen der Verwaltung durch den Gesetzgeber ein mehr oder weniger weitgefaßter Spielraum eigener u. eigenverantwortlicher Entscheidung eingeräumt ist (→ Ermessen). V. lassen sich in ihrer Wirkung danach unterscheiden, ob sie den Adressaten *begünstigen* oder *belasten*. Nicht selten tritt der Fall auf, daß ein V. nicht nur auf die Rechtssphäre des Empfängers, sondern auch auf die anderer Personen einwirkt; ein solcher *V. mit Drittwirkung* liegt z. B. dann vor, wenn eine Baugenehmigung dem Nachbarn rechtliche Nachteile zufügt. Von einem *mitwirkungsbedürftigen V.* spricht man, wenn die Mitwirkung des Betroffenen (z. B. in Form eines Antrags) erforderlich ist.

Im allgemeinen muß der V. in → Schriftform erlassen werden (Ausnahme etwa: Handzeichen oder mündliche Anordnung des Polizeibeamten im Straßenverkehr). Er wird erst wirksam, wenn er dem Adressaten bekanntgegeben worden ist (§ 43 VwVfG). Ein V. ist *rechtswidrig* (fehlerhaft), wenn er gegen das geltende formelle oder materielle Recht verstößt. Auch der rechtswidrige V. ist grundsätzlich wirksam; er kann jedoch angefochten werden. Leidet der V. dagegen an einem besonders schwerwiegenden Mangel u. ist dieser Fehler offenkundig, so ist er wegen *Nichtigkeit* ohne weiteres rechtlich unwirksam u. braucht daher von niemandem beachtet zu werden (§ 44 VwVfG). Gegen den rechtswidrigen V. kann der Betroffene bei der Behörde Widerspruch einlegen (→ Widerspruchsverfahren) u. nach erfolglosem Widerspruch vor dem Verwaltungsgericht Anfechtungsklage erheben (→ verwaltungsgerichtliches Verfahren). Lehnt die Behörde den Antrag auf Erlaß eines (begünstigenden) V. ab oder bleibt sie untätig, kann der Antragsteller die Verpflichtungsklage erheben.

Ist Widerspruch oder Anfechtungsklage erfolglos geblieben oder die Frist für die Einlegung eines dieser Rechtsbehelfe abgelaufen, so wird der V. *bestandskräftig*. Bestandskraft bedeutet, daß die durch den V. bewirkte Regelung, ohne Rücksicht auf behauptete oder tatsächliche Fehler, fortan für die Behörde u. die Beteiligten maßgeblich ist. Ein nichtiger V., der von vornherein unwirksam ist, vermag dagegen keine Bestandskraft zu erlangen.

Ein V. kann, auch wenn er bestandskräftig geworden ist, unter bestimmten Voraussetzungen aufgehoben werden. Dabei unterscheidet man terminologisch zwischen der *Rücknahme* rechtswidriger u. dem *Widerruf* rechtmäßiger V. Doch sind schon der Rücknahme rechtswidriger begünstigender V. insoweit Grenzen gezogen, als der Begünstigte auf den Bestand des V. vertraut hat u. sein Vertrauen unter Abwägung mit dem öffentlichen Interesse an einer Rücknahme schützwürdig ist (§ 48 VwVfG). Noch stärker ist der Vertrauensschutz des Bürgers bei rechtmäßigen begünstigenden V. ausgebildet. Ihr Widerruf ist nur in bestimmten gesetzlich geregelten Ausnahmefällen (z. B. wenn der V. einen Widerrufsvorbehalt enthielt) zulässig (§ 49 VwVfG).

Verwaltungsbehörde → Behörde.

Verwaltungsgericht, Verwaltungsgerichtsbarkeit. Die Gerichte der (allgemeinen) V. als eines selbständigen Zweiges der → Gerichtsbarkeit sind nach der Generalklausel des § 40 I VwGO für alle öfftl.-rechtl. Streitigkeiten nichtverfassungsrechtlicher Art zuständig, soweit sie nicht durch Gesetz anderen Gerichten zugewiesen sind (z. B. für abgabenrechtliche Streitigkeiten der → Finanzgerichtsbarkeit, für bestimmte sozialrechtliche Streitigkeiten der → Sozialgerichtsbarkeit, für Streitigkeiten des öfftl.-rechtl. Entschädigungsrechts der → ordentlichen Gerichtsbarkeit). Die verwaltungsgerichtliche Generalklausel ist Ausfluß der umfassenden Rechtschutzgarantie des Art. 19 IV GG, wonach jedem, der durch die öfftl. Gewalt in seinen Rechten verletzt wird, der Rechtsweg offensteht. Organe der dreistufig aufgebauten V. sind die Verwaltungsgerichte, die Oberverwaltungsgerichte (Verwaltungsgerichtshöfe) u. das Bundesverwaltungsgericht.

Verwaltungsgerichtliches Verfahren. Das in der VwGO geregelte v. V. der allgemeinen → Verwaltungsgerichtsbarkeit dient der Entscheidung öfftl.-rechtl. Streitigkeiten nichtverfassungsrechtlicher Art, soweit sie nicht durch Bundesgesetz einem anderen Gericht ausdrücklich zugewiesen sind. (Für die besonderen Verwaltungsgerichte der → Sozial- u. der → Finanzgerichtsbarkeit wurden durch das SGG u. die FGO eigene Verfahrensordnungen erlassen. Eine einheitliche Verwaltungsprozeßordnung, die an die Stelle von VwGO, SGG u. FGO treten soll, wird angestrebt). Das v. V. der allg. Verwaltungsgerichtsbarkeit ähnelt dem → Zivilprozeß insoweit, als auch hier die → Dispositionsmaxime sowie die Grundsätze der → Öffentlichkeit, → Mündlichkeit u. → Unmittelbarkeit gelten. Es unterscheidet sich vom Zivilprozeß dadurch, daß der Sachverhalt von Amts wegen ermittelt wird (→ Untersuchungsmaxime anstelle der → Verhandlungsmaxime). Die Prozeß-(genauer: Sachurteils-)voraussetzungen entsprechen denen des Zivilprozesses, soweit sich nicht aus dem Folgenden Besonderheiten ergeben. Anders als die ZPO kennt die VwGO keine Parteien, sondern *Beteiligte* (§ 63 VwGO). Das sind: der Kläger, der Beklagte, der Beigeladene (§ 65 VwGO), der Vertreter des öfftl. Interesses (beim Bundesverwaltungsgericht: der Oberbundesanwalt). Anwaltszwang besteht nur vor dem Bundesverwaltungsgericht.

Das v. V. wird i. d. R. durch die → *Klage* eingeleitet, die schriftlich oder zu Protokoll des Urkundsbeamten der Geschäftsstelle zu erheben ist. Sie muß den Kläger, den Beklagten u. den Streitgegenstand bezeichnen u. soll einen bestimmten Antrag enthalten (§§ 81, 82 VwGO). Wichtigste u. häufigste *Klagearten* sind die Anfechtungs- u. die Verpflichtungsklage (§ 42 VwGO). Mit der *Anfechtungsklage* als einer Gestaltungsklage wird die Aufhebung oder Änderung eines → Verwaltungsaktes (VA) begehrt. Die *Verpflichtungsklage* als eine Form der Leistungsklage zielt auf den Erlaß eines abgelehnten VA (Vornahmeklage) oder auf den Erlaß eines unterlassenen VA (Untätigkeitsklage). Anfechtungs- u. Verpflichtungsklage sind nur zulässig, wenn der Kläger geltend macht, durch den VA oder dessen Ablehnung bzw. Unterlassung in seinen Rechten beeinträchtigt zu sein. Der Anfechtungs- u. Verpflichtungsklage muß nach § 68 VwGO grundsätzlich ein → *Widerspruchsverfahren* vorausgehen (Ausnahmen u. a.: wenn es sich um den VA einer obersten Bundes- oder Landesbehörde handelt oder wenn ein Dritter durch einen Widerspruchsbescheid erstmalig beschwert wird). Die Klage muß binnen 1 Monats nach Zustellung des Widerspruchsbescheids bzw. des VA erhoben werden (§ 74 VwGO); die Untätigkeitsklage ist i. d. R. frühestens 3 Monate nach Antrag auf Vornahme des VA zulässig. Die Anfechtungsklage hat wie der Widerspruch aufschiebende Wirkung (§ 80 VwGO).

Wenn die Anfechtungsklage *begründet* ist, hebt das Gericht den rechtwidrigen VA u. den etwaigen Widerspruchsbescheid durch → *Urteil* auf (§ 113 VwGO). Ist der VA schon vollzogen, so kann das Gericht auf Antrag auch aussprechen, daß und wie die Behörde die Vollziehung rückgängig zu machen hat *(Folgenbeseitigungsanspruch)*. Hat sich der angefochtene VA erledigt (z. B. durch Rücknahme), kann das Gericht auf Antrag feststellen, daß der VA rechtswidrig war; Voraussetzung dafür ist, daß der Kläger ein berechtigtes Interesse an dieser Feststellung hat. Bei *begründeter Verpflichtungsklage* verpflichtet das Gericht die Behörde durch Urteil, den beantragten VA zu erlassen oder, wenn die Sache noch nicht spruchreif ist, den Kläger unter Beachtung der Rechtsauffassung des Gerichts zu bescheiden (Bescheidungsurteil).

Neben der Verpflichtungsklage als einer besonderen Form der Leistungsklage gibt es die in der VwGO nicht ausdrücklich geregelte *allgemeine Leistungsklage,* die nicht auf VA, sondern auf tatsächliche behördliche Maßnahmen gerichtet ist (z. B. auf Beseitigung oder Unterlassung rechtswidriger Beeinträchtigungen). Sie setzt im Unterschied zur Anfechtungs- u. Verpflichtungsklage kein Widerspruchsverfahren voraus u. ist nicht an eine Frist gebunden.

Zu den Klagearten der VwGO gehört darüber hinaus die *Feststellungsklage* (§ 43 VwGO). Sie bezweckt die Feststellung des Bestehens oder Nichtbestehens eines Rechtsverhältnisses oder der Nichtigkeit eines VA. Der Kläger muß ein berechtigtes Interesse an der baldigen Feststellung haben. Die Feststellungklage ist unzulässig, wenn der Kläger Anfechtungs-, Verpflichtungs- oder allgemeine Leistungsklage erheben kann oder erheben konnte. Sie darf nicht als Mittel zur Klärung abstrakter, vom Einzelfall losgelöster Rechtsfragen eingesetzt werden.

Die VwGO sieht ferner ein → *Normenkontrollverfahren* vor, in dem die Oberverwaltungsgerichte über die Gültigkeit untergesetzlicher Rechtsnormen entscheiden (§ 47 VwGO).

Sachlich zuständig ist in der ersten Instanz grundsätzlich das Verwaltungsgericht (Ausnahmen: Oberverwaltungsgericht im Normenkontrollverfahren, s. ferner §§ 48 u. 50 VwGO). *Örtlich zuständig* ist für Anfechtungsklagen i. d. R. das Gericht, in dessen Bezirk der VA erlassen wurde, ansonsten im allgemeinen das Gericht, in dessen Bezirk der Beklagte seinen Sitz oder Wohnsitz hat (i. e. § 52 VwGO). Zu den *Rechtsmitteln* gegen verwaltungsgerichtliche Entscheidungen → Rechtsmittel. Die *Vollstreckung* verwaltungsgerichtlicher Entscheidungen richtet sich grundsätzlich nach den Vorschriften der ZPO (§ 167 VwGO).

Verwaltungshandeln. Die Träger öfftl. Verwaltung erfüllen ihre Aufgaben in verschiedenen *Formen.* Sie werden im tatsächlichen Bereich tätig, z. B. wenn die Feuerwehr einen Brand löscht. Sie nehmen darüber hinaus u. vor allem Handlungen im *rechtl. Bereich* vor. Dabei lassen sich unterscheiden: *fiskalisches (privatrechtl.) V.* (z. B. Anmietung von Räumen), *hoheitliches V.* (z. B. Verkehrsregelung) u. *normsetzendes V.* (Erlaß von → Satzungen, → Rechtsverordnungen u. → Verwaltungsvorschriften). → auch Verwaltung, öffentliche.

Verwaltungsrecht ist die Gesamtheit der → Rechtsnormen, die Organisation u. Verfahren der öffentlichen Verwaltung, insbes. der → Behörden, sowie den Rechtsschutz des Bürgers gegen deren Maßnahmen regeln. Man unterscheidet Allgemeines u. Besonderes V. Das Allgemeine V. enthält die allgemeinen, für jede Verwaltung geltenden Vorschriften u. Rechtsbegriffe, das Besondere V. die für die verschiedenen Zweige der Verwaltung maßgeblichen Sonderregelungen. Ein dem Bürgerlichen Gesetzbuch entsprechendes Verwaltungsgesetzbuch gibt es nicht. Quellen des Allgemeinen V. sind neben dem Grundgesetz u. den Landesverfassungen insbes. die Verwaltungsverfahrensgesetze des Bundes u. der Länder (→ Verwaltungsverfahren) sowie die dem Verwaltungsrechtsschutz dienende Verwaltungsgerichtsordnung (→ verwaltungsgerichtliches Verfahren).

Zum Besonderen V. gehören u. a. das → Kommunalrecht, das → Sozialrecht, das → Beamtenrecht, das → Polizeirecht, das → Steuerrecht, das → Bildungsrecht wie auch das · → Baurecht, → Umweltrecht und → Wasserrecht.

Verwaltungsverfahren ist die nach außen wirkende Tätigkeit der → Behörden, die auf die Prüfung der Voraussetzungen, die Vorbereitung und den Erlaß eines → Verwaltungsaktes oder auf den Abschluß eines öfftl.-rechtl. → Vertrages gerichtet ist; es schließt den Erlaß des Verwaltungsaktes bzw. den Abschluß des öfftl.-rechtl. Vertrages ein (§ 9 VwVfG). Das V. ist in den nahezu gleichlautenden Verwaltungsverfahrensgesetzen des Bundes (1976) u. der Länder geregelt. Die Gesetze enthalten Vorschriften über ihren Anwendungsbereich (sie gelten z. B. nicht in dem durch die → Abgabenordnung geregelten Besteuerungsverfahren), über die örtliche Zuständigkeit der Behörden, die → Amtshilfe, über Verfahrensgrundsätze (Beteiligte, Bevollmächtigte u. Beistände, Vertreter bei gleichförmigen Eingaben, Ausschluß von der Beteiligung, Befangenheit, Untersuchungsmaxime, Beweismittel, Anhörungsrecht, Akteneinsicht, Fristen u. Termine, amtliche Beglaubigung), über Zustandekommen, Bestandskraft und Verjährung des Verwaltungsaktes, über den öfftl.-rechtl. Vertrag, über besondere Verfahrensarten (förmliches V. u. Planfeststellungsverfahren), über Rechtsbehelfsverfahren sowie über ehrenamtliche Tätigkeit u. Ausschüsse. Soweit keine abweichenden Bestimmungen für die besonderen Verfahrensarten anzuwenden sind, gilt der Grundsatz der Formfreiheit (§ 10 VwVfG).

Verwaltungsvorschriften (Verwaltungsverordnungen) sind Regelungen, die innerhalb der Organisation der öffentlichen Verwaltung von übergeordneten Behörden oder von Vorgesetzten an nachgeordnete Behörden oder Bedienstete ergehen u. die dazu dienen, die Tätigkeit der Verwaltung näher zu bestimmen u. einheitlich zu gestalten. Von großer Bedeutung sind z. B. die für die Praxis der Finanzbehörden maßgeblichen Steuerrichtlinien oder die Vergaberichtlinien für die Gewährung von Subventionen. V. können einerseits Organisation, Zuständigkeiten u. Verfahren der Behörden ordnen, andererseits – darin liegt ihr wichtigster Zweck – die Anwendung der oft nur allgemein gehaltenen Gesetze durch Auslegungs- oder Ermessensvorschriften konkretisieren. Die V. beruhen auf der Organisationsgewalt der Regierung/Verwaltung u. bedürfen daher keiner gesetzlichen Grundlage. Nach herkömmlicher Auffassung stellen sie, mangels Außenwirkung auf den Bürger, keine → Rechtsnormen dar u. sind deshalb für die Gerichte nicht bindend. Doch erzeugen vor allem ermessenslenkende V. wegen der Geltung des Gleichheitssatzes mittelbar insoweit eine Bindungswirkung, als sie es der Behörde verbieten, einen Fall ohne sachlichen Grund abweichend von den V. u. ggf. in Widerspruch zur bisherigen Verwaltungspraxis zum Nachteil des Bürgers zu entscheiden (→ Selbstbindung der Verwaltung). Auch im → besonderen Gewaltverhältnis (z. B. Schule, öfftl. Dienst, Strafanstalt) bilden V. jedenfalls für belastende → Verwaltungs-

akte (z. B. in disziplinarischen Angelegenheiten) keine ausreichende Ermächtigungsgrundlage. Im Unterschied zur früheren Rechtsmeinung, die die besonderen Gewaltverhältnisse ausschließlich dem Innenbereich der Verwaltung zurechnete u. damit der originären Regelungskompetenz der zuständigen Behörde unterwarf, hat sich auch hier die Ansicht durchgesetzt, daß der Gesetzgeber tätig werden u. die wesentlichen Entscheidungen selbst treffen muß.
V. werden als innerdienstliche Regelungen nicht im Gesetz- u. Verordnungsblatt verkündet, sondern in ·besonderen Publikationsorganen (Staatsanzeiger, Amtsblatt usw.) veröffentlicht.

Verwaltungszwang. Nach dem (Bundes-)Verwaltungsvollstreckungsgesetz kann die Behörde einen von ihr erlassenen auf die Herausgabe einer Sache, auf die Vornahme einer Handlung oder auf Duldung oder Unterlassung gerichteten → Verwaltungsakt im Wege des V. durchsetzen (§§ 6, 7 VwVG). Zwangsmittel sind die Ersatzvornahme, das Zwangsgeld u. der unmittelbare Zwang. 1. *Ersatzvornahme.* Wird die Verpflichtung, eine Handlung vorzunehmen, deren Vornahme durch einen anderen möglich ist (vertretbare Handlung), nicht erfüllt, so kann die Behörde einen anderen mit der Vornahme der Handlung auf Kosten des Pflichtigen beauftragen (§ 10 VwVG, z. B. Abbruch eines baurechtswidrig errichteten Gebäudes durch einen Unternehmer, wenn der Grundeigentümer der Abbruchverfügung nicht nachgekommen ist). 2. *Zwangsgeld.* Zur Vornahme einer nicht vertretbaren Handlung oder zur Erfüllung einer Duldungs- oder Unterlassungspflicht kann der Pflichtige durch Zwangsgeld – mindestens 3 DM, höchstens 2000 DM – angehalten werden (§ 11 VwVG). Ist das Zwangsgeld uneinbringlich, kann durch Beschluß des Verwaltungsgerichts auf Antrag der Behörde *Ersatzzwangshaft* angeordnet werden, sofern bei Androhung des Zwangsgeldes auf diese Möglichkeit hingewiesen worden ist (§ 16 VwVG). 3. *Unmittelbarer Zwang.* Führen Ersatzvornahme oder Zwangsgeld nicht zum Ziel oder sind sie ungeeignet, kann die Behörde den Pflichtigen zur Handlung, Duldung oder Unterlassung durch körperliche Gewalt, entsprechende Hilfsmittel oder durch Waffen zwingen oder die Handlung selbst vornehmen (§ 12 VwVG). Die Anordnung unmittelbaren Zwangs steht unter dem Verfassungsgebot der → Verhältnismäßigkeit u. ist an die Vorschriften des Bundesgesetzes über den unmittelbaren Zwang gebunden (→ Waffengebrauch der Polizei).
Die Anwendung eines Zwangsmittels ist i. d. R. erst zulässig, wenn der Verwaltungsakt unanfechtbar ist, wenn seine sofortige Vollziehung angeordnet worden ist oder wenn – wie im Fall der Anforderung öfftl. Abgaben (vgl. § 80 II VwGO) – ein Rechtsbehelf keine aufschiebende Wirkung hätte (§ 6 VwVG). Außerdem

muß das ausgewählte Zwangsmittel schriftlich unter Bestimmung einer zumutbaren Frist angedroht worden sein, wobei die Androhung mit dem durchzusetzenden Verwaltungsakt verbunden werden kann (§ 13 VwVG). Wird die Verpflichtung nicht fristgerecht erfüllt, ist das Zwangsmittel, bevor es angewendet wird, festzusetzen (§ 14 VwVG). In bestimmten Fällen kann die Behörde ohne vorausgehenden Verwaltungsakt u. ohne vorherige Androhung u. Festsetzung V. ausüben, und zwar dann, wenn der sofortige Vollzug zur Verhinderung einer Straftat oder Ordnungswidrigkeit oder zur Abwendung einer drohenden Gefahr notwendig ist (§§ 6 II, 13 I, 14 S. 2 VwVG). Da Androhung u. Festsetzung eines Zwangsmittels Verwaltungsakte sind, können sie mit Widerspruch u. Anfechtungsklage angefochten werden (→ Widerspruchsverfahren, → verwaltungsgerichtliches Verfahren). Ist der Verwaltungsakt schon vollzogen, kann das Gericht auf Antrag aussprechen, daß u. wie die Behörde die Vollziehung rückgängig zu machen hat (§ 113 I 2 VwGO). Sofern eine solche Folgenbeseitigung nicht möglich ist, kann das Gericht bei berechtigtem Interesse des Klägers die Rechtswidrigkeit des Verwaltungsaktes feststellen; damit eröffnet sich die Möglichkeit einer zivilrechtlichen Klage aus → Amtspflichtverletzung, → enteignungsgleichem Eingriff oder → Aufopferung.

Für den V. zur Durchsetzung von Verwaltungsakten der Landesbehörden gelten entsprechende, wenn auch in den Einzelheiten abweichende landesgesetzliche Vorschriften. Vergleichbare Regelungen finden im → Polizeirecht Anwendung.

Verwandtschaft (§ 1589 BGB). Stammt eine Person von einer anderen ab, sind beide in *gerader Linie* verwandt (z. B. Eltern – Kinder). Personen, die von derselben dritten Person abstammen, sind in der *Seitenlinie* verwandt (z. B. Geschwister). Der Grad der V. bestimmt sich nach der Zahl der sie vermittelnden Geburten. Demnach sind z. B. Eltern u. Kinder im 1. Grad in gerader Linie, Geschwister im 2. Grad in der Seitenlinie, Onkel u. Neffe im 3. Grad in der Seitenlinie, Vetter und Cousine im 4. Grad in der Seitenlinie verwandt. Auch das → nichteheliche Kind ist mit seinem Vater verwandt. Die V. ist unter mehreren Gesichtspunkten rechtlich bedeutsam, z. B. für → Unterhaltspflichten, → Erbrecht, → Zeugnisverweigerungsrecht. V. in gerader Linie oder zwischen Geschwistern hat ein absolutes Eheverbot zur Folge: die trotzdem geschlossene Ehe ist nichtig, d. h. durch gerichtliches Urteil vernichtbar.

Verwarnung. Die V. dient dazu, dem Täter einer rechtswidrigen und schuldhaften Handlung das Unrecht seines Tuns nachdrücklich bewußt zu machen. Sie wird in der Erwartung erteilt, daß er auch ohne schärfere Sanktionen, wie z. B. eine Strafe, fortan keine weiteren Rechtsverstöße begehen wird. Zu unterscheiden sind: 1. *V. bei Ordnungswidrigkeiten*. Bei geringfügigen Ordnungswidrigkeiten kann die Verwaltungsbehörde, statt eine Geldbuße festzusetzen, nach §§ 56ff. OWiG den Betroffenen verwarnen u. zugleich ein Verwarnungsgeld von 2 bis 20 DM erheben (→ Ordnungswidrigkeiten). 2. *V. mit Strafvorbehalt*. Hat ein Straftäter eine Geldstrafe bis zu 180 Tagessätzen verwirkt, kann das Gericht nach §§ 59ff. StGB ihn schuldig sprechen u. verwarnen sowie die Strafe bestimmen, die Verurteilung zu dieser Strafe aber vorbehalten. Das setzt voraus, daß straffreie Lebensführung auch ohne Strafverurteilung zu erwarten ist, daß besondere Umstände in der Tat u. der Persönlichkeit des Täters eine Strafverschonung angezeigt sein lassen u. daß die Verteidigung der Rechtsordnung die Verurteilung nicht gebietet. Die V. mit Strafvorbehalt ist i. d. R. ausgeschlossen, wenn der Täter bereits in den letzten 3 Jahren vor der Tat auf diese Weise verwarnt oder zu Strafe verurteilt worden ist. Das Gericht setzt eine Bewährungszeit von 1 bis 3 Jahren fest; es kann wie bei der → Strafaussetzung zur Bewährung Auflagen (z. B. zur Wiedergutmachung des Schadens) erteilen. Begeht der Proband in der Bewährungszeit eine weitere Straftat, durch die er die in ihn gesetzten Erwartungen enttäuscht, oder verstößt er gröblich oder beharrlich gegen ihm erteilte Auflagen, verurteilt ihn das Gericht zu der vorbehaltenen Strafe; andernfalls läßt es die Sache mit der V. bewenden. 3. *V. als Zuchtmittel im Jugendstrafrecht*. Wenn ein Jugendlicher eine Straftat begangen hat, für deren Ahndung einerseits → Erziehungsmaßregeln nicht ausreichen, andererseits → Jugendstrafe nicht geboten ist, kann der Jugendrichter die Tat nach §§ 13, 14 JGG mit dem → Zuchtmittel der V. ahnden.

Verwirkung von Grundrechten → freiheitliche demokratische Grundordnung.

Verzug. 1. *Schuldnerverzug* (§§ 284–290, 326 BGB). Der Schuldnerverzug ist neben der → Unmöglichkeit der Leistung u. der → positiven Vertragsverletzung eine Form der Leistungsstörungen im → Schuldverhältnis. Der Schuldner kommt in V., sofern er eine fällige Leistung trotz → Mahnung des Gläubigers nicht rechtzeitig bewirkt u. die Verzögerung von ihm zu vertreten ist (→ Verschulden). Der Mahnung stehen → Klageerhebung sowie Zustellung eines Mahnbescheides (→ Mahnverfahren) gleich. Die Mahnung ist entbehrlich, wenn die Leistungszeit nach dem Kalender bestimmt oder bestimmbar ist, wenn der Schuldner die Leistung nachdrücklich u. endgültig verweigert oder wenn er zur Rückgabe einer durch → unerlaubte Handlung entzogenen Sache verpflichtet ist (§ 848 BGB). Der Schuldner trägt die Beweislast dafür, daß ihn an der Verzögerung kein Verschulden trifft. *Rechts-*

folgen des Schuldnerverzugs: Der Schuldner muß – bei Fortbestehen seiner Leistungspflicht – den Verzugsschaden (z. B. entgangener Gewinn) ersetzen u. Verzugszinsen von mindestens 4% (unter Kaufleuten mindestens 5%) zahlen. Während des V. hat er nicht nur jede Fahrlässigkeit zu vertreten; er ist auch für eine durch → Zufall eintretende Unmöglichkeit der Leistung verantwortlich. Hat die Leistung infolge des V. für den Gläubiger kein Interesse mehr, so kann er sie ablehnen u. statt dessen Schadensersatz wegen Nichterfüllung verlangen: Beim gegenseitigen → Vertrag bedarf es dieses Interessewegfalls nicht: Nach § 326 genügt es, daß der Gläubiger dem Schuldner eine angemessene Frist setzt u. ihm androht, die Annahme der Leistung nach Fristablauf zu verweigern; der Gläubiger hat sodann die Wahl zwischen Schadensersatz wegen Nichterfüllung oder Rücktritt vom Vertrag.

2. *Gläubigerverzug* (§§ 293 ff. BGB). Nimmt der Gläubiger die ihm ordnungsgemäß – i. d. R. tatsächlich, also nicht nur wörtlich – angebotene Leistung nicht an, gerät er in Annahme-(Gläubiger-)verzug. Dieser setzt, anders als der Schuldnerverzug, kein Verschulden voraus. *Rechtsfolgen:* Der Schuldner hat nur noch Vorsatz u. grobe Fahrlässigkeit zu vertreten; er braucht bei verzinslichen Forderungen keine Zinsen mehr zu zahlen. Die Verpflichtung zur Herausgabe von Nutzungen beschränkt sich auf die tatsächlich gezogenen Nutzungen. Darüber hinaus hat der Schuldner das Recht zur → Hinterlegung. Ist er zur Herausgabe eines Grundstücks verpflichtet, kann er den Besitz nach vorheriger Androhung aufgeben. Ihm steht ein Anspruch auf Ersatz der Mehraufwendungen (jedoch kein Schadensersatzanspruch) zu. Wird eine nur der Gattung nach bestimmte Sache geschuldet (sog. Gattungschuld im Gegensatz zur Stückschuld), so geht bei deren Nichtannahme die Gefahr des zufälligen Untergangs auf den Gläubiger über; der Schuldner braucht also nicht noch einmal zu leisten.

Völkerrecht ist die Gesamtheit der Rechtsnormen, die das Verhältnis von Völkerrechtssubjekten (Staaten, internationalen Organisationen) zueinander regeln. Es handelt sich, genau genommen, nicht um „Völker"-Recht, sondern, da es die Beziehungen der *Staaten* betrifft, um zwischenstaatliches Recht. Die Besonderheit u. damit zugleich die Schwäche des V. besteht darin, daß es in seiner Wirksamkeit von der Anerkennung durch die betroffenen Staaten abhängig ist; es fehlt eine zentrale Durchsetzungsmacht. *Rechtsquellen* des V. sind das Völkervertragsrecht, das Völkergewohnheitsrecht u. hilfsweise die allgemeinen Rechtsgrundsätze. *Völkervertragsrecht* entsteht durch übereinstimmende Willenserklärungen von mindestens zwei Völkerrechtssubjekten; je nach der Anzahl der Beteiligten unterscheidet man zwischen bilateralen (zweiseitigen) u. multilateralen (mehrseitigen) Verträgen. Das ungeschriebene *Völkergewohnheitsrecht* setzt, vergleichbar dem innerstaatlichen → Gewohnheitsrecht, langjährige von der Rechtsüberzeugung der Staaten getragene Übung voraus. Billigen sämtliche beteiligten Völkerrechtssubjekte die gewohnheitsrechtliche Norm, spricht man von universellem Völkergewohnheitsrecht; gilt es nur in einer begrenzten Gruppe von Staaten, bezeichnet man es als partikuläres Völkergewohnheitsrecht. Die *allgemeinen Rechtsgrundsätze* (Art. 38 I c des Statuts des Internationalen Gerichtshofs) sind grundlegende, von den staatlichen Rechtsordnungen allgemein anerkannte Rechtsprinzipien, wie z. B. Treu u. Glauben. Angesichts der Unsicherheit über Existenz u. Inhalt völkerrechtlicher Normen, gerade auf dem Gebiet des Völkergewohnheitsrechts, kommt den Bemühungen, das V. durch den Abschluß multilateraler Verträge schrittweise zu kodifizieren, große Bedeutung zu. Das gilt etwa für die *Haager Konventionen* von 1907, deren wichtigste, die Haager Landkriegsordnung, Fragen des Kriegsführungsrechts u. des Besatzungsrechts im Krieg regelt. Zu nennen sind ferner die auf Initiative des Internationalen Komitees vom Roten Kreuz zustande gekommenen *Genfer Konventionen* von 1949, die im Sinne eines humanitären V. über die Haager Landkriegsordnung weit hinausgehen. Sie enthalten Regelungen hinsichtlich der Verwundeten, Kranken u. Kriegsgefangenen u. befassen sich vor allem mit dem Schutz der Zivilpersonen in Kriegszeiten. Eine der bedeutendsten Kodifikationen des V. bildct die *Wiener Vertragsrechtskonvention* vom 23. Mai 1969 mit einheitlichen Regeln für Abschluß, Inkrafttreten, Auslegung, Anwendung und Beendigung von völkerrechtlichen Vereinbarungen. Die Bundesrepublik wird diese Konvention in Kürze ratifizieren.

Das „klassische", auf den europäischen Raum beschränkte V., das mit dem Westfälischen Frieden (1648) einsetzte u. seinen bedeutendsten Wegbereiter in Hugo Grotius hatte, war vom Grundsatz der Souveränität der Fürsten u. Staaten beherrscht. Diese Souveränität umfaßte auch das Kriegsführungsrecht. Wiewohl das V. lange Zeit zwischen gerechtem u. ungerechtem Krieg unterschied, sah es doch seine Aufgabe nicht so sehr in der Ächtung des Krieges als solchen, sondern vorrangig in der Mäßigung u. Humanisierung der Kriegshandlungen. Es erachtete Krieg u. Frieden gewissermaßen wertneutral als zwei unterschiedliche, aber gleichermaßen der Normierung bedürftige Rechtszustände (vgl. das Hauptwerk Hugo Grotius: „De iure belli ac pacis libri tres": drei Bücher über Kriegs- u. Friedensrecht). Demgegenüber ist das moderne globale V. durch das *Kriegs- u. Gewaltverbot* gekennzeichnet, wie es in Art. 1 Nr. 1 u. Art. 2 Nr. 4 der UNO-Charta (→ UNO) seinen Niederschlag gefunden hat. Der friedlichen Beilegung von zwischenstaatlichen Konflikten dient insbesondere die *internationale Schiedsgerichtsbarkeit*, ein Verfahren zur Entscheidung völkerrechtlicher Streitigkeiten durch Richter, die von den streitenden Parteien gewählt werden. Die Anrufung eines Schiedsgerichts setzt eine entsprechende völkerrechtliche Vereinbarung zwischen den Konfliktparteien voraus, in der auch Zusammensetzung u. Verfahren des Schiedsgerichtes festgelegt sind. Dabei können die streitenden Völkerrechtssubjekte auf die beim Haager Ständigen Schiedsgerichtshof in einer Liste geführten Schiedsrichter zurückgreifen. Der gleichfalls in Den Haag ansässige Internationale Gerichtshof, ein Organ der UNO, spielt dagegen nur eine geringe Rolle, da kein Staat verpflichtet ist, sich seiner Gerichtsbarkeit zu unterwerfen; der IGH ist deshalb nur dann zuständig, wenn eine Gerichtsstandsvereinbarung zwischen den im Streit befindlichen Staaten abgeschlossen worden ist. Neben der bleibenden Aufgabe des V. als Instruments der Friedenssicherung, insbes. angesichts des permanenten Ost-West-Gegensatzes, ergeben sich zusätzliche Probleme vor allem durch den Nord-Süd-Konflikt. Dabei spielen namentlich die Auseinandersetzungen um eine neue Weltwirtschaftsordnung eine wichtige Rolle. Gegenstand anhaltender internationaler Divergenzen ist auch die UNO-Seerechtskonvention vom 10. 12. 1982, die detaillierte Vorschriften über Territorialgewässer (12-Meilen-Zone), 200-Meilen-Wirtschaftszonen, Festlandsockel u. Tiefseebergbau in internationalen Gewässern enthält. Mehrere westliche Industriestaaten, darunter auch die Bundesrepublik, haben die Konvention wegen der dirigistischen Reglementierungen über den Abbau der Meeresbodenschätze nicht unterzeichnet.

V. bedarf, um *innerstaatlich wirksam* zu werden, eines Umsetzungs-(Transformations-)aktes der zuständigen staatlichen Organe. Nach dem Verfassungsrecht der Bundesrepublik Deutschland hängt es von der Art der völkerrechtlichen Normen ab, wie sie innerstaatlich transformiert werden. Bei völkerrechtlichen Verträgen, die die politischen Beziehungen des Bundes regeln oder sich auf Gegenstände der Bundesgesetzgebung beziehen, geschieht die Transformation durch Bundesgesetz (Art. 59 II 1 GG, → Ratifizierung); diese Vereinbarungen bezeichnet man als *Staatsverträge*. Bei völkerrechtlichen Verträgen, welche sich mit Gegenständen befassen, die die vollziehende Gewalt in eigener Zuständigkeit, ohne gesetzgeberischen Akt des Parlaments, regeln kann (sog. *Verwaltungsabkommen)*, kommt es für die innerstaatliche Wirksamkeit nur auf die Wahrung der jeweils vorgeschriebenen Formen u. Zuständigkeiten an. Allgemeine Regeln des V. – d. h. solche völkerrechtlichen Normen, die von der weitaus größeren Zahl der Staaten anerkannt sind, so z. B. der Satz → „pacta sunt servanda" – werden nach Art. 25 GG automatisch in deutsches Recht umgesetzt; für sie ist also kein besonderer Transformationsakt erforderlich.

Das Recht der → *Europäischen Gemeinschaften* ist kein V. im herkömmlichen Sinn. Die EG sind zwar durch völkerrechtliche Verträge entstanden, verfügen aber aufgrund dieser Verträge als supranationale Organisation über eigene Hoheitsgewalt. Die von ihren Organen erlassenen Rechtsnormen sind überstaatliches Recht, das unmittelbar in sämtlichen Mitgliedstaaten gilt.

volenti non fit iniuria (dem Einwilligenden widerfährt kein Unrecht) → Einwilligung des Verletzten.

Volkssouveränität heißt, daß alle Staatsgewalt vom Volk ausgeht. Das Volk übt die Staatsgewalt unmittelbar durch Wahlen und Abstimmungen, mittelbar durch besondere Organe der Gesetzgebung, der vollziehenden Gewalt und der Rechtsprechung aus (Art. 20 II GG). → Demokratie.

Volkszählung. Das *Volkszählungsgesetz 1983* vom 25. 3. 1982 sah eine Volks- u. Berufszählung mit gebäude- u. wohnstatistischen Fragen sowie eine Zählung der nichtlandwirtschaftlichen Arbeitsstätten u. Unternehmen zum Stand von 27. 4. 1983 vor. Das BVerfG hat mit Urteil v. 15. 12. 1983 das Volkszählungsgesetz im wesentlichen für verfassungsgemäß erklärt. Doch verstoßen nach dieser Entscheidung die im Gesetz vorgesehenen Übermittlungsregelungen, vor allem soweit sie den sog. Melderegisterabgleich betreffen, gegen das allgemeine Persönlichkeitsrecht; außerdem hält das Gericht zur Sicherung des Rechts auf informationelle Selbstbestimmung ergänzende Verfahren bei Durchführung u. Organisation der Datenerhebung für erforderlich. → Datenschutz.

Volljährigkeit des Menschen tritt mit Vollendung des 18. Lebensjahres ein (§ 2 BGB); am 18. Geburtstag ist man bereits volljährig (§ 187 II BGB). Die V. bewirkt volle → Geschäftsfähigkeit, → Deliktsfähigkeit u. → Strafmündigkeit. → auch Altersstufen.

Vollmacht ist die durch → Rechtsgeschäft erteilte Vertretungsmacht (§ 164 II BGB, → Stellvertretung). Die Bevollmächtigung ist eine einseitige empfangsbedürftige → Willenserklärung. Sie kann – auch durch schlüssiges Verhalten – gegenüber dem Vertreter oder gegenüber dem Geschäftsgegner erklärt werden; daneben kommt eine Kundgabe durch öfftl. Bekanntmachung in Betracht (§§ 167, 171 BGB). Die V. ist als abstraktes → Rechtsgeschäft von dem zugrunde liegenden (kausalen) Rechtsverhältnis (z. B. Auftrag oder Dienstvertrag nach § 675 BGB) zu unterscheiden. Sie ist grundsätzlich an keine Form gebunden (§ 167 II BGB); eine Ausnahme gilt dann, wenn die formfreie Bevollmächtigung zur Umgehung einer Formvorschrift führte (z. B. bei unwiderruflicher V. zum Abschluß eines Grundstückskaufvertrages). – Man unterscheidet folgende Arten der V.: *Generalvollmacht,* die zur Vertretung in allen Geschäften oder doch in Geschäften einer allgemein festgelegten Art berechtigt, u. *Spezialvollmacht*, die sich auf ein oder einige bestimmte Geschäfte bezieht; *Hauptvollmacht*, die vom Vertretenen selbst, und *Untervollmacht*, die vom Vertreter erteilt wird (letztere grundsätzlich nur mit Zustimmung des Vertretenen zulässig); *Einzelvollmacht*, bei der der Bevollmächtigte allein, und *Gesamtvollmacht*, bei der mehrere Vertreter nur gemeinsam vertretungsbefugt sind. – Wer wissentlich geschehen läßt, daß ein anderer für ihn als Vertreter tätig wird, u. nichts dagegen unternimmt, muß die von dem vermeintlichen Vertreter abgeschlossenen Rechtsgeschäfte gegen sich gelten lassen, sofern der Geschäftsgegner nach Treu u. Glauben auf das Bestehen der V. vertrauen durfte *(Duldungsvollmacht)*. Das Vertrauen des Geschäftspartners wird auch dann geschützt, wenn der Vertretene das Handeln des angeblichen Vertreters zwar nicht kennt, es aber bei pflichtgemäßer Sorgfalt hätte erkennen u. verhindern können; allerdings ist für die Bejahung einer solchen *Anscheinsvollmacht* zusätzlich erforderlich, daß das den Rechtsschein der V. verursachende Verhalten von einer gewissen Häufigkeit oder Dauer ist. – Die V. erlischt durch Widerruf, der in gleicher Weise wie die Bevollmächtigung erklärt werden muß; allerdings kann der Widerruf nach dem zugrunde liegenden Rechtsverhältnis ausgeschlossen sein (§ 168 BGB). Im übrigen endet die V., wenn ihr Zweck erreicht ist (z. B. mit Zustandekommen des Vertrages, zu deren Abschluß sie berechtigte) oder wenn ihre Geltungsdauer (Frist) abgelaufen ist. Ansonsten richten sich Bestand u. Erlöschen der V. nach dem Grundgeschäft. Endet dieses, so endet auch die V.

Vollstreckungsgericht. Die → Zwangsvollstreckung ist im wesentlichen Sache des V. u. des → Gerichtsvollziehers. Während der Gerichtsvollzieher vor allem die Vollstreckung wegen Geldforderungen in bewegliche Sachen durchzuführen hat, ist das V. insbes. für die Geldvollstreckung in Forderungen u. andere Vermögensrechte (§ 828 ZPO) sowie für die Zwangsvollstreckung in Grundstücke zuständig (§ 1 ZVG, → Zwangsversteigerung, Zwangsverwaltung). V. ist das Amtsgericht, in dessen Bezirk die Zwangsvollstreckung stattfindet (§ 764 ZPO). → auch Pfändung.

Vollstreckungstitel ist eine öffentliche Urkunde, aus der sich die Vollstreckbarkeit des darin bezeichneten Anspruchs ergibt. Der V. begründet das Recht des Gläubigers auf Durchsetzung seines Anspruchs im Wege der → Zwangsvollstreckung; er ermächtigt u. verpflichtet zugleich die zuständigen staatlichen Organe (→ Vollstreckungsgericht, → Gerichtsvollzieher), die Zwangsvollstreckung durchzuführen. Er muß die Parteien, den zu vollstreckenden Anspruch u. damit Inhalt u. Umfang der Zwangsvollstrekkung genau erkennen lassen. Die wichtigsten V. sind: rechtskräftige u. vorläufig vollstreckbare → Urteile, Prozeßvergleiche (→ Vergleich), Vollstreckungsbescheide (→ Mahnverfahren) sowie vollstreckbare Urkunden, in denen sich der Schuldner vor einem Gericht oder Notar wegen Zahlung einer Geldsumme oder wegen Leistung einer bestimmten Menge anderer vertretbarer Sachen oder Wertpapiere der sofortigen Zwangsvollstreckung unterworfen hat (§§ 704, 794 ZPO, vgl. auch § 168 VwGO).

Vollziehende Gewalt (Exekutive) ist im gewaltengeteilten Rechtsstaat die staatliche Tätigkeit, die weder Gesetzgebung noch Rechtsprechung ist (→ Gewaltenteilung). Sie umfaßt die → Regierung als staatsleitendes Organ u. die → Verwaltung, der in erster Linie die Ausführung der Gesetze anvertraut ist. Vor allem an der politisch gestaltenden u. lenkenden Funktion der Regierung wird deutlich, daß der Begriff nicht im engen Sinn als bloßer Gesetzesvollzug mißverstanden werden darf; im übrigen stehen auch der v. G. rechtsetzende Befugnisse (durch den Erlaß von → Rechtsverordnungen) zu. Im → parlamentarischen Regierungssystem ist die v. G. der vom Vertrauen des Parlaments abhängigen Regierung u. der ihr nachgeordneten Verwaltung zugewiesen.

Von Amts wegen bedeutet, daß ein Gericht oder eine Behörde von sich aus, ohne an das Vorbringen oder die Beweisanträge der Beteiligten gebunden zu sein, tätig wird. Ein Vorgehen v. A. w. ist in allen von der → Untersuchungsmaxime beherrschten Verfahrensarten geboten.

Vorbehalt des Gesetzes → Gesetzmäßigkeit der Verwaltung.

Vorbereitung von Straftaten → Versuch.

Vorerbe → Erbrecht.

Vorkaufsrecht ist die Befugnis, einen Gegenstand durch → Kauf vom Vorkaufsverpflichteten zu erwerben, wenn dieser ihn an einen Dritten verkauft. Übt der Berechtigte das V. aus, kommt der Kaufvertrag zwischen ihm u. dem Verpflichteten mit dem gleichen Inhalt wie zwischen dem Verpflichteten u. dem Dritten zustande. Das V. ist nach h. M. ein → Gestaltungsrecht. Das BGB unterscheidet zwischen schuldrechtlichem u. dinglichem V. 1. Das *schuldrechtliche V.* (§§ 504 ff. BGB) kann sich auf eine bewegliche Sache, ein Grundstück oder ein Recht beziehen. Es wird durch formlose einseitige empfangsbedürftige → Willenserklärung ausgeübt. Der Verpflichtete hat dem Berechtigten den Inhalt des mit dem Dritten abgeschlossenen Kaufvertrages unverzüglich mitzuteilen. Das V. gilt nur für einen Verkaufsfall. Es ist nicht übertragbar u. grundsätzlich nicht vererblich. 2. *Das dingliche V.*

(§§ 1094 ff. BGB) kann nur an einem Grundstück bestellt werden, u. zwar für eine bestimmte Person oder für den jeweiligen Eigentümer eines anderen Grundstücks (→ Grundstücksrecht). Den Parteien steht es frei, das dingliche V. auch für mehrere Verkaufsfälle zu vereinbaren. Dritten gegenüber wirkt es wie eine → Vormerkung zur Sicherung des durch die Ausübung des Rechts entstehenden Anspruchs auf Eigentumsübertragung. Im übrigen gelten auch für das dingliche V. die Vorschriften über das schuldrechtliche V. 3. Neben dem rechtsgeschäftlich begründeten V. gibt es eine Anzahl *gesetzlicher V.* an Grundstücken, so insbes. die der Gemeinde nach §§ 24–28 a BBauG zur Durchführung der Bauleitplanung eingeräumten V. (→ Baurecht).

Vormerkung. Die Eintragung einer V. im → Grundbuch dient dazu, den schuldrechtlichen Anspruch auf Übertragung, Änderung oder Aufhebung eines Grundstücksrechts zu sichern (§§ 883 ff. BGB). Wichtigster Anwendungsfall ist die *Auflassungsvormerkung:* Sie schützt den Käufer eines Grundstücks davor, daß der Verkäufer zwischen Abschluß des Kaufvertrages u. Eintragung des Eigentumswechsels im Grundbuch den Anspruch des Erwerbers durch Veräußerung des Grundstücks an einen Dritten vereitelt. Die V. hat zur Folge, daß jede nach ihrer Eintragung über das Grundstück oder ein Recht am Grundstück getroffene Verfügung insoweit unwirksam ist, als sie den Anspruch des Vormerkungsberechtigten beeinträchtigen würde (relative → Unwirksamkeit). Die Eintragung einer V. erfolgt entweder aufgrund einer → einstweiligen Verfügung (eine Gefährdung des zu sichernden Anspruchs braucht in diesem Fall nicht glaubhaft gemacht zu werden) oder aufgrund einer Bewilligung des bisherigen Rechtsinhabers. Die von einem im Grundbuch eingetragenen Nichtberechtigten bewilligte V. kann → gutgläubig erworben werden.

Vormundschaft (§§ 1773 ff. BGB) ist die Fürsorge für eine Person, die nicht imstande ist, für ihre persönlichen u. Vermögensangelegenheiten selbst zu sorgen. Es gibt die V. für *Minderjährige,* die nicht der → elterlichen Sorge unterstehen, weil die Eltern gestorben sind, weil ihnen das Sorgerecht entzogen wurde oder weil die nichteheliche Mutter selbst noch minderjährig ist; daneben kennt das Gesetz die V. *für Volljährige,* die → entmündigt sind. Das → Vormundschaftsgericht bestellt den Vormund von Amts wegen. Bei Minderjährigen ist die von den verstorbenen Eltern des Mündels durch letztwillige Verfügung benannte Person zum Vormund berufen; im übrigen soll das Gericht nach Anhörung des Jugendamtes eine Person zum Vormund auswählen, die dem Mündel durch Verwandtschaft oder Schwägerschaft nahesteht u. zur Ausübung der V. qualifiziert ist (weshalb das Gesetz z. B. Volljährigkeit des Vormunds verlangt). Die vom Vormundschaftsgericht ausgewählte Person muß – von Ausnahmefällen (z. B. Krankheit) abgesehen – die V. annehmen. Auch das Jugendamt kann zum Vormund bestellt werden (sog. Amtsvormundschaft); bei der Geburt eines nichtehelichen Kindes, dessen Mutter minderjährig ist, wird es kraft Gesetzes Amtsvormund. – Die V. umfaßt grundsätzlich alle Rechte u. Pflichten, die bei den Eltern die elterliche Sorge ausmachen (Gegensatz: → Pflegschaft, die sich nur auf einzelne dieser Rechte u. Pflichten erstreckt). Zu den Aufgaben des Vormunds gehören demnach die *Personensorge,* die *Vermögenssorge* u. die *gesetzliche Vertretung* des Mündels. Der Vormund untersteht dabei der Aufsicht des Vormundschaftsgerichts, das gegen Pflichtwidrigkeiten einschreiten kann u. dessen Genehmigung für bestimmte wichtige Maßnahmen u. Rechtsgeschäfte (z. B. Bestimmung der Religionszugehörigkeit des Kindes, Abschluß eines Lehr- oder Arbeitsvertrages für mehr als ein Jahr) erforderlich ist. Das Gericht kann, insbesondere bei größerem Mündelvermögen, zur Überwachung des Vormunds einen *Gegenvormund* bestellen. Auch im übrigen ist der Vormund Einschränkungen unterworfen, die für Eltern bei Ausübung der elterlichen Sorge nicht gelten. So kann er bei Rechtsgeschäften, die er selbst, sein Ehegatte oder einer seiner Verwandten mit dem Mündel abschließt, letzteres nicht vertreten, hat er das Mündelvermögen unabhängig von dessen Höhe zu inventarisieren, muß er das vorhandene Geld →mündelsicher anlegen. Bei schuldhafter Pflichtverletzung hat er dem Mündel Schadensersatz zu leisten. Für seine Aufwendungen kann er Ersatz verlangen, doch steht ihm eine Vergütung üblicherweise nicht zu. Sein Amt endet – von den Sonderfällen vorzeitiger Beendigung, z. B. wegen pflichtwidrigen Verhaltens, abgesehen –, wenn die Voraussetzungen für die Begründung der V. weggefallen sind (z. B. bei Volljährigkeit des Mündels).

Vormundschaftsgericht ist eine Abteilung des → Amtsgerichts. Es entscheidet in Familien- u. Jugendsachen, soweit nicht die Zuständigkeit des → Familiengerichts oder einer Abteilung der → streitigen Gerichtsbarkeit eröffnet ist. Das V. befaßt sich mit der Bestellung u. Beaufsichtigung des → Vormunds u. → Pflegers, schreitet bei mißbräuchlicher Ausübung der → elterlichen Sorge ein, wirkt bei → Legitimation u. → Adoption mit, ordnet Erziehungsbeistandschaft (→ Erziehungshilfe) u. → Fürsorgeerziehung für Minderjährige an u. a. Die Regelung der Scheidungsfolgen (→ Ehescheidung), die früher in die Zuständigkeit des V. fiel, ist seit 1977 Sache des → Familiengerichts. Das Verfahren des V. richtet sich nach den Vorschriften des Gesetzes über die → freiwillige Gerichtsbarkeit. Die Aufgaben des V. werden zumeist vom → Rechtspfleger wahrgenommen.

Vornahmeklage → verwaltungsgerichtliches Verfahren.

Vorrang des Gesetzes. Nach Art. 20 III GG hat ein Gesetz Vorrang vor den übrigen staatlichen Akten. Der V. d. G. besagt, daß eine staatliche Maßnahme, z. B. ein → Verwaltungsakt, nicht gegen geltendes (Gesetzes- oder anderes) Recht verstoßen darf (→ Gesetzmäßigkeit der Verwaltung). Darüber hinaus ist der Grundsatz des V. d. G. Ausprägung einer Hierarchie der → Rechtsnormen. An der Spitze stehen die Vorschriften der → Verfassung. Ihnen nachgeordnet sind die Gesetze im formellen Sinn (→ Gesetz). Es folgen die → Rechtsverordnungen und die öfftl.-rechtl. → Satzungen. Rechtsnormen, die gegen höherrangiges Recht verstoßen, sind nichtig.

Vorruhestand. Das Vorruhestandsgesetz vom 13. 4. 1984 zielt darauf ab, das vorzeitige Ausscheiden älterer Arbeitnehmer aus dem Erwerbsleben zu erleichtern u. dadurch Arbeitsplätze für Jugendliche der geburtenstarken Jahrgänge freizumachen. Zahlt der Arbeitgeber aufgrund Tarifvertrags oder Einzelvereinbarung einem Arbeitnehmer, der nach Vollendung des 58. Lebensjahres freiwillig aus dem Erwerbsleben ausscheidet, bis zu dessen 65. Lebensjahr ein V.geld, so hat er Anspruch auf einen Zuschuß der Bundesanstalt für Arbeit. Das V.geld muß mindestens 65% des durchschnittlichen Bruttoarbeitsentgelts der letzten 6 Monate betragen. Der Zuschuß beläuft sich auf 35% des V.gelds (in Höhe von 65% des Bruttoarbeitsentgelts) zuzüglich 35% des Beitragsanteils des Arbeitgebers zur gesetzlichen Renten- u. Krankenversicherung. Er wird nur gewährt, wenn der Arbeitgeber auf dem freigemachten oder durch Umsetzung freiwerdenden Arbeitsplatz einen Arbeitslosen beschäftigt; bei Arbeitgebern mit nicht mehr als 20 Arbeitnehmern genügt auch die Einstellung eines Auszubildenden. Der Arbeitgeber darf durch Tarifvertrag nicht verpflichtet werden, mehr als 5% der Arbeitnehmer des Betriebs V. zu gewähren, es sei denn, daß eine Ausgleichskasse der Arbeitgeber oder eine gemeinsame Einrichtung besteht. Das Gesetz ist bis Ende 1988 befristet.

Vorsatz → Verschulden; → Schuld.

Vorstrafe. Wer nach strafgerichtlicher Verurteilung erneut eine Straftat begeht, kann wegen der V. unter bestimmten Voraussetzungen als Rückfalltäter (→ Rückfall) verurteilt werden. Außerdem kommen u. U. Führungsaufsicht (§ 68 StGB), Sicherungsverwahrung (§ 66 StGB) u. Unterbringung in einer sozialtherapeutischen Anstalt (§ 65 StGB) als → Maßregeln der Besserung u. Sicherung in Betracht. Die V. kann sich, vor allem wenn es sich um eine gleichartige Straftat handelt, auch bei der Strafzumessung auswirken. Wer einschlägig vorbestraft ist, besitzt i. d. R. nicht die für die Ausübung eines Gewerbes erforderliche Zuverlässigkeit; das gilt beispielsweise für den, der gewerbsmäßig einen Spielsalon betreiben will u. in den letzten 3 Jahren vor Antragstellung wegen eines Verbrechens oder wegen eines Vermögensdelikts (Diebstahl, Hehlerei, Betrug usw.) rechtskräftig verurteilt worden ist (§ 33 c II GewO, → Spiel). Ist die V. im → Bundeszentralregister getilgt oder ist sie zu tilgen, darf sie dem Täter im Rechtsverkehr grundsätzlich nicht mehr vorgehalten werden u. nicht mehr zu seinem Nachteil verwertet werden (§ 49 BZRG, → Straftilgung).

Vortäuschen einer Straftat. § 145 d StGB schützt die Ermittlungsbehörden u. Rechtspflegeorgane vor falscher Inanspruchnahme. Freiheitsstrafe bis zu 3 Jahren oder Geldstrafe verwirkt, wer wider besseres Wissen einer Behörde oder einer zur Entgegennahme von → Strafanzeigen zuständigen Stellen eine nicht begangene Straftat vortäuscht (z. B. Anzeige eines Diebstahls, der gar nicht stattgefunden hat) oder bei ihr wider besseres Wissen den unrichtigen Eindruck erweckt, daß eine der in § 126 StGB aufgezählten schweren Straftaten (z. B. Mord, Raub) bevorstehe. Ebenso wird bestraft, wer die genannten Stellen über die Person eines an einer begangenen oder bevorstehenden Straftat Beteiligten täuscht. Das ist nicht bereits dann der Fall, wenn der Täter seine Täterschaft bestreitet; er muß vielmehr die Ermittlungen in eine falsche Richtung lenken.

W

Wählbarkeit (passives Wahlrecht) → Wahlrecht.

Waffenbesitz. Wer Schußwaffen erwerben u. die tatsächliche Gewalt über sie ausüben will, bedarf behördlicher Erlaubnis. Die Erlaubnis wird durch eine *Waffenbesitzkarte* erteilt; sie ist auf eine bestimmte Art u. Anzahl von Schußwaffen zu beschränken. Die Erlaubnis zum Erwerb gilt für die Dauer eines Jahres, die zur Ausübung der tatsächlichen Gewalt unbefristet (§ 28 Waffengesetz). Für den Erwerb von Munition ist ein *Munitionserwerbschein* erforderlich (§ 29). Waffenbesitzkarte u. Munitionserwerbschein sind nach § 30 zu versagen, wenn der Antragsteller noch nicht 18 Jahre alt ist, nicht die erforderliche Zuverlässigkeit (§ 5), Sachkunde (§ 31) oder körperliche Eignung besitzt u. kein Bedürfnis nachweist. Ein Bedürfnis liegt insbes. vor bei Inhabern eines Jagdscheins, bei Sportschützen, bei physisch gefährdeten Personen, ferner bei Waffen- u. Munitionssammlern (§ 32). Wer Schußwaffen führen, d.h. die tatsächliche Gewalt über sie außerhalb seiner Wohnung, Geschäftsräume oder seines befriedeten Besitztums ausüben will, benötigt einen *Waffenschein,* der für bestimmte Waffen auf höchstens 3 Jahre erteilt wird (§ 35). Er ist unter den gleichen Voraussetzungen wie Waffenbesitzkarte u. Munitionserwerbschein zu versagen (§ 36). Der Umgang mit bestimmten Waffen (z. B. Totschläger, Schlagringe, Molotow-Cocktails usw.) ist nach § 37 verboten. Wer an öffentlichen Veranstaltungen teilnimmt, darf keine Schuß-, Hieb- oder Stoßwaffen führen (§ 33). Erwerb, Besitz u. Führen von Schußwaffen ohne die erforderliche Erlaubnis sind strafbar (§ 53 III, IV). Sonstige Verstöße gegen das Waffengesetz werden nach §§ 52 a–56 strafrechtlich oder als → Ordnungswidrigkeiten geahndet.

Waffengebrauch der Polizei ist eine Maßnahme des *unmittelbaren Zwangs* (→ Verwaltungszwang, → Polizeirecht). Es gelten die Vorschriften des (Bundes-)Gesetzes über den unmittelbaren Zwang (UZwG) sowie die vergleichbaren Bestimmungen der einschlägigen Ländergesetze (insbes. Polizeigesetze). Schußwaffen dürfen gegen einzelne Personen nur zur Vermeidung schwerer Straftaten, zur Fluchtvereitelung bei schwerer Straftat u. zur Verhinderung der Flucht oder Befreiung von Gefangenen gebraucht werden; gegen eine Menschenmenge dürfen sie nur dann eingesetzt werden; wenn von ihr oder aus ihr Gewalttaten begangen werden oder unmittelbar bevorstehen u. Zwangsmaßnahmen gegen einzelne erfolglos oder nicht erfolgversprechend sind (vgl. etwa § 10 UZwG). Der W. steht unter dem Gebot der Verhältnismäßigkeit (→ Übermaßverbot). Er ist daher nur zulässig, wenn andere Maßnahmen des unmittelbaren Zwangs vergeblich oder zwecklos sind, gegen eine Person nur dann, wenn eine Waffenwirkung gegen Sachen nicht zum Erfolg führt. Zweck des W. darf nur sein, angriffs- oder fluchtunfähig zu machen (§ 12 UZwG). Die Anwendung von Schußwaffen ist anzudrohen (z. B. durch einen Warnschuß), einer Menschenmenge gegenüber ist die Androhung zu wiederholen. Äußerst umstritten ist die Zulässigkeit des *gezielten Todesschusses* (z. B. bei Geiselnahme). Sie dürfte unter dem Gesichtspunkt der → Notwehr (Nothilfe) dann zu bejahen sein, wenn der Schuß das einzig wirksame Mittel zur Abwehr einer gegenwärtigen Lebensgefahr oder einer gegenwärtigen Gefahr schwerwiegender Verletzung der körperlichen Unversehrtheit ist.

Wahlrecht. Das objektive W. regelt das Verfahren bei der Durchführung öffentlicher Wahlen in der → Demokratie. Das subjektive W. ist das Recht, zu wählen und gewählt zu werden.
1. Das *objektive W.,* dessen Normen den Verfassungen, den Wahlgesetzen u. Wahlordnungen des Bundes (Art. 38 GG, Bundeswahlgesetz, Bundeswahlordnung) u. der Länder zu entnehmen sind, ist im wesentlichen durch folgende Grundsätze geprägt. Die Wahl muß *allgemein* sein: Allen Staatsbürgern steht bei Erfüllung der gesetzlichen Voraussetzungen das aktive u. passive Wahlrecht zu. Die Wahl muß *unmittelbar* sein: Es ist zu gewährleisten, daß die gewählten Vertreter von den Wählern direkt durch die Stimmabgabe u. nicht etwa durch Einschaltung von Wahlmännern gewählt werden. Die Wahl muß *frei* sein: Jeder unmittelbare oder mittelbare Zwang, der die Entscheidungsfreiheit des Wählers beeinträchtigen könnte, ist untersagt. Die Wahl muß *gleich* sein: Jede Stimme hat den gleichen Zählwert u. grundsätzlich den gleichen Erfolgswert. Die Wahl muß *geheim* sein: Sie darf also nicht öffentlich erfolgen; der Wähler muß sich, um wirklich frei zu wählen, darauf verlassen können, daß ihm aus seiner Stimmabgabe keine Nachteile erwachsen. Das Grundgesetz hat sich nicht für ein bestimmtes *Wahlsystem* entschieden. Demgemäß sind sowohl die *Mehrheitswahl* (bei der derjenige im Wahlkreis gewählt ist, der die meisten Stimmen auf sich vereinigt) als auch die *Verhältniswahl* (bei der die abgegebenen Stimmen proportional auf die in den Parteilisten benannten Kandidaten verteilt werden) verfassungsrechtlich zulässig. Das BWahlG sieht eine Kombination beider Systeme in Form einer mit der Mehrheitswahl verbundenen Verhältniswahl vor: Die Hälfte

der 518 Abgeordneten des → Bundestages wird in Wahlkreisen direkt nach den Grundsätzen der Mehrheitswahl gewählt, die andere Hälfte wird über die Landeslisten der Parteien nach dem sog. → d'Hondtschen System der Verhältniswahl gewählt. Jeder Wähler hat 2 Stimmen; mit der Erststimme wählt er den Direktkandidaten, mit der Zweitstimme entscheidet er sich für die Landesliste einer Partei. Für die Mandatsverteilung im Bundestag gibt letztlich der auf die einzelnen Parteien entfallene Stimmenanteil den Ausschlag; doch werden die in den Wahlkreisen direkt errungenen Mandate auf die Listenmandate angerechnet. Sofern die Wahlkreismandate einer Partei die Zahl ihrer Listenmandate übersteigen, bleiben ihr die sog. Überhangmandate erhalten. Eine Partei erhält nur dann Sitze im Bundestag, wenn sie mindestens 5% der Zweitstimmen auf sich vereinigt (5%-Klausel) oder in wenigstens 3 Wahlkreisen Direktmandate gewonnen hat.
2. Beim *subjektiven W.* unterscheidet man zwischen aktivem u. passivem W. *Das aktive W.* (Wahlberechtigung) ist das Recht, durch Stimmabgabe an der Wahl teilzunehmen. Wahlberechtigt zum Bundestag ist grundsätzlich jeder Deutsche, der mindestens 18 Jahre alt ist u. seit mindestens 3 Monaten im Bundesgebiet wohnt oder dauernden Aufenthalt hat (Art. 38 II GG, § 12 BWahlG). Das *passive W.* (Wählbarkeit) ist das Recht, gewählt zu werden. Zum Bundestag wählbar ist grundsätzlich jeder Wahlberechtigte, der volljährig u. seit mindestens 1 Jahr Deutscher ist (Art. 38 II GG, § 15 BWahlG).

Wahlverteidiger → Verteidiger.

Waren (unbestellte) → Ansichtssendung.

Warenzeichen sind Kennzeichen, die dazu dienen, die Waren eines Gewerbetreibenden von Waren anderer Gewerbetreibender zu unterscheiden (z. B. „Bayer", Mercedes-Stern). W. werden vom Patentamt in die Zeichenrolle eingetragen (§§ 1 ff. WZG). Die Eintragung eines W. hat die Wirkung, daß allein seinem Inhaber das Recht zusteht, das W. für Waren der angemeldeten Art zu verwenden (§§ 15, 16 WZG). Das W. ist nur zusammen mit dem Geschäftsbetrieb oder dem entsprechenden Betriebsteil vererblich und übertragbar (§ 8 WZG). Der Zeichenschutz beträgt 10 Jahre; die Schutzdauer kann um jeweils 10 Jahre verlängert werden (§ 9 WZG). Die widerrechtliche Verletzung eines W. löst einen Unterlassungs-, bei schuldhaftem Handeln außerdem einen Schadensersatzanspruch, ggf. auch strafrechtliche Verfolgung aus (§§ 24 ff. WZG).

Wasserrecht ist die Gesamtheit der öfftl.-rechtl. → Rechtsnormen, die die Rechtsverhältnisse der Gewässer regeln. Es ist bundesrechtlich durch die Rahmenvorschriften (→Gesetzgebungskompetenz) des Wasserhaushaltsgesetzes (WHG) u. durch das Bundeswasserstraßengesetz (WaStrG), im übrigen durch die Landeswassergesetze geregelt. Gewässer sind oberirdische Gewässer, Küstengewässer, Grundwasser u. Heilquellen (s. i. e. § 1 WHG). Die Landeswassergesetze teilen die Gewässer ein in Gewässer I. Ordnung (Bundeswasserstraßen u. die in einer Anlage geführten Flüsse u. Seen), Gewässer II. Ordnung (sonstige im einzelnen aufgezählte wasserwirtschaftlich bedeutsamen Gewässer) u. Gewässer III. Ordnung (alle übrigen oberirdischen Gewässer). Von der Klassifizierung der Gewässer hängen die Eigentumsverhältnisse (Bund, Land, Gemeinde) sowie die öfftl.-rechtl. Unterhaltungs- u. Ausbaupflicht ab. So ist z. B. der Bund Eigentümer der Bundeswasserstraßen (§ 1 des Gesetzes über die vermögensrechtlichen Verhältnisse der Bundeswasserstraßen); er ist für deren Unterhaltung, Ausbau u. Neubau verantwortlich (§§ 7, 12 WaStrG). Jedermann darf oberirdische Gewässer in einem Umfang benutzen, wie dies nach Landesrecht als *Gemeingebrauch* gestattet ist, soweit nicht Rechte anderer entgegenstehen u. soweit Befugnisse anderer dadurch nicht beeinträchtigt werden (§ 23 WHG). Der Gemeingebrauch umfaßt an schiffbaren Gewässern die Schiffahrt, ansonsten u. a. den Gebrauch zum Baden, Waschen, Viehtränken, Schöpfen mit Handgefäßen, Eissport u. Befahren mit kleinen Fahrzeugen ohne eigene Triebkraft, darüber hinaus auch das Einleiten nicht verschmutzten u. nicht erwärmten Wassers. Für eine – über den Gemeingebrauch hinausgehende u. einer Erlaubnis oder Bewilligung bedürftige – *Sondernutzung* gelten nach §§ 1 a ff. WHG strenge Voraussetzungen. Die Gewässer sind so zu bewirtschaften, daß sie dem Wohl der Allgemeinheit u. im Einklang mit ihm auch dem Nutzen einzelner dienen u. daß jede vermeidbare Beeinträchtigung unterbleibt (§ 1 a WHG). Insbes. darf eine Erlaubnis für das Einleiten von Abwasser nur erteilt werden, wenn Menge u. Schädlichkeit des Abwassers so gering gehalten werden, wie dies nach den allgemein anerkannten Regeln der Technik möglich ist (§ 7 a WHG). Soweit es das Wohl der Allgemeinheit erfordert, können Wasserschutzgebiete festgesetzt werden; in diesen können bestimmte Handlungen verboten oder nur für beschränkt zulässig erklärt u. die Eigentümer u. Nutzungsberechtigten von Grundstücken zur Duldung bestimmter Maßnahmen verpflichtet werden (§ 19 WHG). Rohrleitungsanlagen u. sonstige Anlagen, die wassergefährdende Stoffe (z. B. Benzin, Heizöl, Säuren) enthalten, unterliegen besonderen Anforderungen (§§ 19 a ff. WHG). Das WHG regelt darüber hinaus die wasserwirtschaftliche Planung in Form von Rahmen- u. Bewirtschaftungsplänen; zur Sicherung der Planungen können Veränderungssperren verfügt werden (§§ 36 ff.).

Wechsel ist ein schuldrechtliches Wertpapier, u. zwar Orderpapier, das den Inhaber berechtigt, die verbriefte Wechselsumme gegen den Wechselschuldner geltend zu machen (→ Wertpapierrecht). I. d. R. ist er *gezogener W.* (Tratte), enthält also die Anweisung des Ausstellers an den Anweisungsempfänger (Bezogenen), an den Wechselnehmer (Remittenten) oder dessen Order an einem bestimmten Tag u. Ort eine bestimmte Geldsumme zu zahlen. (Beispiel: Der Lieferant L stellt über seine Forderung von 10 000 DM gegen den Schuldner S., der erst in 3 Monaten zahlen will, vereinbarungsgemäß einen W. aus, durch den er S anweist, die Summe von 10 000 DM zum Fälligkeitstermin an G, einen Gläubiger des L, zu zahlen.) Der W. ist auch als *Eigenwechsel* (Solawechsel) möglich u. stellt in diesem Fall eine besondere Form des → Schuldversprechens dar, durch das sich der Aussteller selbst verpflichtet, an den Wechselnehmer oder dessen Order an einem bestimmten Tag u. Ort eine bestimmte Summe zu zahlen. (So könnte etwa – in Abwandlung des oben erwähnten Beispiels – S einen Solawechsel ausstellen, durch den er sich dem L oder jedem künftigen Wechselinhaber gegenüber verpflichtet, die 10 000 DM zum vorgesehenen Termin zu zahlen.) Die Wechselforderung u. der Anspruch aus dem zugrundeliegenden Verpflichtungsgeschäft (meist → Kauf) bestehen unabhängig nebeneinander. Erst wenn der W. eingelöst wird, erlischt auch die Schuld aus dem Grundgeschäft; die Wechselverpflichtung wird also nicht an Erfüllungs Statt, sondern nur erfüllungshalber (→ Schuldverhältnis) eingegangen. Durch den W. wird die zugrunde liegende Forderung gestundet u. dem Schuldner ein Kredit eingeräumt. In seiner Eigenschaft als Kreditmittel liegt die wirtschaftliche Bedeutung des W. Will ein Wechselnehmer über den Gegenwert des W. sogleich verfügen, kann er ihn von seiner Bank ankaufen *(diskontieren)* lassen. Dafür muß er Diskont (d. h. Zinsen für die Zeit vom Tag des Ankaufs bis zur Fälligkeit des W.) u. Provision zahlen. Die Diskontzinsen richten sich in ihrer Höhe nach dem von der Deutschen Bundesbank festgesetzten Diskontsatz. – Der W. muß die in Art. 1 Wechselgesetz vorgeschriebenen Bestandteile aufweisen. Nimmt der Bezogene den W. an – das sog. Akzept wird durch quergeschriebene Unterschrift auf der linken Vorderseite des Wertpapiers erklärt –, so ist er verpflichtet, den W. bei Fälligkeit zu zahlen (Art. 28 WG). Die Wechselforderung kann durch formlose Übereignung des Wertpapiers (Begebungsvertrag) u. schriftliches Indossament auf der Rückseite des W. („für mich an die Order des X") vom Remittenten an einen beliebigen Dritten u. von diesem wiederum an eine andere Person weiterübertragen werden (Art. 11 WG). Das Indossament überträgt alle Rechte aus dem W. (Art. 14 WG). Der Indossant haftet aufgrund des Indossaments für die Annahme (falls diese nicht bereits vom Bezogenen erklärt ist) u. für die Zahlung des W.; doch kann er seine Haftung durch entsprechenden Vermerk („ohne Haftung", „ohne obligo") ausschließen (Art. 15 WG). Wer den W. in Händen hat u. sich durch eine ununterbrochene Kette von Indossamenten ausweist, gilt als rechtmäßiger Inhaber des W. (Art. 16 WG). Jeder, der eine Unterschrift auf dem W. geleistet hat (Aussteller, Bezogener, Indossanten), wird zum Wechselschuldner. Der Bezogene, der den W. akzeptiert hat, ist der Hauptschuldner; alle übrigen haften als Rückgriffsschuldner. Rückgriffsansprüche gegen Aussteller u. Indossanten können erst dann geltend gemacht werden, wenn der Bezogene den W. nicht angenommen oder ihn nicht bezahlt hat u. wenn der Wechselinhaber deswegen durch eine von einem Notar, Gerichtsbeamten oder Postbeamten aufzunehmende öffentliche Urkunde in bestimmter Frist *Protest* erhoben hat (Art. 44, 79 WG). Nach ordnungsgemäßem Protest kann der Wechselinhaber jeden Rückgriffsschuldner in beliebiger Reihenfolge als → Gesamtschuldner in Anspruch nehmen u. von ihm die Wechselsumme zuzüglich 6% Zinsen seit Fälligkeit, Ersatz der Auslagen u. Provision von ⅓% der Wechselsumme verlangen (Art. 43, 48, 49 WG). Wer aus dem W. in Anspruch genommen wird, kann nur solche Einwendungen geltend machen, die ihm unmittelbar gegen den Wechselinhaber zustehen; Einwendungen gegen den Aussteller oder frühere Inhaber vermag er dem jetzigen Inhaber nur dann entgegenzusetzen, wenn dieser beim Erwerb des W. bewußt zum Nachteil des Schuldners gehandelt hat (Art. 17 WG). Wechselansprüche können im *Wechselprozeß* (Urkundenprozeß) durchgesetzt werden (§§ 592 ff; 602–605 ZPO). In diesem beschleunigten Verfahren sind als Beweismittel nur Urkunden u. Parteivernehmung zulässig. Widerspricht der Beklagte dem Anspruch, ohne seine Einwendungen mit den zulässigen Beweismitteln beweisen zu können, so sind ihm seine Rechte im vorläufig vollstreckbaren Urteil vorzubehalten; über diese wird sodann in einem Nachverfahren entschieden, in dem sämtliche Beweismittel zu berücksichtigen sind.

Wegerecht → Straßenrecht.

Wehrdienstverweigerung → Kriegsdienstverweigerung.

Wehrrecht. Das W. umfaßt als Teilgebiet des öfftl. Rechts die Gesamtheit der → Rechtsnormen, die die Organisation der Verteidigung u. den Dienst in den Streitkräften regeln.
1. Nach Art. 87a GG kann der Bund → Streitkräfte aufstellen, die grundsätzlich nur zur Verteidigung gegen einen Angriff von außen eingesetzt werden dürfen. Die *Befehls- u. Kommandogewalt* liegt in Friedenszeiten beim Bundesminister der Verteidigung

(Art. 65a GG), dem somit die politische Verantwortung gegenüber dem Parlament zufällt. Mit der Verkündung des → Verteidigungsfalls geht sie auf den Bundeskanzler über (Art. 115b GG). Der Bundestag nimmt die *parlamentarische Kontrolle* über die Bundeswehr wahr; er bedient sich dabei insbes. des Verteidigungsausschusses, der zugleich die Rechte eines Untersuchungsausschusses hat (Art. 45a GG). Zum Schutz der → Grundrechte in der Bundeswehr u. als sein Hilfsorgan bei der Ausübung der parlamentarischen Kontrolle beruft der Bundestag einen *Wehrbeauftragten* (Art. 45c GG); jeder Soldat ist berechtigt, sich ohne Einhaltung des Dienstweges unmittelbar an den Wehrbeauftragten zu wenden. Die Feststellung des Verteidigungsfalls u. seiner Beendigung trifft der Bundestag mit Zustimmung des Bundesrates (Art. 115a, 115l GG). Die parlamentarischen Mitwirkungsrechte sind auch dadurch gesichert, daß sich die zahlenmäßige Stärke der Streitkräfte u. die Grundzüge ihrer Organisation aus dem Haushaltsplan ergeben müssen (Art. 87a GG). Die *Bundeswehrverwaltung,* die den Aufgaben des Personalwesens u. der unmittelbaren Deckung des Sachbedarfs der Streitkräfte dient, wird in bundeseigener Verwaltung mit eigenem Verwaltungsunterbau geführt (Art. 87b GG). Zur Sicherung der Verteidigung sind verschiedene Gesetze ergangen, welche es dem Bund ermöglichen, die für den Verteidigungsfall notwendigen Maßnahmen zu treffen. Hierzu gehören die verschiedenen *Sicherstellungsgesetze,* das *Bundesleistungsgesetz,* das für Verteidigungszwecke, aber auch im Fall des → inneren Notstands Eingriffe in das Eigentum (z. B. Inanspruchnahme privater Kraftwagen) gestattet, u. das *Zivilschutzgesetz,* dessen Aufgabe es ist, die Bevölkerung u. lebenswichtige Einrichtungen vor Kriegseinwirkungen zu schützen.

2. Die *Wehrpflicht* hat ihre verfassungsrechtliche Grundlage in Art. 12a GG. Danach können Männer vom vollendeten 18. Lj. an zum Dienst in den Streitkräften (aber auch im Bundesgrenzschutz oder in einem Zivilschutzverband) verpflichtet werden. Für Angehörige der Bundeswehr, ebenso für Zivildienstleistende (→ Kriegsdienstverweigerung), können die Grundrechte der Meinungsfreiheit u. der Versammlungsfreiheit u. der gemeinsamen Petition eingeschränkt werden (Art. 17a GG). Einzelheiten ergeben sich aus dem *Wehrpflichtgesetz.* Die Wehrpflicht, die durch den Wehrdienst erfüllt wird, beginnt mit Vollendung des 18. Lj.; sie endet mit Ablauf des Jahres, in dem der Wehrpflichtige das 45. Lj. (Offiziere u. Unteroffiziere das 60. Lj.) vollendet (§§ 1 ff.). Der *Wehrdienst* umfaßt den 15monatigen Grundwehrdienst, den Wehrdienst in der Verfügungsbereitschaft (im Anschluß an den Grundwehrdienst auf Anordnung des Verteidigungsministers), die Wehrübungen u. im Verteidigungsfall den unbefristeten Wehrdienst (§§ 4 ff.). Zur Vermeidung von Ausbildungsnachteilen kann ein noch nicht Wehrpflichtiger auf Antrag bereits mit 17 Jahren

zum Grundwehrdienst herangezogen werden; der Antrag bedarf der Zustimmung des → gesetzlichen Vertreters (§ 5 I). *Wehrdienstausnahmen* sind für folgende Fälle vorgesehen: Wehrdienstunfähigkeit u. Entmündigung (§ 9), Verurteilung wegen schwerer Straftat (§ 10), Befreiung vom Wehrdienst für Geistliche, Missionare, Ordensleute, Schwerbehinderte, Heimkehrer sowie, auf Antrag, für letzte oder einzig überlebende Söhne (§ 11), Zurückstellung wegen vorübergehender Wehrdienstunfähigkeit, wegen Freiheitsentzugs oder wegen Anordnung vorläufiger Vormundschaft (§ 12), Unabkömmlichstellung („UK") im öfftl. Interesse wegen Unentbehrlichkeit der vom Wehrpflichtigen ausgeübten Tätigkeit (§ 13). Nicht zum Wehrdienst herangezogen werden: Polizeivollzugsbeamte (§ 42), Dienstpflichtige im Bundesgrenzschutz (§ 42a), freiwillige Helfer im Zivil- oder Katastrophenschutz für die Dauer einer mindestens 10jährigen Dienstpflicht (§ 13a) u. Entwicklungshelfer bis zum 30. Lj. bei Verpflichtung zu einem mindestens 2jährigen Entwicklungsdienst (§ 13b). Vom Wehrdienst freigestellt, jedoch zur Ableistung eines Zivildienstes verpflichtet sind anerkannte → Kriegsdienstverweigerer (§§ 25–27). Der Wehrdienst endet durch Entlassung (i. d. R. mit Zeitablauf), durch Überweisung zum Zivildienst oder durch Ausschluß aus der Bundeswehr infolge Verurteilung wegen schwerer Straftat (§§ 28–31). Die Aufgaben des *Wehrersatzwesens* werden in bundeseigener Verwaltung vom Bundeswehrverwaltungsamt als Bundesoberbehörde, von den Wehrbereichsverwaltungen als Bundesmittelbehörden u. von den Kreiswehrersatzämtern als Bundesunterbehörde erfüllt (§§ 14 ff.). Die Wehrersatzbehörden sind zuständig für die Erfassung, Musterung, Einberufung u. Wehrüberwachung der Wehrpflichtigen. Gegen Verwaltungsakte der Behörden (z. B. Musterungsbescheid) kann binnen 2 Wochen nach Zustellung *Widerspruch* eingelegt werden. Wird dem Widerspruch nicht abgeholfen, ist Anfechtungsklage beim Verwaltungsgericht gegeben. Gegen dessen Urteil kann keine Berufung, sondern nur Revision eingelegt werden, sofern wesentliche Verfahrensmängel gerügt werden oder das Verwaltungsgericht die Revision zugelassen hat (§§ 32–35).

Die *Rechtsstellung des Soldaten* ist im Soldatengesetz geregelt. Soldat ist, wer aufgrund der Wehrpflicht oder freiwilliger Verpflichtung in einem Wehrdienstverhältnis steht. Wer sich freiwillig auf Lebenszeit verpflichtet, wird zum Berufssoldaten, wer sich für begrenzte Zeit verpflichtet, wird zum Soldaten auf Zeit berufen (§ 1 SG). Der Soldat hat die gleichen staatsbürgerlichen Rechte wie jeder andere Staatsbürger *(„Bürger in Uniform"); doch* werden seine Rechte im Rahmen der Erfordernisse des militärischen Dienstes durch seine gesetzlich begründeten Pflichten beschränkt (§ 6). Die *Grundpflicht des Soldaten* besteht darin, der Bundesrepublik treu zu dienen und das Recht und die Freiheit des deutschen Volkes tapfer zu verteidigen (§ 7). Diese Pflicht bekräftigen Berufs- u. Zeitsoldaten durch einen Diensteid, Wehrpflichtsoldaten durch ein feierliches Gelöbnis (§ 9). Der Soldat muß durch sein gesamtes Verhalten für die freiheitliche demokratische Grundordnung eintreten (§ 8). Der Vorgesetzte soll in Haltung u. Pflichterfüllung ein Beispiel geben. Er hat die Pflicht zur Dienstaufsicht, ist für die Disziplin seiner Untergebenen verantwortlich u. hat für sie zu sorgen. Befehle darf er nur zu dienstlichen Zwecken u. nur unter Beachtung der Regeln des Völkerrechts, der Gesetze u. der Dienstvorschriften erteilen (§ 10). Die wichtigsten Pflichten des Soldaten sind: Gehorsam (§ 11), Kameradschaft (§ 12), Wahrheitspflicht (§ 13), Verschwiegenheit (§ 14), keine politische Betätigung zugunsten oder zuungunsten einer bestimmten politischen Richtung (§ 15), Disziplin im Dienst, einwandfreies Verhalten außer Dienst (§ 17). Gegen seine Gehorsamspflicht verstößt der Soldat nicht, wenn er einen Befehl nicht befolgt, der die Menschenwürde verletzt oder der nicht aus dienstlichen Gründen erteilt worden ist. Ein Befehl darf nicht befolgt werden, wenn dadurch eine Straftat begangen würde. Verletzt der Soldat eine Dienstpflicht, kann er wegen eines Dienstvergehens nach der *Wehrdisziplinarordnung* zur Rechenschaft gezogen werden (§ 23). In Betracht kommen einfache Disziplinarmaßnahmen, die vom Disziplinarvorgesetzten verhängt werden (Verweis, strenger Verweis, Disziplinarbuße, Ausgangsbeschränkung, Disziplinararrest, §§ 18 ff. WDO), u. Disziplinarmaßnahmen im disziplinargerichtlichen Verfahren, die von Wehrdienstgerichten erlassen werden (Gehaltskürzung, Beförderungsverbot, Dienstgradherabsetzung, Entfernung aus dem Dienstverhältnis, Kürzung des Ruhegehalts, Aberkennung des Ruhegehalts, §§ 54 ff. WDO). Für militärische Straftaten von Soldaten (z. B. eigenmächtige Abwesenheit, Fahnenflucht, Selbstverstümmelung, Ungehorsam, Meuterei; Mißbrauch der Befehlsbefugnis zu unzulässigen Zwecken, entwürdigende Behandlung von Untergebenen) gilt ein besonderes *Wehrstrafgesetz,* für dessen Anwendung die ordentlichen Gerichte zuständig sind. Der Soldat hat Anspruch auf Urlaub (§ 28 SG), Geld- und Sachbezüge, Heilfürsorge, Versorgung (§ 30), Fürsorge (§ 31), Dienstzeitbescheinigung u. Dienstzeugnis (§ 32). Er hat das Recht, sich zu beschweren (§ 34 i. V. m. der Wehrbeschwerdeordnung). Die *Interessenvertretung* der Soldaten wird in den Gliederungen der Truppe durch gewählte Vertrauensmänner, in den übrigen Dienststellen durch Soldatenvertreter in den Personalvertretungen wahrgenommen (§§ 35, 35a). Die Rechtsstellung des Berufssoldaten, auch die des Zeitsoldaten, ist der des Beamten angenähert: Für die Begründung des Dienstverhältnisses, für dessen Umwandlung u. für die Beförderung bedarf es der Aushändigung einer Ernennungsurkunde (§§ 41, 42); es gibt Laufbahnen (§ 27), einen Eintritt in den Ruhestand mit Altersgrenzen (§§ 44, 45), gesetzlich normierte

Entlassungsgründe (§ 46), bei Berufsoffizieren vom Brigadegeneral an aufwärts auch eine Versetzung in den einstweiligen Ruhestand (§ 50). Berufssoldaten u. Soldaten auf Zeit, die auf Antrag vorzeitig entlassen werden, müssen die Kosten ihrer Ausbildung in der Bundeswehr erstatten (§§ 49 IV, 56 IV). Für Klagen der Soldaten ist der Verwaltungsrechtsweg gegeben (§ 59).
3. Das W. gilt mit Rücksicht auf den besonderen Status der Stadt nicht im Land Berlin (→ Bundesländer).

Weimarer Verfassung → Reichsverfassungen.

Werklieferungsvertrag (§ 651 BGB). Der W. grenzt sich vom → Werkvertrag dadurch ab, daß der Unternehmer das Material selbst beschaffen u. das Werk dem Besteller übergeben u. übereignen muß. Das BGB unterscheidet zwischen W. über vertretbare u. nicht vertretbare Sachen. Auf einen W. über vertretbare Sachen (z. B. bei katalogmäßiger Herstellung von Waren) finden ausschließlich die Vorschriften über den → Kauf Anwendung. Bei einem W. über nicht vertretbare Sachen (z. B. Anfertigung eines Maßanzugs) gilt dagegen – mit Ausnahme der nach Kaufvertragsregeln abzuwickelnden Rechtsmängelhaftung – Werkvertragsrecht.

Werkvertrag (§§ 631 ff. BGB) ist ein gegenseitiger schuldrechtlicher → Vertrag, durch den sich der Unternehmer zur Herstellung des versprochenen Werkes, der Besteller zur Zahlung der vereinbarten Vergütung verpflichtet. Der W. ist stets auf einen bestimmten Erfolg gerichtet. Im Gegensatz zum → Dienstvertrag wird nicht die Arbeitsleistung als solche, sondern das Arbeitsergebnis geschuldet. W. sind z. B. der Bauvertrag, der Architektenvertrag, der Vertrag über die Erstattung eines Gutachtens, der Reparaturvertrag. Der Unternehmer muß das Werk rechtzeitig so herstellen, daß es die zugesicherten Eigenschaften hat u. nicht mit Fehlern behaftet ist. (Zu den Begriffen der zugesicherten Eigenschaft u. des Fehlers → Kauf.) Der Besteller ist verpflichtet, das vertragsgemäß hergestellte Werk abzunehmen. Abnahme heißt i. d. R.: körperliche Hinnahme des Werkes u. Anerkennung der Leistung als vertragsmäßig. Die Vergütung ist bei Abnahme zu zahlen. Die Vergütungsgefahr (→ Gefahrtragung) geht mit der Abnahme des Werkes, bei Versand auf Verlangen des Bestellers mit der Auslieferung des Werkes an die Beförderungsperson (z. B. Spediteur) auf den Besteller über; gerät der Besteller in Annahmeverzug (→ Verzug), ist er bei Beschädigung oder Zerstörung des Werks gleichfalls zur Zahlung der Vergütung verpflichtet. Weist das Werk einen *Sachmangel* auf, hat der Besteller Anspruch auf Nachbesserung, ggf. auch auf Neuherstellung. Zu diesem Zweck kann er dem Unternehmer eine angemessene Frist setzen mit der

Erklärung, daß er die Beseitigung des Mangels nach Fristablauf ablehne. Unterbleibt die Nachbesserung oder schlägt sie fehl, hat der Besteller wie beim Kauf die Wahl zwischen Wandelung u. Minderung. Diese Gewährleistungsrechte stehen ihm auch ohne Fristsetzung zu, falls die Nachbesserung unmöglich ist oder vom Unternehmer verweigert wird. Einen Anspruch auf Schadensersatz wegen Nichterfüllung hat der Besteller nur dann, wenn der Unternehmer den Mangel zu vertreten hat, wobei dieser fehlendes Verschulden beweisen muß. Nachbesserungs- u. Gewährleistungsrechte gehen dem Besteller verloren, sofern er ein mangelhaftes Werk trotz Kenntnis des Mangels vorbehaltlos abgenommen hat. (Zur Beweissicherung ist Abnahmeprotokoll zweckmäßig.) Die Rechte des Bestellers verjähren bei beweglichen Sachen in 6 Monaten, bei Arbeiten an einem Grundstück in 1 Jahr, bei Bauverträgen in 5 Jahren, jeweils vom Zeitpunkt der Abnahme an. Wird ein Bauvertrag unter Einbeziehung der *Verdingungsordnung für Bauleistungen (VOB)* geschlossen, gelten hinsichtlich der Sachmängelhaftung abweichende Regelungen; die Verjährungsfrist bei Bauwerken beträgt danach nur 2 Jahre. Für seine Forderungen aus dem W. hat der Unternehmer ein gesetzliches → Pfandrecht an den von ihm hergestellten oder ausgebesserten beweglichen Sachen, wenn sie in seinen Besitz gelangt sind. Dieses *Unternehmerpfandrecht* spielt vor allem bei Kfz.-Reparaturen eine wichtige Rolle. Sehr bestritten ist, ob der Unternehmer auch an Sachen, die dem Besteller nicht gehören, ein Pfandrecht gutgläubig erwerben kann; nach der Rspr. ist das zu verneinen. Für verschiedene W., z. B. → Geschäftsbesorgung, → Verwahrung, → Verlagsvertrag, → Speditionsvertrag, gelten gesetzliche Sonderregelungen.

Wertpapierrecht. Das W. ist nicht einheitlich geregelt, sondern auf mehrere Gesetze (BGB, HGB, Wechselgesetz, Scheckgesetz u. a.) verstreut. Wertpapiere sind → Urkunden, deren Besitz zur Ausübung des in ihnen verbrieften Rechts erforderlich ist. Nach der Art des verbrieften Rechts unterscheidet man schuldrechtliche Wertpapiere, die eine Forderung verbriefen (z. B. staatliche oder kommunale Schuldverschreibungen, Pfandbriefe einer Hypothekenbank, Wechsel, Scheck), *Mitgliedschaftspapiere,* die ein Mitgliedschaftsrecht verkörpern (z. B. Aktien) u. *sachenrechtliche* Wertpapiere, die ein dingliches Recht verbriefen (z. B. Hypothekenbrief, Grundschuldbrief). Man teilt die Wertpapiere ferner nach der Person des Berechtigten u. nach der Art der Übertragung ein in Inhaberpapiere, Namenspapiere (Rektapapiere) u. Orderpapiere. *Inhaberpapiere* werden auf den jeweiligen Inhaber ausgestellt; Berechtigter aus dem Papier ist daher dessen jeweiliger Eigentümer (z. B. Inhaberschuldverschreibung, Inhaberaktie, Inhaberscheck, Bahnfahrkarte). Das Inhaberpapier wird wie eine bewegliche Sache durch Einigung u. Übergabe nach §§ 929 ff. BGB übertragen. Das Recht aus dem Papier folgt also dem Recht am Papier. *Namens- oder Rektapapiere* lauten auf den Namen einer bestimmten Person. Nur der namentlich bezeichnete Inhaber oder sein Rechtsnachfolger kann das verbriefte Recht geltend machen (z. B. Hypothekenbrief). Die Übertragung geschieht durch Abtretung des Anspruchs nach §§ 398 ff. BGB. Das Recht am Papier folgt hier also dem Recht aus dem Papier. Ein Rektapapier besonderer Art ist das Sparbuch. Bei ihm kann nur die als Gläubiger bestimmte Person die Zahlung verlangen; doch ist dem Aussteller (Bank, Sparkasse) gestattet, an jeden Inhaber rechtswirksam zu leisten (vgl. § 808 BGB). *Orderpapiere* sind auf einen bestimmten Berechtigten „oder an dessen Order" ausgestellt. Der Anspruch wird durch Übereignung des Wertpapiers u. einen auf der Rückseite angebrachten Übertragungsvermerk (*Indossament,* von in dosso = auf dem Rücken) weiterübertragen. Das Recht aus dem Papier folgt demnach wie beim Inhaberpapier dem Recht am Papier. Wer den verbrieften Anspruch gegen den Aussteller geltend machen will, muß sich durch eine lückenlose Kette von Indossamenten ausweisen. Man unterscheidet geborene und gekorene Orderpapiere. Zu den *geborenen Orderpapieren* (die kraft Gesetzes Orderpapiere sind) zählen nur Wechsel, Orderscheck (z. B. Reisescheck) u. Namensaktie. Gekorene *Orderpapiere* sind die in § 363 HGB genannten handelsrechtlichen Wertpapiere, insbes. das vom Verfrachter ausgestellte Konossement über die als Seefracht an Bord genommenen Güter (§§ 642 ff. HGB), der vom Frachtführer ausgestellte Ladeschein über die als Fracht zu Lande oder auf Binnengewässern zu transportierenden Güter (§§ 444 ff. HGB) u. der vom Lagerhalter ausgestellte Lagerschein über die bei ihm gelagerten u. aufbewahrten Güter (§ 424 HGB). Bei diesen Wertpapieren handelt es sich eigentlich um Rektapapiere; sie werden aber durch Orderklausel („oder an Order") zu Orderpapieren. Orderlagerschein, Ladeschein u. Konossement dienen als *Traditionspapiere,* d. h., mit ihrer rechtsgültigen Übertragung geht zugleich das Eigentum an der verbrieften Ware selbst über; die Papiere treten insoweit an die Stelle der Ware.

Wertsicherungsklauseln. Geldschulden sind zum Nennwert zu zahlen. Der Kaufkraftverlust bleibt also unberücksichtigt. Das ist vor allem bei einem →Dauerschuldverhältnis für den Gläubiger nachteilig. Er ist deshalb naturgemäß daran interessiert, die Höhe der Geldschuld an einen geldwertstabilen Index zu binden. Solche W. oder Gleitklauseln sind jedoch nicht ins Belieben der Vertragsparteien gestellt. Nach § 3 S. 2 des Währungsgesetzes bedürfen vielmehr Vereinbarungen, wonach der Betrag einer Geldschuld durch den Kurs einer anderen Währung oder durch den

Preis oder eine Menge von Feingold oder von anderen Gütern oder Leistungen bestimmt werden soll, der Genehmigung der zuständigen Landeszentralbank. Nicht genehmigungsbedürftig u. daher ohne weiteres zulässig sind demgegenüber sog. *Leistungsvorbehalte,* wonach die Parteien, unter Verzicht auf eine Indexautomatik, ihre Absicht bekunden, die Höhe der Geldschuld bei Eintritt bestimmter Voraussetzungen (z. B. wesentliche Änderung der Lebenshaltungskosten) den neuen Gegebenheiten anzupassen. Genehmigungsfrei sind ferner sog. *Spannungsklauseln,* die den geschuldeten DM-Betrag an den künftigen Preis oder Wert *gleichartiger* Güter oder Leistungen knüpfen (z. B. Bindung eines Gehalts an die Entwicklung der Beamtenbesoldung).

Wettbewerbsrecht ist die Gesamtheit der den Wettbewerb in der → sozialen Marktwirtschaft regelnden → Rechtsnormen. Von Bedeutung sind insbes. die Vorschriften zur Sicherung der Lauterkeit des Wettbewerbs (Gesetz gegen den unlauteren Wettbewerb, Rabattgesetz u. Zugabeverordnung) sowie das Gesetz gegen Wettbewerbsbeschränkungen (Kartellgesetz).
1. Die Generalklausel des § 1 des *Gesetzes gegen den unlauteren Wettbewerb* (UWG) verbietet Wettbewerbshandlungen, die gegen die → guten Sitten verstoßen. Unfaires Verhalten allein ist nicht rechtswidrig; die Handlung muß vielmehr ethisch anstößig sein. Dabei sind für die Beurteilung der „guten Sitten" je nach Gewerbezweig unterschiedliche Maßstäbe heranzuziehen. So muß man etwa an die Werbemethoden eines Automobilherstellers andere Ansprüche stellen als an die Anpreisungen eines Jahrmarkthändlers. Als sittenwidrig sind beispielsweise die vergleichende Werbung (auch bei zutreffenden Angaben) u. die Nachahmung gewerblicher Produkte eines Konkurrenzunternehmens anzusehen. Über die Generalklausel des § 1 hinaus enthält das UWG verschiedene Sondertatbestände. So untersagt § 3 UWG irreführende Werbung durch unrichtige Angaben über geschäftliche Verhältnisse, etwa über die Beschaffenheit der Ware (z. B. „fabrikneu"), ihren Ursprung (z. B. „Made in Germany") oder ihre Herstellungsart (z. B. „Handarbeit"), über den Anlaß oder Zweck des Verkaufs (z. B. „Restposten"). §§ 7 ff. UWG binden die Ankündigung u. Veranstaltung von Ausverkäufen, Räumungsverkäufen u. Saisonschlußverkäufen (z. B. Sommerschlußverkauf) an bestimmte Regeln, stellen die Angestelltenbestechung (§ 12), die geschäftliche Verleumdung (§ 15) u. den Verrat von Geschäftsgeheimnissen unter Strafe, verbieten die geschäftliche üble Nachrede („Anschwärzung", § 14) u. schützen die Kennzeichen eines Unternehmens oder einer Druckschrift vor Verwendung durch andere Unternehmen, wenn dadurch eine Verwechslungsgefahr ausgelöst wird (§ 16).
Das *Rabattgesetz* beschränkt die Zulässigkeit von Preisnachläs-

sen (Rabatten) gegenüber dem Endverbraucher. Rabatte auf die vom Unternehmer angekündigten oder allgemein geforderten Preise sind ausschließlich in folgenden Fällen zulässig: als Barzahlungsrabatte nur bis zu 3% des Preises (§ 2 RabattG), als Mengenrabatte nur im Rahmen des Handelsüblichen (§§ 7, 8 RabattG), als Sonderpreise oder -nachlässe nur für Personen, die die Ware oder Leistung in ihrer beruflichen oder gewerblichen Tätigkeit verwerten, für Großabnehmer sowie für Angehörige des eigenen Unternehmens in Höhe des Eigenbedarfs (§ 9 RabattG).

Die *Zugabeverordnung* verbietet, im geschäftlichen Verkehr neben Hauptware oder -leistung eine Nebenware oder -leistung (Zugabe) ohne besonderes Entgelt zu gewähren (§ 1 ZugabeVO). Von diesem Zugabeverbot ausgenommen sind geringwertige Reklamegegenstände, Werbezeitschriften mit niedrigem Herstellungsaufwand u. a.

2. Nach § 1 des *Gesetzes gegen Wettbewerbsbeschränkungen* (GWB) sind *Kartelle,* d. h. Absprachen von Unternehmen oder Unternehmensvereinigungen, die geeignet sind, die Marktverhältnisse durch Wettbewerbsbeschränkung zu beeinflussen, verboten. Gleiches gilt für abgestimmtes Verhalten, das in seiner Wirkung solchen Absprachen entspricht (§ 25 GWB). §§ 2–8 GWB sehen Ausnahmen von diesem Kartellverbot vor. So kann die Kartellbehörde z. B. für Strukturkrisenkartelle (das sind Kooperationen im Falle eines auf nachhaltiger Änderung der Nachfrage beruhenden Absatzrückgangs) u. für Rationalisierungskartelle (Absprachen, die lediglich die einheitliche Anwendung von Normen u. Typen zum Gegenstand haben) unter bestimmten Voraussetzungen die Erlaubnis erteilen (§§ 4, 5 GWB). Für Kartelle mittelständischer Unternehmen kommt eine Freistellung nach § 5b GWB in Betracht, wenn der Wettbewerb auf dem Markt nicht wesentlich beeinträchtigt u. die Leistungsfähigkeit der beteiligten Unternehmen gefördert wird. Kartellvereinbarungen nach §§ 2–8 GWB bedürfen der Schriftform (§ 34 GWB) u. sind in das beim → Bundeskartellamt geführte Kartellregister einzutragen (§ 9 GWB). Sie können jederzeit aus wichtigem Grund gekündigt werden (§ 13 GWB). Diese Kartelle unterliegen außerdem der Mißbrauchsaufsicht durch die Kartellbehörde (§§ 11, 12 GWB). Unbeschränkt zulässig sind dagegen solche Wettbewerbsregeln, die Wirtschafts- u. Berufsvereinigungen zum Schutz des lauteren u. leistungsgerechten Wettbewerbs aufstellen (§ 28 GWB).

Das GWB untersagt im übrigen auch solche Wettbewerbsbeschränkungen, die von einer Wirtschaftsstufe auf die nachfolgende Wirtschaftsstufe übergreifen *(vertikale Bindungen).* Nach § 15 GWB sind Verträge insoweit nichtig, als sie einen Vertragsbeteiligten in der Freiheit der Gestaltung von Preisen u. Geschäftsbedingungen gegenüber Dritten begrenzen; doch dürfen *unverbindliche Preisempfehlungen* ausgesprochen werden, wenn zu

ihrer Durchsetzung kein Druck angewendet wird (§ 38a GWB). Verlagserzeugnisse sind vom Verbot der *vertikalen Preisbindung* ausgenommen (§ 16 GWB). So kann z. B. ein Verlag die Buchhändler verpflichten, seine Bücher nur zu bestimmten Preisen zu verkaufen, vorausgesetzt, daß er das Preisbindungssystem lückenlos durchsetzt; die Kartellbehörde kann die Preisbindung für unwirksam erklären, wenn sie mißbräuchlich gehandhabt wird oder auf eine ungerechtfertigte Verteuerung hinausläuft (§ 17 GWB). Nach § 22 GWB ist die Kartellbehörde befugt, den Mißbrauch einer *marktbeherrschenden Stellung* zu untersagen. Ein Unternehmen ist marktbeherrschend, soweit es als Anbieter oder Nachfrager keinem oder keinem wesentlichen Wettbewerb ausgesetzt ist oder eine im Verhältnis zu den Konkurrenten überragende Marktstellung hat (Indizien dafür: Marktanteil, Finanzkraft, Zugang zu Beschaffungs- u. Absatzmärkten, Verflechtungen mit sonstigen Unternehmen, rechtliche oder tatsächliche Schranken für den Marktzutritt von Wettbewerbern). Unternehmenszusammenschlüsse (Fusionen), die eine marktbeherrschende Stellung entstehen lassen oder verstärken, sind grundsätzlich vom Bundeskartellamt zu untersagen; der Bundeswirtschaftsminister kann jedoch auf Antrag den Zusammenschluß erlauben, wenn die gesamtwirtschaftlichen Vorteile überwiegen oder wenn die Fusion durch ein überragendes Interesse der Allgemeinheit gerechtfertigt ist (§ 24 GWB). § 26 I GWB verbietet die Aufforderung zu Liefer- oder Bezugssperren *(Boykott),* die darauf angelegt ist, Wettbewerber unbillig zu beeinträchtigen. Nach § 26 II GWB dürfen marktbeherrschende Unternehmen, Kartelle sowie Unternehmen mit vertikaler Preisbindung ein anderes Unternehmen ohne sachlichen Grund nicht benachteiligen *(Diskriminierungsverbot).*
3. Bei Verstößen gegen das UWG, das RabattG u. die Zugabe VO steht den Wettbewerbern ein *Unterlassungsanspruch* zu (§§ 1, 13 UWG, § 12 RabattG, § 2 ZugabeVO; → auch Verbandsklage). Darüber hinaus gewähren UWG u. ZugabeVO bei schuldhaftem Handeln einen Schadensersatzanspruch. Die Ansprüche verjähren in 6 Monaten (§ 21 UWG, § 14 DVO RabattG, § 2 IV ZugabeVO). Verstöße gegen das GWB werden in erster Linie von den Kartellbehörden verfolgt; es handelt sich zumeist um → Ordnungswidrigkeiten, die mit hohen Geldbußen geahndet werden können (§ 38 GWB). Soweit eine Wettbewerbsbeschränkung über das Gebiet eines Landes nicht hinausreicht, ist i. d. R. die Landeskartellbehörde (= Landeswirtschaftsministerium), sonst ist das Bundeskartellamt zuständig (s. i. e. § 44 GWB). Bezweckt eine Vorschrift des GWB auch den Schutz der Wettbewerber, so begründet deren Verletzung zugleich Unterlassungs- u. Schadensersatzansprüche (§ 35 GWB, z. B. bei Mißachtung des Diskriminierungsverbots). Für wettbewerbsrechtliche Streitigkeiten sind die ordentlichen Gerichte – im Rahmen des GWB stets die Landgerichte – zuständig.

Wette (§ 762 BGB) ist ein → Vertrag, durch den die Vertragspartner zur Bekräftigung bestimmter widerstreitender Behauptungen einander versprechen, daß demjenigen, dessen Behauptung sich als richtig erweist, ein Gewinn zufallen soll. Die W. unterscheidet sich vom → Spiel dadurch, daß der Meinungsstreit, nicht der Unterhaltungszweck oder die Gewinnerzielungsabsicht, im Vordergrund steht. Das Gesetz mißt der W. wie dem Spiel nur eine begrenzte Wirksamkeit zu: Sie begründet keine Verbindlichkeit, auch nicht für das zum Zweck der Erfüllung der Wettschuld abgegebene → Schuldversprechen oder Schuldanerkenntnis. Andererseits kann das aufgrund der Wettschuld Geleistete nicht zurückgefordert werden.

Widerspruchsverfahren. Erläßt eine Behörde einen belastenden → Verwaltungsakt (VA) oder lehnt sie den Erlaß eines begünstigenden VA ab, kann der Betroffene dagegen den → Rechtsbehelf des Widerspruchs einlegen. Das W., das Zulässigkeitsvoraussetzung für die Erhebung der verwaltungsgerichtlichen Anfechtungs- u. Verpflichtungsklage ist (§ 68 VwGO → verwaltungsgerichtliches Verfahren), führt zur Nachprüfung der Rechtmäßigkeit u. Zweckmäßigkeit des Verwaltungshandelns. Der Widerspruch ist binnen eines Monats nach Bekanntgabe des VA schriftlich oder zur Niederschrift der Behörde, die den VA erlassen hat, einzulegen. Die Frist verlängert sich auf 1 Jahr, wenn dem VA keine ordnungsgemäße Rechtsbehelfsbelehrung beigefügt war (§ 58 II VwGO). Hält die Behörde den Widerspruch für begründet, hilft sie ihm ab; andernfalls erläßt grundsätzlich die nächsthöhere Behörde einen Widerspruchsbescheid (§§ 72, 73 VwGO). Dieser ist zu begründen u. mit einer Rechtsbehelfsbelehrung (über die Möglichkeit der Klage vor dem Verwaltungsgericht) zu versehen; unterbleibt die ordnungsgemäße Rechtsbehelfsbelehrung, beträgt die Klagefrist nicht 1 Monat, sondern 1 Jahr. Der Widerspruchsbescheid bestimmt auch, wer die Kosten des W. zu tragen hat (nach § 80 VwVfG grundsätzlich der unterliegende Teil). Der Widerspruch hat i.d.R. aufschiebende Wirkung *(Suspensiveffekt).* Diese entfällt nur bei der Anforderung von öffentlichen Abgaben u. Kosten, bei unaufschiebbaren Anordnungen u. Maßnahmen der Polizeivollzugsbeamten u. in anderen durch Bundesgesetz vorgeschriebenen Fällen (z. B. nach § 21 III AuslG bei nicht erteilter Aufenthaltserlaubnis) u. in den Fällen, in denen die Behörde die sofortige Vollziehung des mit dem Widerspruch angegriffenen VA im öffentlichen Interesse oder im überwiegenden Interesse eines Beteiligten besonders angeordnet hat (§ 80 VwGO). Widerspruchsbehörde u. Verwaltungsgericht können auf Antrag die aufschiebende Wirkung des Widerspruchs anordnen bzw. wiederherstellen.

Widerstand gegen Vollstreckungsbeamte (§§ 113, 114 StGB) begeht, wer einem V. bei der Vornahme einer Vollstreckungshandlung mit Gewalt oder durch Drohung mit Gewalt W. leistet oder ihn tätlich angreift. (Kein Widerstandleisten ist rein passives Verhalten, z. B. Sitzstreik.) Die Tat ist mit Freiheitsstrafe bis zu 2 Jahren oder Geldstrafe bedroht, in besonders schweren Fällen (z. B. Mitführen einer einsatzbereiten Waffe) mit Freiheitsstrafe von 6 Monaten bis zu 5 Jahren. V. sind nur Amtsträger u. Soldaten der Bundeswehr, die zur Vollstreckung von Gesetzen, Rechtsverordnungen, Urteilen, Gerichtsbeschlüssen oder Verfügungen berufen sind, ferner Personen, die zur Unterstützung einer solchen Amtshandlung zugezogen werden (z. B. der Schlosser, der für die Polizei bei einer Durchsuchung das Türschloß des Tatverdächtigen öffnet). Den Maßnahmen eines Amtsträgers stehen gleich die Vollstreckungshandlungen von Personen, die die Rechte u. Pflichten von Polizeibeamten haben oder Hilfsbeamte der Staatsanwaltschaft sind, ohne Amtsträger zu sein (z. B. Forstaufseher). Nach § 113 III StGB ist nur der Widerstand gegen *rechtmäßige* Diensthandlungen strafbar. Rechtmäßigkeit setzt voraus, daß der V. sachlich u. örtlich zuständig ist u. sich an die vorgeschriebenen Formen hält (z. B. Bekanntgabe des Haftbefehls an den Beschuldigten); steht die Amtshandlung in seinem → Ermessen, so muß er dieses pflichtgemäß ausüben. Der entschuldbare Irrtum des Beamten über die tatsächlichen Voraussetzungen der Vollstreckungsbefugnis beseitigt ihre Rechtmäßigkeit nicht (z. B. Festnahme eines Tatverdächtigen, der sich nachträglich als unschuldig erweist). Hält der Täter die Vollstreckungshandlung irrtümlich für rechtswidrig, bleibt er nach § 113 IV StGB unter zwei Bedingungen straflos: wenn der Irrtum unvermeidbar u. wenn ihm obendrein nicht zuzumuten war, sich mit Rechtsbehelfen gegen die Amtshandlung zur Wehr zu setzen. Entfällt eine dieser beiden Voraussetzungen, kommen nur Strafmilderung u. Absehen von Strafe nach gerichtlichem Ermessen in Betracht.

Widerstandsrecht (Art. 20 IV GG). Das W. ist bei der Verabschiedung der → Notstandsverfassung in das Grundgesetz eingefügt worden. Gegen jeden, der es unternimmt, die in Art. 20 I–III GG definierte freiheitliche demokratische Grundordnung zu beseitigen, haben alle Deutschen das Recht zum Widerstand, wenn andere Abhilfe nicht möglich ist. Widerstandshandlungen können sich gegen „jeden", also sowohl gegen einen „Staatsstreich von oben" durch Inhaber staatlicher Gewalt, wie auch gegen einen „Staatsstreich von unten" durch revolutionäre Kräfte richten. Die Ausübung des W. setzt aber voraus, daß das mit dem Widerstand bekämpfte Unrecht offenkundig ist u. daß alle von der Rechtsordnung zur Verfügung gestellten Rechtsbehelfe so wenig Aussicht auf wirksame Abhilfe bieten, daß Widerstand das letzte verbleibende Mittel ist, um einer verfassungsfeindlichen Aktion wirksam zu begegnen.

Wiederaufnahme des Verfahrens ist die neue Verhandlung eines bereits durch → rechtskräftige Entscheidung abgeschlossenen gerichtlichen Verfahrens. Sie ist nur ausnahmsweise, bei Vorliegen besonders schwerwiegender Gründe, zulässig. Im Zivilprozeß (§§ 578 ZPO) u. im verwaltungsgerichtlichen Verfahren (§ 153 VwGO) erfolgt die W. d. V. durch *Nichtigkeitsklage* (bei wesentlichen Mängeln des vorausgegangenen Urteils, z. B. fehlerhafter Besetzung des Gerichts) oder durch *Restitutionsklage* (bei wesentlichen Mängeln der Urteilsgrundlagen, z. B. Meineid eines Zeugen). Im Strafprozeß ist die W. d. V., über die das Gericht auf Antrag entscheidet, sowohl zugunsten als auch zuungunsten des Verurteilten möglich (§§ 359 ff. StPO); häufigster Wiederaufnahmegrund zugunsten des Verurteilten ist die Beibringung neuer Tatsachen oder Beweismittel, die Freispruch oder mildere Bestrafung begründen. Ist die Wiederaufnahmeklage bzw. der -antrag zulässig u. begründet, wird das alte Urteil aufgehoben; es kommt zu einer neuen Verhandlung.

Wiedereinsetzung in den vorigen Stand. War ein Prozeßbeteiligter ohne Verschulden verhindert, eine Prozeßhandlung, z. B. Einlegung eines → Rechtsmittels, innerhalb einer gesetzlichen → Frist vorzunehmen, so ist ihm auf Antrag W. i. d. v. S. zu gewähren (§§ 233 ff. ZPO, §§ 44 ff. StPO, § 60 VwGO). Sie hat die Wirkung, daß die verspätete Prozeßhandlung als rechtzeitig fingiert wird. Entsprechendes gilt für eine Fristversäumung im Verwaltungsverfahren (§ 32 VwVfG). Ist eine gerichtliche Entscheidung – etwa infolge Versäumung der Rechtsmittelfrist – bereits rechtskräftig geworden, so führt die W. i. d. v. S. zur Durchbrechung der → Rechtskraft.

Willenserklärung – ein im BGB nicht definierter, sondern vorausgesetzter Begriff (§§ 116 ff.) – ist die Äußerung eines auf eine rechtliche Wirkung abzielenden Willens. Der Erklärende will mit ihr ein privates Rechtsverhältnis begründen, ändern oder aufheben. Die W. ist notwendiger Bestandteil eines → Rechtsgeschäfts. Sie setzt begrifflich zunächst das Vorhandenseins eines *Willens* voraus. Dazu gehören der Handlungswille (der Wille, die äußere Erklärungshandlung vorzunehmen), das Erklärungsbewußtsein (das Wissen, mit der Handlung überhaupt eine rechtlich bedeutsame Erklärung abzugeben) u. der Geschäftswille (die Absicht, einen bestimmten rechtsgeschäftlichen Erfolg herbeizuführen). Der Wille muß durch eine *Erklärung* nach außen erkennbar gemacht werden. Das kann *ausdrücklich,* aber auch durch schlüssiges Verhalten *(konkludentes Handeln,* z. B. bestätigendes Kopfnicken) geschehen (sog. *stillschweigende Erklärung).* Schweigen allein ist jedoch i. d. R. keine Erklärung (→ aber Schweigen im Rechtsverkehr). Im allgemeinen ist eine W. *empfangsbedürftig* (z. B. Kündigung, Annahme eines Kaufangebots), sie muß es aber nicht sein (z. B. Testament). *Abgegeben* ist eine W., wenn sie vollendet ist (z. B. vollständige Niederschrift u. Unterzeichnung des privaten → Testaments). Doch wird eine empfangsbedürftige W. nicht schon mit der Abgabe, sondern erst mit dem Zugang beim Empfänger *wirksam.* Hier ist zu unterscheiden: Eine mündliche (auch fernmündliche) W. wird wirksam, wenn der Empfänger sie akustisch richtig versteht; eine – unter Anwesenden oder unter Abwesenden – schriftlich übermittelte W. wird wirksam, wenn sie in den Herrschaftsbereich des Empfängers übergeht (vgl. § 130 BGB). Bei der *Auslegung* einer nicht eindeutigen W. ist der tatsächliche Wille zu erforschen u. nicht am buchstäblichen Ausdruck zu haften (§ 133 BGB). Es kommt auf den objektiven Erklärungswert an; die W. gilt so, wie sie der Empfänger nach Treu und Glauben u. nach der Verkehrsauffassung verstehen mußte. – *Willensmängel* beeinflussen die Wirksamkeit einer W. in unterschiedlicher Weise: Fehlt der Handlungswille (z. B. Schreiben unter Zwang), liegt eine W. überhaupt nicht vor. Ist kein Erklärungsbewußtsein vorhanden (z. B. Handaufheben während der Versteigerung in der Absicht, einem Freund zuzuwinken), so muß sich der Erklärende sein Verhalten dennoch als W. anrechnen lassen, kann diese aber wegen → Irrtums anfechten. Mangelt es am Geschäftswillen, ist erneut zu unterscheiden: Der geheime Vorbehalt, das Erklärte nicht zu wollen *(reservatio mentalis),* ist unbeachtlich; kennt jedoch der Erklärungsempfänger den Vorbehalt, dann ist die Erklärung → *nichtig* (§ 116 BGB). Eine W., die im Einverständnis der Beteiligten nur zum Schein abgegeben wird, ist gleichfalls nichtig; wird jedoch durch das *Scheingeschäft* ein anderes tatsächlich gewolltes Rechtsgeschäft verdeckt, so ist dieses wirksam (§ 117 BGB), z. B. ist bei scheinbarem Kauf, tatsächlich aber gewollter Schenkung, letztere gültig, sofern das Formerfordernis erfüllt ist. Eine nicht ernstlich gemeinte W., bei der der Erklärende erwartet, der Empfänger werde den Mangel der Ernstlichkeit erkennen (sog. *Scherzgeschäft),* ist nichtig (§ 118 BGB); doch kann derjenige, der auf die Gültigkeit der Erklärung vertraut hat, nach § 122 BGB Ersatz des Vertrauensschadens verlangen. Beruht die W. auf einem Irrtum oder ist sie aufgrund → arglistiger Täuschung oder → Drohung abgegeben worden, bleibt ihre Wirksamkeit unberührt; der Erklärende kann sie aber → anfechten (§§ 119, 123 BGB).

Willensmängel → Willenserklärung.

Wirtschaftskriminalität ist die Gesamtheit der Straftaten, die einen engen Bezug zum Wirtschaftsleben haben (sog. Weiße-Kragen-Delikte). Hierher gehören etwa Konkursstraftaten, Steuervergehen, Großbetrug, Straftaten nach dem Gesetz gegen den unlauteren Wettbewerb, den Gesetzen über das Bank-, Depot-, Börsen- u. Kreditwesen, dem Außenwirtschaftsgesetz usw. Nur ein unbedeutender Teil dieser Delikte ist im Wirtschaftsstrafgesetz von 1954 i. d. F. von 1975 erfaßt, das insbes. Preistreiberei u. Verstöße gegen Preisregelungen unter Strafe stellt. Durch Gesetz von 1976 wurden dem StGB die Straftatbestände des Subventions- u. des Kreditbetrugs eingefügt (→ Betrug) u. der → Wucher neu geregelt. Bemühungen zur weiteren Bekämpfung der W. zielen darauf ab, künftig auch die sog. Computer-Kriminalität, den Kapitalanlagebetrug durch täuschende Werbeangaben sowie die Veruntreuung von Arbeitsentgelt durch Arbeitgeber strafrechtlich zu erfassen. Die W. bereitet den Ermittlungsbehörden u. Strafgerichten insoweit Probleme, als es vielfach an Experten fehlt, die über die erforderlichen wirtschaftlichen Kenntnisse verfügen. Diesen Mangel sucht das GVG dadurch auszugleichen, daß es in § 74c die Möglichkeit eröffnet, Wirtschaftsstrafsachen, die in die Zuständigkeit der großen Strafkammer fallen, einem Landgericht für mehrere Landgerichtsbezirke u. innerhalb des Landgerichts einer oder mehreren Wirtschaftsstrafkammern zuzuweisen.

Wirtschaftsrecht ist die Gesamtheit der → Rechtsnormen, die die Rechtsverhältnisse der Wirtschaft – d. h. der Erzeugung, Verarbeitung und Verteilung von Gütern sowie der Dienstleistungen – regeln. Es umfaßt sowohl das Wirtschaftsprivatrecht als auch das Wirtschaftsverwaltungsrecht. Zum *Wirtschaftsprivatrecht,* das die Rechtsbeziehungen der an der Wirtschaft beteiligten Privaten betrifft, gehören u. a. → Handelsrecht, → Gesellschaftsrecht, → Arbeitsrecht, gewerblicher Rechtsschutz (→ Patent, → Gebrauchsmuster, → Geschmacksmuster, → Warenzeichen) u. die privatrechtlichen Normen des → Wettbewerbsrechts (insbes. hinsichtlich des unlauteren Wettbewerbs). Gegenstand des *Wirtschaftsverwaltungsrechts* sind die Einwirkungen der öfftl. → Verwaltung auf die Wirtschaft. Diese werden ihrerseits entweder der Eingriffs- oder der Leistungsverwaltung zugeordnet. Die wirtschaftsbeschränkende Eingriffsverwaltung äußert sich vor allem in Geboten u. Verboten (so z. B. im → Kartellrecht oder im Rahmen des → Umweltrechts); die wirtschaftsfördernde Leistungsverwaltung bedient sich vorzugsweise der Subventionen.

Wirtschaftsverbände sind teils gesetzlich angeordnete öfftl.-rechtl. Zwangsverbände mit Pflicht zur Mitgliedschaft, teils freiwillig gebildete Vereinigungen. Zwangsmitgliedschaft besteht z. B. bei den Industrie- und Handelskammern u. bei den Handwerkskammern

als → Körperschaften des öfftl. Rechts. Daneben gibt es Berufsvereinigungen, Fachverbände u. Unternehmerorganisationen
(z. B. Bundesverband der Deutschen Industrie) auf der Grundlage freiwilliger Zusammenschlüsse.

Witwenrente, Witwerrente. Nach geltendem Recht erhalten Frauen
nach dem Tod ihres Mannes eine Witwenrente in Höhe von 60%
der Rente des Verstorbenen; Männern steht im umgekehrten Fall
eine Witwerrente nur dann zu, wenn die Frau den Unterhalt der
Familie zuletzt überwiegend bestritten hatte. Das BVerfG hat den
Gesetzgeber schon 1975 aufgefordert, eine Neuregelung der Hinterbliebenenrente zu treffen, die dem Grundsatz der → Gleichberechtigung von Mann u. Frau besser Rechnung trägt als das
geltende Recht. Ein Gesetzentwurf der Bundesregierung von 1984
sieht eine Neuordnung der Witwen- bzw. Witwerrente für Todesfälle ab 1986 vor. Danach werden Witwer den Witwen gleichgestellt. Doch müssen sich beide selbsterworbene Erwerbs- u.
Erwerbsersatzeinkommen aus öfftl.-rechtl. Versorgungssystemen
(z. B. Beamtenpension) anrechnen lassen, und zwar zu 40% oberhalb eines dynamisch ausgestalteten Freibetrags von zunächst 900
DM; in Höhe des anzurechnenden Betrages ruht die W.

Wohlfahrtspflege (freie) → Sozialhilfe.

Wohngeld. Zum Ausgleich der nachteiligen Folgen der Freigabe
des Wohnungsmarktes gewährt das Wohngeldgesetz einkommensschwachen Personen auf Antrag einen Miet- oder Lastenzuschuß, wenn die Miete oder Belastung das tragbare Maß übersteigt. Miete bzw. Belastung werden nur bis zu einem bestimmten
Höchstbetrag berücksichtigt. Der Zuschuß wird aufgrund einer
Staffelung nach Familienstand, Einkommen, Art der Wohnung u.
Größe der Gemeinde errechnet. W. ist zu versagen, wenn es zur
Vermeidung sozialer Härten nicht erforderlich ist, insbesondere
wenn andere vergleichbare Leistungen aus öfftl. Kassen (z. B.
BAFöG) gewährt werden. Die Bewilligung erfolgt i. d. R. für einen Zeitraum von 12 Monaten. Gegen einen ablehnenden Bescheid kann nach erfolglosem → Widerspruchsverfahren Klage
vor dem → Verwaltungsgericht erhoben werden.

Wohngemeinschaft. Der Mieter einer Wohnung kann verlangen,
daß der Vermieter ihm die Erlaubnis zur Aufnahme weiterer Personen im Rahmen einer W. erteilt. Voraussetzung ist ein berechtigtes Interesse des Mieters. Da die Entscheidung für das Zusammenleben mit anderen in einer W. dem Schutz des allgemeinen
→ Persönlichkeitsrechts unterliegt, ist das berechtigte Interesse
i. d. R. anzuerkennen. Zu verneinen ist es dann, wenn der Mieter
die Absicht, eine W. zu bilden, beim Abschluß des Mietvertrages

verschwiegen hat, weil er befürchten mußte, die Wohnung sonst nicht zu bekommen (BGH v. 3. 10. 1984).

Wohnsitz (§§ 7 ff. BGB) ist der räumliche Schwerpunkt der Lebensverhältnisse eines Menschen. Er ist nicht identisch mit Wohnung, sondern meint die kleinste örtliche Verwaltungseinheit, zu der die Wohnung gehört, i. d. R. also die politische Gemeinde. Der W. ist in vielerlei Hinsicht für die rechtlichen Beziehungen des Menschen von Bedeutung: z. B. für den → Gerichtsstand im Zivil- und Strafprozeß (§ 13 ZPO, §§ 11, 13 StPO), für den Leistungsort im Rahmen eines Schuldverhältnisses (§ 269 BGB) für die örtliche Zuständigkeit des Standesbeamten bei der Eheschließung (§ 15 EheG), für das Wahlrecht zur Kommunalvertretung. Vom W. zu unterscheiden ist der gewöhnliche → Aufenthalt; hier wird zwar auch auf längere Zeit Wohnung genommen, doch fehlt die beim W. vorausgesetzte enge rechtliche Beziehung. Kein W. ist daher z. B. der Aufenthalt am Studien- oder Dienstort. – Der W. wird durch ständige Niederlassung begründet. Dazu ist der Wille erforderlich, nicht nur vorübergehend zu bleiben u. den Ort zum Schwerpunkt der Lebensverhältnisse zu machen. Umgekehrt bedarf es zur Aufhebung des W. nicht nur der tatsächlichen Wohnungsaufgabe, sondern auch eines entsprechenden Willensaktes. Wohnsitzbegründung wie -aufhebung sind also geschäftsähnliche Handlungen (→ Rechtshandlungen), setzen folglich zu ihrer Wirksamkeit → Geschäftsfähigkeit voraus. Der Geschäftsunfähige oder der in der Geschäftsfähigkeit Beschränkte kann deshalb ohne den Willen des gesetzlichen Vertreters einen W. weder begründen noch aufheben. Hat jemand seinen W. an mehreren Orten (zulässig nach § 8 II BGB), so ist für seine öfftl.-rechtl. Pflichten (Steuer, gemeindliche Lasten u. a.) der Hauptwohnsitz maßgebend. Neben diesem *gewählten W.* gibt es den *gesetzlichen W.* Das minderjährige Kind teilt den W. der Eltern (das nichteheliche Kind den der Mutter). Zu beachten ist demgegenüber, daß die Ehefrau seit Inkrafttreten des Gleichberechtigungsgesetzes von 1957 nicht mehr den W. des Mannes teilt, sondern ihren W. frei begründen u. aufheben kann. Ein Soldat hat seinen Wohnsitz am Standort. – Bei → juristischen Personen spricht man vom *Sitz;* es ist, sofern nichts anderes bestimmt ist, der Ort, an dem die Verwaltung geführt wird (s. § 24 BGB).

Wohnung (Unverletzlichkeit). Art. 13 I GG garantiert die Unverletzlichkeit der W. Eine Durchsuchung darf nur durch den Richter, bei Gefahr im Verzug auch durch die gesetzlich vorgesehenen anderen Organe (z. B. Staatsanwaltschaft, → Strafprozeß) u. nur in der vorgeschriebenen Form durchgeführt werden (Art. 13 II GG). Sonstige Eingriffe u. Beschränkungen – dazu zählt auch der Einsatz nachrichtendienstlicher Mittel – dürfen ohne gesetzliche

Grundlage nur zur Abwehr einer Gemeingefahr oder einer Lebensgefahr für einzelne Personen vorgenommen werden; dienen sie der Verhütung dringender Gefahren für die öfftl. Sicherheit u. Ordnung, insbes. der Behebung der Raumnot, der Bekämpfung von Seuchengefahr oder dem Schutz gefährdeter Jugendlicher, sind sie nur aufgrund eines Gesetzes (z. B. der → polizeilichen Generalklausel) zulässig (Art. 13 III GG).

Wohnungseigentum. Das Eigentum an einem Grundstück erstreckt sich nach §§ 93, 94 BGB zugleich auf das darauf errichtete Gebäude; an Teilen des Gebäudes kann daher kein Eigentum begründet werden (→ Sachen). In Durchbrechung dieses Grundsatzes eröffnet das Wohnungseigentumsgesetz von 1951 mit dem Ziel einer breiten Eigentumsstreuung die Möglichkeit des W. Dieses besteht aus dem Sondereigentum an einer Wohnung i. V. m. dem Miteigentumsanteil am Grundstück und an den nicht in Sondereigentum stehenden Teilen, Anlagen und Einrichtungen des Gebäudes (§ 1 WEG). Bei nicht zu Wohnzwecken dienenden Räumen verwendet das Gesetz anstelle der Bezeichnung „Wohnungseigentum" den Begriff „Teileigentum". W. wird durch Vertrag zwischen den Miteigentümern (§ 3 WEG) oder durch Teilung des bisherigen Alleineigentums (§ 8 WEG) begründet. Zur vertraglichen Einräumung von Sondereigentum sind die Einigung der Miteigentümer über die Rechtsänderung u. die Eintragung in das Grundbuch erforderlich. Die Einigung muß wie die → Auflassung vor dem Notar erklärt werden. Auch das Verpflichtungsgeschäft bedarf der notariellen Beurkundung (§ 4 WEG). Für jeden Miteigentumsanteil u. das zugehörige Sondereigentum wird ein besonderes Grundbuchblatt angelegt (§ 7 WEG). Das Verhältnis der Wohnungseigentümer untereinander bestimmt sich gem. § 10 WEG nach den getroffenen Vereinbarungen, im übrigen nach den Vorschriften des WEG, hilfsweise nach den Vorschriften des BGB über die Bruchteilsgemeinschaft (→ Gemeinschaft). Ein Wohnungseigentümer kann nicht die Aufhebung der Gemeinschaft verlangen, wohl aber – soweit er nicht durch Vertrag an die Zustimmung der anderen gebunden ist – über sein W. frei verfügen (§§ 11, 12 WEG). Im Rahmen der sich aus dem Gemeinschaftsverhältnis ergebenden Bindungen kann er sein Sondereigentum nach Belieben nutzen, es z. B. vermieten oder verpachten (§ 13 WEG). Den Wohnungseigentümern bleibt es überlassen, den Gebrauch des Sondereigentums u. des gemeinschaftlichen Eigentums durch Vereinbarung zu regeln (§ 15 WEG). Sie müssen eine Hausordnung erlassen u. einen Verwalter bestellen. Dieser beruft einmal jährlich die Versammlung der Wohnungseigentümer ein, die ihre Beschlüsse mit Stimmenmehrheit faßt (§§ 20 ff. WEG). Hat ein Wohnungseigentümer seine Pflichten so schwer verletzt, daß den übrigen die Fortsetzung der

Gemeinschaft nicht mehr zuzumuten ist, können sie von ihm die Veräußerung seines W. verlangen (§ 18 WEG). Über ihre Klage entscheidet das Amtsgericht im →Zivilprozeß (§ 51 WEG). Bei sonstigen Streitigkeiten zwischen den Wohnungseigentümern wird es auf Antrag im Verfahren der →freiwilligen Gerichtsbarkeit tätig (§ 43 WEG).

Wucher begeht, wer unter Ausnutzung der Zwangslage, der Unerfahrenheit, des Mangels an Urteilsvermögen oder der erheblichen Willensschwäche eines anderen sich oder einem Dritten Vermögensvorteile versprechen oder gewähren läßt, die in einem auffälligen Mißverhältnis zu der Leistung stehen. Nach § 138 II BGB ist ein wucherisches →Rechtsgeschäft nichtig. § 302a StGB bedroht W. mit Freiheitsstrafe bis zu 3 Jahren oder mit Geldstrafe, in besonders schweren Fällen (so i. d. R. bei wirtschaftlicher Notlage des Opfers infolge des W., bei gewerbsmäßigem Handeln u. bei W. durch Entgegennahme von Wechseln) mit Freiheitsstrafe von 6 Monaten bis zu 10 Jahren. Die Vorschrift hebt neben dem allgemeinen Leistungswucher als Sonderformen Mietwucher, Kreditwucher u. Vermittlungswucher hervor. Wirken mehrere Personen, auf die jeweils ein Teil der Gegenleistung entfällt, als Leistende oder Vermittler mit, so liegt W. vor, wenn zwischen sämtlichen Vermögensvorteilen u. sämtlichen Gegenleistungen ein auffälliges Mißverhältnis besteht. So sind etwa bei einem Finanzierungsgeschäft dem tatsächlich ausgezahlten Kredit sämtliche Kosten wie Zinsen, Disagio, Maklergebühr usw. gegenüberzustellen. Jeder Beteiligte, der die Schwäche des Bewucherten für sich oder einen Dritten ausnützt, macht sich strafbar.
Mietpreiserhöhung u. Preisüberhöhung bei der Wohnungsvermittlung können, sofern die Voraussetzungen strafrechtlicher Sanktion nach § 302a StGB nicht erfüllt sind (z. B. mangels Ausnutzung einer Zwangslage), bei vorsätzlichem oder leichtfertigem Handeln als →Ordnungswidrigkeiten mit Geldbußen bis zu 50 000 DM geahndet werden (§§ 5, 6 WiStG).

Z

Zahlungsbefehl → Mahnverfahren.

Zechprellerei ist eine Form des → Betrugs. Nach § 263 StGB macht sich strafbar, wer in einer Gastwirtschaft den Wirt oder Kellner durch Vorspiegelung einer in Wirklichkeit nicht vorhandenen Zahlungsbereitschaft zur Lieferung von Speisen oder Getränken veranlaßt.

Zensur → Meinungsfreiheit.

Zession → Abtretung.

Zeuge, Zeugnisverweigerung → Beweis.

Zeugnis. Bei Beendigung des Arbeitsverhältnisses hat der Arbeitgeber dem Arbeitnehmer ein Z. auszustellen (§§ 630 BGB, 73 HGB, 113 GewO). Das Z. erstreckt sich stets auf Art u. Dauer der Beschäftigung *(einfaches Z.)*, auf Verlangen des Arbeitnehmers auch auf die Leistungen u. die Führung des Beschäftigten *(qualifiziertes Z.)*. Besonderheiten gelten für das Z. bei Beendigung eines Berufsausbildungsverhältnisses (§ 8 BBiG). Das Z. muß wahr sein u. alle wesentlichen Tatsachen u. Bewertungen enthalten, die für die Gesamtbeurteilung des Arbeitnehmers von Bedeutung u. für einen künftigen Arbeitgeber von Interesse sind. Es soll zugleich vom Wohlwollen des Arbeitgebers für den Arbeitnehmer getragen sein, um ihm sein weiteres Fortkommen nicht zu erschweren. Für negative Tatsachen u. Werturteile trägt der Arbeitgeber im Streitfall die Beweislast. Enthält das Z. unrichtige Angaben, kann der Arbeitnehmer auf Erteilung eines korrekten Z. klagen, ggf. den Arbeitgeber auch auf Schadensersatz wegen Verletzung des Arbeitsvertrages in Anspruch nehmen. Wird ein späterer Arbeitgeber durch falsche Behauptungen oder Bewertungen geschädigt (er stellt z. B. einen betrügerischen Buchhalter ein, dem der frühere Arbeitgeber wider besseres Wissen Zuverlässigkeit bescheinigt hat), steht diesem gleichfalls ein Schadensersatzanspruch zu, allerdings nur bei sittenwidriger vorsätzlicher Schädigung (§ 826 BGB). – Dem Beamten ist nach Beendigung des Beamtenverhältnisses auf Antrag von seinem letzten Dienstvorgesetzten ein (einfaches oder qualifiziertes) Dienstzeugnis zu erteilen (§ 92 BBG u. die entsprechenden Vorschriften der Landesbeamtengesetze).

Zinsen sind die Gegenleistung für die Überlassung von Kapital (Geld oder anderen vertretbaren Sachen). Sie bemessen sich nach der Laufzeit der Kapitalüberlassung u. werden i. d. R. in einem Bruchteil des Kapitals (Zinssatz, Zinsfuß) berechnet. In ihrer Entstehung ist die Zinsschuld von der Hauptschuld abhängig; doch kann ein einmal entstandener Zinsanspruch selbständig geltend gemacht, abgetreten u. verpfändet werden. Die Zinsschuld kann durch Gesetz oder durch Rechtsgeschäft begründet werden. Gesetzliche Z. sind beispielsweise zu entrichten: im Privatrecht bei → Verzug des Schuldners (4% jährlich, § 288 I BGB), im öfftl. Recht bei Steuerschulden (6% jährlich, § 238 AO 1977). Die Höhe des Zinssatzes für rechtsgeschäftlich vereinbarte Z. steht im Belieben der Vertragsparteien; allerdings ergeben sich Grenzen aus dem Verbot des → Wuchers. Ist die Zinshöhe vertraglich nicht festgelegt, sind 4% jährlich zu zahlen (§ 246 BGB). Haben die Parteien einen höheren Zinssatz als 6% jährlich vereinbart, ist der Schuldner berechtigt, das Kapital nach Ablauf von 6 Monaten unter Einhaltung einer 6monatigen Frist zu kündigen; dieses Kündigungsrecht kann vertraglich weder ausgeschlossen noch beschränkt werden (§ 247 BGB). Eine im voraus getroffene Vereinbarung, daß fällige Z. wieder Z. tragen sollen (Zinseszinsen), ist nichtig (§ 248 BGB).

Zivildienst → Kriegsdienstverweigerung.

Zivilgericht, Zivilgerichtsbarkeit → ordentliche Gerichtsbarkeit.

Zivilprozeß ist das Verfahren der → ordentlichen Gerichte in bürgerlichen Rechtsstreitigkeiten. Es ist größtenteils in der ZPO, daneben aber auch in anderen Gesetzen, wie GVG u. ZVG, geregelt. Man unterscheidet das *Erkenntnisverfahren,* das der Feststellung von Rechten dient, vom *Vollstreckungsverfahren,* das die Durchsetzung der gerichtlich festgestellten Rechte zum Gegenstand hat. (Zum Erkenntnisverfahren das Folgende; zum Vollstreckungsverfahren → *Zwangsvollstreckung.*)
Das Erkenntnisverfahren des Z. ist durch bestimmte *Verfahrensprinzipien* geprägt, die sich von denen anderer Verfahrensarten (z. B. des → Strafprozesses) teilweise deutlich abheben. Es steht unter dem Leitgedanken der *Parteiherrschaft:* Der Prozeß kommt in Gang durch die Klage einer Partei u. wird bis zur gerichtlichen Entscheidung von den Parteien bestimmt; der Kläger kann seine Klage zurücknehmen, der Beklagte kann die Klageforderung anerkennen, beide Parteien können den Prozeß durch Vergleich er-

ledigen *(Dispositionsmaxime)*. Auch der Prozeßstoff wird von den Parteien beigebracht u. mündlich oder schriftlich vorgetragen *(Verhandlungsmaxime)*. Zwar verpflichtet § 138 ZPO die Parteien zur Abgabe vollständiger u. wahrheitsgemäßer Erklärungen, u. der Interessengegensatz im Prozeß wird i.d.R. dafür sorgen, daß dies wenigstens seitens der Partei geschieht, der an der Wahrheitsfeststellung gelegen ist; zwar statuiert § 139 ZPO eine Aufklärungspflicht des Gerichts (das auf vollständige Erklärungen über die rechtserheblichen Tatsachen, auf Ergänzung unzureichender Erklärungen u. Beweisantritte, auf sachdienliche Anträge hinzuwirken hat). Aber wenn beide Parteien ein Interesse daran haben, bestimmte Tatsachen zu verschweigen, einen wichtigen Zeugen zu schonen oder ein Beweismittel zurückzuhalten, kann das Gericht nicht über das Vorbringen der Parteien hinausgehen.

In Ehe- und Kindschaftssachen ist die Verhandlungsmaxime im öffentlichen Interesse eingeschränkt. Aber auch hier ist die Parteiherrschaft nicht völlig beseitigt, wie die sog. Konventionalscheidungen zeigen, bei denen die Parteien ihr beiderseitiges Vorbringen vorher vereinbart haben. Ein weiterer Grundsatz des Z. ist das *Prinzip der → Öffentlichkeit* (Ausnahmen: Familien-, Kindschafts- u. Entmündigungssachen), das mit den *Grundsätzen der → Mündlichkeit u. → Unmittelbarkeit* zusammenhängt. Das Prinzip der Mündlichkeit hat allerdings durch die in Anwaltsprozessen übliche bloße Bezugnahme auf vorbereitende Schriftsätze viel an Bedeutung verloren.

Eine gerichtliche Entscheidung über den mit der Klage geltend gemachten Anspruch (Sachentscheidung) kann nur ergehen, wenn die Klage zulässig ist, d. h. wenn die *Prozeßvoraussetzungen* (genauer: Sachurteilvoraussetzungen) erfüllt sind. Dazu gehören u. a.: die Zulässigkeit des Rechtsweges zum ordentlichen Gericht, die örtliche u. sachliche Zuständigkeit des angerufenen Gerichts, die ordnungsgemäße Klageerhebung, das Rechtschutzbedürfnis (das eine unnötige Inanspruchnahme des Gerichts verhindern soll), ferner die Parteifähigkeit u. die Prozeßfähigkeit der Parteien. Im übrigen darf der auf einen bestimmten Sachverhalt gestützte prozessuale Anspruch (der sog. *Streitgegenstand)* nicht infolge Klageerhebung bei einem anderen Gericht rechtshängig oder von diesem rechtskräftig entschieden sein.

Zu einigen Prozeßvoraussetzungen:

Für das erstinstanzliche Verfahren ist *sachlich zuständig* (§§ 23 ff., 71 GVG): das Amtsgericht für vermögensrechtliche Streitigkeiten bis 5000 DM, ferner – ohne Rücksicht auf den Streitwert – für Mietsachen, Kindschafts- u. Unterhaltssachen, Familiensachen (für letztere besteht eine als Familiengericht eingerichtete besondere Abteilung); das Landgericht für alle übrigen Streitigkeiten, wobei der Rechtsstreit in Handelssachen – Streitigkeiten aus bei-

derseitigen Handelsgeschäften, aus Wechsel oder Scheck, aus Gesellschaftsverträgen usw. – auf Antrag einer Partei statt vor der Zivilkammer vor der mit einem Berufsrichter u. zwei ehrenamtlichen Handelsrichtern besetzten Kammer für Handelssachen geführt wird. Die *örtliche Zuständigkeit* richtet sich nach dem – allgemeinen oder besonderen – *Gerichtsstand* (§§ 12 ff. ZPO). Allgemeiner Gerichtsstand ist der Wohnsitz des Schuldners, d. h., der Kläger muß grundsätzlich vor das Wohnsitzgericht des beklagten Schuldners ziehen. Er kann statt dessen auch einen besonderen Gerichtsstand wählen: z. B. bei einem Streit aus Vertrag dort, wo der Schuldner die geschuldete Leistung zu erfüllen hat, oder bei einer Klage aus unerlaubter Handlung dort, wo das Delikt begangen wurde. Es gibt aber auch örtliche Zuständigkeiten, die zwingend vorgeschrieben sind (ausschließlicher Gerichtsstand). So muß bei Grundstückstreitigkeiten u. bei Mietsachen ausnahmslos vor dem Gericht geklagt werden, in dessen Bezirk das Grundstück bzw. der Wohnraum liegt; bei Ehesachen vor dem Familiengericht, in dessen Bezirk die Ehegatten ihren gemeinsamen gewöhnlichen Aufenthalt haben (§ 606 ZPO). Früher war es möglich, daß die Parteien, soweit nicht ein ausschließlicher Gerichtsstand bestimmt war, eine Zuständigkeitsvereinbarung (Gerichtsstandsvereinbarung) trafen (auch stillschweigend dadurch, daß der Beklagte vor dem örtlich an sich nicht zuständigen Gericht zur Hauptsache verhandelte, ohne die Unzuständigkeit zu rügen). Solche Zuständigkeitsvereinbarungen, die vielfach mit Hilfe → Allgemeiner Geschäftsbedingungen zum Nachteil der sozial Schwächeren mißbraucht wurden, sind heute im wesentlichen nur noch zwischen Vollkaufleuten zulässig (§ 38 ZPO).
Parteifähigkeit ist die Fähigkeit, im Z. Partei zu sein; sie deckt sich gem. § 50 ZPO grundsätzlich mit der → Rechtsfähigkeit; daher ist auch eine → juristische Person parteifähig. *Prozeßfähigkeit* bedeutet demgegenüber die Fähigkeit, im Z. Prozeßhandlungen – z. B. Klageerhebung, Beweisantrag – vornehmen zu können; sie ist prinzipiell an die → Geschäftsfähigkeit gebunden (§ 51 ZPO). Beim Mangel der Prozeßfähigkeit muß die Partei durch ihren gesetzlichen Vertreter vertreten werden. Im übrigen ist zu beachten, daß vom Landgericht an aufwärts u. für die wichtigsten Familiensachen beim Amtsgericht (Familiengericht) Anwaltzwang besteht, d. h., daß die Parteien durch einen → Rechtsanwalt vertreten sein müssen.
Das erstinstanzliche Verfahren endet – sofern es nicht anderweitig, z. B. durch Prozeßvergleich, abgeschlossen wurde – durch → *Urteil*. Dieses lautet entweder auf Abweisung der Klage oder auf Verurteilung des Beklagten im Sinne des klägerischen Anspruchs. Die Klage wird durch *Prozeßurteil* als unzulässig abgewiesen, wenn eine Prozeßvoraussetzung fehlt; sie wird durch *Sachurteil* als unbegründet abgewiesen, wenn zwar sämtliche Pro-

zeßvoraussetzungen, nicht aber die materiell-rechtlichen Anspruchsvoraussetzungen erfüllt sind. Der Klage wird stattgegeben, wenn die Prozeßvoraussetzungen gegeben sind u. sich die Klage als (materiell-rechtlich) begründet erweist. („Der Beklagte wird verurteilt, an den Kläger DM ... zu zahlen.")

Gegen die erstinstanzlichen Urteile des Amtsgerichts u. des Landgerichts kann – sofern der Beschwerdewert in vermögensrechtlichen Streitigkeiten 700 DM übersteigt – *Berufung* beim Landgericht bzw. beim Oberlandesgericht eingelegt werden; in Familienu. Kindschaftssachen verläuft der Instanzenzug vom Amtsgericht zum Oberlandesgericht als Berufungsinstanz (§§ 511 ff. ZPO; §§ 72, 119 GVG). Die Berufung führt zur Nachprüfung des angefochtenen Urteils in tatsächlicher u. rechtlicher Hinsicht. Allerdings können im Interesse der Prozeßbeschleunigung neue Angriffs- u. Verteidigungsmittel nur in beschränktem Umfang vorgebracht werden. Die Berufung muß innerhalb eines Monats nach Urteilszustellung erhoben werden. Gegen Berufungsurteile der Oberlandesgerichte gibt es die *Revision* beim BGH, die die Nachprüfung der Entscheidung ausschließlich unter rechtlichen Gesichtspunkten zur Folge hat (§§ 545 ff. ZPO, § 133 GVG). Dieses Rechtsmittel kann in vermögensrechtlichen Streitigkeiten nur bei einer Revisionssumme von über 40 000 DM eingelegt werden, im übrigen nur dann, wenn das OLG die Revision wegen grundsätzlicher Bedeutung der Sache oder wegen Abweichens des Berufungsurteils von der höchstrichterlichen Rspr. zugelassen hat. (Die nicht unbedenkliche Einschränkung der Revisionsmöglichkeit soll einer Überlastung des BGH entgegenwirken.) Die Revisionsfrist beträgt wie die Berufungsfrist 1 Monat. Zu Berufung u. Revision i. e. → Rechtsmittel.

Ein Urteil wird *formell rechtskräftig,* wenn es nicht oder nicht mehr mit einem Rechtsmittel (Berufung, Revision) anfechtbar ist. Die formelle Rechtskraft ist zugleich Voraussetzung der *materiellen Rechtskraft.* Sie bedeutet, daß jedes andere Gericht in einem späteren Prozeß der Parteien über denselben Streitgegenstand an die einmal ergangene Entscheidung gebunden ist.

Zivilrecht – Privatrecht.

Zubehör → Sachen.

Zuchtmittel sind Maßnahmen, die das Jugendgericht im Jugendstrafverfahren bei straffällig gewordenen → Jugendlichen verhängt, wenn dem Täter eindringlich zum Bewußtsein gebracht werden muß, daß er für das von ihm begangene Unrecht einzustehen hat (§§ 13 ff. JGG). Sie kommen nur dann in Betracht, wenn einerseits → Erziehungsmaßregeln nicht ausreichen, andererseits → Jugendstrafe nicht geboten ist. Z. sind Verwarnung, Erteilung von Auflagen (z. B. Wiedergutmachung des Schadens) sowie Jugendarrest in Form des Freizeitarrests (mindestens 1, höchstens 4 wöchentliche Freizeiten durch Einschließung am Wochenende), des Kurzarrests (Höchstdauer 6 Tage) oder des Dauerarrests (mindestens 1 Woche, höchstens 4 Wochen). Z. haben nicht die Rechtswirkungen einer Strafe.

Züchtigungsrecht. Eltern und Vormund dürfen aufgrund der ihnen zugewiesenen → Personensorge das Kind auch körperlich strafen. Entwürdigende Maßnahmen sind jedoch unzulässig (s. § 1631 II BGB). Demnach ist ein Klaps oder eine gelegentliche Ohrfeige erlaubt; dagegen kann sich der Vater, der das Kind mit heftigen Stockschlägen traktiert, nicht auf ein Z. berufen. Gegenüber fremden Kindern steht niemandem ein Z. zu. Auch bei Lehrern entfällt heute das früher gewohnheitsrechtlich anerkannte Z.; doch können die Eltern die Ausübung ihres Z. auf den Lehrer übertragen. Soweit ein Z. besteht, schließt es die → Rechtswidrigkeit der → Körperverletzung aus; sie ist weder strafbar noch verpflichtet sie als → unerlaubte Handlung zum Schadensersatz.

Zufall. Im → Schuldrecht entsteht eine Pflicht zum Schadensersatz grundsätzlich nur bei schuldhaftem Handeln (→ Verschulden). Für Z., d. h. für ein weder vom Gläubiger noch vom Schuldner zu vertretendes Ereignis, wird daher i.d.R. nicht gehaftet. Deshalb trägt im allgemeinen jeder den durch Z. erlittenen Schaden selbst. Ausnahmen i.S. einer reinen Erfolgshaftung gelten z.B. beim → Verzug des Schuldners (§ 287 S. 2 BGB), für die → Gastwirtshaftung (§ 701 BGB), für die → Gewährleistung bei der Sachmängelhaftung (z.B. Kauf), für die Pflicht zur Herausgabe einer durch → unerlaubte Handlung entzogenen Sache (§ 848 BGB) u. vor allem in den Fällen der Gefährdungshaftung.

Zugewinngemeinschaft → Güterstand (Ehe).

Zug um Zug bedeutet, daß bei einem gegenseitigen → Vertrag die beiderseitigen Verpflichtungen so voneinander abhängig sind, daß die eine nicht ohne Erfüllung der anderen geltend gemacht werden kann. Daher kann der auf Leistung verklagte Schuldner, der die ihm zustehende Gegenleistung noch nicht erhalten hat, gem. § 320 BGB die Einrede des nichterfüllten Vertrages erheben; ausgenommen sind die Fälle, in denen er sich zur Vorleistung verpflichtet hat (§ 320 BGB, → Zurückbehaltungsrecht).

Zuhälterei ist die Ausnutzung der (weiblichen oder männlichen) Prostitution. Sie ist nach § 181 a StGB strafbar, wenn der Zuhälter a) einen anderen, der der Prostitution nachgeht, ausbeutet, b) seines Vermögensvorteils wegen einen anderen bei der Ausübung der Prostitution überwacht, Ort, Zeit, Ausmaß oder andere Umstände der Prostitution bestimmt oder Maßnahmen trifft, die den anderen davon abhalten sollen, die Prostitution aufzugeben, c) gewerbsmäßig die Prostitution eines anderen fördert („Hostessenvermittlung"). Stets ist ein länger dauerndes Abhängigkeitsverhältnis – das Gesetz spricht von einer Beziehung, die über den Einzelfall hinausgeht – erforderlich. Die Z. wird in den Begehungsarten a) u. b) mit Freiheitsstrafe von 6 Monaten bis zu 5 Jahren, im Fall c) mit Freiheitsstrafe bis zu 3 Jahren oder mit Geldstrafe geahndet.

Zurechnungsfähigkeit bedeutet Schuldfähigkeit. Im *Privatrecht* ist zurechnungsfähig, wer → deliktsfähig ist. Im *Strafrecht* setzt Z. → Strafmündigkeit voraus. Doch entfällt auch bei einem strafmündigen Täter die Z., wenn er bei Begehung der Tat wegen einer krankhaften seelischen Störung, wegen einer tiefgreifenden Bewußtseinsstörung oder wegen Schwachsinns oder einer schweren anderen seelischen Abartigkeit unfähig ist, das Unrecht der Tat einzusehen oder nach dieser Einsicht zu handeln (§ 20 StGB). Verminderte Z. liegt vor, wenn aus einem der genannten Gründe die Einsichts- oder Steuerungsfähigkeit erheblich vermindert ist (§ 21 StGB). → Schuld.

Zurückbehaltungsrecht (§§ 273, 274 BGB). Das Z. begründet im Rahmen eines → Schuldverhältnisses für den Schuldner das Recht, die fällige Leistung zu verweigern, bis die ihm gebührende Leistung bewirkt wird. Es setzt voraus: a) Anspruch u. Gegenanspruch müssen im Verhältnis der *Gegenseitigkeit* stehen, d. h., der Gläubiger des einen muß Schuldner des anderen Anspruchs sein. b) Der Gegenanspruch des Schuldners muß *fällig* sein; dabei gewährt auch ein bereits verjährter Gegenanspruch ein Z., wenn er z. Z. der Entstehung des Gläubigeranspruchs noch nicht verjährt war. c) Anspruch u. Gegenanspruch müssen aus *demselben rechtlichen Verhältnis* fließen; diese Konnexität ist bereits bei einem natürlichen wirtschaftlichen Zusammenhang zu bejahen. – Das Z. kann *ausgeschlossen* sein durch Gesetz (z. B. keine Zurückbehaltung der Vollmachtsurkunde, § 175 BGB), durch Abrede (z. B. Vereinbarung einer Vorleistungspflicht) oder wegen der Natur des Schuldverhältnisses (z. B. kein Z. gegenüber gesetzlichem Unterhaltsanspruch); es ist auch dann ausgeschlossen, wenn seine Ausübung im Ergebnis einer unzulässigen → Aufrechnung gleichkäme (z. B. bei beiderseitigen Geldforderungen, wenn die Forderung des Gläubigers unpfändbar ist). – Ein Unterfall des Z. ist beim *gegenseitigen Vertrag* die in § 320 BGB geregelte Einrede des nichterfüllten Vertrages.

Zuständigkeit. Im Verfassungsrecht, Verwaltungsrecht u. gerichtlichen Verfahrensrecht versteht man unter Z. die Berechtigung u.
Verpflichtung einer juristischen Person des öfflt. Rechts oder eines ihrer Organe, bestimmte Aufgaben wahrzunehmen. Die *sachliche Z.* bezieht sich auf den Gegenstand der zu erfüllenden Aufgaben. Die *funktionelle Z.* bestimmt, welche von mehreren einander über- bzw. untergeordneten Stellen die sachliche Zuständigkeit ausübt (z. B. Gerichte im Instanzenzug). Die *örtliche Z.* (Ge-
richtsverfahrensgesetz als → „Gerichtsstand" bezeichnet) legt den
räumlichen Bereich fest, in dem die sachliche Z. wahrgenommen
werden darf.

Zustellung ist die Übergabe eines Schriftstücks in der gesetzlich
vorgeschriebenen Form. Sie ist erforderlich, wenn Rechts- oder
Verwaltungsvorschriften es bestimmen, so z. B. im gerichtlichen
Verfahren (u. a. für die Urteile), aber auch bei der Bekanntgabe
gewisser Verwaltungsakte (etwa des Widerspruchsbescheids).
Das Zustellungsverfahren ist geregelt in den §§ 166 ff. ZPO (mit
entsprechender Anwendung im Strafprozeß, § 37 StPO) u. in den
Verwaltungszustellungsgesetzen des Bundes u. der Länder; das
Zustellungsgesetz des Bundes gilt auch im verwaltungsgerichtli-
chen Verfahren (§ 56 II VwGO). Im Zivilprozeß wird grundsätzlich, zumeist von Amts wegen, durch den → Gerichtsvollzieher
zugestellt, der sich üblicherweise der Post bedient. Z. nach den
Verwaltungszustellungsgesetzen erfolgen stets von Amts wegen,
u. zwar entweder durch die Behörde selbst oder durch die Post.
Die Z. muß nachgewiesen werden (durch Zustellungsurkunde,
eingeschriebenen Brief, Empfangsbekenntnis). Vielfach setzt die
Z. eine → Frist in Gang; so beginnt z. B. die → Rechtsmittelfrist
im Zivilprozeß u. im verwaltungsgerichlichen Verfahren mit der
Z. des Urteils zu laufen.

Zustimmung ist im Privatrecht die Erklärung des Einverständnis-
ses mit dem von einem anderen abgeschlossenen → Rechtsgeschäft (§§ 182 ff. BGB). Sie ist u. a. erforderlich bei Rechtsgeschäften eines nur beschränkt Geschäftsfähigen (→ Geschäftsfähigkeit) u. eines Vertreters ohne Vertretungsmacht (→ Stellvertretung) sowie bei Verfügungen eines Nichtberechtigten. Häufig bedürfen Rechtsgeschäfte auch einer behördlichen Z. (z. B. Grund-
stückskaufverträge). Die Erteilung oder Verweigerung der Z.
kann sowohl dem einen als auch dem anderen Teil erklärt werden; sie ist grundsätzlich formfrei. Die Z. ist eine einseitige empfangsbedürftige, abstrakte → Willenserklärung. Die vorherige Z.
heißt *Einwilligung,* die nachträgliche Z. *Genehmigung.* Wird ein
zustimmungsbedürftiges Rechtsgeschäft mit Einwilligung des
Dritten abgeschlossen, so ist es von Anfang an wirksam. Wird es
ohne Einwilligung abgeschlossen, so ist es im allgemeinen schwe-

bend unwirksam u. wird durch Genehmigung rückwirkend (ex tunc) wirksam. Es gibt aber auch Rechtsgeschäfte, die ohne Einwilligung des Dritten von vornherein unwirksam u. daher nicht genehmigungsfähig sind (z. B. einseitige Rechtsgeschäfte eines beschränkt Geschäftsfähigen oder eines Vertreters ohne Vertretungsmacht). Sowohl die Erteilung als auch die Verweigerung der Z. sind unwiderruflich.

Zwang (unmittelbarer) → Verwaltungszwang.

Zwangsmittel → Verwaltungszwang.

Zwangsvergleich (§§ 173 ff. KO). Im Konkursverfahren (→ Konkurs) kann auf Vorschlag des Gemeinschuldners zwischen ihm u. den nicht bevorrechtigten Konkursgläubigern ein Z. geschlossen werden. Dazu ist die Zustimmung der Mehrheit der im Termin anwesenden Gläubiger erforderlich, wobei diese Mehrheit wenigstens ¾ der Gesamtsumme der zum Stimmen berechtigenden Forderungen umfassen muß. Der Z. bedarf der Bestätigung des Konkursgerichts; diese setzt voraus, daß die Gläubiger zumindest 20% ihrer Forderungen erhalten. Sobald der Z. rechtskräftig bestätigt ist, beschließt das Gericht die Aufhebung des Konkursverfahrens (§ 190 KO). Der Z. wirkt für u. gegen alle nicht bevorrechtigten Konkursgläubiger, auch wenn sie am Konkursverfahren oder an dem Beschluß über den Z. nicht teilgenommen oder gegen den Vergleich gestimmt haben. Aus dem Z., einem → Vollstreckungstitel, können die Gläubiger wegen ihrer darin festgestellten Forderungen die → Zwangsvollstreckung betreiben. Soweit ihre Ansprüche durch den Z. nicht gedeckt sind, erlöschen sie.

Zwangsversteigerung. Die im ZVG geregelte Z. ist die praktisch wichtigste Art der → Zwangsvollstreckung in das unbewegliche Vermögen. Sie setzt voraus, daß der die Z. betreibende Gläubiger einen → Vollstreckungstitel erwirkt hat. (Sofern es sich um den Gläubiger einer Hypothek oder Grundschuld handelt, dient als Vollstreckungstitel i.d.R. eine gem. § 794 I Nr. 5 ZPO bei Bestellung des Grundpfandrechts vor dem Notar aufgenommene Urkunde, in der sich der Grundstückseigentümer wegen aller Forderungen des Gläubigers der sofortigen Zwangsvollstreckung unterworfen hat.) Vollstreckungsgericht ist das Amtsgericht, in dessen Bezirk das Grundstück gelegen ist. Das Gericht ordnet die Z. auf Antrag des Gläubigers an u. bestimmt den Versteigerungstermin, in dem das beschlagnahmte Grundstück meistbietend versteigert wird. Bei der Versteigerung wird nur ein solches Gebot zugelassen, durch das die dem Anspruch des Gläubigers vorgehenden Rechte (z. B. Hypotheken, Grundschulden) sowie die Verfahrenskosten gedeckt werden *(geringstes Gebot)*. Der Meistbietende erwirbt das Eigentum am Grundstück durch Zuschlag. Er muß die Verfahrenskosten u. bestimmte andere Ansprüche sowie den das geringste Gebot übersteigenden Betrag seines *Meistgebots* in bar entrichten *(Bargebot)*. Die dem Recht des betreibenden Gläubigers vorgehenden Rechte bleiben erhalten. Nachrangige Rechte am versteigerten Grundstück erlöschen u. setzen sich am Versteigerungserlös fort. Dieser wird im Verteilungsverfahren an die Z. betreibenden Gläubiger u. die ihm im Rang nachfolgenden Gläubiger verteilt.

Bei der *Zwangsverwaltung* werden die Gläubiger schrittweise aus den Nutzungen des beschlagnahmten Grundstücks (z. B. Mietzins, Ernteertrag) befriedigt, ohne daß sich an den Eigentumsverhältnissen etwas ändert.

Zwangsverwaltung → Zwangsversteigerung.

Zwangsvollstreckung ist die Durchsetzung eines zivilrechtlichen Anspruchs mit Hilfe staatlichen Zwangs. Sie wird von einem Vollstreckungsorgan (→ Gerichtsvollzieher, → Vollstreckungsgericht) durchgeführt u. setzt voraus, daß der Gläubiger einen → *Vollstreckungstitel* (z. B. rechtskräftiges oder für vorläufig vollstreckbar erklärtes Urteil) besitzt. Die Ausfertigung des Titels muß vom → Urkundsbeamten mit einem Vermerk versehen werden, der die Vollstreckbarkeit bescheinigt (*Vollstreckungsklausel*, § 725 ZPO). Die Z. darf erst beginnen, wenn der Vollstreckungstitel dem Schuldner *zugestellt* worden ist (§ 750 ZPO). Die Formen der Z. hängen von der Art des zu vollstreckenden Anspruchs u. des zu verwertenden Objekts ab. Die *Z. von Geldforderungen* in das bewegliche Vermögen geschieht durch → Pfändung u. Verwertung des gepfändeten Gegenstands, die Geldvollstreckung in das unbewegliche Vermögen durch → Zwangsversteigerung, → Zwangsverwaltung oder Eintragung einer Zwangshypothek (→ Hypothek). Richtet sich der durchzusetzende Anspruch auf die Herausgabe einer Sache, so ist sie vom Gerichtsvollzieher dem Schuldner wegzunehmen u. dem Gläubiger zu übergeben (§ 883 ZPO). Ist der Schuldner zu einer Handlung verpflichtet, die auch ein Dritter vornehmen kann (z. B. Wartung der Heizungsanlage), wird der Gläubiger vom Prozeßgericht des 1. Rechtszugs auf Antrag ermächtigt, die Handlung auf Kosten des Schuldners vornehmen zu lassen (§ 887 ZPO). Bei einer unvertretbaren Handlung (z. B. Anfertigung eines Gutachtens) ist der Schuldner durch Zwangsgeld, ersatzweise Zwangshaft, zur Vornahme anzuhalten (§ 888 ZPO). Wurde der Schuldner zur Abgabe einer → Willenserklärung verurteilt, gilt die Erklärung mit → Rechtskraft des Urteils als abgegeben (§ 894 ZPO). Die Verpflichtung des Schuldners zu einer Duldung oder Unterlassung wird durch Verurteilung zu Ordnungsgeld, ersatzweise zu Ordnungshaft, erzwungen (§ 890 ZPO).

Der Schuldner kann gegen Verfahrensfehler in der Z. (z. B. Pfändung unpfändbarer Sachen durch den Gerichtsvollzieher) → *Erinnerung* beim Vollstreckungsgericht einlegen (§ 766 ZPO). Will der Schuldner Einwendungen gegen den im Vollstreckungstitel festgestellten Anspruch als solchen geltend machen, so muß er beim Prozeßgericht des 1. Rechtszugs die *Vollstreckungsabwehrklage* erheben (§ 767 ZPO). Diese dient dazu, die Z. aus dem Titel insgesamt für unzulässig zu erklären; sie ist aber nur insoweit zulässig, als sie auf Gründe gestützt wird, die in dem Verfahren, auf dem der Vollstreckungstitel beruht, nicht berücksichtigt werden konnten (z. B. zwischenzeitlich erfolgte Bezahlung der Geldforderung). Erfaßt die Z. in das Vermögen des Schuldners einen Gegenstand, an dem einem Dritten ein die Veräußerung hinderndes Recht (z. B. Eigentum) zusteht, so kann dieser bei dem Gericht, in dessen Bezirk die Z. erfolgt, *Drittwiderspruchsklage* gegen den Gläubiger einlegen u. auf diese Weise die Unzulässigkeitserklärung der Z. erreichen (§ 771 ZPO).

Zweckmäßigkeitsgrundsatz → Opportunitätsprinzip.

Zweckvermögen ist das zu einem bestimmten Zweck gewidmete Vermögen. → Stiftung.

Zwingendes Recht (Gegensatz: nachgiebiges Recht) → Recht.

Zwischenstaatliches Recht → Völkerrecht.

Ergänzungsregister

Wolfgang Mentzel
Helmut Wittelsberger

Kleines
Wirtschafts-Wörterbuch

Band 629, 384 Seiten, 4. Aufl.

Bemerkenswert ist das Buch, weil es sich an interessierte Laien wendet, die über die Wirtschaft im weitesten Sinne mehr wissen wollen. Die 560 Stichworte wollen helfen, Zeitungslesern die allgemeine Politik verständlich zu machen, die zunehmend Wirtschaftspolitik ist; das Geschehen in Produktions- und Dienstleistungsbetrieben überschaubar zu machen; Schülern und Lehrern einen Überblick über die Terminologie und die sachlichen Schwerpunkte zu bieten; Fremdwörter zu entschlüsseln. 60 längere Hauptartikel vermitteln das Grundwissen, 500 Definitionsartikel sind in einen größeren Zusammenhang eingeordnet. Mentzel, Jahrgang 1939, ist Professor an der Fachhochschule Koblenz; Wittelsberger, Jahrgang 1936, arbeitet nach einer kürzeren Lehrtätigkeit an der Fachhochschule Koblenz in der Generaldirektion Wirtschaft und Finanzen der Kommission der Europäischen Gemeinschaft in Brüssel.

DIE ZEIT

Herderbücherei